W0304896

Beate und Serge Klarsfeld

Erinnerungen

Beate und Serge Klarsfeld

Erinnerungen

Mit einem Vorwort zur deutschen Ausgabe von Arno Klarsfeld

Aus dem Französischen von Anna Schade, Andrea Stephani und Helmut Reuter

Mit 22 Abbildungen

PIPER
München Berlin Zürich

Mehr über unsere Autoren und Bücher:
www.piper.de

Die Originalausgabe erschien 2015 unter dem Titel *Mémoires*
bei Flammarion/Librairie Arthème Fayard, Paris.

Die Arbeit der Übersetzerin Andrea Stephani am vorliegenden Text
wurde vom Deutschen Übersetzerfonds gefördert.

FSC
www.fsc.org
MIX
Papier aus verantwortungsvollen Quellen
FSC® C014496

ISBN 978-3-492-05707-3
© Flammarion/Librairie Arthème Fayard, 2015
© der deutschsprachigen Ausgabe:
Piper Verlag GmbH, München/Berlin 2015
Gesetzt aus der Minion Pro
Satz: Kösel Media GmbH, Krugzell
Litho: Lorenz & Zeller, Inning am Ammersee
Druck und Bindung: GGP Media GmbH, Pößneck
Printed in Germany

Inhalt

Vorwort von Arno Klarsfeld

Diese Memoiren sind ein Abenteuerbuch, ein Kriminalroman, die Schilderung einer juristischen Schlacht, ein Kurs in staatsbürgerlicher Bildung, ein Leitfaden für Kämpfer, ein historisches Epos, eine prickelnde und dauerhafte Liebesgeschichte, ein einmaliges Lehrstück fürs Leben.

Sie handeln davon, wie es zwei jungen Menschen mit nichts oder fast nichts als Intelligenz, Energie, einer robusten Gesundheit, Gerechtigkeitsgefühl, Engagement und Findigkeit gelang, die deutsche Geschichte und Frankreichs Geschichtsbild zu verändern.

Als Beate 1968 Kanzler Kurt Georg Kiesinger geohrfeigt hat, einen ehemaligen NS-Propagandisten, verurteilten die Berliner Richter sie zu einem Jahr Gefängnis und fragten: »Wie konnten Sie Gewalt gegen unseren Kanzler anwenden?« Beate erwiderte: »Gewalt ist, der deutschen Gesellschaft einen Nazikanzler aufzuzwingen!«

Es heißt oft, es sei nicht gut, vor allen anderen recht zu haben. Das stimmt und stimmt auch wieder nicht. Manchmal genügt es, lange genug zu leben, die Kleider der Jugend gegen die des Alters einzutauschen, und Ihre Verdienste werden offiziell anerkannt. Beate, die einen Bundeskanzler geohrfeigt hat und in Deutschland mehrfach zu Gefängnisstrafen verurteilt wurde, ist 2012 als eine der beiden Kandidaten für das Amt des deutschen Bundespräsidenten aufgestellt worden.

Ja, sie hatten vor allen anderen recht.

Man hat ihnen gesagt: »Ihr schafft es nie, dass die Nazis, die für die Deportation der Juden aus Frankreich verantwortlich waren und jetzt unbehelligt in Deutschland leben, verurteilt werden.« Nach einem dramatischen Kampf, mit illegalen Aktionen, Entführungs- und fingierten Mordversuchen und minutiösen historischen Forschungen zu den Verantwortlichkeiten der NS-Verbrecher haben sie es 1979 in einem Musterprozess in Köln geschafft. Damals wollten die deutschen Politiker und die deutsche Gesellschaft die Hauptverantwortlichen für die Ermordung der Juden nicht vor Gericht stellen; heute bemühen sie sich sogar, auch die letzten noch lebenden Buchhalter und Aufseher der Vernichtungslager abzuurteilen.

Man hat ihnen gesagt: »Es bringt nichts, die ermordeten Juden zu zählen.« Sie taten es, präzise und sehr auf Wahrheit und Mitgefühl bedacht, und gaben den 80 000 Juden, die in Frankreich Opfer der »Endlösung« wurden, wieder eine Identität, ja sie spürten sogar Fotos von fast der Hälfte der 11 000 deportierten Kinder auf. Diese Individualisierung der Opfer ist heute Basis jeder Aktivität des Gedenkens.

Man hat ihnen gesagt: »Ihr schafft es nie, Frankreichs Geschichtsbild zu ändern.« Heute zitiert jeder Präsident der Französischen Republik bei den Feierlichkeiten zum Gedenken an die Razzia des Vélodrome d'Hiver die Schlusspassage von Serges historischem Standardwerk *Vichy-Auschwitz*: »Die Juden in Frankreich werden immer in Erinnerung behalten, daß zwar das Vichy-Regime einen moralischen Bankrott erlitten und sich entehrt hat, indem es entscheidend zur Vernichtung eines Viertels der jüdischen Bevölkerung beitrug, daß aber die übrigen drei Viertel ihr Überleben wesentlich dem aufrechten Mitgefühl aller Franzosen verdanken, die von dem Augenblick an ihre praktische Solidarität bewiesen, als sie begriffen, daß die jüdischen Familien, die den Deutschen in die Hände fielen, zum Tode verurteilt waren.«

Man hat ihnen gesagt: »Das ist nicht Barbie, das ist zu weit weg, das ist zu gefährlich.« Sie haben ihn aufgespürt, in Südamerika eine Kampagne gegen ihn geführt, sie haben ihn zurückgebracht und dafür gesorgt, dass er vor Gericht gestellt und zu lebenslanger Haft verurteilt wurde.

Man hat sie gefragt: »Wieso demonstriert ihr für die Menschenrechte sowohl in rechtsextremen Diktaturen wie im Argentinien der Generäle, in Stroessners Paraguay, in Banzers Bolivien und in Pinochets Chile als auch in den Volksdemokratien Osteuropas wie der Tschechoslowakei oder Polen? Ihr müsst euch für eine Seite entscheiden!« Sie haben sich für die Freiheit entschieden, und heute sind die Diktaturen Südamerikas untergangen und die des Ostblocks zusammengebrochen.

Zu Beate, die sich schon 1968 als »wiedervereinigte« Deutsche bezeichnete, hat man einmal gesagt: »Es bringt nichts, sich öffentlich für ein wiedervereinigtes Deutschland starkzumachen, Europa will das nicht.« Sie ließ sich nicht entmutigen, sie gab nicht auf und behielt recht.

Ja, manchmal ist es hilfreich, dass einige vor allen anderen recht haben, weil die Geschichte unvorhersehbar ist, weil die Geschichte das ist, was die Menschen, ob gut- oder böswillig, daraus machen. Und dem unseligen »Triumph des Willens« kann ein gütiger und menschenfreundlicher Wille entgegentreten.

Diese Memoiren wenden sich an Herz und Verstand und nehmen Sie mit ins zerbombte Berlin, nach Nizza in das Schrankversteck eines jüdischen Kindes, das seinen Vater, umringt von Brunners Gestapoleuten, für immer fortgehen hört, an den Pariser Métro-Bahnsteig, wo Serge und Beate sich am Tag der Eichmann-Entführung begegneten, in südamerikanische Gefängniszellen, ins Beirut der Hisbollah, in den Iran der Ajatollahs, ins Serbien von Mladić und Karadžić, ins Wien Waldheims, auf die Jagd nach Mengele, ins Syrien Assads, der Eichmanns Vertrauten Brunner schützte …

Serge und Beate haben alles erreicht, oder fast alles. Sie sind bis an ihre Grenzen gegangen und dabei ausgeglichen und heiter geblieben. Sie überstanden unversehrt Sprengstoffpäckchen und Autobomben, Drohungen und Druck ließen sie kalt.

Sie haben alles erreicht, denn sie hatten und haben ein glückliches Familienleben, ihre beiden Kinder Lida und Arno, ihre Enkel Emma und Luigi, Hunde, Katzen und sogar einen kleinen Affen, den sie aus Brasilien mitgebracht haben.

Und ich, ihr Sohn Arno, der sie so sehr liebt und dem sie alles gegeben haben, frage mich oder besser verdränge die Frage, was aus mir wird, wenn sie nicht mehr sind.

Sie, lieber Leser, müssen dieses Buch lesen, denn danach werden Sie glücklich, erobert, gestärkt und optimistisch sein. Sie werden als besserer Mensch aus der Lektüre hervorgehen, nachdem Sie sich in dieses einzigartige Abenteuer des 20. und 21. Jahrhunderts gestürzt haben.

Hätte die deutsch-französische Partnerschaft eine Seele, trüge sie die Namen von Beate und Serge.

Arno Klarsfeld
Paris, im Mai 2015

BEATE

Eine deutsche Kindheit

Drei Wochen nach meiner Geburt marschierte Hitler in Prag ein. Mein Vater, Versicherungsangestellter in Berlin, räumte brav seine Bleistifte weg und küsste meine Mutter Helene und sein einziges Kind Beate-Auguste. Dann verließ er den Hohenzollerndamm im gutbürgerlichen Bezirk Wilmersdorf, wo das Proletariat noch einige Hinterhöfe wie den unseren bewohnte, und ging auf eine lange Reise: Der Infanterist Kurt Künzel begab sich zu seiner Einheit. Den Sommer 1939 verbrachte er bei Manövern, den des Jahres 1940 irgendwo in Belgien.

Auf einem Foto sieht man ihn vor einer Kommandantur in Neufchâteau bei Bastogne mit strahlendem Lächeln Wache stehen. Im Sommer 1941 wurde sein Regiment nach Osten verlegt. Im Winter brachte ihn eine höchst willkommene doppelseitige Lungenentzündung von der russischen Front zurück in verschiedene deutsche Kasernen, wo er sich um die militärische Buchhaltung kümmerte. Nach der schnellen Befreiung 1945 durch die Engländer stieß er wieder zu seiner kleinen Familie, die jetzt in dem Dorf Havelberg lebte, wo meine Mutter und ich, durch die Bombenangriffe aus Berlin getrieben, widerwillig von einer Verwandten, die eine Bäckerei besaß, aufgenommen worden waren. In Sandau, in einem Stall, inmitten einer völlig verängstigten Schar von Alten, Frauen und Kindern, erlebten wir die Ankunft der sowjetischen Kosaken auf ihren langmähnigen kleinen Pferden. Polnische Zwangsarbeiter quartierten sich im Haus unserer Cousine ein und nahmen sich unsere Habseligkeiten. Was vermutlich nur gerecht war, da wir 1943 einige Monate in Wohlstand bei meinem Patenonkel verbracht hatten, der als hoher Nazifunktionär einen Posten in Lodz bekleidete, das inzwischen den Namen Litzmannstadt trug.

All denen, die meinen, dass Kindheitseindrücke die Grundentscheidungen eines Lebens maßgeblich beeinflussen, sei gesagt, dass die sowjetischen Soldaten uns nichts zuleide taten und weder meine Mutter noch ihre sechsjährige Tochter belästigt oder vergewaltigt wurden.

Ende 1945 kehrten wir nach Berlin zurück. Bis 1953 teilten wir uns zu dritt ein Zimmer. In der Uhlandstraße, später in der Holsteinischen Straße, immer noch in Wilmersdorf. Wir hatten ein Zimmer in einer jener Wohnungen, deren rechtmäßige Bewohner von den Alliierten zur Untervermietung an Flüchtlinge gezwungen wurden. Wir kamen bei einem Opernsänger unter, der nur noch für Beerdigungen engagiert wurde. Mit uns lebte dort eine alleinstehende Dame, die als Köchin arbeitete. Für mich als kleines Mädchen war es eine eigenartige Zeit. Man könnte meinen, dieses provisorische Leben voller Ungewissheit sei ganz vergnüglich gewesen, aber die Ängstlichkeit meiner Eltern, ihr Kummer darüber, dass ihr ganzes Hab und Gut in Rauch aufgegangen war, und die allgemeine Verunsicherung bedrückten mich. Es herrschte so etwas wie tiefes Unbehagen, in dem sich die Niedergeschlagenheit der Trauernden und die Verbitterung derer mischten, die das beengte Leben in den Gemeinschaftswohnungen ertragen mussten. Für meine Eltern war das Leben als Fremde bei Fremden sehr schwer.

Ich war sieben, acht, neun Jahre alt, und es sah nicht so aus, als würde es für die Familie Künzel aufwärtsgehen. Manche meiner Freundinnen, wie etwa Margit, hatten jetzt eine richtige Wohnung mit einer Küche, einem Bad und eigenen Zimmern für sich und ihre Eltern. Wir dagegen waren auch weiterhin den Launen und der Ungeduld unserer Vermieter ausgeliefert. Während ich darauf wartete, dass unsere Lage sich besserte, passte ich mich den Umständen an, wie ein kleines Mädchen sich jeder Realität anpassen kann – besser als Jugendliche oder Erwachsene. Ich glaube, ohne dass es mir bewusst war, bin ich härter geworden. Im positiven Sinn, das heißt, ich jammerte weder, noch verwünschte ich die ganze Welt, noch beneidete ich die, die mehr Glück hatten als ich. Für mich ist dieser Teil meines Lebens eine prägende Erfahrung, damals habe ich gelernt, Schwierigkeiten zu überwinden und kritischen Situationen zu trotzen, so schlimm und schmerzlich sie auch sein mögen.

In der Volksschule war ich eine brave und gewissenhafte Schülerin. Wegen der Raumnot wurden die Schüler auf zwei Unterrichtsblöcke verteilt, einen am Vormittag und einen am Nachmittag. Kam dann im Winter der Kohlemangel dazu, hatten wir ganz frei. Meine Mutter ging putzen. Bevor mein Vater irgendwann in einer Geschäftsstelle des Amtsgerichts Spandau angestellt wurde, klopfte er Steine von den Trümmerfeldern für den Wiederaufbau. Auf diesen unübersichtlichen Terrains verbrachte ich, den Wohnungsschlüssel um den Hals, ganze Tage mit meinen Freundinnen, wir spielten Verstecken, versuchten, bis unters Dach der zerbombten Häuser zu klettern, und suchten vor allem nach geheimen Schätzen.

In der Schule gab es Mädchen, die ihren Vater im Krieg verloren hatten, und andere, die endlos auf seine Rückkehr aus sowjetischen Gefangenenlagern warteten. Die Schule lag fünf Minuten von mir zu Hause entfernt auf dem runden Nikolsburger Platz. Sie befand sich in einem imposanten weißen Gebäude mit einer Fassade voller Einschusslöcher. Ich bin sehr gern zur Schule gegangen. Unsere Lehrerinnen waren aufmerksam und wohlwollend, jeden Tag wurden warme Milch und Schokolade verteilt, und überdies traf ich dort meine beste Freundin Margit. Wenn ich morgens das Haus verließ, nahm ich mein Mittagessen in einer Blechbüchse mit. Ich erinnere mich nicht, Hunger gelitten zu haben. Ich erinnere mich vielmehr, dass ich Kartoffeln gegessen habe, bergeweise Kartoffeln! Selten mit Fleisch. Etwas abwechslungsreicher fielen unsere Mahlzeiten aus, wenn meine Mutter aus den Häusern, in denen sie arbeitete, Dinge mitbrachte, die man ihr dort schenkte. Manchmal lagerte sie ein als Butter dienendes Fett zwischen den Scheiben der doppelverglasten Fenster, um es frisch zu halten. Doch die Außenscheibe war zerbrochen, manchmal schlüpften Vögel hinein, und ich beobachtete entzückt und mucksmäuschenstill von der anderen Zimmerecke aus, wie sie das Fett aufpickten. An Feiertagen kaufte mein Vater mir ein Eis, die einzige Leckerei, die meine Eltern mir in jener Zeit bieten konnten. Ich erinnere mich auch noch an die Frauen, die mit dem Zug aufs Land fuhren und sich mit Eiern und Gemüse eindeckten, die sie in großen Säcken auf dem Rücken trugen. Ich erinnere mich an meine Schuhe mit Holzsohlen und an den Stoff, den meine Mutter sich im Tausch gegen Wertmarken beschaffte, die so ähnlich wie Lebensmittelmarken aussahen, und aus dem sie unsere Kleidung nähte. Ich erinnere mich an das Improvisationstalent der Berlinerinnen, die einen zu klein gewordenen Mantel einfach in ein Kleid verwandelten.

Man vermied es, über Hitler zu sprechen. Ich weiß noch, dass ich vor April 1945 im Kindergarten kleine Gedichte für den Führer auswendig aufgesagt habe. Ich verbrachte meine Kindheit inmitten von Ruinen und wusste nicht, warum Berlin zerstört und in vier Besatzungszonen aufgeteilt worden war. Die Welt, in der ich aufwuchs, wurde mir nicht erklärt, alles beschränkte sich auf den Satz: »Wir haben einen Krieg verloren, jetzt heißt es arbeiten.« Mein Vater war nicht gesprächig, meine Mutter war es nur, wenn sie meinem Vater Vorwürfe machte, was nicht selten geschah.

Als ich mit etwa vierzehn in die Pubertät kam, verstanden sich meine Eltern wieder besser: Fortan war ich das Objekt ihrer Nörgeleien. Beide hatten von den großen Umbrüchen, die sie miterlebt hatten, nichts vergessen, aber auch nichts daraus gelernt. Sie waren keine Nazis, aber sie hatten wie die anderen Hitler gewählt und fühlten sich doch in keiner Weise verantwortlich für das, was unter den Nationalsozialisten geschehen war. Wenn meine Mutter sich mit ihren Nachbarinnen unterhielt, jammerten sie über kurz oder lang stets über ihr ungerechtes Schicksal und beschworen die Erinnerung an die in den Wirren des Krieges verloren gegangenen geliebten Dinge herauf. Nie ein Wort des Mitleids oder Verständnisses für die anderen Völker, schon gar nicht für die Russen, denen sie alles Böse nachsagten.

Berlin war erfüllt vom Dröhnen der Versorgungsflugzeuge. Es war die Zeit der Berlin-Blockade. Ich stellte keine Fragen, weder anderen noch mir selbst. Ich ging den mir vorgezeichneten Weg: 1954 wurde ich in der evangelisch-lutherischen Kirche am Hohenzollernplatz konfirmiert, doch ich war schon damals nicht gläubig; bis heute ist mir die Frage nach Gott fremd. Dabei zeigte sich zu jener Zeit die Vorsehung gnädig: Wir zogen in eine Zweizimmerwohnung, und ich hatte endlich mein eigenes Reich.

Meine Freude darüber lässt sich kaum in Worte fassen. Zum ersten Mal im Leben hatte ich mit meinen Eltern eine normale Wohnung. Die Ahrweilerstraße 9 war ein reizloses Gebäude. Doch es besaß in meinen Augen eine wunderbare Eigenschaft: Es beherbergte unser Zuhause, bescherte uns eine eigene Adresse und lag, Gipfel des Glücks, in meinem Lieblingsviertel. Die Fenster unserer Wohnung gingen sowohl auf den Hof als auch auf eine wenig befahrene Straße hinaus, die von Bäumen und Häusern wie dem unseren gesäumt war.

Die Wohnung hatte eine Küche und ein Badezimmer, es gab Warmwasser und Zentralheizung. In meinem Zimmer und in dem meiner Eltern stand jeweils eine Couch, die wir abends vorm Schlafengehen auszogen. Diesen unglaublichen Luxus, diesen modernen Komfort mit einer richtigen Heizung – in unseren vorherigen Wohnungen war es in sämtlichen Zimmern kalt gewesen; ich erinnere mich an den winzigen Ofen, um den wir eng zusammenrücken mussten, wenn wir es wenigstens ein klein wenig wärmer haben wollten –, diese Revolution in unserem Leben verdankten wir Tante Ella, die sehr viel cleverer war als meine Eltern. In dieser Wohnung habe ich sieben Jahre gelebt, bis ich 1960 Berlin verließ.

Ganz in unserer Nähe lag der Rüdesheimer Platz, auf dem die Anwohner in den Sommermonaten mit ihren Kindern picknickten, sich amüsierten und Neuigkeiten austauschten. Ich führte meinen neuen Freund dorthin spazieren, den Basset einer jüdischen Dame, für die meine Mutter putzte und die mich nach Schulschluss oder nach den Hausaufgaben auf ihn aufpassen ließ. Sie wohnte in der Ahrweilerstraße 7 und war jetzt die einzige Jüdin in diesem Viertel, das, wie mir gesagt wurde, vor 1933 so viele Juden gezählt hatte.

Mit sechzehn wechselte ich vom Gymnasium auf die Höhere Wirtschaftsschule in Schöneberg, die mir als Sprungbrett in ein möglichst baldiges Erwerbsleben dienen sollte. Im Gymnasium hatte ich mich gelangweilt. Ich wollte unbedingt einen Beruf erlernen und mich von der elterlichen Bevormundung befreien. Denn damals ging zu Hause gar nichts mehr. Mein Vater trank und ließ sich gehen, was den Unmut meiner Mutter noch verschärfte. Bald darauf bekam er Krebs, an dem er 1966 mit 58 Jahren starb. Die täglichen Streitereien machten die Stimmung zu Hause unerträglich. Ich war dabei, zu ersticken.

Ich wusste nicht, wer ich war, und wollte es auch gar nicht wissen. Doch da ich ständig wartete – worauf? – und sich nichts tat, muss ich wohl eine gewisse Unzufriedenheit empfunden haben. Sie äußerte sich darin, dass ich keinerlei Begeisterung für die Perspektiven aufbrachte, die sich meine Mutter für mich ausdachte: ein Sparkassenbuch, eine Aussteuer, eine passende Heirat wie die meiner Cousine Christa. Prompt erklärte die Familie, dass ich eine schlechte Tochter sei. Wahrscheinlich habe ich mich selbst gerettet. Ich habe mich durchgesetzt; ich bin nie wieder dem »rechten« Weg gefolgt, der, das sah ich, überallhin führt, nur nicht ins Glück.

Kaum hatte ich am 13. Februar 1960 meinen 21. Geburtstag gefeiert, dachte ich nur noch an eins: weg aus dieser Stadt, obwohl mich eine tiefe, aber unerklärliche Zuneigung mit ihr verband. Auf meinen häufigen Streifzügen von West- nach Ost-Berlin, vor allem sonntags, machte ich mir die Sehenswürdigkeiten, die Museen, ja selbst die Straßen der geteilten Stadt zu eigen. Anders als für mein Umfeld im Westen endete Berlin für mich nicht am Brandenburger Tor: Jenseits davon ging die Stadt Unter den Linden weiter, die ebenso mir gehörten wie der Tiergarten. Politik und Geschichte waren mir vollkommen fremd; auf undefinierbare Weise empfand ich nur, dass Berlin, auch wenn es nicht so aussah, *eine* Stadt war. Ich mochte den Charme des Ostteils sogar lieber, der so düster und so arm war, wo es mir aber stets vorkam, als hätte ich eine Verabredung mit einer unbekannten Vergangenheit. Vermutlich entwickelte sich auf diesen Streifzügen, bei denen ich außer Träumereien nichts im Sinn hatte, lange vor der Wiedervereinigung meine erstaunliche Gewissheit von der Einheit meines Landes. Trotz des entzweiten Territoriums war ich nicht nur in einem Teil, sondern in ganz Deutschland verwurzelt.

Begegnung auf einem Métro-Bahnsteig

Am 7. März 1960 um sieben Uhr früh kam ich in Paris an. Der Himmel war grau, die Gare du Nord war grau, meine Stimmung war grau und gedrückt. Meine Mutter hatte mir das Schlimmste prophezeit. Für sie war ich nur noch eine junge Frau, die dem Verderben anheimfallen würde oder bereits anheimgefallen war. Mein Vater hatte sich von mir abgewandt, in seinen Augen war Paris das Bordell Europas, er sah mich schon als Bordsteinschwalbe. Ich konnte nur wenige Worte Französisch und schrieb mich sofort bei der Alliance Française ein. Drei Tage später war ich Au-pair-Mädchen und blieb es über ein Jahr. Ich hätte mir gewünscht, man hätte mich an meinem jeweiligen Wohn- und Arbeitsplatz ein wenig als älteste Tochter betrachtet. Viele deutsche junge Frauen wurden Au-pair-Mädchen, um Französisch zu lernen, Freundschaften mit Franzosen zu knüpfen, mit deren Kultur und Anschauungen in Berührung zu kommen. Doch nur wenige unter ihnen haben die Möglichkeiten, die Paris bietet, wirklich genutzt, und viele fuhren enttäuscht wieder heim, weil sie nicht das Leben führen konnten, das sie sich vorgestellt hatten.

Meine erste Gastfamilie wohnte in der Rue du Belvédère in Boulogne. Ich schlief auf dem widerwärtigen Dachboden des Einfamilienhauses, wo ich wegen der Spinnen vor Angst zitterte. Zweimal täglich brachte ich das Kind, auf das ich aufpasste, zur Schule und holte es wieder ab. Sieben Stunden täglich wusch, bügelte, kochte und putzte ich. Ich war fleißig und liebte die Sauberkeit, weshalb ich mit ungebremstem Eifer zu Werke ging, und wenn ich dann abends meine Lektionen im blauen Buch der Alliance Française lernen sollte – in dem die Musterfranzosen Monsieur und Madame Vincent jungen Mädchen, die Frankreich entdecken und lieben lernen wollen, bestimmt nicht so viel Arbeit aufhalsen würden –, war ich zu erschöpft.

Zum Glück wurde ich bald rausgeworfen: An einem Sonntag hatte ich gewagt, in Abwesenheit meiner Arbeitgeber ein paar Freunde einzuladen, und der Hausherr kam zurück, als wir vor dem Fernseher saßen. Vor *seinem* Fernseher: »Sie hätten ihn kaputt machen können, und die Reparatur hätten sicher nicht Sie bezahlt! Sie können sich eine neue Stelle suchen.«

Die fand ich am Bois de Boulogne in der Rue Darcel bei den Falauds. Der Hausherr versuchte mir den Hof zu machen, Madame Falaud interessierte sich nicht für ihren Haushalt und telefonierte endlos mit ihren Freunden. Fast die ganze Sorge für den vierjährigen Dominique und den siebenjährigen Marc war mir überlassen; ich lernte Nudeln kochen, Nudeln und noch mal Nudeln. Zwei Monate war ich jetzt schon in Paris. Beim Einkaufen wagte ich inzwischen, französisch zu sprechen, denn bei der Alliance traf ich nur Ausländer, und den Franzosen zu antworten, die mich, angelockt von meinem die Ausländerin verratenden Stadtplan, im Quartier Latin ansprachen, traute ich mich noch nicht.

Noch kannte ich die Stadt kaum, aber sie verzauberte mich. Was gab es nicht alles zu entdecken! Welch ein Unterschied zu den eintönigen West-Berliner Neubauten! Ich ging gern durch die alten Straßen des Marais oder jene zwischen Boulevard Saint-Germain und Seine und bewunderte die harmonischen, ausdrucksvollen Fassaden. Hier schienen die Menschen voller Lebenshunger, und keiner war wie der andere. Ein Spaziergang in Saint-Germain oder auf den Champs-Élysées war wie ein Theaterbesuch. In Paris bin ich aufgeblüht; ich hatte und habe bis heute das erregende Gefühl, tief mit dieser Stadt verbunden zu sein.

An einem Tag im Mai stand ich wie üblich am Bahnsteig der Station Porte de Saint-Cloud und wartete auf die 13-Uhr-15-Métro, wegen des Anschlusszugs an der Station Michel-Ange/Molitor am Haltepunkt des vorderen Zugteils. Ich spürte einen bohrenden Blick und schaute auf: Ein schwarzhaariger junger Mann in einem Glencheck-Anzug und mit einer Aktentasche in der Hand sah mich an: »Sind Sie Engländerin?«

Das war natürlich eine Falle. Serge gestand mir später, dass eine Deutsche diese Frage immer mit »Nein« beantwortete. Und damit war man im Gespräch. An der Station Sèvres-Babylone stieg er mit meiner Telefonnummer in der Tasche aus und ging zur Hochschule für Politikwissenschaft. Drei Tage später rief er zu meiner größten Freude an, und wir sahen uns in einem Kino in der Rue du Colisée *Sonntags … nie!* an. Serge beendete gerade sein Studium und war fast so arm wie ich. Mit seiner Ernsthaftigkeit und seiner Fantasie gefiel er mir sofort.

Auf einer Parkbank im Bois de Boulogne erzählte er mir, dass er Jude war, dass er seinen Vater in Auschwitz verloren hatte. Ich war überrascht, aufgewühlt. Unwillkürlich schreckte ich zuerst zurück. In Berlin hatte ich kaum je Gutes über die Juden gehört. Warum musste mir das passieren? Aber Serges Blick strahlte so viel Wärme aus; ich schmiegte mich an ihn.

Er erzählte mir von seinem Vater, der, das spürte ich, als Vorbild in ihm weiterlebte: Er hatte sich 1939 freiwillig zur Fremdenlegion gemeldet, war 1940 einer der wenigen Überlebenden seines Regiments in der Schlacht an der Somme, floh aus der Gefangenschaft, wurde im September 1943 in Nizza verhaftet und starb in Auschwitz in der Gaskammer.

Die Sommerferien verbrachte ich mit meiner neuen Gastfamilie, die im Pariser Vorort Asnières ein tristes Einfamilienhaus bewohnte, in dessen Vorgarten nur Kies wuchs, an der Costa Vasca. Serge und ich schrieben uns regelmäßig. Er korrigierte meine Fehler. Manchmal kränkte mich sein schulmeisterlicher Ton, und ich nannte ihn »Professor«. Das ärgerte ihn, und er antwortete: »Du musst deinen Horizont erweitern, du musst lesen, aus all dem schöpfen, was die Menschen uns hinterlassen haben. Dostojewski, Tolstoi und Stendhal haben nicht geschrieben, um Geld zu verdienen, sondern für sich selbst und auch für dich, damit du dir deiner selbst bewusst wirst. Du hast viel zu tun.« Manchmal beklagte ich mich: »Ich beneide dich darum, dass deine Arbeit nicht so alltäglich ist wie meine. Ist dir klar, was für ein Glück du hast? Du kennst deinen Weg, aber was erwartet mich? Ich brauche viel Mut, und du bist nicht mehr hier, um ihn mir zu geben.«

Im Herbst spazierten wir wieder vereint über den Pont des Arts. Wir wichen einander nicht von der Seite. Serge zeigte mir Paris, das er kannte wie seine Westentasche. Wir redeten die ganze Zeit. Ich hatte zu lange geschwiegen, mit ihm fühlte ich mich wie befreit. Mit ihm traten auch Geschichte, Kunst, die Welt der lebendigen Ideen in mein Leben. Und ich hatte neuerdings mehr Zeit: Bislang hatte ich nachts zehn Stunden geschlafen, jetzt lernte ich, wie er mit sechs auszukommen.

Als Serge merkte, dass ich rein gar nichts über die Geschichte meines Landes wusste, begann er, mich mit ihr vertraut zu machen. Und so erfuhr ich von der grauenhaften Realität des Nationalsozialismus.

Ich empfand keineswegs eine persönliche Schuld, aber als – wenn auch kleiner – Teil des deutschen Volks wurde ich mir einer neuen Verantwortung bewusst. War ich versucht, nicht länger Deutsche zu sein? Für Serge stellte sich diese Frage nicht eine Sekunde, das wäre zu einfach gewesen. Und so wurde mir klar, dass Deutsche zu sein nach der Zeit des Nationalsozialismus ebenso erregend wie schwierig ist. Eines Tages erzählte mir Serge, wie die Geschichte des kurzen Lebens von Hans und Sophie Scholl ihn davon abgehalten hatte, die Deutschen blind zu hassen. Da begann ich wieder Licht zu sehen. Ich fühlte mich den Scholls zugehörig.

Die Studenten Hans und Sophie Scholl, Christoph Probst, Professor Huber und einige andere hatten im Februar 1943 in München Flugblätter verfasst und verteilt, auf denen sie im Namen Deutschlands den Nationalsozialismus und seine Verbrechen anprangerten. Man hatte nicht auf sie gehört, sie wurden verhaftet und starben, ihr Schicksal mutig hinnehmend, durch das Fallbeil. Ich las die Worte, die Thomas Mann am 27. Juni 1943 über die BBC an die Deutschen gerichtet hatte: »Jetzt sind ihre Augen geöffnet, und sie legen das junge Haupt auf den Block für ihre Erkenntnis und für Deutschlands Ehre – legen es dorthin, nachdem sie vor Gericht dem Nazipräsidenten ins Gesicht gesagt: »Bald werden Sie hier stehen, wo ich jetzt stehe«; nachdem sie im Angesicht des Todes bezeugt: »Ein neuer Glaube dämmert an Freiheit und Ehre.« Brave, herrliche junge Leute! Ihr sollt nicht umsonst gestorben, sollt nicht vergessen sein.«[1]

Sie trieb jenseits aller Ideologien, Parteien und Gruppierungen allein ihr Gewissen als Christen und Deutsche zum Handeln, unter Einsatz ihres Lebens. 1943 schien ihr Tod vergeblich, doch die Strahlkraft ihres Handelns wurde mit der Zeit immer stärker und erreichte Serge und durch ihn schließlich auch mich. In ihnen erkannte ich mich wieder.

November 1960, Serge war beim Militärdienst. Diese Trennung brachte uns einander noch näher. Wir waren oft zusammen, denn wir schrieben uns jeden Tag. In meinem ungeschickten Französisch erklärte ich ihm:

> *Deine Briefe lassen meine Gefühle für dich noch wachsen. Ich kenne mich nicht wieder. Ich lese alle deine Briefe mehrmals, lerne die Sätze auswendig, die von Liebe sprechen, und zögere nicht mehr, es zu glauben. Am Anfang habe ich immer ein wenig an der Wahrheit dieser Worte gezweifelt, weil ich Angst vor einer Enttäuschung hatte. Doch in den Nächten, in denen du mich geliebt hast, habe ich Gewissheit bekommen, ich habe deine Liebe zu mir gespürt und erwidere sie von ganzem Herzen. Und so schreibe ich dir zum ersten Mal bewusst, dass ich dich liebe.*

Serge rief mich fast jeden Abend an. Meine Arbeitgeberin, die Mathematiklehrerin Madame Pontard, die ihre Tochter Monique noch nicht hatte verheiraten können, erklärte mir immer wieder: »Beate, er wird Sie nicht heiraten, das ist nichts Ernstes. Ein Franzose heiratet keine Ausländerin.« Und wenn schon. Unterdessen half Serge mir, der Last des Alltags zu entfliehen. Als er im Februar 1961 bei Manövern war, schrieb er mir:

---

[1] Thomas Mann, *Deutsche Hörer, Radiosendungen nach Deutschland aus den Jahren 1940–1945*, Frankfurt a. M. 2013, S. 103 f.

Du musst Poesie in dein Leben bringen, Beate, es neu erschaffen, nicht nur gedankenlos dabei sein, indem du einfach existierst, sondern bewusst daran mitwirken, indem du es lebst, indem du ihm deinen Stempel aufdrückst. Aus der kleinen Expedition der Griechen nach Troja hat Homer die Ilias gemacht, und diese Fähigkeit besitzen wir alle, wenn nicht in der Kunst, dann zumindest im Leben. Etwas Mut, gute Laune, Tatkraft, Zuneigung zu den Menschen. Viel Poesie, um das Leben in eine aufregende Erfahrung zu verwandeln.
Kleiner Schatz, sicher schläfst du schon oder lächelst über diese guten Ratschläge, aber sie sind das Beste, Aufrichtigste und Beständigste, was ich dir bieten kann. Dies schreibt dir nicht der »Professor«, sondern dein dich liebender Serge.

Worauf ich unbeholfen antwortete:

Mein kleines Kätzchen,
es ist Viertel vor neun, und ich beginne jeden Morgen damit, den Briefkasten zu beobachten. Und wenn ich Briefe sehe, stürze ich zur Tür und hole sie herein, öffne sie, überfliege sie und lese sie dann genau.
Beschwere dich nicht immer über das Kasernenleben, vier Wochen noch, dann bist du in Paris. Glaubst du, ich putze gern anderer Leute Dreck weg? Ich weiß, warum ich diese Arbeit mache, aber ich finde sie so trostlos wie einen grauen Himmel oder einen Tag ohne dich.
In der Schule haben wir Übungsaufgaben gemacht, und ich hatte einen Haufen Fehler, aber dumme Fehler, Flüchtigkeitsfehler.
Du fragst mich, was ich von dir halte. Ich liebe dich zu sehr, um neutral zu sein.
Möchtest du wirklich berühmt werden, deine Spuren hinterlassen und unvergessen bleiben? Man muss doch zuerst daran denken, etwas Schönes zu erschaffen, Dinge, die den anderen nutzen. Wenn dir das gelingt, wirst du automatisch sehr berühmt.

Juni 1961. Ich lernte Serges Schwester Tania kennen, die Russischdozentin war. Wir verbrachten einen wunderbaren Abend mit Claude Nedjar, einem von Serges besten Freunden, der gerade Regieassistent von Jacques Baratier bei dem Film *Die Puppe* war, sowie mit dessen Hauptdarsteller Cybulski, einem großartigen polnischen Schauspieler, der ein paar Jahre später tragischerweise von einem Zug überrollt wurde. Wir waren alle so erfüllt von diesem Abend in slawischer Atmosphäre, dass Tania und Serge mich zu ihrer Mutter mitnahmen.

Die erste Begegnung mit Raïssa hatte ich herbeigesehnt und gefürchtet. Denn bei Serges jüdischen Freunden und ihren Eltern hatte ich erlebt, dass sie nach allem, was im Nationalsozialismus geschehen ist, Vorurteile gegen junge Deutsche hatten. Manchmal war man mir gegenüber aggressiv. Was erwartete mich da bei Serges Mutter? Serge hatte lange damit gewartet, mich ihr vorzustellen, aber seit letztem Jahr hatte ich mich sicher verändert. Raïssa nahm mich an der Hand. Sie war von einer natürlichen und liebenswürdigen Noblesse, zudem sehr gütig und von erstaunlich jugendlichem Charakter. Wir waren uns sofort sympathisch. Ich half ihr beim Teemachen. Mit ihrem reizenden russischen Akzent erzählte sie mir ihre Deutschland-Erinnerungen: Wo sie Chemie studiert hatte, wo genau sie im Berliner Stadtteil Charlottenburg gewohnt hatte, wie sie mit sechzehn aus Bessarabien nach Paris gekommen war, um bald darauf eine der wenigen Frauen ihrer Zeit zu sein, die an der Sorbonne in den Naturwissenschaften eingeschrieben waren, und von ihrer Heirat mit einem charmanten Rumänen im Rathaus des 5. Arrondissements. Schließlich kam sie auf den Krieg zu sprechen. Und ihr Bericht über die Nacht, in der ihr Mann verhaftet wurde, zeigte mir das ganze Leid, das Juden und Deutsche trennt.

Seit diesem Abend gehörte ich zu der kleinen, unkonventionellen Familie Klarsfeld, in der jedem mehr am anderen lag als an sich selbst, in der es kein Generationenproblem gab, in der sich die Mutter für ihre Kinder aufgeopfert hatte und diese ihr eng verbunden geblieben sind, ohne deshalb auch nur einen Bruchteil ihrer persönlichen Freiheit aufzugeben.

Tania und Serge hatten, jeder für sich, unter äußerst abenteuerlichen Bedingungen einen großen Teil der Welt erkundet. Diese Reiselust und Serges Wunsch, dass ich zumindest einen Teil all dessen sähe, was er bewundert hat, bewogen ihn, mich 1961 nach Griechenland und in die Türkei zu schicken, die er, oft per Anhalter, bereist hatte. Ich fuhr mit einer Studentengruppe, erst im Zug bis Brindisi, dann mit einem

Schiff, das uns auf Inseln absetzte, deren Dörfer und archäologische Überreste wir auf Eselsrücken besichtigten. Vor der Weiterreise nach Istanbul hielten wir uns eine Weile auf dem griechischen Festland auf, dann an Bord eines Schiffes, wo ich merkte, dass ich nicht seefest bin. Die Ausstattung war spartanisch, bei den Überfahrten schliefen wir an Deck und an Land im Zelt. Aber meine Erinnerungen an diese Reise sind großartig. Sie war großartig und voller Entdeckungen.

Im Sommer 1962 meldete mich Serge, der immer noch im Militärdienst war, für eine andere Reisegruppe an, diesmal, mitten im Kalten Krieg, mit Ziel Rumänien. Er war auch bei dieser Reise nicht dabei, die ans Schwarze Meer führte und einen Tag nach Bukarest, wo ich, nachdem ich meiner Gruppe ausgebüxt war, an der Tür von Lida klingelte, Serges Tante und der dritten Frau des Klarsfeld-Clans, die ich kennenlernte. Lida lebte umgeben von Katzen, was mich hell entzückte, denn mein Weggang aus Berlin hatte meine Liebe zu Hunden und Katzen nicht getrübt, und vielleicht wirkte meine Reaktion positiv auf Lida, die sich sehr aufmerksam und großherzig zeigte und mich damit vollends in die Familie aufnahm. Der Besuch war kein Zufall. Raïssa wollte, dass ich ihre Schwester trotz des Eisernen Vorhangs kennenlernte, sie versprach sich von ihr einen Blick von außen, eine möglichst unvoreingenommene Meinung, nicht um sich einen Eindruck zu verschaffen, denn den hatte sie bereits, sondern um den Kreis zu erweitern, eine besonders enge familiäre Beziehung zu pflegen und herauszufinden, ob sie mir ihren Sohn anvertrauen konnte.

Im März 1963 verlobte sich Tania mit Alik, einem aus Bessarabien stammenden jüdischen Ingenieur, den sie aus Bukarest kannte und der Rumänien inzwischen verlassen hatte. Während der Verlobungsfeier ergriff plötzlich Serge das Wort: »Zusammen mit Tania und Alik feiern auch wir Verlobung.«

Am 7. November 1963 heirateten wir im Rathaus des 16. Pariser Arrondissements. Noch am selben Abend gingen wir im Schlafwagen auf Hochzeitsreise. Ziel: die Kunststadt München, die mein ewig wandernder Jude Serge nicht kannte. Kurz zuvor hatte er eine Stelle als Direktionsassistent bei der öffentlich-rechtlichen Rundfunkanstalt ORTF erhalten. Im Juli 1964 wurde er zum Ressortleiter befördert. Ich gab meine Arbeit bei der Firma für Lyoner Seidenstoffe in der Rue de la Paix auf und ging als zweisprachige Sekretärin zum Deutsch-Französischen Jugendwerk, das im Jahr zuvor von De Gaulle und Adenauer gegründet worden war und dessen Ziel – Ausbau der Beziehungen zwischen unseren beiden Ländern – mich lockte.

Wir waren glücklich mit unserem Privat- und Familienleben, hatten beide eine berufliche Laufbahn eingeschlagen, die unseren Interessen entsprach, und so die besten Voraussetzungen für ein geordnetes und solides Leben, wie so viele andere Paare es führen.

SERGE

Von der Gestapo gejagt

Es ist der 30. September 1943, der Tag, bevor in Nizza das neue Schuljahr beginnt. Ich bin acht Jahre alt. Am Anfang der Rue d'Italie, in der wir in einem Zwanzigerjahre-Mietshaus mit der Hausnummer 15 wohnen, erhebt sich die Basilika, deren Fassade Nizzas Hauptverkehrsader, der Avenue de la Victoire – die heutige »Avenue Jean Médecin« –, zugewandt ist. In die andere Richtung kreuzt die Rue d'Italie die wenig befahrene Avenue Durante, die zum Hauptbahnhof führt. Auf deren linker Straßenseite, keine hundert Meter von der Kreuzung entfernt, ein Fin-de-Siècle-Bau, das Hotel Excelsior. Seit drei Wochen ist dieses Hotel das Gestapo-Hauptquartier; die Deutschen, die Nizza seit kurzem besetzt halten und die Italiener aus der Stadt vertrieben haben, sammeln dort die bei Razzien verhafteten Juden und schicken sie in beschlagnahmten Personenwaggons, die an den Nizza–Paris-Zug angehängt werden, nach Drancy. Wir lernen schnell, einen großen Bogen um die Avenue Durante zu machen.

Es ist Mitternacht, und in unserer spärlich möblierten Dreizimmerwohnung schlafe ich tief und fest. Genau wie meine Schwester, meine Mutter und mein Vater. Die Fenster gehen zur Straße hinaus, nur das Küchenfenster auf einen engen dunklen Hof.

Plötzlich erleuchten Scheinwerfer die Frontseite unseres Hauses, und sofort erschallen auf Deutsch gebrüllte Befehle. Wir stehen hastig auf. Meine Schwester und ich rennen in das Versteck, das mein Vater mit zwei ungarischen Freunden in einem etwa 1 Meter 50 tiefen Einbauschrank gebaut hat. Eine dünne Wand vor einem Teil der festen Rückwand schützt uns vor Blicken. Geöffnet wird sie mit einem einfachen, unten an der Innenseite angebrachten Haken.

Am 8. September 1943, nicht einmal einen Monat zuvor, waren die Deutschen in Nizza einmarschiert und hatten auch noch jene acht Departements im Südosten Frankreichs besetzt, die sie am 11. November 1942, als die Truppen des Dritten Reichs in die bis dahin freie Zone einmarschiert waren, der Kontrolle ihrer italienischen Alliierten unterstellt hatten.

Diese zehnmonatige Atempause zwischen November 1942 und September 1943 war eine Zeit des Glücks für zahlreiche jüdische Familien, denen die Nazis nach dem 8. September 1943 so viel Leid zufügen sollten. Wie viele andere Familien waren auch wir noch vollzählig: Papa, Mama und die Kinder. In den Medien wird meine Kindheit oft mit einem Foto illustriert, auf dem wir alle vier, Arno, Georgette, Serge und Raïssa, zum letzten Mal gemeinsam die Promenade des Anglais entlanggehen. Unsere Sicherheit schien durch die Carabinieri und Bersaglieri gewährleistet, und Tausende von Juden flohen vor der deutschen Besatzung in die italienische Zone.

Dafür bin ich den Italienern bis heute zutiefst dankbar, Italien ist für mich seit meiner Kindheit eine zweite, rettende Heimat geworden. Fausto Coppi, den ich 1946 beim Grand Prix des Nations auf der Route de la Reine in Boulogne zum Parc des Princes rasen sah, wurde mein Held und ist es geblieben. Als Jugendlicher bin ich per Anhalter durch Italien gereist und seitdem immer wiedergekommen. Mit dieser Leidenschaft habe ich auch unsere Kinder angesteckt: Arno hat mit Carla zusammengelebt; Lida hat Carlo geheiratet; unsere Hunde sind durch sämtliche Gassen Venedigs gestreunt, und Beate und ich sitzen noch oft Hand in Hand auf einer Bank auf Sant'Elena und bewundern die Serenissima, oder auch auf der Piazza Santo Spirito in Florenz vor der schmucklosen Fassade von Brunelleschis erhabener Kirche.

Am 18. März 1943 hatte eine Unterredung zwischen Mussolini und dem deutschen Botschafter in Rom, Mackensen, stattgefunden, der den Duce dazu bewegen wollte, seinen Militärs zu befehlen, die Juden nicht länger zu schützen und die Regelung der Judenfrage in der italienischen Besatzungszone der französischen Polizei zu überlassen. Über Mussolinis Äußerungen berichtete Mackensen Ribbentrop: »Tatsächlich lägen die Dinge doch so, daß wir froh sein könnten, daß eine französische Regierung existiere, die diese polizeilichen Maßnahmen durchzuführen bereit sei. Es sei ein Unding, ihr in den Arm zu fallen. Seine Generäle hätten offenbar vergessen, daß sie nicht als besetzende Macht in Frankreich säßen, sondern gekommen seien, um zu helfen. Die Handhabung der französischen Polizei gehe sie gar nichts an. Wenn die Franzosen gegen die Juden fest vorgingen, so sei das schließlich nichts anderes, als wenn sie gegen kriminelle Verbrecher vorgingen, wo es den Militärs nicht einfallen würde, sich einzumischen. Das Verhalten seiner Generäle sei ein Ausfluß, nicht nur des schon hervorgehobenen mangelnden Verständnisses für die Bedeutung der Aktion, sondern ebensosehr die Auswirkung einer falschen Humanitätsduselei, die unserer harten Zeit nicht entspreche. Er werde – das möge ich dem Herrn Reichsaußenminister melden – noch heute den Generalobersten Ambrosio mit entsprechenden Weisungen versehen, damit fortab die französische Polizei in dieser Aktion völlig freie Hand habe.«

Wenn dieser Beschluss umgesetzt worden wäre und Vichy die Juden in der italienischen Zone hätte verhaften können, wären wir vermutlich alle umgekommen. Doch Generalstabschef Ambrosio und der italienische Chefdiplomat Bastianini, der schon Kroatiens Juden geschützt hatte, begaben sich sofort zu Mussolini, mit Berichten italienischer Offiziere über die Judenmassaker in Osteuropa und einer Botschaft der italienischen Militärs und Diplomaten im Namen des italienischen Volks: »Kein Land – nicht einmal das verbündete Deutschland – darf Italien, die Wiege des Christentums und des Rechts, an diesen Untaten beteiligen, für die das italienische Volk eines Tages vielleicht wird Rechenschaft ablegen müssen.«

Angesichts dieses entschlossenen Widerstands gab Mussolini nach und überließ das Schicksal der Juden in der italienischen Besatzungszone Frankreichs der italienischen Rassenpolizei, die dieselbe rettende Politik wie die italienischen Militärs verfolgte. Bis auf den Publizisten Theodor Wolff, dessen Überstellung die Deutschen aus politischen Gründen forderten, wurde von Italienern kein einziger Jude an die Polizei von Vichy oder die Gestapo ausgeliefert.

Die italienische Besatzung eines Teils von Frankreich war für uns wie für alle jüdischen Familien ein Segen. Keine tödliche Razzia der Vichy-Polizei mehr wie die vom 26. August 1942, als 560 als staatenlos geltende Juden verhaftet und unter entsetzlichen Bedingungen nach Drancy überführt wurden. Vorbei die Verhaftungen wegen »illegalen Aufenthalts«, vorbei die Angst vor französischen Polizisten. Im vom Dritten Reich unterjochten Europa tat sich für die Juden eine Oase auf. Die Italiener untersagten den französischen Behörden, Ausweispapiere und Lebensmittelkarten mit dem Stempel »Jude« zu versehen;

sie untersagten der französischen Polizei jede Verhaftung von Juden, nur weil sie Juden waren. Sie schützten die italienischen, ausländischen und französischen Juden. Mussolini, der selbst durchaus bereit gewesen wäre, die Juden den Deutschen auszuliefern, konnte aufgrund des Drucks der italienischen Öffentlichkeit noch nicht das Schlimmste verfügen. Später tat er es doch, nach seiner Absetzung im Juli 1943 und seiner Rückkehr an die Macht in Norditalien im Oktober 1943, als nur noch hundertfünfzigprozentige Faschisten, die deutschen Truppen und die SS ihn unterstützten.

Das italienische Debakel war für uns eine Katastrophe. Italienische Soldaten haben versucht, Juden mitzunehmen, sie in Sicherheit zu bringen. Doch die Machtübernahme durch die Deutschen erfolgte so plötzlich, dass die meisten dieser Versuche gescheitert sind.

Der Terror griff rasch um sich. Sofort vervielfachte sich die Zahl der Verhaftungen unter den 25 000 Juden in Nizza. In den Straßen, an den Kreuzungen sowie den Ortsein- und -ausgängen wurden Absperrungen errichtet; Reisende, die Bus oder Zug nehmen wollten, wurden systematisch kontrolliert, ein engmaschiges Netz wurde gespannt, das für alle, die zu entkommen versuchten, noch gefährlicher war als für die, die blieben.

Angesichts der enormen Gefahr, in der wir uns befanden, hatte mein Vater beschlossen, hinter den auf Bügeln hängenden Kleidungsstücken das von innen verschließbare Versteck zu bauen, in dem wir dann kauern: Unsere Lage ist prekär. Bloßes Drücken mit der Hand oder ein Stoß mit dem Gewehrkolben gegen die dünne hölzerne Trennwand würde genügen, um das Versteck und damit unsere Anwesenheit zu verraten.

Meine Schwester war elf, ich acht. Wir stritten uns oft, doch in dem Moment, als wir in den Schrank mussten, verhielten wir uns mustergültig und diszipliniert. Wir, unsere Mutter Raïssa, meine Schwester und ich, rannten schnell ins Versteck, mit unseren Kleidern vom Vortag, die wir uns beim Sprung aus dem Bett noch schnell geschnappt hatten. Raïssa kletterte noch einmal hinaus und machte die Betten, um jede frische Spur von uns zu tilgen. Sie kehrte zurück und schloss die Tür.

Wir hatten es oft genug geübt. Falls die Gestapo uns holen kam, würde mein Vater ihnen öffnen und behaupten, die Wohnung werde gerade desinfiziert, deshalb habe er uns aufs Land geschickt, um uns vor einer möglichen Vergiftung zu schützen. Würde auch er sich verstecken, bestünde die Gefahr, dass die Deutschen mit Gewehrkolbenhieben jede Wand, jeden Schrank untersuchten und uns entdeckten. Er hatte uns sehr deutlich gemacht, was uns drohte. Wir waren uns darüber im Klaren, dass dieses Versteck unsere einzige Hoffnung auf Rettung war. Ein paar Tage zuvor hatte er uns mit der Erklärung zu beruhigen versucht, dass er im Fall seiner Verhaftung durch die Deutschen eine größere Überlebenschance hätte als wir: »Ich bin stark, ich werde überleben, aber ihr nicht.« Wir waren alle drei sicher, dass unsere Verhaftung unseren Tod bedeuten würde.

Die Causanskys hatten eine Wohnung in Moissac gehabt, in der meine Mutter, meine Schwester und ich zu Kriegsbeginn lebten. 1943 kamen sie nach Nizza. Wir beherbergten sie bei uns, doch das enge Zusammenleben ging meinen Eltern schließlich auf die Nerven. Nicht ahnend, dass der Entschluss, die Causanskys anderweitig unterzubringen, diese wenig später retten würde, fand mein Vater am Abend der Razzia Unterschlupf für sie im ersten Stock bei den Dussours, die der Résistance angehörten. Die Causanskys haben überlebt, Paul Dussour wurde einige Monate später verhaftet und nach Dachau deportiert, wo er starb. Seit dem 8. Mai 1975 erinnert eine Gedenktafel über der Eingangstür des Hauses Rue d'Italie 15 an zwei Freunde: Paul und Arno.

Italiens Unterzeichnung des Waffenstillstands mit den Alliierten und die Flucht der Italiener beim Einmarsch der Deutschen folgten so rasch aufeinander, dass in Nizza alle wie gelähmt waren. Alois Brunner, verantwortlich für die Deportation der Juden aus Wien, Berlin und Saloniki und neuer Kommandant des Lagers Drancy, veranlasste sofort eine der brutalsten Razzien des gesamten Kriegs in Westeuropa. Auf der Straße wurden die Personalien von jedem überprüft, die Männer gezwungen, sich auszuziehen, um zu sehen, ob sie beschnitten waren, Keller und Dachböden wurden durchsucht. Binnen weniger Tage wurden Hunderte von Menschen verhaftet.

In der Nacht vom 30. September auf den 1. Oktober besetzten die Gestapomänner unser Haus. Sie gingen systematisch vor, Stockwerk für Stockwerk, klopften an jede Tür, die Wohnungen von Nichtjuden betraten sie jedoch nicht. Vermutlich waren jüdische Familien wie wir, die sich bei ihrer Ankunft in Nizza im Oktober 1941 nicht als Juden hatten registrieren lassen, denunziert worden. Die lokalen Behörden trugen jedoch keine Verantwortung für diese Tragödie: Der Präfekt Jean Chaigneau, ein Gerechter unter den Präfekten, hatte die Kartei, in der die Juden erfasst waren, vernichtet, damit sie nicht den Deutschen in die Hände fiel. Jean Chaigneau, 1944 verhaftet und deportiert, hat überlebt.

Unser Versteck grenzt an die Wohnung der Goetz', die sich als Elsässer ausgeben, aber eigentlich polnische Juden sind. Wir hören die Deutschen dort eindringen und ihre Tochter Yvonne vor Schmerz aufschreien, als sie mit dem Gewehrkolben ins Gesicht geschlagen wird, weil sie gewagt hat, die Gestapomänner nach ihren Ausweisen zu fragen. Wir hören das Weinen der kleinen Marguerite, der Freundin meiner Schwester, die die Deutschen grob anpacken, um die Adresse ihres älteren Bruders Lucien herauszubekommen. Sie verdrehen ihr den Arm, Marguerite schreit: »Ich weiß nicht, ich weiß nicht!« Sie bedrohen und misshandeln nacheinander sämtliche Familienmitglieder, denen sie die Information schließlich entreißen. Wenige Stunden später wird Lucien verhaftet. Wir hören den Vater schreien: »Hilfe! Französische Polizei, zu Hilfe! Wir sind Franzosen! Retten Sie uns, retten Sie uns!«

Dieser Hilferuf macht deutlich, dass ich in gewisser Weise privilegiert war: Anders als bei so vielen meiner Freunde, die überlebt haben, und anders als bei so vielen Söhnen und Töchtern deportierter Juden kamen in unserem Fall keine uniformierten Franzosen, um Eltern und Geschwister abzuholen, sondern Deutsche von der Gestapo. Damals wusste ich nichts von den Verhaftungen, die die französische Polizei auf Befehl der Kollaborationsregierung vornahm, und sollte auch lange nichts davon erfahren. Anders als die anderen Kinder, die mehr Angst vor französischen Polizisten als vor deutschen Soldaten hatten, die normalerweise nicht an den Razzien beteiligt waren, habe ich die französische Polizei nie gefürchtet. Ab Sommer 1943 hat sie in der ehemals freien Zone auch keine Razzien gegen Juden mehr durchgeführt; und in Nizza war sie nicht an den Aktionen der Deutschen und der in ihrem Sold stehenden Helfershelfer beteiligt. Am 26. August 1942, als dort die Großrazzia gegen die als staatenlos geltenden Juden (ehemalige Deutsche, Österreicher, Polen, Russen und Tschechen) durchgeführt wurde, waren wir zwar schon in Nizza, aber als Rumänen nicht von dieser Razzia betroffen, selbst wenn wir uns als Juden hätten registrieren lassen.

Wären wir 1940 nicht vor den Deutschen geflohen, sondern in Paris geblieben, so wären wir am 24. September 1942 ebenso verhaftet worden wie die über 1500 rumänischen Juden, die seit dem Vortag als »verhaftbar« galten, dem Tag, an dem die Gestapo erfuhr, dass die rumänische Regierung ihre Souveränität über ihre im Ausland lebenden jüdischen Staatsbürger aufgab. Am 24. September wurden sie bei Tagesanbruch von der französischen Polizei verhaftet. Am 25. September wurden sie um 8 Uhr 55 mit dem 37. Transport deportiert, und am Morgen des 27. September wurden drei Viertel dieser Deportierten in Birkenau vergast. Nur 72 Stunden lagen zwischen ihrem von den französischen »Schutzmännern« herbeigeführten bösen Erwachen in Paris und ihrer Ermordung durch die SS am anderen Ende Europas. Noch heute, im Jahr 2014, gelangt ein in Frankreich aufgegebener Brief nicht so schnell ins polnische Auschwitz wie im Jahr 1942 ein Jude.

Ja, ich war in gewisser Weise privilegiert, weil ich nicht wie andere jüdische Kinder unter dieser Wunde Frankreichs litt, die so schlecht heilt und sich erst allmählich schließt, dank der Reden zweier Staatspräsidenten: der des Mitte-rechts-Präsidenten Jacques Chirac am 16.7.1995: »An jenem Tag tat Frankreich das nicht Wiedergutzumachende«, und der des Mitte-links-Präsidenten François Hollande am 22.7.2012: »Dieses Verbrechen wurde in Frankreich und von Frankreich begangen.«

Wie bei allen jüdischen Kindern, die Razzien erlebt und geliebte Menschen verloren haben, ist diese nächtliche Razzia für meine jüdische Identität prägend gewesen, die weder ein religiöses noch ein kulturelles Erbe ist: Meine jüdische Identität ist die Shoah und eine unerschütterliche Verbundenheit mit dem jüdischen Staat, dem Staat Israel. Sie ist meine Vergangenheit als Jude und die Zukunft des jüdischen Volks.

Plötzlich klopfen sie an unsere Tür. Mein Vater macht auf. Eine Stimme mit starkem deutschen Akzent fragt ihn auf Französisch: »Wo sind Ihre Frau und Ihre Kinder?« Mein Vater antwortet: »Sie sind auf dem Land, weil wir die Wohnung gerade desinfiziert haben.« Meine Schwester hat Bronchitis. Um nicht zu husten, stopft sie sich ein

Taschentuch als Knebel in den Mund. Die Deutschen kommen herein und durchsuchen die Wohnung. Einer öffnet die Schranktür. Noch siebzig Jahre später höre ich das Geräusch der Kleiderbügel, die über die Stange gleiten. Der Gestapomann inspiziert die Trennwand nicht, die uns vor seinem Blick schützt, und schließt die Schranktür wieder. Erneut die Stimme: »Ziehen Sie sich an und kommen Sie mit.« Sie gehen.

Mein Vater ist schon halb zur Tür hinaus, besinnt sich aber im letzten Moment. Ihm sind gerade noch die Schlüssel eingefallen. Wie kann er behaupten, wir seien nicht da, und dann ohne seine Schlüssel weggehen? Mein Vater kann ja eigentlich nicht wissen, dass er nie zurückkehren wird. Wenn er, ohne abzuschließen, das Haus verlässt, könnten die Deutschen daraus folgern, dass wir in der Wohnung sind. Mein Vater geht zum Schrank, beugt sich hinein und flüstert: »Meine Schlüssel.« Meine Mutter öffnet auf allen vieren die Trennwand einen Spaltbreit, reicht meinem Vater die Schlüssel, der sie nimmt und ihr ein letztes Mal die Hand küsst. Wir hören seine Stimme noch einmal jenseits der Wand aus der Wohnung der Goetz', in die die Deutschen ihn geführt haben und wo er versucht, unsere Nachbarn zu beruhigen.

Dann liegt wieder Stille über dem Haus. Starr vor Angst verharren wir Stunde um Stunde in dem Schrank. Wir wissen nicht, ob ein Deutscher in unserem Stockwerk geblieben ist. Am frühen Morgen verlässt meine Mutter unser Versteck. Als ein Nachbar die Treppe herunterkommt, wagt sie sich vor die Wohnungstür; sie bittet ihn nachzusehen, ob die Deutschen wirklich weg sind. Dann kriechen wir aus dem Versteck. Wir ziehen uns an und verlassen das Haus.

So begann ein mehrwöchiges Umherirren in Nizza und seinen Vororten, in dessen Verlauf wir dem Tod mehrmals ein Schnippchen schlugen: Wir zogen aus einem möblierten Zimmer in eine Familienpension, weil die von Juden bevölkerten Hotels das bevorzugte Ziel der Gestapo waren. Auf der Straße nahm meine Mutter den Gehweg auf der einen Fahrbahnseite und meine Schwester und ich den auf der anderen. Im Autobus saß sie hinten und wir vorn. Wir hatten unsere Anweisungen für den Fall, dass sie verhaftet würde: zu welchen Freunden wir gehen, wem wir schreiben sollten; wir hatten Geld, damit wir im Fall der Fälle zurechtkamen. Wir gingen regelmäßig in die Basilika; dort fanden wir Sicherheit und Frieden und beteten für Arno.

Unser Vater war von der Gestapo ins Hotel Excelsior gebracht worden, das ein paar hundert Meter von unserer Wohnung entfernt nahe beim Hauptbahnhof lag. Dieses Hotel war zu einer Außenstelle des Lagers Drancy geworden. Sobald 50 Juden dort waren, wurde es von Brunner geräumt. Meine Mutter brachte den Mut auf, am 2. Oktober zum Bahnhof zu gehen, um meinen Vater abfahren zu sehen. Mit einem Blick bedeutete er ihr, sich zu entfernen, denn es konnte sein, dass die Deutschen sich auf Menschen stürzten, die eindringlich dort hinüberschauten. Meine Eltern hatten ihre Hochzeitsreise im Februar 1929 nach Nizza gemacht, in Nizza wurden sie am 2. Oktober 1943 für immer getrennt.

In Nizza verlor ich meinen Vater, und in Nizza verlor ich im April 1981 auch meine Mutter. Sie wollte die Rue d'Italie 15 noch einmal sehen. Sie war herzkrank, und meine Schwester begleitete sie und fotografierte sie vor unserer ehemaligen Haustür unter der Gedenktafel. Dann kehrten sie ins Hotel Negresco zurück. Wenig später, bei ihrer Schwägerin, sagte meine Mutter: »Beeilen wir uns, sonst sind wir zu spät im Casino.« In dem Moment brach sie mit einem Herzinfarkt zusammen und starb – am 20. April, dem Geburtstag Hitlers. Ein solches Ende hatte sie sich gewünscht, sie wollte keinesfalls in einem Krankenhaus sterben. Ins Casino des Palais de la Méditerranée wollten sie nicht zum Spielen, sondern weil mein Vater dort 1942 Chefdolmetscher gewesen war.

2007 sahen meine Schwester und ich, zusammen mit Beate und rund zwanzig Freunden, eine deutsche Oper: die »Bestmannoper« des Komponisten Alex Nowitz. Sie handelt von der Verhaftung meines Vaters, unserer Nacht im Versteck, der Rolle Alois Brunners, Eichmanns bestem Mann, und von meinem Kampf um Gerechtigkeit. Es war bewegend, uns auf der Bühne zu sehen und zu hören, wie mein Vater von seiner Liebe zu seiner Familie sang und von seiner Angst, dass Brunner sie entdeckte.

Nach den kräftezehrenden Wochen kreuz und quer durch Nizza beschloss unsere Mutter, in unsere Wohnung zurückzukehren. Sie wollte nicht länger bei anderen in Gefahr sein oder sie gefährden. Sie zeigte uns lieber, was wir im Fall einer Razzia in unserer Wohnung tun sollten, wo wir uns auskannten: Wir sollten ins Versteck klettern, sie würde den Deutschen die Tür aufmachen. Jeden Abend brachten wir vorm Schlafengehen unsere Kleider und die für die Flucht nötigen Papiere ins Versteck und gingen zu Bett, meine Mutter zwischen uns. Sie hielt sich fast die ganze Nacht mit Krimis wach. Ich las mit, bis ich einschlief. So kam ich auf den Geschmack an Kriminalromanen, deren Lektüre mich nötigenfalls auch heute beruhigt. Wir gingen wieder ins Mädchengymnasium, dessen untere Klassen ich besuchte und in dem auch Simone Veil war, die damals Simone Jacob hieß, die Auschwitz überlebt hat und später EU-Parlamentspräsidentin wurde. Wenn wir abends heimkamen, wussten wir nicht, ob wir unsere Mutter noch antreffen würden. Einem Juden konnte jederzeit der Himmel auf den Kopf fallen. Als die Gestapo in der Schule ein Mädchen verhaftete, nahm unsere Mutter uns herunter. Erst im Februar 1944 konnten wir Nizza verlassen.

Am 28. Oktober 1942 wurde mein Vater Arno Klarsfeld bei der Ankunft des 61. Transports, der ihn von Drancy nach Auschwitz deportiert hatte, von einem Kapo geschlagen und schlug zurück. Diese Tat kostete ihn das Leben. Er starb mit 39 Jahren, nachdem er beim Strafkommando in der Fürstengrube gewesen war, einem Steinkohlebergwerk, in dem es ihm gelungen war, neun Monate zu überleben, während die durchschnittliche Lebensdauer dort höchstens sechs Wochen betrug. Warum hat er sich nicht dieses Mal, nur dieses eine Mal in seinem Leben, gebeugt? Ich werde es nie erfahren, aber ich bin überzeugt: Hätte er nicht zurückgeschlagen, hätte er vielleicht überlebt.

Mein Vater Arno

Mein Vater war groß und stattlich, und er liebte die Unabhängigkeit. Sicher war er auch egoistisch, vor allem aber unabhängig, und er besaß eine magnetische Anziehungskraft. Er ähnelte dem Schauspieler Victor Mature, der Samson verkörpert hat …

Er wurde 1905 im rumänischen Brăila geboren, einer Hafenstadt an der Donau, und er hat gelebt, als hätte er um seinen frühen Tod gewusst. Er genoss das Leben, ohne sich um die Zukunft zu sorgen, und begann sehr früh, die Welt zu erkunden. Er verbrachte viel Zeit auf Reisen; ich glaube, er ist sogar ein Jahr lang auf einem deutschen Frachter zur See gefahren. Woher der Vorname Arno? Weil seinen Eltern Florenz so gut gefallen hatte, dass sie beschlossen, ihr nächstes Kind, wenn es ein Mädchen wäre, Florence zu nennen, und einen Jungen Arno – vielleicht auch, weil Arno ein Anagramm von Aron ist.

Mein Großvater Salomon wurde 1862 geboren und ließ sich in Brăila an der Donau nieder; er wurde dort einer der größten Reeder, besaß rund hundert Schiffe und exportierte Weizen bis nach China. Brăila, die Stadt des Schriftstellers Panaït Istrati, den mein Vater gut kannte, war kosmopolitisch. Arno, der sieben Sprachen sprach, war das jüngste von sechs Kindern, drei Jungen und drei Mädchen. Um eine Vorstellung vom Schicksal der Juden im 20. Jahrhundert zu bekommen, braucht man sich nur anzusehen, wo all diese Kinder gestorben sind: Rachel, die Älteste, 1970 in Quito, Myriam 1940 in Bukarest, Moreno 1985 in Paris, Ernestine 1982 in São Paulo, Édouard 1977 in Paris und Arno 1944 in Auschwitz.

Im Vergleich zu meinem Großvater sind wir Habenichtse. Er lebte im Jahr 1900 auf großem Fuß, bestellte die Kleidung für seine Familie in London und besaß ein großes Vermögen, das er 1930 verlor. Sein ältester Sohn Moreno erwarb sich seinerseits ein Vermögen als Reeder und Repräsentant der großen internationalen Getreidefirma Bunge, verlor es aber 1948, als die kommunistischen Machthaber ihn verhafteten und zu Zwangsarbeit verurteilten. Die Enkel meines Großvaters wurden Werkstoffingenieur beim Baukonzern Saint-Gobain, Musikmanager, Hoteliers in Brasilien, Physiker in Orsay, Russischlehrerin (meine Schwester), Anwalt (ich), Geschäftsmann in Guatemala, Lebensmittelfabrikant in Ecuador.

Etwa hundert Kilometer von Brăila entfernt liegt jenseits des Flusses Pruth in Bessarabien, das jahrhundertelang eine Provinz des Osmanischen Reichs und schließlich russisch geworden war, die kleine Stadt Cahul (gesprochen: Kagul). Dort wurde 1904 meine Mutter geboren. Arno und Raïssa begegneten sich zum ersten Mal in einem Tanzlokal in der Rue de la Huchette im Pariser Quartier Latin. Meine Mutter war mit einem Freund gekommen, mein Vater mit einer Freundin, auf den Heimweg machten sie sich gemeinsam.

Raïssa war in einer reichen Apothekerfamilie aufgewachsen. In Begleitung ihrer älteren Schwester Lida, die nach ihrem Studium in Warschau Zahnärztin wurde, war Raïssa mit sechzehn für kurze Zeit zum Studium nach Odessa und Prag gegangen, wo ihr Bruder Leonid studierte, dann an die Universitäten von Padua und Gießen, bevor sie sich an der Sorbonne für die Naturwissenschaften einschrieb. Dort war sie eine der wenigen weiblichen Studenten, bevor sie mit ihren Eltern, die beschlossen hatten, das Leben zu genießen, zwischen Karlsbad, Berlin, Lausanne und Nizza herumreiste. 1927 hatte sie ihr Pharmazie-Studium wieder aufgenommen.

Raïssa war vierundzwanzig, Arno auch. Es war Liebe auf den ersten Blick. Im Februar 1929, einen Monat nach ihrer ersten Begegnung, verließen sie als Eheleute das Rathaus des 5. Arrondissements. Viele Jahre später verließen mein Sohn, meine Tochter und ich als Anwälte das dem Rathaus gegenüberliegende Gebäude der rechtswissenschaftlichen Fakultät an der Place du Panthéon.

Am 2. November 1931 wurde meine Schwester im 16. Arrondissement geboren; unsere Eltern ließen sie als französische Staatsbürgerin registrieren. Zu Ehren Clemenceaus gab mein Vater ihr den Namen Georgette, den sie verabscheut. Er hätte sie lieber Georgia nennen sollen. Sie lässt sich Tania rufen, doch während des Kriegs war »Georgette« sehr hilfreich.

Ich verbrachte mein erstes Lebensjahr im heute moldawischen Bessarabien in der Stadt Cahul, wo meiner Mutter die Dienerschaft ihrer Eltern und ein großes Haus zur Verfügung standen, das immer voller Tiere war. Ich weiß nicht, ob mein Vater uns dort besucht hat, damals stritten sich meine Eltern oft. Aber sie versöhnten sich stets wieder, weil meine Mutter jedes Mal mildernde Umstände für ihn geltend machte: »Die Frauen werfen sich ihm an den Hals«, und das stimmte; alle, die meinen Vater damals kannten, bestätigten das. In den 60er-Jahren verriet mir einer der dienstältesten Kellner des Coupole: »Wenn Ihr Vater hereinkam, sahen die Frauen nur noch ihn.«

Anfang der 1990er-Jahre kontaktierten mich zwei Halbbrüder, Michel und Georges, die aus verschiedenen Beziehungen meines Vaters stammten und nichts voneinander wussten. Ihre Mütter hatten die Erinnerung an Arno lebendig gehalten: Ein Sohn von Georges hieß Arnaud und ein Enkel von Michel Arno. So viele meiner ebenfalls verwaisten Gefährten träumten immer noch davon, dass einer der Ihren überlebt hatte, und ich hatte das Glück, Brüder zu entdecken, die zu lieben Freunden wurden. Georges ist inzwischen verstorben; Michel Soulas – der stellvertretender Bürgermeister von Montpellier war und eine Doktorarbeit über General Koenig verfasst hatte – gehört mit seiner Familie bis heute zu unserer Familie. Raïssa hatte Arnos Seitensprünge immer verziehen und uns erzählt, das Jahr vor seiner Verhaftung sei das glücklichste ihrer Ehe gewesen. »Er hat sich für uns geopfert und uns das Leben gerettet«, wiederholte sie oft.

1937 waren wir alle vier in Paris, und meine Eltern mieteten eine Zweizimmerwohnung im Hinterhof der Avenue de Versailles 196 an der Porte de Saint-Cloud. Auf einem Foto vom 29. April 1938 stehen meine Schwester und ich auf dem breiten Bürgersteig, den ich zur Erholung auch heute noch gern entlangschlendere, mit Blick auf den Markt gegenüber, den es schon im Mittelalter gab und wo ich nach der Befreiung jeden Sonntag sehr lange für Kartoffeln anstand. Meine Schwester und ich haben uns am 29. April 2013 an derselben Stelle fotografieren lassen, wo das 65 Jahre zuvor gemachte Foto aufgenommen worden war, erst einzeln, dann mit meinen Enkeln, die ebenfalls an der Porte de Saint-Cloud wohnten.

Seit 1972 wohnen wir oberhalb des Bus-Depots, und ich erfuhr erst vor ein paar Jahren, dass aus diesem Depot die fünfzig Busse losfuhren, die von der Polizeipräfektur für die Razzia des Vélodrome d'Hiver beschlagnahmt worden waren. Unsere Tochter wohnt auf der anderen Seite des Platzes und meine Schwester mit ihrer Familie wie auch ihr Sohn Maldoror mit der seinen ganz in der Nähe. Die Porte de Saint-Cloud ist meine Heimat, mein Dorf. Als Kardinal Verdier 1938 die Kirche Sainte-Jeanne-de-Chantal einweihte, nahm er mich auf den Arm und segnete mich. Die Kirche wurde bombardiert und zerstört und später wieder aufgebaut. Ich habe mit meinen Kameraden in ihren Ruinen gespielt. 1969 wurde Jean-Marie Lustiger Priester in Sainte-Jeanne-de-Chantal, und wir wurden Freunde. Als 1978 mein *Mémorial de la déportation* erschien, wurde es zu seinem Lieblingsbuch. Er wurde Bischof von Orléans und später Erzbischof von Paris und Kardinal. Unsere Freundschaft blieb lebendig. 2007 sollte er unsere Tochter in Siena trauen, ich habe das Flugticket aufbewahrt, mit dem er am 8. Juni dorthin fliegen sollte, aber der Tod ereilte ihn. Am Tag nach seinem Begräbnis veröffentlichte *Le Monde* ein Foto von Notre-Dame, vor der die Fahne der Söhne und Töchter der deportierten Juden Frankreichs mit dem Davidstern wehte. Er war einer der Unseren: Jude und Christ und durch die Deportation verwaist. Es war dann Pater Patrick Desbois, im Herzen ebenfalls einer der Unseren, der unsere Tochter in Siena traute und maßgeblich dazu beitrug, die *Shoah par balles* bekannt zu machen, die systematische Erschießung durch Sondereinsatzkommandos vieler Tausende von sowjetischen Juden, deren Leichen in unkenntlich gemachten Massengräbern verscharrt wurden.

Arno und Raïssa waren Teil einer kosmopolitischen und polyglotten jüdischen Welt, die sich von Gott entfernt hatte. Ihre Heimat war Europa. Sie hatten seine berühmtesten Städte besucht, in mehreren Ländern gewohnt, waren mit deren Geschichte, manchmal auch ihrer Sprache vertraut, liebten sie alle und fühlten sich allen zugehörig. Meine Eltern waren nicht religiös. Weder mein Vater noch seine Brüder noch der Bruder meiner Mutter noch ich haben Bar Mitzwa gemacht. Meine Mutter begnügte sich mit der Einhaltung einiger weniger Traditionen: Fasten an Jom Kippur und kein gesäuertes Brot an Pessach, doch ich habe nie erlebt, dass sie den Sabbat gefeiert hätte. Dennoch waren die Freunde meiner Eltern fast alle Juden, die die Traditionen allerdings ebenso locker handhabten wie sie selbst. Und nach dem Krieg waren die Freunde meiner Mutter dem traditionellen Judentum nicht etwa stärker verbunden. Der Umstand, als Jude geboren zu sein, hatte ihnen unendliches Unglück gebracht, sonst nichts. Die jüdischen Opfer waren – mit Ausnahme der jüdischen Widerstandskämpfer – keine Helden wie die Juden, die unter der Inquisition auf den Scheiterhaufen stiegen: Man hatte ihnen angeboten zu konvertieren, und sie hatten abgelehnt. Während der Shoah boten die Nazis den Juden nicht an, auf ihr Judesein zu verzichten. Drei Großeltern jüdischen Glaubens oder auch nur zwei, wenn der Ehegatte Jude war, genügten, um getötet zu werden. Manche der Ermordeten betrachteten sich nicht mehr als Juden, und viele derer, die sich als Juden fühlten, hätten ihr Judentum sicher bereitwillig verleugnet, um dem Tod zu entgehen.

Aber unabhängig von dem, was geschehen ist, habe ich mich oft gefragt, was es heißt, Jude zu sein. Als Kind wurde mir klar, dass es unter anderem hieß, diesen Teil meiner Identität zu verheimlichen, dass es mich von den anderen trennte. Meine Eltern haben mir damals nicht erklärt, was es heißt, Jude zu sein, weil sie es nicht konnten, da sie es selbst nicht wussten. Wäre dieser Krieg nicht ein Krieg gegen die Juden gewesen, hätte ich mich wahrscheinlich nie als Jude betrachtet, abgesehen von der Abstammung. Ich bin halbwegs vertraut mit der jüdischen Geschichte, aber kaum mit der jüdischen Kultur. Ich spreche weder Jiddisch noch Hebräisch, das ich rudimentär an der École Maïmonide gelernt, seitdem aber wieder vergessen habe. Und ich bin nicht gläubig. Trotzdem bin ich Jude. Obwohl es mein Wille ist, Jude zu sein, hatte ich nicht den Wunsch, mein Judesein zu vererben, denn ich habe eine Nichtjüdin geheiratet. Das war eine Entscheidung aus Liebe; zugleich war es eine Entscheidung, die über die Liebe hinausgeht. Hätte ich eine jüdische Ehefrau, wären meine Kinder Juden. Nun aber sind sie es nach jüdischem Gesetz nicht, weil das Judentum von der Mutter vererbt wird. Was übrigens keine Rolle spielt, da unser Sohn Arno sich als Jude fühlt, auch wenn er es in den Augen praktizierender Juden nicht ist. Ich habe zum Dank für geleistete Dienste am 14. Februar 2001 per Erlass des israelischen Innenministers die israelische Staatsangehörigkeit erhalten. Als Arno beschloss, Israeli zu werden – was aufgrund der israelischen Staatsbürgerschaft seines Vaters möglich war – und seinen Militärdienst in Israel zu leisten, wurde seine Religionszugehörigkeit zu einem Behördenproblem. Arno konnte nicht als Jude betrachtet werden; gegen den Willen der Bürokraten, die um jeden Preis wollten, dass er eine Religion angibt, setzte er durch, dass das entsprechende Kästchen leer blieb. Für den Staat Israel, dessen Staatsbürger er ist, ist er Freidenker. Unsere Tochter ist dezidierte Atheistin und hat einen Katholiken aus einer alten Sieneser Familie geheiratet. Ihre Kinder wurden in Rom von den zwei Päpsten gesegnet, die seit ihrer Geburt aufeinanderfolgten: Benedikt XVI. und Franziskus.

Im September 1939 meldete sich mein Vater zusammen mit seinem Neffen Willy und Tausenden anderer Ausländer – überwiegend polnische und rumänische Juden und spanische Republikaner – »für die Dauer des Kriegs« als Freiwilliger. Er wurde dem zur Ehrenlegion gehörenden 22. Marschregiment ausländischer Freiwilliger zugewiesen.

Anfang Mai 1940 wurde das 22. Marschregiment ausländischer Freiwilliger ins Departement Haut-Rhin geschickt, und am 21. Mai stürzte es sich in die Schlacht an der Somme. Arno und Willy standen unter dem Befehl von Albert Brothier, der als Oberleutnant diente und später General und Chef der Fremdenlegion wurde. Am 5. und

6. Juni stoppte das 22. Marschregiment Rommels Panzer, bevor es fast vollständig aufgerieben wurde. Am 2. Juli 1941 wurde es von der Vichy-Regierung ausdrücklich belobigt: »[Das 22. Marschregiment] leistete 48 Stunden lang sämtlichen Angriffen heroisch Widerstand und hielt in dieser Zeit erfolgreich die maßgeblichen Stellungen der ihm anvertrauten Position. Trat allein mangels Munition den Rückzug an und wurde von einem materiell übermächtigen Feind aufgerieben. Fand für seinen Widerstand dessen Bewunderung.«

Arnos Neffe Willy Goldstein war an seiner Seite gefallen. Er wurde am 2. Juli 1941 lobend erwähnt: »Hat als Freiwilliger im Moment der härtesten Kämpfe am 5. und 6. Juni seine Tapferkeit und Hartnäckigkeit unter Beweis gestellt – ist in Misery (Somme) während der Ausführung eines Verbindungsauftrags tödlich verwundet worden.« Und 1999 erklärte General Brothier vor dem Ehrenmal für die ausländischen jüdischen Freiwilligen auf dem Friedhof von Bagneux: »Es würde zu lange dauern, eine Liste all der Ausländer zu erstellen, die um mich herum gefallen sind; doch ich habe es bereits gesagt und werde nicht müde, es immer wieder zu sagen: Der erste Name auf dieser langen Liste ist der eines fünfundzwanzigjährigen jungen Juden, der an der Somme den Heldentod starb, als er Rommels Panzern entgegentrat. Er hieß Goldstein, und bis zu meinem letzten Atemzug wird Goldstein einen Platz in meinem Herzen haben.« Am 28. Mai 1943 zeichnete Philippe Pétain Wilhelm Goldstein, dessen jüdische Herkunft ihm nicht entgangen sein kann, posthum mit der Militärmedaille aus, während seine Polizei zur gleichen Zeit Säuglinge verhaftete und an die Deutschen auslieferte: eine der Paradoxien des Vichy-Regimes, für das die im Kampf gefallenen Juden tapfer waren und jüdische Kinder potenziell gefährliche Elemente, derer man sich entledigen musste.

Noch eine Ironie des Schicksals: Einerseits töteten die Deutschen Millionen von Juden, die ihre Sicherheit nie gefährdet hatten, andererseits hielten sie sich ans Genfer Abkommen und verschonten Tausende jüdischer Kriegsgefangener der französischen Armee, die deutsche Soldaten bekämpft und sehr oft getötet hatten.

Und eine weitere: Während die Marschregimenter der Freiwilligen von 1939 bis 1940 im Lager Barcarès in den Ost-Pyrenäen ausgebildet wurden, betrachteten die Behörden der III. Republik im selben Departement, in Städten wie Saint-Cyprien und Argèles, zugleich Tausende deutscher und österreichischer Juden, die aus dem Dritten Reich geflohen waren, als feindliche Ausländer und internierten sie unter entwürdigenden und unmenschlichen Bedingungen.

Und noch eine: Vom Bahnhof Rivesaltes im Departement Pyrénées-Orientales brachen im Mai 1940 die jüdischen Freiwilligen zu all den Fronten auf, wo sie bald ihr eigenes und das Blut des Feindes vergießen sollten. Konnten sie ahnen, dass zwei Jahre später, im August und September 1942, Tausende ausländischer Juden – Männer, Frauen und Kinder – von ebendiesem Bahnhof nach Drancy und Auschwitz deportiert werden würden, Hitlers Judenhass ausgeliefert durch einen Marschall von Frankreich, und dass viele ausländische Freiwillige, die gekämpft und fünf Jahre Gefangenschaft erlitten hatten, bei ihrer Rückkehr ihre Eltern, ihre Frau und ihre Kinder nicht mehr vorfinden würden, weil Vichy-Frankreich sie verraten hatte? Sie waren vom Geschützfeuer verschont geblieben, aber ihre Familien waren in der Gaskammer umgebracht worden.

Arno geriet in Gefangenschaft, aus der ihm im März 1941 die Flucht gelang. Er kehrte zu uns ins Departement Creuse in der freien Zone zurück.

Als wir in jenem Jahr dort in der Gemeinde Le Grand Bourg waren, versuchte Rosalie Glaser, eine österreichische Jüdin, meiner Mutter klarzumachen, dass Hitlerdeutschland die Juden vernichten wollte. Meine Mutter, die in den zwanziger Jahren oft und länger in Deutschland gelebt hatte, meinte die Deutschen zu kennen und weigerte sich, ihr zu glauben.

Wir waren nach einem dramatischen Jahr in die Creuse gelangt. Am 2. September 1939 wurde ich als »erster Verwundeter« dieses Kriegs ins Rote-Kreuz-Krankenhaus in der Pariser Rue Michel-Ange gebracht, weil meine Eltern so laut aufgeschrien hatten, als sie im Radio die Kriegserklärung hörten, dass ich Angst bekam, wegrannte, stürzte und mir einen Brauenbogen brach. Im Krankenhaus feierte man mich als den Ersten, der in diesem gerade begonnenen Krieg sein Blut vergossen hatte. Die Narbe habe ich immer noch. Auch der Exodus von 1940 gehört zu meinen frühesten Erinnerungen: eine endlose Schlange an der Gare d'Austerlitz, ein Zug, der am Tag vor dem Einmarsch der Deutschen gestürmt wurde; der Beschuss des Zuges; die Ankunft in Capbreton im Departement Landes, wo die Deutschen uns wenig später einholten: Die ersten, die wir sahen, fuhren auf Motorrädern mit Beiwagen. Sie schreckten mich weniger als das Meer, dessen Wellen mir Angst machten, übrigens zu Recht, denn einige deutsche Soldaten badeten dort leichtsinnig und ertranken.

Vom besetzten Capbreton ging es weiter in die unbesetzte Zone nach Moissac, wo sich viele Juden eingefunden hatten. Dort wäre auch ich beinahe ertrunken, im Süßwasser: Ich war gerade fünf geworden, und ich weiß noch, dass meine Schwester und andere Kinder am Flussufer zusahen, wie ich um mich schlug, bis ich es schaffte, mich an Gräsern aus dem Wasser zu ziehen. In Moissac hörte meine mittellose Mutter von der russisch-jüdischen Kinderhilfsorganisation Œuvre de Secours aux Enfants (OSE) und deren Kinderheim in der Creuse, im Château de Masgelier bei Le Grand Bourg, und dass sie ihre Kinder kostenlos dorthin schicken könnte, während sie sich in Le Grand Bourg niederließ. Sie folgte diesem Rat im Herbst 1940. Das Château de Masgelier war ein Ehrfurcht gebietendes Schloss, in dem strenge Disziplin herrschte, was meiner Schwester nicht besonders gefiel. Ich erinnere mich, dass ich mit meinen kleinen Händen im Gemüsegarten gearbeitet habe, was mir das Gärtnern vermutlich für alle Zeit verleidet hat. Auch das Essen war sehr eintönig, es gab fast jeden Tag Kichererbsen. Unsere Mutter kam uns jede Woche zu Fuß besuchen. Die Kinder – wir waren etwa hundert – waren größtenteils Deutsche, Österreicher und Polen. Sie verdanken der OSE, die 1941 für manche von ihnen die Überfahrt in die Vereinigten Staaten erreichte und die anderen rechtzeitig verteilte, ihr Leben.

In Masgelier wäre ich um ein Haar gestorben. Ich litt an einer nicht erkannten Blinddarmentzündung, die immer schlimmer wurde, mein Fieber stieg auf 41 Grad. Zu meinem Glück kam an jenem Abend ein rumänischer Arzt nach Masgelier, Élysée Cogan, der mit der Versorgung der Kinderheime im Departement Creuse (Masgelier, Chabannes und Chaumont) betraut war. Nachdem er mich untersucht hatte, brachte er mich noch in der Nacht ins Krankenhaus von Guéret, wo man der Meinung war, für eine Operation sei es zu spät. Doch der Chirurg beschloss, es trotzdem zu versuchen. Der Eingriff gelang, und ich verbrachte drei Wochen zwischen Leben und Tod im Krankenhaus, meine Mutter wich mir nicht von der Seite. Der Chirurg sagte zu ihr: »Er hat nur deshalb überlebt, weil Sie ihn lange gestillt haben.« Ich erinnere mich an mein sehr hohes Bett – ich war erst fünf –, an den täglichen schmerzhaften Verbandswechsel und vor allem an mein erstes bebildertes Geschichtsbuch über Karl den Großen und die Langobarden. Meine Berufung zum Historiker ist im Krankenhaus von Guéret erwacht, vor dem ich mich ins Lesen flüchten konnte. Ich konnte wohl lesen, seit ich drei war, jetzt aber las ich zum ersten Mal stundenlang, um dem Schmerz und der Langeweile zu entkommen. Zum zweiten Mal im Krankenhaus war ich erst 67 Jahre später, als ich einen vierfachen Bypass erhielt …

Im Frühjahr 1941 kehrte mein Vater zu uns zurück. Auf einem Foto, auf dem er kurz vor unserer Abreise nach Guéret meine Schwester und mich vor dem Château de Masgelier umarmt, ist uns unsere Freude anzusehen. Arno war so frech, Marschall Pétain am 9. April in einem Brief um Unterstützung bei der Arbeitssuche zu bitten. Als er keine Antwort erhielt, schrieb er am 26. Mai 1941 einen weiteren Brief – der noch in meinem Besitz ist, da er mit dem Stempel »Vom Marschall« an ihn zurückging.

Die Antwort ließ nicht lange auf sich warten: Am 9. Juni 1941 wurde Arno aufgefordert, im zuständigen Arbeitsamt zu erscheinen, und im Kommissariat zur Bekämpfung der Arbeitslosigkeit eingestellt. Drei Monate später beschlossen meine Eltern, nach Nizza zu gehen, wo meine Mutter schon mehrmals mit ihren Eltern gelebt hatte und wohin Arno und sie ihre Hochzeitsreise gemacht hatten. Welch eine Veränderung für uns Kinder: das Meer und eine lebendige Stadt im Süden, wo eine Menge Leute lebten, die uns nahe waren. Viele Juden waren nach Nizza geflohen, unsere Eltern fanden dort wieder Freunde und zurück zu einem gesellschaftlichen Leben, das nach ihrem Geschmack war. Im Dezember 1941 nahm Raïssa mich mit nach Monte-Carlo, wo sie von Baron de Gunzburg empfangen wurde, einem bekannten russischen Juden, der im Casino des Palais de la Méditerranée in Nizza über Einfluss verfügte, und erreichte, dass mein Vater dort eine Stelle als Chefdolmetscher erhielt, die seinen Fähigkeiten und seinem Temperament entsprach.

1942 schloss sich Arno der Résistance an. Der Tod hat ihn daran gehindert, mir seine Erinnerungen anzuvertrauen. Von Pierre Merli, dem späteren Bürgermeister von Bordeaux, erfuhr ich, dass sie zusammen in der »Maison du prisonnier« aktiv waren. Vermutlich dort trafen sie einen der ersten Widerstandskämpfer, Antoine Mauduit, der die Organisation »La Chaîne« gegründet hatte. Diese Organisation verhalf in Gefangenschaft geratenen französischen Offizieren zur Flucht. Ihr Hauptquartier war das Schloss von Montmaur in der Nähe von Gap im Departement Hautes-Alpes. Wir haben noch einen Brief von Mauduit an Arno vom 22. Dezember 1942: »Ich schlage vor, Sie kommen mit Ihrer Familie für ein paar Tage hierher, bis wir eine Position für Sie finden. Sie werden in einem Häuschen neben dem Schloss untergebracht. Mit brüderlichem und solidarischem Gruß.«

Also fuhren wir nach Montmaur und verbrachten dort einige Wochen. In den Kellerräumen des »Häuschens«, in dem wir wohnten, wurden falsche Ausweise gedruckt. Unsere Mutter hatte keine Ahnung, dass unsere Familie hier als Tarnung diente. Als es ihr klar wurde, machte sie Arno Vorwürfe, dass er seine Kinder in solche Gefahr brachte, und reiste mit uns ab. Der Winter war so eisig, dass das Bettzeug gefror, und zu den schönsten Erinnerungen an meinen Vater zählen jene Nächte, in denen er uns mit Grimassen und Späßen ins Bett scheuchte. Er war immer fröhlich und gut gelaunt.

Während unseres Aufenthalts dort, Anfang Februar 1943, fand die denkwürdige Versammlung statt, bei der François Mitterrand, der die Organisation Maison du Prisonnier gegründet hatte und leitete, sich offiziell der Résistance anschloss. Ich war dabei, denn wir wärmten uns tagsüber im Schloss. Ich erinnere mich sogar an den Tumult, den ich auslöste, weil ich mich in der Toilette eingeschlossen hatte, wo die Glühbirne durchbrannte und ich die Tür wegen der Dunkelheit nicht mehr aufbekam.

Nach der Verhaftung meines Vaters in Nizza war ich sicher, dass er zurückkehren würde. Er hatte es uns versprochen. Er war ja zu Beginn des Kriegs schon einmal gefangen genommen worden, geflohen und zurückgekehrt. Er würde ein weiteres Mal zurückkehren. Ich litt nicht so sehr wie andere, die unvorbereitet vom Tod ihres Vaters erfuhren; der meine starb nach und nach, er kam nicht wieder. Als wir ihn später, im Mai und Juni 1945, im Pariser Hotel Lutetia mit seinem Foto suchen gingen, schwand die Hoffnung allmählich dahin. Im August war ich in einem Ferienlager im Schloss Ferrières, als meine Mutter mir schrieb, ein überlebender griechischer Deportierter habe meinen Vater erkannt, den er im August 1944 im Krankenbau von Auschwitz kennengelernt hatte, schrecklich mager sei er gewesen, habe seine Gefährten aber noch aufmuntern können. Da begriff ich, dass ich meinen Vater nicht mehr wiedersehen würde, und lief ohne einen Sou in der Tasche aus dem Ferienlager weg nach Hause und weinte in den Armen meiner Mutter. Ich habe in meinem Leben oft von meinem Vater und seiner Rückkehr geträumt.

Er hatte es noch geschafft, uns aus Drancy einen Brief zukommen zu lassen, den wir unglücklicherweise nicht aufgehoben haben und in dem er mir schrieb: »Jetzt bist du das Familienoberhaupt.«

Am Donnerstag, dem 28. Oktober 1943, wurde um 5 Uhr 30 zum Abtransport geweckt. Dieser Transport umfasste 1000 Personen, aufgeteilt in 20 Gruppen à 50 Personen. SS-Hauptsturmführer Brunner, der das Lager Drancy seit Juni 1943 leitete, war ein fanatischer Judenfeind und ausgesprochen hinterhältig. Er wollte Drancy füllen und fuhr deshalb mit seinem österreichischen SS-Kommando an Orte, wo er große Mengen von Juden verhaften konnte. Die Abtransporte aus Drancy sollten geordnet ablaufen und möglichst wenig Probleme machen. Es gelang Brunner, viele Internierte davon zu überzeugen, dass sie bei der Ankunft ein Lager vorfinden würden, in dem dieselben Verhältnisse herrschten wie in Drancy, wo er, Brunner, die Zustände im Vergleich zu der Zeit vor Juni 1943, als das Lager noch der französischen Polizeipräfektur unterstand, deutlich verbessert hatte. Die französische Gendarmerie war seither außerhalb des Lagers postiert und bewachte es scharf; innerhalb des Lagers herrschten einige wenige Deutsche durch Polizeiterror, doch verwaltet wurde es von Juden. Sie stammten vor allem aus dem Osten Frankreichs, sprachen gut Deutsch und waren mitsamt ihren Familien von den Deportationen ausgenommen, solange sie Brunner nützlich waren. Das war der einzige Fall von – erzwungener – jüdischer Kollaboration im besetzten Frankreich.

Um die Internierten über ihr Schicksal zu täuschen, wurde jeder Gefangene nach seinem Beruf gefragt. Die Waggons wurden von Häftlingen geputzt, die auch das Gepäck der Deportierten trugen und es zunächst in die Busse luden, die sie zum Bahnhof von Bobigny fuhren, und anschließend in die Waggons. Am 27. Oktober 1943 hatte das Reichsverkehrsministerium um 15 Uhr einen Zug mit 23 Güterwaggons und drei Personenwaggons für das Reichssicherheitshauptamt bereitgestellt. Es handelte sich nicht um einen Zug der SNCF, sondern um einen Zug der Deutschen Reichsbahn, der von einem französischen Eisenbahner, von einem deutschen Eisenbahner begleitet, auf französischen Schienen bis zur deutschen Grenze gefahren wurde.

Eskortiert wurde der Transport vom 28. Oktober 1943 von 20 Polizisten, die eigens zu diesem Zweck aus Deutschland gekommen waren. In diesem Transport befanden sich 125 Kinder.

Samuel Stern, einer der Freunde meines Vaters, der zu den etwa fünfzig Überlebenden des Transports gehörte, hat berichtet, was bei der Ankunft in Auschwitz geschah, bei der 284 Männer und 103 Frauen für die Arbeit selektiert und 613 weitere Deportierte sofort vergast wurden: »In Auschwitz muss bereits ein Hinweis auf Arno Klarsfeld vorgelegen haben, denn er wurde gleich bei seiner Ankunft vom polnischen Blockführer geschlagen. Dann tat Arno etwas Ungeheuerliches: Er schlug zurück, wozu er physisch in der Lage war. Das trug ihm bei unserer Gruppe von Franzosen ein gewisses Ansehen ein. Doch der Vorfall ist sicherlich registriert worden … In der Folge musste er in die ›Fürstengrube‹ … Irgendwann erfuhr ich, dass er zu Tode erschöpft ins Stammlager Auschwitz zurückgebracht und liquidiert worden war.«

Bei meinem ersten Besuch in Auschwitz wollte ich die Häftlingsnummer meines Vaters herausfinden, was mir durch logische Schlussfolgerungen auch gelang. Die 284 zur Zwangsarbeit bestimmten Häftlinge trugen die Nummern 159546 bis 159829. Auf einer Liste des Kommandos Fürstengrube, einem Außenlager von Auschwitz, standen vier Nummern, denen kein Name zugeordnet war: 159565, 159630, 159647 und 159683. Von den Selektierten, deren Namen bekannt waren, trug Klajn die 159682 und Lempert die 159684; der Name meines Vaters lag alphabetisch zwischen diesen beiden Nummern, und dass er ins KZ Fürstengrube geschickt worden war, stand zweifelsfrei fest, folglich war er Nummer 159683. Im Register des Krankenbaus, wo nur die Nummern der Kranken verzeichnet wurden, fand ich die 159683 mit dem Vermerk »Fürstengrube« und daneben ein Kreuz und ein »v« *(verstorben)*. Das Kreuz bedeutete wahrscheinlich, dass mein Vater für die Gaskammer bestimmt war. Diese Vermutungen hielt Kazimierz Smoleń, der damalige Leiter des Staatlichen Museums Auschwitz-Birkenau, für zutreffend, wie er mir am 20. Februar 1965 schriftlich bestätigt hat.

Ich wollte diese Häftlingsnummer unbedingt wissen. Sie sollte Teil meiner Erinnerung sein, so etwas wie eine Botschaft meines Vaters an mich: Die Nazis wollten die Deportierten, die sie zwecks Ausbeutung ihrer Arbeitskraft eine Zeitlang vom sofortigen Tod zurückstellten, ihres Menschseins berauben. Die Ersetzung der Namen der Häftlinge durch Nummern erleichterte ihnen dieses Vorhaben, es war charakteristisch für die Verachtung, mit der sie die Juden behandelten. Schon vor dem Krieg hatten sie ihnen in Hitlerdeutschland die Beschränkung auf die Vornamen Israel und Sarah aufgezwungen. In der todbringenden Welt der Konzentrationslager vernichteten die Nazis die persönlichen Papiere der Juden gleich bei deren Eintreffen im Lager und vergasten und verbrannten die allermeisten von ihnen fast unmittelbar danach. Die Getöteten wurden zu Asche gemacht, die Selektierten zu Nummern. Sie verloren ihre Identität, an deren Stelle die nicht auf Papier gestempelte, sondern ins Fleisch gestochene Nummer trat. Wie mein Vater diese Nummer gehasst haben muss, mit der er sich beim Appell zu melden hatte. Nur noch eine Nummer sein, bevor man als Asche verstreut wurde. Doch wir, die Juden, setzen dem Willen der Nazis, das jüdische Volk zu zerstören und zu vernichten, den unnachgiebigen Willen zu genauer jüdischer Erinnerung entgegen.

Raïssa und ihre Kinder

1965 stieß ich bei meinen Recherchen im Dokumentationszentrum der Gedenkstätte des unbekannten jüdischen Märtyrers (Mémorial du martyr juif inconnu), das sich heute im Mémorial de la Shoah befindet, auf eine Liste der Gestapo, auf der unsere Namen standen: »Klarsfeld, Raïssa und ihre Kinder«. Es handelte sich um einen Antrag auf Repatriierung nach Rumänien, den meine Mutter Ende 1943 auf eine Mitteilung der rumänischen Botschaft hin gestellt hatte, der zufolge die Deutschen eine solche Rückkehr genehmigen würden. Sie sollte im Februar 1944 von Lyon aus erfolgen. Später entnahm ich einem anderen Dokument, dass mit dieser 78 Personen umfassenden Rückkehr per Eisenbahn Klaus Barbie betraut worden war. Ich habe nie herausgefunden, ob die rumänischen Juden dieser Liste tatsächlich repatriiert worden sind; ich weiß aber, dass meine Mutter klugerweise zwar unsere Namen, nicht aber unsere Adresse angegeben hatte und dass sie das Vorhaben einer Rückkehr später wieder fallen ließ, weil sie es für zu gefährlich hielt. In einem anderen Gestapo-Dokument steht, unsere Adresse sei unbekannt.

Im Februar 1944 beschlossen die örtlichen Behörden, Frauen und Kinder aus Nizza zu evakuieren; es wurden einige Departements für ihre Aufnahme bestimmt, doch unter den Juden, die sich in der immer noch von der Gestapo kontrollierten Stadt begegneten, obwohl Brunner sie im Dezember 1943 verlassen hatte, wurde gemunkelt, im Departement Haute-Loire sei es weniger gefährlich als anderswo und der deutsche Standortkommandant mit Sitz in Le Puy-en-Velay interessiere sich nicht für die Juden. Diese Information erwies sich als richtig: In der Haute-Loire gab es keine Gestapo-Posten, und Standortkommandant Julius Schmäling, im zivilen Leben Lehrer, hat während der zwanzigmonatigen deutschen Besatzung dort keine einzige Judenrazzia veranlasst. Er war zwar NSDAP-Mitglied, doch Nazis auf dem Papier konnten sich als menschlich oder unempfänglich für die antijüdische Ideologie erweisen, während andere, die nicht in der Partei waren, schändliche Verbrechen begangen haben. Die wenigen in der Haute-Loire vorgenommenen Verhaftungen erfolgten durch Gestapomänner, die aus den angrenzenden Departements hier einbrachen.

Unsere Mutter beschloss, nach Le Puy zu gehen. Das Schicksal der Juden war damals auch eine Glückssache, und diesmal hatten wir Glück. In Le Puy riet uns ein Freund, uns in Saint-Julien-Chapteuil niederzulassen, einem Dorf, in dem sich die Deutschen praktisch nie blicken ließen.

Am 24. März 1944 kamen wir kurz nach unserer Ankunft in Saint-Julien-Chapteuil im zweiten Stock bei Madame Adhémard unter, die im Erdgeschoss einen Ausschank unterhielt, wo sie auch die wenigen Zeitungen verkaufte, die damals erschienen. Raïssa hatte ein Zimmer für sich, meine Schwester und ich teilten uns eins. Außerdem gab es ein Zimmer zum Hof, das zum einen als Küche diente, mit einem riesigen Kohle-Holz-Herd darin und einem Bottich, der als Abwaschbecken und samstags als Badewanne fungierte, und zum anderen, an Tisch und Stühlen erkennbar, als Esszimmer. Es gab kein fließend Wasser und in den Zimmern keine Heizung, und die Toilette war hinten im Hof. Wasser holte man fast hundert Meter weiter die einzige Straße des Dorfes hinauf mit Eimern an der Pumpe.

Wie das weitere Dutzend Juden im Dorf waren wir offiziell Flüchtlinge. Im Rathaus fragte man uns nicht nach unserer Religion. In der Präfektur mussten wir nur erklären, keine Juden zu sein, einen Beweis verlangte man nicht. Wir gaben uns als orthodoxe Christen aus. An einem der ersten Tage meldete meine Mutter uns in der Schule an, Georgette bei den Nonnen von Saint Joseph, mich bei den Mönchen der christlichen Schule.

Saint-Julien liegt an einem Hang inmitten einer grünen Hügellandschaft, in der gewaltige Felsmassen emporragen. Vom Vorplatz der Kathedrale sieht man auf die Dächer des Dorfs, über die sie sich weithin sichtbar erhebt. Was habe ich diese Kirche geliebt, in der ich mit acht Jahren für kurze Zeit an Gott geglaubt und inbrünstig für die Rückkehr meines Vaters gebetet habe! Das Bekreuzigen ist mir immer noch vertraut, ich habe es beim Betreten der Hunderte von Kirchen, die ich seit meiner Kindheit besucht habe, weiterhin angedeutet und nie versäumt, dort Kerzen für meine Lieben anzuzünden.

Ich träumte davon, Messdiener zu werden und das liturgische Gewand meiner Schulkameraden zu tragen. Die biblische Geschichte gefiel mir sehr. Beim Religionsunterricht war ich der Einzige, der brav zuhörte und sich alles merkte. Eines Tages kam der Bischof auf Schulbesuch und fragte die Schüler ab, die im Mai zur Kommunion gehen sollten. Ich wusste immer als Erster die Antwort auf all seine Fragen.

»Wer ist denn dieser begabte Schüler?«

»Ein kleiner Flüchtling, Herr Bischof.«

»Er ist doch hoffentlich Messdiener?«

»Nein, Herr Bischof, wir dürfen ihn nicht nehmen, weil er kein Katholik ist.«

»Wie! Dann muss er aber unbedingt getauft werden!«

Und so wurden gleich am nächsten Morgen die drei in Saint-Julien unterrichtenden Brüder der christlichen Schule feierlich bei uns vorstellig: »Ihr Sohn ist dem Herrn Bischof aufgefallen. Er möchte ihn taufen, damit er Messdiener werden kann. Und wer weiß, vielleicht kann er später das Priesterseminar besuchen und Priester werden und dann Bischof oder gar Kardinal.« Sie versuchten, meine Mutter zu überreden, mich katholisch taufen zu lassen. Das setzte Raïssa in große Verlegenheit, denn es war ihr sehr wichtig, dass wir Juden blieben; Konversion hielt sie für Feigheit. »Werte Brüder,« entgegnete sie, »auch wir sind Christen, wir sind Orthodoxe; ich habe nichts dagegen, dass Serge Katholik wird, aber das ist doch eine sehr schwerwiegende Entscheidung, die nicht ich allein treffen kann, während mein Mann noch in deutscher Gefangenschaft ist. Warten wir auf seine Rückkehr.« Das Argument schien überzeugend.

Wir waren glücklich in Saint-Julien-Chapteuil, der Heimat des Schriftstellers Jules Romains. Wir erfuhren, bei welchen Bauern wir Lebensmittel kaufen oder gegen Kleidung tauschen konnten, vor allem aber gegen Wein, der rationiert und im Dorf, wo fast jedes zweite Haus einen Ausschank beherbergte, sehr gefragt war; die Männer begannen den Tag mit einem »Gläschen« oder auch mehr. Manchmal begleiteten wir meine Mutter auf die Bauernhöfe, wo wir Milch, Butter, Speck, Räucherschinken und Eier bekamen, mitunter wurde für uns ein Huhn geschlachtet – ein wahrer Segen für uns, die wir in Nizza, wo Lebensmittel knapp und auf dem Schwarzmarkt unglaublich teuer waren, so viele Restriktionen erlebt hatten. Ich sah die Ernte, die schweren Ochsengespanne beim Pflügen, das Heumachen, die Natur, die Freundlichkeit der Menschen – ein Leben, das es heute nicht mehr gibt, nicht einmal in diesem ländlichen Teil Frankreichs, und nach dem ich mich bis heute zurücksehne, was mich 1981 zum Kauf unseres Hauses in Breteuil verführt hat. Es liegt gegenüber der Kirche, in der die Tochter von Wilhelm dem Eroberer geheiratet hat und deren Glockenklang ich liebe, der wie in meiner Kindheit jede Viertelstunde ertönt.

Während unserer Zeit in Saint-Julien machte Raïssas Sinn für Recht und Billigkeit großen Eindruck auf mich. Sie war bekümmert, wenn sie im Radio von der Zerstörung deutscher Städte hörte, in denen sie gelebt oder die sie besucht hatte. Sie unterschied zwischen den schuldigen Deutschen und den anderen. Jeder im Dorf sprach schlecht über die Deutschen, über alle Deutschen, nur sie nicht. Dieser eigene Standpunkt, der sich so sehr von dem der anderen unterschied und den sie uns gegenüber begründete, hat mich in einem Alter, in dem man bewusst oder unbewusst seine eigenen Weichen stellt, sicherlich stark beeinflusst: Man kann in der Minderheit sein und trotzdem recht haben.

In Saint-Julien bekamen wir auch unseren ersten Welpen, Topsy, den meine Schwester vor dem Ertrinken gerettet hatte und mit dem Fläschchen fütterte. Sie wuchs zu einer schönen schwarzen Hündin heran, die uns auf unseren Spaziergängen begleitete.

Wir haben in Saint-Julien, wo die Résistance sehr präsent war und gut mit den Gendarmen auskam, die sich nicht um die Vichy-Gesetze kümmerten, keinen einzigen Deutschen gesehen. Meine Schwester ist oft wieder dort gewesen und ich drei Mal. Einer dieser Aufenthalte war denkwürdig, denn im Juli 1967 nahm Beates und mein Leben in »meinem« Dorf eine entscheidende Wendung. Wir verbrachten dort die Ferien: Raïssa, Georgette, unser Sohn Arno, der damals zwei war, Maldoror, der einjährige Sohn meiner Schwester, sowie unser Hund Petia. Beate war Sekretärin beim Deutsch-Französischen Jugendwerk (DFJW) und ich Assistent der Geschäftsleitung bei der Getreidehandelsfirma Continental Grain. Wir fuhren zum Familientreffen nach Saint-Julien; ich kehrte zum ersten Mal seit dem Krieg dorthin zurück. Wir wohnten wieder bei Madame Adhémard, wie bereits 24 Jahre zuvor. Beate und ich arbeiteten zusammen an ihrem dritten Artikel für *Combat* gegen Bundeskanzler Kurt Georg Kiesinger, der am 21. Juli erschien und am 30. August Beates Entlassung beim DFJW zur Folge hatte. Darin hieß es insbesondere: »Die ersten Schritte Herrn Kiesingers waren bescheiden und leise, denn dieser Mann, der sich bei den Christdemokraten einen ebenso guten Ruf verschaffte wie einst bei den Braunhemden, war sich sehr bewusst, was in diesen ersten Wochen für seine Zukunft auf dem Spiel stand.«

Am 18. August 1944 wurde das Departement Haute-Loire von Résistancekämpfern befreit, und in Saint-Julien-Chapteuil wurde groß gefeiert. Wir verließen das Dorf am 24. September 1944, um zum Schulbeginn am 1. Oktober wieder in Paris zu sein. Die Trennung von ihrer Hündin bereitete meiner Schwester großen Kummer. Die Reise dauerte ewig, Brücken waren zerstört, und wir mussten mit einem Fährboot übersetzen. Als wir an der Porte de Saint-Cloud ankamen, fanden wir unsere Wohnung bewohnt vor; sie war 1941 geplündert und anderen Mietern zugewiesen worden. Damit begann ein erneutes Umherirren, das etwa eineinhalb Jahre dauerte, bis uns in einem Prozess unser Rechtsanspruch als Mieter wieder zuerkannt wurde. Die Wohnung war nun leer, kein Nagel mehr in der Wand, unsere Vorgänger hatten auch die Tapeten abgerissen und die Wände beschmiert, damit wir auf keinen Fall irgendetwas nutzen konnten, das sie investiert hatten.

Wir hatten unterdessen an verschiedenen Adressen gehaust. Mir sind besonders die kältesten Wintermonate in Erinnerung geblieben, die wir in einem armseligen Hotel in einem ungeheizten Zimmer verbrachten. Georgette, die am Lycée Molière eine hervorragende Schülerin war, lernte nachts trotz der Kälte, mit einer Decke über den Schultern und Handschuhen. Wir hatten kein Geld; meine Mutter hatte noch keine Arbeit gefunden, und ihre Eltern, die in Bukarest überlebt hatten, wussten nicht, wie sie ihr helfen konnten: Europa war zersplittert, es gab Grenzen und Hindernisse militärischer, politischer und finanzieller Art, die für Zivilpersonen ohne Beziehungen unüberwindlich waren.

Ich besuchte mehrere öffentliche Schulen, von denen mir vor allem die École du Parc des Princes in Erinnerung geblieben ist, ohne dem Unterricht wirklich zu folgen – ich wartete auf die Rückkehr meines Vaters, und als mir klar wurde, dass er nie mehr zurückkommen würde, wurde es nur noch schlimmer. Dann fand meine Mutter beim jüdischen Kinderhilfswerk (OSE) Arbeit in einer Ambulanz für Überlebende. Manchmal begleitete ich sie. Ich hörte die Überlebenden erzählen und begriff, in welche Hölle Arno hinabgerissen worden war, ich begriff, dass wir unser Leben seinem kühlen Kopf und seinem Opfer verdankten. Ich bewahrte eine starke Bindung an ihn, ich malte mir aus, was er, entkräftet, in seinen letzten Momenten gedacht haben mochte; das war kein krankhaftes Gefühl, sondern das Bedürfnis, weiter mit ihm zu sprechen und ihm die Treue zu halten. Ein Mann, der seine Eltern nie kennengelernt hatte, weil er bei ihrer Deportation zu jung war, schrieb mir eines Tages, er habe in seiner Kindheit keine andere Möglichkeit gefunden, mit seinen Eltern in Kontakt zu kommen, als so lange wie möglich die Luft anzuhalten, fast bis zum Ersticken, und sich vorzustellen, er sei bei ihnen gewesen, als sie vergast wurden.

Zu Beginn des Schuljahrs 1945/46 meldete mich meine Mutter im Internat der École Maïmonide in Boulogne an. Der Beinahe-Christ Serge vom Frühjahr 1944 wurde im Herbst 1945 ein frommer kleiner Jude. Zwar *war* ich nicht mehr fromm, seit Gott sich geweigert hatte, mir meinen Vater zurückzugeben, aber äußerlich unterschied mich nichts von den anderen Kindern mit Baskenmützen oder Kippas auf dem Kopf um Schuldirektor Marcus Cohn, der in Frankreich und später auch in Israel großes Ansehen genoss. Ich war sehr gut in jüdischer Geschichte, aber in der Synagoge langweilte ich mich, Hebräisch wollte mir einfach nicht in den Kopf, und die Lernzeit für die Kleinen war begrenzt, weil es sehr kalt war und die Schule nicht oder kaum geheizt wurde.

Das Jahr 1946 verging für mich wie im Nebel, erst zu Beginn des neuen Schuljahrs, als meine Mutter schließlich alle nötigen Transitvisa für Rumänien zusammenhatte, wachte ich auf. Die Lage in Rumänien war ungewiss, es hieß, das Land werde ins kommunistische Lager kippen, deshalb gab meine Mutter unsere Pariser Wohnung, die wir endlich wiederhatten, vorsichtshalber nicht auf. Am 9. November 1946 nahmen wir den ersten Orient-Express, der auf der Strecke Paris–Bukarest wieder fuhr, und nach dreitägiger Reise durch die Schweiz, Österreich und seine Besatzungszonen sowie Ungarn erreichten wir das Gelobte Land und gehörten nach langer Zeit wieder zum Bürgertum. Rumänien war das erste reiche Land, das ich kennenlernte: Menschen mit Geld stand dort alles offen, die besten Dinge waren zu kaufen und die Torten lecker. Meine Großeltern besaßen mitten in der Stadt eine riesige Wohnung mit Blick auf die Bukarester Champs-Élysées. Meine Onkel und Tanten väterlicherseits waren reich und wohnten in Stadtpalästen. Georgette und ich wurden am französischen Gymnasium angemeldet. Meine Mutter atmete endlich auf: Nach all den Jahren voller Entbehrungen und Anstrengungen war der Geldmangel vorbei, den sie in ihrer Jugend nie gekannt hatte.

Doch die Atempause währte nur kurz: Anfang Januar 1947 sollten Parlamentswahlen stattfinden, und die Kommunistische Partei galt als Favorit. Ihre Aktivisten schüchterten die Menschen ein, sie klingelten an den Türen und forderten sie auf, ihre Partei zu wählen. Meine Mutter empörte sich: »Nach der Gestapo will ich nicht unter der Knute der GPU leben; wenn die Kommunisten die Wahl gewinnen, gehen wir zurück nach Paris.« Meine Großeltern versuchten, sie davon abzubringen. Wie auch von hier wegkommen? Meine Mutter und ich waren rumänische Staatsangehörige, und um Rumänien zu verlassen, brauchte man ein Ausreisevisum, das nur die sowjetische Militärbehörde ausstellen konnte.

Die KP gewann die Wahlen, und meine Mutter ging mit mir schnurstracks ins Hauptquartier zu General Borissow, der uns umstandslos empfing. Er war alt und sehr einfach gekleidet. Meine Mutter war Russin, sie erzählte ihm unsere Geschichte und äußerte ihren Wunsch, dass wir unsere Schulausbildung in Frankreich absolvierten, überdies sei ihre Tochter französische Staatsangehörige. Der General erfüllte ihren Wunsch und unterschrieb unser Ausreisevisum. Überströmend vor Dankbarkeit nahm meine Mutter ihren Glücksbringer aus der Handtasche, einen Platinrubel mit dem Bildnis der Zarin Elisabeth, und schenkte ihn dem General, der uns höflich zum Ausgang geleitete.

Dank meiner couragierten Mutter und diesem Visum verließen wir das Land, in dem die Bourgeoisie schon bald schikaniert und verfolgt wurde. Großeltern, Onkel und Cousins kamen teils ins Gefängnis, teils erlebten sie endlose Scherereien und gesellschaftliche Ächtung; ihr Besitz wurde konfisziert und verstaatlicht. Meine Großeltern starben 1950; später gelang es Onkel, Tanten und Cousins, gegen Lösegeld aus Rumänien zu verschwinden. Nur Lida, die geliebte Schwester meiner Mutter, lebte unbehelligt weiter in Bukarest. Zehn Jahre später sah ich sie als Erster wieder, ebenso Nina, die Schwester meiner Mutter in Leningrad, sowie ihren Bruder Leonid in Krasnodar. Die Rolle dessen, der trotz des Kalten Krieges die Familie wieder zusammenführte, ist eine meiner Lieblingsrollen.

Jahrzehnte später am 25. September 2014, zum jüdischen Neujahrsfest 5775, fuhren meine Schwester und ich wieder in die Geburtsstadt meines Vaters, nach Brăila, um vor dem Haus seiner Familie seiner zu gedenken. Dann fuhren wir weiter nach Cahul, in die Stadt, in der meine Mutter geboren wurde, und gingen an die Stelle, wo einst das Haus ihrer Familie gestanden hatte. Und von dort über Tiraspol in Transnistrien nach Odessa, wo Raïssa ihr Studium begonnen hatte.

Wieder in Paris

Als wir im Januar 1947 wieder in Paris waren, hatte meine Mutter ihre Stelle verloren, und ich ging nicht mehr auf die École Maïmonide, sondern ins Lycée Claude-Bernard. Die folgenden Jahre waren sehr hart für meine Mutter, die ihr Pharmaziestudium nie abgeschlossen hatte, weder spezielle Fähigkeiten noch kaufmännische Kenntnisse besaß und uns irgendwie durchbringen musste, mal mit mehreren Jobs gleichzeitig, mal trotz Arbeitslosigkeit. Sie war Vertreterin für Kinderkleidung, Verkäuferin in einer Parfümerie und schließlich Hilfslehrerin für Russisch in zwei Schulen, außerdem übernahm sie Näharbeiten und das Beschriften von Adressaufklebern für Versandhandelsfirmen, eine Tätigkeit, die uns alle drei ganze Nächte lang beschäftigt hielt.

Meine Mutter war zwar Kriegswitwe, aber die Behörden wollten sie nicht als solche anerkennen, da mein Vater ihnen zufolge nicht aufgrund seiner Résistance-Zugehörigkeit verhaftet worden war – womit sie vermutlich recht hatten, da die Gestapo bei der damaligen Razzia wahrscheinlich nicht den Widerstandskämpfer, sondern den Juden Arno Klarsfeld festgenommen hatte. Es gab aber einen Gesetzesartikel, dem zufolge die französische Ehefrau eines Ausländers, der sich freiwillig zur französischen Armee gemeldet hatte und bei der Deportation gestorben war, Anspruch auf eine Rente für zivile Kriegsopfer hatte. Da die meisten Witwen von Ausländern während des Kriegs selbst Ausländerinnen waren, wollte der Gesetzgeber diese Rente ganz offensichtlich Witwen gewähren, die zu einem späteren Zeitpunkt Französinnen geworden waren, hatte dies in dem Gesetzestext aber nicht hinreichend deutlich gemacht. Später bemühte ich mich durchzusetzen, dass meine Mutter diese Rente bekam – eine mühsame und langwierige Aufgabe. Ich ging ins Archiv der Nationalversammlung und studierte die Vorarbeiten zu diesem Gesetz; das Ergebnis war überzeugend und hat am Ende auch überzeugt. Am 4. März 1965 wurde meiner Mutter die lang erhoffte Rente zugesprochen und 1968 auch vom Staatsrat bestätigt.

Ich war kein Anwalt und dachte noch nicht daran, es zu werden, aber als Sohn hatte ich zum ersten Mal vor Gericht gesiegt. Ich hatte die Sache meiner Mutter vor Gericht vertreten, und das verdiente sie.

Raïssa wurde am 12. März 1904 in Cahul geboren, einer kleinen Stadt im erst osmanischen, dann russischen Bessarabien. Ihr Vater Ghers Naoumovitch Strimban gehörte zu einer alten Familie, die wohl bis in die Zeit der Konversion der Chasaren zum Judentum im 10. Jahrhundert zurückreicht. Er war Apotheker in Moskau und starb, noch nicht vierzigjährig, an einem Herzanfall. Seine Witwe, meine Großmutter Perl, geborene Herzenstein, war ebenfalls Russin und entstammte einer wohlhabenden Tabakpflanzerfamilie; ein Herzenstein war Duma-Abgeordneter und wurde 1906 von Anarchisten ermordet.

Ich besitze keine Fotos aus der Kinderzeit von Arno und Raïssa, nur ein Foto von ihr mit 13 Jahren. Sie hatte es einer Freundin geschickt, die mit ihr in Ismail, einer anderen kleinen Stadt südöstlich von Cahul, im Internat war.

Die Zeit, in der die von allen zärtlich Raya genannte Raïssa geboren wurde, war geprägt von zahlreichen schrecklichen Pogromen in Bessarabien, darunter jene von Kischinjow, und Raïssas Onkel organisierten mit anderen die Verteidigung der jüdischen Gemeinden. Raïssas Elternhaus war weitläufig und voller Kinder, Bediensteter und Tiere. Sie erzählte uns später, dass sie manchmal zur Schule geritten war. Sie hatte zwei Schwestern und einen Bruder. Nina wurde zum Medizinstudium nach Sankt Petersburg geschickt und arbeitete am Smolny-Institut, als Lenin während der Revolution dort sein Hauptquartier einrichtete. Sie brach ihr Studium ab, um einen Bankdirektor zu heiraten, der seine Karriere unter den Kommunisten fortsetzte. Die zweite Schwester, Lida, studierte in Warschau Zahnmedizin. Der Bruder Leonid studierte in Prag und entschied sich nach der Revolution unglücklicherweise, nach Russland zu gehen und das neue Regime zu unterstützen. In den dreißiger Jahren wurde er des Trotzkismus bezichtigt und kam erst nach Jahren im Gulag wieder frei. Raïssa selbst besuchte Universitäten in verschiedenen Ländern, bis sie sich für die Naturwissenschaften an der Sorbonne entschied. Ihre Familie war jüdisch, aber ihre Kultur war russisch; was die Religion anging, empfand sich meine Mutter vage als Jüdin. Sie liebte das Russische und beherrschte es perfekt. Außerdem sprach sie Deutsch, Jiddisch, Rumänisch und Französisch mit einem reizenden russischen Akzent.

Fotos aus jener Zeit zeigen eine schöne junge Frau, stets modisch gekleidet, ob in Berlin, Nizza oder Bukarest, Städte, in denen sie sich oft mit ihren Eltern traf. Ihre Mutter hatte in zweiter Ehe den russisch-jüdischen Gentleman Avsei Abramovitch Tessarschi geheiratet, auch er Apotheker, und in der Zwischenkriegszeit reisten sie viel durch Europa. Raïssa nahm ihr Studium nicht sehr ernst und gab es gleich nach ihrer Heirat auf. Sie vertraute zu Unrecht auf die Zukunft und das Vermögen ihrer Eltern in Rumänien. Deren Eigentum wurde bei der Besetzung Bessarabiens durch die Sowjetunion konfisziert. Beide Totalitarismen waren effizient: Die Nazis nahmen ihr den Ehemann, die Kommunisten ihrer und Arnos Familie das Eigentum. Meine Mutter, der es nie an Geld gefehlt hatte, plagten seit 1947 fast fünfzehn Jahre lang große Geldsorgen, bis sie ihre Rente als Kriegswitwe und 1960 von der Bundesrepublik eine Entschädigung und eine kleine Rente erhielt, sodass sie innerlich wieder zur Ruhe kam und es sich leisten konnte, ihre Geschwister oft zu besuchen und sie materiell zu unterstützen. Ich für meinen Teil wollte keine Rente aus Deutschland, für die ich einen Gesundheitsschaden hätte nachweisen müssen, da ich gesund war und vorhatte, meinen Militärdienst zu leisten.

Ich liebte meine Mutter sehr und habe sie nie länger als ein paar Wochen verlassen; meine Schwester ebenfalls nicht, obwohl sie sich oft mit ihr stritt, ein Generationenproblem. Ich war ein wirrköpfiger, aber folgsamer Sohn, der nie tanzen ging, viel las, auch wenn er wenig davon behielt – ich lieh mir wöchentlich vier Bücher in der Leihbücherei aus. Meine Schwester bestand ihre Abiturprüfung mit »gut«, zu einer Zeit, als das noch viel bedeutete. Ich schaffte nur ein »Befriedigend« in der schriftlichen und die mündliche erst im zweiten Anlauf. Doch meine Mutter hatte nur Augen für mich und fand ihre Tochter zerstreut und oberflächlich. Sie sprach Russisch mit uns, und meine Schwester antwortete auf Russisch, ich nur auf Französisch.

Nach dem Abitur studierte meine Schwester nicht, wofür sie sicher zugelassen worden wäre, sondern machte, um ihre Familie zu unterstützen, die Aufnahmeprüfung fürs Lehrerseminar, die sie vor Hunderten von Konkurrenten glänzend als Zweite bestand. Sie unterrichtete in Problemvierteln und stieß auf die Ablehnung ihrer Vorgesetzten, die es nicht schätzten, dass sie an der Sorbonne weiter Russisch studierte. Sie bestand die Zulassungsprüfung, auch diesmal landesweit auf dem zweiten Platz, und konnte endlich aufatmen. Wie meine Mutter es wünschte, schloss sie eine Vernunftehe. Anders als sein größenwahnsinniger Vorgänger Ceaușescu im kommunistischen Rumänien war Gheorghiu-Dej 1962 ein vernünftiger Diktator. Unter seiner Herrschaft wurde sogar der Metzger meiner Tante nach Paris geschickt, um zu lernen, wie man dort das Fleisch schnitt, während unter Ceaușescu viele Rumänen vergaßen, was Fleisch ist. Meine Mutter lernte damals ein gleichaltriges Paar bessarabischer Juden kennen, dessen Sohn Alexander Ingenieur war. Er gefiel meiner Schwester, und als die Familie Davidovici im folgenden Jahr nach Paris ausreisen konnte, verlobten sich die beiden.

Die Hochzeit meiner Schwester fand am 12. Mai 1963 statt, die meine am 7. November 1963. Wir wurden beide im Standesamt des bürgerlichen 16. Arrondissements getraut. Nach der Geburt eines Sohnes, den meine Schwester provozierend Maldoror nannte – heute beglückwünscht er sich zu diesem ausgefallenen, literarischen Namen –, ließen sich Georgette und Alik wegen Unvereinbarkeit der Charaktere später scheiden.

Das erste Schuljahr im Lycée Claude-Bernard 1947 war für mich eine Katastrophe. Der Französisch- und Lateinlehrer, Herr Laboesse, mit einem durch ein breite Narbe entstellten Kinn – Andenken eines Ulanen 1914 –, terrorisierte mich und schien es mit Gefallen zu tun, während ich vielleicht etwas Wohlwollen verdient hätte, denn ich war Halbwaise und lernte freiwillig Latein. Ich konnte zwar keine Grammatik, aber das war kein Grund, mir derartig Angst einzuflößen! Ich habe ihm das nie verziehen.

Am Ende des Schuljahrs riet man meiner Mutter dringend, mich auf eine andere Schule zu schicken. Es kam noch schlimmer: Meine Mutter meldete mich im Internat von Châteaudun an. Dort war ich sehr einsam; die Verpflegung war miserabel, und die anderen Kinder waren Bauernsöhne und brachten jede Woche ihr Essen mit, aber sie teilten nicht. Die Aufseher waren hundsgemein und praktizierten die Prügelstrafe. Meine Mutter glaubte mir nicht, weil sie das Internat auf den Rat einer Freundin ausgesucht hatte, deren ein paar Jahre älterer Sohn sich dort sehr wohlfühlte. Sie wusste nicht, dass er Karten spielte, oft gewann und so sein Taschengeld aufbesserte.

Ich war unglücklich, dreckig, struppig, krank: Als meine Schwester mich besuchen kam, erkannte sie mich an der Bushaltestelle nicht und hielt mich für einen kleinen Bettler. Sie brach in Tränen aus, und meine Mutter beschloss, mich nach Paris zurückzuholen. Ich hatte nichts gelernt. Die einzige gute Erinnerung, die ich daran habe, sind meine Besuche in dem nach dem Waffengefährten von Jeanne d'Arc benannten eindrucksvollen Château du Dunois, wohin ich mich so oft wie möglich flüchtete und mir ritterliche Abenteuer ausdachte. Eine weitere schöne Erinnerung: Man konnte sich für ganz wenig Geld ein Boot ausleihen und sich auf dem Loir treiben lassen; endlich war ich allein, ohne meine Mitschüler, die in der Gruppe im Schlafsaal und im Speisesaal so roh waren; auf dem Loir träumte ich, zum Himmel über dem Laubdach aufblickend, mit der umgebenden Natur verbunden wie in den Armen meiner Mutter.

In Châteaudun erfuhr ich, vom Krieg gebeutelt, der einzige Pariser unter Provinzlern und von den Aufsehern misshandelt, im Mai 1948 aus einer Lokalzeitung auch von der Entstehung eines jüdischen Staates. Ich hatte nicht vergessen, dass ich Jude war, was für mich nichts anderes bedeutete als die Verfolgung durch die Deutschen, und begriff sofort die Tragweite dieses Ereignisses, das die Gründung des Staates Israel darstellte. In dem Lokalblatt stand auch, dass die israelische Armee gegen mehrere arabische Armeen kämpfte und die Existenz des jüdischen Staates vom Ausgang dieses Krieges abhing. Die Zeitung war meine einzige Informationsquelle, und ich sehe mich noch auf allen Vieren an der Conciergeloge vorbeikrabbeln und zum Zeitungshändler rennen. Ich hatte kein Geld, um die Zeitung zu kaufen, las nur die Überschriften. Und ich behielt all meine Freuden und Ängste für mich, ich konnte sie mit niemand teilen, denn ich hatte keinen einzigen Freund.

Im Oktober 1948 sollten wir im Lycée Claude-Bernard, das mich wieder aufgenommen hatte, für den Literaturunterricht einen Aufsatz über ein selbst gewähltes Thema schreiben. Ich entschied mich für die Vereinten Nationen, die ihren Sitz damals im Pariser Trocadéro hatten. Im Plenarsaal der Generalversammlung wurde über Israel debattiert, und ich hörte die wütenden anti-israelischen Reden der arabischen Delegierten. Ich war erst dreizehn, doch mir war, als ginge das, was ich durchgemacht hatte, weiter, als sei nach den Juden jetzt der Staat Israel die Zielscheibe.

Die folgenden Jahre glichen sich: Die Lehrer vermochten meine Persönlichkeit und meinen kritischen Geist nicht zu wecken. Ich beteiligte mich kaum am Unterricht. Nie sprachen wir über das normale Leben oder Ereignisse wie den letzten Krieg; unsere Bücher, unsere Lehrer und ihre Schüler bewegten sich in einer unwirklichen Welt, irgendwo zwischen dem 17. und 19. Jahrhundert. Statt uns klarzumachen, dass Racine und Victor Hugo Etappen auf dem Weg in unsere Zukunft waren, hielt man uns in der Vergangenheit fest und bereitete uns nicht auf das vor, was uns erwartete. Dennoch bin ich meinen Latein- und Griechischlehrern dankbar, die mir die Kultur des klassischen Altertums nahegebracht haben. Ich war zwar schlecht in Grammatik, aber die Geschichte der Antike liebte ich, und ich wollte das Griechische nie für Deutsch oder Italienisch aufgeben. Ich bin sicher, dass diese Kultur mich zu grundlegenden Entscheidungen motiviert hat, die ich als Schüler der École Maïmonide wahrscheinlich nicht getroffen hätte. Meine Helden waren nicht David oder die Makkabäer, sie waren Römer und Athener. Später stellte ich diese Kultur in den Dienst einer Sache, die im Gegensatz zu dieser Kultur stand. Wer weiß, vielleicht glich ich im Grunde eher denjenigen, die ich bekämpfte, als denjenigen, die ich verteidigte.

Wir lebten damals sehr isoliert; ich hatte nur Schulkameraden, keine Freunde. Ich saß neben dem Klassenbesten Henri Godard, der später Professor an der Sorbonne und großer Céline-Spezialist wurde. Ich las viel, fieberte bei Fausto Coppis Glanzleistungen mit, der mich eines Tages vom Hotel, wo ich draußen auf ihn wartete, ins Vélodrome d'Hiver mitnahm, ohne dass ich Eintritt bezahlen musste. Ich schaute mir Filme an, am liebsten amerikanische von Ford, Walsh, Hawks oder Chaplin; meine Lieblingsschauspieler waren Errol Flynn, Stewart Granger und Humphrey Bogart. Den Sommer verbrachte ich in Ferienkolonien, 1949 in Saint-Raphael, von wo ich mit dem Fahrrad bis nach Nizza fuhr, oder auch in Paimpol, Saint-Jean-de-Luz, Boulouris, Rugles.

Im letzten Schuljahr 1953 begann ich allmählich aufzuwachen. Mein Geschichtslehrer Louis Poirier, der unter dem Namen Julien Gracq Romane schrieb und 1951 den Prix Goncourt abgelehnt hatte, schrieb mir ins Zeugnis, ich sei »ein sehr guter Schüler, fleißig und aufgeweckt«. Ich blieb der Erinnerung an meinen Vater treu, ich fuhr zur Enthüllung des Ehrenmals für die ausländischen jüdischen Freiwilligen nach Bagneux und nahm 1953 auch an der Grundsteinlegung für die Gedenkstätte des Unbekannten Jüdischen Märtyrers in Paris teil.

Im selben Jahr beschloss ich, nach Israel in einen Kibbuz zu gehen. Bei der Anmeldung zu dieser Reise traf ich eine junge Jüdin, die mich einlud, sie zu der Zeremonie für die Opfer der Razzia des Vélodrome d'Hiver zu begleiten. Dort hörte ich zum ersten Mal – nicht in den offiziellen Reden, sondern in den Kommentaren der Mitglieder fast vollständig ausgelöschter Familien –, dass die für die Razzia verantwortlichen Polizisten allesamt Franzosen waren.

Ich fuhr mit meinem ersten richtigen Freund nach Israel, Daniel Marchac, der später ein weltberühmter Gesichtschirurg wurde. Nach einwöchiger Überfahrt auf der *Negbah*, auf der wir mit hundert Mann im Schiffsbauch schliefen und auf der Brücke Horo tanzten, kam der erregende Moment, wir betraten jüdischen Boden, und wir sahen einen leibhaftigen jüdischen Polizisten. Wie konnte ein Jude Polizist sein, da die Juden doch von Polizisten gejagt worden waren? Für uns junge Juden war das unfassbar. Unsere Schülergruppe wurde in der Nähe von Afula in dem alten Kibbuz Gewa untergebracht, den ungarische Juden in den zwanziger Jahren gegründet hatten. Wir hatten einen Betreuer der Jewish Agency, der uns Hebräisch beizubringen versuchte und uns zum Bleiben überreden wollte. Doch er tat es ungeschickt und arrogant, warf uns vor, »zu französisch« zu sein, und machte uns Schuldgefühle, indem er behauptete, unser Platz sei hier, in Israel. Die Folge war, dass sich die meisten vor allem als Franzosen fühlten und böse wurden, besonders Daniel und ich. Wir stiegen durchs Fenster des Sekretariats, holten unsere Pässe und machten uns auf, Israel zu entdecken. Wir hatten bereits Gelegenheit zu dem einen oder anderen »Tiul« gehabt, d. h. Ausflügen mit unserer Gruppe nach Galiläa und in den Norden des Landes sowie nach Jerusalem. Wir fuhren per Anhalter nach Sodom, um das Tote Meer zu sehen, weiter ans Rote Meer nach Eilat, wo damals bloß ein paar Baracken standen, und schließlich zu meiner Tante Rachel, einer Schwester meines Vaters, nach Haifa, wo sie lebte, seit sie Rumänien verlassen hatte und bevor sie zu ihrem Sohn nach Quito in Ecuador zog. Gerade noch rechtzeitig kamen Daniel und ich wieder an Bord der *Negbah*.

Im Juli 1954 fiel ich durch die Abiturprüfung; ich hatte das Thema, »Die Probleme des Lebens«, missverstanden und geglaubt, es gehe um Logik, während es um Metaphysik ging. Trotzdem ging ich auf Reisen, was ich mir dank einem bescheidenen Stipendium leisten konnte, das mir für mein Projekt »Odysseus, Sohn des Odysseus« gewährt worden war: Ich musste einen Bericht schreiben und über meine Reiseerlebnisse sowie meine Ausgaben Buch führen. Ich brach auf mit einem sehr kleinen Stipendienbetrag und einem offiziellen Schreiben, dem zufolge der junge Mann, der ich war, zur Formung seines Charakters ohne Geld, aber mit einem Projekt, das er realisieren wolle, auf Reisen gegangen sei. Ich fuhr auf der *Aeolia*, einem griechischen Schiff, nach Athen und per Autostopp weiter nach Delphi, auf den Peloponnes, bis nach Konstantinopel. Ich war entzückt, die Herrlichkeiten aus meinen Schulbüchern *in natura* zu entdecken – in einer Nacht schlief ich sogar an der Stelle, wo einst der Dreifuß der Pythia gestanden haben soll. Dann erkundete ich Konstantinopel und reiste per Anhalter in ostwestlicher Richtung durch Griechenland bis

Korfu. Ich schlief im Freien im Schlafsack und ernährte mich von belegten Broten und Obst. Auf dem Rückweg über Brindisi, Capri, Neapel, Rom und Florenz entdeckte ich die Schönheit Italiens.

Im September fiel ich wieder durch die Abiturprüfung, eine Katastrophe. Der Direktor schrieb: »Brillanter Schüler, dessen Versagen uns zutiefst überrascht hat.« Dabei war ich nicht schlecht in Philosophie. Mein Lehrer hatte mich sogar auf die Teilnahme am ersten europaweiten Aufsatzwettbewerb vorbereitet, und ich hatte in Paris den zweiten Preis erhalten, der mir im Auditorium Maximum der Sorbonne überreicht wurde. Mein Lehrer, Maurice Gaït, hatte einmal im Unterricht über die Konzentrationslager gesprochen und behauptet, es sei in dieser Hinsicht stark übertrieben worden. Ich war empört aufgestanden und hatte die Klasse verlassen. Im Flur fragte mich der Oberaufseher, warum ich weinte, und ich sagte es ihm. Daraufhin erzählte er mir, dass Maurice Gaït unter der Vichy-Regierung Jugend-Generalkommissar gewesen war, nach der Befreiung verurteilt wurde und jetzt zum ersten Mal wieder unterrichtete. Von da an war ich sehr zurückhaltend gegenüber meinem Lehrer, der mir am Ende des Schuljahrs ins Zeugnis schrieb: »Wacher Geist. Regelmäßige und oft sehr befriedigende Ergebnisse.« Später verließ er den Schuldienst und wurde Chefredakteur des rechtsextremen Wochenblatts *Rivarol*.

In den Sommerferien 1955 fuhr ich dank einer Bekanntschaft meiner Mutter auf einem kleinen Schiff, das Champagner transportierte, von Gennevilliers nach London: vier Tage die Seine hinunter, dann über den Ärmelkanal. Ich lernte sogar steuern. In London mietete ich ein Zimmer in Hampstead, das über einem Pub lag. Ich wachte von Geschrei auf: Vor der Tür des Pubs hatte das Mannequin Ruth Ellis gerade aus Eifersucht ihren Geliebten erschossen. In Frankreich wäre sie sehr schnell wieder freigekommen, doch sie wurde zum Tode verurteilt und war die letzte Frau, die in England gehängt wurde. Andere Erinnerungen an London, wo die Spuren des »Blitz« noch zu sehen waren: Unmengen von Männern mit Melonen auf dem Kopf und ihre Regenschirme schwenkend, und der Zeitungsstreik, der die Gesichter der Londoner zu einer frustrierten Maske werden ließ.

Wieder in Paris, ging ich mit meinen Freunden Weiss und Perec regelmäßig ins Stadion Géo André. Drei junge Juden, die Vater oder Mutter verloren hatten und nur über Sport und Filme redeten – einer von uns, Georges Perec, wurde ein großer Schriftsteller, dessen Werk stark von der Shoah geprägt ist. Damals las ich das Buch von Inge Scholl über die Widerstandsgruppe »Weiße Rose« und ihre Geschwister Hans und Sophie Scholl. Sie hatten Flugblätter gegen Hitler verteilt, obwohl sie wussten, dass sie der Polizei kaum entgehen würden. Sie hatten ihr Leben aufs Spiel gesetzt, und dies für eine aussichtslose Sache, denn ein Deutschland, das vereint hinter seinem Führer stand, würde sich nicht gegen ihn erheben. Doch sie hatten bewiesen, dass es ein anderes Deutschland gab. Ihr Beispiel lehrte mich und andere junge Juden, die Deutschen differenzierter zu betrachten. Ohne Hans und Sophie Scholl und ihre gleichfalls hingerichteten oder ins Zuchthaus geworfenen tapferen Kameraden hätte ich meine – sehr verständlichen – Vorurteile nicht so bald überwunden.

1955 kam ich im Rahmen eines zweiten Reisestipendiums zum ersten Mal durch Deutschland. Diesmal war mein Thema »Der Sekundarstufenunterricht in Skandinavien«, und ich fuhr über Hamburg nach Kopenhagen, Oslo und Narvik, wo ich die Gewächshäuser eines Blumenproduzenten reparierte, ins finnische Tornio und schließlich nach Stockholm, wo ich kellnerte. Ich entdeckte die Landschaften – und die Mädchen, denn ich machte unterwegs die Bekanntschaft von Silke, Dorte und Sonia. Vom Sekundarstufenunterricht ist mir vor allem noch im Gedächtnis, dass die Schüler der skandinavischen Länder neben ihrer Muttersprache mindestens drei Fremdsprachen lernen müssen, was bei mir und den meisten anderen Schülern in Frankreich nicht der Fall war.

Eine Deutsche namens Beate

Da ich einfach glücklich sein und mir nicht lange den Kopf über meine Studienwahl zerbrechen wollte, beschloss ich, Lehrer für Geschichte oder für Sprache und Literatur zu werden. Bei dieser wichtigen Entscheidung hat mir mein Vater besonders gefehlt. Vielleicht hat er mich dennoch beeinflusst: Er starb versklavt, und mir haben Situationen, in denen ich befehlen oder gehorchen muss, immer widerstrebt. Ich kann eine Gemeinschaftsaktion als Gleicher unter Gleichen leiten, die bereit sind, meinem Kurs zu folgen, ich kann Anweisungen nachkommen, mit denen ich übereinstimme, aber ich wollte immer frei bleiben, nicht nur im Kopf, sondern auch beruflich. Ich bin nicht zum Angestellten bestimmt und auch nicht lange einer gewesen. Bei der Studienwahl hätte ich an meine Allergie gegen die für einen Lehramtsabschluss unerlässliche physische Geografie denken sollen und an meine Schwäche in lateinischer und griechischer Grammatik.

Im *Hypokhâgne* am berühmten Lycée Henri IV musste man sich sehr anstrengen, wenn man mit den Besten mithalten wollte. Ich arbeitete hart und bestand die Abschlussprüfung in meinen Lieblingsfächern Geschichte und Literatur, nur in Latein war ich völlig ungenügend. Dennoch wurde ich in die Vorbereitungsklasse für das Studium aufgenommen. Die Lehrer waren so streng und pflichtbewusst, dass ihre Kommentare am Rand meiner Arbeiten länger waren als mein eigener Text. Bald merkte ich, dass ich klüger und weniger oberflächlich wurde.

Ich hatte keine Prüfungsangst mehr und erhielt im Juni 1956 im Propädeutikum an der Sorbonne unter Hunderten Studenten die besten Noten in Geschichte und Literatur. Nur die Lateinnote brachte mich um ein »Sehr gut«. Ich konnte es nicht fassen, dass ich so große intellektuelle Fortschritte gemacht hatte, und beschloss, mit einem weiteren Zellidja-Reisestipendium in den Orient aufzubrechen. Ich fuhr per Anhalter über Venedig, das ich entzückt entdeckte, nach Istanbul, und von dort mit der Eisenbahn nach Belgrad und Skopje, wo mich ein Polizist aus dem Zug jagte, weil ich mit einer Jugoslawin geflirtet hatte, weshalb ich im dortigen Bahnhof miterlebte, wie der Diktator Enver Hodscha zu einer seiner seltenen offiziellen Auslandsreisen aufbrach. In Istanbul fuhr ich mit einem Bummelzug nach Erzurum, wo noch Pariser Fiaker aus der Zeit der Jahrhundertwende vor dem Bahnhof standen. Dann in amerikanischen Autobussen aus den dreißiger Jahren, die im Nahen Osten aufgemöbelt worden waren, als einziger Europäer in weitem Umkreis durch den türkischen Teil Aserbaidschans, schlief in Karawansereien und trank ausschließlich Tee. Völlig erschöpft gelangte ich nach Teheran; da ich nicht wusste, wohin, schleppte ich mich zur französischen Botschaft, wo ich großzügig empfangen und untergebracht wurde. Man nahm mich sogar zu einem Besuch bei dem alten Revolutionär Mossadegh mit, der unter Bewachung in der Nähe der Hauptstadt lebte. Dann fuhr ich weiter in die wunderbare Stadt Isfahan, wo ich bei Maristenbrüdern übernachtete, und zu den Ruinen von Persepolis. Ich versuchte, nach Afghanistan zu gelangen, musste aber aufgeben, weil Überschwemmungen viele Brücken zerstört hatten, und kehrte auf demselben Weg zurück. In Saloniki tröstete mich eine hübsche Blondine, Helga, darüber hinweg, dass Djinn, eine Schülerin im Lycée Jules-Ferry, mich nicht gewollt hatte.

Nach meiner Rückkehr schrieb ich mich an der Sorbonne für Geschichte ein. Dank dem Wissen, das ich mir am Lycée Henri IV angeeignet hatte, fiel mir das Lernen leicht. Im Februar 1957 reiste ich auf Einladung meiner Schwester nach Moskau, wo sie die französischen Diplomaten in Russisch unterrichtete. Es war die Zeit des Kalten Kriegs, und nachdem ich den Weg von Stockholm über Turku auf einem Eisbrecher zurückgelegt hatte, saß ich ganz allein im Zug von Helsinki nach Leningrad. Ich entdeckte Moskau, wo gerade Chruschtschows Geheimrede publik gemacht worden war, die erste parteiinterne Kritik an Stalins Herrschaft. Meine Schwester wohnte im Diplomatenviertel, mit ihrem nicht eben üppigen Gehalt konnten wir uns die Restaurants der besten Hotels leisten: Metropol, Savoy oder Moskwa. Aber man konnte niemandem trauen, und es war schwer, sich ein Bild von der wahren Natur dieses Regimes zu machen, in dem alles in Ordnung schien und das sozial und ökonomisch 1957 auf dem Stand von Frankreich war.

Meine Russischkenntnisse, mehr noch meine Erfahrungen 1946 in Rumänien verhinderten, dass ich mich davon überzeugen ließ, dieses Regime sei das menschenfreundlichste auf der Welt. Zumal ich in Leningrad wieder Kontakt zu meiner Tante Nina und ihrer Familie aufnahm, die in einem heruntergekommenen, einstmals schönen Gebäude an der Newa lebten, in einer Gemeinschaftswohnung mit einer anderen Familie. Von ihnen erfuhr ich, dass mein Onkel, der Bruder von Nina und Raïssa, immer noch in einem sibirischen Straflager war.

Kurz bevor ich wieder abreiste, sagte meine Schwester während eines Empfangs Mikojan voraus, dass er bald in Ungnade fallen würde. Er kehrte ihr den Rücken. Doch ihre Vorhersage bewahrheitete sich, und meine Schwester stand bald im Zentrum der Ermittlungen mehrerer ausländischer Geheimdienstagenten, die sich fragten, wie sie diese Information vor allen anderen erhalten haben konnte. Allen voran die Sowjets, die vergeblich versuchten, sie einzuschüchtern. Das war damals nichts Außergewöhnliches, doch es führte dazu, dass meine Schwester nach Frankreich zurückbeordert wurde. Dank dieser Rückkehr übrigens absolvierte sie die Zulassungsprüfung und studierte.

1958 verliebte ich mich in das erste Mädchen, das ich im Descartes-Hörsaal der Sorbonne traf, Mireille. Sie kam aus einer protestantischen elsässischen Familie. Es war Liebe auf den ersten Blick: Sie war sehr hübsch und intelligent, gebildet und hatte eine sehr eigene Denkweise. An Ostern schiffte ich mich in Rouen auf einem kleinen holländischen Frachter nach Casablanca ein; während der ganzen Fahrt auf dem Atlantik tobte ein Sturm. Bei meiner Ankunft erwartete mich ein Brief, in dem Mireille mir schrieb, dass sie mich liebte. So sprang ich in ein Schiff, das am nächsten Tag ablegte, und hatte nicht mehr von Marokko gesehen als die Post in Casablanca. Wir wollten heiraten, aber dann kam der Bruch. Sie schrieb mir: »Wir sind zu verschieden. Ich weiß schon, dass man verschieden sein muss, um sich zu ergänzen, und ich habe lange glauben wollen, es wäre so. Aber ich habe zu sehr unter diesen Differenzen gelitten, um mir länger Illusionen zu machen. Serge, wenn man in keiner Hinsicht dieselben Grundhaltungen hat, nicht einmal in den kleinsten alltäglichen Dingen, kann man nicht miteinander glücklich sein. Und so ist es bei uns: Wir haben uns ständig aneinander gerieben, trotz unserer gegenseitigen Liebe, und wahrscheinlich habe ich am meisten darunter gelitten, denn meine Liebe hat das am stärksten getroffen.« Sie hatte sicher recht. Sie war vernünftig und klarsichtig, ich war es nicht.

Ich war nicht untröstlich. Ich traf eine finnische Studentin, dann eine Holländerin. 1958 schrieb ich mich zusätzlich an der Hochschule für Politikwissenschaften im Fachbereich Internationale Beziehungen ein. Dort fühlte ich mich wohl: Das Studium war machbar, und ich gehörte zum hochschuleigenen Fußballteam. Ich studierte weiter Geschichte an der Sorbonne bei dem großen Historiker Pierre Renouvin. Mein Hauptthema: »Persien und die Großmächte von 1907 bis 1914«, und mein Diplom beim Doyen der Sorbonne hatte das Thema »Die Kriegsbräuche der Römer und der Germanen unter der julio-claudischen Dynastie«.

Suzanne Bastid, meine Professorin im Völkerrecht, verschaffte mir 1959 ein Stipendium an der Akademie für Völkerrecht in Den Haag, wo ich einen kulturell und intellektuell interessanten Monat mit Museumsbesuchen, dem Völkerrecht und meiner holländischen Freundin verbrachte, bevor ich nach Israel fuhr, denn ein anderer meiner Professoren, Georges Balandier, hatte mir ebenfalls ein Stipendium verschafft, um die israelische Gewerkschaft Histadrut zu studieren.

Ich kehrte auf einem türkischen Schiff aus Israel zurück und begab mich in Istanbul zum rumänischen Konsul, um mitten im Kalten Krieg ein Visum zu bekommen. Ich wollte meine Tante Lida in Bukarest besuchen, die ich sonst nie wiederzusehen fürchtete, denn ich musste mitten im Algerienkrieg meinen Wehrdienst leisten. Ich erhielt das Visum und fuhr los. Mir war klar, dass ich für die Rumänen rumänischer Staatsbürger blieb, obwohl meine Mutter und ich seit 1950 Franzosen waren und ich einen französischen Pass hatte; aber als Geburtsort stand darin »Bukarest«. Tatsächlich teilte man mir bei der Passkontrolle an der Grenze mit, dass ich als Deserteur betrachtet werde und nach meiner Ankunft in Bukarest sofort zur Polizei gehen müsse. Dort prüfte man meinen Fall und ließ mich gehen. Tante Lida war ahnungslos, aber als ich auf der Straße vor ihrer Wohnung rief: »Lida! Lida!«, erriet sie sofort, dass ich es war. Welche Freude, uns nach zwölf Jahren Trennung wiederzusehen. Ich blieb ein paar Tage bei ihr und nahm auch Kontakt zur Familie meines Vaters auf. Mein Cousin Sylvio und seine Frau Gaby hatten einen zweijährigen Sohn namens André. Sie konnten nicht glauben, dass ich es wirklich war, so sehr misstraute man im kommunistischen Rumänien allem und jedem, aber ich konnte sie überzeugen. Zwanzig Jahre später wurde André in die Pariser École Polytechnique aufgenommen und entschied sich für die École Normale Supérieure. Meine Cousine Sophie begleitete mich im Zug bis an die ungarische Grenze. Sie träumte von der Freiheit; sie musste noch über zehn Jahre warten, bis sie fliehen konnte.

1960 schloss ich mein Studium an der Sorbonne erfolgreich ab und erwarb mein Diplom in Politikwissenschaft – ich wurde sogar Fünfter in meiner Abteilung. Aber ich war immer noch sorglos und dachte nicht an morgen. Statt mich gründlich auf die École nationale d'administration vorzubereiten, wollte ich lieber meinen Militärdienst leisten, obwohl ich ihm hätte entgehen können, wenn ich die Rente aus Deutschland akzeptiert hätte. Zudem war ich für die Armee nicht von großem Interesse, da ich wegen des Todes meines Vaters vom Einsatz in Algerien befreit war, wo Krieg herrschte. Doch ich folgte eigensinnig meinem Instinkt.

Ich hatte gerade eine junge Deutsche kennengelernt; sie gefiel mir, und ich gewann sie allmählich lieb. Ich war schon viel gereist, aber ich begegnete ihr ausgerechnet am Bahnsteig der Métro-Station Porte de Saint-Cloud. Sie trug ein tailliertes blaues Kleid, ihre Silhouette gefiel mir, und als sie sich umdrehte, gefiel mir auch ihr klares, energisches Gesicht. Es war der 11. Mai 1960, ich musste zu einem Treffen von französischen Zellidja-Stipendiaten und deutschen Stipendiaten der Schule Schloss Salem in der Cité Universitaire und hatte mich dafür in meinen einzigen guten Anzug geworfen. Ich war also unterwegs zur Métro-Station Sèvres-Babylone, und sie trug das blaue Buch der Alliance Française unter dem Arm, die an der Métro-Station Notre-Dame-des-Champs lag.

Folglich musste sie an den Stationen Michel-Ange Molitor und Sèvres-Babylone umsteigen. Ich stand neben ihr im vorderen Wagen und sah sie die ganze Zeit an; beim ersten Umsteigen gingen wir nebeneinander die Treppen hoch, und am Bahnsteig von Michel-Ange Molitor wagte ich schließlich, sie anzusprechen: »Sind Sie Engländerin?«, und sie antwortete: »Nein, Deutsche.« In der Station Sèvres-Babylone gab sie mir die Telefonnummer ihrer Au-pair-Familie in Boulogne. Ich rief sie an, wir verabredeten uns vor der Post am Boulevard Murat und sahen uns im Kino *Sonntags ... nie!* an. Wir hatten uns am 11. Mai 1960 kennengelernt, genau an dem Tag, als die Israelis Adolf Eichmann in Buenos Aires entführten. Zufall oder Vorzeichen?

Energie war für mich einer der wichtigsten Vorzüge einer Frau; meine Mutter war energisch, meine Schwester auch und Stendhals Heldinnen ebenfalls. Ich spürte, dass Beate so energisch war wie Mathilde und so zärtlich wie Madame de Rênal. Meine Mutter spürte das auch; sie mochte Beate sofort und vertraute ihren Sohn einer Frau an, bei der sie sicher war, dass ihre Liebe ein Leben lang halten und sie am Ende ihrem Sohn die Augen schließen würde. Ich hatte ein Jahr gewartet, bis ich Beate meiner Schwester und meiner Mutter vorstellte. Sie reiste auch hinter den Eisernen Vorhang, damit meine Tante Lida sie kennenlernen konnte.

Beate ist die Verlässlichere und Vernünftigere von uns beiden. Was immer sie anpackt, die kleinsten wie die größten Dinge, tut sie bewusst, klug und mit kühlem Kopf. Sie ist eine hervorragende Hausfrau, was sie auch stets als ihren Beruf angibt; sie kann von irgendeiner Unternehmung am Ende der Welt zurückkehren und am nächsten Tag auf den Markt gehen, als wäre sie nie weg gewesen. Sie ist immer freundlich und liebenswürdig und kann sich jeder Lebenslage anpassen. Darin gleicht sie Marlene Dietrich, die, ebenfalls Berlinerin, am Ende ihres Lebens Beates Freundin wurde und die für uns zu den Frauen gehört, die ihr Jahrhundert am besten verkörpern. Der erste Kontakt mit ihr war eine Karte, die sie Beate schrieb: »Liebe, liebe Frau Klarsfeld, ich schreibe Ihnen, um Ihnen zu sagen, dass ich Sie bewundere und aus tiefstem Herzen liebe, und ich bin sicher, Sie wissen, warum. Da ich Atheistin geworden bin, kann ich nicht sagen ›Gott segne Sie‹!« Viele Jahre später weihte Bürgermeister Bertrand Delanoë auf Beates Initiative hin den Pariser Marlene-Dietrich-Platz ein.

Beate war die Frau meiner Träume. Was ich damals noch nicht wusste, aber ahnte: Sie ist fähig, über sich hinauszuwachsen, und lehrte es trotz meiner Schwächen auch mich. Ich habe ihre Persönlichkeit von Anfang an respektiert. Sie ist Deutsche und betrachtete sich, was damals außergewöhnlich war, nicht als West- oder Ostdeutsche, sondern schlicht als Deutsche. Noch ungewöhnlicher war, dass sie, zum ersten Mal mit den Verbrechen Hitlerdeutschlands konfrontiert, nicht auswich, sondern sich ihnen stellte, aber schon da spürte ich, dass sie Kräfte sammelte, um eine Antwort auf sie zu finden – nicht durch Leugnen, sondern durch konkretes Handeln. Sie wollte verstehen, und sei es nur, um aus der deutschen Geschichte zu lernen, wie es zur Teilung ihres Landes und seiner Hauptstadt gekommen war. Ich gab ihr Bücher und Artikel über die historische Entwicklung, die dahin geführt hatte. Sie wollte verstehen, und sie wollte handeln – das ist bis heute so.

Während meines Militärdiensts von November 1960 bis November 1962 blieben wir einander sehr nah, sogar während der fünf Monate, in denen ich zwischen Montlhéry, wo meine Kompanie hinter dem Schloss von Vincennes stationiert war, und den Manövern in Mourmelon hin- und herpendelte. Am Ende der Grundausbildung wurde ich als einfacher Soldat in die Abteilung »Psychologie« abkommandiert, die beim Verteidigungsminister Pierre Messmer geschaffen worden war, der, wie der Leiter der Abteilung, Oberst Bourdis, »Compagnon de la Libération« war, eine der schönsten Auszeichnungen überhaupt. Das Büro lag im Ehrenhof des Ministeriums, auf der rechten Seite, wenn man ihn von der Rue Saint-Dominique 14 aus betritt.

Oberst Bourdis war mir auf Anhieb sympathisch. Er war einer der Helden des Freien Frankreich und stand im April 1961, als die Lage in

Frankreich und Algerien höchst angespannt war, wie sein Freund Verteidigungsminister Messmer an der Seite von General de Gaulle. Unsere erst vor kurzem geschaffene Dienststelle bestand aus einer Handvoll junger Leute, einfache Soldaten wie ich. Ich fuhr ein paar Tage ohne Genehmigung in Urlaub ins italienische Cortina und kam wunderbarerweise am 21. April 1961 in die Kaserne zurück. Am nächsten Tag kam es zum Putsch von Algier, und wir erhielten Anweisung, in der Kaserne zu bleiben. Wäre ich nicht rechtzeitig zurückgekehrt, wäre ich als Deserteur betrachtet worden, und wäre ich in diesem Fall überhaupt zurückgekehrt?

In einer Kaserne festzusitzen schmeckte mir nicht; ich überredete zwei andere Soldaten, mit mir zusammen als freiwillige Einsatzkräfte gegen den Putsch ins Ministerium zu gehen. Der Wachposten ließ uns passieren, da der Ausgang des Putschs unsicher war; es waren kaum Offiziere zu sehen. Dasselbe in der Rue Saint-Dominique, wo die Büros fast leer und nur noch ein paar hundertprozentige Gaullisten anzutreffen waren. Oberst Bourdis teilte mich in der Telefonzentrale ein, ich wurde mit der Militärpolizei in Algerien verbunden und blieb die ganze Nacht am Telefon, notierte den Verlauf der Ereignisse und leitete sie ins Ministerialbüro weiter. Am Tag darauf war der Putsch niedergeschlagen. Unser Oberst ließ uns dreien eine Unmenge Unterlagen verschiedensten Ursprungs bringen, in denen alle Geschehnisse während des Putschs verzeichnet waren. Auf deren Grundlage sollten wir eine Chronik der Ereignisse in Algerien erstellen und für jeden höheren Armeeangehörigen eine Karteikarte mit den Vorfällen anlegen, in die er verwickelt war. Wir verfügten über eine Heerschar von Sekretärinnen und einen Konferenzraum mit einem langen Tisch, auf dem wir unser ganzes Material ausbreiteten. Unsere Karteikarten waren die Arbeitsgrundlage eines Militär-Untersuchungsrichters, einige Festgenommene gingen an uns vorbei.

Als wir mit unserer Kompilation fertig waren, dankte uns der Minister, und ich wurde zu der Militärzeitschrift *Notes et Documents* abkommandiert, wo ich die besten Artikel aus anderen Presseorganen auswählte und publizierte, und zu den *Notes et études documentaires*, in denen vor allem ökonomische Themen behandelt wurden. Ich blieb in Zivil und schlief nie mehr in der Kaserne. Man vertraute mir noch andere Aufgaben an, etwa die inoffizielle Teilnahme an Kolloquien insbesondere zu Folter und Menschenrechtsverletzungen. Ich nutzte meine Situation, um Kameraden zu helfen, die in Algerien in Schwierigkeiten geraten waren.

Ich blieb sorglos, verschwendete keinen Gedanken an meine Zukunft, geschweige denn daran, diese Erfahrung zu nutzen und in die Politik zu gehen. Die Armee oder vielmehr die Politiker, die die Armee führten und seit 1940 treu zur Republik und de Gaulle standen, hatten mir in einer Zeit die Hände frei gelassen, die normalerweise furchtbar langweilig gewesen wäre. Diese zwei Jahre waren für mich eine spannende Erfahrung, die meinen Horizont erweitert, mich reifer gemacht und mir später das Handeln erleichtert hat.

Beate und ich hatten unterdessen eine kleine Wohnung in der Nähe des Eiffelturms gemietet. Die Besitzerin war die Nichte des Vordenkers der radikalen Rechten, Charles Maurras. Wir blieben nicht lange dort: Aus einer Laune heraus kaufte ich in der Tierhandlung ein niedliches Kätzchen. In meiner Familie mütterlicherseits hatte jeder, Onkel wie Tanten, mindestens eine Katze, jetzt also auch wir. Am selben Abend zeigten wir sie meiner Mutter, die sie nicht wieder fortlassen wollte. Wir dagegen weigerten uns, sie ihr dazulassen. Wir fanden einen Kompromiss: Meiner Schwester, die bei meiner Mutter lebte, gefiel unsere Einzimmerwohnung sehr. Also zog sie dort ein, und Beate und ich übernahmen ihr Zimmer in der kleinen Wohnung meiner Mutter, die geistig jung genug war, sich nicht daran zu stören, dass wir weder verlobt noch verheiratet waren – was damals noch verpönt war.

Abends wartete ich manchmal nahe der Oper in der Rue de la Paix auf Beate, wo sie in einer Firma für Lyoner Seidenstoffe arbeitete, und wir gingen gleich nebenan in »Harry's Bar« etwas trinken. Wir waren auch oft in der Cinémathèque, um uns die Klassiker anzusehen.

Ende 1962 fuhr ich noch einmal nach Rumänien, im Auftrag meines Onkels Moreno, der endlich in Paris angekommen war. Er hatte in Bukarest einen Koffer mit Besitzurkunden für seine Schiffe im Garten vergraben. Eines davon, das die Deutschen beschlagnahmt hatten, war im Schwarzen Meer von einem U-Boot versenkt worden. Er brauchte diese Dokumente, um eine Entschädigung von den Deutschen zu verlangen. Ich beschloss, mit der französischen Rugby-Mannschaft nach Bukarest zu fahren, um keinen Verdacht zu erregen. Kurz nach der Ankunft seilte ich mich ab und holte den Koffer bei meiner Tante, die noch kein Visum für Frankreich erhalten hatte. Da ich befürchtete, auf dem Rückweg durchsucht zu werden, ging ich zur französischen Botschaft, wo man bereit war, unsere Dokumente im Diplomatengepäck nach Paris zu befördern. Beate stellte die Akte für Deutschland zusammen, und mein Onkel erhielt die Entschädigung.

Als ich im Mai 1963 bei der ORTF anfing, in dem riesigen Gebäude am Quai de Passy, legten Beate und ich unseren Hochzeitstermin fest. Im Oktober bewarb ich mich um einen Posten als Direktionsassistent. Die Zusage erhielt ich auf der Hochzeitsreise nach München. Das war ein schönes Geschenk. Wir hatten am 7. November 1963 im Rathaus des 16. Arrondissements geheiratet. Der Bürgermeister, der uns traute, forderte uns auf, als deutsch-französisches Paar eine vorbildliche Ehe zu führen.

Kurz vor unserer Heirat hatte einer meiner Schulfreunde versucht, mir die Ehe mit Beate auszureden. Einige Tage später aßen sie und ich in einem kleinen russischen Restaurant am Square de la Madeleine zu Mittag. Eine Wahrsagerin bot an, mir aus der Hand zu lesen. Ich hatte das noch nie getan und zögerte, willigte dann aber ein. Sie betrachtete meine Hand, nahm mich beiseite und erklärte: »Man hat dir gesagt, heirate diese Frau nicht, aber du musst sie heiraten.« Und ich weiß noch genau, was sie dann sagte: »Das ist die einzige Frau auf der Welt, mit der du glücklich sein kannst.«

Nach unserer Goldenen Hochzeit und 54 Jahren Glück kann ich heute bestätigen, dass sie die Wahrheit gesagt hat: Keine andere Frau hätte mir gegeben, was Beate mir gegeben hat, im privaten wie im beruflichen Leben. Zusammen sind wir stark, glücklich, eins; allein hätte wahrscheinlich keiner von uns viel zuwege gebracht. Sie verdankt mir viel, und ich verdanke ihr noch viel mehr …

1965 in Auschwitz-Birkenau: der entscheidende Schock

Bei der RTF und späteren ORTF arbeitete ich in der Abteilung für rechtliche und geschäftliche Angelegenheiten. Ich hatte mit den ersten Merchandising-Verträgen zu tun. Das interessierte mich nicht, auch wenn es im Hinblick auf die Zukunft eine bereichernde Erfahrung in einem neuen und expandierenden Bereich war. Ich bat ORTF-Chef

Robert Bordaz, den ich aus Moskau kannte, wo er wirtschaftlicher Berater an der Botschaft gewesen war, um meine Versetzung und wurde Referent von Roland Dhordain, der für die angestrebte Regionalisierung der Sendestationen zuständig war. Ich half in bescheidenem Umfang, überall in Frankreich neue Stationen zu gründen und bestehende auszubauen.

Roland Dhordain war eine eindrucksvolle Persönlichkeit, er kannte sein Radio von Grund auf. Als er stellvertretender Direktor der ORTF wurde, behielt er mich als Referenten. Ich hatte genug freie Zeit, um mit dem angesehenen Dokumentationsdienst von Pierre Schaeffer zusammenzuarbeiten und mit meinem Freund Claude Nedjar, der Fernsehproduzent wurde und die erste französisch-sowjetische Kooperation für einen Film mit dem Titel »Lenin und die Russen« plante. Ich fuhr mehrmals nach Moskau, wo das Skript Wort für Wort geprüft und gelegentlich abgelehnt wurde. Derartige Probleme versuchte ich zu lösen, und schließlich entstand der Film.

Ich wandte mich einem Sektor zu, der mich interessierte: historische Sendungen. Im Februar 1966 vertraute man mir die Vorbereitung von zwei einstündigen Sendungen zum zehnten Jahrestag der Suezkrise und dem Aufstand in Budapest an. Ich fuhr nach Kairo, um noch unveröffentliches Dokumentationsmaterial zu kaufen. Ägypten war herrlich, und da die politische Lage äußerst gespannt war, gab es in Luxor keine Touristen, wo ich allein zwei großartige Ausflüge machte, einmal in der Kutsche bis nach Karnak, das andere Mal in einer Feluke auf dem Nil, der frei war von Kreuzfahrtschiffen. Besonders die beiden Memnonkolosse faszinierten mich, denn Kaiser Hadrian, der sie im 2. Jahrhundert unserer Zeitrechnung bewundert und seine Spuren auf dem Monument hinterlassen hatte, ist uns näher als der Zeit, zu der sie erbaut wurden. Es war über 30 Grad heiß. Kurz darauf flog ich nach Budapest, wo die Temperatur bei null Grad lag, und zwei Tage später nach Moskau, wo minus 30 Grad herrschten – die Kälte nahm mir fast den Atem.

Ich brachte interessante Szenen zurück, aber die politische Linie hatte sich geändert, und es gab damals nur zwei Programme: Statt zwei einstündiger Sendungen wurde beschlossen, nur zehn Minuten zu produzieren. Wer hatte diese Entscheidung getroffen? Radio und Fernsehen standen unter politischer Kontrolle. Ich war gekränkt und protestierte; man versetzte mich in die Verwaltung der Fernsehspielproduktion an den Buttes-Chaumont. Ich ging zum stellvertretenden

Direktor der ORTF, Monsieur François, der aus dem Innenministerium kam und meinen Ärger nachfühlen konnte.

Als ich an diesem Morgen zu Hause, wo bereits der kleine Arno krähte, losgegangen war, wusste ich noch nicht, dass ich etwas Unüberlegtes tun würde, das all unseren Interessen zuwiderlief und doch eine der Chancen meines Lebens sein sollte: Ich kündigte meinen Posten als Verwaltungsangestellter und war plötzlich arbeitslos. Monsieur François, dem ich meinen Beschluss mitteilte, versuchte mindestens eine Stunde lang, mich davon abzubringen, doch ich blieb dabei. Ich weigerte mich, Fernsehspiele zu beaufsichtigen, die über das 19. Jahrhundert nicht hinausgingen. Als ich wieder nach Hause kam, machten Frau und Mutter mir heftige Vorwürfe. Fast bereute ich die Kündigung, sagte mir dann aber, da in Frankreich gerade Vollbeschäftigung herrschte, dass ich problemlos eine gleichwertige und weniger frustrierende Stelle finden würde. Ich meldete mich gar nicht erst arbeitslos. Ich suchte und wurde ein paar Monate später auch fündig: Assistent der Geschäftsleitung bei der Continental Grain, einem internationalen Getreidehandelsunternehmen. Ich reiste für schwierige Finanztransaktionen wieder in den Osten, wo ich nur ein kleines Rad im Getriebe, ohne großen Durchblick, war, dem man jedoch konkrete Zielvorgaben machte. Kompetente Kollegen zeigten Nachsicht und erklärten mir alles Nötige. Außerdem traf ich dort meinen gleichaltrigen Freund Joseph Fainas wieder; wir kannten uns seit 1947, und er munterte mich auf.

Im Jahr zuvor, am 27. August 1965, war unser Sohn geboren, wir nannten ihn Arno David Emmanuel. An ihn würde der Stab weitergegeben werden, und ich fühlte mich ein wenig so, als hätte mein Vater mir einen Koffer überlassen und nicht die Zeit gehabt, mir etwas über seinen Inhalt zu verraten.

Vor seiner Geburt empfand ich den Verlust meines Vaters besonders schmerzlich. Bald würde ich die ersten Beziehungen zu meinem Kind knüpfen, ich brauchte einen engeren Kontakt zu meinem Vater. Und so machte ich mich daran, die letzte Etappe seines Lebens so genau wie möglich zu rekonstruieren: Was war ihm von dem Zeitpunkt, als er uns verließ, bis zu seinem Tod zugestoßen? Ich kam im Februar bei eisiger Kälte in Katowice an und fuhr von dort ins Konzentrationslager Auschwitz.

Im Stammlager Auschwitz I waren viele Besucher, alle aus Polen oder Satellitenstaaten der UdSSR. In Auschwitz II-Birkenau, der Endstation des jüdischen Volks, war ich allein, völlig allein. Ich spürte, dass mein Schicksal dort hätte enden sollen, dass die Zeit das grenzenlose Leiden des ermordeten jüdischen Volks nicht hatte verblassen lassen. Mir war, als hörte ich den Schrei meines Volks, einen Schrei, so groß wie das Verbrechen, einen Schrei, der nicht verstummte und für immer anhalten würde. Ich durfte meine Ohren und mein Herz nicht verschließen: Wenn das Kind, das dank dem Opfer meines Vaters den Völkermord überlebt hatte, taub blieb für diesen Schrei, der es auch dazu aufrief, seine Verantwortung als Jude zu übernehmen, wäre mein Leben dann nicht Verrat? Ich war ein Jude, der die Shoah überlebt hatte, als die schlimmste Schreckensherrschaft über das jüdische Volk hereingebrochen war, das keinen Staat gehabt hatte, der es hätte verteidigen können, ich war ein Jude, der die Gründung eines unabhängigen jüdischen Staates miterlebt hatte, Jude einer außergewöhnlichen Generation, die eine außergewöhnliche Verantwortung übernehmen musste. Es war wie eine Offenbarung für mich; etwa so stellte ich mir Paul Claudels Bekehrung zum Katholizismus vor.

Ende 1966 zogen Raïssa, meine Schwester, unsere beiden Ehepartner, unsere Kinder Arno und Maldoror, ich, unsere beiden Katzen Minette und Nikita sowie unser Cockerspaniel Petia an jene Ecke in Passy, wo die Métro aus der Erde kommt und in Richtung der Station Bir-Hakeim gen Himmel schwebt.

Wenige Monate später katapultierten Beate und mich fast zeitgleich zwei Ereignisse aus einem normalen Leben, als hätte sich in jedem eine Energie angesammelt, die jetzt mit Macht herausdrängte: Für mich war das der Sechstagekrieg im Juni 1967 und für Beate die Entlassung aus dem Deutsch-Französischen Jugendwerk am 30. August. Seit Dezember 1966 prangerte Beate in *Combat*-Artikeln den moralischen und politischen Fehler der bundesdeutschen Gesellschaft an, die den einst aktiven Nazi Kiesinger zum Bundeskanzler gewählt hatte.

Ich wiederum beriet mich bei Ausbruch des Sechstagekriegs am 6. Juni gleich morgens im Büro mit meinem Freund Josy Fainas, und kurz darauf kauften wir uns Air-France-Tickets nach Tel-Aviv. Die

Geschäftsführung legte uns keine Steine in den Weg, war aber, obschon jüdisch, pikiert: In ihren Augen war die Heimat der Angestellten zuallererst das Unternehmen.

Wir flogen am Nachmittag. Das fast leere Flugzeug wurde wegen des Luftkriegs im Nahen Osten über Athen umgeleitet. Am Tag darauf brachte eine El-Al-Maschine die in Athen festsitzenden Freiwilligen nach Tel Aviv. Dank dem ORTF-Ausweis, den ich noch besaß, wurde ich als Pressekorrespondent zugelassen und konnte die Operationen aus der Nähe verfolgen. Infolge der Zerstörung der ägyptischen Luftflotte zu Beginn der Feindseligkeiten brauchte Israel auf den Schlachtfeldern keine Freiwilligen mehr. Ich erlebte an der Klagemauer die mitreißenden ersten Stunden der Befreiung Jerusalems, das seit seiner Eroberung im Jahr 63 v. Chr. durch Pompeius und seiner Zerstörung 70 n. Chr. durch Titus, auch »Liebling des Menschengeschlechts« genannt, in fremder Hand gewesen war. Ich begleitete die zur Eroberung der Golanhöhen entsandten Einheiten bis ins syrische Quneitra. Eine Gruppe von Offizieren und Soldaten beschloss, nach dem Krieg einen Kibbuz mit Blick auf Quneitra zu gründen, den künftigen Kibbuz Meron Ha Golan – dreizehn Jahre später sollte unser Sohn dort seine säkulare Kommunion feiern, die in einigen Kibbuzim die Bar Mitzwa vertritt, und bei der Apfelernte helfen.

Am 11. Juni 1967 flog ich nach Bukarest, wo ich meine Tante besuchte und hinter verschlossener Tür rumänischen Juden von den Ereignissen in Israel berichtete, die der Sowjetunion nicht gefielen. Am Montagmorgen waren Josy und ich zurück im Büro und für unseren Getreidemulti wieder auf der Jagd nach Profit.

BEATE

Sekretärin und Aktivistin

Die Aufgaben, die mir im Deutsch-Französischen Jugendwerk anvertraut wurden, begeisterten mich; ich plante sogar, einen Ratgeber für deutsche Au-pair-Mädchen in Paris zu schreiben. Und ich tat es auch. Das Buch fand in Deutschland ein großes Echo und erschien genau zum richtigen Zeitpunkt: In Neuilly war gerade ein deutsches Au-pair-Mädchen ermordet worden. Die gesamte Presse war voll davon.

Der Ratgeber war aber auch Anlass für die erste von vielen Reibereien mit dem DFJW, sowohl mit dem damals in Bonn ansässigen Generalsekretär François Altmeyer als auch mit dem Direktor der französischen Sektion, Robert Clément. Obwohl das DFJW dem Erscheinen dieses Ratgebers zugestimmt hatte und faktisch genau das tat, was ich dort skizzierte, widerstrebte es ihm, zuzugeben, dass die Ideen einer jungen Sekretärin von Belang sein konnten.

Wenn ich bei öffentlichen Veranstaltungen und Tagungen zum Thema deutsch-französischer Austausch als Expertin eingeladen war, platzierten mich die Organisatoren neben die Chefs des DFJW, die mir indes die kalte Schulter zeigten. Sie achteten immer darauf, gleich nach mir das Wort zu ergreifen, um sofort klarzustellen: »Frau Klarsfeld spricht nur in ihrem eigenen Namen«, während den Zuhörern durchaus klar war, dass ich dem DFJW keineswegs widersprach, sondern dessen Wirken förderte, indem ich die Öffentlichkeit auf die Situation der Au-pair-Mädchen aufmerksam machte. Ich half meinen Kameradinnen mit ganz konkreten praktischen Tipps für ihren Alltag und die Kultur in Paris. In dem »Manifest« überschriebenen Teil des Ratgebers mit dem Titel: »Eine Chance, die man nicht aufs Spiel setzen sollte« schrieb ich im Namen meiner Kameradinnen:

> Franzosen wie Deutsche haben noch eine völlig falsche Vorstellung voneinander: Die jungen Franzosen halten die jungen Deutschen für arbeitsam, ernst, gesellig, korrekt, diszipliniert, mutig, intelligent, aber

andererseits auch für angriffslustig, militaristisch, herrisch, stolz, verschlossen, schwerfällig, kritiklos, falsch, nationalistisch. Die jungen Deutschen halten die jungen Franzosen für nett, charmant, lebensfroh, offen, intelligent, aber andererseits wieder für faul, unsympathisch, oberflächlich, frivol und nachlässig. Sobald jedoch persönliche Kontakte zum Nachbarland und zu seiner Bevölkerung gefunden sind, verwandelt sich dieses anfangs harte und unzutreffende Urteil sehr schnell zu Gunsten des anderen, insbesondere bei denen, die dauerhafte Kontakte finden konnten. Die Deutschen, die solche Kontakte haben, schätzen die französische Bevölkerung positiver ein als jene, die die Franzosen überhaupt nicht oder nur ganz oberflächlich kennen [...]
Die jungen au-pair-Mädchen haben die Verantwortung auf sich genommen, sie haben eine neue Reiseformel gebildet, die genau das bringt, was die deutsch-französische Freundschaft von der Jugend verlangt. Sie haben es daher verdient, daß man sich ihrer annimmt, besonders wenn man sich daran erinnert, daß zwei Drittel von ihnen nicht das Reifezeugnis haben und nicht die gleichen Vorzüge genießen wie die »ausländischen Studenten«, im Hinblick auf Arbeit, Unterkunft, Verpflegung usw. Sie verdienen daher nicht weniger als die anderen gewisse Erleichterungen während ihres Aufenthalts, sie sind ganz im Gegenteil viel größeren Schwierigkeiten ausgesetzt. Wieder nach Deutschland zurückgekehrt, haben sie ihren Gesichtskreis erweitert und ihren Charakter formen könne. Man muß jedoch einige Vorurteile überwinden, die völlig unberechtigt sind, und ihnen nach besten Kräften helfen. Die Verständigung der beiden Völker, besonders in der Begegnung der Jugend, hängt vielleicht hiervon ab; denn es sind die jungen deutschen au-pair-Mädchen, die durch ihre Bemühungen für einen sozialen geistigen und kulturellen Aufstieg den Weg zu einer internationalen Verständigung zeigen.[2]

Doch ich stellte erbittert fest, dass eine einfache Schreibkraft ohne Studienabschluss nicht mitreden durfte. Der Zorn der Abteilungsleiter, die meist der Zufall auf ihren Posten verschlagen hatte, wuchs. Ich saß nicht mehr an der Schreibmaschine, sondern war mittlerweile für die Dokumentationsstelle des DFJW zuständig, allerdings nur faktisch, mein Status war weiterhin der einer Sekretärin.

Ein Vorfall mit Voggenreiter, dem Bad Godesberger Verleger mei-

---

[2] Beate Klarsfeld, *Deutsche Mädchen* au pair *in Paris*, Bad Godesberg 1965, S. 8 f.

nes Ratgebers, versetzte meinem Verhältnis zum DFJW einen weiteren Dämpfer und offenbarte zugleich die Abhängigkeit der deutschen Sektion von der Bonner Regierung, während das DFJW doch theoretisch eine unabhängige binationale Organisation war, deren Angestellte denselben Status hatten wie internationale Funktionäre.

In einem Kapitel meines Ratgebers hatte ich unter dem Titel »Deutschland in Paris« die Namen und Adressen von Kulturvereinen aufgeführt, darunter auch die »Échanges franco-allemands«, die insbesondere Vorlesungen über deutsche Geschichte an der Sorbonne veranstalteten. Das war aber ein französischer Verein mit freundschaftlichen Beziehungen zur DDR. Mein deutscher Verleger, der gehofft hatte, viele Exemplare direkt an die westdeutschen Bildungsministerien der Länder zu verkaufen, musste sämtliche Exemplare zurückziehen und die Seite mit dieser Adresse entfernen, und das Bundesfamilienministerium, das den Ratgeber an junge Mädchen auf dem Sprung nach Frankreich hatte verteilen wollen, machte im letzten Moment einen Rückzieher.

Ich wurde scharf zurechtgewiesen: »Ist Ihnen klar, dass Sie einen Verein mit Beziehungen nach Ostdeutschland aufgeführt haben, das ist ja unglaublich!« Wir redeten zwangsläufig aneinander vorbei: Für sie gehörte Deutschland der Bundesrepublik, für mich dem gesamten deutschen Volk.

Frühjahr 1966. Ich spazierte oft mit dem kleinen Arno im Kinderwagen von der Porte de Saint-Cloud bis zum Jardin des Poètes an der Porte d'Auteuil. Wir hatten gewollt, dass unser Sohn Jude ist, dass er von einem Rabbiner beschnitten wird und den Vornamen von Serges Vater trägt. Das DFJW hatte mir ein Jahr unbezahlten Urlaub gewährt. Wir waren inzwischen in eine helle Dreizimmerwohnung im sechsten Stock eines Mietshauses am Boulevard Murat gezogen, hundert Meter von meiner Schwiegermutter entfernt und unweit der Seine. Von dort blickten wir auf schmale Alleen mit edel renovierten Häusern, die einmal Arbeiterhäuser gewesen waren. Ich wickelte und hätschelte Arno, jedes Lächeln von ihm war ein kostbarer Glücksmoment.

Wann immer möglich, begab ich mich ins Rathaus des 5. Arrondissements. Dort befand sich, in einem Labyrinth von Gängen gut versteckt, die feministische Bibliothek Marguerite Durand, in der ich ein Thema recherchierte, das mir am Herzen lag: »Die deutsche Frau aus französischer Sicht«, und aus dem ich ein Buch zu machen hoffte. Am Wochenende flanierten wir zu dritt die Seine entlang; ich durchstöberte die Kästen der Bouquinisten nach Beschreibungen des amourösen, häuslichen, beruflichen und gesellschaftlichen Lebens deutscher Frauen von französischen Reisenden, Kriegsgefangenen oder Journalisten seit Anfang des 20. Jahrhunderts. Ich lernte viel über meine Mitbürgerinnen und ihre Beobachter. Ein Periodikum, *La femme du XXe siècle*, hatte mich damals um einen Artikel über die deutsche Frau gebeten.

> Manchmal frage ich mich, was mich und viele andere deutsche Frauen veranlasst hat, von zu Hause wegzugehen. Der offensichtliche Grund ist natürlich, dass wir in Frankreich oder anderswo etwas Konkretes vorhaben: die eingehende Beschäftigung mit einer Sprache oder einer Kultur. Aber hinter diesem Bestreben verbirgt sich meiner Meinung nach ein tieferer und oft unbewusster Drang: der Wunsch nach Befreiung.
>
> Unter Wilhelm II. war die Welt unserer weiblichen Vorfahren auf Kinder, Küche, Kirche begrenzt. In den fünfzehn Jahren der Weimarer Republik konnten unsere Großmütter endlich aufatmen und hoffen. Dann schickte Hitler sie zurück zu den Kindern und, als die Kriegsmaschinerie es erforderte, in die Fabriken.
>
> Wieder bekam die deutsche Frau durch die Umwälzungen, die ein verlorener Weltkrieg mit sich brachte, eine neue Chance. Unsere Mütter haben gearbeitet, sie haben aktiv zum Wiederaufbau des Landes beigetragen. Dafür hat die deutsche Gesellschaft sie mit offenen Armen aufgenommen, hat den Arbeiterinnen, Ingenieurinnen, Landwirtinnen, Lehrerinnen oder Unternehmerinnen die Hand gereicht, aber auch von ihnen gefordert, die Menschen von morgen zu produzieren. Und die Frauen haben aktiv dazu beigetragen, Deutschland neu aufzubauen, das allerdings kein neues Deutschland geworden ist und wo sie, heute wie gestern, politisch praktisch keine Rolle spielen. Politisch im Sinn von Beteiligung an echter Verantwortung für das Schicksal unseres Landes. Wie viele Frauen haben in der deutschen Geschichte eine solche Verantwortung getragen? Wieder ist die deutsche Öffentlichkeit auf dem gefährlichen Weg hin zu einer aufs Häusliche reduzierten Frau, die sich neben der Aufgabe, ihrem Gatten größtmögliches Wohlbefinden zu bescheren, ihrer natürlichen Fortpflanzungsfunktion widmet.

1964 trat ich in die SPD ein. Nach Erscheinen meines Ratgebers empfing mich Willy Brandt in seinem Büro in West-Berlin, wo er Bürgermeister war, und erzählte mir, wie er 1937 als ganz junger Mann nach seiner Flucht aus Nazideutschland in Paris gewesen war. Ich wusste, dass viele Deutsche ihn für einen Verräter hielten; ich aber bewunderte ihn dafür, dass er nie dem Motto »Right or wrong, my country« gefolgt ist.

Ich sah Brandt zwei Jahre später wieder, bei einem Empfang der deutschen Botschaft in Paris im Sommer 1966. Er wirkte nach seiner zweiten Niederlage als Kanzlerkandidat niedergeschlagen. Die Kommentare in der deutschen Presse waren bissig gewesen. Er wurde als »Trunkenbold« beschimpft, man sprach ihm jede politische Zukunft ab. Ich erklärte ihm noch einmal das Vertrauen, das ich in ihn setzte: »Hinter Ihnen steht das junge Deutschland, das Sie für alles bewundert, was Sie gegen die Nazis getan haben. Was wir brauchen, ist ein deutscher Kanzler wie Sie. Verlieren Sie nicht das Vertrauen; ich vertraue Ihnen.« Impulsiv ergriff ich seine Hand. Er lächelte voller Wärme. Sein Blick war aufrichtig, und seine Falten waren der Ausdruck seines unablässigen Kampfs gegen den deutschen Strom. Er sprach mit der Stimme des Volks. Für mich, die ich ihn seit meiner Berliner Kindheit kannte, war er Deutschlands wahres Gesicht.

Als ich im Oktober 1966 zum DFJW zurückkehrte, war die Dokumentationsstelle »aus Etatgründen« gestrichen worden, und so saß ich wieder an der Schreibmaschine und manchmal in der Telefonvermittlung, um meine früher so interessante Tätigkeit gebracht.

Dezember 1966. Die ganze Familie hatte eine riesige Sechszimmerwohnung mit 250 Quadratmetern gemietet, in einem wunderschönen Jugendstilbau in der Rue de l'Alboni. Zur einen Seite blickte man über die Hochbahn hinweg, zur anderen auf die Seine. Wir alle, meine Schwägerin, mein Schwager und ihr vierjähriger Sohn Maldoror, Raïssa und wir drei waren vereint. Auch unsere Tiere: unsere Straßenkatze Minette, Tanias weißer Kater Nikita, ihr braver Cockerspaniel Petia und der Hamster Krouch. Wir hatten unsere Budgets zusammengelegt: »Wir zahlen zwei Fünftel der Miete, Tania und Alik auch, und Raïssa zahlt ein Fünftel«, hatte Serge vorgeschlagen.

Ich war fürs Essen zuständig. Zwei oder drei Mal in der Woche fuhr ich zu den Hallen und kaufte für uns ein. Wir konnten eine Putzfrau und zwei Au-pair-Mädchen – eins für morgens und eins für nachmittags – für die Kinder einstellen. Für meine Schwägerin und mich bedeutete das einen erheblichen Freiheitsgewinn. Wir lebten als kleine Gemeinschaft, eine faszinierende Erfahrung: ein Familienkibbuz in Passy.

Zur gleichen Zeit, als wir nach Passy zogen, war der baden-württembergische Ministerpräsident Kurt Georg Kiesinger im Begriff, ins Bonner Kanzleramt einzuziehen. Ein paar französische Zeitungen – *Figaro*, *Combat* – erwähnten aus diesem Anlass diskret seine Vergangenheit als Nazipropagandist. Ich traute meinen Augen nicht und stürzte mich auf die deutsche Presse. Nur ein großer Schriftsteller und ein großer Philosoph protestierten. Günter Grass schrieb in einem offenen Brief an den Kanzlerkandidaten der CDU: »Wie soll die Jugend in diesem Land jener Partei von vorgestern, die heute als NPD auferstehen kann, mit Argumenten begegnen können, wenn Sie das Amt des Bundeskanzlers mit Ihrer immer noch schwerwiegenden Vergangenheit belasten?« Und Karl Jaspers zeigte sich zutiefst bestürzt: »Viele Deutschen, nicht alle, gewiß nur eine kleine Minderheit, vielleicht eine Million, sind bestürzt. Die Tatsache, daß ihr Staat, die Bundesrepublik, durch einen ehemaligen Nationalsozialisten vertreten wird, ist für sie erschreckend, weil sie wieder, wie in der politischen Geschichte des preußischen und bismarckischen Staates und wie im Nazistaat, sich ausgeschlossen fühlen müssen. Durch Kiesinger als Bundeskanzler ist ein Wandel der Bundesrepublik bezeugt, der vor Kiesinger schon da war. Es ist so weit. Was vor zehn Jahren noch unmöglich schien, ist jetzt fast widerstandslos wirklich geworden. Daß ehemalige Nationalsozialisten auch in hohen Stellungen, selbst in politischen, zur Geltung kamen, war fast unausweichlich. Staat, Erziehung und Wirtschaft nur durch Nichtnationalsozialisten in Funktion zu halten war unmöglich, weil es zu wenige gab. Daß aber ein ehemaliger Nationalsozialist nun die Bundesrepublik regiert, bedeutet: nunmehr gilt es als gleichgültig, einst Nationalsozialist gewesen zu sein. Als er Ministerpräsident in Baden-Württemberg wurde, hat man keinen Einwand erhoben. Aber Bundeskanzler? Das ist etwas anderes.«[3]

Mir kam das letzte Flugblatt der Weißen Rose in den Sinn, dieser letzte Appell. An wen war er gerichtet? An uns alle, an jeden Einzelnen

---

[3] Karl Jaspers, *Antwort. Zur Kritik meiner Schrift:* Wohin treibt die Bundesrepublik?, München 1967, S. 216.

von uns: »Dieser Wiedergeburt muß aber die klare Erkenntnis aller Schuld, die das deutsche Volk auf sich geladen hat, und ein rücksichtsloser Kampf gegen Hitler und seine allzuvielen Helfershelfer, Parteimitglieder und Quislinge usw. vorausgehen. [...] Für Hitler und seine Anhänger gibt es auf dieser Erde keine Strafe, die ihren Taten gerecht wäre. Aber aus Liebe zu kommenden Generationen muß nach Beendigung des Krieges ein Exempel statuiert werden, daß niemand auch nur die geringste Lust verspüren sollte, Ähnliches aufs neue zu versuchen. Vergeßt auch nicht die kleinen Schurken dieses Systems, merkt euch die Namen, auf daß keiner entkomme! Es soll ihnen nicht gelingen, in letzter Minute noch nach all diesen Scheußlichkeiten die Fahne zu wechseln und so zu tun, als ob nichts wäre!«[4]

Noch hoffte ich, Kiesinger würde nicht gewählt, die Bonner Abgeordneten würden rechtzeitig erkennen, dass sie Deutschland Rechenschaft schuldeten. Aber nein, Kiesinger gewann die Wahl. Er war jetzt westdeutscher Regierungschef, und in der Presse kehrte Schweigen ein. Zumal die große Koalition aus Christdemokraten und Sozialdemokraten gebildet wurde. Brandt wurde Außenminister.

Diese Wahl durfte nicht unwidersprochen bleiben, aber was tun? Das Vorbild der Geschwister Scholl gab für mich den Ausschlag. Was im Kampf gegen den Nationalsozialismus zählt, ist – wie bei jedem Engagement – nicht, sich seines Erfolgs von vornherein sicher zu sein. Man muss es vor allem mutig versuchen, auf sein Gewissen hören, die Augen aufmachen und handeln. Meine Taten würden sich daraus ergeben und mich antreiben und andere inspirieren. Meine erste Tat würde eine öffentliche Erklärung sein, in der ich klar Stellung bezog.

Ich suchte mit meinem Artikel zwei Tageszeitungen auf. Man ließ mich höflich abblitzen und riet mir, zum *Combat* zu gehen. Nur mit Mühe fand ich das alte Mietshaus in der Rue du Croissant am Montmartre, in dem sich die Zeitung befand, die den Geist der französischen Résistance lebendig erhielt. Der junge Redakteur Michel Voirol wirkte überrascht, einer Deutschen zu begegnen, die entschlossen war, gegen Kiesingers Ernennung zum Bundeskanzler zu protestieren. Meine erste Kolumne erschien am 14. Januar 1967, dem Tag seines Staatsbesuchs in Paris:

---

4 Inge Scholl, *Die weiße Rose*, Frankfurt a. M. 1983, S. 114.

> Das offizielle Deutschland hat mehrere Gesichter: Willy Brandt ist der Einzige, der bei den Franzosen keinen Argwohn wecken sollte. Zwar erkennen sich die Deutschen derzeit gern in Herrn Kiesinger wieder, doch Deutschland hat Glück, dass Willy Brandt einen äußerst wichtigen Regierungsposten bekleidet.
> Herr Kiesinger hingegen hat Glück, weil er seine älteren Mitbürger in Sicherheit wiegt. Er ist stets Seite an Seite mit dem deutschen Volk marschiert: Wie dieses hat er sich mehr als zehn Jahre lang getäuscht, solange er nämlich NSDAP-Mitglied war … Willy Brandt ängstigt die Deutschen eher, als dass er sie anzieht, auch wenn die Jugend zunehmend auf ihn blickt. Denn als es darauf ankam, ist Willy Brandt gegen den Strom geschwommen. Sein »Fehler« ist, dass er für sich stets die richtigen Entscheidungen getroffen hat und dass Moral und Politik für ihn untrennbar sind. Man macht Willy Brandt einen Vorwurf daraus, dass er als Deutscher, der nicht verfolgt wurde wie Juden oder Kommunisten, den Mut hatte, ein Deutschland zu verlassen, dessen abwegige Passionen sich in Hitler verkörperten.
> Denn es brauchte Mut, in Spanien an der Seite der Republikaner zu kämpfen, nicht unter dem Stahlhelm. Es brauchte Mut, in Norwegen gegen die Wehrmacht zu kämpfen, in deren Schlepptau die »Endlösung« kam. Was viele Deutsche an Willy Brandt nicht nur nicht bewundern, sondern nicht verzeihen, sind sein Mut und seine Klarsicht … Die Mehrheit der Deutschen weiß noch nicht, dass ein Mann wie Willy Brandt eine Chance für das Deutschland von morgen ist.
> Die Regierungschefs der Länder, die Brandt in den nächsten Monaten besuchen wird, können ihm vorbehaltlos die Hand geben. Ganz Deutschland wird von der moralischen und politischen Glaubwürdigkeit profitieren, die sein Außenminister ihm verleiht. Hoffen wir, dass bei der nächsten Wahl nicht wieder Herr Kiesinger gewinnt.

Was mich antrieb, war weder Hass auf Kiesinger noch eine morbide Faszination für die Vergangenheit und schon gar nicht Verzweiflung. Deutschland hatte eine Zukunft, und sie war zum Greifen nah. »Warum man auf Willy Brandt setzen muss«, lautete die Überschrift meiner zweiten Kolumne im *Combat*, die im März 1967 erschien:

> Als Deutsche bedaure ich den Aufstieg Herrn Kiesingers ins Kanzleramt. Wenn die deutschen Staatsgeschäfte von einem Mann geführt

werden, der – selbst wenn nur aus Opportunismus – NSDAP-Mitglied war, so heißt das, dass die deutsche Öffentlichkeit einer gewissen Zeit und einer gewissen Einstellung die Absolution erteilt hat. Die Philosophin Hannah Arendt hat im Zusammenhang mit Eichmann von der »Banalität des Bösen« gesprochen. Für mich verkörpert Herr Kiesinger die Respektabilität des Bösen. Er trat im Alter von 30 Jahren in die NSDAP ein, und 1933 musste man fraglos gewisse Vertrauensbeweise liefern, um sich diesen Parteiausweis zu verdienen, der Vergünstigungen, Privilegien und Macht bedeutete. Herr Kiesinger blieb bis 1945 Nazi und kam vor den Entnazifizierungsgerichten recht und schlecht mit der Behauptung davon: »Ich bin nur deshalb nicht von meinem Posten zurückgetreten, um von innen den Schaden zu begrenzen.« Ich bin zwar erst 1939 geboren, weiß aber zu viel über die Welt der Konzentrationslager und das Elend des zerstörten Europa, um Herrn Kiesinger für seine Art der Schadensbegrenzung zu danken.
Sicher hat Herr Kiesinger trotzdem ein gutes Gewissen und durch seinen Aufstieg den wenigen Deutschen, denen das ihre abhandengekommen war, wieder dazu verholfen …
Willy Brandt hingegen hat sich für den entgegengesetzten Weg entschieden. Wahre deutsche Demokraten, die den Nationalsozialismus mit der Waffe in der Hand bekämpften, waren äußerst selten. Da sie bewiesen, dass es möglich war, sich auf der Seite von Recht und Moral zu engagieren, wurden sie paradoxerweise fast zum schlechten Gewissen der Deutschen. Das heutige Deutschland hat sich noch nicht von seiner Vergangenheit gelöst, weil es sich ihr nicht aufrichtig stellen wollte. Allein Willy Brandt und seine Mitarbeiter können der Politik in Deutschland eine neuen Richtung geben, weil sie dies wirklich wollen und weil sie ihre politische Reife unter Beweis gestellt haben. Die Eroberung des Außenministeriums der Bundesrepublik ist der erste Schritt auf dem Weg zur Eroberung der Macht. Besonders die Länder, die ungesunde deutsche Ambitionen fürchten, täten also gut daran, Brandt in seinem Kampf ums Kanzleramt zu unterstützen. Insbesondere die Länder im Osten sollten ihn mit der ganzen Achtung und Wertschätzung willkommen heißen, die sie einem Mann schulden, der im Kampf gegen den Nationalsozialismus ihr Verbündeter war und bleibt. Sie sollten ihn zudem als einzig infrage kommenden Gesprächspartner betrachten und Gespräche mit Herrn Kiesinger selbst verweigern. Schließlich sollten sie Brandt nach Kräften in seinem Bemühen unter-

stützen, die deutsche Frage im Sinne einer Annäherung der beiden Deutschlands in einem sozialistischen Rahmen zu klären. Dann würde sich das deutsche Volk vermutlich mit Befriedigung an die Vorstellung gewöhnen, statt eines ehemaligen Nazischönlings einen Außenminister als Kanzler zu haben, der seinem Land Ehre macht. In dieser Angelegenheit decken sich die Interessen Frankreichs und Europas, ganz Europas vom Atlantik bis zum Ural und darüber hinaus.

Brandt war damals in Frankreich nahezu unbekannt, und niemand, nicht einmal in Deutschland, wagte es, so über Brandts Lebensgeschichte und Willen zu reden.

Jede meiner politischen Stellungsnahmen verstärkte die Feindseligkeit meiner Vorgesetzten und Kollegen im Deutsch-Französischen Jugendwerk mir gegenüber. Zwar wurden diese Artikel in meinem Beisein nicht erwähnt. Doch man versuchte ganz offensichtlich, meine Arbeitsbedingungen immer unerträglicher zu gestalten. Die direkte Konfrontation stand unmittelbar bevor.

Während im Büro die Zeichen auf Sturm standen, erfüllten mich die Freuden des Familienlebens ganz. Unser Privatleben war fröhlicher und unbeschwerter, als wenn jeder Teil unserer kleinen Gemeinschaft für sich allein gelebt hätte. Arno wuchs heran und war eine reine Freude für mich. Serge hatte bei der ORTF gekündigt und war jetzt Direktionsassistent bei der Continental Grain, einem der weltweit führenden multinationalen Getreideunternehmen. Er sollte dort Experte für komplexe Kompensations- und Clearinggeschäfte werden und reiste deshalb viel, vor allem in Osteuropa, wo ihm seine Russischkenntnisse nützlich waren.

Wir waren so gut organisiert, dass ich, wie Serge zehn Jahre zuvor, allein auf Abenteuerreisen gehen konnte. Im Mai flog ich in die Vereinigten Staaten und nach Guatemala, wo ein Cousin von Serge lebte. Als ich wieder in Paris war, diskutierte ich einen ganzen Tag lang mit Serge über die Ereignisse im Nahen Osten. Tags darauf herrschte Krieg. Es war der 6. Juni 1967. Serge und sein alter Freund Josy, der ebenfalls bei der Continental Grain arbeitete, flogen nach Tel Aviv. Ich war völlig aufgelöst. Aber ich versuchte nicht, Serge zurückzuhalten: Im Jahr zuvor war ich mit ihm zusammen in Israel gewesen; ich wusste, was ihm die Sache der Juden bedeutete und in welcher Gefahr

Israel schwebte. Und ich fühlte mich im Schoß dieser Familie stark, die mir mit ihrer Liebe Kraft gab. In der schweren Zeit, die mir bevorstand, brauchte ich das auch.

Rauswurf beim DFJW

30. August 1967. Das DFJW hatte mir gerade fristlos gekündigt. Ich rief sofort Serge an. Meine Kehle war wie zugeschnürt, meine Stimme kaum hörbar. Serge bat mich, meine Worte zu wiederholen:

»Der Direktor hat mir gerade einen Brief des Generalsekretärs gegeben, in dem steht, dass ein Disziplinarverfahren gegen mich eingeleitet wird.«

Serges erster Gedanke:

»Wegen Unpünktlichkeit?«

»Nein! Aus politischen Gründen. Hör, was er schreibt: [...] habe ich ein Disziplinarverfahren mit dem Ziel Ihrer Entlassung gegen Sie eingeleitet, da der am 21. Juli 1967 unter Ihrem Namen in der Zeitschrift *Combat* erschienene Artikel ›Deutschlands unruhiger Schlaf‹ einen schwerwiegenden Verstoß gegen die Verpflichtungen der Angestellten des Deutsch-Französischen Jugendwerks darstellt. [...] In besagtem Artikel schreiben Sie insbesondere: ›Die ersten Schritte Herrn Kiesingers waren bescheiden und leise, denn *dieser Mann, der sich bei den Christdemokraten einen ebenso guten Ruf verschaffte wie einst bei den Braunhemden*, war sich sehr bewusst, was in diesen ersten Wochen für seine Zukunft auf dem Spiel stand.‹«

»Sprich deutlicher, ich versteh nichts.«

»Ja doch, hör weiter: ›Ihr Artikel stellt daher einen schweren Verstoß gegen den Geist der Loyalität gemäß Artikel 3, Absatz 2 der Personalstatuten des DFJW dar, dem zufolge jeder Angestellte in seinen Aussagen, Handlungen und Veröffentlichungen alles zu unterlassen hat, was mit seinen Aufgaben und Verpflichtungen gegenüber dem DFJW nicht vereinbar ist oder dem DFJW materiellen oder immateriellen Schaden zufügen könnte.‹«

»Komm sofort zu mir ins Büro, wir bereden das.«

Dieses Schreiben erschütterte mich. Die fristlose Entlassung ohne

Anspruch auf Entschädigung gab mir das Gefühl, durch irgendeine Straftat Schande über das DFJW gebracht zu haben.

Ich öffnete meine Schubladen und nahm meine persönlichen Gegenstände an mich. Niemand außer der Telefonistin wagte, sich von mir zu verabschieden, mir die Hand zu geben.

Ich ging zügig, um mich abzuregen. Von der Rue d'Artois bis zur Continental Grain in der Rue de la Ville-l'Évêque waren es nur ein paar hundert Meter. Serge biss die Zähne zusammen wie immer, wenn ihn etwas aufregt; mir merkt man meine Gefühle nicht so an, aber unsere Wut war dieselbe.

Ein Kollege von Serge wollte uns beruhigen:

»Lassen Sie es gut sein. Da Sie zwei Wochen Zeit haben, um auf die Vorwürfe zu reagieren, distanzieren Sie sich doch von dem Artikel.«

»Vermeiden Sie einen schwierigen und unnötigen Prozess. Sie werden ihn verlieren und stehen dann ohne Arbeit da«, bekräftigte ein anderer.

Und ein dritter fügte hinzu:

»Bedenken Sie, was so ein Kreuzzug kostet. Das ist wie David gegen Goliath.«

Mir reichte es. Das wollte ich mir nicht länger anhören. Serge schleppte mich in ein Bistro in der Rue des Saussaies. Wir saßen uns gegenüber und sagten lange Zeit nichts. War es denkbar, aufzugeben, sich zu ducken? Ich versuchte, stark zu sein. Ich musste mich gegen diese Ungerechtigkeit wehren. Ich dachte an jene, die unserem Kampf seinen Sinn gaben. Sie kamen mir zu Hilfe. Wie hätten sie auch zulassen können, dass zwanzig Jahre nach ihren Qualen wieder Nazis an die Macht kamen!

Grausame Bilder zogen vor meinen Augen vorbei. Der kleine Junge aus dem Warschauer Ghetto, in seinem Blick der ganze Ernst der Welt, die Arme vor einem deutschen Soldaten erhoben. Er ähnelte meinem Sohn, er war mein Sohn. Nein, ich konnte nicht schweigen. Serge erzählte von seinem Vater, der bei seiner Ankunft in Auschwitz von einem Kapo geschlagen worden war und zurückgeschlagen hatte, und zog den Schluss: »Wie könnte ich da kampflos hinnehmen, dass du deine Stelle verlierst, weil du als Erste seit dem Krieg in Frankreich die Wahrheit über einen Nazi gesagt hast? Das hieße kapitulieren.«

Er nahm über den Tisch hinweg meine Hand und küsste sie. Im

Geist sah ich das Foto des jungen Paares, das in den Ruinen des Warschauer Ghettos zwischen anderen Juden liegt, die alle im nächsten Moment ermordet werden. Vor ihnen in Siegerpose SS-Männer mit Helmen und Stiefeln, Maschinenpistole in der Hand, die auf sie herabsehen. Der Mann und die Frau schmiegen sich aneinander. Er hält ihre Hand. Nein, er beschützt sie nicht, die Zeit des Beschützens ist vorbei, aber ihre Liebe wird überleben. Sie sind dem Tode nah, doch in ihren Augen und auf ihren Lippen liegt der Ausdruck von etwas Unzerstörbarem, der Ausdruck von Menschen, die sich lieben.

Es war ein flüchtiges Bild. Doch dieser kurze Moment war der Wendepunkt in unserem Leben. Unsere Entscheidung stand fest. Wir würden kämpfen, und dieser Kampf würde Vorrang vor allem anderen haben. Unsere Entscheidung fiel ohne ein Zögern, fast ohne ein Wort. Sie hatte sich jedem von uns in diesem einen Moment aufgedrängt, unwiderruflich. Wir würden nicht nur kämpfen, um unser Gewissen zu beruhigen, sondern auch um zu gewinnen, und wir wussten, dass wir unseren Kampf fortan mit vollem Einsatz führen würden. Serges Karriere, unser Familienleben, die finanzielle Sicherheit waren von nun an zweitrangig.

Von dem Bistro in der Rue de Saussaies zum Élysée, dem Amtssitz von General de Gaulle, war es nur ein Katzensprung. Ich ging sofort dorthin und fragte nach dem Generalsekretär Bernard Tricot. Zufall oder Versehen, ich gelangte bis in sein Büro. Mein Besuch kam überraschend für Monsieur Tricot. Trotzdem hörte er mich an. Seine reservierte Haltung ließ mir allerdings kaum Hoffnung.

Am 13. September schrieb er mir: »Ich muss Ihnen sagen, dass sich der Präsident der Republik meiner Ansicht nach nicht in diese Angelegenheit einmischen sollte … Zudem obliegt es mir nicht, in ein laufendes Verfahren einzugreifen.« Die obersten französischen Behörden hielten sich aus der Sache heraus. Dabei war ich seit vier Jahren Französin.

Also wandte ich mich an einen der berühmtesten Namen der französischen Résistance, Henri Frenay, Gründer und Leiter der Widerstandsbewegung *Combat*. Am 21. September erhielt ich seinen Antwortbrief und öffnete ihn mit klopfendem Herzen – ich erwartete Ermutigung und moralische Unterstützung. Doch als ich las, was der große französische Widerstandskämpfer mir schrieb, schossen mir bittere Tränen in die Augen.

Madame,
ich habe Ihren Brief vom 9.September und die beiliegenden Unterlagen erhalten. Angesichts der Bedeutung des Problems, nicht nur für Sie, sondern ganz allgemein, habe ich sie mit der ihnen gebührenden Aufmerksamkeit gelesen. Dabei bin ich, was Sie mir bitte nicht verübeln wollen, zu dem Schluss gelangt, dass ich Ihre Meinung in keiner Weise teilen und Ihre Haltung nicht billigen kann, die Sie öffentlich zum Ausdruck gebracht haben, während Sie dem Deutsch-Französischen Jugendwerk angehörten.
Die Sache verhielte sich ganz anders, wenn der Bundeskanzler ein führendes NSDAP-Mitglied gewesen und hohe Verantwortung getragen hätte. Aber nichts von dem, was Sie veröffentlicht oder mir in Ihrem Brief mitgeteilt haben, deutet darauf hin. Folgt man Ihrem Gedankengang, so müsste man alle Deutschen, die irgendwann einmal das Parteibuch der NSDAP besessen haben, für alle Zeit verurteilen. Sie wissen so gut wie ich, dass das bedeuten würde, fast alle Männer ab vierzig aus dem öffentlichen Leben zu entfernen.
Ich halte es zwar für absolut erforderlich, dass echte Kriegsverbrecher auch heute noch verfolgt und bestraft werden, ich halte es aber keineswegs für wünschenswert, ein Scherbengericht abzuhalten, wie Sie es heute tun.
Ich verstehe die Gefühle, die Sie geleitet haben, kann sie aber, wie gesagt, in keiner Weise teilen.

Ganz anders glücklicherweise die Reaktion von Jean Pierre-Bloch, der einen bissigen Artikel in der Wochenzeitung *Juvénal* schrieb. Pierre-Bloch, Widerstandskämpfer, Sozialist, ehemals Minister unter General de Gaulle in London und Algier, war Präsident der 1927 gegründeten Internationalen Liga gegen Antisemitismus (LICA, später Internationale Liga gegen Antisemitismus und Rassismus, LICRA).

Mir wurde klar, dass ich einen doppelten Kampf führen musste: einen um mein Recht, indem ich einen Prozess anstrengte, und einen um die öffentliche Meinung, indem ich Franzosen und Deutschen überzeugende Beweise für die Nazivergangenheit von Bundeskanzler Kiesinger lieferte.

Faktisch fielen dann beide Kämpfe in eins, da wir beschlossen, den Fall vor die französische Justiz zu bringen und nicht vor die Schiedskommission des DFJW, die aus zwei von ihrer jeweiligen Regierung ernannten Richtern bestand. Diese Kommission hätte den Fall diskret unter den Teppich gekehrt, während bei einem Urteil vor dem Zivilgericht in Paris die Chance bestand, dass die Presse ihn ins Licht der Öffentlichkeit rücken würde.

Allmählich bekamen wir in unserem täglichen Leben die Probleme zu spüren, die unser Kampf nach sich zog. Er kostete viel Geld. Wir zahlten keine Steuern mehr. Wir würden sie mit einem Säumnisaufschlag nachzahlen müssen, aber erst einmal schoben wir ihre Zahlung auf. Wir kürzten das Lebensmittelbudget. Unser altes Auto wurde abgeschafft. Wir strichen die Putzfrau und eins der Au-pair-Mädchen. Zu den Stunden, die ich der Politik widmete, kam jetzt noch die Hausarbeit. Ich schaltete mühelos von einem aufs andere um. Mit derselben professionellen Gewissenhaftigkeit wusch ich die schmutzige Wäsche meiner Familie und die Deutschlands.

Meine Schwiegermutter sorgte sich, was alles auf uns zukommen könnte; ihr war klar, dass unser Engagement uns weit von den ausgetretenen Pfaden und einem normalen Leben entfernen würde. Sie erinnerte uns an unsere Verantwortung gegenüber Arno, äußerte Zweifel an der Wirkung unseres Handelns. Wir stellten uns taub; ich wollte nur an unser Ziel denken, die Zukunft unseres Sohnes hing am Erfolg unserer Sache; ich setzte Scheuklappen auf, um das ruhige Ufer nicht zu sehen, während die Welle mich fortriss. Doch im Grunde ihres Herzens stimmte Raïssa uns zu. Sie kümmerte sich in meiner Abwesenheit um Arno, und wenn wir Geld brauchten, halfen sie oder meine Schwägerin uns aus. Meine Mutter hingegen, die seit einem Jahr Witwe war, kritisierte unsere Kampagne scharf. Ihrer Ansicht nach war Kritik am Kanzler selbstverständlich ein Kündigungsgrund.

Uns wurde klar, dass wir unbedingt eine Akte über Kiesingers Naziaktivitäten zusammenstellen mussten. Serge, der im Zeitgenössischen Jüdischen Dokumentationszentrum (CDJC) in Paris schon einige Dokumente gefunden hatte, wies mich darauf hin, dass die ersten Informationen über Kiesinger in der Presse offenbar aus dem Deutschen Zentralarchiv in Potsdam stammten. Da kam ihm die Idee, seinen ehemaligen Lehrer an der Hochschule für Politikwissenschaft zu kontaktieren, den Historiker Georges Castellan, der sich für den ostdeutsch-französischen Austausch einsetzte. Serge rief ihn an: »Ich möchte Akten des Zentralarchivs in Potsdam einsehen. Können Sie mir sagen, wie ich mit den zuständigen Behörden in Kontakt treten kann?« Castellan nannte ihm Herrn Heyne, den Vorsitzenden des französisch-deutschen Freundschaftsvereins in Ost-Berlin. Serge beschloss, in die ostdeutsche Hauptstadt zu fahren.

Ost-Berlin war 1967 eine der geheimnisvollsten Städte Europas. Wenn man dorthin fuhr, um Archive einzusehen, weckte man womöglich den Argwohn der Staatssicherheit, denn damals unterhielten Frankreich und die DDR keine diplomatischen Beziehungen. Serge kannte noch aus seinem Militärdienst beim Verteidigungsministerium in der Rue Saint-Dominique Martial de la Fournière, den technischen Berater von Verteidigungsminister Pierre Messmer; er war ihm zum Zeitpunkt des Putschs der Generäle im April 1961 unterstellt gewesen und schrieb ihm jetzt: »Meine Frau, die Französin ist, ist in Frankreich entlassen worden, weil sie geschrieben hatte, dass ein Deutscher Nazi gewesen war. Frankreich hat nichts unternommen, um ihr zu helfen. Nun ist es an mir, sie zu unterstützen; wir müssen eine Akte über Kiesinger zusammenstellen, die Dokumente befinden sich in Ost-Berlin; ich möchte diesen Sachverhalt vorab klarstellen, um nicht des Leichtsinns, der Spionage, der Störung diplomatischer Beziehungen usw. bezichtigt zu werden.« Seine Aufrichtigkeit hat offenbar gewirkt. Wir hatten nie irgendwelche Scherereien.

Serge nahm sich ein paar Tage Urlaub und flog nach Schönefeld, wo man ihm die Einreise nach Ost-Berlin zunächst verweigerte, weil er kein Visum hatte. Außerdem sprach er kein Deutsch, und niemand verstand, was er wollte. Man machte eine Französisch sprechende Sekretärin ausfindig. Serge gab ihr Herrn Heynes Telefonnummer und erhielt über ihn eine Aufenthaltserlaubnis.

Serge begab sich zum Sitz des französisch-deutschen Freundschaftsvereins, traf Herrn Heyne dort aber nicht an. Sein Büro lag etwa 50 Meter vom Führerbunker entfernt am trostlosen Thälmannplatz, im ersten Stock des ehemaligen Propagandaministeriums. Serge betrat den großen Raum, in dem Goebbels fast jeden Vormittag eine Ministerkonferenz abgehalten hatte, an der Kiesinger oft teilnahm. Herrn Heyne traf Serge schließlich in der Volkskammer und trug ihm seine Bitte vor. Man verwies ihn ans Innenministerium, wo er am nächsten Tag von einem hohen Beamten empfangen wurde. Dieser hörte ihn an und ließ ihn dann eine Stunde warten, bevor er ihn einer sieben- oder achtköpfigen Kommission vorführte. Mithilfe eines Dolmetschers legte er erneut unser Vorhaben dar, eine Akte über Kiesingers Nazivergangenheit zu erstellen, und verschwieg auch nicht, dass er Freiwilliger im israelischen Sechstagekrieg gewesen war. Seinem Gesuch wurde stattgegeben.

Drei Tage lang studierte Serge die dicke Akte und machte sich zahlreiche Notizen. Abends rief er mich an: »Ich arbeite in einer Nebenstelle des Innenministeriums in der Mauerstraße, neben dem Nationalrat. Hinein gelange ich über eine kleine Treppe, die von einem bewaffneten Polizisten bewacht wird. Ich werde telefonisch angekündigt, ein Beamter notiert meine Ankunftszeit und holt mich ab. Wenn ich wieder gehe, läuft es genauso. Ich befrage stundenlang einen jungen Historiker vom Innenministerium, der Spezialist für das administrative Räderwerk des Dritten Reichs ist. Den Inhalt der wichtigsten Dokumente kann ich mir von einem Dolmetscher übersetzen lassen. Den Rest erschließt du dir selbst.«

Da er drei Jahre zuvor zusammen mit Roland Dhordain an der Reorganisation der französischen Rundfunkstrukturen mitgearbeitet hatte, fand sich Serge bei seinen Recherchen mühelos in der labyrinthischen Struktur der deutschen Rundfunkanstalt zurecht, in der Kiesinger als Hitlerpropagandist agiert hatte.

Serge kam mit einer dicken Mappe voll Fotokopien aus Ost-Berlin zurück. Bei seinen Recherchen war er auf ein Buch von Reimund Schnabel über Hitlers Rundfunkpropaganda gestoßen, von dem es in Ost-Berlin aber nur noch dieses eine Exemplar gab. Herausgeber war der Europa-Verlag in Wien. Dort lebte Simon Wiesenthal, auf dessen Betreiben hin so viele Naziverbrecher verfolgt worden sind. Serge fuhr sofort hin und traf sich mit Wiesenthal, der aber bedauerlicherweise keine Unterlagen für uns hatte: »Tut mir leid, ein Politiker wie Kiesinger fällt nicht in mein Ressort. Ich habe vor allem Material über die SS, die Schlächter in den Konzentrationslagern und die Architekten der ›Endlösung‹.«

Zu den Unterlagen, die Serge aus Berlin mitgebracht hatte, kamen später noch Beweisstücke aus der Wiener Library in London hinzu sowie Tausende von Mikrofilmen, die wir per Katalog für 400 Dollar vom Nationalarchiv in Washington erwarben.

Ich wertete das Material zügig aus und konnte 1967 kurz vor Weihnachten eine Broschüre verfassen und auf eigene Kosten drucken lassen. Ihr Titel: *Die Wahrheit über Kurt Georg Kiesinger.*

Lange Abende hindurch hatte ich viele Hundert Meter Mikrofilm gesichtet und nach jedem noch so kleinen Baustein abgesucht, der meine Behauptung würde stützen können. So war es mir in mühsamer Kleinarbeit gelungen, Kiesingers Rolle zu rekonstruieren. Von den wichtigsten Dokumenten hatte ich Dias gemacht, weil ich in Diavorträgen zeigen wollte, dass meine Behauptungen kein Bluff waren. Das Glück war auf meiner Seite. Im Sommer des Jahres 1968 traf ich im CDJC Joseph Billig, Historiker und Autor des bemerkenswerten Buchs *L'hitlérisme et le système concentrationnaire.*

Billig gehörte zu denen, die am besten verstanden und beschrieben haben, welche Rolle bestimmte deutsche Diplomaten bei der Ausarbeitung der »Endlösung« gespielt hatten. Als ich ihm von Kiesinger erzählte, zeigte er sich zunächst zurückhaltend: »Das interessiert mich nicht. Was hat er denn getan? Ich bezweifle, dass es gravierend war«, lautete seine skeptische Antwort bei unserem ersten Gespräch.

Dennoch erklärte er sich einverstanden, die Akte zu lesen. Und war schon bald überzeugt. So konnten wir eine Studie verfassen, die das Thema gründlicher behandelte als meine Broschüre. *K. oder der subtile Faschismus* wurde meine Anklageschrift, die Kiesinger endgültig die Maske vom Gesicht riss.

Kiesingers Naziakte

Kiesinger trat am 1. März 1933 als junger Anwalt in die NSDAP ein. Er war knapp dreißig. Sein Parteibuch, das er bis zum Ende des nationalsozialistischen Abenteuers behielt, hatte die Nummer 2633930.

Als Student gehörte er nationalkonservativen katholischen Verbindungen an, und ab 1933 engagierte er sich für die Politik Hitlers. Sein christliches Gewissen arrangierte sich mit dem Antisemitismus des Hitler-Regimes, das dem neuen Deutschland den Aufstieg zu erhabener Größe in Aussicht stellte.

Im August 1940 berief Außenminister Joachim von Ribbentrop Kiesinger als »wissenschaftlichen Hilfsarbeiter« in die Rundfunkpolitische Abteilung des Auswärtigen Amts. Auf diesem Posten stellte der 36-jährige Jurist seine Überzeugung und seine Fähigkeiten in den Dienst des Sieges des Dritten Reichs. Es ging kontinuierlich nach oben für ihn. In seiner Karriere brachte er es vom Mitarbeiter der Rundfunkabteilung zum stellvertretenden Leiter der Abteilung Rundfunkpolitik. Der Umstand, dass er im Auswärtigen Amt eine außerplanmäßige Anstellung hatte, d.h. kein Berufsdiplomat war, erleichterte ihm seine heikle Rolle als Vermittler zwischen den im Dauerkonflikt befindlichen Ministern Ribbentrop (AA) und Goebbels (Propaganda).

Kiesinger verdankte seine Karriere dem Unterstaatssekretär im Auswärtigen Amt Martin Luther, einem überzeugten Nazi, den Ribbentrop geholt hatte, um das AA mit dem Geist des Hitlerismus zu erfüllen, der dort fehlte. Für diese Aufgabe hatte Ribbentrop unter Luthers Leitung die Abteilung »Deutschland« geschaffen. Die Zusammenarbeit mit Mitgliedern der Partei in Fragen des Auswärtigen Amts bedeutete konkret die Zusammenarbeit mit Himmler, denn die SS war inzwischen der einzige unbestreitbare Garant dafür, dass Hitlers Ideologie umgesetzt wurde. Der Staatssekretär im AA Ernst von Weizsäcker sagte im Nürnberger Prozess gegen hohe Nazibeamte aus, »diese Abteilung versuchte, andere Abteilungen unter ihre Kontrolle zu bringen. Sie schuf ihre eigenen Unterabteilungen für Angelegenheiten, die absolut nicht in den Verantwortungsbereich des Außenministeriums fielen, beispielsweise Rassenpolitik, Judenangelegenheiten, Polizeifragen usw.«[5]

Kiesinger gehörte im Auswärtigen Amt nicht zu den Vertretern der klassischen Diplomatie, sondern zu den Männern, die im beunruhigenden Schatten der Partei und besonders der SS aufstiegen.

Seit dem 8. September 1939 war die Auslandspropaganda in allen Sendern auf deutschem Territorium und in den besetzten Gebieten Ribbentrop unterstellt, nicht mehr Goebbels. Die Abteilung hatte überdies die Aufgabe, ausländische Sender zu beeinflussen oder zum Zweck der Nazipropaganda zu kaufen.

In der Rundfunkpolitischen Abteilung mit ihren zweihundert Mitarbeitern in Berlin und noch einmal so vielen außerhalb des Reichs stieg Kiesinger rasch auf. Schon 1941 wurde er Leiter der Dienststelle B,

---

[5] Zitiert nach: Beate Klarsfeld und Joseph Billig, *K. oder der subtile Faschismus*, Berlin 1969, S. 12f.

einer der beiden Unterabteilungen der Rundfunkpolitischen Abteilung. Seine Aufgaben waren: a) Verbindung zum Reichspropagandaministerium; b) Planung und Kontrolle der allgemeinen Propagandatendenzen des deutschen Auslandsrundfunks: Gesamtgestaltung der Propaganda nach Motiven und Methode, Abstellung von Fehlern, Vorschläge zu bestimmten Propagandaaktionen, Anregungen zur Verwendung wirksamer Themen und Thesen; c) Talk-Kontrolle: allgemeine Überwachung der Produktion. Dazu kam die Koordination der Arbeit der elf Länderreferate, die im Ausland Propaganda betrieben.

Kiesinger war auch zuständig für die Vorzensur aller Sendungen ins Ausland, ab 1941 auch für deren Inhalt. Im selben Jahr trat er in den Verwaltungsrat von Interradio ein. Diese riesige, von Goebbels und Ribbentrop gegründete Rundfunkgesellschaft verbreitete im Ausland nationalsozialistische Kriegspropaganda. Das Interradio-Verwaltungsratsmitglied Kiesinger war im Namen des Auswärtigen Amts mit 10 Millionen Mark Aktionär. Zudem war er Verbindungsmann zwischen dem AA und Interradio: Wenn die Dienststellen von Interradio die Richtlinien nicht umsetzten, die von den regionalen Dienststellen seiner Abteilung ausgearbeitet worden waren, war Kiesinger befugt, sie dazu anzuhalten. Die Interradio AG fungierte als Dachgesellschaft für die schon vom Deutschen Reich kontrollierten Sender, sie gründete neue Sender im Ausland und nahm sie in Betrieb und gründete weitere Gesellschaften, immer mit dem Ziel, das nationalsozialistische Gedankengut zu verbreiten. Interradio beschäftigte 700 Personen, von denen 200 zum Sonderdienst Seehaus gehörten und für das Abhören von ausländischen Rundfunksendungen zuständig waren.

Die politischen Ziele von Interradio sind in einem Dokument vom 5. November 1941 definiert: »Die entweder ganz im deutschen Besitz befindlichen oder deutschbeeinflußten Sender im Auslande werden – gelenkt von der Zentrale in Berlin – zunächst ein Instrument der Kriegsführung sein und späterhin im wahrsten Sinne des Wortes Pionierarbeit für deutsche Kultur, Wissenschaft und Wirtschaft leisten und damit die große Politik des Reiches maßgebend unterstützen.«[6]

---

[6] Abgedruckt in: Reimund Schnabel, *Mißbrauchte Mikrofone. Deutsche Rundfunkpropaganda im Zweiten Weltkrieg. Eine Dokumentation*, Wien 1967.

So waren die Interradio-Verantwortlichen nicht nur Bürger, die ihre Kampfespflicht im zivilen Bereich des kriegführenden Vaterlands erfüllten, sondern auch die künftigen Architekten eines neuen Europas unter Hitlers Herrschaft.

1943 wurde Kiesinger zum stellvertretenden Leiter der Rundfunkpolitischen Abteilung ernannt, er leitete fortan nicht mehr nur die Dienststelle B, sondern auch die Dienststelle A, die für Rundfunkeinsatz, internationale Rundfunkbeziehungen, Rundfunkrecht und technische Rundfunkangelegenheiten zuständig war. Damit wurde er zur treibenden Kraft in dem für nationalsozialistische Auslandssendungen zuständigen Propagandaapparat. Er war der Einzige, der es über sämtliche Rädchen der Polit- und Verwaltungsmaschinerie bis nach oben schaffte. Kiesinger war jetzt Stellvertreter des allmächtigen SS-Standartenführers Rühle, und er kam in Kontakt mit dem neuen Leiter der Abteilung »Kulturpolitik« im AA, Franz Six, der aus Russland zurückgekehrt war, wo er als Leiter der Einsatzgruppen die Liquidierung von Politkommissaren und Tausender Juden durchgeführt hatte.

Im Sommer 1943 lernte Kiesinger einen der Dienststellenleiter von Professor Six kennen, Dr. Ernst Achenbach, der gerade erst aus Frankreich zurückgekehrt war, wo er drei Jahre lang die Seele der Kollaborationspolitik gewesen war.

Kiesingers besondere Sorgfalt galt dem Herzstück des Hitlerismus: der Judenfrage. Natürlich wurden keine Kommentare zu den Unterdrückungsmaßnahmen gegen die Juden oder zur »Endlösung« gesendet, sondern weltweit antisemitische Ressentiments geschürt. Und zwar in geeigneter Form, ohne grob unwahre Behauptungen.

Ernst Otto Dörries, einer von Kiesingers Kollegen, missverstand diese Methode. Er schwärzte Kiesinger bei der SS an, die den Brief jedoch ad acta legte. Die Abteilung Deutschland des Auswärtigen Amts und die SS waren wie Kiesinger darauf bedacht, das rechte Maß zu wahren, um die Wirkung der Propaganda zu erhöhen.

Abgesehen von den Sendungen kümmerte sich Kiesingers Dienststelle um die Ausstrahlung von antijüdischem Propagandamaterial im Ausland durch die Rundfunkverantwortlichen der deutschen Botschaften. Zu den Aufgaben, die Kiesinger am besten erfüllte, gehörte die Verbreitung von Judenhass und -verleumdungen in der ganzen Welt. Seine einzige Ausrede wäre, wenn er nicht gewusst hätte, was in den Konzentrationslagern mit den Juden geschah. Das war aber nicht der Fall. Kiesinger erhielt tägliche und wöchentliche »Geheim«-Berichte, die alle von der Dienststelle gesammelten Informationen enthielten. In seiner Position war er sowohl über die »Endlösung« als auch ihre Vorstufen informiert.

Ab Januar 1942 konnte Kiesinger auch Thomas Mann lesen beziehungsweise hören, der über die BBC verzweifelte Appelle an das deutsche Volk richtete und ihm die grauenhafte Wahrheit darüber offenbarte, wie die Nazis die Juden ermordeten.

> *Januar 1942* – Die Nachricht klingt unglaubwürdig, aber meine Quelle ist gut. In zahlreichen holländisch-jüdischen Familien, so wurde ich unterrichtet, in Amsterdam und andern Städten, herrscht tiefe Trauer um Söhne, die eines schaurigen Todes gestorben sind. Vierhundert junge holländische Juden sind nach Deutschland gebracht worden, um als Versuchsobjekte für Giftgas zu dienen. Die Virulenz dieses ritterlichen und durch und durch deutschen Kriegsmittels, einer wahren Siegfried-Waffe, hat sich an den jungen Untermenschen bewährt. Sie sind tot – gestorben für die »Neue Ordnung« und die Kriegs-Ingeniosität der Herrenrasse.
> *September 1942.* – Auf keiner Stufe machte die Quälsucht halt. Jetzt ist man bei der Vernichtung, dem maniakalischen Entschluß zur völligen Austilgung der europäischen Judenschaft angelangt.[7]

Im November 1944 folgte Goebbels Hans Fritzsches Vorschlag, Kiesinger ins Propagandaministerium zu holen und ihn mit einem Führungsposten zu betrauen. Kiesinger gehörte zu den hohen Nazifunktionären, die mit Sicherheit die Wahrheit über die Judenvernichtung kannten. Das bewog ihn aber nicht, aktiv oder auch nur passiv Widerstand zu leisten und einen so kompromittierenden Posten nicht anzutreten. Obwohl er die Wahrheit kannte, verbreitete er auf der ganzen Welt mit wirkungsvollsten Methoden antisemitische Propaganda.

Wo liegt der Unterschied zwischen Kiesinger und einem Vollstrecker in Auschwitz? Der Vollstrecker ist ein sadistischer Befehlsemp-

---

[7] Mann, *Deutsche Hörer!*, a. a. O., S. 49 u. S. 76.

fänger. Derjenige aber, der in anderen Sadismus weckt und Verleumdungen über ein Volk verbreitet, von dem er weiß, dass es der Auslöschung geweiht ist, trägt die größere Verantwortung an dem beispiellosen Verbrechen der Shoah.

Im Mai 1945 wurde Kiesinger von den Amerikanern interniert. Nach siebzehn Monaten wurde er zu Beginn des Kalten Kriegs freigelassen und 1947 in einem Entnazifizierungsverfahren vor einem Spruchkammergericht, dem u. a. sein Schwiegervater angehörte, als Mitläufer eingestuft. Als Kiesinger beschloss, in die Politik zu gehen, setzte er 1948 ein Berufungsverfahren durch, aus dem er »entlastet« hervorging. Seine Entnazifizierungsakte ist seitdem praktischerweise verschwunden.

Ich bin sicher, dass Kiesinger nicht wirklich einen Gesinnungswandel vollzogen hat, dass er nicht ohne Hintergedanken Christdemokrat wurde. Der Bankrott des Dritten Reiches war zu eklatant, als dass jemand den Mut gehabt hätte, sich offen zur Naziideologie zu bekennen. Doch lebten 1967 noch viele deutsche Bürger in der Überzeugung, dass ihre besondere Eigenheit als Volk sie dazu verpflichte, ein unter den Einfluss deutschen Geistes gestelltes Europa zu gestalten.

Der deutsche Bundeskanzler Kurt Georg Kiesinger hat gelogen. Er hat behauptet, nur deshalb der NSDAP beigetreten zu sein, weil er wie viele andere Katholiken gehofft habe, »von innen heraus auf eine Wende ihrer Ideologie hinzuwirken«[8]. Er hat beteuert, nach der blutigen Ausschaltung der SA-Führungsspitze 1934 die wahre Natur des Nationalsozialismus erkannt und sich völlig vom Nationalsozialismus gelöst zu haben. Er hat erklärt, er sei im Auswärtigen Amt lediglich ein kleiner »wissenschaftlicher Hilfsarbeiter« ohne jede Verantwortung gewesen.

Keine dieser Behauptungen hat einer genauen Überprüfung standgehalten.

[8] Zitiert nach: Otto Rundel, *Kurt Georg Kiesinger. Sein Leben und sein politisches Wirken*, Stuttgart 2006, S. 20.

Noch mehr Entdeckungen

Serge hatte außer der Kiesinger-Akte weitere Informationen aus Ost-Berlin mitgebracht, die mich darin bestärkten, nicht die Schiedskommission des DFJW anzurufen, sondern ein französisches Gericht.

Er hatte sich auch nach der Vergangenheit des deutschen Richters dieser Kommission erkundigt. Die Dokumente, die wir daraufhin erhielten, waren eindeutig: Walter Hailer, der über die Rechtmäßigkeit meiner Entlassung entscheiden sollte, war wie Kiesinger ein ehemaliger Nazi. Gipfel der Ironie: Er war am selben Tag wie dieser in die NSDAP eingetreten, am 1. Mai 1933; sein Parteiausweis trägt die Nummer 3579848.

Hailer, 1967 als Präsident des Verwaltungsgerichtshofs von Baden-Württemberg einer der höchsten bundesdeutschen Richter, war während des Kriegs regionaler NSDAP-Redner, SA-Mitglied und Kriegsverwaltungsrat beim Stab des deutschen Militärverwaltungschefs für das besetzte Belgien in Brüssel gewesen.

1936 hieß es bezüglich seiner möglichen Beförderung zum Berater der Reichsregierung, der einunddreißigjährige Dr. Hailer werde sehr positiv beurteilt. NSDAP-Mitglied Hailer sei als Parteiredner tätig, politisch bestünden keine Bedenken gegen ihn.

Hailer war Mitarbeiter der Auslandswissenschaftlichen Fakultät der Berliner Universität. Diese Fakultät, deren Dekan Professor Franz Six war, war vor allem ein Spionagezentrum.

Ich erstellte umgehend eine Akte über Hailer, die ich ans Élysée sowie an Jacques Rietsch weitergab, Sachverständiger am Pariser Verwaltungsgericht und von der französischen Regierung zum Richter für die DFJW-Schiedskommission bestellt. Rietsch äußerte mir gegenüber telefonisch sein Erstaunen darüber, dass sein Kollege Hailer in der fraglichen Rechtssache sowohl Richter als auch Partei sein würde.

Regelrecht befremdet war er, als er erfuhr, dass Hailer auf Veranlassung Kiesingers in die Schiedskommission des DFJW berufen worden war. Die Bundesregierung hatte den damaligen Ministerpräsidenten von Baden-Württemberg mit der Überprüfung der Satzung des DFJW betraut. Und der hatte natürlich dafür gesorgt, dass sein Freund Hailer in die Schiedskommission berufen wurde.

Das war also mein Richter, die höchste Instanz des DFJW! Aufgeschreckt vom Fall Hailer, fragte ich mich, ob nicht noch weitere Nazis im Verwaltungsrat des DFJW gesessen hatten oder saßen. Meine Recherchen zahlten sich aus: In der Kartei »Deutsche Verbrecher« des CDJC stieß ich auf den Namen Dr. Fritz Rudolf Arlt, von 1964 bis 1966 Mitglied im Kuratorium des DFJW. Ich fand heraus, dass die Dortmunder Jugendzeitschrift *Elan* einen Artikel über Dr. Arlt veröffentlicht hatte, und rief dort an. Chefredakteur Ulrich Sander schickte mir die Ausgabe. Was ich las, war höchst aufschlussreich.

1936 hatte Arlt seine Dissertation »Ein Beitrag zur Rassenpsychologie« geschrieben, die ganz auf der Linie von Hitlers Rassenthesen lag. Er war ein brillanter Referent auf den rassenkundlichen Wochen und hatte »aus eigener Initiative« eine Zählung der Leipziger Juden vorgenommen und sie in »Volljuden«, »Dreivierteljuden«, »Halbjuden« und »Vierteljuden« eingeteilt. Diese Kartei, die für das Leipziger Judenreferat von großem Nutzen war, diente Dr. Arlt als Grundlage für eine weitere Studie: »Volksbiologische Untersuchungen über die Juden in Leipzig«. Mithilfe des SD erfasste Arlt auch die Juden in Schlesien. Arlt war NSDAP-Mitglied und SS-Mann, Nr. 367769. Später entdeckte ich im Koblenzer Staatsarchiv ein erstaunliches Dokument. Es stammte aus der Abteilung II 112, dem Judenreferat des SD, und besagte, dass Dr. Fritz Arlt, Experte für Fragen des Hebräischen, angeboten habe, den Mitgliedern des SD die Grundlagen des modernen Hebräisch beizubringen, dank denen sie nach vier Wochen Artikel aus dem Hebräischen übersetzen könnten. Einer seiner gewissenhaften Schüler hieß Eichmann.

Arlt hatte eine bemerkenswerte SS-Karriere hinter sich. Er war nicht nur ein Theoretiker der Judenfrage, sondern ab 1934 Leiter des Kreisamtes für Rassen- und Bevölkerungspolitik des Kreises Leipzig und als SS-Standartenführer und Totenkopfträger unweit von Auschwitz in Katowice stationiert, wo er als Leiter der Außenstelle Oberschlesien des Reichskommissariats für die Festigung deutschen Volkstums u. a. die Vertreibungsaktionen in und um Auschwitz koordinierte. Arlt wurde in Polen und der UdSSR zum Kriegsverbrecher erklärt und in der UdSSR in Abwesenheit verurteilt. Bei der Gründung des Deutsch-Französischen Jugendwerks wurde Arlt einer der Direktoren. Zuvor war er Mitglied der Geschäftsführung des Deutschen Industrie-Instituts (1973 umbenannt in »Institut der Deutschen Wirtschaft«) in Köln gewesen, wo er für die Ausbildung von Führungskräften für die deutsche Wirtschaft zuständig war, und in der Geschäftsführung der Bundesvereinigung Deutscher Arbeitgeberverbände, verantwortlich für Bildungs- und Jugendpolitik. Im Dezember 1965 wurde Arlt in seinem Amt als Kuratoriumsmitglied des DFJW bestätigt, trat jedoch bald nach dem Erscheinen des *Elan*-Artikels, von dem in Frankreich und beim DFJW niemand ein Wort verlauten ließ, von diesem Posten zurück. Es gab keinerlei Skandal. Keiner der Angestellten wurde darüber informiert, dass ein Naziverbrecher der schlimmsten Sorte in verantwortlicher Position beim DFJW tätig gewesen war. Mir wurde klar, wie unterschiedlich man mit Arlt und mir umgegangen war. Er war aktiv an einer Politik schrecklicher Verbrechen beteiligt gewesen, wurde aber von den anderen Verantwortlichen beim DFJW geschätzt, vielleicht auch nur gefürchtet.

Im Lauf der Wochen fand ich heraus, dass noch weitere ehemalige Nazis im DFJW-Verwaltungsrat saßen, vor allem Vertreter des Außenministeriums: Karl Kuno Overbeck, ehemals SA-Mann und Mitarbeiter der Abteilung »Politik« in Ribbentrops Ministerium, oder auch der am 1. Oktober 1934 in die NSDAP eingetretene Luitpold Werz. Er war insbesondere 1944–45 in der Abteilung Inland II tätig gewesen, deren Aufgabe unter anderem darin bestanden hatte, der SS bei der Regelung der Judenfrage zu helfen. Meine Entlassung beim DFJW war also einer gewissen Logik gefolgt. Später erfuhr ich, dass meine Vorgesetzten auf Druck des Kabinetts von Kanzler Kiesinger gehandelt hatten.

Am 11. Oktober 1967 war mein Fall Gegenstand einer Anfrage an den Deutschen Bundestag. Der Staatssekretär im Bundesministerium für Familie und Jugend, Dr. Heinrich Barth, musste die Fragen von zwei SPD-Abgeordneten beantworten:

> Brück (Holz) (SPD): »Trifft es zu, daß eine Sekretärin des deutsch-französischen Jugendwerkes entlassen wurde, weil sie Kritik an Bundeskanzler Kiesinger übte?«
> Dr. Barth: »[...] Es trifft zu, daß eine Sekretärin des deutsch-französischen Jugendwerks aufgrund eines Vorgangs entlassen wurde, von

dem die Bundesregierung jedoch erst Kenntnis erhalten hat, als der Generalsekretär des deutsch-französischen Jugendwerks das Entlassungsschreiben abgesandt hatte.«
Brück (Holz) (SPD): »Herr Staatssekretär, darf ich aus Ihrer Antwort schließen, daß die Bundesregierung diese Entlassung nicht billigt?«
Dr. Barth: »Herr Abgeordneter, der Sachverhalt ist etwas komplizierter. Nach dem zugrunde liegenden Vertrag über die Errichtung des deutsch-französischen Jugendwerks vom 5. Juli 1963 ist das deutsch-französische Jugendwerk eine zwischenstaatliche und unabhängige Organisation. Die Bundesregierung hat keine Möglichkeit, auf diese Vorgänge einzuwirken. [...]«
Brück (Holz) (SPD): »Könnten Sie mir trotzdem sagen, welche Stellung die Bundesregierung bezieht? Ich glaube, daß die Entlassung gegen das Grundgesetz verstößt.«
Dr. Barth: »[...] ich darf noch einmal darauf hinweisen, daß es sich um ein schwebendes Verfahren handelt, in das jetzt nicht durch eine wertende Stellungnahme eingegriffen werden sollte.«
Fellermaier (SPD): »[...] Ist die Bundesregierung bereit, nach Abschluß des Verfahrens ihren eigenen politischen Standpunkt dem Hohen Hause bekanntzugeben?«
Dr. Barth: »Soweit bei dieser besonderen Sachlage, mit der wir es zu tun haben, ein politischer Standpunkt bezogen werden kann, ist die Bundesregierung bereit, nach Abschluß des Verfahrens und nach Klarstelllung aller Streitfragen auch darüber Auskunft zu geben.«[9]

Sie hat es niemals getan.

Am 19. Februar 1968 fand vor dem Zivilgericht des 8. Arrondissements mein Prozess statt. Am Vorabend hatte ich rund vierzig Journalisten telefonisch informiert, die bereits wussten, worum es ging, weil ich ihnen meine Broschüre geschickt hatte. Die französische und die internationale Presse waren im Gerichtssaal gut vertreten. Sogar ein ostdeutsches Fernsehteam war da. Die Moskauer *Iswestija* veröffentlichte später einen großen Artikel mit der Überschrift: »Licht in die Vergangenheit«. Der Fall bewegte sich von Anfang an auf der politischen Ebene.

[9] Deutscher Bundestag, 124. Sitzung, 11. Oktober 1967, S. 6231f. (dipbt.bundestag.de/doc/btp/05/05124.pdf).

Le Monde titelte: »Durfte Beate Klarsfeld, zweisprachige Sekretärin beim Deutsch-Französischen Jugendwerk, die Hitler-Vergangenheit von Kanzler Kiesinger öffentlich anprangern?« *Le Figaro*: »Kanzler Kiesinger ist ein ehemaliger Nationalsozialist«, und darunter: »… behauptete die Angestellte des Deutsch-Französischen Jugendwerks in einem Artikel.«

Meine Botschaft – Kiesingers Nazivergangenheit – und mein Protest erreichten Hunderttausende von Lesern.

Als sich das Zivilgericht am 19. Februar für nicht zuständig erklärte, legte ich vor der 21. Kammer des Berufungsgerichts in Paris Beschwerde ein.

Vier Monate später, am 18. Juni 1968, bestätigte dieses die Entscheidung des Zivilgerichts und verwies meine Klage an die Schiedsstelle des DFJW. Ich musste nicht nur die Verfahrenskosten nicht tragen, das Gericht brachte mir auch eine gewisse Sympathie entgegen und deutete an, dass gegen den deutschen Richter Walter Hailer, dessen Nazivergangenheit erwiesen sei, ein Ablehnungsantrag gestellt werden könne.

Es war eine etwas kafkaeske Situation, in der ich mich nun an die Schiedsstelle des DFJW wandte, der letzte Rechtsweg, der mir noch offenstand. Um bei der Schiedsstelle einen Ablehnungsantrag gegen den deutschen Richter zu stellen, musste ich diesen ersuchen, sich selbst für befangen zu erklären, was ich auch tat. Zudem bat ich brieflich das zweite Mitglied des Schiedsgerichts, den französischen Richter, Hailer für unzuständig zu erklären.

Dieser geschickte und verzweifelte Schritt brachte den Erfolg. Im September 1968 wurde Richter Walter Hailer für befangen erklärt. »Wenn er seine Ablehnung nicht akzeptiert hätte«, so das *Annuaire français de droit international* von 1969, »dann hätte die in Artikel 23 im Fall von Uneinigkeit geforderte Ernennung eines dritten Richters ihrer Wahl durch die beiden Mitglieder der Schiedskommission wahrscheinlich in eine echte Sackgasse geführt.«

Deshalb veranlasste das DFJW auf dem Wege eines langen Verwaltungsverfahrens eine Änderung seiner Statuten, die seither auch Stellvertreter für die Richter vorsehen. Eine von Serges Jura-Professorinnen war Suzanne Bastid gewesen, die große französische Völkerrechtsexpertin. Im Sommer 1959 hatte sie ihn sogar für ein Praktikum an die Haager Akademie für Völkerrecht geschickt. In diesem juristischen Duell mit dem DFJW machte er seiner Professorin Ehre. So viele Nachforschungen, so viele Schriftsätze! Auch auf juristischem Gebiet wollten wir das Heft selbst in der Hand haben. Ohne unsere Hartnäckigkeit wäre der Fall sehr schnell ad acta gelegt worden.

Ich hatte mich auf einen höchst komplexen Rechtsstreit eingelassen, in dem es um ein Grundsatzurteil ging. Die *Gazette du Palais* berichtete unter dem Aspekt der internationalen Vereinbarungen und der Befreiung von der Gerichtsbarkeit ausführlich darüber. Das *Annuaire français de droit international* widmete sich dem Fall und seinen zahlreichen Auswirkungen 1969 und 1970 eingehend, insbesondere in Bezug auf die Verschwiegenheitspflicht von Angestellten. Die Ereignisse zwangen mich zu kämpfen. Ausweichen oder aufgeben hätte den Verzicht auf meinen ersten Kampf bedeutet, und dazu konnte ich mich nicht entschließen.

Im September 1967, kurz nach meiner Entlassung, hatte ich dem deutschen Justizminister Gustav Heinemann geschrieben. Sein Staatssekretär Horst Ehmke antwortete mir, Heinemann sei anlässlich einer Konferenz demnächst in Paris, ich könne ihn treffen. Dieses Treffen fand in der deutschen Kirche in der Rue Blanche statt. Heinemann versprach mir, sich um meinen Fall zu kümmern.

Er hielt Wort, indem er mir einen guten Rat gab, den ich genauer beherzigen würde, als er vermutlich dachte. Am 8. Dezember 1967 schrieb mir Ehmke:

> Sehr geehrte Frau Klarsfeld,
> im Drange der Geschäfte bin ich erst vor kurzem dazu gekommen, mir Ihre Unterlagen durchzusehen. Ich weiß nicht, welches Ergebnis der Termin vor dem französischen Gericht am 27. November gehabt hat. Meine Vermutung war, dass das französische Gericht sich unter Hinweis auf die in Artikel 23 des Personalstatus vorgesehene Beschwerdekommission für unzuständig erklären würde. Aber ich kenne mich im französischen Recht nicht so gut aus. Von einer Klage vor einem deutschen Arbeitsgericht verspreche ich mir nicht viel. Falls Sie dennoch klagen wollen, sollten Sie bei der Auswahl eines Anwalts sehr vorsichtig vorgehen. Mein Eindruck ist, daß der Versuch einer politischen Bereinigung der Angelegenheit langwierigen, in ihrer Erfolgsaussicht sehr unsicheren Gerichtsverfahren vorzuziehen ist. Einer meiner mit der Arbeit des deutsch-französischen Jugendwerks verbundenen

politischen Freunde hat sich bereits sehr intensiv in dieser Richtung bemüht. Die Schwierigkeiten sind aber offensichtlich groß und kommen offenbar nicht nur von deutscher Seite. Sehen Sie einen Ansatzpunkt in dieser Richtung?
Herr Bundesjustizminister Heinemann, der mich gebeten hat, die Sache auch für ihn zu bearbeiten, läßt Sie sehr herzlich grüßen.
Mit verbindlichen Empfehlungen bin ich

Ihr
Horst Ehmke

Damit wies mir das Justizministerium den Weg: Statt mich auf lange Gerichtsverfahren einzulassen, musste ich den Fall in Deutschland politisieren. Fortan würde ich an einer anderen Front kämpfen.

Eine wiedervereinigte Deutsche

Februar 1968. Journalisten kamen und gingen. Sie zogen grüppchenweise zum nahegelegenen Élysée-Palast, wo die deutsch-französischen Konsultationen[10] stattfanden, um dort Neues in Erfahrung zu bringen, und kehrten dann zurück, um Informationen auszutauschen oder die jüngsten Äußerungen der Pressesprecher zu bewerten. In der Bar des Hotel Bristol, in dem Willy Brandt schon immer gern abgestiegen war, so auch jetzt, liefen die Informationen zusammen. Kanzler Kiesinger hingegen wohnte im Palais Beauharnais in der Rue de Lille, der Residenz des deutschen Botschafters.

Der Tag ging zu Ende. Die Minister, die Kanzler Kiesinger nach Paris begleitet hatten, trudelten nach und nach im Bristol ein und loteten die Stimmung der Pressevertreter aus. Sie setzten sich an die Bar oder in die Salons, um in entspannter Atmosphäre zu plaudern. Der damalige Finanzminister Franz Josef Strauß gesellte sich zu den

[10] Ziel der deutsch-französischen Konsultationen, die zur gemeinsamen Erklärung vom 16. Februar 1968 führten, war eine Übereinkunft, die es den EWG-Beitrittskandidaten bis zu ihrem Beitritt ermöglichen sollte, von wirtschaftlichen Regelungen der EWG zu profitieren, insbesondere in Bezug auf den gemeinsamen Markt.

Journalisten um mich herum. Es war fast 21 Uhr 30. Wir brachen die lange Diskussion über meine jüngsten Enthüllungen über Kiesingers Vergangenheit ab. Ich setzte mich ein Stück beiseite, Strauß war mir äußerst unsympathisch, der starke Mann der deutschen Rechten war nahezu betrunken. Er antwortete bereitwillig auf die Fragen der Journalisten. Auf jede Runde Whisky folgte die nächste. Schon bald schenkte er den Worten seiner Gesprächspartner keine Beachtung mehr; den Kopf in die Hände gestützt und den Blick aufs Teppichmuster gerichtet, fing er an zu monologisieren. Der Sohn von Axel Springer leistete mir Gesellschaft. Er war Fotograf. »Diese Kampagne gegen Kiesinger ist absolut witzlos«, versuchte er mich zu überzeugen. »Besser, man redet nicht mehr darüber, schließlich ist er auf demokratischem Weg an die Macht gekommen. Die Zeit des Protests ist vorbei.«

Zu später Stunde erschien Brandt in der Lobby. Die Journalisten schnellten aus ihren Sesseln und eilten ihm entgegen. Vor den Aufzügen blieb er stehen. Er war gebräunt, entspannt, elegant in seinem dunklen Nadelstreifenanzug, ganz anders als der Mann, dem ich im Sommer 1966 begegnet war. Ich nutzte die Gelegenheit und erinnerte ihn an das Interview, um das ich ihn für den *Combat* gebeten hatte, bei dem es hauptsächlich um seine persönlichen Erinnerungen an seinen Aufenthalt in Frankreich vor dem Krieg ginge. Brandt sagte mir, er werde bald Zeit dafür finden. Doch es kam nie dazu. Sein persönlicher Referent Claus Sönksen vertraute mir später an, Brandts Berater hätten befürchtet, ein Interview mit mir würde als Unterstützung meiner inzwischen noch härter geführten Kampagne gegen Kiesinger gewertet: »Sie haben sicher Verständnis dafür, dass Herr Brandt es sich als Außenminister von Kanzler Kiesinger und Mitglied der Großen Koalition nicht erlauben kann, Ihnen dieses Interview zu geben.«

Ich schrieb regelmäßig Kolumnen für den *Combat*, in denen ich mich bemühte, den Franzosen meinen Standpunkt zur politischen Entwicklung in Deutschland klarzumachen – aus gutem Grund: In Bonn waren nur sehr wenige französische Pressekorrespondenten vertreten, und die Franzosen wussten wenig über Deutschland. In meiner Kolumne vom 14. Februar 1968 ging es um die Chancen der Großen Koalition:

> Bislang konnte die seit einem Jahr bestehende große Koalition aus Christdemokraten und Sozialdemokraten den Anschein erwecken, dass ihr Rezept, der Wirtschaftskrise und dem Erstarken des Neonazismus Einhalt zu gebieten, auf lange Sicht politisch realisierbar sei. Doch das ist nicht der Fall … Die Demokraten in Europa sollten froh sein über die Revolte der Jugend, die sich auch der Resignation, der Angepasstheit, dem Konsumismus hätte verschreiben oder gar jene glorreichen Jahre heraufbeschwören können, als in ganz Europa die Hakenkreuzfahne wehte. In den Universitätsstädten wird die Jugendbewegung immer stärker. Am 11. Dezember 1967 wagte sich die 170 000 Mitglieder zählende offizielle Jugendorganisation der SPD (Jusos) vor und forderte politische Beschlüsse von internationaler Tragweite, die sicherlich ins Programm der SPD aufgenommen werden, wenn sie ihre notwendige Reform vollzogen hat. Die von den Jusos geforderten Beschlüsse sind im Wesentlichen die Anerkennung der DDR durch die BRD und die Anerkennung der Oder-Neiße-Grenze als östliche Grenze ganz Deutschlands, der vollständige Verzicht der BRD auf atomare Bewaffnung und die Gründung eines deutsch-deutschen Jugendwerks, das durch gemeinsame Aktivitäten die Jugendlichen beider Deutschlands zusammenbringt. Am 10. Februar fand im Bundestag eine sehr lebhafte Debatte über die Studentenunruhen statt. So lebhaft, dass von »antistudentischer Hysterie« die Rede war. Herr Kiesinger hat die Polizei zu ihrer »großen Geduld« beglückwünscht, während die meisten Journalisten ihre Gewaltexzesse anprangern. SPD-Justizminister Heinemann wurde von sämtlichen Abgeordneten scharf angegriffen, als er riet, nach den Ursachen der Unzufriedenheit der Studenten zu forschen, statt nur an Repression zu denken und die jungen Menschen als »Terroristen« zu beschimpfen. […] Wir in Frankreich müssen begreifen, dass die jetzt in Deutschland beginnende Auseinandersetzung uns alle angeht, denn eines Tages wird Deutschland wiedervereinigt sein.

Am 22. März 1968 griff ich das Thema noch einmal auf:

> Die Wiedervereinigung ist natürlich und wünschenswert, überdies ist sie unvermeidlich. Wir wollen aber keine Wiedervereinigung, die eine Gefahr für die Welt bedeutet. Wir wollen eine friedliche Wiedervereinigung, dank der ein nuklearwaffenfreies Deutschland die unverzichtbare Brücke zwischen Ost und West sein kann.

Ich selbst betrachtete mich bereits als wiedervereinigte Deutsche.

20. März 1968, neun Uhr früh. Nach einer dreiwöchigen Reise durch die DDR, die ich, wie ich fand, kennenlernen musste, war ich jetzt in West-Berlin. Die schmale Straße im feinen Berlin-Dahlem war noch menschenleer. Ich klingelte schüchtern an der Tür von Theologieprofessor Gollwitzer, der Rudi Dutschke Asyl gewährte. Das Haus schien in tiefem Schlaf zu liegen. Nach mehreren fruchtlosen Versuchen und langem Warten in den Räumlichkeiten am Kurfürstendamm 140, dem Sitz des Sozialistischen Studentenbunds (SDS), Dutschkes Organisation, hatte ich beschlossen, ihn morgens zu Hause zu überraschen.

Ich wollte die Unterstützung der Studenten haben, wenn ich meine Anti-Kiesinger-Kampagne in Deutschland fortsetzte. Mir war nämlich klar geworden, dass es schwierig, wenn nicht unmöglich sein würde, sie von Paris aus zu führen. Meine ersten Kontakte mit dem SDS waren indes nicht sehr vielversprechend gewesen. Ich hatte versucht, sie zu überzeugen: »Wenn ihr die CDU zu Fall bringen wollt, müsst ihr begreifen, dass ihr sie mit Kiesingers Nazivergangenheit aushebeln könnt. In Deutschland mag es normal erscheinen, dass ein Ex-Nazi ein hohes Regierungsamt bekleidet, im Ausland hält man das aber für einen Skandal. Mein Prozess hat, so geringfügig er war, bewiesen, dass man das internationale Interesse auf diese Nazivergangenheit lenken kann. In diesem Punkt dürft ihr nicht lockerlassen.«

Das konnten sie nicht nachvollziehen, denn sie wollten die Revolution sofort und fanden es normal, dass der Kapitalismus einen ehemaligen Nazi an die Spitze der Bundesrepublik beförderte. Das entsprach der Logik eines Systems, das sie als Ganzes verändern wollten, und Kiesinger war nur ein unbedeutender Teil davon.

Ich klingelte mehrmals. Endlich machte jemand auf. In der Türöffnung erschien eine junge Frau mit zerzaustem Haar.

»Ich möchte gern zu Rudi Dutschke.«

»Er schläft noch, aber komm trotzdem rein.«

»Beate Klarsfeld ist da«, rief sie in die Wohnung hinein.

Ich hatte ein paar Tage zuvor mit ihm telefoniert, er kannte also meinen Namen:

»Ah! Bitte sie doch rein.«

Ich steuerte das Zimmer an, aus dem die Stimme zu kommen schien. Es war ein Wohnzimmer, in dessen Mitte ein ausgezogenes Schlafsofa stand. Die Fensterläden waren nicht geöffnet. Der Raum lag im Halbdunkel. Dutschke lag noch im Bett, neben ihm seine Frau Gretel und zwischen ihnen ihr wenige Wochen altes Baby Che. Rudi war offenbar ein Familienmensch und einer der wenigen SDS-Führer, die Familie und Politik unter einen Hut bekamen. Gretel hatte das Baby gerade gewickelt und griff jetzt zum Fläschchen.

Dutschke stützte sich auf einen Ellenbogen. Er war sehr natürlich und direkt, wie bei den öffentlichen Veranstaltungen, auf denen ich ihn erlebt hatte, und eine fesselnde Persönlichkeit, die sofort Interesse weckte.

Ich erklärte ihm, dass ich zusammen mit Berliner jüdischen Studenten ein Treffen in Paris zum Thema »Junge Deutsche und junge Juden gemeinsam im Kampf gegen neonazistische Kräfte« vorbereitete und es sehr schön fände, wenn er daran teilnähme. Er war grundsätzlich einverstanden, aber möglicherweise müsse er in den nächsten Tagen nach Prag, wo sich die Lage zuspitzte.

Dutschke unterschied sich stark von den SDS-Ideologen, denen ich in den Tagen zuvor begegnet war. Hinter ihren langen Haaren und einem Nonkonformismus, den sie durch außergewöhnliche Kleidung oder durch eine aufsehenerregende sexuelle Freizügigkeit zum Ausdruck brachten, berauschten sie sich an einem theoretischen und komplizierten Vokabular, das mehr Schein als Sein war und die Flachheit ihrer Gedanken übertünchte. Die jungen Männer sprangen mit den vielen Mädchen um sie herum viel autoritärer um, als es die von ihnen kritisierten Bürgerlichen in der Regel taten. Als ich einen von ihnen darauf ansprach, erwiderte er leichthin: »Wir benutzen sie als Matratzen.«

Dutschke war klar und präzise, und er war nicht eingebildet. Er hatte die Durchsetzungskraft, die ein Anführer braucht. Er hätte natürlich in die zweite Reihe treten können und dank seiner Intelligenz, seinem Talent als Redner und seiner Tatkraft ohne jeden Zweifel ein materiell vollkommen gesichertes Leben führen können. Aber er war kein Produkt der westdeutschen Konsumgesellschaft, sondern als Student aus der DDR geflohen, ohne dem Sozialismus abzuschwören, und ein ebenso scharfer Kritiker des westlichen Kapitalismus wie des östlichen Dogmatismus. Durch harte Arbeit und sein großes Talent war es ihm gelungen, die Studenten in Berlin und dann ganz Deutschland zur am stärksten politisierten Hochschuljugend Europas zu machen, auf die die Studenten der Nachbarländer ihre Blicke richteten.

Der Vietnamkongress, der am 17./18. Februar 1968 in West-Berlin stattfand, bot den jungen Protestlern Gelegenheit zu internationalen Begegnungen. So konnten etwa die französischen Studenten, darunter Alain Krivine, die Techniken und Methoden des SDS kennenlernen.

Am 11. April 1968, drei Wochen nach unserem Gespräch, wurde der unbewaffnete Dutschke mit drei Kugeln, zwei in den Kopf und einer in die Brust, aus nächster Nähe niedergeschossen. Er lag wochenlang im Koma, verlor für lange Zeit die Sprache und war seitdem nicht mehr Teil des politischen Lebens in Deutschland. Einige Jahre später starb er an den Folgen seiner Verletzungen. Es hieß, sein Angreifer sei ein Einzeltäter gewesen, ein Verrückter. Doch in seiner Wohnung wurden Hakenkreuze, SS-Insignien und eine Hitlerbüste gefunden, und er war *Bild*-Leser. Dieses Attentat war das Ergebnis der von der Springer-Presse und Politikern wie Kiesinger geführten Hasskampagne gegen Dutschke.

Zum ersten Mal hatte ein junger Mensch eine große Bewegung hinter sich versammeln können, und seine Gegner hatten begriffen, welche Gefahr er darstellte. Die Springer-Presse hätte eine solche Aktion nicht gestartet, wenn ihr Dutschkes Bedeutung nicht bewusst gewesen wäre. Sie hat ihr Ziel im Übrigen erreicht: Nach dem Attentat spaltete sich die radikale Linke, weil ihr der Anführer Dutschke fehlte. Am Tag nach dem Attentat titelte *Bild*: »Terror in Berlin!« Das war der Beginn der »blutigen Ostern«.

In Berlin, aber auch in Hamburg, Hannover, Essen, Köln errichtete die Jugend Barrikaden. Das Springer-Hochhaus wurde belagert. Die Berliner Studenten demonstrierten in dichten Reihen. Es kam zu heftigen Zusammenstößen mit der Polizei.

Ich fühlte mich diesen jungen Leuten nah. Das Attentat auf Dutschke war der Beweis seiner Thesen: In Deutschland kam die wahre Gefahr von rechts. Gestern noch hatte Kiesinger Dutschke heftig angegriffen. Heute schickte er seiner Frau ein scheinheiliges Telegramm, in dem er sein Mitgefühl bekundete. In Wirklichkeit rieb er sich zufrieden die Hände, und er war nicht der Einzige. Für mich war die Dutschke-Tragödie ein Grund mehr, meinen Kampf gegen Kiesinger fortzusetzen. Die Beseitigung von Gegnern hat bei den Rechtsextremen Tradition.

Meine Anschuldigungen gegen Kiesinger hatten in der französischen und deutschen Presse bislang nicht das erhoffte Echo gefunden.

Mit meiner dicken Kiesinger-Akte unter dem Arm hatte ich die Zeitungsredaktionen abgeklappert und darauf bestanden, von den Chefredakteuren oder den Fachjournalisten empfangen zu werden. Die Antwort war stets die gleiche: »Ja, ja, sehr interessant, aber was soll man machen, er ist ja schon Kanzler!«

Ich musste meine Taktik ändern.

In den Wochen zuvor, als die Proteste noch gewaltfrei gewesen waren, hatte mich der Einfallsreichtum beeindruckt, mit dem die Mitglieder der Außerparlamentarischen Opposition zu Werke gingen. Ich hatte ihre friedlichen und doch aufsehenerregenden Methoden in der Kommune 1 entdeckt. Deren Mitglieder lebten in einer riesigen Wohnung am Stuttgarter Platz. In den eingestaubten und meist unmöblierten Zimmern lagen Papiere und alte Gegenstände herum, Matratzen auf dem Boden dienten als Betten. Ein rundes Dutzend junger Männer und Frauen lebten dort, die innerhalb ihrer WG alles miteinander teilten: Polit-Aktionen, Alltag, Sex. Ich traf dort ihre beiden Hauptfiguren: Fritz Teufel und Rainer Langhans.

Die Kommune 1 verstand es, die öffentliche Meinung mit der Waffe des Humors zu mobilisieren. Hatte sie nicht angekündigt, die Studenten träfen Vorbereitungen, um den Autoverkehr auf dem Ku'damm mitten in Berlin lahmzulegen? Sofort standen starke Polizeikräfte bereit und leiteten den Verkehr um: Woraufhin ein einzelner Student stolz die verlassen daliegende Prachtstraße entlangspazierte.

Ähnlich wirkungsvoll war die Ankündigung der Studenten, öffentlich einen Hund zu verbrennen. An einem empfindlichen Punkt getroffen, eilten die Berliner empört herbei. Die Studenten nutzten dieses Forum und zeigten, dass friedliche Bürger durch die Drohung, einen Hund anzuzünden, aus der Ruhe zu bringen waren, nicht aber durch Vietnamesen, die im Feuer der Napalmbomben verbrannten.

Mir wurde langsam klar, dass mein ganzes Material nur Wirkung haben würde, wenn es mit spektakulären Aktionen einherging, auf die sich die sensationsgierige Presse stürzen würde. Wenn die Aktion wohlüberlegt war, wenn ihr Sinn unmittelbar verständlich war, würde mein Anliegen in der Öffentlichkeit die gebührende Aufmerksamkeit finden. Ich dachte lange über meine Vorgehensweise nach. Ich musste sie an Kiesinger ausprobieren.

Ich hatte erfahren, dass Kiesinger am 1. April 1968 im Bundestag sprechen würde, und rief aus Paris beim deutschen Parlament an, natürlich ohne meinen Namen zu nennen. »Ich würde gern an einer Sitzung des Bundestags teilnehmen. Am 1. April bin ich auf der Durchreise in Deutschland. Wie bekomme ich eine Eintrittskarte?« Ein Beamter erklärte mir, ich bräuchte lediglich einen Platz auf meinen Namen zu reservieren und meine Karte zehn Minuten vor Sitzungsbeginn abzuholen. Ich reservierte sofort unter meinem Mädchennamen.

Gleich nach meiner Ankunft in Bonn am 30. März machte ich mich auf die Suche nach einem Fotoreporter. Ich versuchte frühmorgens mein Glück bei einigen Studenten, die aber sehr misstrauisch reagierten. Immerhin nannten sie mir einen DPA-Fotografen, den ich ins Vertrauen zog. Wir verabredeten ein unauffälliges Zeichen, an dem er mich erkennen würde. Fast wäre ich zu spät gekommen. Nachdem ich meinen Mantel an der Garderobe abgegeben hatte, stieg ich auf die Publikumstribüne gegenüber dem Präsidium des Bundestags. Ich saß am Rand einer Reihe, an deren Enden je ein Saaldiener stand. Kurz darauf ging Kiesinger zum Rednerpult. Ich sah ihn zum ersten Mal in natura. Ich musterte ihn nicht lange, betrachtete nicht forschend den Ausdruck auf seinem Gesicht, um herauszufinden, ob er dem Bild entsprach, das ich mir von dem Mann machte.

Für mich ist der Mensch, vor allem wenn er eine wichtige Funktion ausübt, die Summe seiner Taten beziehungsweise ihrer Wirkung. Unseren Cockerspaniel oder unsere Katze könnte ich haargenau beschreiben, aber bei Menschen schaue ich nicht aufs Äußere. Ich lasse mich in meinen Urteilen weder von persönlicher Sympathie noch von Antipathie leiten. Über Kiesinger sage ich also nur, dass er ein gutaussehender Mann von 65 Jahren war, der zehn Jahre jünger wirkte, groß (etwa eins neunzig), silbriges Haar, flinker und intelligenter Blick, das Inbild des respektablen Familienvaters. Aber das kümmerte mich noch weniger als seine äußere Erscheinung: Ich wusste zwar, dass er ein untadeliges Familienleben führte, dass er Tiere liebte und am Bodensee sogar einmal sein Boot zu Wasser gelassen hatte, um einen ertrinkenden Cockerspaniel zu retten. All das war ehrenwert und hätte mich veranlassen können, meine Kampagne zu bremsen, wenn ich es Kiesinger zugutegehalten hätte, aber ich tat es nicht. Denn wenn ich eines sicher weiß, dann, dass Moral im Privatleben nicht das Geringste mit politischer Moral zu tun hat.

Ich hatte beschlossen, Kiesinger mitten in seiner Rede zu unterbrechen, wenn der Bundestag voll besetzt war. Aber anders als ich gedacht hatte, fällt es sehr schwer, in einer andächtig lauschenden Versammlung plötzlich loszubrüllen. Ich fürchtete, vor lauter Angst den Mund nicht aufzubringen. Ich sah zu der Uhr an der Wand. Als letzte Frist hatte ich mir den Moment gesetzt, in dem der Sekundenzeiger bei der Zwölf ankäme. Angstvoll starrte ich auf diesen Zeiger, der immer weiter und weiter rückte. Und als er auf die Zwölf sprang, reckte ich meine Fäuste in die Luft und schrie: »Kiesinger, Nazi, abtreten!« Als das einmal heraus war, fiel mir das Weiterbrüllen leicht.

Der Kanzler unterbrach sich. Ich war zwar weit weg, spürte aber seine Irritation; er blickte wie alle Abgeordneten in meine Richtung. Vor den versammelten Parlamentariern der Bundesrepublik war ihm plötzlich und unerwartet seine Vergangenheit ins Gesicht gesprungen.

Die Saaldiener stürzten herbei. Einer hielt mir den Mund zu und drängte mich brutal aus dem Saal in ein kleines Büro. Ich weigerte mich, meine Personalien anzugeben. Man brachte mich aufs nächstgelegene Kommissariat. Erst dort antwortete ich auf die Fragen. Der Kommissar, der schon von mir gehört hatte, ließ meinen Koffer aus dem Schließfach holen, wo ich ihn deponiert hatte. Nach drei Stunden ließ er mich gehen. Ich fuhr sofort zum SDS.

Am nächsten Tag brachten die deutschen Zeitungen Fotos, auf denen zu sehen war, wie ich mit gereckter Faust dastand, was den Linken gefiel, oder wie der Saaldiener mir den Mund zuhielt, woraufhin es hieß, in Deutschland würde die Wahrheit zum Schweigen gebracht. Kiesingers Nazivergangenheit und meine Akte über ihn waren natürlich überall Gesprächsthema. Ich hatte mein Ziel erreicht: Die Mauer des Schweigens bröckelte.

Natürlich riskierte ich eine Geld- oder Gefängnisstrafe mit Bewährung, aber am Ende hatte die Sache keine strafrechtlichen Folgen für mich, da die Regierung es für klüger hielt, den Vorfall herunterzuspielen.

In Paris trafen sich ein, zwei Mal pro Woche junge Deutsche in einer Wohnung nahe der Place de la Contrescarpe. Sie waren SPD-Mitglieder gewesen, aber für zu links befunden und aus der Partei ausgeschlossen worden. Daraufhin waren sie dem SDS beigetreten. Dieses Grüppchen hatte Kontakt zu französischen Studenten aufgenommen, und zu einer der Zusammenkünfte kam auch Alain Krivine.

Bei unserem Treffen am 11. April 1968 hörten wir vom Attentat auf Dutschke. Am späten Abend beschlossen wir, eine Demonstration zu organisieren. Krivine und seine Freunde unterstützten uns. Sie übernahmen das Drucken der Flugblätter. Ich hatte zu Hause Transparente gebastelt.

Wir trafen uns an der Ecke Avenue Montaigne und Rue François Ier, um vor der deutschen Botschaft zu demonstrieren. Zu meiner Überraschung waren bei unserer Ankunft bereits rund tausend Studenten dort, aber auf der gegenüberliegenden Straßenseite hatten auch ein Dutzend Mannschaftswagen der Bereitschaftspolizei Stellung bezogen. Jede Menge rote Fahnen. Es war noch nicht Mai, aber diese erste große Demonstration kündigte den bevorstehenden großen Knall an. Die Demonstranten riefen: »Springer – Mörder!« Ein paar französische Studenten hielten Schilder mit der Aufschrift »Kiesinger Nazi« hoch. Ich war verblüfft. Trug meine Kampagne etwa erste Früchte?

Nach kurzen Reden von Alain Krivine und Daniel Cohn-Bendit sollte sich die Demonstration offiziell auflösen, doch die Teilnehmer verabredeten eine Fortsetzung im Quartier Latin. Wir nahmen grüppchenweise die Métro. Bei unserer Ankunft empfing uns zu unserer Überraschung ein behelmtes und bewaffnetes Großaufgebot der Bereitschaftspolizei. Ich hatte meine Transparente einem jungen deutschen Studenten überlassen. Beim Anblick dieses Polizeiaufgebots versteckte er sie in einer Toreinfahrt und ergriff die Flucht.

Es kam zu kleineren Zusammenstößen mit der Polizei, aber meiner Meinung nach lenkte die Gewalt von der politischen Bedeutung unserer Aktion ab und nahm ihr jede Wirkung. Dennoch bewies die außergewöhnliche Mobilisierung, dass die Kontakte zwischen jungen Deutschen und jungen Franzosen Früchte getragen hatten.

Von da an lockten unsere Treffen zahlreiche Studenten an. Ich erklärte meine Aktion. Wir diskutierten über die Methoden der deutschen Extremisten, die einen Brandanschlag auf ein großes Frankfurter Kaufhaus verübt hatten. Einige der Studenten lehnten diese Aktion ab, auch ich. Ich glaubte nicht, dass sich durch einen Brand die Massen mobilisieren ließen, von dem Risiko, Unschuldige zu verletzen oder zu töten, ganz zu schweigen. Gewalt darf nur als letztes Mittel und nur gegen Schuldige angewandt werden.

Die regelmäßigen Versammlungen deutscher Studenten blieben der französischen Polizei nicht lange verborgen. Eines Abends machte uns ein Student darauf aufmerksam, dass er vor der Haustür zwei wie Arbeiter aussehenden Männern begegnet war, die auf dem Gehweg auf und ab gingen und die Passanten neugierig musterten. Wir beugten uns aus den Fenstern und ertappten sie bei ihrem Spielchen, woraufhin sie sich etwa 50 Meter vom Haus entfernten, um gleich darauf zurückzukehren. Einige Zeit später erfuhr ich, dass die meisten Teilnehmer an unseren Versammlungen telefonisch zu einem dringenden Treffen in die Wohnung bestellt worden waren, in der wir uns immer trafen. Dort erlebten sie eine böse Überraschung: Sie wurden von der Polizei geschnappt, die sie anhand einer Mitgliederliste dorthin in die Falle gelockt hatte. Sie wurden zunächst ins Innenministerium in der Rue des Saussaies gebracht und zwei, drei Tage später zurück nach Deutschland geschickt.

Irgendwann in dieser Zeit erfuhr ich, dass bei einem Wahlkampfauftritt von Kiesinger in Baden-Württemberg der Saal zu zwei Dritteln von APO-Anhängern besetzt gewesen war, die »Kiesinger – Nazi, Nazi!« riefen. Um sie zur Ruhe zu bringen, hatte der Kanzler erklärt: »Sie sind jung, Sie haben den Nationalsozialismus nicht miterlebt, Sie haben ein Recht darauf, zu erfahren, was Ihr Kanzler in dieser Zeit getan hat.« Er hat dieses Versprechen nie gehalten.

Im April 1968 fuhr ich nach Esslingen, denn ich hatte gehört, dass die politischen Parteien dort ein Forum abhielten. Ich hatte drei Koffer dabei, prallvoll mit Broschüren, die der Jüdische Arbeitskreis von Berlin hatte drucken lassen, halb auf seine Kosten, halb auf meine. Am Bahnhof fand ich keinen Gepäckträger und musste den Weg dreimal machen, weil ich mehr als einen Koffer nicht tragen konnte.

Dann stand ich auf dem großen Platz, wo die Versammlung bereits begonnen hatte. »Wenn Sie eine kurze Rede halten und Ihre Flugblätter verteilen wollen, müssen Sie es jetzt tun«, sagte mir ein Student. Niemand kannte mich, und ich hatte nichts vorbereitet. Da jeder das Wort ergreifen durfte, musste man sich bei Bedarf in die Schlange am Lautsprecherwagen einreihen. Ich wartete fast eine Stunde, dann war ich dran.

Als ich vor dem Mikrofon stand, geriet ich plötzlich in Panik: dieser große Platz, so viele junge Leute, und ich hatte so viel zu sagen … Ich stellte mich vor und erklärte, wofür ich kämpfte. Ein paar Leute klatschten, das machte mir Mut. Ich legte los und erinnerte an Kiesingers Vergangenheit, wahrscheinlich zu lang. Jemand aus der Menge rief: »Kürzer, kürzer!« Auch gut, ich beschränkte mich auf die Ankündigung, dass ich gleich Informationsmaterial verteilen würde. Ich eilte sofort zu meinem Leihwagen und bat zwei junge Männer, mir zu helfen, das Material zu holen. Einem von ihnen vertraute ich kurz meine kostbare Kiesinger-Akte an. Als ich mich nach ihnen umsah, waren sie verschwunden. Sie waren mit meinen Unterlagen abgehauen. Zwar appellierte ich übers Mikro an sie zurückzukommen und suchte überall, aber sie waren unauffindbar. Waren sie rechte Provokateure oder Diebe? Ich fand es nie heraus. Wütend fuhr ich zurück nach Berlin.

Erst beim vierten Versuch bekam ich Günter Grass ans Telefon. Er musste noch am selben Tag zu einem Schriftstellerkongress nach Prag. »Ich wollte Sie bitten, an einer großen Versammlung teilzunehmen, die wir bald an der TU Berlin organisieren werden. Ich bin gerade in der Gegend und könnte eben bei Ihnen vorbeikommen.« Meine Mutter wohnte nämlich im selben Viertel, nahe beim Südwestkorso. Grass war einverstanden.

Zusammen mit Michel Lang, einem Gründungsmitglied des Jüdischen Arbeitskreises für Politik, planten wir einen großen Kongress. Lang hatte dem SDS angehört, und der Arbeitskreis war spontan abseits der Jüdischen Gemeinde Berlin entstanden. Jüdische Stimmen fanden damals aufgrund der Schuldgefühle der Deutschen in der Bundesrepublik viel Gehör, und die Kritik junger Juden an Kiesinger hatte wahrscheinlich mehr Gewicht als jede Aktion der APO.

Die Niedstraße 13 in Berlin-Friedenau war eine Gründerzeitvilla mit einem zur Straße hin gelegenen Gärtchen. Das Gittertor stand weit offen. Die Fassade des Hauses war efeubewachsen. Günter Grass empfing mich und führte mich durch das sehr moderne Esszimmer auf einen Balkon, der durch eine hohe Hecke von der Straße abgeschirmt war. Es wurde schon dunkel, ich konnte sein Gesicht kaum erkennen. Er ließ mich kurz von unserem Vorhaben erzählen und sagte dann, vor Studenten rede er nicht gern, ihr Verhalten ihm gegenüber lasse seit einiger Zeit zu wünschen übrig. Als ich ihm erklärte, dass es sich um jüdische Studenten handelte, schien seine ablehnende Haltung zu bröckeln. Dann wandte er sich meiner Person zu und sprach von der Übersetzung eines meiner Artikel, die ich ihm geschickt hatte. Er riet mir, viel Deutsch zu lesen, denn ich käme aus der Übung, meine Sprache sei schon jetzt sehr französisiert. Man merke, dass ich im Ausland lebe und kein Deutsch mehr spreche. Alles in seinem Gebaren und seinem Tonfall verriet einen Mann, der sich seiner unleugbaren intellektuellen Überlegenheit bewusst war. Grass gehörte zu denen, die am meisten für ein verändertes Deutschland getan hatten. Sein literarisches Werk hatte wichtige Anstöße gegeben; es hatte die Jugend von vielen Tabus und kulturellen Zwängen befreit. Er war neben dem großen katholischen Schriftsteller Böll der bekannteste und meistdiskutierte lebende deutsche Autor, ein Bestandteil des deutschen Gewissens.

Als ich ging, hatte ich sein grundsätzliches Versprechen, an dem Kongress teilzunehmen.

Am 9. Mai kam ich ein paar Stunden vor Beginn des Kongresses, der sehr schwer zu organisieren gewesen war, in Berlin an. Mehrere Redner hatten vorsichtshalber abgesagt. Ich hatte meinen Redebeitrag mithilfe von Serge, der mich begleitete, gründlich vorbereitet. Die Mitglieder des Jüdischen Arbeitskreises hatten den Kongress auf Plakaten und Handzetteln überall in der Stadt angekündigt und verkauften unsere Kiesinger-Broschüre für 30 Pfennig das Stück. Lange vor Veranstaltungsbeginn drängten sich an die 3000 junge Leute im Audimax der TU, die meisten langhaarig und bärtig – ein romantisches Bild, das mich entzückte. Als Redner angekündigt waren Günter Grass, Johannes Agnoli, Ekkehard Krippendorff, Professor Jacob Taubes und Michel Lang.

Die Rede von Günter Grass, der Kiesinger die schwerste moralische Hypothek Deutschlands nannte, begeisterte das Auditorium. Damit war der Ton vorgegeben. Als die Reihe an mich kam, wurde ich vors Mikro gedrängt, und der Anblick des rappelvollen Audimax machte Eindruck auf mich. Ich erklärte, um die Mauer des Schweigens über Kiesingers Nazivergangenheit zu durchbrechen, sei eine Eskalation nötig, und schloss: »Ich gebe euch heute mein Wort, dass ich den Kanzler öffentlich ohrfeigen werde.« Lebhafte Reaktionen im Saal. Aus allen Ecken Zurufe: »Das ist doch naiv!« – »Blödsinn!« – »Tu's doch, wenn du dich traust!« Ein Sprechchor skandierte: »Versprechungen! Versprechungen!«

Günter Grass neben mir verzog keine Miene.

Nach den offiziellen Rednern hatten die Studenten das Wort. Einer von ihnen rief Grass zu: »Herr Grass, was Sie gesagt haben, ist gut und schön, aber morgen haben Sie die Gelegenheit, Ihre ablehnende Haltung gegenüber der CDU unter Beweis zu stellen, wenn Sie mit uns gegen die Notstandsgesetze demonstrieren. Sind Sie bereit, an dem großen Sternmarsch nach Bonn teilzunehmen? Aber nicht bequem per Flugzeug, sondern im Zug, auf den harten Bänken der zweiten Klasse, inmitten von Studenten aus allen Ecken Deutschlands?«

Zornrot eilte Grass ans Mikro und schrie: »Das ist eine Unverschämtheit! Mir wird eine solche Frage gestellt? Welche Rolle spielt es, ob ich das Flugzeug oder die Bahn nehme! Wenn das so ist, komme ich morgen nicht!« Er warf seinen Stuhl um, schnappte sich seine Unterlagen und stürmte ohne Entschuldigung oder Gruß hinaus. Im Saal brandeten Pfiffe und Buhrufe auf.

Drei Viertel der Anwesenden stimmten am Ende für eine Resolution, die Kiesinger zum Rücktritt aufforderte. Die deutsche Presse berichtete im Westen wie im Osten darüber. Ich war das Risiko eingegangen, meine Absicht, Kiesinger zu ohrfeigen, öffentlich anzukündigen, weil ich den vorsätzlichen und symbolischen Charakter dieser Aktion kenntlich machen musste. Ich hatte mich nach reiflicher Überlegung zu dieser Ohrfeige entschlossen; ich spürte, dass diese Tat die Deutschen beeindrucken würde.

Am Abend des nächsten Tages, des 10. Mai, nahm ich den außergewöhnlichsten deutschen Zug seit Kriegsende. Am Tag darauf sollten Demonstranten aus allen Himmelsrichtungen in der Hauptstadt zusammentreffen, um gegen die bevorstehende Verabschiedung der Notstandsgesetze zu protestieren, die de facto im Fall von Unruhen eine Kanzlerdiktatur vorsahen. Die DDR-Führung stellte dem »Komitee zum Schutz der Demokratie« einen Sonderzug mit 800 Plätzen zur Verfügung, der den Ost-Berliner Bahnhof Friedrichstraße um 21 Uhr 26 verließ.

Die Stimmung war einmalig. Die Abteile wurden von jungen Frauen und Männern – die ältesten waren dreißig – in Cordhosen, Jeans und Parkas gestürmt. Auf den Gepäckablagen stapelten sich Helme und Schlafsäcke. Dutzende aus den Fenstern gehängte rote Fahnen aller

Größen machten den Zug zum Symbol einer Rückkehr zu den Quellen der Revolution.

Damals bewiesen die Studenten, dass sie gegenüber der ostdeutschen Regierung nicht weniger kritisch waren als gegenüber der westdeutschen. Bei der Fahrt durch die Bahnhöfe der DDR schrien sie aus vollem Hals Parolen wie »Bürokratie führt zu Faschismus und Stalinismus« und »Macht die Kommunisten zu guten Sozialisten«.

Verblüfft sahen die Westdeutschen diesen Zug vorbeifahren. Erstmals seit dem Ende des Kalten Krieges durchquerte ein mit roten Fahnen gespickter Zug die BRD unter Rufen wie: »Kapitalismus führt zu Faschismus«, »Bürger, lasst das Glotzen sein, kommt herunter, reiht euch ein«, »SPD und CDU, Finger weg von der Verfassung«, aber auch sehr oft »Kiesinger – Nazi!«.

Es war zu befürchten, dass unser Zug auf irgendeinem Abstellgleis enden würde. Aber die Polizei verhinderte jeglichen Zusammenstoß.

Am 11. Mai fuhren wir gegen acht Uhr früh in den Bonner Bahnhof ein, unter den besorgten Blicken friedlicher Bürger, die eine solche Invasion noch nie erlebt hatten. Die aus allen Ecken Deutschlands bereits eingetroffenen Menschen empfingen die »Hardliner« aus Berlin mit Beifallsrufen. Der Sternmarsch war ein voller Erfolg. Erwartet hatte man 40 000 Demonstranten, gekommen waren 60 000, die geordnet durch die Straßen der Hauptstadt marschierten.

In Paris standen inzwischen die Barrikaden. Dies war der große Flächenbrand des Mai 68. Ich gründete an der Sorbonne ein deutsch-französisches Aktionskomitee. Im Innenhof errichtete ich einen Stand mit Fotos von Demonstrationen und dem harten Durchgreifen der Polizei in Deutschland. Ich wollte den Franzosen den Kampf einer Minderheit von jungen Deutschen gegen das Wiedererstarken nationalsozialistischer Ideen nahebringen, merkte aber schnell, dass die französischen Studenten nur ihre eigenen Probleme im Kopf hatten.

Meiner Meinung nach spielte sich die wichtigste Auseinandersetzung jedoch in Deutschland und nicht in Frankreich ab. Die Bundesrepublik musste nicht nur ihre inneren Probleme, sondern auch ihre Beziehungen zu den Staaten im Osten und zum anderen Deutschland klären, und die Lösung, wie sie auch ausfiel, war entscheidend für die Zukunft Europas. Es gab endlich eine reelle Chance, dass Brandts

Sozialdemokratie bald an die Macht kommen und eine andere Außenpolitik als die Christdemokraten betreiben würde. Hier stand in meinen Augen viel mehr auf dem Spiel als bei den Ereignissen in den Straßen von Paris.

Am 4. Mai hatte ich im *Combat* geschrieben:

> Wir dürfen die deutschen Demokraten in ihrem Kampf nicht allein lassen. Wir müssen ihnen vor Ort helfen. Wir müssen der SPD helfen, die Große Koalition zu verlassen und wieder die Partei der Hoffnung und der Redlichkeit zu werden. Jetzt werden die freiheitsliebenden jungen Deutschen schauen, wer ihre Freunde sind. Versucht nicht, im eigenen Haus Geschichte zu schreiben, wartet auch nicht darauf, dass sie bei euch anklopft; blickt weiter und betrachtet nüchtern, was in Europa wirklich geschieht. Deutschland braucht euch jetzt.

Am 29. Mai besetzten wir zusammen mit einem halben Dutzend Studenten die Räumlichkeiten des DFJW. Wir tauchten um 18 Uhr dort auf, drei Minuten vor der Polizei, die sich in Ermangelung von Instruktionen wieder zurückzog. Wir baten die Angestellten, uns Platz zu machen, und hängten drei große Transparente aus den Fenstern: *Deutsch-französisches Jugendwerk besetzt. – Nein zu den deutschen Notstandsgesetzen. – Französische Studenten und Arbeiter solidarisch mit deutschen Studenten und Arbeitern.*

Monsieur Clément, der Direktor der Abteilung Paris, unternahm nichts gegen die Besetzung. General de Gaulle war aus Paris verschwunden, und Monsieur Clément wusste nicht, ob es die Regierung noch lange geben würde. Die Bereitschaftspolizei tauchte ein weiteres Mal auf, zog nach einigem Palaver aber wieder ab. Ich ging sogar hinunter und diskutierte mit ihnen in einem der Bereitschaftswagen, wo sie über Funk den Innenminister um Instruktionen baten, der jedoch unschlüssig schien. Während dieser friedlichen 24-stündigen Besetzung kamen zahlreiche Leiter von Jugendorganisationen vorbei, um das DFJW um finanzielle Unterstützung zu bitten, und diskutierten hitzig über dessen Zukunft und die nötigen Veränderungen. Meine ehemaligen Kollegen waren empört, dass ich so einfach ihre Büros besetzte, in denen ich ein paar Monate zuvor noch an der Schreibmaschine gesessen hatte. Sie erwarteten, dass ich verhaftet würde, aber daraus wurde nichts. Wir zogen uns ohne Zwischenfälle wieder zurück, während über 500 000 Gaullisten auf den Champs-Élysées demonstrierten.

Im Sommer 1968 bemühte ich mich, in einer Reihe von *Combat*-Kolumnen die gegenwärtigen Verhältnisse in Deutschland zu verdeutlichen. Am 3. August schrieb ich unter der Überschrift »Zwischen Moskau und Bonn« über die Tschechoslowakei, in der noch keine russischen Panzer rollten:

> Durch die gegenwärtige Lage in Europa ist der Frieden stark gefährdet. Nur ernsthafte Maßnahmen können ein Gleichgewicht wiederherstellen, das durch das Versagen der Großmächte bei der Klärung der Probleme Mitteleuropas zerstört wurde. Im Osten hat die Fortführung des Stalinismus und der Bürokratie den wirtschaftlichen Aufschwung gehemmt und dem Streben nach individueller Freiheit einen Dämpfer verpasst, das in den einzelnen Staaten in dem Wunsch nach einer unabhängigen Politik zum Ausdruck kommt. Im Westen hat man die Teilung Deutschlands in zwei Staaten leichtfertig als dauerhaft anerkannt.

Am 2. September ging ich erneut auf dieses Thema ein:

> Die Sicherheit und folglich der Frieden in Europa sowie die Liberalisierung in Osteuropa hängen davon ab, dass die Wiedervereinigung Deutschlands in einem sozialistischen, demokratischen und pazifistischen Kontext erfolgt. Solange das deutsche Volk sich nicht voll und ganz zu seiner Verantwortung an der Tragödie bekennt, die Europa zu dem gemacht hat, was es derzeit ist, solange es nicht aus eigener Initiative die lebendigen Relikte und die üblen Ausdünstungen des Dritten Reichs vertreibt, solange es die Konzerne, die sein Wirtschafts- und Geistesleben bestimmen, nicht an die kurze Leine nimmt, solange es gesundes Nationalgefühl mit pangermanischem Expansionsdrang und Machtwillen verwechselt, ist am gegenwärtigen europäischen Status quo nicht zu rütteln. Und das in einer Welt, in der ungleich viel blutigere Dramen als dasjenige in Prag das Gewissen der Reichen im kapitalistischen wie im kommunistischen Block kaum aufzurütteln scheinen, zwei Blöcke, die auf einer nicht hinnehmbaren Haltung gegenseitigen Misstrauens beharren, während sie erhebendere Aufgaben haben als das Wettrüsten und eine Verantwortung gegenüber der Dritten Welt, die

deren Problemen gerecht werden muss. Um dieser Konfrontation ein Ende zu machen, um Europa zu ersparen, dass es sich wie 1948 bald wieder mitten im Kalten Krieg befindet, gebietet die Vernunft, am Anfang anzufangen: Am Anfang war Deutschland.

In Deutschland, wohin ich im Sommer 1968 wieder reiste, um in Frankfurt einen Vortrag über »Kiesinger und die Juden« zu halten, begann bald darauf das von der Presse so genannte »Duell Klarsfeld – Kiesinger«.

Die Ohrfeige

Am Sonntag, dem 3. November 1968, kam ich gegen Abend am Bahnhof Zoo an. Beim Abschied in der Nacht zuvor hatte Serge ein aufmunterndes Lächeln versucht, aber er konnte seine Sorge nicht verbergen. Ich fuhr, um ein Versprechen einzulösen. Meine Schwiegermutter hatte versucht, mich davon abzubringen: »Du hast ja recht, aber du riskierst, erschossen zu werden, denn die Polizei wird an ein Attentat glauben. Denk doch an dein Kind!« Als hätte ich das nicht getan! Ich hatte auf Deutsch und Französisch eine Erklärung auf Tonband gesprochen, die, was immer auch geschehen würde, Aufschluss über den Sinn meiner Tat geben sollte:

Mit meiner Ohrfeige für Kanzler Kiesinger wollte ich beweisen, dass ein Teil des deutschen Volkes, vor allem die Jugend, empört darüber ist, dass an der Spitze der deutschen Bundesregierung ein Nazi steht, der Vizeabteilungsleiter von Hitlers Auslandspropaganda war.
Das Dritte Reich stand für eine ebenso dumme wie grausame Ideologie, für den Krieg und seine vielen Millionen Opfer, für Rassismus, für Konzentrationslager, Gaskammern und Verbrennungsöfen, für Deutschlands Schuld und Schande.
Dieses Deutschland wollen wir nicht mehr, und wir verweigern Deutschen, die im Dritten Reich eine führende Rolle gespielt haben, das Recht, heute Teil der deutschen Politik zu sein.

Die Stadt wurde von einem massiven Polizeiaufgebot kontrolliert; es war viel Verstärkung aus der Bundesrepublik angerückt.

Im Republikanischen Club, dem Versammlungsort der Außerparlamentarischen Opposition (APO), herrschte Missmut. Die jungen Leute erzählten mir Bier trinkend und in Politmagazinen blätternd, sie hätten große Demonstrationen geplant, aber gegen den massiven Polizeischutz für den Parteikongress der CDU kämen sie nicht an.

Der Parteitag würde also stattfinden. Dabei hatte die APO verkündet, dass sie diese Versammlung verhindern würde, die »illegal« war, weil West-Berlin eine von der Bundesrepublik unabhängige politische Einheit war.

»Wenn man weiß, dass man nicht der Stärkere ist, zieht man sich besser zurück.« Ich verließ die geräumige Gründerzeitwohnung in der Wielandstraße, ganz in der Nähe des Kurfürstendamms.

Ich blieb entschlossen. Das starke Polizeiaufgebot schreckte mich nicht. Eine junge Frau fand bestimmt leichter eine Lücke als schwere Bataillone. Ich würde durchkommen, und ich würde siegen, gerade weil ich allein war, weil ich schwach war.

»Wir können nicht viel für dich tun.« Ich musste schlucken. Wenigstens ein kleines bisschen Unterstützung hatte ich mir von den jungen Antifaschisten erwartet. »Wir kriegen nicht mal eine Eintrittskarte, bei den derzeitigen Sicherheitskontrollen haben wir keine Chance.«

Ich kannte weder die Veranstaltungsorte noch das Programm des Parteitags, der am nächsten Morgen beginnen würde. Und wo sollte ich übernachten? Zu meiner Mutter wollte ich nicht; nach meiner Tat wäre das Risiko zu groß, dass die Polizei bei ihr auftauchte.

Ich nahm das Angebot eines jungen Revolutionärs aus dem Republikanischen Club an: »Ich überlass dir meinen Keller. Du kannst dort wohnen, solange du willst.«

Ich wohnte zum ersten Mal in einer Kommune. Das zweistöckige Haus am Rand von Berlin-Wannsee lag in einem verwilderten großen Garten. Ein Paar mit Kind und zwei sehr junge Pärchen bewohnten die oberen Stockwerke. Der zu einer kleinen Wohnung ausgebaute Keller war gut geheizt und hatte fließend Wasser. Ich war zufrieden, obwohl ich morgens und abends die S-Bahn nehmen musste.

»*Combat*, sagten Sie?« Die junge Sekretärin suchte einen Moment in ihrem Verzeichnis. Und wurde natürlich nicht fündig. Musste ich, nachdem ich drei Polizeisperren überwunden und bis ins Pressebüro der Kongresshalle vorgedrungen war, nun unverrichteter Dinge wieder heimfahren? Ich insistierte höflich. Doch es half nichts, ich brauchte diesen Presseausweis, der mir für die gesamte Veranstaltungsdauer alle Türen öffnen würde.

Ich war vorsichtshalber schon frühmorgens gekommen, lange vor Beginn der ersten Sitzung. »Wenn Sie mir Ihren Presseausweis zeigen, frage ich meinen Chef.« Jetzt gab es kein Zurück mehr. Das Kärtchen, das Serge mir vor meiner Abfahrt gegeben hatte, war ein abgelaufener ORTF-Dienstausweis, und ich hatte darauf gebaut, dass die rot-blau-weißen Streifen den Ordnungsdienst beeindrucken würden. Serges Foto hatte ich durch meins ersetzt. Eine sehr dürftige List.

Einige Augenblicke später war die junge Frau wieder da. Mit einem Lächeln bat sie sehr höflich um Entschuldigung: »Leider sind heute Morgen alle Plätze belegt, es sind zu viele Journalisten da.«

Was nun, wie kam ich an Kiesinger heran?

»Komm Montag früh zur großen Unterstützerdemo für Mahler vor dem Landgericht Tegeler Weg«, hatte mir am Vortag einer der Anführer der linken Gruppen gesagt. Dort begann ein Ehrengerichtsverfahren gegen den jungen Anwalt Horst Mahler wegen seiner Beteiligung am Sturm auf die Berliner Springer-Büros. Ihm drohte der Entzug seiner Anwaltszulassung.

Je näher ich dem Gerichtsgebäude kam, desto aufgeheizter wurde die Stimmung in den Straßen. Bei Demonstranten wie Polizei herrschte große Anspannung. In nicht einmal einer halben Stunde würden sie aufeinanderprallen. 3000 junge Leute hatten sich wie durch ein Wunder rund um das Gericht versammelt. Weitere Polizeikräfte strömten herbei. Schon zu Beginn der Demonstration explodierten die ersten Molotowcocktails. »Sieh zu, dass du hier wegkommst«, rief mir ein behelmtes junges Mädchen auf dem Rücksitz eines über den Gehweg holpernden Motorrads zu.

Es wurde einer der brutalsten Zusammenstöße zwischen Polizei und deutschen Studenten. Beide Seiten zählten später über hundert Verletzte. Ich machte einen großen Bogen um die Polizeisperren. Weit hinter mir explodierten Tränengasgranaten als Antwort auf die dumpfen Detonationen von Molotowcocktails. Nach den Krankenwagensirenen ertönten jetzt auch Polizeisirenen. Ich sah, mit welcher Entschlossenheit die jungen Berliner, unterstützt von jungen Proletariern, den Rockern, für Mahler kämpften und wie sehr es sie erbitterte, dass sie den CDU-Parteitag nicht hatten verhindern können.

An einer Straßenecke sprach mich ein junger Mann an. Ich erkannte Reinhard, den ich ein paar Monate zuvor nach Paris eingeladen hatte, um im Cercle Anne Frank über Deutschland zu sprechen. Er zog mich in ein nahegelegenes Café. Ich erinnerte ihn an mein sechs Monate altes Versprechen, den Kanzler öffentlich zu ohrfeigen, und erzählte ihm von meinen Schwierigkeiten, Zutritt zum Parteitag zu erhalten. »Hol einen Fotografen mit ins Boot. Als Gegenleistung für seinen Presseausweis kann er gute Fotos von der Ohrfeige machen«, schlug Reinhard vor.

Er nannte mir Michael, einen freien Fotografen beim *Stern*, den ich sofort anrief. Ich traf ihn noch am selben Nachmittag in seiner kleinen Wohnung am Sportpalast, in der sich auch sein Fotolabor befand. Er ließ sich ausführlich erklären, was ich vorhatte, und sagte schließlich: »Ich bin dabei. Ich bitte den *Stern* um eine Einladung.«

Die erste Gelegenheit war eine Cocktailparty zu Ehren des Kanzlers am Dienstag im Hilton.

Serge und ich waren in Paris schon zu dem Schluss gekommen, dass ich auf einem Empfang, wo Kiesingers Leibwächter nicht ständig um ihn herum wären, die besten Erfolgsaussichten hätte.

Ich war sicher, dass ich es an diesem Abend schaffen würde.

Ich hatte für diesen Anlass ein Cocktailkleid mit golden bestickter Bordüre mitgebracht. Die unmittelbare Umgebung des Hilton war ebenso streng gesichert wie die Kongresshalle. Doch die Einladung, die mir der *Stern*-Fotograf eine Viertelstunde vor Einlass gegeben hatte, wirkte Wunder.

Ich passierte problemlos drei Außenkontrollen, dann die letzte am Eingang zu den Empfangsräumen. Dort drängten sich bereits viele geladene Gäste. Die Büfetts waren üppig: Berge von Kaviartoast, Körbe voll kleiner Sandwiches. Meine Kehle war wie zugeschnürt, ich brachte das heiße Würstchen, das ich mir genommen hatte, nicht herunter.

Ich hatte Angst. Nicht davor, was mir hätte zustoßen können, sondern Angst, zu scheitern, diese Chance zu vertun, die Anstrengungen der vergangenen Monate zunichtezumachen. Ich war nicht sehr mutig, das war mir bei mehreren Gelegenheiten klar geworden; ich versuchte angestrengt, nicht an die Gefahr zu denken. Das Wissen, dass schlagartig die gesamte Aufmerksamkeit auf mich gerichtet sein würde, verursachte mir Unbehagen.

Also konzentrierte ich mich vorerst auf mein Ziel, machte mir einen groben Schlachtplan. Die Umstände waren so wenig vorhersehbar, dass es keinen Zweck hatte, im Voraus über Details nachzudenken. Ich würde improvisieren, wenn es so weit war.

Ich mischte mich unter eine Gruppe von Journalisten, umso angespannter, als ich Angst hatte, dass einer von ihnen mich erkennen würde. Dann ließ mich ein Satz im Stimmengewirr der Unterhaltungen zusammenzucken: »Bedauerlicherweise hat Kiesinger eine starke Grippe, er kommt heute Abend nicht.«

Ich brauchte ein paar Minuten, bis ich mich gefangen und wieder Farbe im Gesicht hatte. Würde ich meine Enttäuschung verbergen können?

Meine Stimmung war im Keller. Mich hielt nur die Gewissheit aufrecht, dass ich noch unglücklicher wäre, wenn ich jetzt auf dem Absatz kehrtmachte und wieder heimfuhr, ohne wirklich alles versucht zu haben. Ich lief zur Post am Bahnhof Zoo und rief Serge an, um ihm zu erzählen, wie enttäuscht ich war. Er hat immer volles Vertrauen zu mir, viel mehr als ich selbst. Und wenn ich Zweifel habe, wende ich mich an ihn. In seinen Augen oder seiner Stimme sehe ich mich als die, die ich gern wäre.

Am Mittwoch fuhr ich noch einmal zu Michael, damit er mir eine neue Einladung besorgte. An diesem Abend würde Kiesinger in der »Neuen Welt«, einem Lokal mit Festsaal in der Hasenheide, zu seinen »lieben Berlinern« sprechen. Dann begab ich mich in den Neuen Flügel von Schloss Charlottenburg, in dem ich so gern herumwandere. Es waren immer nur wenige Besucher dort, an diesem Tag war ich die einzige. Watteaus großartiges Meisterwerk *Das Ladenschild des Kunsthändlers Gersaint* ließ mich meine Sorgen vergessen. Widerstrebend entfernte ich mich schließlich wieder von diesem Stück Frankreich in Brandenburgischer Gefangenschaft, das zum Schönsten gehört, was die Grande Nation hervorgebracht hat – ich musste zurück in die Realität.

Rund um die »Neue Welt« herrschte der Belagerungszustand. Die Bürgersteige waren mit Metallgittern abgesperrt. Die Autos kurvten im Schritttempo zwischen den auf der Fahrbahn ausgelegten Stacheldrahtrollen entlang. Die Polizei – behelmt, mit langen Schlagstöcken bewaffnet, durch Schilde geschützt – hatte sich an strategisch wichtigen Punkten postiert. In den angrenzenden Straßen standen Wasserwerfer und Bereitschaftspolizei. Der Busverkehr wurde umgeleitet.

Das große Lokal glich einer Festung. Michael hatte mich in seinem Wagen mitgenommen. Das *Presse*-Schild hinter der Windschutzscheibe bahnte uns den Weg. Letzte Kontrolle am Eingang zum Veranstaltungssaal. Ich hakte Michael unter, wir kamen durch.

Ich hielt Notizblock und Stift gut sichtbar in der Hand und mischte mich unter ein paar Journalisten. Ein Reporter, der für das DDR-Fernsehen arbeitete und mich schon mehrmals interviewt hatte, rief mir aus einer der Bankreihen zu: »Also stimmt es, du wirst dein Versprechen halten!« Ich machte ihm ein Zeichen, den Mund zu halten.

Doch als ich die Tribüne sah, machte meine Entschlossenheit erneuter Verbitterung Platz. Wie die übrige Parteiprominenz saß Kiesinger hinter einem Tisch auf einem über zwei Meter hohen Podest. Die beiden seitlichen Treppen dort hinauf wurden von kräftigen Kerlen vom Ordnungsdienst der Jungen Union bewacht.

Ich erwog kurz, unter dem Vorwand, Kiesinger um eine Erklärung zu bitten, auf die Tribüne zu steigen, doch mir wurde schnell klar, dass dort nur Fotografen Zugang hatten.

Ich ging zu Michael, bat ihn um eine seiner Kameras und eilte zum Podium, aber zwei Sicherheitsleute schnitten mir den Weg ab.

»Ihr Presseausweis?«

»Hab ich nicht dabei.«

Sie drängten mich unsanft zurück. Ich trat den Rückzug an. Voll kalter Wut wohnte ich der Veranstaltung noch zwei Stunden lang bei. Der Saal tobte vor Begeisterung für Kiesinger. Berliner hatten faktisch keinen Zutritt gehabt. Die Veranstalter hatten zwar kostenlose Eintrittskarten an alle Theater und Kinos der Stadt verteilt, merkten aber rasch, dass sich die jungen Linken in Windeseile die meisten Plätze gesichert hatten, in der Hoffnung, den Saal besetzen und lautstark demonstrieren zu können. Daher waren die Karten im letzten Moment für ungültig erklärt und ganze Busladungen von CDU-Anhängern angekarrt worden.

Der Applaus im Saal riss nicht ab, Parolen wurden skandiert: »Nieder mit den Roten, das sind lauter Cohn-Banditen!« Hätte ich Kiesinger unter diesen Umständen geohrfeigt, wäre die Lage wahrscheinlich außer Kontrolle geraten. Ich hätte gelyncht oder zertrampelt werden können. Bei dem Gedanken daran bekam ich nachträglich Angst.

Jetzt blieb mir nur noch der Donnerstagvormittag. Die Abschlusssitzung des CDU-Parteitags in der Kongresshalle mitten im Tiergarten war meine letzte Chance. Ich musste sie nutzen.

Der Tag fing schlecht an. Gegen neun teilte mir der Fotograf mit, dass es ihm nicht gelungen war, eine Einladung zu beschaffen. Er erklärte sich jedoch bereit, mich in seinem Wagen durch die drei Absperrungen vor der Kongresshalle zu bringen. Weiter ging es vorerst nicht.

Wir hatten abgemacht, dass er hineingehen würde, um sich ein Bild von der Verteilung der Ordnungskräfte und von der Stimmung zu machen, und dann sofort zurückkäme. Ich blieb im Auto auf dem Parkplatz zurück und zuckte jedes Mal zusammen, wenn jemand vorbeikam.

Lange Minuten verstrichen. Meine Finger waren eisig, auch meine Füße wurden kalt. Eine Viertelstunde, zwanzig Minuten. Und wenn er nicht vor Sitzungsende zurückkäme, weil es ihm zu schwierig schien, mich einzuschleusen? Ich erwog, auszusteigen und zu versuchen, auf eigene Faust durch die letzten Kontrollen zu kommen.

Würde ich so kurz vorm Ziel erneut scheitern? Meine Nerven lagen blank. Endlich sah ich Michael mit seinen Kameras um den Hals zwischen den Autos auf mich zukommen.

Er ging voran. Die Sicherheitsleute hatten ihn bereits kontrolliert und eben wieder hinausgehen sehen: Sie ließen ihn ohne weitere Überprüfung durch. Ich zeigte lässig nur eine Ecke von Michaels grünem Presseausweis und wurde eingelassen. Ich gab meinen braunen Mantel mit dem großen weißen Lothringer Kreuz darauf an der Garderobe ab. Zu meinem roten Rock mit dem breiten Gürtel trug ich einen weißen Rollkragenpulli. Meine Handtasche behielt ich bei mir und nahm meinen Notizblock heraus. Jetzt spielte ich wieder die Journalistin.

Der riesige Saal war rappelvoll. Ganz hinten waren die erhöhten Sitzreihen für die Presse. Erleichtert nahm Michael seinen Ausweis wieder in Empfang. Im Publikum unterhielt man sich in kleinen Grüppchen und wartete auf die Redebeiträge der Parteiführung.

Gerade hatte Margot Kalinke das Wort. Ihre Rede fand bei den Parteitagsbesuchern keine Aufmerksamkeit. Auf der Tribüne der Sitzungspräsident und die Prominenz des CDU-Parteiapparats, darunter im Saal ein langer Tisch mit weißem Tischtuch. Überall Blumen. Kanzler Kiesinger saß in der Mitte. Links von ihm Ex-Kanzler Erhard, rechts CDU-Generalsekretär Bruno Heck und Verteidigungsminister Gerhard Schröder. Kiesinger schrieb etwas und schien letzte Hand an seine Abschlussrede zu legen, die er in einer Stunde halten würde.

Die Pressebänke waren mit etwa 300 Journalisten bis auf den letzten Platz belegt. Ich ging langsam den rechten Gang hinunter, blieb alle fünf oder sechs Schritte stehen, lauschte der Rednerin und kritzelte etwas in meinen Notizblock.

Unten angekommen, stellte ich fest, dass der Tisch, an dem Kiesinger saß, viel breiter war, als er von oben ausgesehen hatte. Auch wenn ich mich hinüberbeugte, würde ich nicht an Kiesingers Gesicht heranreichen. Ich war einen Moment unschlüssig. An jedem Tischende standen zwei oder drei Mitglieder des Ordnungsdiensts. Mit meinem Notizblock wedelnd, näherte ich mich einem von ihnen. Ich musste improvisieren.

Ich tat, als würde ich auf der anderen Seite des Tischs plötzlich jemanden entdecken und winkte hinüber. Nach einem Moment winkte ich erneut. Dann bat ich den Ordner wie aus einer spontanen Anwandlung heraus: »Ich möchte dort drüben zu einem Freund. Darf ich hinter den Stühlen entlanggehen?« Er zögerte: »Hier ist kein Durchgang.« Ich ließ nicht locker. »Gehen Sie außen rum, hier geht niemand durch.« Ich blieb, wo ich war, und lächelte ein paarmal zur anderen Seite hinüber. Da zupfte er mich am Ärmel und flüsterte mir zu: »Gehen Sie schon, aber machen Sie schnell.« Rasch schob ich mich hinter den Politikern vorbei.

Als ich hinter Kiesinger war, spürte er, dass da jemand war, und wandte den Kopf ein wenig. Meine Anspannung war wie weggeblasen. Ich hatte gewonnen. Ich schrie, so laut ich konnte, »Nazi! Nazi!« und ohrfeigte ihn mit voller Wucht, ohne dabei seinen Gesichtsausdruck zu sehen.

Dann weiß ich nur noch, dass Bruno Heck sich auf mich stürzte und mich umklammerte. Hinter mir hörte ich Kiesinger fragen: »War das die Klarsfeld?«

Man zog und schob mich zu einem Ausgang.

Bevor ich abgeführt wurde, hörte ich noch, wie es in dem riesigen

Saal brodelte. Die Abgeordneten hielt es nicht auf ihren Sitzen, sie drängten ungeordnet in Richtung Tribüne.

Die Journalisten eilten von ihren Pressebänken hinunter.

In mir war jetzt Leere, ich weigerte mich zu denken.

Ich sagte mir nur immer wieder: »Es hat geklappt, es hat geklappt; all das Warten war nicht umsonst.«

Ein ganzer Tross eskortierte mich durch Flure und über Treppen, die Entgegenkommenden blieben staunend stehen. Einer der Polizisten, die meine Arme gepackt hielten und mich in die Waden traten, wiederholte immer wieder entrüstet: »Sie hat den Kanzler geohrfeigt.« Wir betraten ein Büro. Ein Polizist nahm meine Personalien auf. Ich verfolgte gleichgültig das Geschehen. Das Entscheidende lag hinter mir: Ich konnte noch gar nicht fassen, dass ich es wirklich getan hatte. »Ach, Sie sind das!«, sagte der Polizist. »Ich habe Ihre Broschüren gesehen, die am Kurfürstendamm verteilt werden.« Tatsächlich hatten die jungen Berliner Antifaschisten seit Parteitagsbeginn die Kreuzung Joachimstaler Straße/Ku'damm zur politischen Bühne gemacht und meine Broschüre *Die Wahrheit über Kurt Georg Kiesinger* verteilt.

Der langjährige Abgeordnete Ernst Lemmer, Kiesingers Sonderbeauftragter für Berlin, betrat auf seinen Stock gestützt das Büro. Er war lange Bundesminister für Vertriebene, Flüchtlinge und Kriegsgeschädigte gewesen. 1933 hatte er als Reichstagsabgeordneter für das Ermächtigungsgesetz gestimmt. Als Nazipropagandist hatte er das Dritte Reich in mehr als 2000 Zeitungsartikeln glorifiziert. Er stellte sich vor mich hin und nahm mich ins Gebet: »Hören Sie, mein liebes Kind. Eine Ohrfeige für unseren Bundeskanzler – was soll denn das?«, fragte er in väterlich gemeintem Ton. »Ich ertrage es nicht, dass ein ehemaliger Nazi Kanzler wird. Ich habe ihn geohrfeigt, damit die ganze Welt erfährt, dass es Deutsche gibt, die diese Schande nicht hinnehmen.« Kopfschüttelnd verließ Lemmer den Raum. In der Tür drehte er sich noch einmal um und sagte: »Ich könnte Ihr Großvater sein.«

Kaum war er draußen, teilte er den Journalisten sein persönliches Urteil mit: »Das ist eine unbefriedigte junge Frau. Dabei sähe sie sogar ganz hübsch aus, wenn sie nicht so blass wäre.« Zwei Wochen später erschien im *Stern*, der Lemmers »Urteil« veröffentlicht hatte, ein Entschuldigungsbrief von ihm: »Als ich diese Bemerkung gemacht habe, wusste ich nicht, dass Frau Klarsfeld verheiratet ist, ein Kind hat und ihr Schwiegervater in Auschwitz gestorben ist.« Das Telefon klingelte pausenlos. Polizisten in Zivil brachten mich zu einer Hintertür und nicht zum Hauptportal, wo bestimmt eine Horde von Journalisten auf uns wartete. Wir durchquerten das weitläufige Untergeschoss. Erstaunt erblickte ich ein Großaufgebot an Polizisten in Kampfanzügen. Für diesen Parteitag hatte die Polizei regelrecht mobilgemacht. Wir kamen zu einem Seitenausgang. Ich wurde in ein Polizeifahrzeug geschoben. Ein paar Fotografen stürzten herbei. Ich sah Michael, der unauffällig das Victory-Zeichen machte. Offenbar hatte er die Ohrfeige im Kasten.

Das Polizeipräsidium lag mitten in Berlin, im Hauptgebäude des ehemaligen Flughafens Tempelhof. Zwei Inspektoren unterzogen mich einem gründlichen Verhör und nahmen es zu Protokoll. Dann spendierten sie mir Kartoffelsalat und Würstchen in der Kantine und erlaubten mir anschließend, meine Familie über meine Verhaftung zu informieren. Ich rief Serge in seinem Büro an. Er war nicht da. Zu Hause war meine Schwiegermutter am Apparat: »Serge hat mich vorhin angerufen, er kommt gleich zum Umziehen her. Er ist total aus dem Häuschen, er hat gesagt: ›Ich wusste, dass sie es schafft!‹ Er muss den Flug heute Nachmittag erwischen und ist noch heute Abend in Berlin. Was soll er dir mitbringen für den Fall, dass du im Gefängnis bleibst?«

Ich hatte gewusst, dass Serge kommen würde. Wenn er da war, konnte mir nichts Schlimmes passieren. Die Tatsache, dass dieser 7. November 1968 zufällig unser fünfter Hochzeitstag war, bestärkte mich in dieser Überzeugung.

Dann rief ich in der Kanzlei von Horst Mahler an. Als er gegen 15 Uhr 30 kam, ließen die Polizisten uns allein. Mahlers erste Worte – die er wegen der Mikros im Flüsterton an mich richtete – waren: »Großartig! Was Sie da getan haben, ist wirklich großartig!«

Da wusste ich, dass meine Tat die volle Unterstützung der APO fand. Ich war nicht mehr allein. Binnen zwanzig Minuten legten Mahler und ich die grobe Verteidigungslinie fest. Wir rechneten allerdings nicht damit, dass mein Prozess noch am selben Tag stattfinden würde.

Doch inzwischen war in aller Eile ein beschleunigtes Verfahren anberaumt worden. Man hatte umgehend einen jungen Staatsanwalt ins Polizeipräsidium bestellt. Der überdies im selben Wagen wie ich ins Strafgericht erster Instanz beim Amtsgericht Tiergarten gebracht wurde. Nachdem ich eine halbe Stunde gewartet hatte, verkündete mir ein Justizbeamter, dass mein Prozess angesichts der späten Stunde – es war fast 17 Uhr – auf den nächsten Tag verschoben worden war. Zwei Polizisten führten mich zu einer Zelle, wo ich die Nacht verbringen sollte. Meine persönlichen Sachen blieben in der Aufnahme. Eine Wärterin drückte mir ein Nachthemd und Bettzeug in den Arm.

Die Zellentür wurde geöffnet und wieder geschlossen. Ich war im Gefängnis. Ich klappte die Pritsche aus und machte mein Bett. Als ich mich hingelegt hatte, versuchte ich, einen klaren Kopf zu bekommen und mir diesen Tag in allen Einzelheiten ins Gedächtnis zu rufen. Plötzlich ging die Tür wieder auf: »Kommen Sie sofort mit, Ihr Anwalt erwartet Sie.« Mahler war da, hell empört: »Das Urteil wird jetzt gleich gefällt. Mehrere Hundert Leute drängen sich vor dem Gericht, aber die meisten Bänke im Gerichtssaal sind von Polizisten in Zivil belegt: Nur ein Dutzend Journalisten von denen, die als Erste da waren, haben es hineingeschafft.«

Ich fürchtete, jeden Moment meinen Rock zu verlieren, weil ich meinen Gürtel an der Aufnahme hatte lassen müssen. Vor lauter Nervosität war mir kalt, und ich warf mir meinen Mantel über die Schultern. Ich wurde in einen kleinen Käfig gesperrt. Vor mir war Staatsanwalt Neelsen in Aktion. Ich schätzte ihn auf höchstens zweiunddreißig. Beflissen berichtete er die Fakten. Er sprach die Worte »Bundeskanzler Kiesinger« so respektvoll aus, dass ich jedes Mal damit rechnete, er würde niederknien. Ich erfuhr, dass Kiesinger, der den Vorfall zunächst herunterspielen wollte – er wolle die »körperliche Attacke« einer jungen Dame nicht so ernst nehmen, soll er gesagt haben –, auf Drängen seines Umfelds nun doch Anzeige erstattet hatte. Auf dem Weg zum Tempelhofer Flughafen und seiner Maschine nach Bonn hatte er in seinem Wagen den Strafantrag unterschrieben.

Der Staatsanwalt sprach lange, emotionslos und mit monotoner Stimme. Er wirkte gelangweilt. Mit der linken Hand fuhr er sich immer wieder durchs Haar, und mit der rechten wedelte er herum.

Aus Protest gegen die Klassenjustiz hielt mein Anwalt Horst Mahler sein Plädoyer wie schon seit Monaten in Anzug und schwarzem Rollkragenpulli. Darauf angesprochen, entgegnete er: »Selbst wenn ich meine Robe dabeigehabt hätte, hätte ich sie für einen solchen Prozess niemals angezogen. Dieses Schnellverfahren ist unwürdig.«

Der Staatsanwalt rief Kommissar Samstag, der für die Sicherheit des

Kanzlers während des Parteitags verantwortlich war, in den Zeugenstand.

»Was haben Sie gesehen?«

»Ich bemerkte die Angeklagte, als sie sich dem Vorstandstisch näherte. Nichts an ihr wies sie als Delegierte aus. Sie hielt aber einen Block in der Hand. Kurz zuvor hatte der Kanzler einigen Personen, die aus dem Saal heruntergekommen waren, Autogramme gegeben. Da ein Mitglied des Ordnungsdiensts kurz mit der Angeklagten gesprochen und sie hatte passieren lassen, war ich nicht beunruhigt, als sie sich hinter den Vorstandsmitgliedern vorbeischob.«

Dann fügte er noch etwas hinzu, das ich vor meiner Aktion lieber verdrängt hatte: »Der Kanzler war gut geschützt, es befanden sich sechs Leibwächter mit Pistolen im Saal. Einer von ihnen hatte bereits zur Waffe gegriffen, konnte aber nicht schießen, weil die Angeklagte vom Kanzler und den anderen Vorstandsmitgliedern verdeckt wurde.«

Die Sache hätte übel für mich ausgehen können. Jedenfalls hatte ich für die Kiesinger-Ohrfeige Risiken auf mich genommen, die die Faschisten, die in jenem Jahr 1968 Robert Kennedy, Martin Luther King und Rudi Dutschke umgebracht hatten, nicht eingegangen waren.

Da Kiesinger über »Schläge und Wunden« klagte, forderte mein Anwalt, ihn als Zeugen zu laden. Amtsgerichtsrat Drygalla wertete diese Forderung als Manöver zur Prozessverschleppung.

Mahler stellte daraufhin einen Befangenheitsantrag gegen das Gericht, da der Richter »parteiisch« sei. Das Gericht zog sich kurz zurück. Dann erklärte der Richter: »Das Gericht lehnt den Antrag der Verteidigung ab, da er lediglich eine Prozessverschiebung bezweckt.«

Das Gericht befand den Richter für unparteiisch.

Der Staatsanwalt erhob sich: »Wir müssen berücksichtigen, dass der Angriff einem politischen Vertreter unseres Landes galt, und daher unverzüglich zur Urteilsfindung schreiten. Ich beantrage ein Jahr Gefängnis ohne Bewährung und einen sofortigen Haftbefehl, da sich diese junge Frau ansonsten bloß ein S-Bahn-Ticket zu kaufen bräuchte, um in den Ostsektor zu fliehen. Ich erinnere daran, dass sich die Angeklagte die Dokumente, auf die sie in ihrem Pamphlet verweist, in Potsdam besorgt hat.«

Während der gesamten Verhandlung legte Richter Drygalla eine kalte Höflichkeit an den Tag. Er unterbrach mich kein einziges Mal, als ich ihm heftig vorwarf: »Ihr Schnellverfahren erinnert sehr an die Nazigerichte!«

Meine Ohrfeige war rein symbolisch gemeint, ich hatte nicht die Absicht, dem Kanzler körperlichen Schaden zuzufügen. Der Staatsanwalt versuchte, meine Argumentation zu widerlegen: »Diese Tätlichkeit kränkt die geohrfeigte Person in ihrer Ehre. Muss um der richtigen juristischen Bewertung dieses Falles willen daran erinnert werden, dass ein Schlag ins Gesicht unangenehm ist? Und da dem so ist, braucht das Gericht weder Beweise noch die Aussage des Gekränkten, um zu beweisen, dass dieser durch die Ohrfeige physisch und psychisch Schaden genommen hat. Überdies fällt die Prominenz des Gekränkten ins Gewicht und sollte berücksichtigt werden, wenn Sie sich für eine strenge Gefängnisstrafe aussprechen.«

Bevor er sich mit den zwei Schöffen zur Urteilsfindung zurückzog, stellte der Richter eine Überlegung an, die mich beunruhigte: »Deutschland war schon einmal Schauplatz heftiger politischer Auseinandersetzungen, und die jüngere Geschichte hat der Weimarer Republik später den Vorwurf gemacht, den Unruhen, mit denen sie konfrontiert war, nicht rechtzeitig Einhalt geboten zu haben.«

Einige Minuten später wurde das Urteil verkündet: Ein Jahr Gefängnis ohne Bewährung. Die Urteilsbegründung müsse öffentlich bekannt gemacht und auf Kosten der Verurteilten in sechs großen überregionalen Zeitungen veröffentlicht werden. Das würde mich über 50 000 Mark kosten.

Selbst Mahler, der manches harte Urteil gewohnt war, blieb die Luft weg. Ich war niedergeschmettert. Ich spürte, wie sich eine eiserne Faust um mein Herz schloss. Wie! – ein Jahr, abgeschnitten von der Welt, ohne Arno und Serge zu sehen!

Ich hörte kaum Mahlers Worte:

»Haben Sie dem Gericht etwas zu sagen? Keine Sorge, wir legen natürlich Berufung ein.«

»Um nichts in der Welt bleibe ich im Gefängnis – es muss etwas geschehen!«

Es war wie ein Schrei aus meinem tiefsten Innern. Mit mühsam unterdrückter Wut wandte ich mich an den Richter: »Ich bin empört über dieses Urteil! Vor einem Jahr schlug ein Rentner Rudi Dutschke mit seiner eisernen Krücke nieder. Dutschkes Kopfwunde war so tief, dass er ins Krankenhaus musste. Dieser Mann, der bekanntermaßen aktives NSDAP-Mitglied gewesen war, wurde zu einer Geldstrafe von 200 Mark verurteilt.« Ich rang nach Luft und war nah daran, die Beherrschung zu verlieren. »Und Sie verurteilen mich heute zu einem Jahr Gefängnis, weil ich eine Person des öffentlichen Lebens geohrfeigt habe. In meinen Augen ist Rudi Dutschke ebenso ein Mann der Öffentlichkeit wie Kanzler Kiesinger.«

Der Richter erwiderte: »Diesen Fall kenne ich nicht.« Die Worte drängten jetzt aus mir hinaus, und ich zog meine letzte Karte: »Ich bitte Sie, zu berücksichtigen, dass ich durch meine Heirat französische Staatsbürgerin bin. Wenn Sie mich ins Gefängnis stecken, werde ich meinen Anwalt bitten, unverzüglich mit dem Kommandanten des französischen Sektors in Berlin in Verbindung zu treten und gemeinsam mit ihm zu überlegen, ob ich nicht vor ein französisches Gericht in Berlin gestellt werden sollte. Wir werden sehen, ob meine französische Staatsangehörigkeit in West-Berlin, das unter dem Statut der Alliierten steht, nicht mehr zählt als meine westdeutsche.«

Damit rührte ich an einen schwierigen Punkt in den Beziehungen zwischen der Bundesrepublik und West-Berlin. Die Intervention einer Besatzungsmacht war aus Bonner Sicht absolut nicht wünschenswert, schon gar nicht in einem so heiklen Fall.

Unerwartete Wendung: Mein Argument zeigte Wirkung. Der Richter und seine Schöffen schienen in großer Verlegenheit. Das Gericht zog sich zurück, ohne die Verhandlung aufzuheben. Die Taktik, die Serge vor meiner Abreise aus Paris ausgearbeitet hatte, zeigte die erhoffte Wirkung. Bei seiner Rückkehr verkündete der Richter die Aussetzung meiner Freiheitsstrafe zur Bewährung. Ich war frei.

Richter Drygalla hatte den Fehler gemacht, das Strafmaß zu hoch anzusetzen, und er hatte, wie von mir erhofft, nicht einmal den Trost, dass ich hinter Schloss und Riegel kam. Gegenüber der *Hamburger Morgenpost* erklärte er: »Bis jetzt hatte ich es im Prinzip nur mit Bahnhofsdiebstählen, Zechprellerei und Landstreicherei zu tun. Der Prozess gegen B. K. fand unter für mich ungewohnten Umständen statt. Zum ersten Mal war ich in meiner beruflichen Tätigkeit mit einem so großen Kreis von interessierten Personen und Pressevertretern konfrontiert.«

Ich verließ das Gericht mit Horst Mahler und einem Journalisten. Es war nach 20 Uhr. Wir fuhren direkt zum Audimax der FU, wo seit einer knappen Stunde ein paar tausend Studenten versammelt waren, um zu feiern, dass der CDU-Parteitag so jäh geendet und Kiesinger Berlin mit einem Veilchen verlassen hatte.

Wir wurden mit tosendem Applaus empfangen. Durchs Mikrofon verkündete ich meine Freude darüber, Wort gehalten zu haben. Ich forderte die jungen Leute auf, die außergewöhnlichen Umstände, die ich hatte herbeiführen können, zum landesweiten Ausbau der Anti-Kiesinger-Kampagne zu nutzen.

Mahler ging ans Rednerpult und sprach kurz über den in den Annalen der West-Berliner Justiz beispiellosen Prozess.

Ein Sprechchor forderte den Namen des Richters. Ein paar Tage später erfuhr ich aus der Presse, dass Unbekannte die Scheiben von Drygallas Wohnung mit zwei Pflastersteinen eingeworfen hatten, die in das Ohrfeigen-Titelblatt des *Stern* eingewickelt waren.

Die Ohrfeige, dieser Sieg in letzter Minute, hatte Tausende von jungen Menschen von der Frustration befreit, dass all ihre geplanten Demonstrationen in den letzten drei Tagen an dem großen Polizeiaufgebot gescheitert waren.

Die linke Jugend würde diese Ohrfeige, die die Situation grundlegend verändert hatte, fortan für ihre Zwecke nutzen. Die Versammlung ging weiter, aber ich wurde zu einer Pressekonferenz geschleppt, die der Republikanische Club in Windeseile organisiert hatte. Mein Prozess war ein Paradebeispiel für die Verfahren, die Antifaschisten seit Monaten in ihrer Kampagne gegen die Ungerechtigkeit der deutschen Justiz anprangerten: milde Urteile für Naziverbrecher, aber harte Strafen für die junge Generation. Während ich die Fragen der Journalisten beantwortete, tauchte plötzlich Serge auf. Ich war so froh, dass ich mich nicht scheute, mich ihm vor der versammelten Presse in die Arme zu werfen.

Am Morgen des 8. November wusste ich, dass wir gewonnen hatten. Beim Frühstück zeigten uns unsere Freunde aus der Wannsee-Kommune die Zeitungen. Die Titelblätter waren ausschließlich dem Ereignis vom Vortag gewidmet. Fette Überschriften, aussagekräftige Fotos: der Kanzler, der sich die Hand vors Gesicht hielt, und seine verärgerte Miene wenig später, die Augen hinter einer Sonnenbrille verborgen, oder ich in meinem Mantel mit dem Lothringer Kreuz, von Polizisten umringt und auf der Anklagebank, zu Mahler gebeugt, oder bei meiner Störaktion im Bundestag, als ich Kiesinger mit erhobener Faust »Nazi!« zurief.

Die Verunglimpfung des Kanzlers drängte alles andere in den Hintergrund. Das Wort »Ohrfeige« gehörte plötzlich zum deutschen Politwortschatz. In allen Zeitungen war die Ohrfeige der Aufmacher.

Deutschland tat sich schwer mit der Erkenntnis, dass sein Kanzler geohrfeigt worden war. Die Presse zitierte zwar Kiesinger, der mich mit »studentischen Gaunern« in Verbindung brachte, und seinen Sprecher Günther Diehl, der mich »kanzlerfixiert« nannte, räumte aber meinen wahren Motiven weit größeren Raum ein: »Sie hat den Kanzler geohrfeigt, um der ganzen Welt seine Nazivergangenheit vor Augen zu führen und zu zeigen, dass die jungen Deutschen sich weigern, von einem ehemaligen Nazi repräsentiert zu werden.«

Es war unmöglich, mich als »Hysterikerin« hinzustellen. Die Dokumentationsarbeit, die ich seit knapp zwei Jahren leistete, zahlte sich aus: Ich hatte zu viel veröffentlicht, mich zu oft zu Wort gemeldet, zu viel bewegt, als dass die Behauptung, hier habe eine Fanatikerin zugeschlagen, glaubwürdig gewesen wäre.

In Paris hatte Serge wenige Minuten nach meiner Tat über die Presseagenturen eine Erklärung verbreitet, die betonte: »Die Ohrfeige für den Kanzler war eine reiflich überlegte Tat, mit der meine Frau auf Kiesingers Nazivergangenheit hinweisen wollte.«

Am Donnerstagnachmittag strahlten einige Radiosender meine vor meiner Abreise aus Paris auf Tonband aufgenommene Erklärung aus.

Natürlich fragten sich die Deutschen jetzt, wie sich ihr Kanzler in diese Lage hatte bringen können, nachdem er feierlich erklärt hatte, die deutsche Jugend habe ein Recht darauf, zu erfahren, wo der Kanzler im Dritten Reich stand. Aber diesen Worten waren nie Taten gefolgt. Sie hätten die Ohrfeige überflüssig gemacht.

Zum Verbrechen der Majestätsbeleidigung, verbunden mit Demütigung – ein in der deutschen Geschichte einmaliger Vorgang –, kam noch der Skandal des erstinstanzlichen Urteils: ein Jahr Gefängnis. Dabei lag eine »Beleidigung des Staatsoberhaupts« gar nicht vor: Der Kanzler war lediglich Regierungschef.

Sowohl die Tat als auch die Reaktion der Berliner Justiz sorgten wochenlang für heftige Diskussionen. Manche billigten die Tat und missbilligten das Urteil, andere sahen es umgekehrt, und wieder andere kritisierten beides. Es kam zu einer erfrischenden Kontroverse, sowohl zwischen Leitartiklern als auch zwischen normalen Bürgern, die sich in einer Flut von Leserbriefen äußerten. Schließlich meldeten sich auch die größten deutschen Schriftsteller zu Wort. Sogar die Kinder redeten darüber: Für sie stellte diese Ohrfeige den unantastbaren Autoritätsbegriff infrage. Man soll einen Kanzler nicht respektieren, weil er Kanzler ist, sondern weil er ein respektabler Mensch ist.

Auf dem modernen Forum, das die Zeitungen boten, entbrannte eine nationale Debatte. Der *Frankfurter Rundschau* zufolge rief die Ohrfeige heftige Reaktionen hervor. Beate Klarsfeld habe gegen die Regel verstoßen, nach der stets nur von oben nach unten ausgeteilt werde.

Ein *Bild*-Leser war der Meinung, die Tat eines so impertinenten Weibsbilds hätte noch härter bestraft werden müssen; sie habe nicht nur den Kanzler geohrfeigt, sondern öffentlich das deutsche Volk beleidigt.

Wolfgang Ebert schrieb im *Stern*, es gebe nur eine Möglichkeit, den Kanzler nicht als Mensch, sondern als Kanzler zu treffen: die Ohrfeige. Diese habe eine gewisse Symbolkraft, was vermutlich daran liege, dass der Kopf als der edelste Körperteil des Menschen gelte. Ein Tritt gegen das Schienbein habe nichts Symbolisches.

Die rechtsextreme *Deutsche Wochenzeitung* diagnostizierte bei »B. K.« eine neuartige Krankheit: die Klarsfelderitis, ein in der Bundesrepublik auftretendes Phänomen fortschreitender weiblicher Schizophrenie.

Stern-Kolumnist Sebastian Haffner merkte an:

> Früher einmal wurde eine Ohrfeige als Aufforderung zum Duell verstanden, und in sehr altmodischen Kreisen ist sie das wohl auch heute noch. Vielleicht schwebt Beate Klarsfeld so etwas wie diese Art von vergilbtem Ehrenkodex vor. Aber das galt oder gilt nur unter Männern: Daran hat auch die Emanzipation nichts geändert. Eine Frau kann man nicht zum Duell fordern. Deswegen durfte oder darf unter dem alten Ehrenkodex eine Frau einen Mann nur in einer einzigen Situation ohrfeigen, nämlich um eine sexuelle Belästigung abzuwehren.

Die *Süddeutsche Zeitung* konstatierte, dass der Protest der jungen Generation gegen die herrschende Lage in Europa derzeit starke deutsch-französische Impulse erhalte: nach Daniel Cohn-Bendit jetzt durch Beate Klarsfeld. Der tiefere Beweggrund für den Kampf, den die gutgebaute und kurzberockte Miniterroristin B.K. mit fanatischer Hartnäckigkeit führe, sei der Lieblingstraum aller Wahrheitsprediger, der jedoch vor beinahe fünfhundert Jahren von Machiavelli für überflüssig erklärt worden sei: die Forderung nämlich, die Moral zum obersten Grundsatz der Politik zu erheben. B.K. fordere diese Moral, und das ohne Abstriche und ohne Kompromisse. Eine innere Kraft habe sie zu dieser Ohrfeige für Kurt Georg Kiesinger getrieben, die weltweit Beachtung gefunden habe.

Ein weiterer *Bild*-Leser bemerkte, dass, würde man auf B.K. hören, nur noch Stümper oder längst Ausgewanderte als Kandidaten für den Kanzlerposten infrage kämen.

Jenseits der Mauer hingegen war die Freude einmütig. Am Tag nach der Ohrfeige – die zufällig am Jahrestag der bolschewistischen Revolution erfolgt war – hatte mich ein Kamerateam im Zentrum von West-Berlin gefilmt. Meine Erklärung wurde im DDR-Fernsehen und -Radio gesendet.

Die Schlagzeilen der DDR-Presse hatten alle den gleichen Tenor: »Im Namen von Millionen Opfern ohrfeigt die mutige B.K. Altnazi Kiesinger.« – »Für den Tod eines Juden ein Tag Gefängnis. Für eine Ohrfeige ein Jahr.«

Am darauffolgenden Freitagmorgen, als wir nach Frankfurt fliegen mussten, legte sich plötzlich dichter Nebel über den Flughafen Tempelhof. Hunderte von Passagieren warteten darauf, dass es aufklarte, was dann unerwartet schnell geschah, während Serge und ich an der Bar einen Tee tranken – die Maschine hob ohne uns ab. Als wir dann am Samstagmorgen in Frankfurt ankamen, entdeckten wir, dass die Ohrfeige in fast allen ausländischen Zeitungen breiten Raum einnahm. Das Interesse an dem Fall war nahezu ebenso groß wie in Deutschland.

Dann machten die Pressekommentare und die öffentliche Kontroverse der Auseinandersetzung zwischen Günter Grass und Heinrich Böll Platz. Am Tag nach meiner Rückkehr nach Paris, 36 Stunden nach der Ohrfeige, erhielt ich einen Strauß roter Rosen. Ich las die Visitenkarte: »Danke. Heinrich Böll.« Mir war zum Weinen und Lachen zugleich zumute. Der Schriftsteller Böll mit seinem feinen Gespür für menschliche Beziehungen, für einfache und starke Gefühle, hieß meine Tat gut. Ein paar Tage später schrieb Günter Grass in der

Zeit, nachdem er ausführlich Kiesingers Nazivergangenheit angeprangert hatte:

> Niemand bemerkte und wollte bemerken, daß jeder Tag mit dem Kanzler Kiesinger eine nachträgliche Ohrfeige für die Opfer des Faschismus bedeutet.
> Da kam eine junge Frau aus Paris gereist und ohrfeigte den Bundeskanzler öffentlich. Was Argumente nicht vermocht hatten, die irrationale Tat heckte Schlagzeilen und Kommentare: Endlich mal was Photogenes, ein Knüller, ein sogenannter Aufhänger. [...] Nein, es besteht weder Anlaß, Kurt Georg Kiesinger eine Sonnenbrille zu leihen, noch Beate Klarsfeld rote Rosen zu schicken. [...] Meine Ablehnung der Großen Koalition unter Kurt Georg Kiesinger und mein Wunsch als Sozialdemokrat, die Leistung der SPD als Regierungspartei nicht zu verkennen, zeichnen einen solchen Konflikt, der sich im Fall Kurt Georg Kiesinger zum Doppelkonflikt steigerte: denn so fest ich darauf bestehe, daß ein Nationalsozialist von 1933–1945 niemals hätte Bundeskanzler werden dürfen, so unnachgiebig bin ich gegen Ohrfeigen und ähnliche »Heldentaten«. Eine Ohrfeige ist kein Argument; eine Ohrfeige entwertet Argumente. Der Mut, Ohrfeigen auszuteilen, ist billig zu haben. [...] Kurt Georg Kiesinger verdient keine Ohrfeigen, vielmehr muß ihm immer wieder die Frage gestellt werden: Sind Sie sich bewußt, daß Ihre nationalsozialistische Vergangenheit nicht nur das Bundeskanzleramt, sondern auch die Bundesrepublik belastet? Sind Sie sich bewußt, daß Ihre Kanzlerschaft dem Widerstand gegen Hitler Hohn spricht?[11]

Heinrich Bölls Antwort erschien als Gastkommentar in der *ZEIT* unter dem Titel »Blumen für Beate Klarsfeld«:

> In recht schulmeisterlicher Weise hat Günter Grass in einer Rede, die die ZEIT abdruckte, festgestellt, es habe kein »Anlaß bestanden, Beate Klarsfeld Rosen zu schicken«. Nun, mir erscheint diese Feststellung ziemlich anmaßend, peinlich und, da öffentlich getan, ganz und gar fehl am Platze. Ich frage mich mit der mir zustehenden Bescheidenheit, ob es Günter Grass zusteht, festzustellen, ob und wann ich Anlaß habe,

[11] *DIE ZEIT*, 20.12.1968.

einer Dame Blumen zu schicken. Ich hatte Anlaß und bin bereit, den Anlaß allen Schulmeistern unter meinen Kollegen öffentlich kundzutun. Ich war diese Blumen Beate Klarsfeld schuldig:

A 1. als konsequente Fortsetzung meines bisherigen schriftstellerischen Tuns, mag's so belanglos oder belangvoll sein, wie es eben sein mag und wie die Schulmeister feststellen mögen;

2. weil ich's mir selbst schuldig war, als Person, als einer, der soeben 3 × 17 Jahre alt geworden ist und der 15 Jahre und einen Monat alt war, als der bürgerliche Politiker von Papen Hitler zur Macht verhalf;

3. meiner Mutter wegen, in Erinnerung an sie, die im November 1944 während eines Tieffliegerangriffs starb; sie vereinte Eigenschaften in sich, die selten vereint sind! Intelligenz, Naivität, Temperament, Instinkt und Witz, und sie bestärkte mich darin, die verfluchten Nazis zu hassen, ganz besonders jene von der Sorte, zu der Herr Dr. Kiesinger zählt: die gepflegten bürgerlichen Nazis, die sich weder die Finger noch die Weste beschmutzten und die nun nach 1945 weiterhin schamlos durch die Lande ziehen, die sogar vom Zentralkomitee deutscher Katholiken eingeladen werden, Reden zu halten.

4. meiner »Generation« wegen: den Toten und den Überlebenden, unter den Überlebenden denen, die es sich nicht leisten können, Frau Klarsfeld via »flower power« ihre Sympathie auszudrücken, weil sie sonst ihre Posten als Volksschullehrer, Studienräte, Fernsehredakteure, Verlagsdirektoren verlören. Ich kann's mir leisten und leiste es mir, spiele den »Freiheitsbock« für viele, von denen ich weiß, daß ihre Freiheit nicht so weit geht wie meine.

B 1. Weil – siehe die Rede von Günter Grass – unsere, der gesamten kritischen Schriftsteller, Kritik an Dr. Kiesinger immer noch positiv für die Bundesrepublik zu Buche schlägt: Wir spielen die lächerliche Rolle des »Gewissens der Bundesrepublik«, sind im Ausland vorzeigbar, wo man gleichzeitig über die Neonazis in der BRD herziehen kann, während die resp. Regierungschefs der entsprechenden Länder mit Dr. Kiesinger frühstücken. Wie immer und mit welchem Kaliber wir Kiesinger angreifen: es passiert uns nichts, weil wir die »prominenten« Vorzeige-Idioten der BRD sind. Mag sein, daß uns irgendwo heimlich einer ins Kerbholz gehauen wird und eines Tages in der Ära Strauß – wiederum mit Willy Brandt als Vizekanzler – die Rechnung präsentiert wird;

2. weil aus der denunziatorischen Mottenkiste der bürgerlichen

Primitivpsychologie sofort jenes Wort heraussprang, dessen sich leider auch Günter Grass bedient: das Wort »hysterisch«.
Schlußbemerkung: Zum drittenmal: Ich bestimme selbst (natürlich mit der mir zustehenden Demut!), ob ich Anlaß habe, einer Dame Blumen zu schicken. Ich tat's bewußt und spontan und bin bereit, vor sämtlichen Höhen- und Tiefenpsychologen diese Tatsache zu bekennen. Als ich von Frau Klarsfelds »Tat« hörte, war's elf Uhr abends: eine relativ ungünstige Zeit, Blumen auf den Weg nach Paris zu schicken. Ich hatte also Zeit, mit meiner Familie zu diskutieren, darüber zu schlafen, beim Frühstück noch einmal zu diskutieren, nachzudenken, und ließ dann doch – gemischt rational-irrational – drei Stunden vergehen, bevor ich meinen zweitältesten Sohn zum nächsten Blumenladen schickte, den Auftrag aufzugeben.
Später habe ich Frau Klarsfeld noch einmal Blumen geschickt, und ich werde – Pardon! – ihr ein drittes Mal Blumen schicken, wenn ich Anlaß dazu sehe.[12]

An Heinrich Bölls Stellungnahme entzündete sich die öffentliche Meinung. Die Zeitungen verkündeten in großen Lettern, dass Böll und Grass sich wegen Blumen stritten, dass Böll gegen Kiesinger kämpfe und der Meinung sei, man müsse Nazis hassen, und sie warfen die Frage auf, ob die Rosen für B. K. angebracht gewesen seien.

Schließlich musste ich die Veröffentlichung der Urteilsbegründung in den sechs von Richter Drygalla genannten Tageszeitungen doch nicht bezahlen. In dem Urteil gegen mich wurden die genauen Gründe genannt, die mich zu der Ohrfeige veranlasst hatten, und der Kanzler hatte verständlicherweise ganz und gar nicht den Wunsch, dass die Hitler-Etappe seiner Karriere in der Presse ausgebreitet würde. Der *Spiegel* schrieb ironisch: »Der Kanzler spart Beate Klarsfeld 30 000 Mark.«

Ich durfte es nicht bei dieser Ohrfeige belassen, das machte Serge mir klar: »Dir geht es wie einem Schauspieler, der durch eine Fernsehserie zu Berühmtheit gelangt. Um nicht auf diese Rolle festgelegt zu werden, muss er andere Rollen genauso gut oder besser spielen. Das schaffen nur wenige.«

---

12 Heinrich Böll, *Blumen für Beate Klarsfeld*, in: *DIE ZEIT*, 10. Januar 1969.

Kiesinger, Kampagnentagebuch
(7. November 1968 – Oktober 1969)

In den elf Monaten nach der Ohrfeige, das heißt bis zur Niederlage von Kiesinger und seiner Partei bei der Bundestagswahl im September 1969, war ich ständig unterwegs und selten länger als eine Woche in Paris.

Am schlimmsten war es, wegzufahren, wenn Arno krank war, wenn er Grippe, Mumps oder Röteln hatte. Dann predigte Raïssa mir Moral und tat, als wollte sie sich nicht um ihn kümmern, damit ich dablieb. Aber ich musste fahren. Ich spürte, wenn ich einen Vortrag oder eine Demonstration absagte, würde meine Spannung nachlassen. Jede Aktion der Kampagne zählte, nicht an sich, sondern für mich selbst. Also küsste ich Arnos heiße Stirn und ging schweren Herzens zum Nachtzug, der mir kostbare Zeit ersparte.

Meine Schwiegermutter hatte von Anfang an begriffen, wie wichtig unser Kampf war, und hatte ihn mit dem ihr eigenen Mut und ihrer Charakterstärke vorbehaltlos bejaht. Mich vor den damit verbundenen Gefahren, nicht nur für mich, sondern auch für Arno, zu warnen, war ihre Pflicht, aber sie war dann doch immer bereit, ihn zu hüten.

Wie oft verabschiedete sich Serge an der Gare de l'Est oder Gare du Nord mit einem Kuss, von mir, dessen Zärtlichkeit mir die Kraft zum Weitermachen gab! Wie oft wachte ich in einem Zugabteil auf dem Weg nach Deutschland auf, mit trockenem Mund und fast körperlich entmutigt von der Größe des Landes, den riesigen Fabriken, unzähligen Autos, all diesen Männern und Frauen, die mir fremd erschienen und deren politische Moral ich doch zu ändern versuchte. Was ich erreichen wollte, schien mir in diesen Augenblicken so irreal, so ungewiss, dass ich mich fragte: Lohnt es sich, dafür so viel Mühe und ein friedliches Familienleben zu opfern? Der Nationalsozialismus schien Vergangenheit, die Toten schienen endgültig tot, die Leiden von der Zeit gelindert: Ich fühlte mich allein und ganz klein. Dann griff ich zu einem Trick: Ich zählte mir alle Vorteile auf, die ich selbst von meiner Aktion hatte, ich klammerte mich an die Liebe zu Serge, die ständig wuchs, an das Vertrauen, das viele Unbekannte in mich setzten, und konzentrierte mich so lange darauf, bis meine Welt vom Vortag und mein Pflichtbewusstsein wiederhergestellt waren.

Tatsächlich bekam ich Briefe aus der ganzen Welt, von Juden und Nichtjuden, von Franzosen und Deutschen. Warum schrieben mir Menschen von überallher, obwohl sie mich gar nicht wirklich kannten, so spontan und voller Vertrauen? Weil meine Aktionen ein Anti-Hitlerdeutschland repräsentierten, ein Deutschland, das die Last seiner Nazivergangenheit angenommen hat, um diese Ideologie desto besser zu bekämpfen. So erklärte zumindest ich mir die Sympathie für mich, dem tiefsten Herzen von Menschen entsprungen, die Deutschland noch nicht akzeptieren oder gar verzeihen konnten, was es getan hatte. Das deutsche Volk hatte so viel Leid verursacht, dass die Wunde im Herzen der Europäer noch nicht vernarbt war: Das Misstrauen war so groß, dass als beispielhaft geltenden Deutschen, ob zu Recht oder zu Unrecht, ein Vertrauen entgegengebracht wurde, das man für das ganze deutsche Volk nicht empfinden konnte.

Diese Ermutigungen, die vielen Gedichte, die mir junge Deutsche schickten, und die Petitionen ostdeutscher Schüler waren das Gegengewicht zur Feigheit anderer: Die SPD gab öffentlich bekannt, dass sie mich nicht länger als Mitglied betrachtete; der internationale Verein ehemaliger Schüler der Alliance Française in Paris teilte mir meine Entlassung als Generalsekretärin mit.

Ich verfolgte mein Ziel engagiert weiter, in den deutschen Städten und auf dem Land: Ich wechselte vom Rednerpult an die Spitze einer Demonstration, bereitete aufsehenerregende Aktionen vor, stellte detaillierte Akten zusammen; ich hängte mich an Kiesinger wie ein kleiner Hund ans Hosenbein eines Diebes, ich bellte, und manchmal biss ich.

Hier einige Auszüge aus meinem Kampagnentagebuch:

7. November 1968 – Ich habe Kanzler Kiesinger geohrfeigt.

Danach überschlugen sich die Ereignisse derart, dass ich sie nur chronologisch und in verkürzter Form festhalten konnte.

11. November – Ich war mit meiner Schwiegermutter in Brüssel, zwei Tage vor dem Eintreffen Kiesingers, der vor NATO-Delegierten eine Rede über Europa halten sollte.

Ich hatte die jüdische Studentenvereinigung Belgiens sowie Michel Lang und den Jüdischen Arbeitskreis in Berlin um Unterstützung gebeten. Wir halfen bei der Vorbereitung einer vom Cercle du libre examen der Freien Universität Brüssel organisierten Versammlung, die wir, wenige Stunden bevor Kiesinger das Wort ergriff, abhalten wollten. Die Reise der Berliner bezahlte ich mit den 2000 DM, die ich für einen Artikel in der ostdeutschen Zeitschrift für internationale Politik, *Horizont*, bekommen hatte. Die Koffer der Berliner mit zahlreichen Exemplaren meiner Broschüre *Die Wahrheit über Kurt Georg Kiesinger* darin waren auf dem Berliner Flughafen verloren gegangen. Im nächsten Flugzeug, das aus Köln-Bonn kam, fanden sie sich wieder ein. Die Versammlung war gerettet.

13. November – Um 7 Uhr früh lautes Klopfen an unserer Hotelzimmertür: »Polizei! Ausweiskontrolle.« Raïssa reichte den beiden Polizisten in Zivil durch die halbgeöffnete Tür unsere Pässe. »Das genügt nicht. Sie müssen uns ins Ministerium begleiten. Sie haben eine Viertelstunde, um sich anzuziehen und uns zu folgen.«

Ich stürzte ans Telefon und rief einen der besten Freunde von Serge an, Philippe Lemaître, den Brüsseler Korrespondenten von *Le Monde*. Dann Michel Lang, der im Stockwerk unter uns schlief. Raïssa alarmierte Serge in Paris, der sofort den Generalsekretär der Internationalen Widerstandskämpfervereinigung anrufen wollte, Hubert Halin, der wiederum seine Freunde in der belgischen Regierung und vor allem den Justizminister informierte.

Erneutes Klopfen: »Beeilen Sie sich!« Meine Schwiegermutter antwortete: »Wir sind Damen und müssen uns erst zurechtmachen.«

Auch Michel Lang wurde festgenommen. Man brachte uns ins Polizeipräsidium, wo man uns zunächst einmal lange warten ließ. Schließlich wurde ich in ein kleines Büro geführt, wo zwei Kommissare mich befragten und meine Aussagen aufnahmen. Ich war überzeugt, dass man mich durch diese Festnahme daran hindern wollte, auf der Versammlung zu sprechen, dass man mich bis abends dabehalten und mich dann in einen Zug nach Paris setzen würde. Zuerst war ich wütend, schaute alle fünf Minuten auf die Uhr, ob es nicht schon zu spät wäre für die geplante Versammlung. Dann dachte ich nach. Umso schlimmer für sie: Wenn sie mich nicht reden ließen, würden die Studenten Ärger machen, und der Skandal wäre noch größer. Der Kommissar musste viel tippen: Ich nannte sämtliche Funktionen und Posten Kiesingers. Ich erwähnte auch die Reise, die er 1940 mit ausländischen Journalisten ins besetzte Belgien und Frankreich unternommen hatte, um die Überlegenheit der deutschen Armee zu demonstrieren, und sagte zu dem Kommissar: »Sie müssen damals schon gelebt haben und wissen, was das hieß.«

Die beiden antworteten, sie seien damals selbst im Widerstand gewesen, »aber Befehl ist Befehl«, die deutsche Botschaft in Brüssel habe die belgischen Behörden ersucht, jeden Zwischenfall bei Kiesingers Besuch zu verhindern. Der Störenfried Nr. 1 war ich.

Gegen 12 Uhr 45 kam ein Beamter ins Büro, sagte, von ganz oben habe man zu meinen Gunsten interveniert, und hielt mir ein Papier hin, das ich unterschreiben sollte: Darin verpflichtete ich mich, Brüssel sofort nach meiner Rede zu verlassen. Meine Schwiegermutter und Michel Lang waren kurz zuvor schon entlassen worden.

Ich sprang in ein Taxi und fuhr zur Universität, wo die Versammlung schon begonnen hatte. Michel Lang las gerade den Anfang meines Texts vor. Ich wurde mit stürmischem Beifall begrüßt, die Studenten skandierten: »Wir lassen Beate nicht gehen!«

Einige von ihnen schlugen vor, ab 16 Uhr die Tore zum Campus zu blockieren, um mich vor der Polizei zu schützen. Ich lehnte ab.

Nach Ende meines Vortrags erreichte eine Studentendelegation bei der Polizei, dass meine Abfahrt auf 18 Uhr verschoben wurde, was mir Zeit für ein langes Interview mit dem *Spiegel* gab. Dann nahm ich den Zug.

Kiesinger sprach abends. Die belgischen Studenten demonstrierten. Am nächsten Tag las ich in Paris die Einzelheiten in der europäischen Presse.

Die *Münchner Abendzeitung* überschrieb ihren sechs Spalten langen Artikel: »Kiesinger kommt. Ohrfeigen-Beate in Polizeigewahrsam«. *Paris-Presse* berichtete ausführlich: »Beate Klarsfeld hat nicht miterlebt, wie ihre neuen Freunde, die belgischen Studenten, den Kanzler durch Ausbuhen in Verlegenheit gebracht haben. Bei seiner Ankunft vor dem Palais des Beaux-Arts, wohin er sich auf Einladung der ›Grandes Conférences catholiques‹ begeben hatte, wurde dem deutschen Regierungschef zunächst die böse Überraschung zuteil, dass etwa hundert Studenten ihn beschimpften. Das war aber noch gar nichts im Vergleich zu dem, was ihn erwartete. Im Saal hatten die Demonstranten strategische Stellen besetzt und unterbrachen den Kanzler von seinen ersten Worten an mit Slogans im Stil von ›Kiesinger Nazi!‹ Die Polizei griff ein, und der Kanzler glaubte, die Störer los zu sein, aber zehn Minuten später ging es in noch größerer Lautstärke wieder los. Auf dem Balkon des Saales explodierten Knallkörper, karteikartengroße Flugblätter flatterten in den Saal: ›NSDAP. Kiesinger Kurt Georg. Mitgliedsnummer 2633930. Eintrittsdatum: 1. Mai 1933‹. … Im Saal rief man den Störern zu: ›Raus! Nach Moskau! Nach Prag!‹ Es kam überall zu Rangeleien. Einige junge Leute wurden hinausgeworfen. Und bei jedem neuen Zwischenfall sah der Kanzler, der über eine Stunde lang reden sollte, ins Publikum, ohne es zu sehen, er wirkte erstaunt, stand mit verschränkten Armen da und wartete, dass der Sturm sich legen möge.«

Die belgische Zeitung *Le Soir* berichtete: »Starke behelmte Polizeikräfte nahmen die Störer mit; andere junge Leute verteilten unterdessen Flugblätter. Als wieder Ruhe eingekehrt war, fuhr der Kanzler mit seiner Rede fort. In dem Moment ein weitere Zwischenfall, diesmal im Orchestergestühl. Ein Mann, schon älter, schildert den Tod seiner Familienmitglieder. Die Polizei beweist Einfühlungsvermögen, schafft ihn aber schließlich aus dem Saal. Kanzler Kiesinger fährt fort. Dritte Störung, diesmal viel schwächer. Herr Kiesinger spricht lauter.«

Die *Frankfurter Rundschau* schrieb, dass der Kanzler den letzten Satz seines Manuskripts, er sei von der ersten Stunde an für einen europäischen Bundesstaat eingetreten, nur noch stammelnd vorbringen konnte.

Nach der Veranstaltung bildeten sich vor dem Palais des Beaux-Arts Gruppen junger Leute, denen fast ebenso viele Polizisten gegenüberstanden.

Am Donnerstagnachmittag gingen die Demonstrationen auf der Place de Brouckère weiter. Die Polizei vertrieb die Studenten in die umliegenden Straßen. Rund hundert von ihnen gelang es, sich am Hauptbahnhof zu versammeln. Sie versuchten, durch die Rue du Lombard auf die großen Boulevards und zum Hotel Amigo zu gelangen, wo der Kanzler residierte. Sie stießen jedoch auf einen dreifachen Polizeikordon. Bilanz: Dreißig Festnahmen, Dutzende von Verletzten bei Studenten und Polizei. Am Tag darauf wurde die deutsche Touristeninformation durch einen Molotowcocktail beschädigt.

Kiesinger war vor der belgischen Regierung, Premierminister Eyskens, Außenminister Harmel, den Vertretern der NATO und NATO-Generalsekretär Manlio Brosio, den Vertretern der EWG und dem ganzen diplomatischen Korps gedemütigt worden – was natürlich seinen Widerhall in Deutschland fand, wo die Presse Kiesingers zweite auf meine Initiative hin erfolgte Demütigung binnen einer Woche – eine in Berlin, eine Brüssel – zum Thema machte! Am nächsten Tag veröffentlichte die *Süddeutsche Zeitung* eine Karikatur, die ein Flugzeug zeigte und darunter eine Hexe auf einem Besen, an dem ein Schild mit meinem Namen befestigt war. Unterschrift: »Die Quartiermacherin des Kanzlers«.

Auch die folgende Karikatur habe ich aufbewahrt: Kiesinger als rennender Hase und dahinter das Stachelschwein Beate, das ihm an drei Orten Angst einjagt: in Bonn (Bundestag), Berlin (Ohrfeige) und Brüssel (Rede). Den westdeutschen Kommentatoren war klar geworden, dass ich kämpfen konnte und die Ohrfeige in Berlin nicht nur eine Anekdote war. Angesichts der internationalen Resonanz nun auch in Brüssel begannen die Deutschen zu begreifen, in welche Verlegenheit sie die Wahl eines Kanzlers gebracht hatte, dessen Ruf nicht nur in Deutschland, sondern auch im Ausland angekratzt war. Die *ZEIT* meldete, die Zustimmung für Kiesinger sei spürbar gesunken, eine Wende zeichne sich ab. Diese Entwicklung sei weitgehend den Vorfällen in Berlin und Brüssel zuzuschreiben. Einigen Journalisten zufolge, die in dieser Zeit mit dem Kanzler zu tun hatten, war die Belastungsprobe in Belgien noch schmerzlicher für ihn als die in Berlin.

15. November 1968 – Wir luden deutsche Journalisten in unsere Wohnung ein, die sehen wollten, wie die »Hysterikerin«, »die junge Frau, die mit studentischen Rowdys verkehrt«, lebte. Wenn sie glaubten, eine unordentliche, chaotische Wohnung vorzufinden, wurden sie enttäuscht. Beim Anblick der drei großen Zimmer zur Seine hinaus waren sie so überrascht, dass sie sogar die Drucke an den Wänden für Originale hielten. Ich hatte mir extra ein teures, rot-graues Wollkleid und Lackschuhe von Dior gekauft, und das erzielte den erwünschten Effekt. Man fotografierte mich beim Kochen in meiner blitzsauberen Küche. Von da an war ich für sie die gutbürgerliche Hausfrau, die zeitweilig ihre wohlgeordnete Welt verließ, um aus innerem Antrieb gegen die Rehabilitierung von alten Nazis zu protestieren. Die von

Kiesinger genährte These, ich sei Berufsrevolutionärin oder -krawallmacherin, war nicht mehr haltbar.

18. November – Die Iljuschin 18 der Fluggesellschaft LOT, in der wir saßen, startete von Bourget in Richtung Berlin-Schönefeld. Plötzlich Turbulenzen. In Ost-Berlin Landeverbot wegen schlechter Sicht. Die Maschine nahm Kurs auf Warschau, konnte wegen des Sturms aber nicht landen. Prag war geschlossen. Schließlich verbrachten wir die Nacht in Budapest. Die Hotels waren alle voll, achthundert umgeleitete Passagiere drängten sich in der Flughafenhalle.

19. November: Endlich in Ost-Berlin, wo mich die Offiziellen, die schon fürchteten, ich käme nicht, mit dem Blumenstrauß vom Vortag empfingen. In meinem Hotel Unter den Linden kamen zwei junge Leute zu mir: mein erstes Autogramm – auf einer Speisekarte.

20. November – Ich löste eine kleine Panik aus. Ich war lediglich zu einem Interview mit dem ostdeutschen Fernsehen eingeladen, aber ich hatte in Paris die DPA darüber informiert, dass ich im Zentralarchiv in Potsdam eine Pressekonferenz über die Nazivergangenheit Kiesingers geben würde. Bestürzung bei meinen ostdeutschen Gastgebern: Kein Ausländer durfte eigenmächtig Journalisten in eine offizielle Dienststelle einladen. Die Pressekonferenz fand nicht statt. Doch der Zwischenfall tat der Begeisterung keinen Abbruch: Mir wurde feierlich ein Album mit Presseartikeln und Karikaturen aus der DDR überreicht, die feierten, was sie meine »Heldentat« nannten. Die ostdeutsche Presse hatte mich also stark unterstützt, und ich fragte mich: Wie konnte ein so streng kommunistischer Staat einem spektakulären individuellen Akt so viel Lob spenden, der überdies die Autorität untergrub?

Ich durfte mich jetzt von keiner Seite politisch vereinnahmen lassen, um meiner Aktion ihren vollen moralischen Sinn zu bewahren. Wenn Staaten »widernatürliche« Zweckbündnisse schließen, warum sollten Individuen im Kampf für ein legitimes Anliegen nicht dasselbe tun?

21. November – Um 7 Uhr 30 verließ ich den Bahnhof Friedrichstraße in Ost-Berlin. Am West-Berliner Bahnhof Zoo traf ich mich mit Michel Lang. Mein Bodyguard war ein paar Zentimeter kleiner als ich. In Köln empfingen mich die Betreiber des Kabaretts »Die Machtwächter«, ein rappelvoller kleiner Saal, im Hintergrund eine Hakenkreuzfahne, ein Tischchen, ein Stuhl. Bevor ich das Wort ergriff, wurde ein Sketch aufgeführt, der Kiesinger als Zeugen in einem Pro-

zess gegen die NS-Diplomaten zeigte. Mein Bodyguard hatte eine Freundin gefunden, die er eingehender beschützen konnte als mich – er war weg.

Am nächsten Tag fuhren wir nach Düsseldorf zu einem Treffen junger Sozialisten, an dem auch Günter Grass und Dieter Süverkrüp teilnahmen.

Grass war nicht erfreut darüber, mir das Wort zu überlassen. Er war vermutlich frustriert über die öffentliche Aufmerksamkeit, die meine Ohrfeige bekommen hatte. Denn auf seine offenen Briefe, auf sein Mahnen hatte Kiesinger nicht reagiert, und meine Aktion hatte eine viel größere konkrete Wirkung erzielt als seine Wortmeldungen.

Ein Jugendlicher fragte ihn: »Wie kann es sein, dass Sie Kiesinger wegen seiner Nazivergangenheit angreifen und dass Wirtschaftsminister Karl Schiller, der auch ein Nazi war und Fachmann für die wirtschaftliche Ausbeutung eroberter Gebiete, der Patenonkel Ihres Sohnes ist?«

Wütend erwiderte Grass, das eine habe mit dem anderen nichts zu tun. Sein Verhältnis zu Karl Schiller sei seine Privatsache und gehe die Jugend nichts an. Ich war enttäuscht. Wäre Schiller zum Kanzler gewählt worden, hätte ich gegen ihn ebenso protestiert wie gegen Kiesinger. Das sagte ich auch der Presse sehr deutlich. Nicht nur die CDU hat aktive Nazis in ihre Reihen aufgenommen, es finden sich auch sehr viele von ihnen in der SPD, wo die Anhänger Brandts denen Schillers vehement entgegentreten, der zwar die Wahlkampflokomotive der SPD ist, von den ehemaligen Widerstandskämpfern in der SPD aber verachtet wird!

23. November: In Dortmund nahm ich eine Schallplatte auf mit dem Titel: »Die Affäre K. – Geschichte einer Ohrfeige«. Die Dokumente lasen Schauspieler, ich selbst sprach über den Sinn meines Handelns und rezitierte ein selbstverfasstes Gedicht zu diesem Thema:

Die Ohrfeige, die Deutschland brauchte

Es brauchte sie,
damit die Schuld bewiesen wird der Generationen, die
grausam, gierig, feige und blind folgend geglaubt haben,
daß sie uns auf ewig den echten Sinn des Wortes »Ehre
des deutschen Volkes« verbergen könnten.

Es brauchte sie,
um zu rächen die Toten von Stalingrad,
Russen, die ihr Vaterland verteidigten, und die deutsche
Jugend, die man zu täuschen versucht hatte und deren
Tränen zu Eis erstarrten, wenn sie an die Ihrigen dachten,
die für sie verloren waren.

Es brauchte sie,
für den Rauch, der aus den Kaminen der Todesfabriken in
Auschwitz stieg und dessen Geruch den Deutschen
anhaften wird bis zu dem Tag, an dem alle Deutschen die
Leiden derer, die hinter Stacheldraht saßen, mitempfinden
werden.

Es brauchte sie,
damit all die Gebäude in der Welt gereinigt werden, die
von der Hakenkreuzfahne besudelt waren, als Erinnerung
an alle Manolis Glezos', die sie heruntergerissen haben.

Es brauchte sie,
um die letzten Gedanken von Hans und Sophie zu ehren,
als sie ihre Hälse auf den Hauklotz legten und darauf
warteten, daß der Kopf unseres wahren Deutschlands in den Müll
rollte.

Es brauchte sie,
um das jüdische und deutsche Volk auszusöhnen, denn
diese beiden Völker können nur dann in Fraternität
zusammenleben, wenn sie gemeinsam den Kampf gegen
den Faschismus aufnehmen wollen.

Es brauchte sie,
für ein Deutschland, befreit von jeglichem Hang nach
Sühne; heute sind es drei oder zwei, eines Tages aber,
wenn wir den Sieg davontragen sollten, so wird es ein
Deutschland werden im Sozialismus und Frieden, das die
anderen Völker der Erde respektiert.

Es brauchte sie,
damit viele sich endlich die Wunderbrille von Günter Grass aufsetzen können, während Kurt-Georg Kiesinger wie ein falscher Blinder seine Augen mit der schwarzen Brille verdeckt, die so viele getragen haben, um sich der Wirklichkeit zu verschließen.

Und es brauchte sie von der Hand einer Frau
denn man achtete nicht darauf, ob es Frauen waren, als man sie in die Verbrennungsanlagen trieb, als sie unter den Bombenangriffen starben, als sie unter der Folter aufschrien.

Und dennoch kann das Herz einer Mutter es nicht ertragen, daß man ihre Kinder tötet oder sie zu Mördern erzieht.

Das ist der Grund, der mich dazu getrieben hat, im Namen der 50 Millionen Toten und der künftigen Generationen in das abstoßende Gesicht der 10 Millionen Nazis zu schlagen, damit sie alle die gleiche Scham empfinden und sich die gleiche Röte der Ohrfeige auf ihren Wangen abzeichnet.

Die Schallplatte erschien im Verlag *pläne*, der sozialistische Lieder und revolutionäre Gesänge herausgab. Im Sommer 1969 veröffentlichte der *Spiegel* Auszüge davon in einer Anthologie von Anti-Kiesinger-Gedichten. Tatsächlich inspirierte die Ohrfeige die Underground-Literatur zu einer Fülle von Gedichten, auch ich selbst griff zur Feder.

29. November – In Paris erläuterte ich vor den Mitgliedern des Mouvement contre le racisme, l'antisémitisme et pour la paix (MRAP) den Sinn meines Kreuzzugs. Ich hatte beschlossen, sämtliche Einladungen zu Veranstaltungen, an welchem Ort auch immer, anzunehmen, um die Kiesinger-Akte einer breiten Öffentlichkeit bekannt zu machen.

1. Dezember – Kaum war ich in München aus dem Zug gestiegen, lief ein Dackel auf mich zu, gefolgt von einem Mann mit einem Blumenstrauß, der sich mir als Herr Koenig vorstellte, Journalist. Er

hatte mich eingeladen und die Veranstaltung im politischen Kabarett »Rationaltheater« organsiert. Er schlug mir vor, diesen Sonntag mit seiner Familie zu verbringen. Seine Frau empfing mich alles andere als freundlich. Das Mittagessen endete in Schuldzuweisungen, weil Herr Koenig seiner Frau nicht beim Abwaschen helfen wollte.

Ich fühlte mich sehr unwohl und schwor mir, nie wieder eine Einladung in eine Familie anzunehmen. Lieber noch würde ich ein Würstchen an einem Stehimbiss essen – mein Reisebudget war äußerst knapp.

Erst als ich ging, wurde mir klar, was der Herr im Sinn hatte: Er wollte mich »managen«, eine Vortragsreise durch ganz Deutschland für mich organisieren – Ohrfeigen-Beate wie eine Zirkusattraktion vorführen. Natürlich gegen die Hälfte der Einnahmen, denn der Eintritt sollte natürlich etwas kosten. Er unterbreitete mir sogar einen Vertrag.

Zu seiner großen Verwunderung erteilte ich ihm eine Abfuhr.

2. Dezember – Am Abend waren im Saal des Rationaltheaters sämtliche Münchner Persönlichkeiten des Presse- und Literaturbetriebs zusammengekommen und bestaunten mich wie ein Tier im Zoo. Sie erwarteten eine spektakuläre Show und wurden enttäuscht, besonders mein Möchtegern-Manager, der mir geraten hatte, meinen Bericht auszuschmücken, und jetzt verbittert feststellte, dass aus mir niemals eine Demagogin werden würde. Meine genauen und durchdachten Erklärungen irritierten das Publikum. Mir ist es aber lieber, wenn ihm klar wird, dass ich eine einfache und vernunftgesteuerte Frau bin und kein vor Tatendrang übersprudelndes Ausnahmewesen. Herr Koenig versprach, mir noch viel beizubringen. Der Arme! Ich habe ihn nie wiedergesehen.

3. Dezember: Beim »Teach-in« in der Münchner Universität fühlte ich mich entschieden wohler.

Ich kündigte an, für die Bundestagswahl im September 1969 zu kandidieren und gegen Kanzler Kiesinger anzutreten, wo immer er Wahlkampf machen würde. Bei diesem Entschluss spielte auch eine Rolle, dass ich hoffte, so in dem Berufungsverfahren einer Gefängnisstrafe zu entgehen, da eine Verurteilung als Manöver meiner politischen Gegner interpretiert werden konnte. Dann könnte ich meine Kampagne gegen Kiesinger noch wirkungsvoller fortsetzen. Ich musste nur noch eine politische Gruppierung finden, die mich aufstellen würde.

Da die SPD mich ausgeschlossen hatte, konnte ich von ihr nichts mehr erwarten. Ich dachte an ein künftiges Wahlbündnis der kleinen Linksparteien mit der DKP. Also brachte ich diese Idee öffentlich ins Spiel, um Letztere zum Handeln zu zwingen.

4.–7. Dezember – Dortmund: Ich sprach vor Mitgliedern der Kommunistischen Jugend und machte die letzten Aufnahmen für meine Schallplatte.

10. Dezember, Paris – Im Publikum saßen nur Juden: Die jüdische Studentenbewegung MEJ hatte im Centre Edmond Fleg eine Debatte zum Thema »War die Ohrfeige für Kanzler Kiesinger nötig?« veranstaltet. Es wurde hitzig diskutiert. Auf meine Bitte waren aus Bonn auch ein paar Französisch sprechende APO-Studenten erschienen, die ihren Genossen die Schwierigkeiten ihres antifaschistischen Kampfs erläuterten. Ein neuer Dialog zwischen jungen Juden und Deutschen bahnte sich an, und zwar mit Blick auf gemeinsames Handeln. Mit der Unterstützung der Amicale des anciens déportés juifs (Freundeskreis der ehemaligen jüdischen Deportierten) wurde mein Antrag angenommen, der insbesondere festhielt, dass das jüdische Volk »die deutschen Demokraten nicht allein gegen die Kräfte kämpfen lassen sollte, die mehr als sechs Millionen Juden ermordet haben und Deutschland heute wieder mit seiner Nazivergangenheit zu versöhnen suchen«.

Einer der Anführer des MEJ entschloss sich, samt einer Fahne mit dem Davidstern mit mir nach Berlin zu fahren, um gegen den Freispruch für Hans-Joachim Rehse zu protestieren. Der ehemalige Richter am Volksgerichtshof war am 3. Juli 1967 vom Berliner Landgericht wegen Beihilfe zum Mord zu fünf Jahren Zuchthaus verurteilt worden. Der Bundesgerichtshof hatte das Urteil im April 1968 aufgehoben. Rehse könne kein Gehilfe gewesen sein, da ein Richter stets voll verantwortlich sei.

Rehse hatte in mindestens 231 Fällen an der Verhängung der Todesstrafe mitgewirkt. Er war Beisitzer von Roland Freisler, dem »Mörder in Robe«. Statt dem Staatsanwalt zu folgen, der lebenslänglich gefordert hatte wegen fünf Urteilen Rehses, die über die NS-Terrorgesetze noch hinausgegangen und ganz einfach Mord gewesen seien, befand das Berliner Landgericht »fast einstimmig«, dass Rehse in gutem Glauben gehandelt und es für notwendig gehalten habe, das aus seiner Sicht gefährdete Dritte Reich zu sichern.

In seiner Urteilsbegründung entwickelte der Vorsitzende Richter Oske eine Theorie, nach der jeder Staat, auch ein totalitärer, sich behaupten müsse. Folglich könne man es einem Staat nicht vorwerfen, wenn er in Krisenzeiten zwecks Einschüchterung Sondermaßnahmen ergreife, wie die kürzlich vom Bundestag verabschiedeten Notstandsgesetze zeigten.

Wie man sich leicht vorstellen kann, rief diese Begründung unter den Zuhörern Tumulte hervor: Die Urteilsverkündung wurde mehrmals unterbrochen. Einem ehemaligen Gestapo-Häftling gelang es, Rehse zu ohrfeigen, der das Gericht als freier Mann verlassen konnte.

Ich bezahlte dem jüdischen Aktivisten vom MEJ die Reise, weil er selbst das erforderliche Geld in nur achtundvierzig Stunden nicht auftreiben konnte. Ich hielt es für unerlässlich, den Deutschen zu zeigen, dass die Juden sogar aus dem Ausland kamen, um gegen Rehses Rehabilitierung zu protestieren.

Wie viele Prozesse gegen Naziverbrecher, die mit Freisprüchen enden, würden deutlich rechtmäßiger ausgehen, wenn die Juden zeigen würden, dass sie die Rehabilitierung derer, die ihr Volk einst verfolgt haben, ablehnen. Aber wenn deutsche oder österreichische Geschworene im Gerichtssaal keinen einzigen Juden sehen oder nicht deren legitime Forderungen hören, die draußen vor dem Gerichtsgebäude lautstark vorgetragen werden, gestatten sie sich gegenüber den Tätern blinde Nachsicht.

14. Dezember – Zehntausend Menschen versammelten sich vor dem Rathaus Schöneberg und skandierten: »Rehse – Mörder«, »Nazis raus aus der Justiz«. Auf dem Platz vor dem Rathaus war ein Podium aufgebaut. Es war sehr kalt, ich war in einen polnischen Ledermantel mit Pelzbesatz gemummelt. Der Korrespondent der *Prawda* schrieb später: »Beim Anblick dieser jungen Frau, die vor einem Hintergrund aus roten Fahnen sprach, fühlten wir uns zurückversetzt in die Zeit der Revolution.« Die über mir wehende Fahne mit dem Davidstern, die die deutsche Presse am nächsten Tag in Großaufnahme zeigte, ließ er dagegen unerwähnt.

Ich wandte mich energisch an die Zuhörer:

> Die politische Führung in Bonn hat sich verhalten, als sei Deutschlands zwölfjährige Naziherrschaft bloß ein Fehler gewesen; ihre Devise lautete Arbeit, Familie, Wohlstand, und zuallererst Verzicht auf politi-

sches Bewusstsein. Und dank der Arbeit der entpolitisierten Bürger schufen sie schnell einen blühenden Kapitalismus und bauten ihn aus. Die Firma Deutschland läuft gut, aber in welche Richtung? Lassen Sie sich nicht täuschen: Das Ziel ist jetzt, das Land zu politisieren, aber so, wie die politische Führung es will. Um dieses Ziel zu erreichen, darf sie nicht bei den sehr vereinzelten Verurteilungen stehenbleiben, dank denen sich in der Masse des Volks die Vorstellung festgesetzt hat, die Verbrechen des Hitlerreichs seien lediglich das Werk von ein paar blutrünstigen Einzelpersonen gewesen. Diese These hat wirkungsvoll diejenigen moralisch verschont, die sich am meisten schuldig gemacht haben, nämlich die Organisatoren dieser Verbrechen in Politik, Justiz und Verwaltung. Heute baut unsere politische Führung ihr System aus: Sie rehabilitiert. In den anderen Ländern werden manchmal Unschuldige rehabilitiert; in der Bundesrepublik, da können Sie sicher sein, wird man die Verbrecher rehabilitieren. Und zwar einen nach dem anderen, die Folterknechte, die Befehle befolgten, die Polizisten, die ihre Pflicht taten, die Generäle, die ihr Vaterland verteidigten, die Richter, die richteten, Himmler, der Widerstandskämpfer war, weil er 1944 die Gaskammern stillgelegt hat, die er 1942 in Betrieb genommen hatte. Wenn das so weitergeht, wird man am Ende Hitler rehabilitieren, und an diesem Tag werden wir, die wir hier so zahlreich versammelt sind, ganz allein sein, jeder für sich. Bei Kiesingers Ernennung zum Kanzler wurde mir klar, dass in diesem Moment Deutschlands wahre Versöhnung mit seiner Nazivergangenheit begann; ebendas ist Kiesingers historische Rolle. Mit meiner Einzelaktion wollte ich mich ihm in den Weg stellen, aber den Sieg erringen wir nur durch gemeinsame Aktionen.

Auch ostdeutsche Beobachter waren da. Ich merkte, dass es für meine eventuelle Kandidatur gut aussah: Große Artikel in der DDR-Presse sowie in den kommunistischen Zeitungen der Bundesrepublik und der sozialistischen Länder machten mich einer breiten Öffentlichkeit bekannt.

18. Dezember – Serge kam auch nach Berlin, er hatte dort geschäftlich für die Continental Grain zu tun. Er musste ein Bürgschaftsproblem mit der Deutschen Außenhandelsbank der DDR klären. Ich rief dort an. Wir wurden von der Geschäftsleitung der Deutschen Notenbank empfangen, deren Vorsitzende eine ehemalige deportierte Wider-

standskämpferin war. Das Problem wurde schnell und zufriedenstellend geregelt.

Silvester verbrachte ich ohne Serge: Er saß im Zug nach London, wo er in der Wiener Library recherchieren wollte, um unsere Kiesinger-Akte weiter zu füllen.

10. Januar 1969 – Eine rechtsextreme Zeitung hat in einem Artikel mit der Überschrift »Die Beate Klarsfeld-Saga« die Beinamen zusammengestellt, die die Presse mir verpasst hat. So war ich etwa die Deutsch-Französin mit der lockeren Hand, ein hübscher Machiavelli, Jeanne d'Arc, die Berliner Nemesis, die wiederauferstandene Charlotte Corday, die moderne Ravaillac, die rote Beate, die kurzberockte Mini-Terroristin, die heilige Beate, die von ihrem roten Himmel hinabgestiegen ist, die linke Dame mit der harten Rechten, die Galionsfigur der neuen Linken. Serge nannte mich BKssine, was der Wirklichkeit näherkam.

22. Januar – In Lebach bei Saarbrücken wurden drei Soldaten getötet. Die rechte Presse tobt und macht die APO für dieses Verbrechen verantwortlich. Es erscheint mir offensichtlich, dass Aktivisten, die sich als links bezeichnen, um an Waffen zu kommen, unmöglich Soldaten, die Zivilisten in Unform sind, im Schlaf töten würden. Man musste der rechten Presse entgegentreten, und zwar schnell. Deshalb fuhr ich sofort nach Bonn. Zusammen mit einem SDS-Aktivisten verfasste ich ein Flugblatt, von dem ich dann ein paar hundert Abzüge machte, die ich in die Briefkästen aller Zeitungen warf, die im Bonner Pressehaus vertreten waren. Ich kündigte die Gründung einer von der APO geleiteten Untersuchungskommission an. Natürlich hatte ich niemanden, der eine solche Parallelermittlung durchführen konnte, aber die Ankündigung genügte, damit die Presse schrieb, die saarländische Polizei würde inzwischen von der APO unterstützt. Ich fuhr selbst nach Saarbrücken und machte auch dort die Initiative der außerparlamentarischen Opposition bekannt.

Später kam heraus, wer die Attentäter waren: junge Männer aus rechtsextremen Kreisen, die die Tat begangen hatte, um sich Waffen zu beschaffen.

Anfang Januar 1969 – Die linke *Deutsche Volkszeitung* (DVZ) in Düsseldorf stellte mich als Pariser Korrespondentin ein. Ich begann die Zusammenarbeit mit einem Artikel, mit dem ich auf eine junge Französin aufmerksam machen wollte, deren hohe Moral und hoher Intellekt mich sehr beeindruckten: die Trotzkistin Michèle Firk, eine zierliche und zähe Frau, die an andere ebenso hohe Ansprüche stellte wie an sich selbst. Sie kam 1967 nach Guatemala, fast zur selben Zeit wie ich, die ich allerdings nur Touristin war. Sie gab dort stoisch ihr Leben und zeigte so, wie ein Engagement europäischer Revolutionäre an der Seite der Menschen in der dritten Welt aussehen muss, wenn sie ihren Ideen treu bleiben und nicht nur Kaffeehausdebatten führen wollen. Aber in Frankreich sind nur sehr wenige Linksextremisten wie Michèle Firk. Sie fühlen sich in ihrer europäischen Heimat wohl, wo es verglichen mit den Risiken, die andere Kontintente bergen, alles in allem friedlich ist.

Ich erhielt 800 DM monatlich für meine wöchentlichen Artikel. Auch wenn die DVZ es immer bestritt, hielt ich das für eine diskrete Hilfe der DDR.

30. Januar – Köln: Meine Rede über die Vorbeugehaft löste heftige Reaktionen aus. Andere Redner sprachen über den Faschismus in Griechenland, Spanien und Portugal; im Publikum waren an diesem Abend auch Gastarbeiter. Die jungen Leute wollten etwas tun, unglücklicherweise egal, was. Die Versammlung endete vorzeitig. Ein Demonstrationszug begab sich vor das griechische und das portugiesische Konsulat. Am Amerikahaus gingen Fenster und Türen zu Bruch; das spanische Eisenbahnbüro wurde teilweise zerstört, ebenso ein spanisches Gemeindezentrum und ein griechischer Club. In der Stadt waren überall Polizeisirenen zu hören.

In Frankfurt waren am selben Tag Hunderte von Demonstranten einem Aufruf des SDS gefolgt, der den sechsunddreißigsten Jahrestag von Hitlers Machtübernahme auf seine Art begehen wollte. An diesem Abend fand in der Oper eine Wohltätigkeitsgala für den deutschen Sport statt, und das ganze deutsche Establishment war präsent, um sich einen schönen Abend zu machen, während an einem solchen Datum Besinnung angezeigt war. Für die Antifaschisten war das eine echte Provokation. Die Studenten blockierten den Verkehr und empfingen den Kanzler mit den Rufen: »Sieg Heil! Kiesinger Nazi! Ohrfeigt Kiesinger!«

31. Januar – Rede im Hamburger Audimax. Es sind 2000 Zuhörer und starke Polizeikräfte da.

1. Februar – Duisburg. Meine Güte, war das kalt! Ich sprach auf dem

Rathausplatz, glücklicherweise nur kurz, weil ich zum Umblättern meinen Handschuh ausziehen musste und meine Hand fast ein Eiszapfen war. Abends fuhr ich mit dem Auto nach Dortmund und von dort mit dem Zug nach Berlin, wo ich an einer Versammlung in der Freien Universität teilnehmen wollte.

3. Februar – Ich traf mich mit Serge in Berlin, um meinen bevorstehenden Berufungsprozess vorzubereiten. Heute fand die Wahl des Bundespräsidenten statt. Der amtierende Präsident Heinrich Lübke hatte seinen vorzeitigen Rücktritt angekündigt. Nachdem die Ostdeutschen ihn beschuldigt hatten, er habe Bauzeichnungen für KZ-Baracken angefertigt, stritt er dies zwar ab, aber er wurde durch graphologische Gutachten überführt.

Die extreme Linke war dagegen, dass die Wahl in West-Berlin stattfand, das für sie eine von der Bundesrepublik getrennte politische Einheit darstellt. Vor allem die Ankunft der NPD-Wahlmänner führte am Vorabend der Wahl zu einem echten Aufruhr … Die APO-Aktivisten hatten sich in der TU versammelt und bereiteten dort eine Aktion vor. Es fehlen Ideen, es fehlt Entschlusskraft – nachdem eine Stunde lang leere Worte gewechselt worden waren, wurde plötzlich das unkluge Motto ausgegeben: Alle zum Hotel Am Zoo, wo ein Großteil der Politprominenz logierte. Aber der Kurfürstendamm, vor allem auf Höhe des Hotels Am Zoo, wurde seit dem Morgen schon von ein paar Hundertschaften der Polizei gesichert. Mit »Kiesinger Nazi!«-Rufen rannten die Demonstranten auf die Polizei zu, die alles niederknüppelte, was ihr in den Weg kam. Serge und ich wollten über die Straße, kamen aber wunderbarerweise nicht weiter als bis zum Mittelstreifen, wo normalerweise die Straßenbahn fuhr, während auf dem linken und dem rechten Bürgersteig Polizisten die Demonstranten zu Boden warfen und verprügelten.

Wir konnten es kaum glauben: Gustav Heinemann wurde zum deutschen Bundespräsidenten gewählt. Das war eine schwere Niederlage für die Christdemokraten, deren Kandidat Gerhard Schröder, der früher in der SA war, die Stimmen der NPD erhalten hatte.

4. Februar – Am frühen Morgen flog ich von Berlin nach Nürnberg; am Nachmittag sprach ich vor Studenten der Pädagogischen Hochschule Nürnberg. Ich war überrascht, wie schwach die Argumente meiner jungen Neonazi-Kontrahenten waren. Abends führte ich einen Demonstrationszug zum Polizeipräsidium an. Ein langer Zug von jun-

gen Leuten, die Transparente gegen den Faschismus hochhielten und Kiesinger lautstark beschimpften. Als ich hörte, wie meine Stimme sich in dieser nächtlichen Stadt erhob, in der Hitler dreißig Jahre zuvor das deutsche Volk zu einem teuflischen Abenteuer aufgestachelt hatte, war ich wie berauscht. Ich hatte das Gefühl, meine Stimme sei die eines anderen Deutschlands; ich verkörperte viel mehr als nur mich. Nach meiner Rede eilte ich zum Flughafen, um meine Maschine nach Berlin noch zu erwischen.

14. Februar – Gestern begleitete Arno mich nach Oldenburg und lauschte spätabends meiner Rede. Heute sprach ich in Bonn zum ersten Mal vor Mitgliedern der Aktion Demokratischer Fortschritt (ADF) in Köln, die mich als Kandidatin für Waldshut aufgestellt hat, den Wahlkreis 188, in dem auch Kiesinger antritt. Das war ein großer Schritt für mich. Bei vielen dieser eingefleischten Kommunisten kam ich trotz der Feindseligkeit, die sie mir zunächst entgegenbrachten, gut an. Sie verübelten mir, dass ich ihnen aufgezwungen worden war, weil ich pressewirksam war und die DDR-Führung mich unterstützte. Wie das Zuckerstückchen, das den Hund anlocken soll, stand ich bei Presseveranstaltungen im Vordergrund. Tatsächlich war ich jetzt die Wahlkampflokomotive der ADF, auch wenn ich keine finanzielle Unterstützung von ihr erhielt. Immerhin würden mir die Fahrtkosten erstattet, die bei meinen Reisen für die ADF anfielen, was mir mehr Bewegungsfreiheit gab. Die ADF war ein für die Bundestagswahl geschlossenes Bündnis linker Gruppierungen. Ich gehörte keiner davon an und kandidierte als Unabhängige auf der Liste der ADF. Das gab mir fast völlige Redefreiheit. Mir war bewusst, wie weit ich seit meiner Entlassung beim DFJW gekommen war: Die Einzelkämpferin hatte aus eigener Kraft die kleinste der westdeutschen politischen Gruppierungen im Sturm erobert.

Meine erste Rede heute Abend in Bonn entsprach sicher nicht den üblichen Reden linker Politiker. Bestimmt fragten sich die Mitglieder der ADF jetzt, wie mächtig meine Protektion aus Ost-Berlin wohl war, dass ich es mir leisten konnte, als Kandidatin ihrer Partei eine Rede vor ihnen zu halten, die so gar nicht wahltaktisch war.

Höhepunkt der Veranstaltung war die Rede des ADF-Mitbegründers Werner Hofmann, der die volle Aufmerksamkeit der Zuhörer fand. Plötzlich ging die Tür auf, und Arno stürmte mit heruntergelassenem Schlüpfer und nacktem Popo herein und brüllte: »Mama,

Kaka!« Die Lokomotive verließ kurz den Saal wegen einer dringlicheren Aufgabe …

20. Februar: Parteikongress der neonazistischen NPD in Bayreuth. Ich fuhr hin. Wenn sie bei den Wahlen im September 5 Prozent der Stimmen erhielt, würde sie in den Bundestag einziehen. Um das zu verhindern, gab es für die Antifaschisten nur eine Taktik: sich den Schlägern des NPD-Ordnungsdiensts körperlich entgegenstellen, sie zwingen, ihr wahres Gesicht zu zeigen, das sie hinter einer Maske der Respektabilität verstecken wollten. Vielleicht würde die Wählerschaft der NPD dann angesichts der Exzesse dieser SA-Nacheiferer umdenken. Diese gefährliche Aufgabe übernahmen in der Zeit des Wahlkampfs Mitglieder der Jusos, der APO und der Kommunistischen Jugend.

Als ich abends in Bayreuth ankam, erfuhr ich, dass die Stadtverwaltung den Kongress in der Stadt verboten hatte – nicht aus Überzeugung, sondern aus Angst, die ausländischen Besucher der Wagner-Festspiele könnten deshalb nicht kommen. Daher waren die 550 Delegierten ein paar Kilometer weiter nach Schwabach umgezogen. Sie wurden von einem imposanten Aufgebot an Ordnungskräften mit Helmen, Knüppeln und Absperrketten geschützt.

Ich zeigte meinen Presseausweis von der DVZ, betrat die Markgrafenhalle und wurde sofort von zwei kräftigen Kerlen entdeckt, die sich an meine Fersen hefteten.

Adolf von Thadden, Bundesvorsitzender der NPD, sprach gerade zu seinen Anhängern. Ich ging rasch zur Rednertribüne und schrie: »Von Thadden, Sie reden immer von Demokratie, überlassen Sie echten Demokraten das Wort!«

Die Männer vom Ordnungsdienst stürzten sich auf mich. Thadden rief ihnen durchs Mikro zu: »Meine Herren, meine Herren, verhalten Sie sich Damen gegenüber korrekt! Ich kann mich glücklich schätzen, dass meine Wange weiter von der Hand dieser Dame entfernt war als die des Kanzlers.«

Der Saal johlte. Mit einem inbrünstigen »Deutschland, Deutschland über alles« endete der Kongress. Ein sowjetischer Journalist stürzte zu mir, um mich zu schützen, denn die meisten Delegierten ließen mich zwar widerstrebend passieren, aber einige bedrängten und beschimpften mich. Ich gelangte unversehrt und erleichtert ins Freie.

27. Februar – Von Augsburg fuhr ich nach Waldshut im Südschwarzwald, auf dessen anderer Rheinseite die Schweiz liegt. Dort war es überwiegend ländlich. Ein paar ADF-Mitglieder wollten mir erklären, wo ich meine Wahlkampfveranstaltungen für die Landwirte abhalten sollte.

Wollte das linke Bündnis seine Energie damit vergeuden, hier ein paar Stimmen zu holen, während die SPD es mit einem vernünftigen Programm schaffen konnte, die CDU abzulösen? Ich erinnerte mich daran, was Serge mir fünf oder sechs Jahre zuvor über die Zeit vor Hitler erklärt hatte: Die Kommunisten bekämpften vor allem die Sozialdemokraten und vernachlässigten auf Weisung des Kreml die Bedrohung durch Hitler, ja zogen manchmal gar mit den Nazis an einem Strang, um die Grundlagen der Weimarer Republik zu unterminieren. Zwar rückten sie von dieser Taktik letztlich ab, aber zu spät. Ihr Kurs hatte sich als fatal erwiesen. Ich erklärte meinen Mitstreitern, dass ich nicht vorhatte, mich in leere Säle zurückzuziehen, sondern dass dies eine landesweite Kampagne war und meine Aufgabe darin bestand, überall dort zu sein, wo Kiesinger Wahlkampf machte. Ich musste ihn auf der Straße oder vor seinem Hotel angreifen, ihn zwingen, mir unter Polizeigeleit aus dem Weg zu gehen.

12. März – Kiesinger kam auf Staatsbesuch nach Paris. Ich lud ein paar Freunde aus Berlin ein. Zusammen sprachen wir am Donnerstag, dem 13., vor Studenten in der Sorbonne. Als wir Mittwochabend alle fünf unser Haus in der Rue de l'Alboni verließen, stürzten sich ein Dutzend Männer auf uns. Sie fuhren mit uns in drei Wagen zum Kommissariat im Quartier de la Muette, wo man mich gegen Mitternacht freiließ; meine Freunde brachte man jedoch zu den Renseignements Généraux, dem zentralen Nachrichtendienst. Am nächsten Tag fuhr man sie zu ihrem Auto und begleitete sie bis zur Grenze. Von Paris sollten sie kaum mehr als das Innenministerium in der Rue des Saussaies sehen.

Serge und ich wurden den ganzen Tag von Polizisten überwacht, die unten vorm Haus in zwei Wagen saßen. Wir gingen hinunter und begannen ein Gespräch mit ihnen. Sie zeigten uns Fotos von uns. Viele Pariser Polizisten hatten welche dabei, vermutlich aus Angst, wir könnten ein Attentat auf den Kanzler verüben. Einer der Polizisten scherzte: »Von Ihnen bräuchten wir eigentlich ein anderes Foto, Monsieur. Auf dem hier sind Sie viel schlanker als heute.«

Am Abend hielt ich, immer noch unter Überwachung, eine Rede auf einer von linken Gruppen im Hôtel Moderne organisierten Konferenz über den SS-General Heinz Lammerding und Kiesinger: »Ich tue meine Pflicht als Deutsche, die aus der Vergangenheit gelernt hat, und kämpfe gegen das Wiederaufleben des Nationalsozialismus. Ich tue aber auch meine Pflicht als Französin, denn die Franzosen haben die Pflicht, denjenigen in Deutschland zu helfen, die durch ihren Einsatz verhindern wollen, dass das ganze deutsche Volk wieder mit eiserner Hand unterdrückt wird.«

Nach Reden am 22. März in Waldshut und am 23. März in Konstanz nahm ich am 28. März am Ostermarsch teil. Ich besuchte Konferenzen in Hamburg, Duisburg und Essen.

April – Wir haben wie wild geschuftet. Achtundvierzig Stunden lang kam ich kaum zum Schlafen. Zehn Tage lang tippte ich pausenlos den Text *Kiesinger oder der subtile Faschismus*, ein Gemeinschaftswerk des Historikers Joseph Billig und von Serge und mir; es beschreibt die Strukturen der NS-Rundfunkpropaganda ins Ausland und erläutert sehr genau Kiesingers Tätigkeiten. *K. oder der subtile Faschismus* war die Waffe, die ich für diesen Prozess scharf gemacht hatte; sie würde ein starkes Presse-Echo finden, und die öffentliche Meinung würde erkennen, dass Kiesinger nicht, wie am 22. April 1968 versprochen, seine Nazivergangenheit offengelegt hatte. Ohrfeigen-Beate dagegen hatte Wort gehalten und eine seriöse Darstellung dieser Vergangenheit verfasst.

15. April – Erster Tag meines Berufungsverfahrens. Raum 700 des Kriminalgerichts Berlin-Moabit: Weil ich den Bundeskanzler geohrfeigt hatte, stand ich jetzt zum zweiten Mal vor Gericht. Rund um diesen wuchtigen, düsteren Vorkriegsbau standen etwa dreißig Polizei-Lkws. Die Polizei war gut vorbereitet; die Zuschauer mussten durch vier Sicherheitskontrollen. Arno, Serge und Professor Billig waren da. Mehr als dreißig Fotografen und Dutzende von Journalisten drängten sich im Saal. Einige junge Deutsche im Publikum hatten sich den Davidstern angeheftet. In ihren Berichten, die am nächsten Morgen erschienen, beschrieben die Journalisten haargenau meine Frisur, mein Strickkleid, meine Stöckelschuhe. Ich hatte viel Sorgfalt auf mein »pariserisches Aussehen« verwandt, weil es mir wirkungsvoll ein gutbürgerliches Leben und ebensolche Gepflogenheiten bescheinigte.

Die Verhandlung begann mit einem Befangenheitsantrag meiner

Verteidiger gegen den Vorsitzenden Richter Taegener, mit der Begründung, dieser habe einem Journalisten, mit dem er in der Gerichtskantine Kaffee trank, gesagt, der Prozess werde innerhalb von drei Stunden zu Ende sein. Nach kurzer Beratung verwarf die Kammer den Antrag.

Ich wurde lange vernommen. Der Vorsitzende versuchte mit kalter Freundlichkeit, mich bei einem Fehler zu ertappen. Ich beantwortete seine Fragen mit fester Stimme und konnte – so schien es mir – seinen Fallstricken ausweichen. Auf die Frage des Richters, wie ich zu dem Entschluss gekommen sei, gegen den Kanzler Gewalt anzuwenden, fiel mir spontan ein Satz ein, als hätte ihn mir jemand anders eingegeben: »Gewalt, Herr Vorsitzender, ist, wenn man der deutschen Jugend einen Nazikanzler aufzwingt.«

Ich sprach so lange über Kiesingers Karriere, dass Taegener mich zur Freude der Pressekommentatoren ungeduldig unterbrach: »Dass Herr Kiesinger unter Hitler einer der aktivsten Nazis war, das haben Sie ja hier bereits teilweise bewiesen.«

Die Verhandlung wurde sehr schnell politisch. Als der Historiker des CDJC, Joseph Billig, in den Zeugenstand trat, galt die Aufmerksamkeit des Gerichts allein dem Fall Kiesinger.

Als der Vorsitzende Taegener fragte, ob der Zeuge Beweise dafür vorbringen könne, dass Kiesinger darüber informiert gewesen war, was in den Konzentrationslagern geschah, wusste ich, dass ich gewonnen hatte: Der Kanzler war zum Hauptangeklagten des Verfahrens geworden.

Joseph Billig wurde als Zeuge akzeptiert – dank Serge, der sich einen originellen Trick ausgedacht hatte, um ihn in den Zeugenstand zu bringen. Demnach hatte ich Billig, ehe ich den Kanzler ohrfeigte, als Experten für den Nationalsozialismus konsultiert, um zu erfahren, ob die von Kiesinger im Dritten Reich ausgeübten Funktionen und seine Rolle mir das moralische Recht gäben, ihn zu ohrfeigen. Nach Einsicht in die Akten habe Joseph Billig mir mit »Ja« geantwortet, und diese Bestätigung wolle er hier erläutern. Billig, Doktor der Philosophie, sprach perfekt Deutsch und war von einer ungeheuren Genauigkeit. Er hielt einen regelrechten Vortrag über die Strukturen des Auswärtigen Amts in der Hitlerzeit.

Noch bevor meine Anwälte am nächsten Morgen ihre Unterlagen hervorholen konnten, verkündete der Gerichtspräsident, der Prozess sei auf einen späteren Zeitpunkt verschoben, da das Gericht unter Zeitdruck stehe und Kiesinger nicht als Zeuge erscheinen könne.

Ehe wir reagieren konnten, waren der Richter und seine Beisitzer wieder verschwunden. Wir sahen gerade noch die Zipfel ihrer schwarzen Roben. Der Prozess endete als Farce. Aber sein Ziel hatte er erreicht; die Presse titelte: »Kiesinger kneift vor Beate Klarsfeld«.

29. April – In der kleinen Stadt Rheinfelden stellte ich mich erstmals meinen Wählern in Baden-Württemberg. Gunnar Matthiessen, ein Bonner Funktionär der ADF, begleitete mich. Er war ein sehr guter Redner, bei politischen Entscheidungen aber vorsichtig. Im Hinterzimmer des Restaurants, das für Hochzeitsfeiern und Wahlversammlungen genutzt wird, saßen nur wenige Leute.

Sie waren enttäuscht, denn sie hatten wohl erwartet, eine richtige Walküre anzutreffen, eine aggressive, lautstarke Frau, die für Skandale sorgt. Eine unauffällige, normale Frau vor sich zu sehen gefiel ihnen nicht.

Gegenüber Gunnar Matthiessen stellte ich klar, dass ich nur in meinem Wahlkreis auftreten würde, wenn Kiesinger auch dort wäre. Ich benutzte die ADF, um meine Kampagne gegen den Kanzler fortzusetzen.

Nach einem kurzen Besuch in Paris reiste ich am 7. Mai nach Berlin und anschließend nach Hameln im Norden Deutschlands. Am 10. Mai fuhr ich – immer noch allein – mit dem Nachtzug nach Stuttgart, wo am Wochenende der nicht öffentliche Bundeswahlkongress der NPD stattfinden sollte. Ich kam ziemlich erschöpft dort an. Serge erwartete mich schon; er war gekommen, um mit mir zu demonstrieren. Erste Enttäuschung: Die Sozialdemokraten und die Gewerkschafter hatten es vorgezogen, ins Wochenende zu fahren. Der martialische Ordnungsdienst der NPD hatte das Kongresszentrum in eine wahre Festung verwandelt, doch es waren höchstens 200 Angreifer da. Die Neonazis hatten den Eingang mit dicken Holzplatten verbarrikadiert und versperrten ihn zusätzlich selbst: Durch eine dicke Kette miteinander verbunden, hielten sie sich in ihren kurzen Lederhosen an den Händen.

Ich eilte zum gleichzeitig stattfindenden Kongress der baden-württembergischen Kommunisten: »Eure Versammlung würde ein ganz anderes Echo finden, wenn ihr sie dort abhalten würdet, wo die Umstände es erfordern – vor den Neonazis.« Ich argumentierte vergeblich, die »roten« Aktivisten sangen lieber die »Internationale«.

Unsere Gruppe war zu schwach und wie gelähmt. Wir beschlossen, anderswo zuzuschlagen und die Passivität der Stuttgarter Stadtverwaltung anzuprangern, die eine solche Versammlung genehmigt hatte. Unser Protest gegen die NPD und ihre Beschützer musste bekannt gemacht werden: Man sollte nicht sagen können, dass der NPD-Kongress ohne jeden Widerstand abgehalten werden konnte. Die Presse war da: Sie würde ein Foto Adolfs von Thadden auf dem Podium verbreiten, denn irgendein Foto von dem Kongress musste sie ja veröffentlichen. Also gaben wir den Presseleuten die Möglichkeit, ein Foto zu schießen, das auf unserer Linie lag statt auf der der NPD. Das würde eine positive Wende bringen. Ich schlug vor, auf dem zentralen Platz der Stadt eine riesige Nazifahne zu entrollen und Stuttgart feierlich zur ersten deutschen Nazistadt zu erklären. Es war nicht einfach, all das Material für diese Fahne zu beschaffen, und sie zu fabrizieren war auch nicht leicht, zumal ich nie mit Farbe auf Stoff gemalt hatte. Aber schließlich war die Fahne mit dem Hakenkreuz im weißen Kreis auf rotem Grund gut gelungen. Das an die Stuttgarter gerichtete Foto der Fahne und unserer Gruppe wurde in Deutschland und der ganzen Welt verbreitet, Bildunterschrift: »Die Deutschen protestieren gegen den Kongress der Neonazis«. Die Presse brachte eine Version der Tatsachen, die nicht »der« Wirklichkeit entsprach, aber dazu beitragen konnte, sie zu verändern, wenn man wusste, wie das geht.

12.–15. Mai – Düsseldorf, Mannheim. Bei den Diskussionen auf Wahlversammlungen wurde ich allmählich aggressiv, weil einige junge Leute immer neue Bedenken vorbrachten, ehe sie sich zum Handeln entschlossen. Ich sagte mir aber, lass dich lieber durch deine wahren Gegner deprimieren als durch Sympathisanten, die mehr reden als handeln. Die Kampagne machte Fortschritte: Keine Veranstaltung, auf der Kiesinger nicht stürmisch empfangen wurde. Das Etikett »Nazi« verfolgte ihn überallhin und schadete ihm.

28. Mai – Zurück in Ost-Berlin, trug ich Fotos jener Dokumente zusammen, die das Buch über Kiesinger illustrieren sollten, um das der Verlag Heinrich Heine in Frankfurt mich gebeten hatte. Von Berlin aus fuhr ich nach Frankfurt und nahm dann an zwei Veranstaltun-

gen in Lebenstedt und Hannover teil, ehe ich mich am 30. nach Paris zurückzog. Wie sollte ich bis zum Oktober durchhalten?

21. Juni – Im Potsdamer Zentralarchiv legte ich letzte Hand an mein Manuskript. Als ich wieder in Paris war, erfuhr ich, dass man mir bei der 20. Tagung des Weltfriedensrates in Ost-Berlin die Grigoris-Lambrakis-Medaille verliehen hatte – für »ihren Mut und den Kampf für die nationale Unabhängigkeit«. Das war gewiss nicht der Grund für meinen Kampf. Dennoch bewegte es mich sehr, als Deutsche ausgezeichnet zu werden.

30. Juni – Bremerhaven. Die hiesigen Verantwortlichen der ADF hatten eine Menge Werbung für mich gemacht – Plakate geklebt, Flugblätter verteilt. Zusammen mit Arno fuhren wir mit dem Auto nach Bremen. Wir hatten noch eine Stunde Zeit und wollten einen Blick auf die Lautsprecheranlage im Saal des Nordseehotels werfen, den die ADF gemietet hatte, doch wir standen vor verschlossenen Türen. Der Besitzer wollte nicht, dass ich sein Hotel betrat. Anderen Parteien hatte er seine Tür nicht verschlossen – er hatte sogar den Naziadmiral Karl Dönitz, Hitlers Nachfolger, beherbergt.

Nach vier Wahlkampfveranstaltungen in kleinen Städtchen der Region traf ich am 5. Juli in Oldenburg ein, wo Kiesinger eine große Veranstaltung abhalten sollte, die nur Mitgliedern der CDU vorbehalten war. Es gelang mir, in dieser Beamten- und Rentnerstadt ungefähr 300 junge Leute zu mobilisieren. Wir blockierten den Haupteingang der Weser-Ems-Halle. Der Hubschrauber des Kanzlers landete hinter der Halle auf einem umzäunten Stück Brachland. Kiesinger stieg lächelnd aus. Getäuscht durch den Motorenlärm, glaubte er sicher, die lautstarke Begrüßung käme von Sympathisanten, und begrüßte uns. Als er seinen Irrtum bemerkte, wollte er sein Gesicht nicht verlieren und grüßte uns nun ironisch. Serge und ich wurden auf ein Auto gehoben, das direkt am Zaun stand. Kiesinger kam heran, begleitet von den Schmährufen der jungen Leute. Als er wenige Meter vor mir war, erkannte er mich. Er presste die Lippen zusammen; sein Lächeln verschwand. Er blieb stehen und sah mich an. Mit erhobenem Arm schrie ich wie die anderen, was ich einmal ganz allein geschrien hatte, »Sieg Heil« und »Kiesinger Nazi«. Kiesinger starrte mich lange an; vielleicht wollte er etwas sagen, doch mit einer müden Geste brachte er zum Ausdruck, dass er ein Gespräch für unmöglich hielt. Er nickte und ging weiter; er musste die Halle durch den Seiteneingang betreten.

Ein beim Kanzleramt in Bonn akkreditierter Journalist erzählte mir, Kiesingers Freunde hätten ihm mehrfach angeboten, ein Treffen mit mir zu arrangieren, es müsse doch eine Möglichkeit geben, sich mit ihr zu verständigen. Doch Kiesinger habe stets geantwortet, mit mir könne man sich nicht verständigen.

24. Juli – Von Baden-Baden fuhr ich nach Frankfurt. Ich war bei einer heftigen Schlägerei zwischen den Sturmtruppen der Nazi-NPD und den jungen Leuten der APO dabei. Ich kam heil davon, aber andere hatten weniger Glück: Auf den Tragen wurden vor allem Antifaschisten abtransportiert; ihre Kiefer oder Nasen waren durch Fahrradketten oder Schlagstöcke zertrümmert worden. Beim Anblick der direkten Nachfahren Hitlers hatten diese jungen Leute, die ich nicht kannte, getan, was die Deutschen tun mussten. Von ihnen nahm ich meine Kraft, meinen Willen. Der *Stern* veröffentlichte Dutzende eindrucksvoller Fotos von dem brutalen Geschehen, die die öffentliche Meinung durchaus beeinflussten: Die Neonazis zogen nicht in den Bundestag ein, weil sie nur 4,6 Prozent der Stimmen bekamen. Später wurde Henri Nannen, der Herausgeber des *Stern* und ehemaliger Nazi, zu Unrecht bezichtigt, an Kriegsverbrechen in Italien beteiligt gewesen zu sein. Nach Prüfung der ihm vorgeworfenen Tatsachen war ich von seiner Unschuld überzeugt und schrieb zu seiner Verteidigung: »Henri Nannen ist ein ehemaliger Nazi, dem man die Hand geben kann.«

In Frankfurt musste ich auch klären, wie es um mein Buch über Kiesinger stand. Der Verleger war finanziell angeschlagen, und ich musste schwer darum kämpfen, das Werk zu retten, das seiner Bedeutung beraubt zu werden drohte. Schließlich veröffentlichte ein junger jüdischer Verleger namens Melzer das Buch rechtzeitig zu den Wahlen.

14. August – Zusammen mit Arno brach ich in meinen Wahlkreis auf, weil Kiesinger am Wochenende dort Wahlkampf machen würde. Ich suchte nach motorisierten Mitstreitern, um Kiesingers Tross folgen zu können. Wir fuhren mit fünf jungen Leuten in einem Opel Kapitän, dann mit einem VW-Bus, den uns ein Milchmann und Sympathisant zur Verfügung stellte. Er transportierte sechs Leute, die Flugblätter, die Plakate sowie die Eier und Tomaten, die wir werfen wollten. Erste Station: Uhlingen. Ein Dörfchen von anrührender Einfachheit.

Es lag in einem freundlichen Tal und bot das immer gleiche Bild, das die Millionen von Kindern im Kopf haben, die im Kindergarten die Kirche, die Reihe der Häuschen mit den roten Dächern, die Hauptstraße und drum herum die dunklen Tannen malen. Auf dem kleinen Platz brach das Podium unter den Tannenzweigen, Fahnen und Blumengirlanden fast zusammen. Für die 750 Seelen Uhlingens war es ein Festtag.

Bei seiner Landung auf der Wiese neben dem Hotel Alte Post wirbelte der große Hubschrauber des Bundesgrenzschutzes beinahe alles durcheinander. Kiesinger stieg aus – das Startsignal für die Begrüßungszeremonie. Junge Mädchen in Tracht eilten geordnet mit Blumen herbei.

Um die Versammlung im Blick zu behalten und sie besser stören zu können, waren wir auf Bänke gestiegen. Kaum begann Kiesinger zu reden, riefen wir im Chor: »Nazi!« Arno, der neben mir herumbalancierte, machte freudig mit. Plötzlich tauchten ein paar kräftige Kerle hinter uns auf und kippten die Bank um, auf der wir beide standen. Wir stürzten zu Boden. Entnervt verfolgte Kiesinger die Szene und rief wütend: »Es sind immer die gleichen Gesichter, die man sieht, zeigt sie gut, damit man sehen kann, wer sie sind. Ich habe nichts gegen die Opposition, aber wenn diese Leute den Staat zerstören wollen, dann werden wir das nicht zulassen.«

Auf dem Weg nach Waldshut, wo die letzte Wahlveranstaltung des Tages stattfinden sollte, hielten wir in einem kleinen Dorf, um uns mit nicht mehr ganz frischen Eiern und Steigen mit verdorbenem Obst einzudecken, die wir im Wagen verstauten. Waldshut war mit großer Sorgfalt geschmückt worden. Die Leute trugen ihre schönsten Kleider, der Bürgermeister und seine Vertreter fieberten dem Ereignis entgegen: Höhepunkt des hiesigen Jahrmarkts, der Chilbi, würde der Auftritt des Kanzlers sein. Wir hatten uns mit jungen Leuten für 20 Uhr im Saal verabredet. Wir kamen getrennt an und verteilten uns im bereits gefüllten Saal. Der Ordnungsdienst wirkte nervös. Die Versammlung begann ohne Kiesinger. Endlich kündigte der Bürgermeister einen kurzen Auftritt des Kanzlers an. Als Kiesinger das Wort ergreifen wollte, standen etwa vierzig junge Leute auf, reckten die Arme hoch und pfiffen ihn aus.

Kiesinger war überrascht von der Zahl der Störer. Das verblüffte Publikum reagierte nicht: Es war das erste Mal, dass es in diesem traditionell rechtsgerichteten Ort einen solchen Zwischenfall gab. Kiesinger stammelte ein paar Sätze, die niemand verstand, und verließ mit hochrotem Kopf das Podium, um sich zu setzen.

Am Ende der Versammlung wurde ich von den Leuten im Saal bedrängt: Es sei eine Schande, mokierte sich eine Matrone, sein Kind zum Fanatiker zu erziehen. Um diese Zeit sollte es schlafen, das arme Kind, es sei todmüde. Um uns bildete sich ein Menschenauflauf.

»Wie seltsam, dass Sie während des Krieges niemals Mitleid mit den jüdischen Kindern hatten, die man in Waggons pferchte, ehe man sie in Auschwitz verbrannte …«

Die Frau zog es vor, nicht zu antworten: Sie trat den Rückzug an und verschwand.

»Hat in Waldshut jemand gegen die in Vietnam begangenen Verbrechen protestiert? Gibt es hier jemanden, der die mit Napalm verbrannten Kinder in Schutz genommen hat?«

»Oh, diese Juden! Schade, dass man sie nicht alle vernichtet hat!«, rief ein Mann voller Wut.

Die Presse berichtete ausführlich über die täglich neuen Vorfälle. Auch Arno bekam große Schlagzeilen, er wurde zum »kleinsten Politiker Deutschlands«. Am Wochenende brachten die Zeitungen Fotos der Spitzenpolitiker: Brandt, Kiesinger und … Arno. Ich wurde zur Mutter, die mit dem Sohn auf dem Arm Wahlkampf machte.

19. August: Pressekonferenz in Berlin, mit Arno an meiner Seite. Mein Buch: *Kiesinger, eine Dokumentation,* mit einem Vorwort von Heinrich Böll, erschien sechs Tage vor dem Beginn meines zweiten Berufungsprozesses. Auch diesbezüglich trieb ich die Dinge voran. Ich hatte mich mehrmals mit Karl Gerold, dem Herausgeber der *Frankfurter Rundschau*, getroffen, einem Nazigegner, der während des Kriegs ins Exil gegangen war. Er war von meiner Sache überzeugt und hatte mir eine ganze Seite seiner mutigen und beliebten Zeitung zur Verfügung gestellt. Ich nutzte sie für einen sehr ausführlichen Artikel über »Kiesinger und die Endlösung«, den ich Joseph Billig verdankte. Gerold selbst, der großes Ansehen genoss, schrieb einen aufsehenerregenden Leitartikel, den stärksten der gesamten Kampagne gegen den Kanzler; die Überschrift lautete »Kiesinger – niemals wieder«. Seinen aufrüttelnden Appell beendete er mit den Worten: »Diese Worte haben wir geschrieben im vertrauten Gefühl, daß unser Volk

seiner Toten gedenkt. Jener Toten, von denen der Karrieremacher Kiesinger angeblich nichts gewußt hat. Auf alle Fälle steht fest: Ex-Nazi Kiesinger darf nicht mehr Bundeskanzler werden. Frauen und Mütter! Gedenket Eurer Toten!«

Kiesinger selbst hatte im eigenen Lager Hagiografen gesucht, aber nicht einmal dort jemanden gefunden, der bereit gewesen wäre, sich mit ihm zu kompromittieren: Der Historiker Gerhard Schulz aus Tübingen lehnte ebenso ab wie der Stuttgarter Eberhard Jäckel und der Schriftsteller Golo Mann. Der ebenfalls kontaktierte Mainzer Historiker Hans Buchheim sagte schließlich ab, da er die Bedingungen für unannehmbar hielt. Denn der Kanzler wollte, dass er nur die Dokumente benutzte, die er selbst ihm zur Verfügung stellte, und nicht aus unterschiedlichen Quellen schöpfte.

Die Pressekonferenz in Berlin und die am 23. August in Frankfurt waren gut besucht, und in den folgenden Tagen erschienen sehr viele Besprechungen des Buchs über Kiesinger. Hervorgehoben wurde vor allem, dass es sich nicht um ein kommerzielles Werk, sondern um eine Waffe für den Prozess und für die Wahlen handle. Und die Waffe wirkte. In der *ZEIT* kam der Artikel »Ein peinlicher Beitrag zur Zeitgeschichte« zu einem vernichtenden Schluss: »Kiesinger trat noch zwei Monate früher in die Nazi-Partei ein als sein späterer Kollege im Propagandaministerium, der Chefkommentator Hans Fritzsche. Den einen führte der Weg nach Nürnberg, den anderen nach – Bonn.«[13]

25. August – Mein zweites Berufungsverfahren. Der wichtigste Punkt war, ob Kiesinger vor Gericht erscheinen würde, denn schließlich war er der Kläger und Beleidigte und hätte so Gelegenheit gehabt, kurz vor den Wahlen öffentlich auf meine Anschuldigungen zu antworten. Der Vorsitzende Richter Taegener verlas einen Brief, in dem Kiesinger mitteilte, seine Wahlkampagne lasse ihm keine Zeit, den Gerichtstermin wahrzunehmen. Der Vorsitzende kam deshalb zu dem Schluss, dass der Kanzler Kiesinger für das Gericht als abwesend gelte.

Das Verfahren würde in freundlicher Atmosphäre ablaufen, weil das Gericht nicht aggressiv auftreten konnte – ganz im Gegenteil. Meine Richter konnten einen Wahlkonkurrenten des Kanzlers nicht ins Gefängnis schicken, denn das hätte einen gewaltigen Skandal aus-

[13] *DIE ZEIT*, 22. 8. 1969.

gelöst. Sie würden sich also großmütig zeigen, um meine Streitlust zu brechen. Daraufhin beschloss ich, diesen Prozess nicht fortzusetzen, da er mir nichts mehr bringen würde. Ich betonte dies und erklärte, dass ich in Abwesenheit des Kanzlers, der sich durch seine Feigheit in Misskredit bringe, keine Fragen des Richters mehr beantworten würde, der Prozess sei eine Farce und für mich zu Ende. Meine Anwälte weigerten sich, ihre Plädoyers zu halten. Dann ging alles sehr schnell: Das Gericht beriet sich und kehrte mit dem Urteil zurück, das alle außer Staatsanwalt Neelsen, der weiterhin ein Jahr Haft forderte, erwartet hatten: vier Monate Gefängnis auf Bewährung. Erklärung für die Strafminderung: Ich hätte »aus Überzeugung« gehandelt.

Serge hatte eine Woche Urlaub und fuhr in dieser Zeit mehrmals nach Hamburg, wo er den Druck eines Buchs mit rotem Umschlag überwachte: *Kiesinger ou le Fascisme subtil*. Es handelte sich um die französische Ausgabe meiner ersten Dokumentation. Mit den Tantiemen der deutschen Ausgabe finanzierten wir die französische Version.

Am 8. September würde der französische Staatspräsident Georges Pompidou auf Staatsbesuch in Bonn sein; wir mussten auch diese Gelegenheit nutzen, um an die Vergangenheit Kiesingers zu erinnern. Am 5. September kam Serge mit einem Koffer voller Bücher heim, die noch nach Leim rochen. Wir klapperten die französischen Ministerien, die Nationalversammlung und den Élysée-Palast ab und verteilten die Bücher an das politische Führungspersonal und an diejenigen, die den Staatspräsidenten nach Bonn begleiten würden.

7. September – Ankunft in Bonn. Ich hatte mir von der Hamburger Druckerei eine ganze Kiste voll roter Bücher zum Bonner Hauptbahnhof schicken lassen, wo sie unter meinem Mädchennamen lagerte. Zusammen mit zwei jungen Frauen von der ADF holte ich sie ab, dann zogen wir los, um die Bücher bei der Pressekonferenz zu verteilen, die im Anschluss an die französisch-deutschen Gespräche stattfinden sollte. Mit großen Paketen voll »roter Bücher« erschienen wir im Haus der Presse.

Im großen Tagungssaal saßen bereits rund hundert deutsche und ausländische Journalisten. Die Tür stand ein Stück offen. Niemand achtete auf uns. Wir schlüpften hinein und verteilten die Bücher. Wir fingen hinten an und legten, damit es schneller ging, je fünf Exemplare an das Ende jeder Stuhlreihe. Die Journalisten bemerkten uns. Bis dem Ordnungsdienst klar wurde, dass wir kein offizielles Dokument verteilten, sondern das Anti-Kiesinger-Buch, war es zu spät: Die meisten Journalisten lasen schon. Man setzte uns vor die Tür – und einige Korrespondenten, die noch kein Buch erwischt hatten, kamen uns nach und rissen sich um die letzten Exemplare.

Draußen lief uns Günter Diehl über den Weg. Vor lauter Begeisterung über unsere geglückte Aktion hielt ich ihm ein Exemplar hin, das er mit einer Handbewegung von sich wies. »Diehl, Nazi!« Überrascht drehte er sich um und suchte nach Worten, dann rief er: »Kommunisten, Bolschewisten!«

Schon während des Kriegs war Günter Diehl ein enger Mitarbeiter Kiesingers gewesen. Nach seinem Aufstieg ins Kanzleramt betraute dieser Diehl mit der Leitung des Presse- und Informationsamts der Bundesregierung. Der Bonner Regierungssprecher war auch Spezialist für psychologische Kriegführung und subversive Propaganda gewesen. Im Dezember 1939 war er Verbindungsmann zwischen dem Außenministerium und dem »Büro Concordia« des Propagandaministeriums. Zusammen mit Otto Abetz, dem späteren deutschen Botschafter im besetzten Frankreich, organisierte Diehl die Propaganda gegen Frankreich; dazu dienten von den Deutschen betriebene Geheimsender in französischer Sprache, die die verschiedenen politischen Richtungen in Frankreich repräsentierten und mit allen Merkmalen der Wahrscheinlichkeit ausgestattete Informationen verbreiteten, die in der Bevölkerung Panik auslösen konnten. Ab November 1940 war Diehl Rundfunkverantwortlicher in Brüssel und dann in Vichy erst Rundfunk- und dann Kulturreferent. Von dort aus leitete und kontrollierte er die Rundfunkpropaganda im besetzten Frankreich. Schließlich trat er in Deutschland in den Dienst von Legationsrat Struve, der für die Gruppe der von Jacques Doriot geführten französischen Faschisten zuständig war.

Meine Bonner Aktion brachte die Deutschen zum Lachen. Aber sie gab ihnen auch zu denken: Sie wussten jetzt, dass die französischen Politiker die Nazivergangenheit ihres Kanzlers kannten.

Kehl-Berlin-Hamburg: Ich erinnere mich an diese große ADF-Versammlung in Hamburg am 16. September – es war die größte des ganzen Wahlkampfes. Die Redner dort zeigten einen unrealistischen Optimismus. Sie sprachen von acht Prozent der Stimmen. Als ich das

Wort ergriff, gab ich offen zu, dass wir nicht einmal zwei Prozent schaffen würden. Und das war noch viel zu optimistisch.

20. September – Karlsruhe: Mit einigen hundert jungen Leuten stürmten wir die Gartenhalle, wo Kiesinger sprach. Inzwischen konnte ich keinen Saal mehr unbemerkt betreten, um Kiesinger zu widersprechen. Immer erkannte mich jemand und rief: »Da kommt Kiesingers Gegnerin!« Woraufhin man mich entschlossen hinausbeförderte.

26. September: Serge kam mit unserem Cockerspaniel Petia, der mich in den beiden hektischen Tagen vor der Wahl als Leibwache begleiten sollte. Und Petia kam tatsächlich zum Einsatz, denn während einer der letzten Versammlungen am 27. September in Waldshut gingen Serge, zwei oder drei Freunde und ich durch die Reihen der Kiesinger-Sympathisanten, die den Kanzler hören wollten. Eine Frau mit einem Eis in der Hand stürzte auf mich zu; erst warf sie mir das Eis ins Gesicht, und während ich nichts sehen konnte, griff sie mich an und traktierte mich mit den Fäusten. Petia sprang an ihr hoch und bellte laut. Serge blickte sich um, ließ seine Flugblätter fallen und stieß sie zurück.

Albbruck, Waldshut, Dogern, Unterbruckingen, Tiengen, Säckingen, Görwihl, Hochsal ... den ganzen Tag über reihten sich die Namen der Ortschaften aneinander, in denen Kiesinger Station machte und wir protestierten. Manchmal waren Serge und ich die Einzigen unserer Partei in der ersten Reihe und unterbrachen den Kanzler unaufhörlich; die Gorillas der Jungen Union waren wütend, weil sie nicht einschreiten durften. Die Presse war dabei, und ein Skandal wäre äußert schädlich für den Kanzler gewesen.

28. September – Wahltag: Heute würden die Resultate bekannt gegeben. Von Waldshut fuhr ich mit Serge direkt nach Bonn. Als Kandidatin durfte ich während der Auszählung im Bundestag sein. Hereinzukommen war nicht ganz einfach. Zwei oder drei Mitglieder des Ordnungsdienstes beobachteten mich genau. Ich wurde von Journalisten umringt. Sie baten mich um Prognosen. Ich verhehlte nicht, dass meine Partei, die ADF, nicht über ein Prozent kommen würde. Im Saal traf ich die Führungsspitze der ADF, die mir recht kühl begegnete.

Jemand legte mir die Hand auf die Schulter; es war der Polizeidirektor von Bonn, der sich zurückhaltend über meine politische Linie äußerte, mich aber persönlich zu meinem Mut beglückwünschte. Dasselbe hörte ich an diesem Abend auch von einigen Spitzenpolitikern der CDU. Schon oft war mir aufgefallen, dass in Deutschland Leute der politischen Rechten und auch Polizeibeamte Frauen mit einer klaren Haltung einen fast schon übertriebenen Respekt entgegenbrachten.

Die ADF erreichte bundesweit nur 0,7 Prozent. Aber es war geschafft: Die NPD war an der Fünfprozenthürde gescheitert – im Bundestag würde es keine Nazis geben. Rechnerisch war eine Koalition zwischen SPD und FDP möglich, Brandt konnte Kanzler werden. Kiesinger, der für den Misserfolg der CDU verantwortlich gemacht wurde, trat den Parteivorsitz an Rainer Barzel ab.

Dass Willy Brandt an der Macht sein würde, war eine große Freude für mich, eine unauslöschliche Genugtuung. Er war die Bestätigung dafür, dass ich nicht vergeblich gekämpft hatte, dass es ein Kampf um die Zukunft, nicht um die Vergangenheit gewesen war, dass kein kranker Rachewunsch mich so weit gebracht hatte.

Ich hatte einen bescheidenen, aber, wie ich glaubte, spürbaren Beitrag zum Sieg des Fortschritts geleistet. Hätte ich, falls Kiesinger durch einige Hunderttausend Stimmen mehr im Amt bestätigt worden wäre, die Kraft zum Weitermachen gehabt? Ich habe so meine Zweifel. Der Überdruss gegenüber einer immer gleich ablaufenden Konfrontation hätte mich rasch überwältigt. Die Antriebskraft wäre wahrscheinlich erlahmt.

Nun konnte ich zu meiner großen Erleichterung wieder in die Anonymität zurückkehren, wieder Ehefrau und Mutter sein. Ich hatte wieder Zeit, mit Serge in die Cinémathèque zu gehen und manchmal sogar zwei Filme hintereinander anzuschauen. Ich fühlte mich verjüngt in dem Bewusstsein, dass ich eine wichtige Aufgabe erledigt, einen Kampf mit harten Bandagen und harten Schlägen gegen einen starken Gegner geführt hatte.

Wie habe ich den denkwürdigen Händedruck zwischen Kiesinger und Brandt bei der Machtübergabe an den neuen Kanzler genossen! Das verkniffene Lächeln des geschlagenen Nazis, der sich bemühte, gute Miene zu machen gegenüber diesem anderen Deutschen aus einem anderen Deutschland, das der Nationalsozialismus nicht hatte zerstören können.

Nein, Achenbach wird nicht EWG-Kommissar

Am 30. März 1970 meldete die *Süddeutsche Zeitung*, dass FDP-MdB Ernst Achenbach für die Nachfolge des deutschen EWG-Kommissars Fritz Hellwig kandidierte und die Bundesregierung ihn bald offiziell für diesen Posten vorschlagen würde. Ich war schon bei meinen Nachforschungen über Kiesinger auf seinen Namen gestoßen und suchte jetzt aus meinen Unterlagen einen Vermerk vom 28. Juni 1940 heraus, gezeichnet Schlottmann aus der Abteilung Kultur des Auswärtigen Amts. Er war für Otto Abetz bestimmt, den deutschen Botschafter in Paris, der seinen Dienst beim Militärbefehlshaber in Frankreich kurz nach dem Waffenstillstand angetreten hatte. Laut diesem Vermerk war in Zukunft Legationssekretär Dr. Achenbach für die politische Linie der Dienststelle zuständig, die die französischen Radio-Sendungen kontrollierte.

Sieh an! Noch ein vertrauter Name, der von Dienststellenleiter Dr. Sonnenhol. Wegen seiner eher polizeilichen als diplomatischen Rolle in den Jahren 1943/44 hatte erst vor wenigen Wochen Bundespräsident Heinemann persönlich gegen seine Ernennung zum Staatssekretär im Auswärtigen Amt interveniert. Vielleicht ließe sich auch Achenbach von seinen internationalen Ambitionen abbringen. Würde die Nominierung eines ehemaligen Nazidiplomaten, der während der deutschen Besatzung in Paris Dienst getan hatte, das Europa des Jahres 1970 nicht unter jenes Hakenkreuzbanner stellen, das das damalige Europa in einen Feldzug gegen die Demokratie, die Juden, die Freiheit treiben wollte?

Laut *Spiegel* war die Kandidatur von Abetz' Mitarbeiter das Ergebnis eines Kuhhandels zwischen dem FDP-Vorsitzenden Walter Scheel und dem rechten Parteiflügel kurz nach den Wahlen vom September 1969. Die Nominierung Achenbachs, der gewichtige Wirtschaftsinteressen vertrat – als Anwalt in Essen insbesondere die der rheinischen Großindustrie –, für den Posten in Brüssel war eine der Bedingungen des rechten FDP-Flügels, bei der Wahl des Kanzlers für Willy Brandt zu stimmen. Angeblich hatte Achenbach sogar einen Botschafterposten in London abgelehnt, weil er Bonn in der EWG-Kommission vertreten wollte. Welch ein Triumph für einen Diplomaten Ribbentrops, dessen Aufgabe es vor gar nicht langer Zeit gewesen war, die Vorzüge der »neuen Ordnung Europas« zu rühmen. Um sein Versprechen halten zu können, hatte Scheel, nunmehr Außenminister, laut *Spiegel* Anfang März 1970 einen Emissär nach Paris geschickt, um die französischen Vorbehalte zu zerstreuen. »Wenn die Franzosen mitmachen, dann kriegen wir auch die Holländer und die anderen«, soll er gesagt haben.

Ich machte mir keine Illusionen, die Sache war geschickt eingefädelt, ein paar Gefälligkeitsaussagen, Hinweis auf für Frankreich günstige Reden oder Stellungnahmen, sein Amt als stellvertretender Vorsitzender der deutsch-französischen Parlamentariergruppe und sein Sitz im Verwaltungsrat des Koordinierungsausschusses der deutsch-französischen Vereinigungen, dazu sein perfektes Französisch und seine guten Umgangsformen – das war vermutlich seine Bewerbungsakte.

Serge und ich begannen unsere Suche im CDJC, weil wir wussten, dass dort mehrere Kartons mit Originaldokumenten der deutschen Botschaft aus der Besatzungszeit lagerten. Viel fanden wir zunächst nicht, nur ein Protestflugblatt der Résistance anlässlich von Achenbachs Amtsantritt als Europaabgeordneter ein paar Jahre zuvor, auf dem er als »Nazidiplomat« bezeichnet wurde, doch das war das einzige belastende Dokument – und es würde nur zünden, wenn wir zeigten, was die Funktion eines Nazidiplomaten im Jahr 1942 wirklich bedeutete. Nach fünfzehn Stunden harter Arbeit im CDJC und in der Bibliothèque de documentation internationale contemporaine hatten wir genug Material, um in der Nacht zum 1. April ein sechsseitiges Papier auf Französisch und Deutsch zu verfassen, das die Grundlage meines offenen Briefs an Achenbach war, den die *Frankfurter Rundschau* am 4. April und der *Combat* am 8. April veröffentlichten:

> Herr Abgeordneter, mit Bedauern habe ich erfahren, dass Sie für den Posten als EWG-Kommissar in Brüssel kandidieren, als Lohn für die Neutralität des rechten FDP-Flügels bei der Wahl, die Herrn Brandt die Nachfolge von Herrn Kiesinger ermöglicht hat.

> Gestatten Sie mir die Meinung, dass Ihre Tätigkeit im Dritten Reich, Ihre damaligen Überzeugungen, Ihre Rolle in Nürnberg und in der Naumann-Affäre Sie nicht als bundesdeutschen Vertreter in einem Europa empfehlen, das keinesfalls unter dem Banner einer »neuen europäischen Ordnung« entstehen darf.

In dem Artikel nannte ich die wesentlichen Punkte von Achenbachs Karriere in Frankreich, über die bis dahin nichts bekannt war. Er war seit 1937 NSDAP-Mitglied und hatte schon kurz vor dem Krieg zur deutschen Botschaft in Paris gehört, an die er später zusammen mit Otto Abetz zurückkehrte, dessen politischer Berater, wenn nicht gar Ideengeber er war. Abetz hatte laut Aussageprotokoll vom 22. November 1945 beim französischen Nachrichtendienst erklärt, die wichtigste Abteilung der Botschaft sei die von Herrn Achenbach geleitete Politische Abteilung gewesen. Abetz' Vertreter Rudolf Schleier hatte am 23. August 1947 in Nürnberg zugegeben, dass die wichtigsten politischen Fragen, insbesondere die Weisungen zur deutsch-französischen Zusammenarbeit, nur zwischen Abetz und Achenbach besprochen wurden.

In Frankreich stellte man sich die deutschen Diplomaten allzu oft als distinguierte ältere Herren vor, die versucht hätten, die Maßnahmen der Gestapo abzumildern. Weit gefehlt! Die meisten Verantwortlichen der Botschaft und der Sipo-SD – die aus Gestapo und Kripo gebildete Sicherheitspolizei der Nationalsozialisten – waren gerade mal dreißig; alle verfügten über höhere Bildung. Erst als sich der Schwerpunkt der Macht von der Botschaft auf die Sipo-SD verlagerte, überflügelten SS-Männer wie Helmut Knochen oder Herbert Hagen Abetz und Achenbach, was die entschlossene Durchsetzung der Hitler'schen Politik anging.

Es war Achenbach, der am 13. August 1940 Presse, Rundfunk, Film, Theater und Verlagswesen Frankreichs unter deutsche Kontrolle stellte. Es war Achenbach, der das Treffen von Hitler und Pétain in Montoire angeregt hatte und ganz vorn mit dabei war. Einer von Pétains Ministern, Henry du Moulin de Labarthete, beschrieb Achenbach in seinen Vichy-Erinnerungen *Le temps des illusions*[14] sehr anschaulich:

---

[14] Henry du Moulin de Labarthete, *Le temps des illusions*, Paris 2012.

Doch dann öffnet sich die Tür. Hinter einem Amtsdiener kommt ein großer Kerl in grüner Uniform herein, fast kahl, im Nacken ein paar grau-blonde Löckchen. Das ist seit drei Monaten der erste Deutsche, den ich in Vichy zu Gesicht bekomme. Laval macht uns kurz bekannt. »Monsieur Achenbach, Gesandtschaftsrat, der zusammen mit mir angereist ist.« Monsieur Achenbach ist offensichtlich einer von Abetz' Mitarbeitern: fünfunddreißig bis vierzig Jahre, weniger deutsches als skandinavisches Aussehen, ziemlich elegant, sehr höflich.
[...] Ich fixiere die grauen Augen meines Gesprächspartners. Sein Blick ist mal sanft, mal kalt, aber immer fesselnd. Um das Eis zu brechen, frage ich ihn, ob er schon lange an der Botschaft ist und wo er vorher tätig war. Er antwortet, er sei erst seit kurzem im diplomatischen Dienst. Früher habe er sich so durchgeschlagen, anfangs als Werftarbeiter in den Vereinigten Staaten, dann als Journalist. Der Typ des »Export-Nazis«, des Selfmademan, dem der Hitlerismus seinen Weg offenbart hat. Vermutlich ein Ausbilder von der fünften Kolonne.

Julien Clermond, ein Freund Lavals, beschreibt eine außergewöhnliche Szene bei einem Zusammentreffen Achenbachs mit Pétain.

Wir haben den 21. Juni 1942. Der Präsident soll am nächsten Tag eine Rede halten. Er legt letzte Hand an seine Erklärung, deren Worte er, wie er uns sagt, auf einer Apothekerwaage abgewogen habe.
In diesem Augenblick meldet der Amtsdiener den Besuch Achenbachs, Gesandtschaftsrat der deutschen Botschaft in Paris.
»Führen Sie ihn herein!«, sagt der Präsident.
Er lässt den Besucher seiner Gewohnheit entsprechend zwischen seinen Mitarbeitern Platz nehmen.
»Ich diktiere gerade meine morgige Erklärung«, sagt er mit größter Natürlichkeit. »Wenn Sie kurz warten möchten, in einer Minute bin ich fertig.«
Er wendet sich wieder seinen Sekretärinnen zu und setzt das Diktat ein paar unbedeutende Sätze lang fort, dann ruft er wie von einer plötzlichen gebieterischen Eingebung gepackt energisch aus:
»Was soll's, ich will, dass man weiß, wie ich empfinde, und ich sage es rundheraus! Schreiben Sie: ICH WÜNSCHE DEUTSCHLANDS SIEG, WEIL SICH DER BOLSCHEWISMUS SONST IN GANZ EUROPA AUSBREITEN WÜRDE!« Dann, nonchalant zu Achenbach: »Na?«

Vor Freude röten sich die blassen Wangen Achenbachs, er sagt: »Das hat die deutsche Regierung nicht einmal zu träumen gewagt.«[15]

Die deutsche Botschaft in Paris verhielt sich nicht so distanziert zur nationalsozialistischen Politik, wie oft angenommen wird. Sie erließ die ersten Maßnahmen zur Rassendiskriminierung und übte ständig Druck auf die Vichy-Regierung aus, in Frankreich mit den Nürnberger Gesetzen konforme Regelungen einzuführen. Sie drängte immer wieder auf die Ausbürgerung von Juden, die aus anderen Ländern eingewandert waren, der ehemals griechischen, rumänischen, bulgarischen Juden und erst recht der polnischen, deutschen und österreichischen. Sie ersuchte die Regierungen der Länder unter deutscher Besatzung, ihre in Frankreich lebenden jüdischen Staatsbürger auszubürgern, damit sie staatenlos wurden und reibungslos deportiert werden konnten. Sie drängte die Italiener in der Südzone zu härterem Vorgehen. Und sie beschloss Repressionsmaßnahmen gegen die Zivilbevölkerung in Frankreich.

Auf der Wannseekonferenz, bei der am 20. Januar 1942 die Durchführung der »Endlösung der Judenfrage« beschlossen wurde, hatte AA-Unterstaatssekretär Martin Luther bei Reinhard Heydrich, dem Leiter des Reichssicherheitshauptamts (RSHA), durchgesetzt, dass die Dienststellen des Außenministeriums bei allen Fragen im Zusammenhang mit antijüdischen und das Ausland betreffenden Maßnahmen hinzugezogen wurden. Die »Endlösung« in den besetzten Ländern war also das Ergebnis der Zusammenarbeit der Dienststellen Himmlers und Ribbentrops. Diese Zusammenarbeit der deutschen Dienststellen wurde auch in Frankreich praktiziert.

Am 1. März 1941 erhielt Achenbach von seinem Untergebenen Carl Theo Zeitschel eine wichtige Akte über die antijüdischen Maßnahmen, die u. a. das Protokoll einer Besprechung enthielt, in der es um die Schaffung eines Zentralen Judenamts in Paris gegangen war. Am 29. März wurde dann das Generalkommissariat für Judenfragen gegründet, formal eine Institution der Vichy-Regierung, de facto von den Deutschen kontrolliert. Besagte Besprechung fand am 28. Februar 1941 in der Botschaft statt, Teilnehmer waren Abetz, Achenbach, Zeitschel und der Leiter des Judenreferats IV-J des SD in Paris, SS-Ober-

[15] Julien Clermont, *L'homme qu'il fallait tuer. Pierre Laval*, Paris 1949.

sturmführer Theodor Dannecker: »Es wurde bei dieser Gelegenheit festgestellt, daß durch die Vorarbeiten des SD unter Führung des Herrn Danneckers, der schon jahrelange Erfahrung in Judenangelegenheiten von Österreich und der Tschechoslowakei her hatte, eine vorbildliche Kartei ihrer Vollendung entgegensieht, in der die gesamten Juden in Paris in vierfacher Weise aufgezeichnet sind. Außerdem sind von Seiten des SD gewissenhafte Zählungen durchgeführt worden.«[16]

Carl Theo Zeitschel, an der Botschaft Experte für Judenfragen, behauptete von sich, ein unehelicher Sohn Kaiser Wilhelms II. zu sein, und das stimmte. Er war 1940 mit siebenundzwanzig Jahren SS-Führer, Legationsrat und unter Achenbach, dem Leiter der Politischen Abteilung, zuständig für die Beziehungen der Botschaft zur Sipo-SD Helmut Knochens und Kurt Lischkas. Am 19. November 1941 wurde er zudem Verbindungsmann zu Fernand de Brinon, dem Generaldelegierten der Vichy-Regierung in Paris. Zur Charakterisierung Zeitschels genügt ein einziger seiner zahllosen für Abetz bestimmten Texte vom 21. August 1941: »Gleichzeitig erschien in der jüdischen Presse in Palästina ein Hilfeschrei der dortigen Juden an die zehn Millionen Juden, die in Amerika leben, die daran erinnern, daß in den Gebieten, die wir augenblicklich in Rußland besetzen, 6 Millionen = ein Drittel des Weltjudentums wohnen und daher dem Untergang geweiht seien. […] Ich bin der Ansicht, daß es […] nur eine Antwort gibt.«[17] Und er schlug dem Botschafter vor, Hitler und Ribbentrop die Sterilisierung sämtlicher Juden zu empfehlen. Sechs Monate später war Zeitschels Vorschlag durch den Beschluss der physischen Auslöschung der Juden überholt.

Im Februar 1942 wollten Botschaft und Sipo-SD Xavier Vallat wieder loswerden, den Generalkommissar für Judenfragen (CGQJ), den die Deutschen nur deshalb mit diesem Posten betraut hatten, damit er im Rahmen einer illusorischen »französischen Souveränität« eine wirkungsvolle antijüdische Gesetzgebung erließ, wie Otto Abetz in seinem Tätigkeitsbericht über den Zeitraum 14. Juni 1940 bis 14. Juni 1941 schrieb: Die von Achenbach geleitete Politische Abteilung habe beim deutschen Militärbefehlshaber und bei der französischen Regie-

[16] Serge Klarsfeld, *Vichy – Auschwitz*, aus dem Französischen von Ahlrich Meyer, Darmstadt 2007, S. 385.

[17] Ebd., S. 390.

rung eine antijüdische Gesetzgebung angeregt. Mit deren weiterer Ausarbeitung sei auf Vorschlag der deutschen Botschaft der Kommissar für Judenfragen Xavier Vallat betraut worden.

Als Vallat seine Aufgabe erfüllt hatte, war er den Nazis lästig, weil er nicht der Mann war, die polizeilichen Maßnahmen, die der von ihm ausgearbeitete Gesetzesapparat ermöglichte, auch durchzuführen. Genaueres findet sich in der Anklageschrift gegen Abetz, der sich 1949 vor dem ständigen Militärgericht in Paris verantworten musste: »Nachdem der politische Berater und Leiter der Politischen Abteilung, Achenbach, Zeitschel seine Instruktionen erteilt hatte, sprach dieser am 28. Februar 1942 mit de Brinon, der einverstanden war, Vallat durch den ihm vorgeschlagenen Louis Darquier de Pellepoix zu ersetzen.«

Die judenfeindliche Haltung der Politischen Abteilung der Botschaft zeigte sich schon bei der ersten Deportation, einem Transport von 1000 französischen Juden als Vergeltungsmaßnahme für Anschläge auf Deutsche. Am 11. März 1942 telegrafierte der Unterstaatssekretär im Auswärtigen Amt Martin Luther an die deutsche Botschaft in Paris: Heydrich habe ihn über das Vorhaben informiert, die 1000 Juden, die am 12. Dezember 1941 als Vergeltung für Attentate auf Wehrmachtssoldaten verhaftet worden waren, in das Konzentrationslager Auschwitz (Oberschlesien) abzutransportieren. Es handele sich ausschließlich um Juden französischer Staatsangehörigkeit. Er, Luther, wäre dankbar für eine Mitteilung dahingehend, dass der Durchführung dieser Aktion nichts entgegenstehe. Luther bat die deutsche Botschaft um Stellungnahme. Die von Achenbach geleitete Politische Abteilung schickte noch am selben Tag mittels seines Untergebenen Nostitz die knappe und schicksalsschwere, mit dem Vermerk »Geheim« versehene Antwort, gegen die geplante antijüdische Aktion gebe es keine Einwände.

Am 18. März 1942 gab Achenbachs Abteilung ihrer Befriedigung darüber Ausdruck, dass SS-General Carl Oberg zum Höheren SS- und Polizeiführer für das besetzte Frankreich ernannt wurde, was sich aus ihrer Sicht günstig auf die »Endlösung« des Judenproblems auswirken werde. Wenig später wurde anlässlich der Einführung des Judensterns eine Flugblatt- und Plakatkampagne gestartet, an der sich die deutsche Botschaft mit einem in Großauflage gedruckten Plakat beteiligte, auf dem stand: »Der Jude tötet im Dunkeln – markieren wir ihn, damit wir ihn erkennen.«

Auf einen Anruf von SS-Sturmbannführer Herbert Hagen hin, dem engen Mitarbeiter des SS-Generals und »Schlächters von Paris« Carl Oberg, schrieb ein Mitarbeiter des Judenreferats am 26. August 1942 einen Vermerk. Hagen hatte mitgeteilt, Achenbach habe ihn angerufen, weil er über den genauen Stand der Deportation der staatenlosen Juden bis zu diesem Datum auf dem Laufenden gehalten werden wolle, denn er musste dem Auswärtigen Amt in Berlin Bericht erstatten. Zu diesem Beweis eines direkten Kontakts zwischen Achenbach und Hagen kommt ein am 4. Februar 1943 von Hagen verfasster und unterzeichneter Vermerk über die Schwierigkeiten, die die Italiener bei den antijüdischen Maßnahmen machten; Hagen wies in diesem Zusammenhang darauf hin, dass »die deutsche Botschaft [Achenbach]« darüber informiert worden sei mit dem Ziel, sie möge bei den Italienern dahingehend intervenieren, die Juden nicht länger zu schützen. Aufgrund dieses Vermerks ließ Achenbach dem Leiter des Judenreferats Heinz Röthke ein persönlich unterzeichnetes Schreiben zukommen, dem der Bericht der Botschaft in dieser Angelegenheit beigefügt war.

1971 war Ernst Achenbach der Anwalt von Herbert Hagen. Die beiden verband ihre Mittäterschaft bei judenfeindlichen Aktionen.

Ein weiteres Beispiel für die Beteiligung der Politischen Abteilung der deutschen Botschaft an der Judenverfolgung: Am 21. Oktober 1942 informierte Zeitschel den SS- und Polizeiführer General Oberg, das Auswärtige Amt habe die Durchführung von Maßnahmen gegen Juden griechischer Staatsangehörigkeit genehmigt. Am 30. Oktober sandte Röthke, Danneckers Nachfolger als Leiter des Judenreferats, seinen Vorgesetzten Knochen und Lischka einen Vermerk: »Wie die Deutsche Botschaft Paris schriftlich mitgeteilt hat, können nunmehr auch die Juden griechischer Staatsangehörigkeit abgeschoben werden.«[18] Am selben Tag forderte Knochen die Sipo-SD-Führer in den französischen Regionalpräfekturen per Telex auf, die griechischen Juden in ihrem Zuständigkeitsbereich zu erfassen. Binnen drei Tagen lagen Röthke sämtliche Antworten vor, und so konnte Paris am 4. November an alle Sipo-SD-Kommandeure den Befehl ausgeben, die erfassten griechischen Juden zu verhaften. Am Tag darauf informierte Röthke Knochen und Lischka, dass »1060 Juden verhaftet wor-

[18] Ebd., S. 490.

den«[19] seien. Am 5. November wurden diese 1060 Männer, Frauen, Kinder und Greise nach Drancy überstellt und am 9. und 11. November 1942 deportiert.

1943 wurde Achenbach ins Außenministerium nach Berlin zurückberufen, wo er Franz Six unterstand und zwei Referate der Kulturpolitischen Abteilung leitete. Damals lernte er den stellvertretenden Leiter der benachbarten Rundfunkpolitischen Abteilung kennen. Wie seine eigene war auch diese Abteilung dafür bekannt, dass militante, intelligente und effiziente junge Nazis dort eher Anstellung fanden als Karrierediplomaten. Dieser stellvertretende Abteilungsleiter hieß Kurt Georg Kiesinger.

Selbst nach 1945 gab Achenbach nicht auf. 1953 spielte er eine aktive Rolle in der sogenannten Naumann-Verschwörung als Verbindungsmann zwischen Werner Naumann, dem ehemaligen Staatssekretär in Goebbels' Propagandaministerium, und rheinischen Großindustriellen. Der Plan, den die britischen Behörden jedoch vereitelten: in Westdeutschland alle politischen Parteien zu unterwandern, um auf demokratischem Weg wieder an die Macht zu kommen.

Im selben Jahr schrieb Achenbach im Vorwort zu einem Buch des damals in französischer Gefangenschaft sitzenden Abetz: »Kann man ernsthaft von deutsch-französischer Verständigung reden, wenn einer der überzeugtesten Vorkämpfer dieser Verständigung, Otto Abetz, der Botschafter des Reichs in Paris während der Kriegszeit, heute noch in Haft gehalten wird? Nichts unterstreicht die moralische Größe dieses Mannes besser, als daß er ungeachtet des ihm widerfahrenen Unrechts immer wieder [...] seine deutschen Freunde auffordert, an dem Gedanken der so bitter notwendigen deutsch-französischen Verständigung festzuhalten.«[20]

In einem von Abetz am 2. Juli 1942 unterzeichneten Dokument, in dem es um die Stellungnahme der Botschaft zu einer Mitteilung des Auswärtigen Amts bezüglich der Juden ungarischer Staatsangehörigkeit geht und das bezeichnend ist für die »moralische Größe« der NS-Diplomaten, heißt es:

---

[19] Ebd., S. 491.

[20] Otto Abetz, *Das offene Problem. Ein Rückblick auf zwei Jahrzehnte deutscher Frankreichpolitik*. Mit einer Einführung von Ernst Achenbach, Köln 1951, S. 9.

> Die dortige Mitteilung [des AA in Berlin, Anm. d. Übers.], dass die Ungarische Regierung nunmehr damit einverstanden ist, dass die hiesigen Judenmassnahmen auf Juden ungarischer Staatsangehörigkeit ausgedehnt werden können, ist dem Sachbearbeiter des SD für Judenfragen mitgeteilt worden. Die Botschaft begrüsst diese Entwicklung [...]. Schliesslich hat die Botschaft auf die an sie gerichtete Anfrage wegen des ins Auge gefassten Abtransportes von 40 000 Juden in das Lager Auschwitz folgendermassen geantwortet: Gegen die Abtransportierung von 40 000 Juden aus Frankreich zum Arbeitseinsatz in dem Lager Auschwitz bestehen seitens der Botschaft grundsätzlich keine Bedenken [...] Es wird deshalb psychologisch in den breiten Massen des französischen Volkes wirksam sein, wenn die Evakuierungs-Maßnahmen zunächst einmal derartige fremdländische Juden erfassen und dass auf die französischen Juden zunächst nur in dem Umfang zurückgegriffen wird, in dem die Juden ausländischer Staatsangehörigkeit nicht für das angegebene Kontingent ausreichen. Mit einem solchen Vorgehen würde keineswegs dem französischen Juden eine privilegierte Stellung eingeräumt, da er im Zuge der Freimachung der europäischen Länder vom Judentum auf alle Fälle ebenfalls verschwinden muss [...].

Kopien all dieser Dokumente waren bereits in meinem Besitz, und wir wollten die Achenbach-Akte veröffentlichen. Aber Serge hatte seine Stelle bei der Continental Grain drei Monate zuvor verloren, wir lebten von seiner Abfindung, und die schmolz zusehends dahin. Die Akte zu kopieren kostete im Verhältnis zum Gemeinsamen Markt nicht viel, der seine führenden Politiker mit mehr Sorgfalt hätte auswählen müssen; aber im Verhältnis zu unserem Haushaltsbudget war die Summe erschreckend: Bei jedem Blatt, das ich in den Fotokopierer in der Post legte, hatte ich das Gefühl, unser Haushaltsgeld in eine Höllenmaschine zu stopfen. Doch wir mussten es tun, denn wir wussten, wir waren weit und breit die Einzigen, die handelten, wie die Umstände es erforderten: schnell und indem wir viel Arbeit und das nötige Geld investierten.

Als die ersten Exemplare der kopierten Akte vorlagen, schickte ich sie zunächst an die Politiker, je ein Exemplar an den Präsidenten der Europäischen Wirtschaftsgemeinschaft, an die Außenminister der Niederlande, Italiens und Luxemburgs, an Willy Brandt, an die Premierminister Belgiens und Großbritanniens. In Paris ging ich persönlich zum Élysée-Palast, wo ein Referent die Akte entgegennahm und mir versprach, sie würde mit der gebührenden Aufmerksamkeit geprüft; dasselbe im Außenministerium – Maurice Schumann würde die Unterlagen, die ich für ihn hinterlegte, zweifellos sorgfältig studieren. Ein paar Monate später, am 23. Juni 1970, antwortete er mir auf einen Brief, in dem ich ihn gebeten hatte, dafür zu sorgen, dass Achenbach aus der deutsch-französischen Parlamentariergruppe ausgeschlossen würde: »Ich werde die mir gebotenen Gelegenheiten ergreifen, um unser beider Meinung zum Ausdruck zu bringen.« Aber Politiker rühren sich erst, wenn die Presse es tut. Und um sie aufzurütteln, müssen mehrere Voraussetzungen erfüllt sein: Erst einmal muss sie eine Akte in der Hand haben, dann muss man ein Ereignis herbeiführen, das den Journalisten Gelegenheit gibt, ihren Standpunkt darzulegen. Ein Journalist sagte mir damals zynisch: Stürzen Sie Achenbach aus dem Fenster, dann berichten wir über den Fall.

Den 4. April verbrachte ich damit, die internationalen Presseagenturen, die großen französischen Tageszeitungen und die Korrespondenten der größten europäischen Zeitungen abzuklappern. Ich übergab ihnen nicht nur die Akte, ich diskutierte auch mit ihnen. Ich brachte sie dazu, die Unterlagen zu lesen, damit sie nicht in irgendeiner Schublade endeten.

Einige Tage später hatten wir nach lebhaften Diskussionen mit unserem Freund Philippe Lemaître, Journalist bei *Le Monde*, und einer Freundin in der EWG einen Beschluss gefasst: Unter den EWG-Funktionären gab es eine Vereinigung ehemaliger Deportierter und Widerstandskämpfer, die mit der Achenbach-Akte in der Hand die Pressekorrespondenten in Brüssel überzeugen würden. Was ihnen auch hervorragend gelang. Am 6. April berichtete die französische Presseagentur AFP über die Aktion und teilte mit, dass ihr eine Akte vorlag, die insbesondere ein Dokument enthielt, in dem der deutsche Abgeordnete die Verhaftung und Deportation von 2000 Juden vorschlug. Am 7. April erschien im *Figaro* ein kurzer Artikel mit der Überschrift: »Deutsche EWG-Kandidatur sorgt für Wirbel.« *Le Monde* brachte einen Artikel, der sich auf unsere Akte stützte: »Ernst Achenbach, talentierter Anwalt und eloquenter Verteidiger von Kriegsverbrechern und Verjährung, machte noch 1953 in der ›Naumann-Affäre‹ von sich reden. Im Zusammenhang mit den Versuchen Dr. Werner Naumanns (einst Staatssekretär im Propagandaministerium), ehemaligen Nationalsozialisten wieder Gehör und eine politische Aufgabe zu verschaffen, insbesondere durch Unterwanderung der FDP, fiel auch der Name Achenbach, liberaler Abgeordneter im rheinland-westfälischen Landtag und mutmaßlicher Wirtschaftsminister. ›In ein paar Wochen wird die Entnazifizierung kein Thema mehr sein‹, sagte er einmal zu Naumann, wie dieser berichtete. Doch es ist nicht sicher, dass die Franzosen ein so kurzes Gedächtnis haben.«

Sofort nach Erscheinen dieses Artikels sorgte ich wie geplant dafür, dass der Fall auch international Aufmerksamkeit erregte. Nur ein Skandal auf EWG-Ebene konnte die deutsche Regierung zu einem Rückzieher bewegen. Die sozialliberale Koalition verfügte im Parlament nur über eine Mehrheit von wenigen Stimmen, und zwei FDP-Abgeordnete von Achenbachs rechtem Flügel waren im Begriff, zur CDU zu wechseln. Wenn die Bundesregierung Achenbach in Sachen Brüssel nicht unterstützte, könnte er versucht sein, es ihnen gleichzutun.

Die Kommunisten rührten sich kaum, die Düsseldorfer *Deutsche Volkszeitung*, für die ich regelmäßig schrieb, veröffentlichte meinen Achenbach-Artikel nicht, die DDR schwieg. Denn der große Wirtschaftsanwalt Achenbach vertrat bedeutende Absatzmärkte im Osten. Die Moral scheitert allzu oft an der Staatsräson.

Wie ließen sich so viele Hindernisse überwinden, damit der Fall auch in den anderen EWG-Ländern Aufsehen erregte? Die an diesem 7. April in Paris erschienenen Artikel waren eine Grundlage, aber international reichte die AFP-Meldung allein nicht aus. Wir wollten selbst für die geografische Verbreitung sorgen. Daher bat ich telegrafisch für den 8. April jeweils um ein Treffen mit dem niederländischen Außenminister Joseph Luns, dem belgischen Premier Gaston Eyskens, dem EWG-Kommissionspräsidenten Jean Rey sowie für den 10. April mit dem deutschen Regierungssprecher Conrad Ahlers. So würden binnen vierundzwanzig Stunden Presseagenturen aus Holland, Belgien und Deutschland melden: »Ablehnende Haltung gegenüber Achenbach wegen einer Akte über die NS-Vergangenheit des Diplomaten.« Und die europäischen Zeitungen würden feststellen, dass gleich in mehreren Hauptstädten ein Fall Achenbach existierte, und ihm natürlich breiten Raum geben.

Am Dienstag, dem 7. April, landete ich spätabends auf dem Flughafen Schiphol. Ich hatte die Journalisten informiert, die ich im letzten Dezember anlässlich der EWG-Gipfelkonferenz in Den Haag getroffen hatte. Fernsehkameras und zahlreiche Presseleute erwarteten mich. Ich erklärte, dass mein Besuch den Zweck hatte, der holländischen Regierung Unterlagen zu übergeben, die ihr bei der Einschätzung von Achenbachs Kandidatur helfen könnten. Das Interview wurde gleich zweimal ausgestrahlt, in den Spätnachrichten und am nächsten Morgen, weil ich darin Joseph Luns auch dafür dankte, dass er als »einziger Staatsmann seinerzeit Kiesingers Ernennung zum Kanzler öffentlich kritisiert hatte«.

Ich verbrachte die Nacht bei einem Journalistenpaar in einem Amsterdamer Vorort und war am nächsten Morgen um 9 Uhr im Außenministerium. Joseph Luns' Kabinettschef empfing mich. Ich könne den Minister nicht treffen, die Achenbach-Akte habe ihn jedoch überzeugt, und ich hätte sein Wort, dass er seinen deutschen Amtskollegen Walter Scheel persönlich auf den Fall ansprechen werde. Die holländische und dann auch die belgische Presse brachten Bildberichte von meinem Fernsehinterview.

Serge reiste unterdessen nach Brüssel, um dort mit EWG-Funktionären zu sprechen, die mehr über die Achenbach-Akte wissen wollten. Arno begleitete ihn, da meine Schwiegermutter sich nicht um ihn kümmern konnte. Natürlich hatte er ausgerechnet an diesem Tag schlimmes Zahnweh, und Serge musste ihm die ganze Zeit das Zahnfleisch mit Honigsirup massieren, damit sein Gebrüll nicht jedes Gespräch unmöglich machte. Ich traf am frühen Nachmittag in Brüssel ein und erlöste Serge, der daraufhin einen Kopierer mit Beschlag belegte, den Philippe Lemaître uns zur Verfügung gestellt hatte. Arno und ich fuhren zum belgischen Premierminister. Während ich mich mit seinem Kabinettschef unterhielt, kümmerten sich die Amtsdiener um Arno. Nie werde ich ihre Gesichter und ihren Tonfall vergessen, als sie mir erklärten: »Wenn Sie ihn den ganzen Tag lang ertragen müssen, beneiden wir Sie nicht.« Dann empfing mich Raymond Rifflet, der Kabinettschef von Jean Rey. Noch am selben Abend reisten Arno, Serge und ich weiter nach Bonn.

Statt in Bonn hätte ich an diesem 9. April 1970 eigentlich an Bord eines Flugzeugs sein sollen, in dem die Journalisten saßen, die Willy Brandt bei seinem ersten offiziellen Besuch jenseits des Atlantiks begleiteten. Rüdiger von Wechmar, der Stellvertreter von Regierungssprecher Ahlers, hatte mir eine Einladung der Presseabteilung des Kanzleramts verschafft. Doch am Abend des 7. April erreichte mich in

Paris ein Telegramm, in dem es hieß, dass ich nicht mitreisen dürfe. Diese Nachricht sorgte in Deutschland für Aufsehen: zum einen, weil »Ohrfeigen-Beate« überhaupt offiziell eingeladen worden war, den neuen Kanzler in die Vereinigten Staaten zu begleiten – eine Geste, die die konservative Presse als äußerst unhöflich gegenüber Kiesinger ansah und die eine Anfrage im Bundestag zur Folge hatte –, und zum anderen, weil meine Ausladung damit begründet wurde, dass »die CIA und das State Department Beate Klarsfeld aus Sicherheitsgründen den Zutritt zum Weißen Haus verweigert haben«.

An diesem 9. April reagierte die internationale Presse jedenfalls wie von uns erhofft. *Die Welt* titelte: »In Paris und Brüssel werden Stimmen gegen Achenbachs Kandidatur laut. B. K.s Rundreise durch Europa«. Die *Süddeutsche Zeitung* brachte einen Artikel mit der Überschrift: »Achenbachs Nazivergangenheit wird zum Streitpunkt. Die Reise der B. K.« In Italien titelte *Il Messaggero*: »Bestürzung und Empörung in Brüssel: Ein NS-Verbrecher kandidiert für die EWG«.

Statt im Flugzeug nach Washington verbrachte ich den Tag im Bonner Pressehaus, wanderte mit meinen Unterlagen von Büro zu Büro, während Arno durch die Flure schlitterte und flitzte. Ich hinterlegte ein Exemplar der Akte für Kanzleramtsminister Horst Ehmke, der mir 1968 im Fall Kiesinger den klugen Rat gegeben hatte, eine politische Bereinigung der Angelegenheit einem Gerichtsverfahren vorzuziehen. Am 10. April waren wir wieder in Paris und machten uns im Archiv des CDJC unverzüglich wieder an die Arbeit.

Der ganze Fall Achenbach stützte sich auf ein einziges Dokument, das natürlich zugleich das aufsehenerregendste war: das berühmte, mit »Achenbach« gezeichnete und von Paris ans Berliner Außenministerium geschickte Telegramm vom 15. Februar 1943:

> Nr. 1701 vom 15.2.
> CITISSIME!
> Am 13.2.43 gegen 21.10 Uhr wurden Oberstleutnant Winkler und Major Dr. Nußbaum vom Stab Luftwaffenkommando III auf dem Wege von ihrer Dienststelle nach ihrer Unterkunft Paris, Hotel »Louvre« kurz nach Passieren des Louvre-Durchgangs an der Seine von hinten beschossen. Oberstleutnant Winkler wurde durch 3 und Major Dr. Nußbaum durch 2 Schüsse verletzt. Beide verstarben noch in der Nacht nach Einlieferung in ein Lazarett.

Am Tatort sind 7 Hülsen, Kal. 7,65 mm, die vermutlich aus derselben Waffe stammen, gefunden worden. Die Ermittlungen gegen den oder die Täter sind noch im Gange.
Als einstweilige Sühnemaßnahme ist geplant, 2000 Juden zu verhaften und nach den Osten zu verbringen.

Achenbach

Diesem Dokument zufolge trug Achenbach mehr Verantwortung für die Vergeltungsmaßnahmen als bisher bekannt. Er brauchte diese Verantwortung nur zu bestreiten, um seine Position gegenüber seiner Regierung zu festigen und seine Kandidatur aufrechtzuerhalten. Nun kannten wir die Funktionsweise deutscher Behörden im besetzten Paris gut genug, um zu wissen, dass Achenbach Berlin in diesem Dokument keine selbst getroffene Entscheidung mitgeteilt, sondern lediglich Bericht über das Attentat und die beschlossenen Maßnahmen erstattet hatte. Wer aber hatte sie beschlossen? Wenn sich herausstellte, dass nicht Achenbach es war, würde er wie das Opfer eines Komplotts dastehen. Glücklicherweise verteidigte sich Achenbach auf einer schon bekannten Grundlage. Dieses Telegramm war nämlich erstmals 1953 von einer Wochenzeitschrift der deutschen jüdischen Gemeinde öffentlich gemacht worden. Der FDP-Ageordnete, der sich damals wegen seiner Verstrickung in die Naumann-Affäre in einer heiklen Situation befand, hatte in einem offenen Brief dazu Stellung genommen. Statt einfach zu behaupten: »Ich habe nur Bericht erstattet«, war Achenbach weiter gegangen: Der damalige deutsche Militärbefehlshaber in Frankreich, von Stülpnagel, habe den Eindruck erwecken wollen, »als ob er selbst zu schärfsten Repressalien entschlossen sei, um dadurch Zeit zu gewinnen«, die Maßnahme sei nie durchgeführt worden.

Nun wiederholte Achenbach diese Version und ergänzte gegenüber dem *Spiegel*: »Wir mußten bramarbasieren und so tun als ob, dann lief es meistens gut« – das heißt gut für die Juden. Das versuchte Achenbach am Wochenende des 11. und 12. April der Öffentlichkeit zu verkaufen. Bis dahin war dieser tüchtige Anwalt, der so geschickt die Verbrechen der I.G. Farben und jene der deutschen Behörden im besetzten Belgien gerechtfertigt hatte, stumm geblieben. Warum? Er hätte nach meinem offenen Brief vom 4. April eine Verleumdungsklage gegen mich anstrengen, ein aus Historikern bestehendes Ehrengericht fordern können. Nichts davon geschah: Achenbach flüchtete sich ins Schweigen. Aber er plädierte wohl vor allem deshalb nicht in eigener Sache, weil er dann auf den furchbarsten aller Ankläger gestoßen wäre: Achenbach selbst, den Nazi aus der Zeit von »Nacht und Nebel«.

Achenbachs einzige Reaktion war seine Interpretation des Telegramms vom 15. Februar 1943. Wie schon 1953 beteuerte er jetzt, es sei nur ein Bluff gewesen, die 2000 Juden seien niemals verhaftet, geschweige denn deportiert worden. Es fehlte nicht viel, und er hätte dieses Telegramm zu einem Akt des Widerstands umgedeutet.

Wir mussten also beweisen, dass die Deportation, die Achenbach als simplen Bluff darstellte, tatsächlich durchgeführt worden war. Drei Tage lang sichteten wir Hunderte von Karteikarten und Dokumenten, gerieten in Sackgassen und entdeckten Dokumente, die bis dahin unentdeckt geblieben waren. So lernten wir den Apparat der Sipo-SD im besetzten Frankreich in allen Einzelheiten kennen, was uns dann im Fall von Naziverbrechern wie Lischka, Hagen und Heinrichsohn nützlich war.

Die Politik der Botschaft bezüglich der Geiselerschießungen wurde am 7. Dezember 1941 von Botschafter Otto Abetz und seinem politischen Berater Achenbach beschlossen. Um Unruhen in der französischen Bevölkerung zu vermeiden, sollten in Zukunft nur noch Juden, Widerstandskämpfer und Kommunisten festgenommen werden beziehungsweise Geiseln als solche ausgegeben werden.

Als der Militärbefehlshaber ihm mitteilte, dass der Führer die vorgeschlagenen Maßnahmen billige, sagte Abetz, froh, seinen Vorschlag durchgesetzt zu haben, am 12. Dezember in einem telefonischen Bericht, dass diese Maßnahmen mit den Leitsätzen übereinstimmten, die er in seinem schriftlichen Bericht vom 7. Dezember, Kapitel IV, aufgestellt habe. Zu diesen Maßnahmen zählte die Exekution von 100 jüdischen (52) und kommunistischen Geiseln.

Fortan beteiligte sich die Botschaft an der Abfassung der Kommuniqués über blutige Vergeltungsaktionen. Sie telegrafierte sämtliche Erschießungsmaßnahmen nach Berlin. Ich fand u. a. einen von Achenbach unterzeichneten zwölfseitigen Bericht vom 17. März 1943 mit Aberdutzenden von Namen Füsilierter.

Aber was war mit den »zweitausend Juden«, für die es laut Achenbach »gut gelaufen« war? Am 16. Februar 1943 schrieb Obersturmführer Heinz Röthke, Chef des Judenreferats der Gestapo, »als Sühnemaßnahme auf das Attentat auf zwei deutsche Fliegerstabsoffiziere am 13. 2. 42« sollten »15 000 arbeitsfähige Männer aus Frankreich verschickt« werden, es seien »hierzu Tausende von Juden zu stellen«.[21] Am 23. Februar 1943 teilte SS-Obersturmbannführer Kurt Lischka, Kommandeur der Sipo-SD in Paris, der Sipo-SD in Brüssel mit: »Der Polizeipräfekt von Paris ist von mir am 14. 2. 1943 ersucht worden, zur Durchführung von Sühnemaßnahmen schnellstens 2000 männliche Juden im Alter von 16 bis 25 Jahren festnehmen und in das Judenlager Drancy bei Paris überführen zu lassen.«[22] Am 24. Februar erstattete Röthke Lischka Bericht über seine Unterhaltung mit dem Kabinettschef von Jean Leguay, Thomas Sauts: »Sauts hat mir erwidert, daß zwar die Festnahme von 2000 Juden [...] veranlaßt worden wäre. Man habe bis zum 23. 2. auch bereits über 1500 arbeitsfähige Juden im Alter von 16 bis 65 Jahren in beiden Zonen interniert. Er habe aber angeordnet, daß bei der Festnahme nur staatenlose Juden und Juden solcher Staatsangehörigkeit erfaßt würden, die unseren Abschubbedingungen entsprächen.«[23]

Dem sei hinzugefügt, dass diese Bedingungen im Wesentlichen von Hitlers Diplomaten festgelegt wurden, da man hierzu wissen musste, ob die Juden dieser oder jener Staatsangehörigkeit deportiert werden durften. Entgegen der landläufigen Meinung hielt sich die Gestapo an die vom Auswärtigen Amt festgelegten Gruppen.

Ein Bericht der Fédération des sociétés juives de France über die Festnahmen und Deportationen ausländischer Juden von Februar bis März 1943 bestätigt, dass in der ehemaligen freien Zone ausländische Juden zwischen 16 und 65 Jahren festgenommen, im Lager Gurs gesammelt und am 26. Februar und 2. März nach Drancy abtransportiert worden sind.

Am Morgen des 4. März kabelte Röthke gewissenhaft an Eichmann im Judenreferat des RSHA sowie an die Sipo-SD-Stellen in Krakau und Lublin: »Am 4.3.1943 um 9.15 Uhr hat der Transportzug Nr. 901

---

21 Ebd., S. 507.

22 Klarsfeld (Hg.), *Die Endlösung der Judenfrage in Frankreich. Deutsche Dokumente 1941–1944*, Paris 1977, S. 178.

23 Klarsfeld, *Vichy – Auschwitz*, S. 508.

den Abgangsbahnhof La Bourget-Drancy bei Paris in Richtung Cholm verlassen […] Transportführer ist der Leutnant der Ordnungspolizei Ott, dem die namentliche Transportliste in zweifacher Ausfertigung mitgegeben wurde.«

Dasselbe am 6. März 1943. Nur der Name des Transportchefs ist ein anderer, Oberleutnant Kassel. Beide Transporte wurden ins Vernichtungslager Sobibor geschickt, wo die 2000 Deportierten sofort getötet wurden, mit Ausnahme von zwei Gruppen von etwa fünfzig jungen Menschen, die ins benachbarte Lager Maidanek geschickt wurden. 1945 gab es nur noch vier Überlebende von Transport Nr. 50 und sechs von Transport Nr. 51.

Die Ergebnisse unserer Nachforschungen waren schlüssig. Achenbach hatte gelogen, ja er hatte sogar versucht, seine Beteiligung an einer Maßnahme, die Kurt Lischka am Tag nach dem Attentat vom 13. Februar 1943 ergriffen hatte und die die Verhaftung von 2000 Juden, ihre Überstellung nach Drancy, ihre Deportation nach Sobibor und ihre Ermordung ab dem 9. März 1943 zur Folge gehabt hatte, als Akt des Widerstands hinzustellen.

Wir schickten die Ergebnisse unserer Nachforschungen nach Brüssel. Am 11. April veröffentlichte der deutsche EWG-Kommissar Wilhelm Haferkamp eine persönliche Stellungnahme, in der er für den Fall von Achenbachs Ernennung seinen Rücktritt ankündigte.

Arno Scholz, der Herausgeber der sozialdemokratischen Berliner Tageszeitung *Telegraf*, vermittelte mir für den 16. April einen Termin bei Regierungssprecher Conrad Ahlers, dem ich die Ergebnisse unserer Nachforschungen persönlich übergeben wollte. Achenbach hielt unterdessen an seiner Kandidatur fest: »Solange ich angegriffen werde, kann ich nicht verzichten.« … »Der Scheel steht bei mir im Wort.«

Die Koalition schonte Achenbach, und der Lauf der Ereignisse an diesem 16. April entschied das Weitere. Ich konnte Ahlers unsere Recherche-Ergebnisse, von denen der *Spiegel* am 20. April lange Auszüge abdruckte, erst um 18 Uhr aushändigen. Zwei Stunden zuvor hatte Brandt Achenbach bereits öffentlich einen Persilschein ausgestellt, als Trostpflaster für seine Wunden beziehungsweise um ihn davon abzuhalten, zur CDU zu wechseln. Daraufhin erschien am 18. April in der *Stuttgarter Zeitung* eine Karikatur, in der sich ein Achenbach mit braunen Flecken auf der Kleidung und ein unbefleckter Achenbach gegenüberstehen. Die Bildunterschrift klärte die Leser darüber auf, dass *Brandts Fleckenöl* wahre Wunder getan und Achenbachs Weste wieder so rein gemacht hatte wie seine erste Windel.

Das war das Aus für Achenbachs Kandidatur; im Mai wurde Ralf Dahrendorf, parlamentarischer Staatssekretär im Auswärtigen Amt, als Kandidat für die EWG bestimmt. Am 29. Mai, dem Tag der offiziellen Ernennung, machte sich die Regierung auf die Suche nach seinem Nachfolger als Staatssekretär.

Aber Achenbach wollte Rache und kam noch einmal zurück: Er kandidierte erneut, inoffiziell. Zum Glück waren wir so umsichtig gewesen, ein Dokument vom 11. Februar 1943 mit dem Vermerk »Geheim« zurückzuhalten, dessen Original im CDJC aufbewahrt wird. Der Unterzeichner dieses für Röthke bestimmten Vermerks war nie identifiziert worden. Da sich eine Kopie von Achenbachs Unterschrift in unserem Besitz befand, hatten wir sie unter diesem Dokument mühelos wiedererkannt, das der Gestapo das erforderliche grüne Licht für die »Durchführung der vorgesehenen Judenmaßnahmen« gab: »Das Auswärtige Amt hat daraufhin der Botschaft folgende Weisung erteilt: Es wird gebeten, die dort vorgesehenen Maßnahmen im neubesetzten Gebiet in Angriff zu nehmen.«[24]

Am Morgen des 30. Mai traf ich in Bonn ein, im Gepäck hundert Kopien dieses Dokuments und ebenso viele Exemplare einer Zusammenfassung des Falls der 2000 deportierten Juden. Ich verteilte sie an die Presse und die offiziellen Stellen und kehrte gleich darauf nach Paris zurück. Am 1. Juni 1970 trat Karl Moersch Dahrendorfs Nachfolge an. Achenbach erhielt zum Trost den Posten des Vorsitzenden des FDP-Arbeitskreises für Außen-, Deutschland- und Sicherheitspolitik.

Doch damit war seine politische Karriere leider keineswegs zu Ende, wie sich bald zeigen würde.

---

[24] Ebd., S. 503.

SERGE

An Beates Seite

In diesen turbulenten Jahren tat ich mein Bestes, um Beate bei ihren Kampagnen zu helfen. Ich ließ mein Berufsleben hinter mir, um mich bei Aktionen zu engagieren, wo der Faktor Zeit eine sehr große Rolle spielt; Beates Entlassung beim DFJW hatte eine Wut in mir entfacht, die mir Antrieb gab. Ich bin Franzose; mein Vater wurde in Auschwitz ermordet; meine Frau war durch unsere Heirat französische Staatsbürgerin geworden; sie arbeitete in Paris und wurde entlassen, weil sie öffentlich angeprangert hatte, dass im deutschen Kanzleramt ein ehemaliger Nazipropagandist saß.

Wenn mein Vater in Auschwitz den Mut gehabt hatte, zurückzuschlagen, durfte ich nicht resignieren. Beate war bereit zu kämpfen, und ich würde mit ihr kämpfen, um Deutschland zu zwingen, Abstand von Kiesinger zu nehmen. Ich war sachkundig genug, um Material über Kiesinger zusammenzutragen, und machte mich daran, indem ich wieder Historiker wurde. Bis auf Josy Fainas und drei Kollegen aus meiner Abteilung gefiel es den Mitarbeitern und vor allem der Geschäftsführung der Continental Grain nicht, dass ich Beate auch während meiner Arbeitszeit unterstützte: Ich telefonierte oft ins Ausland, und am Wochenende fuhr ich dorthin, wo Beate für unsere Sache kämpfte. Ich tauchte an Beates Seite in der deutschen Presse auf. Diese Verquickung kam nicht gut an, auch wenn die Kampagne, die Beate führte – die bei den politischen Führern der osteuropäischen Länder gut ankam –, mir die Möglichkeit gab, in dem einen oder anderen dieser Länder ein berufliches Problem zu klären.

1970 wurde ich im Rahmen der Kündigung von etwa zwanzig Mitarbeitern aus betrieblichen Gründen entlassen, was ich den Verantwortlichen nicht einmal verübeln konnte, ich war ein schlechtes Beispiel für die Kollegen. Ich vertraute weiter auf die Zukunft. Kurz darauf erhielt ich eine Stelle beim Crédit Lyonnais, wo ich mit den Beziehungen zum Ostblock beauftragt wurde, die sich damals gerade entwickelten. Doch als ich die riesige Halle der Bank betrat, die sich von den Grands Boulevards bis zur Rue Réaumur erstreckt, packte mich die Angst: Wenn ich hier angestellt war, würde ich vor der Pensionierung nicht mehr herauskommen. Ich musste mich davor bewahren, in diesem Universum, das nicht das meine war, meine Persönlichkeit ganz zu verlieren. Alexis Wolkenstein, den ich seit langem kannte und der eine leitende Position beim Crédit Lyonnais innehatte, versuchte zwar, mich von der Kündigung abzuhalten, aber es war stärker als ich – beziehungsweise ich war stärker als die Angst, Opfer meiner Entscheidung zu werden: Ich kündigte, ohne etwas anderes in Aussicht zu haben.

Es war ein Wendepunkt in unserem Leben: Wir verließen Passy und zogen nach West-Berlin, wo ich unter dem Pseudonym Henri Daru ehrenamtlich für den *Combat* schrieb, u. a. über den ersten offiziellen Besuch eines sowjetischen Außenministers in der Bundesrepublik, und ich verkündete als Erster Walter Ulbrichts Ablösung durch Erich Honecker als Regierungschef der DDR. Aber Beates Proteste gegen den Antisemitismus in Warschau und Prag hatten zur Folge, dass ich nicht mehr in die DDR einreisen konnte, und so kehrten wir nach Paris zurück – just zu der Zeit, als mir klar wurde, wie beispiellos die Straflosigkeit der in Frankreich tätigen NS-Verbrecher war.

Wir hatten einige spannende Monate in Berlin verbracht, Andreas Baader, Ulrike Meinhof und andere künftige Terroristen getroffen. Ich erinnere mich an heftige Diskussionen mit Beates damaligem Anwalt Horst Mahler, der in den gewaltsamen Kampf gehen wollte. Ich versuchte vergeblich, ihn davon abzubringen: Diese Gruppe wollte die Revolution; sie hatten unsere Aktion unterstützt, aber den Reformer Willy Brandt, dem sie den Aufstieg zur Macht erleichtert hatten, wollten sie nicht. Sie fühlten sich verraten. Gewalt, selbst blinde Gewalt, schien ihnen das einzige Mittel zu sein, um ihren Willen durchzusetzen. Einige von ihnen sind eines gewaltsamen Todes gestorben, andere wurden zu langen Gefängnisstrafen verurteilt, manche haben sich distanziert. Horst Mahler, der Ideologe der Gruppe, saß lange im Gefängnis und vollzog eine Kehrtwende um 180 Grad, er wurde zum fanatischen Antisemiten und Vordenker der extremen Rechten. Wegen Volksverhetzung wurde er immer wieder inhaftiert, er sitzt auch heute noch im Gefängnis.

Wir zogen wieder zu meiner Mutter, die froh war, unsere kleine Familie wieder bei sich zu haben. Arno schlief im Zimmer meiner

Mutter, Beate und ich teilten uns das andere. Wir waren arm, deklassiert, aber frei für die lange Kampagne, die wir zu führen hatten. Die DDR war uns verschlossen, und im Westen war unser Spielraum sehr begrenzt: Die Rechte verabscheute Beate wegen der Kiesinger-Ohrfeige, die extreme Linke war größtenteils anti-israelisch, und die Sozialdemokraten waren geteilt: Sie respektierten Beate, doch sie hatten nicht den Mut, offen zu sagen, dass das deutsch-französische Zusatzabkommen ratifiziert und den in Frankreich in Abwesenheit verurteilten Naziverbrechern in Deutschland der Prozess gemacht werden musste. Die CDU/CSU würde dagegenstimmen, und die FDP, Koalitionspartner der SPD, ebenfalls, und zwar unter dem Einfluss von Ernst Achenbach, den wir in Brüssel verhindert hatten, der aber in der FDP, wo er die Großindustrie vertrat, immer noch Macht besaß. Er war zum Berichterstatter des Auswärtigen Ausschusses des Bundestags ernannt worden und damit zuständig für die geplante Ratifizierung des deutsch-französischen Zusatzabkommens zum Überleitungsvertrag.

1971 veranlasste ein langer Artikel über Beate im *Nouvel Observateur* den Fonds social juif unifié (FSJU), mir eine Stelle als Direktor der Ferienkolonien anzubieten, mit einer sechsmonatigen Probezeit, unter der Bedingung allerdings, mich nicht in der Öffentlichkeit an Beates Aktionen zu beteiligen. Ich nahm die Stelle an, weil einer von uns unseren Lebensunterhalt verdienen musste, aber ich fragte mich, wie ich diese Bedingung einhalten sollte und warum. Der FSJU war eine große jüdische Einrichtung, und wir kämpften für die Verurteilung der Naziverbrecher – warum war da Diskretion geboten? Als Beate auf der Suche nach Barbie ihre verschiedenen Reisen nach Bolivien unternahm, die ich den Medien erklären musste, tauchte ich jedoch bald schon in Presse, Radio und Fernsehen auf, und der Direktor des FSJU erklärte mir, zu seinem großen Bedauern müsse er mir vor Ablauf der Probezeit kündigen. Auf die Intervention des couragierten LICA-Präsidenten Jean Pierre-Bloch hin wurde mir mein Gehalt ein weiteres Jahr lang bezahlt, was uns das Leben und unser Engagement sehr erleichterte.

Im Februar 1971, als wir unsere Kampagne begonnen hatten, mit der wir Lischka und Hagen vor Gericht bringen und den Rechtsstreit zwischen Frankreich und Deutschland beenden wollten, der eine Folge des Zweiten Weltkriegs war, wussten wir noch nicht, dass unsere Geduld auf eine harte Probe gestellt werden würde. Erst im Februar

1980 konnten wir diesen Fall erfolgreich zum Abschluss bringen und die Akte schließen.

Wir begannen diese Kampagne zu zweit, doch an ihrem Ende hatten sich etwa tausend Nachkommen von Deportierten um uns geschart. Aus einer Initiative Einzelner hatten wir eine gemeinsame Aktion gemacht und das Instrument und die Gruppe geschaffen, die uns die Zukunft erleichtern und dank der wir unsere Ziele in den kommenden Jahrzehnten gemeinsam angehen konnten.

BEATE

Protest gegen Antisemitismus in Warschau und Prag

1970 richtete ich meinen Blick nach Osten. Denn dort hatte Willy Brandt eine historische Aufgabe zu erfüllen. Doch zugleich gärte dort der Antisemitismus in einem Ausmaß, das uns Angst machte.

Nach den Bundestagswahlen rief ich Herrn Dmowski an, einen polnischen Diplomaten, der mich ein paar Monate zuvor eingeladen hatte, sein Land zu besuchen. Von mir aus konnte es losgehen. Ich wollte natürlich die Sehenswürdigkeiten besichtigen, mich aber auch an die polnische Jugend wenden. Ich wollte in Auschwitz das Wort ergreifen. Obwohl ich noch mehrmals anrief, wurde aus der Einladung nichts.

Am 5. Oktober 1969 war ich zur Feier des 20. Jahrestags der Gründung der DDR nach Ost-Berlin eingeladen gewesen. Ein Empfang folgte dem anderen. Ich trug ein zugleich pariserisch chices und sittsames weißes Cocktailkleid, das die Blicke der kommunistischen Politiker auf sich zog. Es war eine der wenigen Gelegenheiten, bei denen ich mich wirklich verführerisch fühlte, wahrscheinlich weil ich eine der wenigen Frauen unter lauter Männern war.

Ich genoss für einen Moment die Verwunderung der Vertreter von DKP und ADF, als ein Offizieller mich im großen Saal des Staatsratsgebäudes abholte und in den abgegrenzten Bereich brachte, wo Walter Ulbricht und das Politbüro die Regierungschefs der sozialistischen Länder empfingen.

Walter Ulbricht drückte mir herzlich die Hand. Die Aufmerksamkeit, die dieser Mann, der das kommunistische Deutschland verkörperte, mir entgegenbrachte, verdankte ich meiner Kompromisslosigkeit. Ein Mitlied des Zentralkomitees erzählte mir, er sei dabei gewesen, als Ulbricht die Nachricht von der Ohrfeige für Kiesinger erhielt: »Es war am Jahrestag der Oktoberrevolution am 7. November. Wir hatten uns in Ulbrichts Büro versammelt, und ein Sekretär kam herein und flüsterte Ulbricht zu, dass du gerade Kiesinger gedemütigt hattest. Das war sofort Gesprächsthema. Ich erinnere mich noch genau, was Ulbricht gesagt hat: ›Das ist eine mutige Frau, wir müssen sie unterstützen.‹«

Ich war zu sehr an die Auseinandersetzungen der letzten zwei Jahre gewöhnt, um mich in einem Kreis von Politikern ganz entspannt zu fühlen. Die Komplimente, das freundschaftliche Lächeln, die zuvorkommenden Worte osteuropäischer Politiker wie Stoph, Honecker, Breschnew, Husák, Schiwkow, Kádár und anderen taten mir wohl, aber ich war keine Anhängerin des kommunistischen Regimes. Ich war überzeugt, dass das Handeln der deutschen Nation von politischer Moral geprägt sein musste.

Es lag wohl vor allem an diesen Überlegungen, dass mich die zahllosen persönlichen Begegnungen nicht überwältigten. Es war ein sehr schöner Abend, wie ihn sich kleine Mädchen erträumen. Ich wurde in den Armen eines weißhaarigen sowjetischen Marschalls in ordensgeschmückter Uniform gefilmt, ich glaube, es war Schukow. Hätte die sechsjährige kleine Deutsche, die voller Schrecken den Einzug der Kosaken im Dörfchen Sandau erlebte, wohin meine Mutter und ich uns im April 1945 geflüchtet hatten, sich vorstellen können, dass sie eines Tages mit einem Marschall der Roten Armee Walzer tanzen würde? Hundertprozentiges Engagement für eine Sache gibt es nicht – es bleibt immer eine Lücke, durch die man mit leiser Faszination auf das eigene Abenteuer blickt.

Danach fuhr ich im Oktober noch zweimal nach Berlin, einmal, um über die NPD zu sprechen, das zweite Mal ging es um die Haltung, die man zu Brandt einnehmen sollte. Ich war derselben Meinung wie der größte Teil der APO, deren Proteste sich nach der Wahl mäßigten. Ein kleiner Teil, darunter mein Verteidiger Horst Mahler, radikalisierte sich. Serge versuchte, sie umzustimmen, vergeblich.

Ende 1969 beschloss ich, für die DVZ nicht mehr nur über französische Fragen zu schreiben. Ich fuhr nach Den Haag, wo ein Gipfeltreffen der sechs EWG-Mitglieder stattfand, um Brandts ersten Auftritt auf der internationalen Bühne mitzuerleben, und berichtete darüber.

Am 19. März 1970 sollte in Erfurt das erste deutsch-deutsche Gipfeltreffen stattfinden. Ich wollte unbedingt dabei sein, aber nur sehr wenige ausländische Journalisten durften an der Konferenz teilnehmen, und die offizielle Genehmigung aus Ost-Berlin verzögerte sich.

So flog ich auf eigene Kosten nach Ost-Berlin, fragte selbst im Pressedienst nach, erhielt das kostbare Papier. Zwei Journalisten der Agentur Gamma nahmen mich in ihrem Wagen mit nach Erfurt; da sie selbst keine Genehmigung hatten, diente ich ihnen als Feigenblatt.

Als sich Brandt und Stoph im Erfurter Bahnhof, nur ein paar Meter von mir entfernt, die Hand gaben wie zwei Männer, die sich schätzten und nach langer Trennung wieder zueinandergefunden hatten, empfand ich ein gewisses Hochgefühl: Dies war *de facto* das Ende des Alleinvertretungsanspruchs der bisherigen deutschen Regierungen, das Ende des Anspruchs auf die Grenzen von 1937. Zugleich war es der Anfang des Wegs, der zur *de jure*-Anerkennung der DDR durch Bonn und den Westen führte – eine Etappe auf dem Weg zur Wiedervereinigung.

Als Brandt den Bahnhof verließ, stand ich so nah, dass in diesem seit mehr als zwanzig Jahren erwarteten Augenblick sein Blick auf mich fiel, und ein leichtes Lächeln erschien auf seinem ernsten Gesicht. Am Nachmittag fuhr ich wie die offizielle Delegation zur Gedenkstätte Buchenwald. Es war eiskalt, es schneite. Die Gedenkstätte liegt auf einer Anhöhe, von der man Weimar überblickt. Begleitet von DDR-Außenminister Otto Winzer schritt Brandt zum Glockenturm, der mit DDR-Fahnen geschmückt war. Eine Ehrenformation der Nationalen Volksarmee und eine Militärkapelle hatten davor Aufstellung genommen. Brandt ging in Begleitung von zwei Soldaten hinein und legte einen Kranz an der in den Boden eingelassenen Bronzeplatte nieder, während die Kapelle nach der ostdeutschen auch die westdeutsche Nationalhymne spielte, zum ersten Mal, glaube ich. Das Gedenken an die im Widerstand gegen Hitlerdeutschland ermordeten Toten war für beide, die west- und die ostdeutsche Delegation, deutlich mehr als ein formaler Akt.

Nach Brandt ging auch ich in den Glockenturm, um dort die Blumen niederzulegen, die mir die ostdeutschen Politiker gegeben hatten. Mein Blick fiel auf einen Satz des Buchenwaldschwurs: »Die Vernichtung des Nazismus mit seinen Wurzeln ist unsere Losung.«

Am 24. Mai 1970 nahm ich in Kassel am zweiten deutsch-deutschen Gipfeltreffen teil. Der Wandel in den Beziehungen kam nicht überraschend für mich. Meine Überlegungen waren einfach: Kein großes Volk ist lange getrennt geblieben; das jüdische Volk fand nach zweitausend Jahren seine Heimat, obwohl es klein war und verfolgt wurde; das deutsche Volk wird wieder eins werden.

Das war mein Ziel, für das ich nicht nur mit Worten, sondern mit Taten einstehen wollte. Ich war überzeugt, dass für die Deutschen in Ost wie West, unabhängig von ihren ideologischen Unterschieden, ein moralischer Imperativ galt: Nach allem, was unter den Nazis geschehen war, musste jeder Deutsche den Antisemitismus bekämpfen, sich um die Entfernung ehemaliger Nazis aus Ämtern in Politik, Justiz und Verwaltung bemühen und gegen die Rehabilitierung von Naziverbrechern eintreten.

Aus diesem Grund fuhr ich am 15. Mai nach Wien, um gegen den neuen Botschafter Westdeutschlands, Hans Schirmer, zu protestieren. Er war am 1. Mai 1933 in die NSDAP eingetreten, hatte die Mitgliedsnummer 3143496 und war von 1939 bis 1943 Kiesingers Vorgesetzter und der Hauptverantwortliche für »Radio Mundial«, das die Idee eines »neuen Europa« unter Hitler verbreitete und ein Netz von Agenten in der ganzen Welt unterhielt.

Der deutsche Außenminister Walter Scheel hatte gesagt, die Österreicher hätten den Anschluss schon vergessen. Diesmal hatte er recht: Ich hatte zwar die österreichische Presse mobilisiert und Bundeskanzler Kreisky auf seiner Pressekonferenz am 14. Mai 1970 zu dem Thema befragt, doch vergeblich. Kreisky antwortete mir geschickt, die Ablehnung eines Botschafters sei ein feindseliger Akt gegenüber dem Land, das er vertrat, und es sei Sache des entsendenden Landes, zu prüfen, ob die Vergangenheit seiner Diplomaten annehmbar sei.

Am 17. Juni fuhr ich zum SPÖ-Parteitag nach Wien. Ich packte Flugblätter ein und nahm Arno mit, auf den meine Schwiegermutter nicht aufpassen konnte, da sie in Bukarest bei ihrer Schwester war. Wir nahmen den Frühzug von Paris und kamen abends spät im Wiener Hauptbahnhof an, wo ein Gewerkschaftsfunktionär uns abholte. Da er ganz kurzfristig informiert worden war und kein Hotelzimmer mehr bekommen hatte, mietete er uns in einem Stundenhotel ein. Beim Frühstück spielte Arno mit den sehr netten jungen Frauen, die dort arbeiteten.

Am nächsten Tag begann der Parteitag der SPÖ. Wir stellten uns vor den Haupteingang, es fing an zu regnen, und bald waren wir klatschnass. Ich hatte Arno, der wie wild im Regen herumtollte, ein paar Flugblätter gegeben und gesagt: »Hilf Mama und verteil die Zettel.« Stattdessen machte er sich einen Spaß daraus, sie in die Pfützen zu tauchen und zu Kugeln zu formen, die er auf die Parteitagsbesucher warf …

Ich erwartete von den Sozialdemokraten eine Reaktion und hoffte, sie würden gegen Schirmer Stellung beziehen. Das Gegenteil geschah: Sie beschimpften Simon Wiesenthal, der ihnen vorgehalten hatte, dass sie ehemalige Nazis in der Regierung deckten. Der Ordnerdienst bat mich zu gehen. Ich war wütend.

Von Wien aus fuhr ich weiter nach Bukarest, um Arno seiner Großtante zu zeigen. Nach zwei Wochen wollte ich weiter nach Berlin. Die vielen Fahrten kosteten uns viel Geld. Ich ging in Bukarest in die DDR-Botschaft und erklärte meine Schwierigkeiten, und dort wurde mir ein Interflug-Ticket von Bukarest nach Berlin zur Verfügung gestellt. Als ich in Ost-Berlin ankam, lud man mich wie schon oft für die Sommerferien mit Arno in die DDR ein. Bisher hatte ich keine dieser Einladungen wahrnehmen können. Diesmal nahm ich an und fuhr mit Arno vom 5. bis 20. August zur Erholung ins Hotel Panorama in Oberhof im Thüringer Wald.

Mein einziger längerer Aufenthalt in der DDR war die Reise, die ich kurz nach meiner Entlassung aus dem DFJW 1968 durch die DDR unternommen hatte. Damals konnte ich drei Wochen lang allein reisen und das Land nach Belieben erkunden. Man vertraute mir, ich musste keinem vorgegebenen Programm folgen. Oft verpasste ich meinen Zug und nahm dafür einen anderen, ich stieg in kleinen Hotels ab. Nun in Oberhof wohnten wir in einem richtigen Palast, der von der »Bourgeoisie« Ostdeutschlands bevölkert war: wohlhabende Leute, die nicht mit ihren politischen Meinungen hausieren gingen, zu denen ich aber keinerlei Beziehung aufnahm. Meine einzige Freundin – und Arnos große Liebe – hieß Marion und war das Zimmermädchen auf unserer Etage.

Ich hatte mich mit Serge für den 22. August bei meiner Mutter in Berlin verabredet. In Oberhof dachte ich lange nach: In Polen herrschte mit dem Segen der polnischen Behörden ein offener Antisemitismus. Jetzt war es schon über ein Jahr her, dass ich mir vorgenommen hatte, das Problem des Antisemitismus gegenüber der polnischen Jugend anzusprechen.

Man musste die ostdeutsche Jugend gegen den Antisemitismus feien, und zwar nicht in einer Rede, sondern durch eine Kraftprobe mit den ostdeutschen Behörden. In der DDR war nicht die Parteiführung anfällig für den Antisemitismus, sondern die damals 45- bis 55-jährigen mittleren und unteren Parteikader, die noch im Tausendjährigen Reich aufgewachsen waren und nicht wie Walter Ulbricht in Moskau, wie Erich Honecker im Gefängnis, wie Albert Norden als Kommunist und Jude im Exil in Amerika gewesen oder wie Hermann Axen in Frankreich im Lager Vernet interniert und deportiert worden waren. Aber bei den mittleren Kadern hatte ich stets eine gewisse Feindseligkeit mir gegenüber beobachtet, dieselbe wie bei den Menschen ihrer Generation in Westdeutschland.

In der DDR sah man das westdeutsche Fernsehen und hörte westdeutsche beziehungsweise amerikanische Radiosender. So würde man von meiner Verhaftung und ihren Gründen erfahren, man würde die Kommentare in den ostdeutschen Zeitungen lesen – wenn es welche gab. Denn entweder würde die Partei mich vehement angreifen oder aber, wenn ihr klar war, dass meine Anschuldigung bezüglich des polnischen Antisemitismus stimmte, den Vorfall totschweigen. Nach der Aktion wäre ich jedenfalls in der DDR Persona non grata, die westdeutschen Kommunisten würden sich von mir distanzieren, und mein Arbeitgeber, die DVZ, würde sich von mir trennen.

Dabei wollte ich weder antikommunistische Propaganda machen noch mit dem Finger auf die Polen zeigen, sondern lediglich der schändlichen Unterdrückung nicht schweigend zusehen.

Was die Risiken anging, war ich vorsichtig, denn ich empfand keinerlei Berufung zum Märtyrer. Wie bei der Episode mit der Ohrfeige tat ich alles, um nicht für längere Zeit ins Gefängnis zu wandern. Die Polen wussten, dass Ost-Berlin mich moralisch unterstützte, sie würden nicht glauben, dass ich allein gehandelt hatte, sondern Ost-Berlin zumindest informiert wäre. Deshalb würden sie mich wahrscheinlich schnellstmöglich ausweisen – vorausgesetzt allerdings, die westlichen Presseagenturen verbreiteten sofort die Nachricht von meiner Verhaftung.

Ich verfasste ein Flugblatt auf Deutsch und Französisch, ließ es ins Polnische übersetzen und fotokopierte es 200 Mal. Zudem brauchte ich ein Einreisevisum. In der polnischen Militärmission in West-Berlin ließ mich ein Beamter verschiedene Formulare ausfüllen. Ich tauschte Mark in Gutscheine, mit denen ich mein Hotel in Warschau würde bezahlen können. Dann begab ich mich mit meinen Unterlagen unter dem Arm wieder an den Visa-Schalter. Derselbe Beamte wie eben prüfte lange meinen französischen Pass. »Sie sind Journalistin?«, fragte er ohne großes Interesse. Diesen Beruf hatte ich in dem Formular angegeben. »Sie können Ihr Visum in zwei Wochen abholen.«

Am selben Tag ging ich zur polnischen Botschaft in Ost-Berlin. Diesmal verwickelte ich den Schalterbeamten, der meine Aktionen kannte, vorsichtshalber in ein langes Gespräch, um ihn abzulenken. Trotzdem stieß er auf das schicksalhafte Wort.

»Sie sind also Journalistin?«

Bevor er es sich anders überlegen konnte, antwortete ich:

»Nein. Das war ich im Wahlkampf, aber jetzt bin ich Hausfrau.«

»Na gut, dann tragen Sie eben ›ohne Beruf‹ ein«, riet er mir.« Ich erhielt das Visum.

Am 25. August gegen 21 Uhr fuhr ich langsam durch die Berliner Vororte nach Osten. Soll ich es zugeben? Zum ersten Mal hatte ich wirklich Angst. Die Demonstration, die ich am nächsten Tag in Warschau vorhatte, war anders als alle, die ich in westlichen Ländern unternommen hatte. In den kommunistischen Ländern vermoderten Menschen für weit weniger im Gefängnis. Aber Serge war gleich nach meiner Abfahrt mit Arno nach Bonn gefahren und wartete im Pressehaus auf Nachricht von mir, um im schlimmsten Fall etwas zu unternehmen.

Mir gegenüber saß ein Mann um die vierzig, der mich seit einer Weile unverwandt ansah. Erst nachdem wir schon eine Weile gefahren waren, sprach er mich an. Er war Botschaftsrat der DDR in Warschau. Ich war erleichtert.

»Kennen Sie Warschau?«

»Nein. Ich habe vor, mir die Stadt zwei, drei Tage lang anzusehen.«

»Ich würde Sie gern herumführen. Meine Familie ist in Ost-Berlin, ich habe reichlich Zeit und würde Ihnen Polen gern zeigen.«

Diese Einladung brachte mich in Verlegenheit. Wenn dieser ostdeutsche Diplomat mit mir zusammen gesehen würde, sähe es ab morgen Mittag für seine weitere berufliche Laufbahn schlecht aus! Kaum waren wir frühmorgens in Warschau angekommen, versuchte er erneut sein Glück. Er wollte mir unbedingt helfen, ein Hotel zu finden. Ich erteilte ihm eine höfliche Abfuhr.

Die Zeit drängte: In Warschau angekommen, bat ich um Unterkunft in einer Jugendherberge. Alle Betten waren belegt, aber ich durfte meinen Koffer dalassen.

Mir blieben nur noch ein paar Stunden, um westliche Presseagenturen zu informieren. Ich fühlte mich sehr klein und verletzlich in dieser unbekannten Stadt. Mein Taxichauffeur fand die Adresse des Korrespondenten der Agence France Presse nicht. Weil ich es eilig hatte, bat ich ihn, mich rauszulassen, und machte mich zu Fuß auf die Suche. Vergebliche Mühe. Letzter Ausweg: Ich rief an. Nach langem Klingeln ging endlich jemand ans Telefon, aber er sprach kein Französisch und ich kein Wort Polnisch. In sehr stockendem Deutsch erklärte er mir, dass er Schreiner sei und das Agenturbüro renoviere. Immerhin beschrieb er mir den Weg.

Nach einer Stunde Wartezeit kam ein kleiner Mann. Sein Französisch hatte einen starken Akzent, der AFP-Korrespondent schien also Pole zu sein. Ich konnte ihm unmöglich von meinen Plänen erzählen, also sagte ich, ich sei eine französische Touristin, und ein Freund meines Mannes, der bei der Pariser AFP arbeite, habe mir geraten, mich an ihn zu wenden, um einige Informationen über Warschau zu bekommen. Er schien erstaunt und nicht sehr überzeugt, so kam ich nicht weiter. Also fragte ich ihn direkt: »Sind Sie Franzose, ich meine, französischer Staatsbürger?« Er sah mich groß an. »Ja, aber wieso?« »Ich würde Ihnen gern etwas mitteilen. Können wir hier reden?« »Besser in meinem Auto.«

Ich war etwas beruhigt, als ich sah, daß sein Wagen französische Nummernschilder hatte. Ich erklärte ihm kurz, was ich am Mittag vorhatte. Er schien nicht entzückt, dass ich ihn ins Vertrauen zog – die Zensur in Polen war streng, er fürchtete um seinen Job –, aber er war bereit, mich aus der Ferne zu beobachten, zu sehen, was passierte, und Paris zu benachrichtigen.

Letzte Vorbereitungen. Auf der Toilette eines Cafés schlang ich mir die mitgebrachte Kette über meinem Kleid um die Taille. Die Straßen waren belebt, es war Mittagszeit. Auf der Marszalkowska im Warschauer Zentrum suchte ich mir einen kräftigen Baum an einem Fußgängerübergang aus. Ein paar Meter von mir entfernt mussten die Autos – zahlreicher, als ich gedacht hatte – anhalten. Sehr viele Leute überquerten die Straße. Der Moment war günstig.

Unauffällig zog ich meine Kette unter dem Mantel hervor. Erst jetzt merkte ich, dass ich zitterte, fast wäre sie mir aus der Hand gerutscht. Ich schlang sie, so schnell ich konnte, um den Baum und ließ das Vorhängeschloss zuschnappen. Wohin mit dem Schlüssel? Menschen strömten an mir vorbei. Der winzige Schlüssel in meiner Hand schien mir plötzlich schwer. Mein erster Reflex war, ihn herunterzuschlucken. Das war blöd. Ihn im Mund behalten? Ich versuchte es, es war sehr unangenehm. Ich sah mich nach einem Gulli um, es gab keinen in der Nähe. Dieses Problem hatte ich nicht bedacht. Ihn einfach fortzuwerfen würde nicht viel bringen, Passanten könnten ihn bemerken. Ich fand keine bessere Lösung, als ihn durch das Gitter zu schieben, das den Baum umgab, und meinen Fuß daraufzustellen.

Die Passanten begannen auf mich aufmerksam zu werden. Ich ging auf sie zu, so weit die Kette es zuließ, und fing an, meine Flugblätter zu verteilen. Die Leute griffen zu. In weniger als zehn Minuten waren alle zweihundert weg. Ein letztes Flugblatt hielt ich mir vor die Brust, damit die nächsten Passanten es lesen konnten:

Polnische Bürger!
Die Ausschaltung der Juden in Polen, so wie sie zur Zeit betrieben wird, hat nichts mehr mit dem Kampf gegen angebliche zionistische Verräter zu tun: Es handelt sich hier um reinen Antisemitismus.
Die Urheber dieser neuen Verfolgungen, die Polen und den Sozialismus in den Augen der ganzen Welt beschmutzen, sind in Wirklichkeit Gegner des Sozialismus, die sich einer niedrigen Demagogie bedienen, um die Macht in Warschau an sich zu reißen.
Polen hatte unter dem Hitlerregime sehr schwer zu leiden, aber erinnern Sie sich daran, in Auschwitz waren es Millionen polnischer Juden, die man ausrottete. Unter dem Einfluss des Antisemitismus blieb die Mehrheit des polnischen Volkes passiv.
Nur die polnischen Kommunisten und die Linke leisteten einen organisierten Widerstand gegen diesen Völkermord. Folgen Sie ihrem Beispiel und fordern Sie von Ihrer Regierung die sofortige Einstellung der gegen die Juden geführten Maßnahmen, die die letzten polnischen Juden, unter ihnen viele Patrioten und Sozialisten, zwingen, ihre Heimat zu verlassen.
Hier spricht keine fanatische Zionistin und auch keine Jüdin zu Ihnen, sondern eine deutsche Antifaschistin appelliert an Ihren Sinn für Gerechtigkeit.
Beate Klarsfeld
Lambrakis-Medaille, verliehen 1969 vom Weltfriedensrat in Ost-Berlin

Ich bemerkte einen Polizisten, der in eine Telefonkabine ging und wieder herauskam, ohne mich aus den Augen zu lassen. Ein paar Minuten später bahnten sich zwei Polizisten, die in einem Jeep gekommen waren, einen Weg durch die Menge. Einer packte mich am Arm, um mich mitzunehmen. Aber er kam nicht weit, die Kette stoppte ihn. Ein paar Jugendliche grinsten unverhohlen. Ich wies den Polizisten auf die Kette hin. Aus der Fassung gebracht, ging er um den Baum herum und verlangte den Schlüssel. »Klucz«, wiederholte er fünf oder sechs Mal. Erfolglos. Er ging zu seinem Wagen und suchte etwas. Ich hütete mich, einen Schritt zu tun, damit der Schlüssel unter meinem Fuß verborgen blieb. Der zweite Polizist blieb bei mir und versuchte die Menge zurückzudrängen, vergeblich. Wütend hielt er einen jungen Mann fest, der mein Flugblatt aufmerksam las, und konfiszierte seine Ausweispapiere.

Dann kam der andere Polizist mit einem Seitenschneider zurück und nahm mir die Kette ab. Währenddessen sah ich mehrmals den französischen AFP-Korrespondenten. Dann fuhren wir los, und der Jeep passierte die schweren Eisentore der Polizeidirektion. Der junge Mann war auch dabei. Man zerrte mich in verschiedene Büros, bevor man endlich einen Kommissar fand, der Deutsch konnte. Das obligate Verhör begann. Die Polizisten waren höflich. Sie verstanden den Grund meiner Demonstration nicht.

»Haben Sie noch weitere Flugblätter?«

»Ja, in meinem Koffer, den ich in der Jugendherberge abgestellt habe.«

Wir fuhren sofort dorthin. Als wir zurück waren, versuchte ein anderer Polizist mich davon zu überzeugen, dass es keinen Antisemitismus mehr gebe. Ich war anderer Meinung. Er wurde von einem höherrangigen Beamten abgelöst, der mir verkündete:

»Ihre Tat ist äußerst schwerwiegend. Sie haben als Ausländerin gegen ein demokratisches Land demonstriert. Sie werden vor Gericht gestellt, Sie können für zwei oder drei Jahre ins Gefängnis kommen.«

»Tun Sie, was Sie nicht lassen können.«

Meine Festigkeit schien ihn in Verlegenheit zu bringen. Er ließ mich allein. Nach zwei Stunden kam er zurück:

»Wir haben berücksichtigt, was Sie vor Ihrem heutigen Fehler alles getan haben, und beschlossen, Sie auszuweisen.«

Ich wurde zum Flughafen gebracht. Das Ticket nach Paris bezahlten sie mit dem Geld aus meiner Handtasche. Dann übergaben mich die Polizisten den französischen Piloten. Ich verließ Warschau im Cockpit der Caravelle. Ein paar Minuten nach dem Start wurde ich in die erste Klasse eingeladen und meine glückliche Ausweisung mit einem Glas Champagner gefeiert. Serge und Arno kamen aus Bonn nach Orly und holten mich ab. Zu Hause feierten wir Arnos Geburtstag.

Die Pressekommentare ließen nicht auf sich warten, eine christdemokratische deutsche Zeitung schrieb: Diese »Globetrotterin in Sachen Sozialismus und Antifaschismus« sei vielleicht etwas exzentrisch, und man könne über diese kampflustige Amazone lachen, aber immerhin sei sie konsequent und nicht einseitig, sondern sehe auch die Fehler der kommunistischen Länder und prangere sie an.

Ich fuhr wieder nach Berlin, um das Eisen zu schmieden, solange es heiß war, denn meine Aktion galt vor allem der ostdeutschen Jugend. Ich wollte erfahren, wie man in Ost-Berlin darauf reagierte. Wenn ich vor dem Besuch bei meiner Mutter in West-Berlin geglaubt hatte, ihre Einstellung zu mir hätte sich geändert, da die konservative Presse mich zum ersten Mal lobte, wurde ich enttäuscht. Ihre Vorurteile hatten sich sogar noch verstärkt, jeder Auftritt in der Öffentlichkeit war ihr zuwider.

An der Kontrollstelle im Bahnhof Friedrichstraße stieß ich nicht auf die befürchteten Schwierigkeiten, ich wurde ohne weiteres durchgelassen. Ich traf mich mit einem Freund, der in leitender Stellung beim Ost-Berliner Radio arbeitete und mir als Erster geholfen hatte, Kontakte zur DDR zu knüpfen: »Ich würde Ihnen gern das Flugblatt zeigen, das ich in Warschau verteilt habe«, kam ich gleich zur Sache. Er erwiderte, er kenne es schon, die Eilmeldung in den Redaktionen habe viele Journalisten schockiert. Manche habe es auch nachdenklich gemacht, auch wenn sie sich nichts anmerken ließen.

Dann rief ich einen Beamten des Innenministeriums an, der uns bei unserer Suche nach Unterlagen über Kiesinger geholfen hatte.

»Ich würde Sie gern treffen. Können Serge und ich bei Ihnen vorbeischauen?«

»Nach dem, was Sie in Polen getan haben, erübrigt sich das wohl«, antwortete er kühl.

»Aber warum soll man den Antisemitismus in Polen nicht anprangern?«

So versuchte ich eine Diskussion anzufangen, um meine Aktion zu erklären, vergeblich.

»Sie sehen die Sache unter einem falschen historischen Blickwinkel.«

Das war alles, die Brücken waren abgebrochen.

Würde es in der Redaktion der ostdeutschen *BZ am Abend* anders aussehen, für die ich öfter schrieb? Als Serge und ich dort ankamen, erklärte uns der Chef der Auslandsberichterstattung, sie könnten keine Artikel mehr von mir veröffentlichen. Sie seien anderer Meinung als ich. Es gebe zwar auch in den kommunistischen Ländern Fehler, aber sie seien dagegen, sie publik zu machen, weil man dem kapitalistischen System nur eine Waffe in die Hand gebe.

Diese Abfuhr machte den Graben zwischen uns deutlich. Die Angst, als Ketzer dazustehen, führte zu feigem Dogmatismus.

Ich versuchte es mit einem letzten Kontakt und besuchte das ostdeutsche Komitee der Antifaschistischen Widerstandskämpfer. Meine Gesprächspartner mieden das Thema zunächst, und wir redeten über Alltägliches. Erst als ich ihnen das Flugblatt zeigte, erklärte mir einer dieser alten Antifaschisten verlegen: »Wir haben von Ihrer Aktion gehört, alle Welt spricht darüber, wenn auch nicht offen. Viele Freunde stimmen Ihnen zu. Vor allem bei den Feierlichkeiten in Auschwitz oder im Warschauer Ghetto empfinden viele von uns schon lange ein Unbehagen, denn daran nehmen nur offizielle Delegationen aus den osteuropäischen Ländern teil, keine Betroffenen. Wir haben versucht, mit unseren polnischen Freunden darüber zu reden, damit sich etwas ändert. Ergebnislos.«

Ich war also in der DDR in Ungnade gefallen. Ich versuchte mit Serge noch einmal hinzufahren, aber man teilte uns an der Grenze nach zweistündigem Warten mit, wir dürften nicht mehr in die DDR einreisen.

Einige Wochen später reiste Willy Brandt als erster westdeutscher Regierungschef nach Polen und fiel im Warschauer Ghetto auf die Knie, was ihm in Polen und in Deutschland viele nicht verziehen.

Als Willy Brandt 1971 für die Normalisierung der Beziehungen zur Sowjetunion und zu Polen den Friedesnobelpreis erhielt, stiegen mir Tränen in die Augen, obwohl ich sonst nicht so leicht weine. Dass ich ihn in den letzten vier Jahren, so gut ich konnte, bekannt gemacht und für ihn geworben hatte, war mir die liebste unter all meinen Aktionen. Er war der einzige Politiker, in den ich je Vertrauen gesetzt hatte. Brandts kraftvolle und mutige Ostpolitik, die Erleichterung der menschlichen Beziehungen für West-Berliner und DDR-Bürger hatten bereits ihren Platz in der Geschichte.

Auch wenn Ost-Berlin mir die Beziehung aufgekündigt hatte, änderte das nichts an meiner Überzeugung, dass jede Lösung des deutschen Problems die Anerkennung beider deutscher Staaten voraussetzte. Die Tatsache, dass Deutschland keinen Sitz in den Vereinten Nationen hatte, war beklagenswert. Es wurde Zeit, dass BRD und DDR dort Einzug hielten.

Dafür demonstrierte ich am 23. Oktober 1970, am 25. Jahrestag der Charta der Vereinten Nationen, der am Sitz der UNO in Genf gefeiert wurde. Konkreter Auslöser für meine Aktion war ein Telefongespräch, das ich in West-Berlin mit der Mutter von Michel Lang führte. Sie erzählte mir von dem Gerücht in der deutschen Linken, ich sei eine Agentin der CIA. Unser Vormieter der Wohnung in der Rue de l'Alboni, aus der wir aus Geldmangel gerade wieder in die Zweizimmerwohnung meiner Schwiegermutter umgezogen waren – und in der bald darauf *Der letzte Tango in Paris* gedreht wurde –, war der Leiter des Pariser CIA-Büros gewesen, zumindest behauptete das eine Broschüre der Sowjets, die seinen Namen und die Adresse nannte. Ich war niedergeschmettert. Aber im Grunde war es nur logisch, totalitäre Systeme, ob links oder rechts, reagieren auf Kritik immer gleich, sie denunzieren ihre Kritiker. Vor zwei Jahren hatten die rechte und die konservative Presse noch behauptet, ich sei eine Agentin der Stasi, ich erhielte bei jeder Reise in die DDR Instruktionen von Walter Ulbricht. Und heute verleumdete mich die extreme Linke. Das würde ich ihr nicht durchgehen lassen. Ich wollte mit einer einfachen, klaren, unmissverständlichen Aktion antworten.

Dafür brauchte ich Flugblätter und eine große Fahne von jedem der beiden deutschen Staaten. Im Telefonbuch fand ich die Adresse eines Flaggenhandels und gab meine Bestellung auf. Zu meiner größten Überraschung stellte ich bei der Lieferung fest, dass jede Fahne 2,50 Meter mal 1,50 Meter maß. Ich hatte vorgehabt, sie an Besenstielen zu befestigen – unmöglich. Ich kaufte zwei 2 Meter lange Stangen. Noch komplizierter wurde die Sache, als ich am nächsten Tag in Berlin in den Zug nach Genf stieg: Mein langes Paket ging nicht der Höhe nach hinein, ich musste es quer nehmen, was die anderen Reisenden im Abteil störte. An der Schweizer Grenze wollte ein argwöhnischer Zöllner wissen, was in dem sperrigen Paket war: »Das sind die Flaggen meines Landes. Ich nehme an einem internationalen Jugendtreffen teil«, antwortete ich seelenruhig.

In Basel musste ich mitten in der Nacht umsteigen. Auf dem Bahnsteig setzte ich mich auf meinen Koffer und schlief, auf mein riesiges Paket gebettet, ein, ohne es auch nur eine Sekunde loszulassen.

Gegen sechs Uhr früh fuhr mein Zug ein. Ich stieg schnell ein und fand ein Abteil, wo ich mich hinlegen konnte und das wärmer war als der eiskalte Bahnsteig. Mein Paket legte ich neben mich.

In Genf stieg ich mit meinem voluminösen Gepäckstück aus. Mehrere Fotografen erwarteten mich auf dem Bahnsteig. Ich hatte sie vor meiner Abreise über meine Ankunft informiert. Ich suchte mir ein Taxi mit Schiebedach, das mich zum UN-Sitz fuhr. Irgendwer musste mich verraten haben, denn der UNO-Sicherheitsdienst war über meinen Besuch informiert und hatte Anweisung, mir den Zutritt zum UN-Sitz zu verweigern. Sie hielten Ausschau nach einer einzelnen jungen Frau, die zwei Fahnen schwang, oder vielleicht nach einer sich zu Fuß nähernden Gruppe Jugendlicher. Meinem Taxi schenkten sie keine Beachtung. So konnte ich unbehelligt den Vordereingang nehmen.

In der Halle waren viele Tagungsteilnehmer. Sofort entrollte ich meine beiden Flaggen. Ein junger Mann bot mir seine Hilfe an. Ich befestigte sie an den gekreuzten Stangen und lehnte sie an der Frontseite neben den Eingang. Dann verteilte ich die 200 Flugblätter. Die Männer vom Sicherheitsdienst ließen nicht auf sich warten. Sie rissen die beiden Fahnen herunter, aber die Fotografen hatten genug Zeit gehabt, sie zu fotografieren.

Im Herbst 1970 protestierte ich in London auch öffentlich gegen die vom britischen Innenminister Reginald Maudling beschlossene Ausweisung von Rudi Dutschke. Ich suchte die Redaktionen sämtlicher großer Tageszeitungen in der Fleet Street auf. Gegenüber der englischen Haltung hob ich die Tatsache hervor, dass Dutschke von einem Fanatiker schwer verletzt worden war, der sich auf Hitler berief.

Die Presse berichtete darüber, und der ehemalige Premierminister

Harold Wilson versprach, zugunsten Dutschkes zu intervenieren, was er auch tat, aber erfolglos: Dutschke musste ins Exil nach Dänemark, wo er am 24. Dezember 1979 an den Spätfolgen seiner schweren Kopfverletzung starb.

Unterwegs in die Tschechoslowakei

Der Saal der Mutualité war an diesem Abend des 7. Januar 1971 überfüllt. Am 14. Dezember 1970 waren zwei der fünf Angeklagten im Leningrader Prozess zum Tode verurteilt worden. Mit Tausenden von Juden hatte ich schon am Schweigemarsch der LICA von der Synagoge an der Place de la Victoire zur Trinité und an der Demonstration vor dem Hôtel de Ville teilgenommen. Zur heutigen Versammlung hatte die Linke aufgerufen. Ich war gebeten worden, zu sprechen. Mit mir auf dem Podium waren Jean-Paul Sartre, Professor Laurent Schwartz, Daniel Mayer, Präsident der Liga für Menschenrechte, der Schriftsteller Vercors, der Historiker und Präsident des chistlich-jüdischen Freundschaftsvereins Jacques Madaule und Eli Ben Gal, der Vertreter der israelischen Mapam-Partei in Europa. Ich sah viele junge Menschen im Saal. Schon bei der Nennung meines Namens ertönte Beifall, was mich sehr rührte. Nach meiner Rede kam Eli Ben Gal zu mir und sagte, er gebe zum ersten Mal im Leben einem Deutschen die Hand. Aber nach allem, was ich getan hätte, könne und müsse er das. Und er schrieb mir aufs Programm: »Für Beate, die mir etwas Einzigartiges im Leben gebracht hat, die Hoffnung, dass es eines Tages eine Versöhnung zwischen unseren beiden Völkern gibt, und bis zu diesem fernen Moment eine aufrichtige Freundschaft.«

Ich hatte einen langen und steinigen Weg zurückgelegt seit jenem Tag im Sommer 1966, als mir in einem Kibbuz in Galiläa eine junge Frau erklärt hatte, dass Deutsche bei ihnen nicht geduldet würden! Müssen wir Deutschen nicht mehr tun als in Frieden leben, wenn wir Zugang zum Herzen des jüdischen Volks finden und einem Juden die Hand reichen wollen, ohne dass er Vorbehalte dagegen verspürt?

Im Saal der Mutualité saß auch ein Journalist von dpa und machte sich Notizen. In seinem detaillierten Bericht, den er später nach Hamburg schickte, schrieb er, wie sehr es ihn bewegt hatte, dass so viele Juden eine Deutsche so herzlich empfingen. Dieser Passus wurde später zensiert: Die Deutschen sollten nicht wissen, dass der skandalträchtige Weg, den ich eingeschlagen hatte, auf einen Respekt stieß, der für andere Deutsche nur schwer zu erwerben war: den Respekt der Juden.

An diesem Abend sprach ich mit mehr Wärme als sonst; ich merkte, dass meine Stimme jeden einzelnen Zuhörer erreichte. Das lag vielleicht daran, dass der Kampf, den ich ankündigte, in einer mir fremden Umgebung stattfinden würde, in einem weiteren osteuropäischen Land, der Tschechoslowakei:

> Die Ausweisung vieler sozialistischer Juden aus Polen, die heimtückische Verfolgung Tausender, die nicht aufgeben und ihr Land verlassen wollen, die Diskriminierung und Benachteiligung der meisten sowjetischen Juden, die daran gehindert werden, als jüdische Staatsbürger zu leben und sich entsprechend zu äußern, der jüngste Prozess in Leningrad und sein furchtbares Urteil: All das ist Antisemitismus. Ebenso wie die gehässigen Anspielungen auf die jüdische Abstammung früherer tschechischer Politiker. Wir müssen hellsichtig sein! All das ist Antisemitismus, der sich noch weiterentwickeln und verstärken wird, wenn die kommunistischen Parteien außerhalb des Ostblocks, die Linken und die Antifaschisten in diesem Kampf nicht ihr ganzes Gewicht in die Waagschale werfen!

Ich sprach später noch öfter über den Antisemitismus im Osten; viele Juden waren in hellem Aufruhr, und ich spürte überall, ob in den großen Pariser Sälen oder in den überfüllten kleinen Sälen in den Pariser Vororten, wie sehr es geschätzt wurde, dass eine linke Deutsche sich für die sowjetischen Juden engagierte. Die westlichen Kommunisten bestritten, dass viele sowjetische Juden nach Israel auswandern wollten; im Februar 1971 erlebte ich in Brüssel sogar, wie eine Delegation sowjetischer Juden beteuerte, die Juden hätten in der Sowjetunion keinerlei Probleme. Doch die Probleme waren offensichtlich, und sie wurden nicht gelöst, wenn man sie verleugnete.

Aber ich wollte nicht nur reden und Petitionen unterschreiben; die Situation verlangte mehr, und ich wollte etwas tun, zumal das *Neue*

Deutschland das Leningrader Todesurteil ausdrücklich gerechtfertigt hatte.

Da die DDR-Bürger derart indoktriniert wurden, musste ich versuchen, dieser hassenswerten Politik öffentlich entgegenzutreten, und zwar so, dass die Menschen es auch mitbekamen. In der DDR waren ein paar ehemalige Nazis im Bereich der Propaganda untergekommen, zwar nicht in Schlüsselpositionen, aber sie konnten eine Rolle spielen. Die Besetzung der Tschechoslowakei 1968 durch die Truppen des Warschauer Pakts, die Diskriminierung von Juden in der UdSSR, die guten Beziehungen der DDR zu den arabischen Ländern, all das bot alten Antisemiten die Gelegenheit, ihr Gift zu verspritzen.

Im Frühjahr 1971 verstärkte sich der Antisemitismus in der Tschechoslowakei. Die *Prawda* in Bratislava attackierte die »jüdischen Intellektuellen, die viele hohe Stellungen im kulturellen Leben unseres Landes erobert« hätten. Am 13. Januar veröffentlichte Radio Prag die Beschlüsse des Zentralkomitees der tschechischen KP vom 10. Dezember 1970, in denen »zionistische Elemente« beschuldigt wurden, eine bedeutende Rolle im Prager Frühling gespielt zu haben. Wenn von einem ehemaligen jüdischen Politiker die Rede war, hieß es im Radio jetzt: »geborener Ben …« oder »ein Bewunderer von Lew Dawidowitsch Bronstein, besser bekannt unter dem Namen Trotzki«. Am 8. Februar sollte ein Prozess gegen sechsundzwanzig junge Trotzkisten stattfinden, denen vorgeworfen wurde, sie hätten unter Studenten und Arbeitern agitiert und, so Radio Prag, nicht nur das sozialistische Regime in der Tschechoslowakei, sondern auch in allen sozialistischen Ländern einschließlich der Sowjetunion stürzen wollen. Eine gigantische Anschuldigung. Etwa die Hälfte dieser jungen Leute waren Juden, und ihre Namen wurden oft wiederholt, um die Bevölkerung glauben zu machen, dass diese Rechts- oder Links-»Abweichler« in Wirklichkeit »zionistische« Elemente seien.

Ich beschloss, am Tag der Prozesseröffnung zu demonstrieren. Das war auch deshalb ein gutes Datum, weil ich im *Neuen Deutschland* gelesen hatte, dass am selben Tag Willi Stoph zu einer Erholungskur in Karlovy Vary eintreffen sollte. Ich war überzeugt, dass Gustáv Husák, der Generalsekretär der tschechischen KP, der mich aus Ost-Berlin kannte, die Tschechen und vor allem die sowjetischen Spezialisten, die die tschechischen Geheimdienste lenkten, sich im Fall meiner Verhaftung an Ost-Berlin wenden würden, um Unruhen unter den Studenten zu vermeiden. Sie würden ihnen die Wahrheit nicht verheimlichen können, weil die Studenten über Informationen aus Westdeutschland verfügten. Diese Wahrheit würde bei den jungen Ostdeutschen zu lebhaften Protesten führen, vor allem bei den Studenten, und dazu würde Willy Stoph, der in Tschechien weilte, sicher etwas zu sagen haben. Außerdem wusste ich von einem holländischen Journalisten, dass er meine Aktionen sehr schätze, jedenfalls bis zu der in Polen. Er und andere Mitglieder der DDR-Parteiführung saßen in der Zwickmühle: Sollten sie eine Deutsche, von der sie wussten, dass sie die Wahrheit sagte, im Gefängnis verschimmeln lassen, oder sich trotz der Scherereien, die sie ihnen machte, für sie einsetzen? Zumal man in der DDR mitbekommen hatte, dass ich mit meiner Aktion in Polen einen wunden Punkt berührt hatte, da inzwischen die blutigen Unruhen in den großen polnischen Häfen dazu geführt hatten, dass Gomulka von Gierek abgelöst worden war.

Die Frage des Visums war wichtig. Der tschechische Botschaftssekretär in Paris kannte möglicherweise meinen Namen oder wusste von meiner Aktion in Polen und wäre daher vielleicht misstrauisch, wenn ich ein Visum für die Tschechoslowakei beantragte. Also ging ich mit Arno ins tschechische Konsulat in Paris und spielte die snobistische Touristin, die in ein »exotisches« Land reisen wollte. Arno kletterte auf Möbel und Schalter, warf Formulare in die Luft, und ich ließ ihn machen. Daher fertigte mich die Sekretärin so schnell wie möglich ab, gab mir das Visum und reservierte telefonisch ein Hotelzimmer. Ich kaufte ein Rundflugticket Paris – Wien – Prag – Köln – Paris und packte 300 Flugblätter in Französisch und Tschechisch in meinen Koffer.

Der Abschied fiel uns diesmal sehr schwer: Meine Schwiegermutter war außer sich vor Angst, sie sah mich schon in der Moldau wie den *Joint*-Mitarbeiter, der 1968 vom tschechischen Geheimdienst in den Fluss geworfen worden war. Auch Serge konnte seine Angst kaum verbergen. Arno hatten wir diesmal nicht eingeweiht.

In Orly hieß es Abschied nehmen von Serge. Während ich mich entfernte, hielten wir intensiven Blickkontakt. Ich glaube, dass Paare, die bewusst für ein Ideal leben und oft in Gefahr sind, viel größere Chancen als andere haben, dass ihre Liebe mit der Zeit wächst. Nicht leben und leben lassen, sondern wirklich miteinander leben.

Am Samstag, dem 6. Februar, landete ich in Wien. Von dort wollte ich mit dem Zug weiter nach Prag, weil die Sicherheitskontrollen im Flughafen sehr viel strenger waren als im Zug. Mit dem Flugzeug konnte ich nicht unbemerkt nach Prag einreisen, und meine Flugblätter wären vermutlich entdeckt worden. Als ich nach der Landung meinen Pass gezeigt hatte, hatten mich die österreichischen Zöllner eine Stunde warten lassen, weil ich auf der schwarzen Liste stand.

Als ich ein Hotel gefunden hatte, rief ich Simon Wiesenthal an, der sich noch am selben Abend in einem Café mit mir traf. Ich informierte ihn über meine Aktion, und er teilte mir mit, dass der Prozess gegen die Trotzkisten nicht am 8. Februar eröffnet würde, weil in Bratislava an diesem Tag der internationale Kongress der kommunistischen Jugend stattfand und die Regierung Unruhen befürchtete.

Wiesenthal fand meine Aktion gut, war aber sehr besorgt: Die Tschechoslowakei sei kein Land wie die anderen, die Polizei greife dort viel härter durch, und das Riskio sei groß, dass man mich lange dort festhalten würde. Das war mir klar, denn im Dezember 1969 war eine 24-jährige Westdeutsche, Sibylle Plogstedt, in Prag verhaftet worden. Man warf ihr vor, sie habe ihren tschechischen Freunden »subversive Bücher« mitgebracht und ihnen beim Abfassen einiger ihrer Flugblätter geholfen. Sie saß seit vierzehn Monaten im Gefängnis.

Meine größte Angst war, niemanden über meine Verhaftung informieren zu können und einfach zu verschwinden. Ich hatte natürlich die Adressen westlicher Korrespondenten in Prag, aber wie sollte ich sie kontaktieren, ohne Verdacht zu erregen? Ich hatte mit Serge ausgemacht, am Sonntagabend, wenn ich einen der Journalisten erreichte, ein Telegramm zu schicken: »Gut angekommen, wundervolle Stadt.«

Am Sonntag stieg ich in den Zug. Meine dreihundert Flugblätter, auf Dünndruckpapier, hatte ich im Futter meiner Reisetasche versteckt, in der sich jede Menge Proviant und insbesondere ein stark riechender Camembert befand, der, so hoffte ich, jeden allzu gründlichen Zöllner abschrecken würde. Außerdem hatte ich einen riesigen Blumenstrauß gekauft, der alle Blicke auf sich zog. Ich mimte die Frivole. Kurz: Ich war über jeden Verdacht erhaben.

Alles lief gut: Der junge Polizist lächelte mir zu und warf einen zertreuten Blick in meinen Pass, er durchsuchte meinen Koffer nachlässig und die Reisetasche gar nicht. Ich musste allerdings einen österreichischen Architekten abschütteln, der mir bei unserer Ankunft unbedingt Prag zeigen wollte und der im Gefängnis landen würde, sollte man ihn mit mir sehen.

Vom Hotel Flora nahm ich ein Taxi und fuhr zum hiesigen dpa-Korrespondenten. Er wohnte ziemlich weit außerhalb. Es war schon dunkel, als ich vor einer tristen Häuserreihe stand. Ich stieg in den dritten Stock. Niemand reagierte auf mein Klopfen. Ich setzte mich auf die Treppe und wartete. Nach einer Stunde ging ich, weil die Zeit drängte: Ich musste noch heute jemanden von der Presse erreichen.

Ich ging zum englischen Reuters-Journalisten, der im Stadtzentrum wohnte. Er hörte mich an und erklärte mir dann, in Prag gebe es keinen Antisemitismus. Trotzdem nannte ich ihm Ort und Zeit meiner Aktion. Ich hatte mich für die philosophische Fakultät entschieden, zu der die meisten Studenten, die in dem Prozess angeklagt waren, gehörten.

Da ich nicht sicher war, ob ich mich auf den Mann von Reuters verlassen konnte, suchte ich einen deutschen Journalisten auf, der für Radio Köln arbeitete. Ich traf nur seine Frau an, da er gerade in Bratislava bei dem Kommunistischen Jugendkongress war. Sie rief einen Kameramann vom ZDF an, und wir verbrachten den Abend zusammen in einem Café, wo ich endlich frei sprechen konnte, denn die Frau war überzeugt, dass ihre Wohnung verwanzt war. Gegen ein Uhr morgens kehrte ich ins Hotel zurück und schickte Serge das vereinbarte Telegramm. Ich schlief sehr schlecht in dieser Nacht.

Am Montag verließ ich das Hotel um 10 Uhr und schlenderte zwei Stunden durch Prag. Wie schon in Warschau tat es mir leid, dass ich keine Zeit hatte, diese wunderschöne Stadt kennenzulernen. Es hatte geschneit, die Straßen waren voller Matsch. Ich flüchtete mich in ein Café, um mich aufzuwärmen. Dort unterhielten sich fröhlich viele junge Leute. Ich war sehr angespannt.

Um zwölf stand ich vor der philosophischen Fakultät auf einem großen Platz und zog meine Flugblätter heraus. Auf der einen Seite stand in Großbuchstaben: »Gegen die Restalinisierung, gegen die Repression, gegen den Antisemitismus«. Auf der anderen auf Tschechisch und Französisch:

> Tschechoslowakische Bürger,
> keine Jüdin, sondern eine deutsche Antifaschistin wendet sich an Sie: im Namen aller Linken habe ich die Kampagne gegen den Nazikanzler

Kiesinger geführt. Dafür, dass ich ihn geohrfeigt habe, wurde ich zu einem Jahr Gefängnis veruteilt.
Heute appelliere ich in Prag, wie am 28.8.1970 in Warschau, an die Bürger eines östlichen Landes, sich der Welle von Antisemitismus entgegenzustellen, die in den sozialistischen Ländern von den Befürwortern der Restalinisierung ausgelöst wurde.
Unter dem Einfluss der Pro-Stalinisten behauptet die tschechische Propaganda unaufhörlich, die Krise von 1968 sei den verwerflichen, antinationalen Umtrieben der »Zionisten« geschuldet. Diese Propaganda betont unaufhörlich die jüdische Abstammung einiger liberaler Politiker; sie will uns davon überzeugen, es gäbe keinen Unterschied zwischen einem Juden und einem zionistischen Agenten. All das ist kein Antizionismus, sondern Antisemitismus, der auf Scheinprozesse in der Art des Slansky-Prozesses vorbereitet, um einen Sündenbock zu liefern. Lassen wir nicht zu, dass dieser Antisemitismus den Sozialismus diskreditiert. Für die westlichen Antifaschisten, die keine Scheuklappen tragen, gibt es keine andere Lösung, als offen gegen ihn und all jene zu protestieren, die ihn propagieren, wie in der Sowjetunion, wo die nationalen Rechte der Juden mit Füßen getreten werden, oder in Polen, wo der Ultranationalist Moczar ins Politbüro aufgenommen wird, während die jüdischen Kommunisten aus ihrer Heimat vertrieben werden, oder in der DDR, wo das »Neue Deutschland« die Todesurteile im Leningrader Prozess ohne Vorbehalte billigt.
Tschechoslowakische Bürger, lassen Sie sich nicht anstecken, leisten Sie Widerstand gegen den Antisemitismus!

Ein Student las den Text und fragte mich dann, ob ich wirklich Beate Klarsfeld sei. Sie hätten in der Schule viel über meine Aktionen gegen Kiesinger geredet, es sei großartig, aber ich solle aufpassen, die Polizei hier sei hart, ich solle schnell verschwinden. Er nahm mir zwei Dutzend Flugblätter ab und versprach, sie unter seinen Freunden zu verteilen.

Nach einer Dreiviertelstunde ging ich zum Wenzelsplatz, wo viele Leute waren. Aber sie waren vorsichtig, ich musste ihnen meine Flugblätter aufdrängen. Nach wenigen Minuten erschien ein Polizist, der die Lage beobachtete. Ich drückte ihm ein Flugblatt in die Hand. Er ging damit in eine Telefonzelle, und ich sah, dass er den Text vorlas. Tatsächlich, kurz darauf packte mich ein Polizist, entriss mir die Flugblätter und zerrte mich in einen Polizeiwagen. Es folgte eine lange Diskussion über Funk, dann fuhren wir zu einem großen modernen Gebäude in einer schmalen Straße, vielleicht die Polizeidirektion (ich habe nie erfahren, wo genau ich mich befand).

Ich wurde in ein kleines Büro gebracht, wo mich ein Kommissar verhörte, um die fünfzig, korpulent, dunkler Anzug, breites joviales Gesicht, das sich bei jeder Frage verhärtete. Er leerte meine Tasche auf dem Tisch aus, wo er alle Gegenstände verteilte, nachdem er meine Personalien aufgenommen hatte. Obwohl er recht gut Deutsch sprach, forderte er telefonisch einen Dolmetscher an, auf den wir schweigend warteten.

Die Tür ging auf, und herein kam ein magerer, etwa sechzigjähriger Mann. Er trug einen sehr langen grauen Ledermantel mit Gürtel, ganz wie ein Gestapo-Mantel. Ich bekam eine Gänsehaut. Er war der amtliche Dolmetscher, ein Ex-Österreicher. Dann begann ein mehrstündiges minutiöses Verhör. Der Kommissar wollte alles wissen (ein Sekretär tippte auf der Schreibmaschine das Protokoll): wer die Flugblätter verfasst hatte, wer sie übersetzt hatte, wo sie gedruckt worden waren, wer mir das Geld dafür gegeben hatte, warum ich so viele Visa der DDR im Pass hatte, wer meine Freunde in der DDR wären, ob sie dort von meiner Aktion hier wüssten. Ich brauchte im Großen und Ganzen nur die Wahrheit zu sagen, was mir das Antworten vereinfachte. An der Wand hing ein Protestplakat gegen die Inhaftierung von Angela Davis.

Schließlich war die erste Phase des Verhörs zu Ende. Der Kommissar, ein Inspektor und der Dolmetscher machten sich mit mir auf den Weg ins Hotel, um mein Gepäck abzuholen. Wir gingen über einen Hof mit vergitterten Fenstern. Dieser Anblick war so bedrückend, dass ich, während wir auf den Wagen warteten, zu dem Kommissar sagte:

»Sie wissen doch, dass Sie mich morgen zwangsläufig freilassen müssen, so war es auch in Polen. Sie können sich keinen Prozess erlauben, in dem es um Antisemitismus geht.«

»Nein, nein«, antwortete er, »in Polen mag das so gewesen sein, und ich bin im Übrigen völlig Ihrer Meinung, denn in Polen gibt es einen starken Antisemtismus, der nicht von der Regierung ausgeht, sondern im polnischen Volk verankert ist. Das ist bei uns aber nicht der Fall. Sie hätten als Touristin kommen sollen, Sie hätten darum bitten sollen, dass man Ihnen das Land zeigt, dann hätten Sie festgestellt, dass es bei uns keinen Antisemitismus gibt. Außerdem haben Sie geschrieben: ›Gegen die Restalinisierung, gegen die Repression.‹ Ohne Stalin hätten die Nazis gewonnen und die Juden wären komplett ausgelöscht worden.«

»Ich stelle den Antisemitismus in Polen und den bei Ihnen nicht auf eine Stufe«, erklärte ich. »Ich weiß, dass das tschechische Volk nicht antisemitisch ist, es gibt aber Leute in der Regierung, insbesondere in der Propaganda-Abteilung, denen die Juden als Sündenbock für all Ihre Probleme dienen.«

»Wie konnten Sie Ihre Aktion nur in zwei osteuropäischen Ländern hintereinander durchführen? Sie wissen doch genau, dass diese Wiederholung fatale Folgen für Sie hat. Wir werden Ihnen gegenüber unnachgiebiger sein als die Polen. Sie haben uns verleumdet, Ihre Aktion war gegen die Tschechoslowakei gerichtet. Sie werden eine Weile bei uns bleiben.«

Ich fing an, mir Sorgen zu machen. Ich war vom Ausland abgeschnitten. Im Westen konnte man auf einen Anwalt rechnen, aber auf wen konnte man im Osten rechnen?

Drei Polizisten überwachten die Eingangshalle des Hotels, während wir nach oben in mein Zimmer gingen. Sie leerten meinen Koffer und meine Reisetasche. Sie suchten unter der Matratze, unter der Bettdecke, in den Schränken, wo sie einen Packen Flugblätter fanden, den ich dort gelassen hatte; sie drehten sogar den Teppich um und inspizierten gründlich das Badezimmer.

Da sah ich, wie derjenige, der sich um meinen Koffer kümmerte, seine Hand unter das Futter schob und etwas hervorholte. Er hatte ein Dutzend Mikrofilme entdeckt, die sie sogleich im Schein der Lampe zu entziffern versuchten. Die Filme enthielten die Liste der tschechischen Juden, die im Krieg von den Nazis umgebracht und posthum von der tschechischen Regierung geehrt worden waren. Ich hatte sie eigens mitgebracht, um die Polizei zu ärgern … Serge hatte sie im CDJC gefunden. Wir hatten geglaubt, sie würden sofort Nachforschungen anstellen und nach Überprüfung einiger Namen die Finte begreifen und ihren Zweck – und dass wir uns über sie lustig machten, denn die Entdeckung von Mikrofilmen ist der Traum jedes Polizisten. Aber keiner der Polizisten hat je mit mir darüber gesprochen.

Ich hatte Hunger, weil ich nicht gefrühstückt hatte. Der Speisesaal des Hotels war luxuriös, und aus der Küche kamen leckere Gerüche. Wenigstens noch einmal gut essen, dachte ich. Der Kommissar willigte ein. Zwischen ausländischen Touristen setzten wir uns an einen Tisch. Die drei Beamten nahmen nur ein Bier, während ich mir ein reichliches und teures Menü und eine kleine Flasche Wein bestellte.

Nachdem wir unterwegs angehalten und die drei Männer sich Sandwiches gekauft hatten, kehrten wir nach 20 Uhr ins selbe Büro zurück. Sie wollten schnell nach Hause, und so wurde das Verhör auf den nächsten Morgen verschoben. Wie sie mir zuvor schon angekündigt hatten, würde ich die Nacht in einer Zelle im Untergeschoss verbringen. Sie führten mich durch ein großes Gittertor in einen verdreckten Keller. Meine persönlichen Sachen hatte ich auf dem Weg dorthin in einem Büro gelassen, wo sie sorgfältig in einen Umschlag getan wurden. Ich hatte nichts mehr bei mir außer einem Taschentuch, das mir übrigens später als Waschlappen diente.

Letztlich war ich mit dem Verlauf des Tages sehr zufrieden. Wenn ich jedoch gedacht hatte, wie in Berlin ein Bett in meiner Zelle vorzufinden, hatte ich mich getäuscht. Es war ein etwa 4 mal 5 Meter großes finsteres Loch, in dem schon zwei Mädchen auf dem Boden lagen. Eine Matratze, die zusammengerollt an der Wand stand, war für mich bestimmt. Laken gab es keine, es war ekelhaft. Ich bekam noch eine stinkende, schmutzige Decke. Die Mädchen sprachen nur Tschechisch, eine von ihnen half mir, die Matratze auf dem Boden auszurollen. Wie die beiden anderen schlief ich in meinen Kleidern. Ihre Unterwäsche hing zum Trocknen am Fenster. Ich schlief besser als in der Nacht zuvor.

Um 6 Uhr hämmerte jemand gegen die Tür. Eins der Mädchen schlug gegen die Wand, ich verstand nicht, warum. Nach drei oder vier Schlägen spritzte plötzlich Wasser aus der Wand, es kam aus einem kleinen Hahn, den ich erst jetzt bemerkte, er ragte nur wenige Zentimeter vor. Eine mit einem zerrissenen Vorhang abgetrennte Ecke der Zelle diente als Toilette. Daneben ein Eimer, der so abscheuerregend war, dass ich ihn für einen Toiletteneimer hielt. Von wegen, das war der Eimer, in den die Mädchen das Wasser für den Tag füllten. Die Tschechinnen waren daran gewöhnt, sie gingen äußerst sparsam damit um. Sie putzen sich die Zähne und wuschen sich das Gesicht, dann kam die Wäsche dran – sie waren wirklich gut organisiert. Eins der Mädchen putzte mit dem letzten Rest schwärzlicher Flüssigkeit sogar die Zelle. Dann stellten wir die Matratzen an die Wand und falteten die Decken zusammen.

Wir wurden nur von Männern beaufsichtigt. Sie beobachteten uns ziemlich oft durch eine Art Spion, wohl vor allem deshalb, weil die jungen Mädchen kurze Röcke trugen. Diejenige, die die Zelle putzte, zog ihre Unterhose erst nach getaner Arbeit an. An diesem Schauspiel fanden die Aufseher offenbar Interesse.

Das Zellenfenster ging auf den Hof, den ich am Vorabend durchquert hatte. Es ließ sich nur einen Spaltbreit öffnen, und der Gestank aus der Toilettenecke war richtig widerlich. In der Zellenmitte ein Tisch und Hocker. Die Wände waren irgendwann einmal grau gestrichen worden. Der Linoleumboden war halb zerfetzt. Um 6 Uhr 30 kam das Frühstück: ein extrem gezuckerter Milchkaffee und ein dickes Stück altbackenes Schwarzbrot.

Ich wartete den ganzen Tag darauf, dass man mich wieder zum Verhör holte. Eins der Mädchen weinte. Sie war am Vormittag ein- oder zweimal verhört worden. Bei ihrer Rückkehr hatte sie den anderen immer viel zu erzählen, die offenbar versuchten, sie zu beruhigen. Die jüngere, die den Boden geputzt hatte, sang die ganze Zeit angesagte westliche Popsongs. Sie schlug an die Wand zur Nachbarzelle, und Männerstimmen antworteten. Ich hätte gern gewusst, wie lange sie schon im Gefängnis waren und warum, aber ein Gespräch war nicht möglich. Die Mädchen waren gut gelaunt. Von Zeit zu Zeit schlugen die Mädchen gegen die Tür. Dann kam ein Aufseher, und sie schnorrten fast jedes Mal eine Zigarette. Sie hielten lachend große Reden vor ihm, und er ließ sich erweichen. In der restlichen Zeit waren sie damit beschäftigt, sich aus Kippen, Brotkrumen und Staub Zigaretten zu machen, und genossen jeden Zug. Aus Krumen, die wir nicht gegessen hatten, formte das fröhlichere der beiden Mädchen kleine Figuren.

Der Tag verging ruhig. Zu Mittag brachte man uns eine Suppe mit Kohl und einem kleinen Stück Fleisch unter einer entsetzlich dicken Fettschicht. Ich probierte vorsichtig, aber die Suppe war derart versalzen und fettig, dass ich's sein ließ; Magenschmerzen waren in dieser kleinen Zelle nicht ratsam.

Am Nachmittag bekam ich auf meinem Hocker Rückenschmerzen.

Ich rollte meine Matratze aus und legte mich darauf. Nach ein paar Minuten ging die Tür auf, und der Aufseher rief mir etwas zu. Ich wusste, was er wollte, aber ich tat, als verstünde ich nicht. Als er wiederkam und sah, dass ich immer noch lag, kam er wütend in die Zelle, packte mich am Arm, zerrte mich hoch und schleuderte die Matratze an die Wand. Diesmal hatte ich verstanden.

Ich war besorgt. Am Tag zuvor hatte man mir gesagt, ich würde gleich am nächsten Morgen verhört, und jetzt hatte mich immer noch niemand abgeholt.

Gegen 18 Uhr ging plötzlich die Zellentür auf. Der Aufseher rief mich heraus. Er trieb mich in das kleine Büro, in dem ich meine persönlichen Sachen gelassen hatte, die man mir jetzt zurückgab. In einem größeren Büro, das ebenfalls im Keller lag, erkannte ich einen der Polizisten wieder. An einem großen Tisch saß ein bereits kahlköpfiger junger Mann, der besser gekleidet war als seine Kollegen und mir in kaum verständlichem Deutsch erklärte: »Sie werden sofort aus der Tschechoslowakei ausgewiesen. Es ist alles vorbereitet. Ein Wagen bringt Sie an die nächste Grenze zu Österreich.«

In einer Zimmerecke bemerkte ich eine auf mich gerichtete Kamera und auf einem Tischchen ein eingeschaltetes Aufnahmegerät. Der junge Mann schlug eine Akte auf und entnahm ihr ein Blatt, das er auf Tschechisch vorlas. Er fragte mich etwas. Ich antwortete, dass ich nichts verstanden hätte; er gab mir eine kurze Zusammenfassung auf Deutsch.

Gemerkt habe ich mir nur, dass er von Verstößen gegen dieses und jenes tschechische Gesetz sprach und dass ich für vier Jahre Einreiseverbot hatte. Er gab mir einen Stift und bat mich zu unterschreiben. Alles, was dieser Mann sagte, wurde aufgezeichnet, und die Kamera filmte mich die ganze Zeit. Als ich das Büro verließ, folgte mir ein Mann mit einer tragbaren Kamera. Offenbar war er mit der Aufnahme nicht zufrieden, denn ich musste das Verlassen des Büros drei- oder viermal wiederholen. Ich durfte mich in einem Waschraum am Ende eines Gangs waschen, diesmal unter Aufsicht einer Frau. Mein Gepäck hatte ich schon abgeholt, und als ich meinen Mantel angezogen und meine Pelzmütze aufgesetzt hatte, ging ich durch den Gang zurück. Der Kameramann war immer noch da und filmte mich pausenlos.

Vor dem Polizeigebäude wartete auf der gegenüberliegenden Straßenseite ein großer schwarzer Wagen, der ziemlich fremdartig aussah – ein Tatra, glaube ich –, darin der Fahrer und ein Polizist. Ich und die Frau, die mich im Waschraum bewacht hatte, sowie ein weiterer Polizist stiegen hinten ein. Das Einsteigen musste ich mehrmals wiederholen, bis der Kameramann endlich zufrieden war. Vielleicht war er Anfänger, oder er wollte die Szene aus verschiedenen Aufnahmewinkeln haben. Nach vier Stunden Fahrt kamen wir gegen Mitternacht an einen Grenzposten mitten im Wald. Es war bitterkalt, und es lag viel Schnee. Nach ein paar Formalitäten drückte man mir mein Gepäck in die Hand, und begleitet von den beiden Polizisten und einem Zöllner marschierte ich auf den österreichischen Grenzposten zu.

Die beiden Polizisten blieben plötzlich ohne ein Wort stehen. Es gab noch ein paar Laternen auf dem Weg, aber weiter weg nichts mehr, nur Dunkelheit. Der Zöllner erklärte mir, dass er nicht weiterdürfe. Ich stapfte allein durch den Schnee auf das kleine Licht zu, das ich in der Ferne sah, den österreichischen Grenzposten. Der war winzig und bestand aus nur einem Raum. Als ich eintrat, sahen die beiden Zöllner mich an, als wäre ich ein Gespenst. Wer überquerte denn um diese Zeit die Grenze?

»Sind Sie mit dem Auto hier?«

»Nein, ich bin zu Fuß gekommen.«

»Woher?«

»Ich wurde aus der Tschechoslowakei ausgewiesen.«

»Ausgewiesen! Da haben Sie aber Glück, dass man Sie nicht dabehalten hat.«

Sie waren zutiefst antikommunistisch und wollten mir gern helfen, ein Zimmer zu finden.

Als um 0 Uhr 25 ihre Ablösung kam, war bereits alles geregelt. Sie erklärten ihrem Kollegen, warum ich da war. Er griff sich meinen Pass, der noch auf dem Schreibtisch lag, und fing an, ihnen Vorhaltungen zu machen: »Ohne die Genehmigung durch die Wiener Polizei hättet ihr kein Einreisevisum ausstellen dürfen.« Er nahm sie beiseite, und ich hörte, dass mehrmals der Name Kiesinger fiel. Mit einer Antwort aus Wien war vor dem nächsten Tag natürlich nicht zu rechnen. Aber der Zöllner, der mich mit dem Auto mitnehmen wollte, konnte nicht länger warten. Ich bestand darauf, dass sofort jemand in Wien anrief, weil ich hier nicht die ganze Nacht verbringen wollte. »Hören Sie, wieso müssen wir auf die Genehmigung aus Wien warten? Zurückschicken können Sie mich nicht, in der Tschechoslowakei bin ich unerwünscht. Und ich will ja gar nicht in Österreich bleiben, sondern nur zu meinem Flugzeug in Wien.«

Meine Argumente zeigten keine Wirkung. Und so verbrachte ich die Nacht auf zwei Stühlen, unter den Augen dieses reizenden jungen Mannes.

Am nächsten Morgen um 6 Uhr kam die Einwilligung: Ich durfte einreisen. Ich fuhr mit Bus und Bahn nach Wien und telefonierte von dort aus mit meiner Schwiegermutter, um sie zu beruhigen. Serge war wie verabredet nach Bonn gefahren. Ich flog nach Frankfurt und weiter nach Köln, wo ich um 16 Uhr Serge wiedersah. Er hatte die Nachricht von meiner am Montagmittag erfolgten Verhaftung selbst bekannt gegeben, weil die Meldungen der Journalisten, die dabei gewesen waren, der Zensur zum Opfer gefallen waren.

Serge hatte das Prager Hotel Flora angerufen, wo man ihm nur sagen konnte, dass ich abgereist war. Da er durch mein Telegramm wusste, dass ich Kontakt zu westlichen Presseagenturen aufgenommen hatte, hatte er in deren Pariser Niederlassungen angerufen und gebeten, ihre Prager Korrespondenten zu fragen, was aus mir geworden sei. So erfuhr er am Dienstagmorgen von meiner Verhaftung und gab die Nachricht an die Presse, was vielleicht zu meiner Ausweisung beigetragen hatte. Später hörte ich, Willi Stoph habe sich sofort für mich eingesetzt, vielleicht aus einem Anfall von schlechtem Gewissen, vielleicht auch nur, damit ihm sein Aufenthalt in Prag nicht verdorben wurde.

Am 2. März sprach Husák in einer nicht für die Öffentlichkeit bestimmten Rede von meinem »schlechten Benehmen« in Prag, wahrscheinlich weil Radio Free Europe viel Aufhebens um die Geschichte gemacht und ich in einem zur Ausstrahlung in der Tschechoslowakei bestimmten Interview die Gründe meiner Aktion erklärt hatte.

Meine Aufgabe besteht nicht darin, zu gefallen, sondern möglichst laut und, wenn es sein muss, drastisch die Wahrheit zu sagen. In der DDR hatte ich Einreiseverbot, und bald würde ich in der Bundesrepublik verhaftet werden.

SERGE

Gegen die Straflosigkeit der NS-Verbrecher in Deutschland

Nach der Befreiung Frankreichs flohen die deutschen Polizeifunktionäre mit den deutschen Truppen aus Frankreich. Unter ihnen waren die Verantwortlichen der Sipo-SD, der Sicherheitspolizei und des Sicherheitsdienstes. Die französische Militärjustiz konnte nur wenige von ihnen fassen und vor Gericht stellen, die meisten waren vorsichtig, lebten unter falschem Namen und hielten sich später auch von der französischen Besatzungszone in Deutschland fern. Viele waren schon vor 1939 im Polizei- oder Nachrichtendienst gewesen und wurden nach 1945 von den alten Kollegen geschützt, die in Deutschland geblieben oder nach dem Krieg in die deutsche Polizei eingetreten waren. Der Bundesnachrichtendienst, seit Beginn des Kalten Kriegs im Einsatz gegen den Kommunismus, nahm mit dem Segen der Amerikaner viele Spezialisten des »antisubversiven« Kampfs auf, zum Großteil ehemalige Mitglieder der Gestapo und des SD, die sich nun nicht nur nicht zu verstecken brauchten, sondern sogar bessere Stellungen bekamen. Ab 1948 strömten alle, die unter falschem Namen in der sowjetischen Zone untergetaucht waren, in die amerikanische Besatzungszone, wo sie Straflosigkeit und eine Anstellung erwartete.

SS-Brigadeführer Professor Franz Six, der 1948 im Nürnberger Einsatzgruppenprozess wegen Massakern an Juden und Zivilisten in der Sowjetunion zu zwanzig Jahren Haft verurteilt worden war, konnte seine Zelle schon 1952 wieder verlassen. Dazu verhalf ihm u. a. Reinhard Gehlen, der von den Amerikanern an die Spitze des Bundesnachrichtendienstes befördert worden war: Er hatte nicht vergessen, dass Franz Six sein Vorgesetzter in der Sipo-SD in Russland gewesen war. Er machte ihn zu einem seiner wichtigsten Mitarbeiter.

Anders, als man gemeinhin denkt, waren die meisten hohen Nazifunktionäre bei Kriegsende noch relativ jung, sie hatten eine steile Karriere gemacht: Franz Six war erst sechsunddreißig; Helmut Knochen, sein Schüler und Schützling im SD und im RSHA, war erst einunddreißig, als Reinhard Heydrich ihn zum stellvertretenden Befehlshaber der Sipo-SD im besetzten Frankreich machte.

Helmut Knochen und der Höhere SS- und Polizeiführer Carl Oberg wurden 1947 nach Frankreich zurückgebracht, wo sie inhaftiert wurden und auf ihren Prozess warteten. Angesichts der ihnen vorgeworfenen Verbrechen war das einzig mögliche Urteil die Todesstrafe. Je früher der Prozess stattfand, desto wahrscheinlicher war es, dass sie auch vollzogen wurde. Doch Professor Six, der wieder zu Rang und Namen gekommen war, hatte seinen Freund Knochen nicht vergessen. Damals hatten die USA beträchtlichen Einfluss in Frankreich, und der Prozess gegen Knochen und Oberg fand erst 1954 statt. Die beiden nahmen das Todesurteil sogar mit einem Lächeln entgegen – sie wussten, dass es nur symbolisch war. Tatsächlich wurde es in lebenslängliche Haft umgewandelt, und die Annäherung zwischen de Gaulle und Adenauer ermöglichte es 1962 dem deutschen Bundeskanzler, den mächtigen Professor ganz zufriedenzustellen: Oberg und Knochen wurden begnadigt und kehrten nach fünfzehn Jahren Haft nach Deutschland zurück.

Die meisten der in Frankreich tätigen deutschen Kriegsverbrecher sind jedoch nie auch nur verhaftet, geschweige denn vor Gericht gestellt worden. Als die Bundesrepublik 1954 faktisch unabhängig wurde, spitzte sich das Problem ihrer Bestrafung zu. Vielen von ihnen war von der französischen Militärjustiz in Abwesenheit der Prozess gemacht worden. In den noch laufenden Verfahren beschleunigte man die Ermittlungen, damit es nach Unterzeichnung der Pariser Verträge keine neuen Fälle mehr zu ermitteln gäbe. Insgesamt wurden zwischen September 1944 und Oktober 1945 tausendsechsundzwanzig Deutsche in Abwesenheit wegen Kriegsverbrechen verurteilt. Der Überleitungsvertrag legte unter anderem fest, dass Täter, deren in Abwesenheit geführte Verfahren vor einem alliierten Gericht abgeschlossen waren, in Deutschland nicht mehr für die fraglichen Taten vor Gericht gestellt werden konnten, denn im Ausland befürchtete man, dass sie in Deutschland sehr milde bestraft oder sogar freigesprochen würden. Damals sorgten zahlreiche noch amtierende Nazirichter dafür, dass die Verfahren gegen deutsche NS-Verbrecher, die in Frankreich in Abwesenheit zum Tode verurteilt worden waren, eingestellt wurden oder nur eine symbolische Strafe verhängt wurde.

Nach Unterzeichnung des Überleitungsvertrags kamen viele dieser Verbrecher, allen voran Lammerding, der für die Massaker in Oradour-sur-Glane und Tulle verantwortlich war, aus ihren Schlupflöchern und wurden wieder ehrenwerte Mitglieder der deutschen Gesellschaft.

Frankreich war empört und verlangte die Auslieferung, aber die Bundesregierung lehnte dies mit Hinweis auf das Grundgesetz ab, dem Frankreich als Besatzungsmacht zugestimmt habe und das laut Artikel 16 die Auslieferung ihrer Staatsangehörigen nicht zuließ – eine juristische Regelung, die es im Übrigen in fast allen Staaten gebe.

Frankreich suchte nach einer Lösung und fand sie schließlich in einem Zusatzabkommen, das nach einem Spruch des obersten deutschen Gerichts vom 14. Februar 1966 möglich war und mit dem die Behinderung der Justiz ein Ende finden sollte. Nach schwierigen Verhandlungen akzeptierte die Bonner Regierung widerwillig, dass die deutsche Justiz fortan für die in Abwesenheit Verurteilten zuständig war. Die Unterzeichnung des Abkommens wurde mit fadenscheinigen Begründungen stark hinausgezögert. Weder Adenauer noch Erhard noch Kiesinger wollten das Problem wirklich lösen, sondern wie die meisten Deutschen die Zeit verstreichen lassen, bis diese Verbrecher der menschlichen Gerechtigkeit entzogen waren.

Beate und ich mussten wie im Fall Kiesinger vorgehen. Wieder zeichnete sich eine Konfrontation mit bundesdeutschen Politikern ab. Wir mussten den deutschen Bundestag zwingen, das am 2. Februar 1971 unterzeichnete deutsch-französische Zusatzabkommen zum Überleitungsvertrag zu ratifizieren, obwohl zwei der drei dort vertretenen Parteien dagegen waren und die Koalition aus SPD und FDP auf dem Spiel stand. Wenn das Abkommen dann Gesetz wäre, müssten wir die deutsche Justiz zwingen, ihre Pflicht zu tun, nämlich die deutschen NS-Verbrecher vor Gericht zu bringen und zu verurteilen.

Wir beschlossen, das Problem mit einer ähnlich aufsehenerregenden Aktion wie der Ohrfeige anzugehen: Wir wollten den ehemaligen Gestapo-Chef Kurt Lischka entführen und nach Frankreich bringen, wo sein in Abwesenheit gefälltes Urteil auf ihn wartete. Unser Anliegen war legitim, aber uns stand wieder ein ungleiches Duell bevor. Unsere Strategie war einfach, aber riskant: Wir würden illegal handeln, und das wiederholt, aber mit dem richtigen Gespür, und so die öffentliche Aufmerksamkeit wecken. Wir waren bereit, ins Gefängnis zu gehen, aber unter Bedingungen, die deutlich machten, dass die großen Verbrecher ungeschoren blieben, die Vertreter der Opfer jedoch für Handlungen bestraft wurden, die in keinem Verhältnis zu denen dieser Verbrecher standen. Das würde, wie wir hofften, die deutsche Öffentlichkeit dazu bewegen, vom Bundestag die Ratifizierung zu fordern.

BEATE

Die Jagd nach Lischka

Im Januar 1971 fand in Paris das deutsch-französische Gipfeltreffen statt, und ich begegnete Willy Brandt in der deutschen Botschaft in der Avenue Franklin-D.-Roosevelt. Während meiner Kampagne gegen Kiesinger war mir der Zutritt zur Botschaft untersagt gewesen. Daran änderte sich auch nach Brandts Wahl zum Kanzler nichts; die Konsularabteilung hatte sich sogar geweigert, meinen Pass zu verlängern. Verärgert rief ich den stellvertretenden Regierungssprecher an, Rüdiger von Wechmar, mit dem ich mich im Mai 1970 beim Treffen von Brandt und Stoph in Kassel gut verstanden hatte. Ich bedauerte, zu solchen Maßnahmen zu greifen, aber eine andere Sprache verstünden die Funktionäre nicht, da ich für sie ein schwarzes Schaf sei.

Zum Abschluss der offiziellen Gespräche gab Brandt die traditionelle Pressekonferenz. Ich meldete mich zu Wort:

»Herr Bundeskanzler, wann ist Schluss mit der Straffreiheit für die in Frankreich verurteilten deutschen Kriegsverbrecher?«

»Bald, gnädige Frau, bald. In wenigen Tagen werden beide Regierungen ein neues Abkommen unterzeichnen, das der derzeitigen Situation ein Ende setzt.«

Nach der Pressekonferenz kam Brandt zu mir. Seine Worte gingen mir nahe: »Ihr Mut ist erfrischend. Wir haben heute über Sie gesprochen. Wir sind überrascht über ihren anhaltenden Protest, denn wir dachten, mit Kiesingers Ausscheiden aus dem Amt hätte er ein Ende. Ihr kritisches Engagement in Ost wie West ist positiv.«

Brandt hatte innerhalb von fünfzehn Monaten viel bewegt, vor allem im Bereich der Außenpolitik, die er geprägt hatte. Er hatte die Bundesrepublik auf neue Wege geführt.

Zehn Tage nach meiner Rückkehr aus Prag rief mich Yaron London an, der Pariser Korrespondent des israelischen Fernsehens. Er wollte, dass ich ihm von meinen jüngsten Unterfangen erzählte. Das Gespräch fand in seiner Wohnung statt, wo wir besser reden konnten als bei mir zu Hause.

Aus unserer großen Wohnung in der Rue de l'Alboni waren wir vor mehreren Monaten ausgezogen. Bücher und Spielzeug meines Sohnes verstopften den schmalen Flur. Im Schlafzimmer stapelten sich Akten um unser Bett herum. Nachdem wir so viel Platz gehabt hatten, lebten wir jetzt auf engstem Raum. Das war der Preis für unsere Handlungsfreiheit, denn wir zahlten keine Miete, und die Einkäufe bezahlte meist Raïssa. Wenn ich verreiste, war Arno bei ihr in besten Händen. Ohne meine Schwiegermutter wäre mein Engagement niemals möglich gewesen.

Yaron London hatte sein Interview beendet. Wir unterhielten uns über meine künftigen Aktionen.

»Zurzeit beschäftige ich mich mit dem Problem der Naziverbrecher, die in Frankreich in Abwesenheit verurteilt wurden.«

»Welche Verbrecher können denn heute überhaupt noch verurteilt werden?«, fragte London.

»Diejenigen, die Befehle unterschrieben und dadurch unschuldige Opfer in den Tod geschickt haben. Und im Fall der nach Auschwitz deportierten Juden müssen wir überdies beweisen, dass sie wussten, dass sie sie in den Tod schickten.«

»Was bedeutet das für Ihr weiteres Vorgehen?«

»Nur die ›Schreibtischtäter‹, die in Frankreich an der Spitze des Nazipolizeiapparats standen und zahlreiche Verbrechen angeordnet haben, können vor Gericht gestellt werden. Dafür müssen Akten über sie erstellt werden, ihr Aufenthaltsort muss publik und die Öffentlichkeit auf sie aufmerksam gemacht werden, sodass sie sich nicht aus Deutschland absetzen können, bevor Ermittlungsverfahren gegen sie eingeleitet werden. Die Prozesse gegen sie wären im Interesse der Gerechtigkeit und der historischen Wahrheit sehr wichtig. Dann käme endlich die Deportation der Juden aus Frankreich zur Sprache, man erführe Genaueres über die polizeilichen Maßnahmen, die zur Deportation und zum Tod von mehr als fünfundsiebzigtausend Juden aus Frankreich geführt haben, und die Verantwortlichkeiten würden geklärt.«

»Besteht eine gewisse Chance, dass diese Prozesse stattfinden werden?«

»Ja. Nur die Verurteilung zumindest der höchsten Verantwortlichen kann verhindern, dass sie in Deutschland rehabilitiert werden. Jede Verfahrenseinstellung, jeder Freispruch würde dazu führen, dass die deutsche Öffentlichkeit die französische Justiz beschuldigt, zu Unrecht Männer verurteilt zu haben, die doch lediglich ›deutsche Patrioten‹ waren. Aber ihre Rehabilitierung würde Deutschland nur schaden. Die deutsche Gesellschaft muss dazu gezwungen werden, ihr Gewissen zu prüfen, so schwer ihr das auch fallen mag.«

»Wer sind diese höchsten NS-Verantwortlichen, die für ihre Verbrechen in Frankreich bis heute nicht bestraft worden sind?«

»Es sind vor allem zwei: Kurt Lischka und Herbert Hagen.«

»Und wo halten sie sich auf?«

»Sie leben unbehelligt in Deutschland.«

»Wo genau?«

»Lischka war im Krieg der ranghöchste Nazipolizist in Frankreich. Den Akten zufolge war er von Januar bis November 1940 Kölner Gestapo-Chef, und ich dachte mir, dass er sicher in einer Stadt lebt, in der seine früheren Untergebenen und Bekannten in Polizei und Verwaltung Karriere gemacht haben. Ich rief bei der Auskunft in Deutschland an und fragte, ob sich im Kölner Telefonbuch ein Kurt Lischka befinde. Zehn Minuten später rief man mich zurück und teilte mir seine Telefonnummer und seine Adresse mit: Köln, Bergisch-Gladbacher-Straße 554, Telefon 63 17 25.«

»So leicht war das?«

»Ja. Nur in Kriminalromanen leben die Naziverbrecher gehetzt und bei jedem Knarren der Tür zusammenzuckend irgendwo in Patagonien. Außer im Fall Eichmann, der vom israelischen Geheimdienst entführt wurde, gab es nie illegale Aktionen gegen Naziverbrecher. Man findet sie anhand von Akten und nicht durch klandestine Menschenjagd.«

Die Naziverbrecher, die in Frankreich gewütet hatten, lebten seit fünfundzwanzig Jahren unbehelligt in Deutschland. Ich erinnerte mich, was Serge über Lischka sagte: »Stell dir vor, wie mächtig sich ein Mann wie Lischka fühlen muss. Er hat so viele Juden ermorden lassen, er wird in den Büchern über den Völkermord genannt, er ist in Frankreich zum Tode verurteilt worden – und er lässt seinen Namen ins Telefonbuch von Köln aufnehmen! Er muss die Juden zutiefst verachten. Selbst wenn kein Jude mehr freiwillig den Fuß auf deutschen

Boden gesetzt hätte, muss Lischka seit Jahren Dutzenden von jüdischen Anwälten begegnet sein, die regelmäßig aus Paris kamen, um die Interessen der Opfer zu vertreten. Aber wer interessiert sich in Deutschland für die Täter? Niemand. Sie werden zwar bei Holocaust-Gedenkfeiern verdammt, aber niemand unternimmt etwas, das die Ruhe der einstigen SS-Schergen stören könnte. Wir müssen etwas tun. Du als Deutsche und ich als Jude.«

Yaron London fragte, wie wir unser Vorhaben angehen wollten.

»Zuerst machen wir Lischka und Hagen bekannt. Wir haben einen zweiseitigen Artikel geschrieben, der im *Combat* erscheinen wird.«

»Warum drehen Sie keinen Film über sie? Wir würden ihn im israelischen Fernsehen in *Panorama* senden, das ist eine ähnliche Sendung wie *Cinq colonnes à la une* in Frankreich«, schlug er vor. Ich war begeistert. Am 15. Februar war Serge mit dem »Drehbuch« fertig. Die Sendung sollte zwölf Minuten lang werden – falls es uns gelang, Lischka und Hagen zu filmen. Am 19. Februar erschien mein Artikel im *Combat*. Zwei Tage später machten wir uns in Köln an die Arbeit.

Am Sonntag, dem 21. Februar 1971, parkten wir frühmorgens unseren Wagen gegenüber von Lischkas Haus in der Bergisch-Gladbacher Straße in Holweide, einem Kölner Stadtteil. Wir standen so, dass wir die Fenster des dreistöckigen Gebäudes beobachten konnten. Lischka wohnte ganz oben. Wir warteten, dass er herauskäme, um ihn zu filmen. Das Wetter war trüb, es regnete, die Straße war menschenleer. Ganz in der Nähe war die Mariä-Himmelfahrt-Kirche.

Wir warteten von 8 bis 14 Uhr, vergeblich. Lischka ließ sich nicht blicken. Wir gingen mittagessen. Dann rief ich bei Lischka an, um zu sehen, ob jemand zu Hause war. Seine Frau ging ans Telefon, ich legte auf, und wir beschlossen, bei ihm zu klingeln. Wahrscheinlich schaute er aus dem Fenster und machte nicht auf, weil er den Kameramann sah. Daraufhin klingelten wir bei allen Hausbewohnern. Ein paar von ihnen kamen die Treppe herunter. Wir erklärten, wir wollten zu Herrn Lischka. Sie öffneten die Haustür und zeigten nach oben: Herr Lischka wohne im dritten Stock. Sie beobachteten uns im Treppenhaus, bis wir oben waren. Die Tür ging auf, Frau Lischka erschien, blond, gut frisiert, kühl. Ich erklärte ihr, wir wollten ihren Mann für einen französischen Sender interviewen. Sie überlegte kurz, dann bat sie uns in einen kleinen Raum, wahrscheinlich das Esszimmer. Sie ging hinaus, öffnete eine Tür und rief: »Kurt, komm und schau, was hier los ist.«

Ihr Mann kam. Ich erklärte, Herr Klarsfeld sei ein französischer Journalist und würde gern ein Interview machen. Mich selbst stellte ich als Dolmetscherin vor. Lischka ließ sich Serges Presseausweis zeigen, der ihm vom *Combat* ausgestellt worden war. Dann fragte er nach meinem Namen. Ich griff zu meiner üblichen List und nannte meinen Mädchennamen. Lischka stand neben seiner Frau. Er wirkte riesig, sein großer Kopf schimmerte rosa unter sehr wenigen blonden Haaren, seine Sätze waren kurz und sparsam. Er trug Pantoffeln, eine Hose und eine wollene Hausjacke. Als ich »Herr Klarsfeld« sagte, beobachtete ich ihn genau, aber er reagierte nicht. Dann übersetzte ich Wort für Wort, was Serge sagte:

»Nach der Unterzeichnung des deutsch-französischen Freundschaftsvertrags habe ich eine Untersuchung über die in Frankreich in Abwesenheit verurteilten Naziverbrecher gemacht. Darin nehmen Sie, Herr Lischka, den ersten Platz ein. Aber bevor wir eine Kampagne gegen Sie beginnen, wollten wir wissen, ob Sie etwas zu Ihrer Verteidigung zu sagen haben.«

»Ich bin Ihnen keine Rechenschaft schuldig; sollte ich mich für irgendetwas rechtfertigen müssen, dann vor der deutschen Justiz, aber nur der deutschen. Ihnen und der französischen Justiz habe ich nichts zu sagen.«

»Räumen Sie ein, dass Sie in Frankreich stellvertretender Befehlshaber der Sicherheitspolizei und des SD waren, also einer der Hauptverantwortlichen der Judenverfolgung in Frankreich, und dass Sie 1938 Chef des Gestapo-Judenreferats des Deutschen Reichs waren?«

Eisiges Schweigen. Lischkas Blick war verschlossen, feindselig. Serge fragte weiter:

»Interessiert es Sie, von Ihnen persönlich unterzeichnete Befehle zu sehen? Sie glauben vielleicht, sie seien vernichtet worden wie die meisten deutschen Akten. Aber im Jüdischen Dokumentationszentrum in Paris wurden die Akten des Gestapo-Judenreferats aufbewahrt, und Ihre Unterschrift befindet sich unten auf den Dokumenten. Sie werden vor Gericht gestellt und, wie ich hoffe, verurteilt.«

Für diese Dokumente zeigte Lischka Interesse. Ich gab ihm einen Stapel Fotokopien. Er setzte sich und las. Seine Frau las über seine

Schulter gebeugt mit, und wir sahen, dass Lischkas Hände zitterten. Er las die Dokumente aufmerksam, eines nach dem anderen, schien überrascht.

Wir hielten uns nicht länger auf und gingen.

SERGE

Die Akte Kurt Lischka

Paris, Oktober 1940. Der junge und brillante Dr. Helmut Knochen fühlt sich von der Vielzahl seiner Aufgaben ein wenig überlastet: Der Chef der Sipo-SD in Frankreich interessiert sich weniger für die Polizeiaufgaben als für den Nachrichtendienst. Hier liegt seine wahre Berufung. Im von Hitler besetzten Europa ist er übrigens der einzige hohe Polizeifunktionär seines Dienstrangs, der nicht von der Gestapo kommt.

In Berlin ist Reinhard Heydrich, der Chef des Reichssicherheitshauptamts, beunruhigt: Paris darf nicht das schwache Glied in der Polizeikette sein, die er rund um die von Deutschland eroberten Gebiete legt. Er bestellt Gestapo-Chef Heinrich Müller ein, der seine Sorge teilt. Gestapo-Müller geht in Gedanken seine besten Funktionäre durch und schlägt SS-Sturmbannführer Kurt Lischka vor.

»Ist der nicht Gestapo-Chef in Köln?«

Heydrich erinnert sich an diesen blonden, über ein Meter neunzig großen SS-Offizier – der perfekte Arier.

»Ja. Er koordiniert glänzend die Polizeiarbeit, er ist Regierungsrat und war einer unserer allerersten Spezialisten für Judenfragen. Er ist gerade dreißig geworden, ein sehr dynamischer Mann.«

Müller weiß, wovon er spricht: 1938, mit neunundzwanzig Jahren, wurde Lischka Leiter des Judenreferats der Gestapo und gab am 16. Juni 1938 den Befehl zur ersten Massenverhaftung deutscher Juden, die nach Buchenwald und Sachsenhausen geschafft wurden und von denen zehn Prozent in den ersten zwei Monaten starben. Am 28. Oktober 1938 gab er den Befehl zu der berüchtigten Deportation von zwanzigtausend polnischen Juden, die seit langem in Deutschland gelebt hatten, an die polnische Grenze. Sie wurden verhaftet, in Züge gepfercht und völlig mittellos an der Grenze ausgesetzt. Die polnischen Behörden ließen nur diejenigen mit gültigen polnischen Pässen ins Land. Von den im Niemandsland Zurückgebliebenen starben viele, besonders Säuglinge. Daraufhin beschloss der siebzehnjährige Herschel Grynszpan, dessen Eltern unter den Deportierten waren, in Paris einen NS-Diplomaten zu erschießen. An jenem Tag taten Ernst Achenbach und Ernst vom Rath in der deutschen Botschaft Dienst. Das Schicksal wollte es, dass Grynszpan auf vom Rath traf. Die folgenden Repressalien, die Pogrome in der sogenannten »Reichskristallnacht« vom 9. auf den 10. November 1938, waren furchtbar. Lischka war als Chef des Gestapo-Judenreferats besonders aktiv bei den anschließenden Massenverhaftungen.

Kurt Paul Werner Lischka, am 16. August 1909 in Breslau geboren, SS-Nr. 195590, Mitgliedsnummer 4583185 der NSDAP, Dr. jur., kam 1936 zur Berliner Gestapo, wo er rasch Karriere machte. 1961 wollten die Israelis von Adolf Eichmann wissen, wer 1939 das für Judenfragen zuständige Referat IV B4 des RSHA in der Prinz-Albrecht-Straße 8 gegründet und geleitet habe. Eichmann antwortete, das sei Regierungsrat Kurt Lischka gewesen, damals der direkte Vorgesetzte Theodor Danneckers.

Dannecker sorgte unter Lischkas Leitung für die Durchführung der »Endlösung der Judenfrage« in Frankreich, wo er Leiter des Judenreferats der Gestapo war. In einem Dokument des Judenreferats des SD im RSHA vom 25. Mai 1939 heißt es, im Beisein von SS-Oberscharführer Dannecker habe Hagen den SS-Führern Bolte (Elbe) und Koch (Donau) einen Überblick über den Stand der Judenfrage gegeben, vor allem nach dem Wechsel eines Gestapo-Funktionärs, des Regierungsrats Lischka, an die Spitze der Reichszentrale für jüdische Auswanderung. Dieser sei für alle Judenfragen zuständig.

Die deutsche Polizei hatte das besetzte Frankreich organisatorisch in Außenkommandos aufgeteilt, deren Chefs den Titel KdR (Kommandeur der Sipo und des SD) trugen. Lischka war der Kommandeur von Paris, mit Außenstellen in Melun und Versailles.

Wir hatten unsere Arbeit im Zeitgenössischen Jüdischen Dokumentationszentrum (CDJC) damit begonnen, Lischkas Unterschrift und sein Namenskürzel zu identifizieren.

Der ganze deutsche Polizeiapparat in Paris lag in den Händen Kurt Lischkas. Als Leiter des Amts II der Sicherheitspolizei und des Sicherheitsdiensts im besetzten Frankreich war er zudem für polizeiliche und rechtliche Fragen zuständig. Zu den Aufgaben dieses sehr wichtigen Amts zählten die Überwachung der französischen Polizei und

Gendarmerie, die Kontrolle der französischen Gesetzgebung, Personalnachfragen bei der französischen Polizei, die Polizei in den Lagern, Internierungs- und Inhaftierungsmaßnahmen allgemein, die Abfassung und Weiterleitung der die Polizei betreffenden Befehle und schließlich die Sühnemaßnahmen, die Repressalien. Das Amt II Pol. III war verantwortlich für die Exekution von Geiseln. Die Geiseln, die in Romainville und auf dem Mont Valérien erschossen wurden, auch das war Lischka. Sobald SS-Befehlshaber Oberg, assistiert von seinem Vertrauensmann Hagen, Repressalien beschlossen hatte, war es die Gestapo unter Lischka, die die Geiseln aussuchte, die erschossen werden sollten. Lischka war allmächtig, was Vorschläge zur Hinrichtung von Geiseln, die Wahl der Personen und die Exekution selbst anging.

Am 1. Januar 1941 wurde Lischka zum Oberregierungsrat ernannt, im April 1942 zum SS-Obersturmbannführer. Gestapo-Mitarbeiter aus der Rue des Saussaies bezeugten, nach den Gerichtsakten: Wenn ein Häftling viel zu wissen schien und nicht reden wollte, konnte beim Kommandeur (Lischka) die Erlaubnis zum Verhör unter Folter eingeholt werden, die auch stets erteilt wurde.

Ab dem 20. Januar 1941 war Lischka unmittelbar an der Judenverfolgung beteiligt. Ein ausführliches Papier Danneckers über die Gründung eines Zentralen Judenamts in Paris und die Aufgabenverteilung zwischen Botschaft, Militär und Sipo-SD bestätigt die Einschaltung der Sipo-SD in die Judenfrage im besetzten Frankreich. Es handelt sich um das Protokoll einer Besprechung zwischen Best, Lischka und Dannecker vom 3. Februar 1941:

> SS-Sturmbannführer Lischka trug vor, bei der weiteren Behandlung der Judenfrage in Frankreich sei es das Ziel, die Lösung des Judenproblems in Europa nach den im Reich angewandten Richtlinien sicherzustellen. Zu diesem Zweck sei die Schaffung eines zentralen Judenamtes für Frankreich oder zunächst für das besetzte Gebiet Frankreichs geplant. Dieses zentrale Judenamt solle folgende Aufgaben haben:
>
> 1. Behandlung aller polizeilichen Judenangelegenheiten (Judenerfassung, Judenregister, Judenüberwachung);

2. Wirtschaftlicher Kontrolldienst (Ausschaltung der Juden aus dem Wirtschaftsleben, Mitwirkung bei der Rückführung jüdischer Betriebe in arische Hände);
3. Propaganda-Abteilung (antijüdische Propaganda im franz. Volk);
4. Antijüdisches Forschungsinstitut.

> Als Vorläufer des zentralen Judenamtes sei bei der Polizeipräfektur in Paris bereits ein Judendienst ins Leben gerufen worden. Die weiteren Dinge müssten den Franzosen überlassen bleiben, um die Reaktion des franz. Volkes gegen alles, was von den Deutschen komme, auf diesem Gebiete auszuschalten; die deutschen Stellen hätten sich also nach Möglichkeit nur auf Anregungen zu beschränken.[25]

Am 17. März 1942 schrieb Lischka an den Militärbefehlshaber in Frankreich – General Speidel:

> Betr.: Weitere Deportation von Juden.
> […] Gemäß hiesigem Vorschlag hat sich das Reichssicherheitshauptamt bereit erklärt, in Kürze über die Abnahme der 1000 Juden aus Compiègne hinaus weitere 5000 Juden aus Frankreich abzunehmen. […]
> Ein großer Teil der abzuschiebenden Juden könnte aus dem Lager Drancy bzw. den bei Orléans gelegenen Lagern Pithiviers und Beaune-la-Rolande genommen werden. […]
> Auf diese Weise wäre es möglich, eine Auswechslung der KZ-Belegschaften zu erzielen und zwecks weiterer Auflockerung der Pariser Judenschaft erneute Judenrazzien durchzuführen. […]
>
> gez. *Lischka*[26]

Am 15. Mai 1942 kabelte Lischka an Eichmann, dem SD müssten mehr Waggons für den Transport der Juden zur Verfügung gestellt werden. Die militärischen Bedürfnisse hatten zwar Vorrang, aber die Gestapo-Verantwortlichen setzten all ihre Energie dafür ein, Züge zu bekommen, die dann voll beladen mit Juden durch ganz Europa fuhren, und sie erhielten sie auch:

---

[25] Klarsfeld, *Die Endlösung der Judenfrage in Frankreich,* S. 53. Archives Nationales, Paris, AN-AJ40 548, Bd. 1, Bl. 116 – 118.
[26] Ebd., S. 51.

An das RSHA Berlin
Paris, den 15.5.1942
Dringend! Sofort vorlegen!

Es ist gelungen, zu dem Chef der Eisenbahntransportabteilung, Generalleutnant Kohl, Paris, eine gute Verbindung herzustellen. Generalleutnant Kohl, der absoluter Judengegner ist, hat zugesichert, alles für den Abtransport der Juden erforderliche Eisenbahnmaterial sowie Lokomotiven zur Verfügung zu stellen. Demnach könnten schon in nächster Zeit aus Frankreich mindestens 10 Züge rollen.
Ich bitte unter Bezugnahme auf die verschiedenen Besprechungen des SS-Hauptsturmführers Dannecker bei der dortigen Dienststelle um Mitteilung, ob und in welchem Zeitraum eine größere Anzahl von Juden abgenommen werden kann und welches Lager für deren Aufnahme in Frage kommt.
Da weitere Judenrazzien erforderlich sind, jedoch nur eine beschränkte Anzahl von Lagern zur Verfügung steht, wäre ich zunächst für eine umgehende Abnahme von 5000 Juden dankbar.
Kurt Lischka

Den Begriff »Abnahme« hat Lischka sehr häufig verwendet, nicht nur während, sondern auch nach dem Krieg, als er Generalbevollmächtigter einer Getreidehandelsfirma wurde: die bürokratische und logistische Abwicklung von Eisenbahnlieferungen war ja praktisch dieselbe, ob es um Juden oder um Getreide ging.

Am 24. Februar 1943 kabelte Lischka an Gestapo-Chef Müller:

Die französische Polizei hat in Durchführung einer von mir angeordneten Sühnemaßnahme die Festnahme von 2000 Juden im Alter von 16 bis 65 Jahren im alt- und neubesetzten Gebiet veranlaßt.[27]

Alle Memoranden, die die Leiter des Judenreferats, Dannecker und später Röthke, vorbereiteten, wurden sowohl Lischka als auch Knochen beziehungsweise Hagen vorgelegt. Sie wurden über den Verlauf der »Endlösung« in Frankreich genauestens auf dem Laufenden gehalten und konnten im Fall von Hindernissen jederzeit eingreifen.

---

[27] Ebd., S. 179.

Lischka lenkte die Tätigkeiten dieses Referats mit großer Sorgfalt. Es gibt fast kein Memorandum und keinen Bericht, die er nicht mit seinem violetten Stift mit Anmerkungen oder seiner Paraphe versehen hat.

Wie alle hohen SS-Offiziere wusste Lischka über die Vernichtung der Juden Bescheid, sogar vor allen anderen, schließlich war er in den Jahren 1938 bis 1939 Spezialist für die Judenfrage im ganzen Reich gewesen. Am 23. Oktober 1943 verließ Lischka Frankreich und kehrte zurück nach Berlin. Dort wurde er zum Leiter der Abteilung IV B befördert und leitete die Referate IV B 1 und IV B 2. Er war der Vertraute von Gestapo-Chef Müller und vertrat ihn in dessen Abwesenheit. Wegen der Tötung von tschechischen Widerstandskämpfern angeklagt, wurde er nach dem Krieg in Prag inhaftiert, 1950 jedoch freigelassen. Er ließ sich in Köln nieder, wo er 1940 die Gestapo geleitet hatte.

Zwei Tage nach unserem Besuch bei Lischka fuhren wir im Mercedes unseres Kameramanns Harry Dreifuss wieder in die Bergisch-Gladbacher Straße 554. Es war 7 Uhr früh und sehr kalt. Um zehn vor acht kam Lischka aus dem Haus.

Wir standen an einem Zaun in der Nähe der Straßenbahnhaltestelle. In seinem langen Mantel, mit Hut, Brille und schwarzer Aktentasche sah Lischka immer noch wie ein Gestapomann aus. Er näherte sich der Haltestelle, aber als er uns bemerkte, wechselte er die Straßenseite und verschwand hastig in einer Seitenstraße. Wir folgten ihm. Er ging schneller. Wir filmten ihn aus mehreren Metern Abstand. Lischka blieb stehen, lief dann mal in die eine, mal in die andere Richtung. Wir blieben hinter ihm. Plötzlich rannte er, wir rannten mit einem Meter Abstand hinterher und filmten weiter.

Lischka floh in seiner eigenen Stadt, in seinen eigenen Straßen! Er war auf einmal mit seiner Vergangenheit konfrontiert. Die Sequenz, die wir an diesem Tag drehten, löste in Israel große Erregung aus, und sie wird heute noch von Sendern auf der ganzen Welt ausgestrahlt, wenn es um das Schicksal der Naziverbrecher geht.

Zu dieser bemerkenswerten Sequenz kam nun die über Hagen hinzu. Einen Tag nachdem wir Lischka gefilmt hatten, brachen wir um sechs

Uhr früh nach Warstein auf, 200 km nordöstlich von Köln im Sauerland. Auch hier gingen wir nicht vorsichtig vor. Beate hatte am Sonntagabend bei Hagen angerufen und, als die Frau abnahm, gefragt: »Wäre Ihr Gatte zu einem Gespräch mit einem französischen Journalisten bereit?« Frau Hagen beriet sich kurz mit ihrem Mann und antwortete dann: »Das kommt nicht infrage. Mein Mann versteht nicht, warum Sie ihn interviewen wollen.« Beate beließ es dabei, sie wusste ja, dass er irgendwann aus dem Haus kommen musste.

Wir kamen um halb neun in Warstein an und fuhren in die schmale Wilhelmstraße, die schnurgerade verläuft. Wir parkten etwa hundert Meter von der Wohnung Hagens entfernt, mit der Motorhaube in deren Richtung. In dem Haus wohnten nur zwei Familien. Wir warteten fünf Stunden. Gegen zwei wollten wir die Hoffnung aufgeben. Karnevalsmusik ertönte, und Beate, die sehr hungrig war, ging in ein Café. Da sahen Harry und ich, wie ein Mann in einem Tweedjackett aus dem Haus kam und auf eine etwa zweihundert Meter entfernte Menschenmenge zusteuerte, die sich den Karnevalszug ansah. Wir dachten, das sei Hagen, und rannten ihm hinterher. Irrtum, der Mann war noch keine fünfzig. Wir gingen zurück zum Wagen, und als wir an Hagens Haus vorbeiliefen, kam ein Mann im Mantel, mit Brille und Hut heraus und ging schnell in die angebaute Garage. Er stieg in einen großen Opel. Beate, die gerade zurückgekehrt war, sprang vor das Auto, das aus der Garage kam, und zwang es anzuhalten: »Herr Hagen, Sie sind doch Herr Hagen?« Er hob den Kopf, nickte und bemerkte den Kameramann, der ihn filmte. Er stieg aus seinem Auto und stürmte auf uns zu. Vor der Kamera blieb er stehen und beherrschte sich: Wenn er die Kamera zerstörte, könnten wir ihn verklagen und sein Name käme in die Presse.

Beate trat vor und zeigte auf mich: »Der Herr ist ein französischer Journalist; er möchte Ihnen ein paar Fragen stellen.« Er erinnerte sich an den Anruf von gestern und stieg wieder ins Auto. Aber Beate blockierte es wieder. Er wartete auf seine Frau. Schließlich wandte er sich empört an mich, in ausgezeichnetem Französisch:

»Monsieur, Sie haben kein Recht, mich in meiner Straße, vor meinem Haus zu filmen.«

»Monsieur Hagen, es gibt Deutsche, die zu lebenslänglicher Zwangsarbeit verurteilt worden sind, weil sie mehr getan haben, als auf der Straße zu filmen.«

»Aber ich verstecke mich nicht, Monsieur, ich war nach dem Krieg schon mehr als zwanzig Mal wieder in Frankreich.«

»Bedauerlich, dass den französischen Polizisten Ihr Name nicht aufgefallen ist, sonst wären Sie verhaftet worden. Ich will Ihnen nur ein paar Fragen stellen, vor allem, ob Sie zugeben, dass Sie Chef der Sicherheitspolizei in Bordeaux und rechte Hand des Höheren SS- und Polizeiführers Oberg sowie Leiter des Judenreferats des SD in Paris gewesen sind?«

»Ich habe Ihnen nichts zu sagen, Monsieur. Wenn Sie wollen, können Sie Kontakt zu meinem Sohn aufnehmen. Er ist Journalist in Köln.«

Er saß in seinem Auto und starrte mit verkrampftem Lächeln aufs Lenkrad. Schließlich rief er ganz außer sich: »Alles, was ich will, ist in Ruhe leben.« In diesem Moment kam seine Frau mit den beiden halbwüchsigen Töchtern aus dem Haus. Statt in den Wagen zu steigen, gingen sie zu Fuß die Straße entlang. Mit einem eisigen »Au revoir, Monsieur« fuhr Hagen ihnen nach.

Der Gesprächston war aggressiv. Aber als wir am Abend zurück in Köln waren, fiel uns wieder ein, was er über seinen Sohn gesagt hatte. Beate rief noch einmal in Warstein an. Frau Hagen war am Telefon: »Wir wissen, wer Sie sind, Frau Klarsfeld. Rufen Sie unseren Sohn an, er wird Ihnen alle Auskünfte geben, die Sie wünschen, er ist ein Linker wie Sie.« Jens war bereit, sich mit uns zu treffen.

Er war ein großer, dünner junger Mann mit langem Bart, langen Haaren und lässig gekleidet. Er schrieb für linksliberale Zeitschriften. Wir führten das Gespräch auf Englisch. »Ich würde gern wissen, was Sie über meinen Vater erzählen können. Ich weiß nicht sehr viel, er hat mir über manches nicht viel erzählt.« Ich zog die Akte Hagen aus der Tasche und erklärte ihm die Funktionen, die sein Vater gehabt hatte. »Dies sind die Dokumente, die er während der Nazizeit verfasst und unterzeichnet hat. Nehmen Sie sie, ich überlasse ihm das Wort.«

Er fing an zu lesen, wortlos, mit hochgezogenen Schultern. Bestürzt blätterte er Seite um Seite um. Schließlich sagte er: »Mein Vater war Idealist. Er hat sich getäuscht, aber er hat kein Verbrechen begangen. Mein Vater ist so antimilitaristisch, dass er als Sturmbannführer in Kärnten nicht einmal eine Waffe mitnahm, wenn er gegen jugoslawische Partisanen vorging.«

»Das verstehe ich genau andersherum«, erwiderte Beate: »Ihr Vater war so sehr Militär, dass er keine Waffe brauchte, damit seine Männer, von seinem Mut mitgerissen, ihm folgten. Waffenlos konnte er sehr viel mehr bewirken, als wenn er ein Gewehr gehabt hätte.«

Jens vertiefte sich wieder in die Dokumente. Hin und wieder schossen ihm Tränen in die Augen.

Die Akte Herbert Hagen

Herbert Hagen wurde am 20. September 1913 geboren. 1936 wurde dieser brillante Student von Professor Franz Six bei dem von Reinhard Heydrich gegründeten Sicherheitsdienst Reichsführer SS (SD) eingestellt.

Professor Six leitete damals die Abteilung II.1 des SD-Hauptamts, die sich vor allem mit ideologischen Fragen beschäftigte und deren Tätigkeit sich ausdrücklich gegen Juden, Freimaurer und die Kirche richtete. Six hatte die SS-Mitgliedsnummer 107480 und war der Förderer und Vorgesetzte von Hagen, Knochen, Dannecker, Brunner, Eichmann. Als SS-Oberführer im RSHA, dessen Amt VII er leitete, verkehrte er mit Kurt Lischka, einem der Hauptverantwortlichen von Amt VI; Six war nach dem Anschluss Österreichs Kommandoführer des Einsatzkommandos Österreich, danach war er in der Tschechoslowakei; er war Dekan in Berlin an der Auslandswissenschaftlichen Fakultät; er beging Massaker an jüdischen und sowjetischen Zivilisten als Leiter der Einsatzgruppe »Vorkommando Moskau«; er war im Auswärtigen Amt ein Kollege Kiesingers und der Vorgesetzte Achenbachs; er wurde in Nürnberg zu zwanzig Jahre Haft verurteilt, aber bereits 1952 entlassen und einer der Chefs der westdeutschen Geheimdienste.

Franz Six bot dem jungen Hagen, SS-Nummer 124273, NSDAP-Nummer 4583139, die Leitung der Abteilung II.112 an, die sich mit der Bekämpfung des Judentums befasste. Hagen nahm das Angebot an. Sein journalistisches Talent kam auch Six als Leiter der Auslandswissenschaftlichen Fakultät zugute. Dieses Institut war dem SD unterstellt, und die von ihm herausgegebene Zeitschrift veröffentlichte zahlreiche Artikel, die von Six gezeichnet, aber von Hagen ausgearbeitet worden waren. Werke wie *Das Weltjudentum. Organisation, Macht und Politik* oder *Die Freimaurerei – Weltanschauung, Organisation und Politik*, die der Eher-Verlag, der Zentralverlag der NSDAP, unter dem Pseudonym Dieter Schwarz herausgab, gehen auf die Zusammenarbeit von Six und Hagen zurück. Hagens Vorgänger in der antijüdischen Kommandozentrale, Leopold von Mildenstein und Schröder, hatten eine kleine Gruppe fanatischer Judenfeinde rekrutiert; Hagens Untergebene waren Dieter Wisliceny, der später die Vernichtung der ungarischen und tschechischen Juden organisierte, Theodor Dannecker, der später dieselbe Aufgabe in Frankreich, Thrakien, Mazedonien und Italien erfüllte, und Adolf Eichmann, der später die »Endlösung« leitete.

Hagen hat die ideologische Arbeit erfolgreich bürokratisiert. Die Leute vom SD erwiesen sich als effektivere Feinde des jüdischen Volks als die Gestapo, deren Aufgaben begrenzter waren. Eichmann sagte in Jerusalem über ihn: »Hagen war ein kluger Mann mit weitem Horizont, verfügte über ein gesundes Allgemeinwissen und hatte eine gute Gabe, auch die ihm bis dahin fremd gewesenen Angelegenheiten binnen kurzem in sich aufzunehmen.«[28] Six, dessen persönlicher Freund er gewesen sei, habe ihn zu seinem Redakteur gemacht. Jedes Halbjahr schrieb Hagen bemerkenswert klare und genaue Tätigkeitsberichte der Abteilung II.112, überdies zahllose Memoranden über alle Aspekte der Judenfrage in Deutschland und im Ausland.

Wir waren 1970/71 praktisch die Einzigen, die sie gelesen haben, denn sie befanden sich in einem Karton mit persönlichen Papieren Hagens, die er bei der Befreiung von Paris wohl vergessen hat. Sie wurden erst nach dem Eichmann-Prozess gefunden, als das Interesse an Nachforschungen abgeflaut war. Vor uns hatte noch kein Historiker um Einsicht in diese Papiere gebeten, in denen sich ein Großteil der Vorarbeiten für den Genozid findet. Hagen spionierte die Juden meisterhaft aus und erfasste sie auf Karteikarten.

Die Abteilung II.112 organisierte u. a. Vorträge, bei denen die nationalsozialistische Haltung zur Judenfrage erläutert und propagiert wurde. Im ersten Halbjahr 1938 etwa organisierte sie dreiundzwanzig Vorträge: Eichmann sprach einmal, Dannecker viermal, Hagen acht-

[28] Jochen von Lang (Hg.), *Das Eichmann-Protokoll*, Berlin 1982, S. 31.

zehnmal über »Das Judentum, seine weltweite Organisation« und über »Die praktische Handhabung der Judenfrage«. Wer waren die Adressaten? Am 4. Mai 1938, ein paar Monate vor dem Münchner Abkommen, war es der Sudetenführer Konrad Henlein; außerdem wiederholt der Volksgerichtshof, die Polizei, Parteifunktionäre, der Pressedienst der NSDAP, die Kriegsakademien, SS-Unteroffiziere, lokale NSDAP-Führer, die Grenzpolizeischule, die Sicherheitspolizeischule, Vertreter der Partei im Ausland, Rechtsanwälte. Achtzehn Vorträge in sechs Monaten! Hagen hat all seine juristische und polizeiliche Kompetenz in den Dienst einer Aufgabe gestellt, die 1940 bis 1945 nur dank der Vorarbeit dieser Handvoll Männer unter Hagens Leitung gelingen konnte. Hagen hat Eichmann nach Wien geschickt und angewiesen, wie er dort vorgehen sollte. Die beiden verstanden sich gut: »Lieber Adolf« schrieb an »Lieber Herbert« handschriftliche, zuweilen auch ganz intime Briefe, die er mit »Ady« unterzeichnete.

Ihre Freundschaft ging auf die Reise der beiden künftigen »Endlösungsspezialisten« nach Palästina zurück, wo sie ihre Kenntnis der jüdischen Welt vervollkommnen und herausfinden wollten, was die mögliche Gründung eines jüdischen Staates dem Dritten Reich bringen könnte. 1961 sagte Eichmann zum wiederholten Mal, Hagen sei sein Chef gewesen und er, Eichmann, sein Untergebener. Sie fuhren am 26. September 1937 über Polen ins rumänische Constanța und von dort auf der *Romania* über das Schwarze Meer nach Haifa, wo sie am 3. Oktober ankamen. Die britische Mandatsverwaltung ließ die beiden zunächst nicht von Bord. Am 4. Oktober reisten sie nach Kairo, wo sie sich mit dem Vertreter des Deutschen Nachrichtenbüros sowie Feivel Polkes trafen, einem Vertreter der zionistischen paramilitärischen Untergrundorganisation Hagana in Palästina. Zurück nach Europa ging es an Bord der *Palestina*, die in Brindisi anlegte. Die Reise war nach diskreten Treffen zwischen Eichmann und Polkes im Februar 1937 im Café Kranzler zustande gekommen, bei denen Polkes den Deutschen nach Palästina eingeladen hatte, weil die Hagana vermutlich daran interessiert war, dass deutsche Emigranten nach Palästina kamen. Dieses Treffen führte jedoch lediglich zu der einen kurzen Nahostreise der beiden SS-Männer und der Erkenntnis, dass die Juden in Palästina dem Dritten Reich unbeugsam feindlich gegenüberstanden. 1938 führten die Maßnahmen gegen die Juden zum endgültigen Abbruch der Kontakte.

Der umfangreiche Reisebericht trägt das Datum 27. November 1937 und wurde im Wesentlichen von Hagen verfasst. Er liefert darin interessante Hinweise auf seine antisemitische Gesinnung: »Bezeichnend für die absolute Ungeeignetheit der Juden zur Führung der geordneten Wirtschaft im eigenen Staat ist die Tatsache, daß allein in Jerusalem 40 jüdische Banken bestehen sollen, die von dem Betrug ihrer eigenen Rassebrüder leben!«

Die Abteilung II.112 sammelte in der ganzen Welt Informationen, bezahlte Spitzel, sogenannte Vertrauenspersonen (V-Männer), in Paris, New York, Kairo, Jerusalem, Prag, Bukarest usw. Sie legte Akten und Karteikarten an, die später die Grundlage für das methodische Vorgehen gegen die jüdischen Gemeinschaften in den eroberten Teilen Europas bildeten, über dessen Effizienz die Historiker des Holocaust bis heute staunen.

Im Oktober 1938 reiste Hagen nach Wien und Prag, wo er erklärte, dass »es als ratsam erscheine, ein Vorgehen des Volkes gegen die Juden zu inszenieren«. Nach der Besetzung Prags im Mai 1939 kehrte er dorthin zurück. Am 30. Juni legte er seinen Plan dar: »Neben einer Darstellung der Geschichte des Judentums in der CSR müßte, durch eine gute Statistik belegt, ihr Einfluß auf die Politik, Kultur, Wirtschaft aufgezeigt werden. In diesem Zusammenhang könnten diejenigen führenden Politiker genannt werden, die für die Duldung des jüdischen Einflusses verantwortlich sind. (Eine gute Gelegenheit, um den Nimbus jetzt noch tätiger ›nationaltschechischer‹ Politiker zu zerstören.) In einem abschließenden Aufsatz wäre die Notwendigkeit zur Lösung der Judenfrage auf rassischer Grundlage darzulegen.«

Hagen war im Übrigen Frankreich-Experte und sprach bemerkenswert gut Französisch.

Gleich in den ersten Kriegstagen fasste Himmler SD, Gestapo und Kriminalpolizei zum Reichssicherheitshauptamt (RSHA) zusammen. Hagen kam zu RSHA-Amt VI (Auslandsnachrichtendienst) und leitete die Dienststelle VI H 2 (Judenfragen und Antisemitismus). Im Juni 1940 kam SS-Standartenführer Knochen an der Spitze eines Sonderkommandos von 20 Mann, darunter Hagen, nach Paris. In Nürnberg sagte Knochen aus, Heydrich persönlich habe ihn mit dieser Aufgabe betraut. Die SS-Hauptsturmführer Hagen und Dietl hätten ihn begleitet.

Hagen erhielt zunächst den wichtigen Auftrag, die Sipo-SD an der

Atlantikküste aufzubauen, und wurde am 1. August 1940 Kommandeur der Sipo-SD in Bordeaux. Er wohnte erst auf der Yacht des Königs von Belgien, die dieser bei der französischen Niederlage 1940 verlassen hatte, und dann in der Rue du Médoc. Er begann sehr schnell mit der Organisation der Judenverfolgung. Im Dezember 1944 sagte der Groß-Rabbiner von Bordeaux als Zeuge vor Gericht aus, gleich in den ersten Tagen der Besatzung seien etwa zweihundert internierte deutsche Juden aus unbekanntem Grund aus den Lagern Gurs und Saint-Cyprien nach Bordeaux gebracht worden.

Am 8. Januar 1941 schrieb der Präfekt des Departements Gironde an Xavier Vallat, Generalkommissar für Judenfragen in Paris:

> Kommandeur Hagen hat seine Absicht erklärt, im Lauf des Monats Januar zahlreiche Juden zu internieren, die Staatsangehörige der von Deutschland besetzten Länder sind.
>
> [...]
>
> Die nötigen Gelder für dieses Vorhaben müssen von den Juden aus der Region gestellt werden, und ihre Eintreibung erfolgt wahrscheinlich per Anordnung.

Am 8. Dezember 1941 ordnete Hagen an: »Im Bereich der hiesigen Dienststelle halten sich nach vorliegenden Listen ca. 3000 Juden auf, von denen 250–300 nach dem Erlaß des Chefs der ›Sicherheitspolizei und des SD‹ vom 30. 10. 40 und des ›Küstenerlasses‹ ihrer jetzigen oder früheren Staatsangehörigkeit wegen und infolge Aufenthaltes im französisch-spanischen Grenzgebiet vordringlich zu internieren sind.«[29] Am 13. Januar 1942 schrieb Hagens ehemaliger Stellvertreter und jetziger Chef des Judenreferats der Gestapo in Frankreich, Dannecker, an SS-Sturmbannführer Lischka: »SS-Sturmbannführer Hagen unterrichtete mich am 12. 1. 1942 davon, daß aus militärischen Abwehrgründen sowie zur Weitertreibung der antijüdischen Maßnahmen die KZ-Inhaftierung verschiedener Juden der Départements Landes und Basses-Pyrénées notwendig wäre.«[30] Am 14. Januar informierte SS-Obersturmbannführer die Militärkommandantur darüber, dass er Hagens Rat folgen werde.

Hagen dehnte seinen Zuständigkeitsbereich bis zur Bretagne aus

[29] Klarsfeld, *Die Endlösung der Judenfrage in Frankreich*, S. 30.
[30] Ebd., S. 35.

und richtete in den wichtigsten Städten Sipo-SD-Stellen ein, um jedweder Gegenwehr vorzubeugen oder sie zu unterdrücken und um die Judenverhaftungen zu organisieren.

Im Mai 1942 schickte Heydrich Carl Oberg als Befehlshaber der SS- und Polizeidienste nach Paris und machte eine »graue Eminenz« zu seiner rechten Hand: Herbert Hagen wurde Obergs persönlicher Referent. Das war ein eindrucksvoller Aufstieg. Der noch nicht dreißigjährige Hagen war eine Zeitlang auch Leiter der Abteilung VI der Sipo-SD in Frankreich, die für den Nachrichtendienst zuständig war und Informationen über das Ausland, die Tätigkeit der französischen Regierung und der politischen Parteien sammelte. Da die entscheidenden Schaltstellen nach und nach nicht mehr in der Militärkommandantur und der Botschaft lagen, sondern bei der SS, zogen seither Hagen und Knochen die politischen Fäden in Frankreich.

Das Judenreferat der Gestapo in der Avenue Foch lag nicht weit entfernt vom Boulevard Lannes. Hagen vernachlässigte seine antisemitischen Aktivitäten nicht. Er nahm an allen Zusammenkünften der deutschen beziehungsweise deutschen und französischen Behörden teil, bei denen es um die Durchführung der Deportationen und die Ausräumung aller Hindernisse für die »Endlösung der Judenfrage« in Frankreich ging. Alle diesbezüglichen Dokumente gingen durch die Hände von Hagen und Lischka, Oberg und Knochen.

Hagen ist das Musterbeispiel des »Schreibtischtäters«. Er machte sich die Hände nicht schmutzig, er mochte das Schauspiel der Folter nicht, doch er stellte seine Intelligenz ganz in den Dienst des Bösen, erließ die Richtlinien und schuf den Rahmen, in dem Menschen wie Barbie ihre Hände mit dem Blut von Widerstandskämpfern und Juden besudelten. Hagens Memoranden, in lichtdurchfluteten Büros mit Blick auf den Bois de Boulogne verfasst, zeichneten für die Juden den Weg nach Auschwitz vor. Er war sich vollkommen darüber im Klaren, was die Juden nach der Deportation erwartete. Alle Informationen, die Oberg erhielt, gingen durch seine Hand.

Am 2. Juli 1942 fand eine Sitzung von Oberg, Knochen, Hagen, Lischka und René Bousquet statt, Hagen schrieb das Protokoll. Die französische Polizei sollte die Razzia des Vélodrome d'Hiver durchführen. Nach der Razzia führte Hagen den Vorsitz bei einem Treffen französischer und deutscher Polizisten, bei dem über das Schicksal der bei der Razzia verhafteten jüdischen Kinder beraten wurde: Sie wurden alle deportiert.

Hagen nahm an zahlreichen Gesprächen mit den französischen Behörden über die Judenfrage teil. Er war einer der letzten deutschen Kriegsverbrecher, die in Abwesenheit verurteilt wurden: am 18. März 1955 in Paris zu lebenslänglichem Arbeitslager.

Jens Hagen hatte sich nach der Lektüre dieser Akte wieder gefasst. Er erklärte uns, seine Mutter sei krank, seine Familie habe nicht viel Geld, man müsse seinen Vater verschonen, er sei heute ein anderer Mann.

Wir antworteten: »Wir wollen gern glauben, dass er sich geändert hat, jeder kann sich ändern. Aber wir brauchen einen echten Beweis dafür, und der lässt sich leicht erbringen. Wenn Ihr Vater nach Frankreich käme, könnte er vieles zur historischen Forschung beitragen, da er die Vernichtungsmaschinerie mit aufgebaut hat und bis ins kleinste Detail kennt. Er hat Eichmann, Dannecker und die meisten von Eichmanns Leuten angeleitet. Ihr Vater hat zusammen mit Knochen von 1942 bis 1944 die deutsche Politik im besetzten Frankreich gelenkt. Er weiß sehr viel und hat zudem echtes journalistisches Talent. Wenn er in Frankreich vor Gericht erschiene, würde das dort sicher sehr positiv aufgenommen.

Wenn ein Mann seine Familie verlässt und sich in einem anderen Land der Justiz stellt, dann hat er sich wirklich geändert. Er kann der heutigen Gesellschaft verstehen helfen, wie der begabte junge Mann in den vierziger Jahren zu dem SS-Mann Hagen wurde. In dem Fall würden wir ihn sogar persönlich verteidigen, und unter den gegebenen Umständen würde er vermutlich nur noch eine symbolische Strafe erhalten. Wenn er aber nicht nach Frankreich kommt, dann hat er sich auch nicht geändert.«

Jens sagte, er werde seinem Vater unseren Vorschlag unterbreiten. Uns war ziemlich klar, dass wir nichts mehr von ihm und seinem Vater hören würden. Aber wir hatten ihm zumindest die Gelegenheit geben wollen, diese Vermutung Lügen zu strafen, bevor wir härtere Bandagen anlegten.

Es war hochinteressant, wie ein Journalist, nach eigenen Angaben ein Linker, Sohn eines der größten NS-Verbrecher, über die Generation vor ihm zu urteilen vermochte. Seine Gefühle als Sohn ließen ihn alles andere komplett vergessen.

Jens vertraute uns an, dass er im Fotoalbum seines Vaters Fotos von 1937 gesehen hatte, die Eichmann und Hagen in Haifa und Kairo zeigten, und dass er so sehr an der Judenfrage interessiert sei, dass er vor ein paar Jahren sogar als Tourist in Israel gewesen sei, um das Land wiederzusehen. Ein Mann wie Hagen, einer der akribischsten und fanatischsten Organisatoren der Judenvernichtung, war so unverfroren, nach Israel zu reisen. Würde Barbie nicht ein Jahr später, 1972, behaupten, er habe in den 1960er-Jahren im Panthéon seinem besten Feind Jean Moulin die Ehre erweisen wollen?

Innerhalb von drei Tagen hatten wir also Lischka und Hagen gefilmt. Nach einem Abstecher nach Brüssel zum Jüdischen Weltkongress zur Lage der Juden in der Sowjetunion kehrten wir am 26. Februar nach Köln zurück, um unsere Filme abzuholen. Am 4. März fuhr ich nach Ludwigsburg zu Generalstaatsanwalt Dr. Adalbert Rückerl, dem Leiter der Zentralen Stelle der Landesjustizverwaltungen zur Aufklärung nationalsozialistischer Verbrechen. Er überflog die Akten über Lischka und Hagen und erklärte, da diese Deportationen aus rassischen Gründen erfolgt seien, handele es sich gemäß den deutschen Gesetzen um niedrige Beweggründe, weshalb sie nach dem geltenden deutschen Strafrecht nicht verjährt seien. Vor allem Hagen und Lischka müssten wegen ihrer Verantwortung für die Judendeportationen in Frankreich vor Gericht gestellt werden. Seiner Meinung nach müssten die Personen an der Spitze der Hierarchie gefasst werden, die für diese Ereignisse verantwortlich oder mitverantwortlich waren.

Die Erklärung des kompetentesten Deutschen in dieser Angelegenheit, die Bestätigung, dass Lischka und Hagen ganz oben auf der Liste der NS-Verbrecher standen, stärkte uns den Rücken. Darauf konnten wir unseren Kampf stützen. Wir konnten zur Tat schreiten.

Die Operation Lischka

Zuerst mussten wir ein kleines Team zusammenstellen: Wir brauchten mindestens drei Männer, um die Operation Lischka wagen zu können. Während wir uns im Restaurant Paul an der Place Dauphine darüber unterhielten, boten uns zwei junge Leute vom Nachbartisch, beide Juden, die uns erkannt und uns zugehört hatten, ihre Hilfe an. Marco studierte Politikwissenschaften, und David war Arzt. Marco kannte zudem den Fotografen Élie, ein rebellischer Typ, der vielleicht bei der Entführung mitmachen würde. Er brachte uns mit ihm in Kontakt.

Wir trafen uns zu dritt mit ihm in einer Kneipe im 18. Arrondissement. Er dachte, die Naziverbrecher lebten irgendwo im Urwald versteckt. Er konnte nicht glauben, dass der Mann, der den Befehl zur Razzia des Vélodrome d'Hiver gegeben hatte, unbehelligt unter seinem eigenen Namen in Köln lebte. Erst als wir ihm die Dokumente zeigten, die wir gesammelt hatten, war er überzeugt.

Wir fingen an, uns vorzubereiten, und studierten das Material, das Beate sehr professionell zusammengetragen hatte: Karten der örtlichen Gegebenheiten, Lischkas Tagesablauf, seine Gewohnheiten. Beate hatte an alles gedacht. Auf dieser Grundlage arbeiteten wir unseren Plan aus.

Wir brauchten ein Werkzeug, am besten einen Schlagstock, um Lischka niederzuschlagen. Élie zeigte uns seinen Stock. Er war winzig, wir lachten ihn aus. Er wurde böse: »Ihr habt keine Ahnung! Mit diesem Schlagstock kann man ein Mammut betäuben!« Tatsächlich kannte sich keiner von uns damit aus, und so nahmen wir ihn mit. Schließlich nahmen wir sogar zwei Schlagstöcke mit, aber einer ging leider kaputt: Am Vorabend der Entführung übte Élie im Hotelzimmer damit, und die Spitze des Stocks löste sich, verfehlte wie durch ein Wunder einen prächtigen Spiegelschrank und donnerte mit Höllengepolter an die Zimmerdecke. Wir lachten uns halb tot.

Wir brauchten eine eindrucksvollere Waffe. Élie hatte eine alte Pistole von irgendeiner Armee. Wir machten sie unbrauchbar, indem wir den Schlagbolzen entfernten, damit wir, falls die Sache schiefging, beweisen konnten, dass wir keine bösen Absichten hatten. Ich kaufte auch Handschellen und mietete einen R-16 für die Aktion.

Wir brachen am Samstag, dem 20. März, abends in Paris auf. Wir fuhren die ganze Nacht und kamen gegen 3 Uhr morgens in Köln an, nachdem wir zuvor in einem kleinen Dorf haltgemacht hatten, wo ein Tanzvergnügen stattfand. Nur mit größter Mühe konnten wir Élie, der mit allen Mädchen tanzte, dort weglotsen.

Am Sonntag standen wir um 9 Uhr auf. Beate machte ein gutes Frühstück, um die Moral der Truppe zu stärken. Mit einiger Verspätung kamen wir bei dem Autoverleih an, um den reservierten viertürigen Mercedes 220 abzuholen, der in Deutschland weit verbreitet, also ganz unauffällig war. Aber da wir nicht rechtzeitig da waren, hatte Hertz den Wagen anderweitig vergeben.

Wir versuchten es bei einem anderen Verleih, erfolglos, und mussten uns schließlich mit einem Mercedes 280 Coupé mit Automatik begnügen, einem cremefarbenen Luxusmodell, das sehr auffällig war, nur zwei Türen und ein Frankfurter Kennzeichen hatte. Nicht gerade ideal, wenn man unbemerkt bleiben wollte. Wir grübelten über das Problem nach, wie wir einen Mann und vier weitere, die ihn entführt hatten, in ein zweitüriges Auto kriegen sollten. Wir rechneten unter Gelächter: Zweieinhalb Personen pro Tür. Nichts leichter als das!

Beate hatte sich einen schlauen Plan mit zwei Autos ausgedacht. Mit dem Mercedes würden wir von der Entführungsstelle in ein Wäldchen in der Nähe rasen und Lischka dort in den R-16 umladen. Das Wäldchen lag sehr günstig und ganz abgelegen, man konnte leicht sehen, ob wir verfolgt würden. Von dort erreichte man nach 500 Metern den Autobahnring um Köln, den wir nehmen konnten, um wieder nach Belgien zu gelangen, ohne durch die Stadt zu müssen.

Am Sonntag fuhren wir los, um uns alles genau anzusehen. David fuhr den R-16, Marco den Mercedes. In der Stadt verloren wir uns sofort aus den Augen. Nach einer halbstündigen Irrfahrt trafen wir uns in der Wohnung wieder. An diesem Tag übersprangen wir das Mittagessen, sehr zum Ärger von Élie, der das erstaunliche und aufreizende Talent besaß, vollkommen gelassen zu bleiben, und alles ertrug, nur keine Inkonsequenz, während uns anderen allmählich der Ernst und das Risiko der Operation bewusst wurden, die wir vorhatten. Wie besessen redeten wir über die winzigsten Details. Wir beschlossen, uns psychologisch vorzubereiten: Jeder sollte sich die Bewegungen einprägen und im Geist ständig wiederholen, die er zu tun hatte und die nur ein paar Sekunden dauern durften.

Im Nachhinein kamen mir allerdings Zweifel an der Gründlichkeit dieser Vorbereitungen, denn als es darauf ankam, lief alles ganz anders.

Wir fuhren noch einmal los, um die Gegend um Lischkas Wohnung zu erkunden und festzulegen, an welcher Stelle genau die Aktion stattfinden sollte. Wir machten uns Sorgen, weil eine Menge Leute dort waren, aber Beate beruhigte uns, heute sei ein Feiertag, morgen wäre die Gegend so gut wie verlassen.

Zum Training der eigentlichen Entführung fuhren wir in den wunderschönen Wald bei Köln und suchten uns eine ruhige Stelle, denn natürlich wollten wir bei dieser Art von Zerstreuung nicht beobachtet werden. David spielte Lischka. Wir hatten vereinbart, zu dritt vorzugehen. Einer sollte Lischka unter den Armen packen, die beiden anderen die Beine. Jeder spielte seine Rolle perfekt, und David landete innerhalb von Sekunden im Kofferraum. Erst in diesem Moment wurde mir klar, dass er die Autoschlüssel in der Tasche hatte. Ein gedämpfter Schrei drang aus dem Kofferraum: »Ich hab die Schlüssel!«

Nach einem Moment der Panik entdeckten wir, dass der Kofferraum mit einem Knopf am Armaturenbrett zu öffnen war. Wir hätten uns sehr lächerlich gemacht, wenn wir am Sonntag in Köln einen Schlosser gesucht hätten, um einen Kofferraum aufzukriegen, in dem er einen orthodoxen Juden gefunden hätte!

Abends aßen wir in einem jugoslawischen Restaurant. Es war unmöglich, Élie von seinen Clownerien abzuhalten, besonders da er zwei Schlagstöcke in der Tasche hatte. Er hörte nicht auf, damit zu spielen und Witze zu reißen. Aber das trug wenig dazu bei, uns unsere Angst vor dem nächsten Tag zu nehmen.

Bei der Rückkehr in die Wohnung erwartete uns eine böse Überraschung. Der Besitzer der von Beate gemieteten Wohnung war früher zurück als geplant. Wir mussten weg, ein Hotel suchen, wo wir auf keinen Fall unsere Namen angeben durften, um keine Spuren zu hinterlassen. Am Hansaring gab es ein Hotel mit freien Zimmern. Beate mietete ein Dreibett- und ein Zweibettzimmer. Zufällig kannte der junge Portier Beate dem Namen nach und sympathisierte mit ihrem Kampf. Während die beiden plauderten, schlichen wir wie Verschwörer vorbei, ohne ein Meldeformular auszufüllen. Im Zimmer angekommen, trainierten wir noch einmal wie närrisch, wobei Élie seinen Schlagstock ruinierte. Wir waren kaum eingeschlafen, da gab Beate schon das Startsignal. Es war 6 Uhr morgens. Élie grollte, weil es so früh noch kein Frühstück gab und er mit leerem Magen würde losstürmen müssen.

Um 7 Uhr waren wir vor Lischkas Wohnung und verteilten uns auf beiden Seiten der baumgesäumten Straße, die Lischka bis zur Straßenbahnhaltestelle Maria-Himmelfahrt-Straße entlanggehen musste. Auf der einen Seite stand eine Kirche mit einer Mauer, hinter der ich mich verstecken konnte – Lischka kannte mich ja –, auf der anderen befanden sich Garagen, wo David unauffällig wartete. Den Mercedes hatten wir auf dem Bürgersteig geparkt. Während wir warteten – Lischka sollte um 7 Uhr 25 aus dem Haus kommen –, tauchte eine weitere Sorge auf: An der Straßenbahnhaltestelle warteten sehr viele Leute. In unserer Gemütsverfassung machte uns ihre Gegenwart ein paar Meter von uns entfernt sehr nervös.

Élie sollte Lischka als Erster von hinten packen, und Marco, der so tat, als beschäftigte er sich mit dem Motor des Mercedes, sollte ihm zu Hilfe eilen, während David von vorn auf Lischka zulief und ich seitlich auftauchte. Beate sollte uns mit der Mütze ein Zeichen geben, wenn Lischka aus dem Haus kam.

Auf der Straße herrschte lebhafter Verkehr, Männer warteten am Steuer auf ihre Frauen und Kinder. Ich hatte den Motor des Mercedes laufen lassen. Plötzlich hob Beate ihre Mütze. Ein großer Mann, den wir sofort als Lischka erkannten, tauchte in Höhe des Mercedes auf. Marco war überrascht, weil Élie sich nicht gerührt hatte, und begriff sofort, dass die Gelegenheit vorbei war. Lischka war schon weitergegangen. An der Straßenbahnhaltestelle drehte er sich kurz um. Wir waren total entmutigt. Zur Krönung des Ganzen fing es auch noch an zu regnen. Niedergeschlagen und kleinlaut fuhren wir in die Innenstadt zurück, keiner sagte etwas, keiner wagte die anderen anzuschauen. Wir hatten es vermasselt und fühlten uns schuldig.

Wir stellten das Auto beim Dom ab und frühstückten üppig. Ich versuchte, die Moral der Truppe wieder zu heben. Die Hauptsache war doch, die Öffentlichkeit auf Lischka aufmerksam zu machen und zu demonstrieren, dass über den Naziverbrechern, die in Frankreich gewütet hatten, eine ständige Drohung schwebte. Das könnten wir trotz der Niederlage immer noch erreichen. Wenn wir mit leeren Händen zurückkehrten, wäre es eine totale Kapitulation. Wir mussten zumindest einen ernsthaften Entführungsversuch machen. Auch wenn wir Lischka nicht nach Frankreich bringen konnten, würde das viel Aufsehen erregen. Das wäre schon ein großer Erfolg, der Skandal der Straflosigkeit von Naziverbrechern wie ihm würde endlich in der breiten Öffentlichkeit bekannt.

Beate hatte sich notiert, dass Lischka um 13 Uhr 25 wieder zu Hause an der Straßenbahnhaltestelle wäre. Wir beschlossen, es dann noch einmal zu versuchen. Wir hofften, dass Lischka uns morgens nicht bemerkt hatte, aber wir waren besorgt. Lischka konnte misstrauisch geworden sein, nicht nach Hause kommen, oder aber bewaffnet oder mit Freunden oder Polizisten und schießen, was für die Justiz dann Notwehr wäre.

Um 12 Uhr 45 waren wir wieder an der Haltestelle, diesmal wollten wir weder vorsichtig noch diskret vorgehen. Wir ließen den Motor laufen, stiegen aus und unterhielten uns wie Polizisten, die jemanden verhaften wollen – ich glaube, wir sahen auch so aus.

Alle zehn Minuten kam eine Straßenbahn und Leute strömten heraus. Wir wurden immer nervöser. Würde er kommen oder nicht? Plötzlich tauchte Lischka auf, er ging in eine andere Richtung als die anderen Fahrgäste. Wir waren entschlossen, um jeden Preis etwas zu unternehmen. Marco rannte auf Lischka zu, der bis auf etwa dreißig Meter an unser Auto herangekommen war. Zwei Sekunden später kam ich dazu. Wir packten jeder einen Arm, und Marco schrie auf Deutsch: »Komm, komm!«

Lischka machte automatisch zwei Schritte auf den Wagen zu, dann merkte er, dass etwas nicht stimmte. David und Élie kamen hinzu. Élie nahm ihm den Hut ab und schlug ihm mit dem Schlagstock auf den Kopf. Das kam uns absurd vor, denn er war fast zwei Meter groß und wog sicher über hundert Kilo – wie sollten wir ihn bis zum Auto schleppen? Doch Élie sah eine kleine Chance und prügelte weiter auf ihn ein, was Grund genug für eine Anzeige wegen Körperverletzung war. Aber uns war klar, dass Lischka keine Anzeige erstatten würde, er wollte jeden Prozess vermeiden. Viele Leute tauchten auf.

Lischka brüllte mit hochrotem Kopf: »Hilfe, Hilfe!« Die Schläge von Élie steckte er weg wie ein Dickhäuter, aber schließlich ging er zu Boden, mehr vor Schreck, als weil er verletzt war. Jetzt waren wir von Leuten umringt. Einer von ihnen hielt uns einen Polizeiausweis unter die Nase. Er muss uns zuerst für Kollegen gehalten haben. Zum Glück war er nicht bewaffnet. Wir baten ihn auf Französisch, zu verschwinden.

Ich bekam Angst, dass unser Mercedes blockiert würde, zumal viele Autos anhielten und wir den Schlüssel hatten stecken lassen. Niemand von uns war im Auto. Es brauchte nur einer der Gaffer den Schlüssel abzuziehen, und wir säßen in der Falle. Also schrie ich: »Ins Auto!« Und wir rannten los. Aber Élie hatte noch Lischkas Hut in der Hand, und der Polizist lief ihm nach und rief: »Den Hut bitte, den Hut!« Élie verstand nicht, was er wollte. Er drehte sich um, und der Polizist deutete auf den Hut. Was für eine Erleichterung! Ein wenig zu nonchalant gab Élie ihn zurück, und der Polizist sagte: »Danke schön!«

Lischka lag am Boden, und Beate hatte jetzt ihre Chance, die Kampagne gegen die Naziverbrecher zu beginnen. Das heiterte mich wieder auf. Drei Minuten später waren wir in dem Wäldchen und wechselten das Auto. Aber als wir Polizeisirenen hörten, verzichteten wir darauf, Beate wie verabredet abzuholen, wir waren sicher, dass sie ungehindert zum Bahnhof kommen würde. Auf der Autobahn warfen wir die Spritzen und die Chloroform-Ampullen ins Gebüsch. Erst jetzt merkte ich, dass wir wieder Richtung Köln fuhren. Erst auf Höhe von Aachen fanden wir die richtige Abfahrt. An der Grenze wollte niemand etwas von uns. Beate fuhr mit dem Zug nach Hause.

BEATE

Hagen und Lischka auf der Anklagebank oder Beate und Serge?

Wir hatten uns die juristischen Folgen der Entführung Lischkas nach Paris sorgfältig überlegt. Serge hatte den Präzedenzfall von Colonel Argoud studiert. – Colonel Argoud, führender Kopf der OAS, die mit Terroranschlägen für den Verbleib Algeriens bei Frankreich kämpfte, wurde im Februar 1963 in München entführt und am Tag darauf gefesselt in einem vor einer Pariser Polizeistation abgestellten Auto gefunden, verhaftet und vor Gericht gestellt. – Das französische Berufungsgericht hatte am 4. Juni 1964 geurteilt, dass Argouds Beschwerde, er sei entführt, also illegal nach Frankreich verschleppt worden, »seine Strafverfolgung nicht unzulässig« mache. Es galt also das Prinzip: *Male captus, bene detentus.*

Das Geld für die Operation stammte von der *Deutschen Volkszeitung*, die mich nach meinem Abenteuer in Prag, wo ich gegen den wachsenden Antisemitismus protestiert hatte, zwar rausgeworfen hatte, aber ich hatte die drei Monate Gehalt gefordert, die mir als Abfindung zustanden. Um sie zu erhalten, musste ich mit einem Prozess drohen, der gezeigt hätte, dass die linke Presse genauso mit ihren Journalisten umsprang wie der Springerkonzern. Ich bekam mein Geld.

Als unser Entführungsversuch am 22. März scheiterte, musste ich die Presse mobilisieren, da die deutsche Polizei die Affäre mit Sicherheit unter den Teppich kehren würde. Ich rief daher am nächsten Tag beim *Kölner Stadtanzeiger* an, gab mich als Frau Schmidt aus, die in der Bergisch-Gladbacher Straße wohne und am Tag zuvor den Versuch einer Entführung beobachtet habe:

»Da waren junge Leute, die einen Mann niedergeschlagen haben. Die Polizei ist gekommen, aber heute Morgen steht nichts davon in den Zeitungen.«

Der Journalist sagte: »Doch, doch, schauen Sie auf die zweite Seite, da steht eine kleine Meldung: ›Gestern mittag haben vier Unbekannte einen Geschäftsmann angegriffen und sind anschließend geflohen.‹«

Ich rief eine andere Zeitung an, die *Kölner Rundschau*:

»Hallo, ich bin Frau Schmidt. Ich wohne in der Bergisch-Gladbacher Straße 559. Gestern wurde ich Zeugin eines Überfalls in der Maria-Himmelfahrt-Straße. In Ihrer Zeitung steht nichts darüber. Im *Kölner Stadtanzeiger* steht nur, dass ein Geschäftsmann von vier Unbekannten angegriffen wurde. Aber die Angreifer waren Ausländer, und ich weiß, weil ich dort wohne, dass dieser Mann früher der Chef der deutschen Polizei in Frankreich war.«

»Das ist ja sehr interessant. Wir werden uns bei der Polizei erkundigen.«

Wir telefonierten noch mit vielen Zeitungen und erzählten immer dasselbe. Serge rief bei der Deutschen Presseagentur an, sagte, er sei französischer Journalist und hier gäbe es Gerüchte, der ehemalige Chef der Sicherheitspolizei und des Sicherheitsdiensts in Paris sei einem Entführungsversuch entgangen, seine Zeitung wolle Einzelheiten wissen. So erreichten wir, dass die Kölner Polizei von der Presse belagert wurde. Gegen 13 Uhr hörten wir, dass die Polizei nachmittags eine Pressekonferenz zu der Affäre abhalten wollte.

Am Spätnachmittag rief ich wieder an, diesmal unter meinem richtigen Namen. Die Journalisten, die unser Manöver durchschaut hatten, nannten mich ironisch »Frau Schmidt«. Aber es war geschafft. Bei der Pressekonferenz hatte die Polizei mitgeteilt, dass ein Mercedes gefunden worden sei, den ein in Bukarest geborener französischer Staatsbürger gemietet hatte. Das war Serge, aber die Polizei wollte den Namen Klarsfeld nicht nennen, aus Angst, er würde sofort mit mir in Verbindung gebracht und die Presse würde sich auf die Affäre stürzen. Die Polizei nahm an, wir würden uns ruhig verhalten, um keinen Ärger zu bekommen. Sie ahnte nicht, dass gerade das unser Ziel war. Auch um den Preis eines Gerichtsverfahrens gegen uns wollten wir das Problem der Straflosigkeit von Lischka und Konsorten in Deutschland an die Öffentlichkeit bringen. Daher beschrieb ich den Journalisten unseren Entführungsversuch in allen Einzelheiten, und noch am selben Abend schickte ich ihnen die Akte über Lischka. Am Tag darauf lauteten die Schlagzeilen in der deutschen Presse: »B. K. versucht, den ehemaligen SS-Chef nach Paris zu bringen« oder ähnlich.

Wir konnten nun zum zweiten Teil unseres Plans übergehen und auf Hagen und die Straflosigkeit vieler Naziverbrecher aufmerksam machen. Während die Erregung über die Lischka-Affäre noch anhielt, schickte ich der Associated Press ein Kommuniqué, das sie darüber informierte, dass es in Deutschland noch Hunderte von Verbrechern wie Lischka gab, die in Frankreich in Abwesenheit verurteilt worden waren, aber unbehelligt in Deutschland lebten. Wenn der Bundestag das Zusatzabkommen nicht ratifizierte, würden wir mit anderen dieser Verbrecher weitermachen, deren Namen und Adressen wir kannten. Unser nächstes Opfer würde Herbert Hagen in Warstein sein. Dazu legten wir genauere Informationen über seine Tätigkeit während des Nationalsozialismus und sein Foto, das bald mit seinem Lebenslauf in der deutschen Presse erschien. Die beiden, die an der Spitze der Liste der Naziverbrecher standen und über die wir ausführliche Akten zusammengestellt hatten, sollten in ganz Deutschland bekannt werden. Hagen rief sofort die Polizei.

Hätte ich unsere Dossiers lediglich in die Redaktionsstuben geschickt, hätte ich gar nichts erreicht. So aber polemisierte die deutsche Presse tagelang wegen der Drohungen gegen deutsche Staatsbürger. Die Polizei sei nicht imstande, Hunderte von Menschen zu schützen.

Endlich kam das bis dahin verkannte Problem an die Öffentlichkeit, dass viele Täter straflos in Deutschland lebten. Im sozialdemokratischen *Vorwärts* schrieb Wolf Scheller: »Seit kurzem können in der Bundesrepublik mehrere gutsituierte Herren im gesetzten Alter nachts nicht mehr ruhig schlafen. Sie halten ihre Wohnungen verschlossen, gehen nicht mehr ans Telefon oder lassen sich verleugnen. Sie sind für niemanden zu sprechen.« Ein Mann wie Simon Wiesenthal sagte: »Auch wenn die Bundesrepublik nicht Südamerika ist, kann ich verstehen, dass diese jungen Leute die Geduld verlieren.« Aber viele westdeutsche Leitartikler waren anderer Meinung. Manche störten sich daran, dass eine Frau sich an so etwas beteiligte. Peter Herold schrieb im *Tagesspiegel*, die Frau, die Kanzler Kiesinger geohrfeigt habe, sei kriminell geworden. Der Fall Klarsfeld gehöre in die politische Pathologie.

Von Journalisten, die Kontakt zu Staatsanwalt Dr. Bellinghausen hatten, erfuhr ich, dass im Augenblick kein Haftbefehl gegen Serge und mich vorlag. Dabei war im *Spiegel* gerade ein langer Artikel über die Affäre erschienen. Um das Verfahren zu beschleunigen, wollten wir unsere vollständigen Akten über Lischka und Hagen der deutschen Justiz übergeben. Ich bat Ralph Feigelson, einen französischen Widerstandskämpfer und Auschwitz-Überlebenden, sie dem Kölner Untersuchungsrichter persönlich zu überbringen, in seiner KZ-Jacke und mit all seinen Auszeichnungen auf der Brust. Mit seiner imposanten Größe und seinem prächtigen Bart war er sehr fotogen, darauf zählte ich. Ralph sollte zuerst ins Kölner Pressehaus gehen, von wo ihn die Journalisten ins Gericht begleiten würden.

Am Nachmittag des 31. Mai, ein paar Stunden vor unserer Abfahrt, erfuhr ich jedoch, Dr. Bellinghausen habe auf die Frage von Journalisten, warum kein Haftbefehl gegen uns erlassen worden sei, geantwortet: »Ich muss doch nicht alles glauben, was in den Zeitungen steht.«

Wahrscheinlich zögerte die deutsche Justiz, einen Haftbefehl zu erlassen, damit sich der Skandal nicht weiter verstärkte. Wenn ich vor Dr. Bellinghausen erschien, würde das eine Entscheidung provozieren. Ließ er mich ungestraft gehen, wäre das eine offizielle Bestätigung, dass die Behandlung der Kriegsverbrecher in der Bundesrepublik ein solcher Skandal ist, dass man nicht gegen Leute vorgehen kann, die illegale Aktionen dagegen unternehmen. Wenn er mich hingegen einsperrte, triebe das die Situation auf die Spitze, denn nicht nur würden die Verbrecher weiter ihre Straflosigkeit genießen, sondern statt ihrer würde ihre Anklägerin und militante Nazigegnerin eingesperrt.

An die Möglichkeit der Verhaftung dachte ich lieber nicht. Ralph und ich nahmen den Zug um 23 Uhr 15 nach Deutschland. Um 6 Uhr 15 kamen wir in Köln an. Wir verabredeten uns mit Journalisten der Deutschen Presseagentur kurz vor elf Uhr vor dem Gericht. Als Ralph, einige Journalisten und ich vor dem Gericht am Appellhofplatz ankamen, warteten dort schon weitere Journalisten, Fotografen und Kameraleute. Ralph zog seine zur Hälfte mit Auszeichnungen bedeckte KZ-Jacke an.

Ich meldete mich im Büro des Staatsanwalts.

»Ich bin informiert«, sagte er, »ich habe gerade erfahren, dass Sie in Köln eingetroffen sind.«

»Herr Bellinghausen, ich bin vor allem gekommen, um Ihnen in Begleitung von Herrn Feigelson unsere Akten zu bringen. Und um Ihnen zu versichern, dass das, was die Presse schreibt, vollkommen richtig ist. Ich bin für den Angriff auf Lischka verantwortlich.«

»Ich habe einen Haftbefehl gegen Sie, Sie sind festgenommen.«

Ich wurde ins Gefängnis von Ossendorf gebracht, ein paar Minuten

Fahrt vom Zentrum entfernt. Dort waren achthundert Frauen und ein paar tausend Männer inhaftiert. Meine Zelle befand sich im Erdgeschoss, sie ging auf einen Hof mit Rasen und Blumen hinaus. Eine Einzelzelle, vier auf zwei Meter groß, ein Bett, ein Schrank, ein Waschbecken, ein Klo, ein mit Betonstäben vergittertes Fenster, ein Tisch und ein Stuhl. Ich durfte schreiben, drei Bücher pro Woche lesen, aber keine Zeitungen, von 6 Uhr 30 bis 22 Uhr Radio hören (es gab einen Beamten, der die Programme auswählte und spezielle Sendungen mit Gästen oder Platten seiner Wahl für uns Häftlinge machte). Alles war korrekt, sauber (zwei Duschen pro Woche), erträglich, abgesehen vom Freiheitsentzug, und ich würde auch noch das Essen hinzufügen. Ich durfte zweimal täglich für dreißig Minuten im Hof spazieren gehen. Fast alle meine Gefängnisgenossinnen waren strafrechtlich verurteilt, außer einer DDR-Spionin, die allein spazieren ging. Die meisten Frauen waren Prostituierte, nach der Gefängnisordnung durften sie in durchsichtigen Blusen und Strumpfhosen in den Hof. Dabei wurde viel geredet, Tipps und Ratschläge über Techniken und Preise ausgetauscht.

Manche wollten juristische Ratschläge von mir. Alle waren sehr nett: Ich hatte einen Kerl von den oberen Zehntausend geohrfeigt, ich hatte keine Angst, mich mit einem von der SS anzulegen, und ich war schon mal im Gefängnis gewesen. Aber mich beschäftigte die fehlende Klinke an der Tür: Wie sollte man rauskommen, wenn ein Brand ausbrach?

Trotz der relativ angenehmen Umgebung fühlte ich mich von der Welt abgeschnitten. In den ersten Tagen hatte ich nur Kontakt zu meinem Anwalt Klaus Himmelreich, einem jungen CDU-Mitglied, den ich auf gut Glück aus dem Telefonbuch ausgesucht hatte, als ich festgenommen wurde. Horst Mahler, der sonst mein Anwalt war, konnte mir keinen Kollegen empfehlen, er saß selbst seit einem halben Jahr im Gefängnis in Berlin-Moabit. Mein neuer Anwalt, auf Autounfälle spezialisiert, immer wie aus dem Ei gepellt und sehr liebenswürdig, sah die Angelegenheit zunächst vom rein juristischen Standpunkt. Seine Einstellung änderte sich, nachdem er sich in Belgien mit Serge getroffen hatte, zumal er regelmäßig Drohungen erhielt: »Wie können Sie es wagen, die Klarsfeld zu verteidigen?«

Ich hatte keinen Kontakt zu Serge und fühlte mich etwas verloren. Ich war noch nie aus Paris weg gewesen, ohne einmal am Tag mit ihm zu telefonieren. Aber paradoxerweise wirkte das Gefängnis wie eine Erholungskur: Nach den vielen Wochen der Anspannung entspannte ich mich endlich. Ich hatte nur Angst, dass ich lange im Gefängnis bleiben musste, und machte mir Sorgen um Arno.

Ein oder zwei Tage nach meiner Verhaftung wurde ich dem Untersuchungsrichter vorgeführt. Mir gegenüber saßen Dr. Bellinghausen und sein Stellvertreter, Herr Wissborn. So gepflegt der etwa fünfundvierzigjährige Dr. Bellinghausen war, so schlecht angezogen war Herr Wissborn, seine Hosen waren ihm viel zu eng. Er war sonst hauptsächlich für Pornographie zuständig, das heißt, er musste alle Porno-Magazine lesen, die auf dem Markt waren. Wenn er mich anschaute, hatte ich immer das Gefühl, dass er herauszufinden versuchte, in welcher Zeitschrift er mich schon gesehen haben könnte.

Die Verhandlung verlief in lockerer Atmosphäre. Man brachte mir Kaffee, belegte Brote, es kam sogar vor, dass der Staatsanwalt scherzte. Dabei beobachtete einer den anderen scharf. Ich hatte schon deutsche Staatsanwälte erlebt: Das war ihre Art, Häftlinge zum Reden zu bringen. Sie sind sehr nett, sie lassen durchblicken, dass das, was man getan hat, gar nicht so schlimm ist – alles nur, damit man redet.

Ich wollte, dass sämtliche Funktionen Lischkas ins Protokoll aufgenommen wurden. Sie dagegen wollten das Verfahren rein juristisch halten und Lischkas Vergangenheit unter den Tisch kehren. Immer wenn von Lischka die Rede war, fügte ich hinzu: »Chef des Judenreferats der Gestapo des deutschen Reichs«, und redete nicht weiter, bis es ins Protokoll aufgenommen war. Wurde es nicht aufgenommen, verschränkte ich die Arme und blieb stumm. Und so ging es weiter. Am Ende der Verhandlung umfasste meine Akte zwei dicke Bände und vier Anhänge: ungefähr fünf bis sechs Kilo Papier.

In diesen sechzehn Tagen Haft beantragte Himmelreich zwei Mal, den Haftbefehl auszusetzen und mich bis zu dem für Juli angesetzten Prozess auf freiem Fuß zu lassen. Das Gericht hatte beide Male abgelehnt. Der Gerichtspräsident, Herr de Somoskeoy, hatte seine Meinung schon mitgeteilt, eine Tat wie die der Klarsfeld sei nur mit geistiger Verwirrung zu erklären. Bei der kurzen Sitzung über den – abgewiesenen – Antrag auf vorläufige Freilassung ordnete er denn auch eine psychiatrische Untersuchung an. Ich erwiderte, nicht ich, sondern die Gesellschaft, die einen Mörder wie Lischka rehabilitiert, müsse sich einer Psychoanalyse unterziehen. Da ich eine psychiatrische Untersuchung ablehnte, ordnete der Gerichtspräsident an, dass der Psychiater an den Prozesssitzungen teilnehmen und auf der Grundlage seiner Beobachtungen ein Gutachten erstellen sollte.

Der SPD-Justizminister von Nordrhein-Westfalen, Herr Neuberger, war Jude; er war nach dem Krieg nach Israel ausgewandert, aber nach Deutschland zurückgekehrt, um dort Karriere zu machen. Unnötig zu sagen, dass Herr Neuberger der Letzte war, von dem ich Hilfe erwarten konnte.

Während ich im Gefängnis saß, stand in Frankfurt der Biologe und SS-Mann Bruno Beger vor Gericht, der 1943 in Auschwitz 86 jüdische Häftlinge selektiert hatte, deren Knochenbau so interessante Besonderheiten aufwies, dass ihre Skelette die anatomische Sammlung von Professor Hirt an der reichsdeutschen Universität Straßburg schmückten. Beger brachte die Häftlinge ins KZ Natzweiler, wo diese 86 Menschen als Versuchskaninchen umgebracht, gekocht und skelettiert wurden. Das Urteil: drei Jahre Gefängnis.

Serge hatte inzwischen eine Unterstützungskampagne für meine Freilassung organisiert, an der sich vor allem einstige Widerstandskämpfer und Deportierte beteiligten. Dank dieser Kampagne wurde ich vorläufig auf freien Fuß gesetzt und konnte nach Hause zurückkehren. Um nicht das Gesicht zu verlieren, forderte das Gericht eine Kaution von 30 000 DM – die des SD-Chefs in Warschau, Ludwig Hahn, betrug 8000 DM.

Bei meiner Entlassung kam ein Wärter um die fünfzig auf mich zu und drückte mir die Hand: »Ich hatte schon Angst, Sie würden nicht freigelassen. Was Sie getan haben, war richtig, wirklich sehr richtig. Ich hoffe, dass ich eines Tages Lischka in Ihrer Zelle sehe.«

Serge erzählte mir später, was in der Zwischenzeit geschehen war: »Deine Verhaftung hat in Frankreich viel Empörung ausgelöst. Auf Drängen von Pierre-Bloch haben sich die kommunistischen und die nichtkommunistischen Gruppen von Widerstandskämpfern und Deportierten zum ersten Mal seit langer Zeit wieder getroffen und gemeinsam ein Nationales Komitee zur Lokalisierung und Bestrafung von Kriegsverbrechern gegründet. Dank deiner Entscheidung, ins Gefängnis zu gehen, ist in Frankreich eine aktive Organisation zur Verfolgung von Kriegsverbrechern entstanden.

Ich hatte auch Kontakt zu verschiedenen Jugendgruppen aufgenommen. Die Revolutionäre Jüdische Organisation beschloss am

16. April, die deutsche Botschaft zu besetzen. Zwanzig junge Leute zogen zur Botschaft in der Avenue Franklin-D.-Roosevelt. Sobald sie drin waren, klebten sie Zettel an die Wände, auf denen stand: ›Befreit B. K. Inhaftiert die Naziverbrecher.‹ Dann schlossen sie das Tor zur Botschaft und fesselten sich mit Ketten und Handschellen daran. Sie wurden natürlich vorübergehend festgenommen. Aber es war ein Warnschuss an die Deutschen, vor allem weil alles vom israelischen Fernsehen gefilmt wurde. Am nächsten Tag warst du frei.«

Das war noch nicht die ganze Geschichte. Eines Tages rief ein Herr Lichtenstein Raïssa an. Er sagte, er habe Deutschland als junger Mann wegen der Naziverfolgung verlassen und schicke mir jeden Tag Blumen ins Gefängnis. Er wäre froh, wenn er etwas tun könne, sie brauche ihm nur ein Wort zu sagen. Er war kein reicher Mann, aber als Serge ihn anrief, veranlasste er sofort die Überweisung der Kaution. Herr Lichtenstein hat immer wieder gesagt, er habe ganz normal gehandelt. Aber Serge und ich wussten, wie ungewöhnlich es war.

Noch in meiner Zelle erhielt ich die größte Belohnung, die schönste Rechtfertigung für alles, was ich im Namen des deutschen Volks getan hatte, einen Artikel des großen Philosophen Vladimir Jankélévitch im *Combat*:

> Nun ist B. K. im Gefängnis, und Herr Doktor Lischka, Obersturmbannführer-SS, geht weiter in Frieden seinen Geschäften nach. B. K. ist im Gefängnis, aber der Chef der Gestapo in Frankreich, Knochen, Doktor der Philosophie, geht wahrscheinlich weiter seinen großen philosophischen Beschäftigungen nach und führt ein gutbürgerliches Leben, ohne noch an die Hunderttausende erbarmungswürdigen Opfer zu denken, deren Gebeine unter der Erde verwesen. Im Moment siegt der böse Wille der deutschen Justiz über den Mut von Kanzler Brandt. Die Kölner Staatsanwaltschaft nutzt die offenbare Illegalität eines Protestaktes, um die vernichtende Verantwortung eines Kriegsverbrechers zu verschleiern.
> Es ist verständlich, dass die deutschen Neonazis sich fürchten und die Stimme von B. K. zu ersticken wünschen. B. K. ist für sich allein das Gewissen eines Landes ohne Gewissen und Bewusstsein. Der Wohlstand und das »Wirtschaftswunder« haben dieses Land, seine Industriekapitäne, seine Geschäftsleute, seine Touristen und seine Militärs in dem Mangel an Bewusstsein oder Gewissen gehalten, den wir zur Zeit

erleben. Soll ich wirklich von mangelndem Bewusstsein sprechen, oder haben sie sogar ein gutes Gewissen? Sie glauben, uns nichts zu schulden, uns nichts erklären, uns keine Rechenschaft ablegen zu müssen; sie verstehen nicht einmal, dass wir das wollen. Deshalb ist B. K. für uns doppelt kostbar …

Sie erfüllt das Versprechen, das die Richter von Nürnberg uns gegeben und nicht gehalten haben: die größten Verbrecher des größten Verbrechens der Geschichte bis ans Ende der Welt zu verfolgen. B. K.s Sache ist unsere Sache. Ihr exemplarischer, beharrlicher Kampf, klarsichtig und leidenschaftlich zugleich, bürgt für die Möglichkeit der Rehabilitierung der deutschen Jugend.

Sie hat als Deutsche die Verantwortung für entsetzliche Verbrechen, die sie nicht begangen hat, mutig angenommen. Ohne selbst schuldig zu sein, hat sie die blutige Verantwortung ihres Volks auf sich geladen. Es waren nicht ihre Verbrechen, sondern die Verbrechen der schändlichen, schmerbäuchigen Sechzigjährigen, die zurzeit die deutsche Industrie und Verwaltung bevölkern.

[…] Und trotz allem hat B. K. nicht geglaubt, dass diese Verbrechen sie nichts angingen. Das ist schön … B. K. hat sich für Drangsalierung und Gefahr entschieden. So ist sie für uns eine Hoffnung, die Möglichkeit einer Versöhnung, die erste große Chance, zu vergeben. Seit sie sich für diese Aufgabe entschieden hat, seit Kanzler Brandt anstelle der Schuldigen um die Vergebung der Märtyrer gebeten hat, setzen wir all unsere Hoffnung in diese deutsche Elite. Zum ersten Mal haben wir das hilfreiche Wort gehört, auf das wir so lange und vergeblich gewartet haben. Die Kölner Richter mögen diese erste und einzige Chance auf Vergebung schnell freilassen. Überdies: einen reulosen Kanzler zu ohrfeigen, im Parlament einen Skandal zu erregen, sich in den Straßen von Warschau und Prag anzuketten, um vor gleichgültigen Menschen zu bezeugen, dass Antizionismus und Antisemitismus dasselbe sind – das sind gewiss »skandalöse« Akte. Aber diese skandalösen Akte, die das gute Gewissen der Passanten stören, bringen einen anderen Skandal ans Licht, einen unendlich viel größeren Skandal, der unter der Rechtsordnung versteckt liegt, und zwar den Skandal des unbestraften Verbrechens mitten im triumphierenden Wohlstand. Auf skandalöse Art einen Skandal aufzudecken, das ist die schwierige Aufgabe, für die sich B. K. entschieden hat, sie tut es nicht mit Worten, sondern mit Taten, die sie in Gefahr bringen. Deshalb sagen wir, wenn wir über das bewundernswerte Beispiel nachdenken, das sie uns gibt, im Widerspruch zum Evangelium: Gesegnet sei der, durch den der Skandal kommt.

Auch die ostdeutsche Reaktion machte mir Mut. Ich erfuhr, dass Friedrich Kaul, der offizielle Anwalt der DDR, darum gebeten hatte, sich an meiner Verteidigung zu beteiligen. Es war gerechtfertigt, dass ein kommunistischer Anwalt mir zur Seite stand, denn Lischkas Gestapo hatte auch kommunistische Widerstandskämpfer gefoltert und ermordet. Als Kaul mich in Köln besuchte, sagte er mir, wenn nicht Honecker persönlich ihm schriftlich den Befehl gegeben hätte, mich zu verteidigen, hätte er sich gegen die Mauer der hohen Funktionäre, die gegen mich waren, sicher nicht durchsetzen können. »Ich soll Sie von Honecker grüßen und Ihnen seinen Respekt ausdrücken.« Das war ein Zeichen der Wertschätzung, das ich trotz – oder gerade wegen? – meiner Demonstrationen gegen den Antisemitismus in Warschau und Prag und meiner Attacken gegen die ostdeutschen Antisemiten erhielt. Es kam von einem Mann, der nicht wie ich nur fünfzehn Tage in einer hübschen Zelle gesessen hatte, sondern zehn Jahre in Hitlers Kerkern.

Ich teilte Kaul mit, dass Serge versuchte, auch einen israelischen Anwalt beizuziehen, der im Prozess die jüdischen Opfer Lischkas vertreten sollte. Obwohl die DDR Israel mehr als kritisch gegenüberstand, störte sich Kaul daran nicht. Nur das Organ der westdeutschen jüdischen Gemeinde kommentierte unsere Aktion ganz anders als der Jüdische Weltkongress und die Juden Frankreichs, die mich aktiv unterstützten. Die *Allgemeine Jüdische Wochenzeitung* schrieb, die Straflosigkeit der NS-Verbrecher berechtige mich nicht, im Namen der Juden und Verfolgten aufzutreten und auf inakzeptable Art und Weise für mich selbst Werbung zu machen.

Aber ich handelte nicht im Namen der Juden, das tat Serge. Ich habe immer und ausdrücklich als Deutsche gehandelt. Ich glaube zudem, dass die sechs Millionen ermordeten Juden sich vor ihrem Tod eher wünschten, dass die Täter bestraft würden, als dass sie von den Wortführern der deutschen Juden sogar geschützt würden, von einer Gemeinde, die sich über die kleinen Würstchen am untersten Ende der Vernichtungsmaschinerie, die ihre Hände mit Blut besudelt hatten, aufregte, angesichts der großen Verbrecher, der »Schreibtischtäter«, besonders derer, die wieder einen wichtigen Platz im öffentlichen Leben einnahmen, jedoch schwieg.

Israel

Die Nachricht von meiner Verhaftung hatte in Israel zunächst nicht viel Aufsehen erregt. Serge hatte bei der israelischen Botschaft in Paris um den Beistand eines israelischen Anwalts für mich gebeten. Die Antwort ließ auf sich warten. Daraufhin schickte Serge einen offenen Brief an die wichtigsten israelischen Zeitungen. Als Erster antwortete Israel Noiman im *Davar*:

> Offener Brief an eine hartgesottene Kriminelle –
> Das Schweigen in der Affäre B.K. ist ein Skandal
>
> Liebe Beate, lieber Serge,
> ich habe gehofft, dass sehr viel größere und bedeutendere Persönlichkeiten als ich mir mit einer sehr viel eindrucksvolleren und nützlicheren Aktion als diesem Brief zuvorkommen würden.
> Aber zu meiner großen Bestürzung wartete ich vergeblich. Deshalb schreibe ich Euch diesen Brief. Vielleicht hilft er, jene Leute wachzurütteln, die schon hätten handeln, Einspruch erheben und protestieren sollen? Die jungen französischen Juden sind aufgewacht, umso mehr erschüttert mich unser Schweigen hier in Israel. Es darf nicht andauern. Es ist eine schmerzliche Beleidigung für die Opfer des Holocaust. Hier bei uns gibt es noch viele Organisationen von Überlebenden, doch keine hat sich die Mühe gemacht, Beates Verhaftung bekannt zu machen. Sie wurde nur festgenommen, weil sie angeprangert hatte, dass einige große Verbrecher erhobenen Hauptes herumspazieren und leitende Positionen innehaben, obwohl sie in aller Form verurteilt worden sind. Aber diese Organisationen sind gewiss vollauf mit der Vorbereitung von Holocaust-Gedenkfeiern beschäftigt und haben nicht die Zeit, sich um eine so unbedeutende Affäre zu kümmern. Sei gesegnet für deine Aktionen, Beate. Du wirst auf der Anklagebank sicher nicht allein sein. Wir werden da sein, ob real oder in Gedanken.

Bei diesem Prozess wird das neue Deutschland – nicht Deinetwegen, sondern aus Selbstachtung – genötigt sein, der Angeklagten zu huldigen, die seine Ruhe stört und zu ungesetzlichen Mitteln greift, um die absurde Situation zu beenden, dass Du vor Gericht stehst, während die Verbrecher Straflosigkeit genießen.
Die Stimme des Staates Israel darf im Kölner Gerichtssaal nicht fehlen, denn Dein Prozess ist der unsere.

Der Dialog, den die Juden Israels oder der Diaspora mit mir führten, war in Wirklichkeit der Dialog mit einem bestimmten Deutschland. Meine Aktionen machten aus mir ein Symbol, das zu den Juden sprach.

Im Mai erfuhren wir aus einem Telefoninterview des israelischen Militärradios mit Israel Wiener, dass die israelische Anwaltskammer beschlossen hatte, die Kosten für einen israelischen Verteidiger in meinem Verfahren zu übernehmen. Serge flog nach Israel, um der Anwaltskammer alle Details des Falles zu erläutern. Er betonte bei jedem Interview in Israel, ein israelischer Anwalt sei nötig, nicht um mich zu verteidigen, sondern um Lischka anzuklagen. Schließlich wurde der ehemalige Irgun-Kommandant und Likud-Abgeordnete Samuel Tamir von der Anwaltskammer zu meinem Verteidiger ernannt.

Tamir hatte als junger Anwalt mit dem Fall Kasztner zu tun gehabt. Er hatte 1953 den österreichischen Juden Michael Greenwald verteidigt, der geschrieben hatte, dass Rudolf Kasztner, Sprecher des israelischen Handels- und Industrieministeriums, ein Verräter sei, ein Kollaborateur jener NS-Männer, die in Ungarn die »Endlösung« der Judenfrage betrieben und 430 000 ungarische Juden ermordet hatten. Das erschien unwahrscheinlich, denn Kasztner galt bis dahin als Held, der sich den Forderungen Eichmanns, von dem er an die Spitze der jüdischen Gemeinde in Ungarn gestellt worden war, heroisch widersetzt hatte. Doch Tamir, der eine äußerst aktive Kampagne betrieb, trug in Europa und Amerika Dokumente zusammen, die Kasztners Verantwortung bewiesen. Kasztner strengte eine Verleumdungsklage an, die er verlor. Im März 1957 wurde er in Tel Aviv auf offener Straße erschossen.

Kasztner war durch die Gefälligkeitsaussagen von SS-Standartenführer (Oberst) Kurt Becher – der Sonderbeauftragte Himmlers in Budapest hatte 1944 aktiv an der Ermordung von fast einer halben Million ungarischer Juden mitgewirkt – vor einer endgültigen Diskreditierung bewahrt worden. Somit war Kasztner mit Becher quitt, der ihn im Hinblick auf seinen Prozess geschützt hatte. Becher wusste, dass Kasztner auch ihn decken musste, weil Becher sonst seine Rolle in der Tragödie der ungarischen Juden aufgedeckt hätte.

Am 17. Februar 1958 erklärte der Oberste Gerichthof in Israel in aller Form, dass »Kurt Becher ein Kriegsverbrecher [war], nicht nur im technischen Sinn des Begriffs, sondern in dessen schlimmster Bedeutung«. Das den reichen ungarischen Juden abgenommene Vermögen hatte Becher vor Kriegsende in der Schweiz angelegt. Nachdem er dank Kasztner wieder auf freiem Fuß war, hatte er es sich geholt und 1950 in Köln einen Getreidehandel gegründet. Schon bald florierte das Unternehmen, und 1971 war SS-Standartenführer Becher in Bremen einer der reichsten Männer Deutschlands. Das war von Bedeutung. Denn der nach Köln zurückgekehrte SS-Obersturmbannführer Kurt Lischka war 1950 kaufmännischer Angestellter der Firma Krücken geworden, die ebenfalls im Getreidehandel tätig war.

Ein Jahr vor unserer Kölner Aktion war Serge bei dem Getreideriesen Continental Grain entlassen worden. Deren Eigentümer Michel Fribourg, ein aus Frankreich stammender amerikanischer Jude, hielt damals 15 Prozent am Weltgetreidehandel. Im Mai 1971 hatten wir fast gleichzeitig erfahren, dass Kurt Lischka im Getreidehandel tätig war und dass Kurt Becher, der deutsche Getreidekönig in Bremen, einer der effizientesten Judenmörder gewesen war. Mit beiden Firmen arbeitete die Continental Grain zusammen. Serge übergab die Akten über Lischka und Becher einem Sozius von Michel Fribourg, mit der Bitte, ihn dazu zu bewegen, die Geschäftsbeziehungen zu diesen deutschen Firmen abzubrechen. Doch der Betreffende antwortete: »Sie kennen doch den Geist der Firma. Ich bin fast der Einzige, der so denkt wie Sie. Machen Sie sich keine Hoffnungen«, und später bestätigte er, dass die Continental Grain trotz der Akten weiter Geschäftsbeziehungen zu den Firmen dieser Naziverbrecher unterhielt. Was also tun? Die Continental öffentlich anprangern? Niemand hätte darauf reagiert: »Geschäft ist Geschäft«, »Geld stinkt nicht«. Wir entschieden uns für eine andere Taktik.

Anfang November 1971 erhielten die internationale Presse, alle großen Getreidehandelsfirmen und die höchsten Kader der Continental zwei auf Englisch geschriebene Dossiers mit dem Titel: »Die für die antijüdischen Maßnahmen verantwortlichen Naziverbrecher an der Spitze deutscher Getreidehandelsfirmen, Nr. 1 Kurt Lischka, Nr. 2 Kurt Becher«. Jede dieser Dokumentationen bestand aus einer detaillierten Akte und einer Erklärung von Michel Fribourg: »Ich war vollkommen bestürzt zu erfahren, dass bestimmte Firmen, zu denen die Continental Grain Geschäftsbeziehungen unterhält, von Naziverbrechern geleitet werden, die für die Vernichtung der jüdischen Bevölkerung mehrerer europäischer Länder verantwortlich waren. Ich habe eine Untersuchung angeordnet. Schon heute kann ich allen Firmen der Sparte und der internationalen Presse die Akten von Kurt Becher und Kurt Lischka zur Verfügung stellen, deren Straflosigkeit eine Zumutung für das Gerechtigkeitsgefühl jedes anständigen Menschen ist. Aus Achtung vor den unschuldigen Opfern solcher Henker habe ich beschlossen, jede Beziehung zu ihren Firmen abzubrechen, und ich habe keinen Zweifel, dass die Geschäftswelt die gleiche Haltung einnehmen wird.«

Im Anschluss daran erklärte ich: »Ich danke M. Michel Fribourg, der mir die Erstellung dieser Dokumentation ermöglicht hat. Ich habe größten Respekt für die Entscheidung, die er im Bewusstsein seiner Verantwortung als Jude, Amerikaner und Mensch getroffen hat.«

Alle glaubten an die Echtheit dieser Erklärungen. Wer hätte daran gezweifelt, dass ein Jude, einer der reichsten Männer auf der Welt, so reagierte, wie wir ihn in dieser Dokumentation hatten reagieren lassen? Für alle stand fest, dass es unter den Juden weder Vergessen noch Vergeben für die Naziverbrecher gab. Aber das ist nicht immer so! Doch da dies eine der Überzeugungen war, gegen die man nur schwer ankämpfen konnte, nutzten wir sie als Vehikel, um an unser Ziel zu gelangen.

Die Reaktion ließ nicht auf sich warten: Die Manager der Continental zeigten sich erfreut, »einen Chef zu haben, der es wagt, die Beziehungen zu Naziverbrechern abzubrechen«, und Becher war empört. Was auch weiter passieren würde, wir hatten gewonnen: Entweder nahm

Fribourg all die Komplimente dankend an und brach mit Becher und Lischka, oder er setzte seine Geschäfte mit ihnen trotz allem fort. In diesem Fall würde man zu dem Schluss kommen, dass er es aus Schwäche oder Feigheit tat. Fribourgs Anwälte baten mich, zu erklären, dass ihr Mandant nichts mit der Sache zu tun hatte. Als ich mich weigerte, drohten sie, mich wegen Fälschung anzuklagen – eine Verleumdungsklage war unmöglich, denn ich hatte ihn mit Lorbeeren überhäuft. Und wie konnte ein Jude in diesem Fall gegen eine nichtjüdische Deutsche klagen, womit er beweisen würde, dass er mit den Mördern seines eigenen Volks weiter Handel treiben wollte? Wir hätten leichtes Spiel gehabt. Michel Fribourg wich zurück. Seine Vertreter teilten mit, dass »er nie diese Erklärung gegenüber den Klarsfelds abgegeben hat, dass ihm die Eigenschaft der Leiter der beiden deutschen Firma gerade bekannt geworden sei und dass seine Firma tatsächlich Geschäftsbeziehungen mit den Firmen in Bremen und Köln unterhielt«. Und dann arbeitete er weiter mit den deutschen Firmen, jedenfalls mit der Kurt Bechers zusammen.

Die Jugend in Aktion

Ich war nach meiner Freilassung aus dem Kölner Gefängnis am 22. April 1971 nach Paris zurückgekehrt. Die Gefühle bei der Heimkehr, wenn man einer Gefahr entronnen ist, sind kaum zu beschreiben. In unserer kleinen Wohnung war im Verhältnis weniger Platz pro Person als in meiner Zelle im Klingelpütz, aber ich war glücklich! Wie bei jeder meiner Eskapaden hatte sich ein Berg von Wäsche, Flickarbeiten und sonstigen Kleinigkeiten angehäuft, aber ich machte mich voller Freude an die Arbeit.

Am 25. April war ich zum Kongress der LICA – heute LICRA (Internationale Liga gegen Antisemitismus und Rassismus) – eingeladen, die sich seit ihrer Gründung 1927 unermüdlich gegen jede Art von Rassismus und Antisemitismus einsetzte, nicht mit schönen Reden, sondern mit konkreten Aktionen. Ihr Präsident, Jean Pierre-Bloch, hatte mit seiner Energie und seinem Enthusiasmus viele starke Persönlichkeiten und eine ganze Schar junger Leute angezogen. Sie kamen selbst für die Kosten ihrer Aktionen auf, die Wohlhabenderen unterstützten die, die es sich nicht leisten konnten.

Am 11. Mai 1971 fuhren sechs junge Leute von der LICA nach Bonn. Élisabeth Hajdenberg, 20, René Lévy, 20, und Claude Pierre-Bloch, 28, unterbrachen die Debatten im Bundestag mit dem Ruf: »Bestraft die Naziverbrecher!«, und verteilten Flugblätter, in denen auf Deutsch und Französisch stand: »Deutsche Parlamentarier, ratifizieren Sie das von Brandt unterzeichnete Zusatzabkommen vom 2. Februar 1971. Lassen Sie Naziverbrecher wie Lischka nicht in Freiheit und in Amt und Würden leben!«

Diese spektakuläre Aktion fand ein starkes Echo in der bundesdeutschen Presse: Es war die erste Demonstration jüdischer Franzosen in Deutschland. Die Essener UZ schrieb, drei junge Franzosen hätten erreicht, was keinem einzigen Abgeordneten gelungen war: Ihre Aktion habe an unangenehme und brandaktuelle Wahrheiten erinnert, d. h. die Straflosigkeit von Naziverbrechern, deren verhängnisvoller Einfluss noch nicht geschwunden sei. Damit hätten sie ins Ziel getroffen.

Am 24. Juni 1971 fuhren wieder junge LICA-Mitglieder nach Deutschland, um das Büro Achenbachs zu besetzen. Diesmal begleitete ich sie. Ich hatte ein paar Tage zuvor die Örtlichkeiten erkundet und der Presse einen Hinweis gegeben. Es ging darum, zu zeigen, dass Achenbach, der Fürsprecher der Naziverbrecher im Bundestag und Anwalt von Hagen, keine Klage gegen diejenigen erheben konnte, die ihn beschuldigten, in die Deportation der Juden aus Frankreich verwickelt gewesen zu sein. So wollten wir verhindern, dass er in der Bundestagsdebatte über die Ratifizierung des Zusatzabkommens ein weiteres Mal die Naziverbrecher verteidigen konnte.

Für die meisten der sieben jungen Leute war es der erste Kontakt mit der Bundesrepublik: Für Marc Vitkin, 18 Jahre; Abraham Serfaty, 17 Jahre; Monique Hajdenberg, 18 Jahre; Didier Kamioner, 19 Jahre; Raphy Marciano, 22 Jahre; Francis Lenchener, 22 Jahre; Serge Hajdenberg, 30 Jahre. Sie waren nervös, und ich spielte die Gluckenmutter. Achenbachs Büroräume lagen in der Goethestraße in Essen, direkt neben der Polizeidirektion. Als wir ankamen, waren die Journalisten schon da. Welche Erleichterung! Über unsere Aktion würde sogar im Fernsehen berichtet. Nach ein paar Minuten flatterten Nazifahnen aus den Fenstern im Erdgeschoss und ein großes Plakat klebte an einer Scheibe: »Büro des FDP-Nazis Achenbach von Franzosen besetzt«.

Ich hatte die jungen Leute in Achenbachs Büro geführt, aber dann verschwand ich schleunigst: Wenn ich der Polizei in die Hände fiel, wäre ich nicht so schnell wieder freigekommen, denn ich war nur gegen Kaution auf freiem Fuß. Gegen mich wurde ein Fahndungsbefehl erlassen, aber ich nahm den ersten Zug nach Belgien und kam mit meinem französischen Pass unbehelligt über die Grenze.

Nun musste ich meinen jungen Freunden helfen, die in Achenbachs Büro festgenommen worden waren. Nach vierundzwanzig Stunden Polizeigewahrsam und zwei langen Verhören wurden die Minderjährigen ausgewiesen, die drei Erwachsenen hingegen bis zur Eröffnung ihres Prozesses sechs Tage später inhaftiert.

Am nächsten Tag, dem 25. Juni, berichteten die deutschen Medien über die Aktion. Warum kritisierten die Journalisten, die lange Artikel zu dem Thema schrieben, diese »illegale Aktion« nicht? Weil Achenbachs Reaktion sehr deutlich machte, dass sie moralisch gerechtfertigt war: Ein Unschuldiger hätte die Veröffentlichung der Akte über seine Tätigkeit während des Kriegs verlangt; er hätte nicht wegen Hausfriedensbruchs geklagt, sondern Verleumdungsklage erhoben und die Dokumente, die seine Verwicklung in die Deportation der Juden aus Frankreich bewiesen, als Fälschungen bezeichnet. Achenbach hat nichts dergleichen getan. Er hat sich weggeduckt. Die drei LICA-Mitglieder Serge, Francis und Raphy wurden zu zwanzig Tagen Gefängnis oder einer Geldstrafe und einem einjährigen Einreiseverbot verurteilt. Sie entschieden sich für die Geldstrafe.

Die Essener Aktion wirkte, da sie den politischen Verteidiger der Naziverbrecher zum Schweigen verurteilte. Jeder in Deutschland, besonders im politischen Apparat, hatte Achenbachs Ohnmacht bemerkt. Die Essener Aktion hatte die Ratifizierung des Zusatzabkommens einen Schritt näher gebracht.

Der Preis des Engagements

Im Juli flog Serge noch einmal nach Israel, um mit meinem Anwalt Samuel Tamir an meiner Verteidigung zu arbeiten und beim Staatsbesuch des deutschen Außenministers Walter Scheel in Jerusalem gegen Achenbach zu protestieren. In allen Interviews mit den israelischen Medien stellten Tamir und Serge, gestützt auf die Dokumente, Scheel die Frage: »Wie können Sie einen Mann mit der Vergangenheit Achenbachs als Fraktionssprecher der FDP im Bundestag dulden?«

Fünfundzwanzig Jahre nach dem Nationalsozialismus könnte das Problem der in Frankreich verurteilten Naziverbrecher überholt, das Bestehen auf ihrer Bestrafung nur von Rachegelüsten inspiriert erscheinen. Das ist falsch, vollkommen falsch. Es geht nicht um ein Problem, das seit einem Vierteljahrhundert Vergangenheit ist, sondern die Bestrafung der Täter wäre der beste Ausdruck für Deutschlands Willen zur Demokratie. Das Problem der Straflosigkeit der Naziverbrecher stand zwischen Frankreich und der Bundesrepublik, zwischen gerechtigkeitsliebenden Deutschen und den Anhängern der ungerechtesten aller Vergebungen, wie einer jener namenlosen, nummerierten Hügel, die im Krieg plötzlich berühmt werden, weil an diesem Ort der entschlossenste Gegner den Sieg davongetragen hat.

Zwar waren wir inzwischen mit der Barbie-Affäre beschäftigt, aber wir wollten unsere systematischen Aktionen gegen die großen Verbrecher wie Lischka oder Hagen nicht abbrechen. Wir mussten friedliche Aktionen initiieren, die auf diese SS-Führer aufmerksam machen würden.

Daher fuhren wir am 13. Januar 1972 nach Warstein, dem Wohnort Herbert Hagens, mit Flugblättern über seine Karriere im Nationalsozialismus, die auch sein Foto und seine Adresse enthielten. Auf der Rückseite stand ein Brief an die Bürger von Warstein mit der Aufforderung, sich von dem einstigen Vorgesetzten Adolf Eichmanns zu distanzieren. Außer André Lévy, der die Lager überlebt hatte, waren fünf junge Leute von der LICA dabei: Élisabeth Lenchener, Jeannot Janower, David Soucot, David Tordjman und Yossi Kuperholc. Die zuvor informierten Journalisten begleiteten uns zu Hagens Haus, wo wir überall Flugblätter anbrachten. Bald kam die Polizei, aber sie griff nicht ein. Sie wollte nicht noch einmal denselben Fehler machen wie in Essen, denn der Gefängnisaufenthalt der drei jungen Leute damals hatte der LICA in Deutschland Aufmerksamkeit verschafft. Nachmittags verteilten wir die Flugblätter in der Stadt und unterhielten uns mit den Menschen. Manche billigten unsere Aktion, andere fanden es nicht gut, »alte Geschichten« aufzurühren, und konnten sich ihren achtbaren Mitbürger Hagen nicht als Naziverbrecher vorstellen. Jedenfalls war man sich des Problems bewusst geworden. Der stellvertretende Bürgermeister empfing uns freundlich, ohne allerdings persönlich Stellung zu nehmen. Am selben Abend berichtete das deutsche Fernsehen über die Aktion, sie war in allen Medien. Dank der »Klarsfeld-Bande«, wie man die jungen Leute in Deutschland nannte, war Hagen aus dem Schatten getreten.

In Toulouse sorgte ich für einiges Aufsehen, als ich René Bousquet attackierte, der damals in der Region in Amt und Würden war: »Was ist von französischen Kollaborateuren der deutschen Nazis zu halten – von denen, die ihnen bei ihren antijüdischen Aktionen und der Unterdrückung der Résistance kräftig geholfen haben?«

René Bousquet, in Vichy Generalsekretär der Polizei, hatte sich im Auftrag der Gestapo der ausländischen Juden entledigt, die zum überwiegenden Teil deportiert worden waren. Er verhaftete sie, internierte sie, lieferte sie aus. Bei einer Besprechung, die am 2. Juli 1942 beim Höheren SS- und Polizeiführer stattfand und an der Bousquet sowie Oberg, Knochen, Lischka und Hagen teilnahmen, kam es laut Letzterem zu folgender Vereinbarung: »Da auf Grund der Intervention des Marschalls in Frankreich vorläufig keine Juden französischer Nationalität festgenommen werden sollen, erklärt sich Bousquet bereit, im gesamten Frankreich in einer einheitlich durchgeführten Aktion Juden ausländischer Staatsangehörigkeit in der von uns gewünschten Höhe festnehmen zu lassen. Bousquet betont, daß dies eine erstmalige Handlungsweise der französischen Regierung sei, wobei man sich der hieraus entstehenden Schwierigkeiten bewußt sei.«[31] Wie einer seiner deutschen Gesprächspartner feststellte, war Bousquet der Ansicht, diese Juden hätten Frankreich geschadet. Aber den Schaden hatten sie selbst, weil sie auf das Frankreich eines René Bousquet vertraut hatten. Bousquet war wendig genug, nach der Befreiung wieder auf die Füße zu fallen.

Madame Baylet, Eigentümerin der Zeitung *La Dépêche du Midi*, die damals in Wahrheit ihr Freund René Bousquet leitete, drohte der LICA mit Rache und schickte uns ein paar Anwälte, die uns aufforderten, alles zurückzunehmen. Vergeblich. Einige Jahre später, als es an der Zeit war, den Franzosen das Verbrechen von Vichy zu erklären, attackierten wir Bousquet erneut.

Mit Serges Hilfe arbeitete ich weiter an der Dokumentation über den Polizeiapparat der Nazis in Frankreich. Wir stellten genaue Akten über etwa zwanzig der höchsten Verantwortlichen der Sipo-SD und eine Liste von 150 deutschen Naziverbrechern zusammen, die in Frankreich in Abwesenheit verurteilt worden waren und in der Bundesrepublik lebten. Die Akten über Lischka und Hagen schickten wir an die französische Militärjustiz und an die Kölner Staatsanwaltschaft, die umgehend zwei Staatsanwälte ins CDJC schickte, um die Echtheit der Dokumente zu prüfen. Und Serge fuhr nach Wien, um unsere Akten Simon Wiesenthal und Herbert Langbein zu übergeben.

Ich litt unter den materiellen Bedingungen, in denen wir lebten: zwei Zimmer für vier Personen, überall Aktenordner; eine ungewisse Zukunft und fast täglich eintreffende Drohungen. Aber wenn ich aufhörte, wenn Serge aufhörte, wer würde dann die Rehabilitierung der Naziverbrecher verhindern? Wir hatten die Moral auf unserer Seite, wir waren jung, verfügten über die Kenntnis der jüngsten Geschichte und der deutschen Sprache, hatten Erfahrung mit den Medien. Es war nötig, also würden wir die Prüfung der Armut überwinden.

Herr Kaul besuchte mich in Paris und teilte mir mit, Ost-Berlin erkenne die Berechtigung meines Protests in Warschau an. Die Sache sei abgehakt. Was meine Prag-Aktion angehe, so müsse ich, falls ich in Gnaden in die DDR zurückkehren und wie früher ein Einreiserecht haben wolle, lediglich einen Brief an Erich Honecker schreiben und darin »meine Zweifel« daran zum Ausdruck zu bringen, dass diese

[31] Klarsfeld, *Vichy – Auschwitz*, S. 425.

Aktion angemessen war. Herrn Kauls Vorstoß war zwecklos. Zumal mich etwas anderes in Anspruch nahm: der Fall Barbie.

Klaus Barbie, der Inbegriff des NS-Verbrechers

Unsere Jagd auf Barbie dauerte lang, von Juni 1971 bis Juli 1987: 16 Jahre, in denen wir neben vielen anderen Aktionen immer im Blick behalten mussten, wie wir unser Ziel erreichen konnten, die deutsche und die französische Justiz zur strafrechtlichen Verfolgung Barbies zu zwingen: Wir mussten ihn selbst aufspüren, seine wahre Identität enthüllen, ihn vor Ort den Bolivianern als Naziverbrecher demaskieren, einen Entführungsversuch unternehmen, ihn überwachen, die französische Öffentlichkeit und Behörden mobilisieren, auf Barbies Ausweisung aus Bolivien drängen, sein Izieu-Telex finden, den Ermittlungsrichter mit Beweismaterial versorgen und für die Kinder von Izieu eintreten.

Barbie war der Inbegriff des NS-Verbrechers: Er hatte Jean Moulin verhaftet und gefoltert, er hatte die 44 jüdischen Kinder von Izieu in den Tod geschickt, er war am weitesten vor seiner Bestrafung geflohen.

Unsere Auseinandersetzung mit Klaus Barbie begann am 25. Juli 1971. Ich arbeitete an diesem Tag im CDJC an einem Organigramm der Sipo-SD im besetzten Frankreich, als mir Michel Mazor, der Leiter des Zentrums, ein Dokument brachte, das gerade in seine Hände gelangt war: »Das hier dürfte Sie interessieren.« Es handelte sich um eine Kopie der am 22. Juni 1971 durch den Münchner Staatsanwalt Rabl ergangenen Einstellungsverfügung im Fall Barbie. Dieser Beschluss war nicht öffentlich gemacht worden.

Die Vereinigung der Verfolgten des Naziregimes (VVN) hatte mit einem Verfahrenstrick erreicht, dass trotz des Überleitungsvertrags, der das eigentlich nicht zuließ, in München am 23. Juni 1960 ein Ermittlungsverfahren gegen den »Schlächter von Lyon« wegen der in Frankreich begangenen Verbrechen eröffnet worden war. Als ich die zehnseitige Einstellungsbegründung las, wurden mir die Konsequenzen dieses Beschlusses klar: Wie Barbie, der am 16. Mai 1947 und am 25. November 1954 vom Lyoner Militärgericht in Abwesenheit zum

Tode verurteilt worden war, könnten sämtliche in Frankreich tätigen NS-Verbrecher rehabilitiert werden.

Die Unterzeichnung des deutsch-französischen Zusatzabkommens zum Überleitungsvertrag am 2. Februar 1971 war ein Warnschuss für diese NS-Verbrecher und all jene in der deutschen Justiz und Politik gewesen, die sie schützten. Schon 1967 hatte das Auswärtige Amt in Bonn eine Liste der 1026 Deutschen, die in Abwesenheit wegen Kriegsverbrechen verurteilt worden waren, an das Deutsche Rote Kreuz weitergeleitet, das jeden einzelnen eilig persönlich warnte: »Sie sind in Frankreich in Abwesenheit verurteilt worden; wenn Sie sich auf französisches Territorium begeben, wird man Sie verhaften.«

Die Ratifizierung dieses in der Bundesrepublik unbeliebten Abkommens wurde von einer Gruppe von Lobbyisten aus allen drei Bundestagsparteien hinausgezögert. Als die Gefahr für die in Abwesenheit Verurteilten konkreter wurde, beschloss die deutsche Justiz, Fakten zu schaffen: Sie entließ mit Klaus Barbie einen der bekanntesten von ihnen in die Straffreiheit, um einen Präzedenzfall zu schaffen; zugleich wurde dadurch die Entschlossenheit der Franzosen getestet, die NS-Verbrecher strafrechtlich zu verfolgen. Der Fall Barbie war wegweisend, wir durften nicht eher ruhen, bis die Ermittlungen in München wieder aufgenommen würden.

In der Nacht übersetzte ich die Einstellungsverfügung von Staatsanwalt Rabl ins Französische, sie war der Grundstein zu meiner Akte. Serge und ich legten drei Kampagnenschwerpunkte fest: Erstens mussten wir eine möglichst vollständige Dokumentation über Barbie zusammentragen und verbreiten; zweitens mit diesem Material die Öffentlichkeit in beiden Ländern mobilisieren; drittens die Münchner Staatsanwaltschaft möglichst wirkungsvoll mit den Reaktionen der ehemaligen Widerstandskämpfer in und um Lyon konfrontieren.

Für die Presse und die Menschen, die bereit waren zu reagieren, stellten wir eine erste Akte zusammen, um zu zeigen, wer Barbie war und was er getan hatte. Wir sammelten die von Barbie unterzeichneten Dokumente über die Judenfrage. Nach und nach entdeckten wir weitere in den Gestapo-Akten. Nach ein paar Tagen verfügten wir über ein solides sechzigseitiges Dossier, das ich jetzt vervielfältigen musste. Monsieur Lenchener, der Vater von Francis, der wegen der LICA-Aktion gegen Achenbach eine Woche lang in Essen im Gefängnis gesessen hatte, stellte mir kostenlos seinen Kopierer zur Verfügung, an dem wir in den nächsten Monaten sehr viel Zeit verbrachten. Alle internationalen Presseagenturen, die großen Zeitungen in Frankreich und Deutschland, vor allem aber die Vereinigungen ehemaliger Widerstandskämpfer in Lyon und die zuständigen Behörden beider Länder erhielten dieses Dossier.

Wenn aus der Stadt, in der der »Schlächter von Lyon« seine Verbrechen begangen hatte, kein heftiger Protest gegen die Einstellungsverfügung käme, könnten die Deutschen glauben, die Menschen in Lyon seien derselben Meinung wie Staatsanwalt Rabl.

Daher fuhr ich am 27. Juli in die Pariser Redaktion des Lyoner *Progrès* und informierte den Journalisten André Severac eingehend über den Fall Barbie. Am Tag darauf brachte das Blatt einen großen Artikel unter der Überschrift: »Deutscher Staatsanwalt lässt Anklage gegen Klaus Barbie, Lyoner Gestapo-Chef und Folterer von Jean Moulin, fallen«. Der Artikel rief lebhafte Reaktionen hervor, die in den folgenden Ausgaben des *Progrès* breiten Raum fanden; verschiedene Verbände und Personen kündigten an, gegen Rabls ungerechten Beschluss vorzugehen. Am 29. Juli nahm ich Kontakt zu dem ehemaligen Widerstandskämpfer und großen Journalisten Marcel Rivière auf.

Am 1. August war ich in Lyon, um die Menschen vor Ort davon zu überzeugen, dass sie nicht nur protestieren, sondern kämpfen mussten. Ich schlug eine Protestfahrt nach München vor. Marcel Rivières Artikel im *Progrès* trug die Überschrift »Der Fall Klaus Barbie muss wieder aufgerollt werden, sagt uns B. K.«, und es hieß weiter:

> Sie, die Bürger Lyons, dürfen die Einstellung der Ermittlungen durch die Staatsanwaltschaft München gegen Klaus Barbie, den ehemaligen Gestapo-Chef, der in Ihrer Stadt und der ganzen Umgebung so viel Blut und Tränen hat fließen lassen, nicht hinnehmen. Das sagt Ihnen eine Deutsche. Die von B.K. präsentierten Dokumente sprechen für sich. Es sind Kopien von Haft- oder Deportationsbefehlen, von Barbie unterzeichnet oder gegengezeichnet, für Hunderte bei Razzien ergriffener Juden aus Lyon und Umgebung, vor allem in der Haute-Savoie. Auch wenn die deutschen Zeugen das Gedächtnis verloren haben, gibt es doch bei uns Männer und Frauen, die grausame, unauslöschliche Erinnerungen, in Körper und Seele eingebrannt, bewahrt haben und das Geschehene bezeugen können, und zwar nicht nur vom Hörensagen.

Nur sehr wenige leider haben die düsteren Keller in der Avenue Berthelot oder die Sammellager überlebt. [...] Aber diese Überlebenden, so Beate Klarsfeld über die von Barbie Gefolterten, sollten sich melden. Denn die Ermittlungen gegen Barbie sind nur ausgesetzt. Aufgrund detaillierter Zeugenaussagen kann das Verfahren wieder eröffnet werden.

AFP machte mein Vorhaben landesweit bekannt. Am 7. August schrieb ich im *Combat*:

Barbie ist verantwortlich für die Deportation von Juden aus dem Raum Lyon, die auf seinen Befehl verhaftet und nach Drancy gebracht wurden, wo man sie in die Todeszüge pferchte. Staatsanwalt Rabl zufolge hatte die Kommandantur der Sipo-SD in Lyon keine Kenntnis von der »Endlösung«, für sie habe es sich lediglich um die »Evakuierung in Arbeitslager im Osten« gehandelt. Doch wir haben ein mit »Barbie« unterzeichnetes Telex vom 6. April 1944 gefunden, in dem er die von ihm befohlene Festnahme von 41 Kindern im Alter von drei bis dreizehn Jahren aus dem jüdischen Kinderheim in Izieu-Ain und ihren bevorstehenden Abtransport nach Drancy am 7. April meldet.
[...]
[...] Mit der Einstellung der Ermittlungen gegen Klaus Barbie verurteilt Staatsanwalt Rabl diese Kinder erneut. Gestapo-Männer, die Jagd sogar auf jüdische Säuglinge machten, sollen unschuldig sein? Wenn das französische Volk heute diesen Justizirrtum hinnimmt, werden all die NS-Verbrecher, die in Frankreich in Abwesenheit verurteilt worden sind, ebenfalls rehabilitiert und damit das unter den Nazis herrschende Polizeisystem als normal dargestellt.
[...] Die Kreise der Widerstandskämpfer und Deportierten müssen im Fall Barbie schnell handeln. Auch wenn das im letzten April gegründete Comité de recherche et de châtiment des criminels nazis (Verbindungsausschuss zur Suche und Bestrafung von Kriegsverbrechern) fünfundzwanzig durchaus repräsentative Vereinigungen umfasst, so besteht es doch nur auf dem Papier und stützt sich auf die Initiative Einzelner, statt zu Mitteln zu greifen, die unerlässlich sind und ohne die außer weiteren Verfahrenseinstellungen nichts zu erhoffen ist. Wann findet der öffentliche Protest in München statt, ohne den es nicht vorangehen wird? Hat die Urlaubszeit wirklich Vorrang vor Trauer und Mitgefühl,

selbst für die, die sich als Vertreter der Opfer der Nazibarbarei bezeichnen?

Die AFP-Meldung rief *France-Soir* auf den Plan. Wir informierten Benoît Rayski, mit dem wir in dieser Angelegenheit noch oft zu tun haben sollten, sowie Philippe Bernert von *L'Aurore* und Manuel Lucbert von *Le Monde*. Am 9. August titelte *France-Soir*: »Deutscher Richter erklärt den Gestapo-Chef von Lyon für unschuldig.«

Am 16. August mobilisierte Philippe Bernert in *L'Aurore* die öffentliche Meinung, indem er den Tod von Jean Moulin zum Thema machte, und kam zu dem Schluss: »Die Akte, die Staatsanwalt Rabl zu schließen für richtig hielt, birgt ein historisches Verbrechen.«

In Lyon fand meine Idee einer Protestfahrt nach München zunehmend Gehör. Am Morgen des 17. August diskutierte ich darüber mit den zuständigen Redakteuren von *Le Monde*, und am Nachmittag erschien ein detaillierter Artikel, in dem es abschließend hieß: »Der kürzlich bekannt gewordene Beschluss eines Münchner Staatanwalts, das Verfahren gegen den ehemaligen Gestapo-Chef von Lyon, Klaus Barbie, einzustellen, ruft in Frankreich zahlreiche Proteste hervor. Die LICA erklärte, der Beschluss bestürze sie zutiefst, und rief die Résistance-Organisationen aller Richtungen für den 3. und 4. September zu einer Großdemonstration in Lyon auf. Außerdem soll sich eine Delegation ehemaliger Widerstandskämpfer und Deportierter Anfang September nach München begeben.« In Frankreich war der Fall Barbie ins Rollen gekommen.

Ich bestürmte die Pariser Korrespondenten der deutschen Zeitungen. Jede war in der Lage, einen detaillierten Bericht über den Fall zu veröffentlichen. Auch in Deutschland erhob sich jetzt nach und nach breiter Protest, gestützt auf gut dokumentierte Artikel, die die französischen Reaktionen erklärten. Die deutsche Presse konnte darüber nicht schweigen, weil sie wusste, dass mit dem München-Besuch der Delegation aus Lyon die Fortsetzung der Angelegenheit bevorstand. Ich informierte die Münchner Presse und versorgte sie noch sorgfältiger mit Material als die übrigen deutschen Zeitungen. Hans Keppert schrieb in der *Frankfurter Rundschau*, die deutsche Justiz zeige sich wieder in zweifelhaftem Licht: Frankreich sei empört über den Beschluss, Barbie straflos zu lassen. Die Münchner Staatsanwaltschaft müsse sich auf unruhige Zeiten einstellen. In der linken wie rechten französischen

Presse, so Keppert weiter, würden indes erneut Zweifel daran laut, ob die westdeutsche Justiz wirklich willens sei, ein trauriges Kapitel der deutsch-französischen Vergangenheit redlich zu bewältigen.

Am 21. August fuhr ich noch einmal nach Lyon, um darauf zu drängen, dass die dortige Delegation zustande kam. Das Datum wurde auf den 13. September festgesetzt. Die örtliche Sektion der LICA führte eine Sammlung durch und ermöglichte dadurch mehreren Widerstandskämpfern die Teilnahme an der Fahrt.

Ich nutzte die Gelegenheit zu einem Abstecher nach Chambon-sur-Lignon, wo mein Sohn in einem Ferienlager war. Mit ihm zusammen bei Sonnenschein in dieser grünen Landschaft, unter Menschen, die den Juden geholfen hatten – es war wie in einer Oase. Jede meiner Kampagnen war ein Ritt durch die Wüste; ich wusste nie, ob sie Erfolg haben würde, ich hatte Angst zu scheitern und wusste, dass es mir wehtun würde, wenn ich nichts erreichte. So viele vergebliche Schritte hatte ich schon unternommen, so viele Stunden mit der langwierigen Niederschrift unerlässlicher Aufzeichnungen verbracht, so viele ergebnislose Telefonate geführt, so viele Akten geordnet, Briefe geschrieben, Dokumente sortiert und kopiert! Und dann die Ausarbeitung der Aktion: die langen Diskussionen mit Serge, die oft in heftigen Streit ausarteten, denn er ist eher fantasievoll, ich bin eher realistisch.

Am 24. August fand Serge im CDJC die vom Suchdienst des IRK erstellte Liste des Transports vom 11. August 1944: Dieser Transport hatte die letzten Juden aus Lyon, die bisher der Deportation oder den Erschießungskommandos entkommen waren, auf direktem Weg »vom Sammellager Montluc zum KL Auschwitz« gebracht. Zu diesen 308 Namen kam noch eine Liste mit 42 Namen von Juden, die in den Kellerräumen der Gestapo kurzerhand erschossen worden waren, mit dem genauen Datum ihrer Erschießung. Für das Schicksal all dieser Menschen war unmittelbar Barbie verantwortlich. Der *Progrès* veröffentlichte die Listen ungekürzt.

Am 3. September nahm die Delegation bei einem Treffen in der Maison des Combattants halbwegs Gestalt an. Bei der konkreten Vorbereitung gab es indes organisatorische und finanzielle Probleme. Der Wille der Kandidaten, diese Reise zu unternehmen, kollidierte mit den faktischen Gegebenheiten. Ich tat mein Bestes, um Gelder zu sammeln, mit denen die Reise derjenigen Teilnehmer bezahlt werden sollte, auf die ich baute. Während meiner Rede stand ein ehemaliger Widerstandskämpfer auf und rief den anderen im Saal zu: »Eine Deutsche muss euch sagen, was ihr zu tun habt! Wacht endlich auf!«

Mit Blick auf den Besuch der Delegation aus Lyon erklärte der Sprecher der Münchner Staatsanwaltschaft, die Ermittlungen gegen Barbie könnten wieder aufgenommen werden, wenn neue Beweise vorgelegt würden. Also machten Serge und ich uns im CDJC auf die mühsame Suche nach Menschen, die Barbie möglicherweise gekannt hatten, und sichteten zahllose Dokumente.

Nachdem viele Spuren in die Sackgasse geführt hatten, stießen wir schließlich auf eine ernst zu nehmende: Serge fand heraus, dass die Union générale des israélites de France (UGIF), jene auf Betreiben Lischkas gegründete Zwangsvereinigung der Juden Frankreichs, die die jüdische Bevölkerung gegenüber den französischen und den Besatzungsbehörden vertrat, ein Verbindungsbüro zum Judenreferat der Gestapo gehabt hatte. Leiter dieses Büros war 1943 und 1944 der aus Berlin stammende jüdische Anwalt Dr. Kurt Schendel, dessen Aufgabe schwierig war, denn er stand in direktem Kontakt mit den beiden Herren über die »Endlösung« in Frankreich: dem Leiter des Judenreferats, SS-Obersturmführer Heinz Röthke, und dem Stellvertreter Eichmanns, SS-Hauptsturmführer Alois Brunner. Dieser leitete ein Sonderkommando, dessen Aufgabe es war, die Verhaftungen und Deportationen voranzutreiben, während Röthke sich den mehr administrativen Teil der Arbeit vorbehielt.

Alois Brunner war 1945 verschwunden. Heinz Röthke, nicht minder verantwortlich und tatkräftig, starb 1968 als Rechtsberater in Wolfsburg eines natürlichen Todes, obwohl er in Frankreich in Abwesenheit zum Tode verurteilt worden war. Er hatte keine Minute im Gefängnis verbracht.

Wir dachten, Schendel könne bei seinen Kontakten mit Röthke und Brunner einiges über Barbie erfahren haben, vor allem, ob die regionalen Gestapo-Chefs gewusst hatten, was den Juden in Auschwitz bevorstand. Denn Staatsanwalt Rabl war zu dem Schluss gekommen, es gebe keine Beweise dafür, dass Barbie bewusst war, dass die von ihm nach Drancy Geschickten in Auschwitz ermordet würden. Damit hatte Rabl nur die Hauptthese der offiziellen bundesdeutschen Verteidigungslinie seit den ersten Verfahren wiederholt, die die Gruppe derer, die vom Völkermord an den Juden wussten, auf eine mikroskopisch kleine Minderheit begrenzte und dem deutschen Volk die Absolution erteilte.

Wir fanden im Pariser Telefonbuch einen »K. Schendel«. Nach mehreren vergeblichen Anrufen hob am 6. September endlich jemand ab. Es war ebenjener Kurt Schendel, der gerade aus dem Urlaub kam. Er hatte Barbie zwar noch nie gesehen, erinnerte sich aber an ihn. Wir trafen uns mit ihm, und am 8. September gab er uns seine auf Deutsch niedergeschriebene Aussage:

> Auf grund meiner einjährigen Beobachtung der Dienststellen IV B, auf grund der vielfachen Unterredungen mit all diesen Leuten und auch aufgrund von Andeutungen anderer deutscher Dienststellen habe ich die unerschütterliche Überzeugung, dass alle Referenten des IV B in nicht gerade ganz untergeordneter Stellung, also zumindest Roethke, Brunner und die Judenreferenten IV B bei den KdS (Kommandeur der Sicherheitspolizei und des SD, Anm. der Übers.) in der Provinz ganz genau wussten, welches Schicksal den Deportierten bereitet wurde. Den Referenten IV B des KdS in Lyon, Klaus Barbie, habe ich nicht persönlich gekannt, wusste aber, dass Barbie die Verhaftungen der Juden in Lyon veranlasste und auch selbst vornahm. Mir lagen Berichte vor, wonach Barbie die Juden mit einem ganz besonderen Eifer verfolgte [...] Ende 1943 oder Anfang 1944 hatten wir in Paris eine gemeinsame Sitzung mit den Aufsichtsratsmitgliedern der Süd-Zone, zu der auch ich aufgefordert war. Es war dabei viel die Rede von Erschiessungen von Juden, die von Barbie verhaftet worden waren und dann später – ohne Prozess – im Fort Mont Luc füsiliert wurden. Einer der Delegierten wusste zu berichten, dass man immer und immer wieder versucht habe, zugunsten der verhafteten Juden zu intervenieren, damit sie wenigstens nicht erschossen würden. Darauf habe Barbie gesagt: »Erschossen oder deportiert, ist ja kein Unterschied.« Dies ist mir deshalb in Erinnerung geblieben, weil wir damals das nicht verstehen konnten, und unsere Besorgnisse um die Geschicke der Deportierten noch größer wurden. Denn, wie gesagt, war es für mich ausser jedem Zweifel, dass der Referent IV B von Lyon, das die zweitgrößte jüdische Bevölkerung von Frankreich hatte, ebensogut über das künftige Schicksal der Deportierten Bescheid wusste wie Roethke oder Brunner. Ich bemerke noch, dass Brunner während einiger Monate seinen »Assistenten« Ober-

scharführer Weiszel nach Lyon beorderte, der Mitglied des Sonderkommandos Brunner war, mit Brunner im Osten, in Ungarn, in Saloniki gewesen war, und der Barbie als Augenzeuge berichten konnte, was mit den deportierten Juden im Osten geschah.

Diese Aussage wog in unseren Augen schwer genug, um die Münchner Staatsanwaltschaft zur Wiederaufnahme des Verfahrens zu bewegen. Aber wir mussten das Verwaltungsratsmitglied der UGIF aufspüren, zu dem Barbie gesagt hatte: »Erschossen oder deportiert, ist ja kein Unterschied.« Dr. Schendel war in diesem konkreten Fall nur ein Zeuge vom Hörensagen. Serge machte sich auf die Suche nach den damaligen Verwaltungsratsmitgliedern der UGIF, telefonierte herum, um zu erfahren, was aus ihnen geworden war. Aber es waren 28 Jahre vergangen …

Inzwischen hatte ich erfahren, dass die Organisatoren unserer München-Fahrt in Lyon den deutschen Konsul aufgesucht hatten. Als er gehört hatte, dass ich dabei sein würde, hatte er ihnen geraten, die Delegation, die beim Staatsanwalt vorstellig werden sollte, auf zwölf Personen zu begrenzen und sich von mir zu distanzieren, um die Aktion nicht durch eine skandalträchtige Frau wie mich zu beeinträchtigen. Am Telefon schloss ich aus der Verlegenheit meiner Gesprächspartner, dass sie sich hatten überzeugen lassen und den deutschen Behörden gegenüber sehr respektvoll auftreten würden.

Ich hatte inzwischen alle Münchner Zeitungen, das Fernsehen und den Rundfunk sowie die antifaschistischen Vereinigungen angerufen, damit sie bei unserer Ankunft am Flughafen wären. Sie erwarteten die französische Résistance mit Fahnen und Orden an der Brust, Kämpfer, die entschlossen die Korrektur eines Justizirrtums fordern würden, und nicht ein Häuflein Franzosen, die sich nicht von Touristen unterschieden. Angesichts der Einstellung der Delegation setzte ich keine große Hoffnung in die Wirkung dieser Reise. Bei einer solchen Auseinandersetzung konnte nur eine Kraftprobe den Staatsanwalt umstimmen. Doch davon waren wir weit entfernt.

Ein weiteres Mal war uns das Archiv des CDJC eine wertvolle Hilfe: Unter den von Barbie im Kinderheim von Izieu festgenommenen Kindern waren drei Brüder: Jacques (13 Jahre), Richard (6 Jahre) und Jean-Claude (5 Jahre) Benguigui. Sie waren sofort nach Drancy verbracht worden, wie Barbie in einem Telex vom 6. April 1944 an die Gestapo-Zentrale in Paris meldete: »In den heutigen Morgenstunden wurde das jüdische Kinderheim ›Colonie enfant‹ in Izieu-Ain ausgehoben. Insgesamt wurden 41 Kinder im Alter von 3 bis 13 Jahren festgenommen. Ferner gelang die Festnahme des gesamten jüdischen Personals, bestehend aus 10 Köpfen, davon 5 Frauen. Bargeld oder sonstige Vermögenswerte konnten nicht sichergestellt werden. Der Abtransport nach Drancy erfolgt am 7. 4. 44./ Der Kdr. der Sipo und des SD Lyon IV B 61/43 / I.A. gez. Barbie/SS-Ostuf«.

Ich fand die Namen der Benguigui-Kinder in der Liste des Transports nach Auschwitz vom 13. April 1944 wieder. Dort waren sie ermordet worden. Ein Bruder weiterer deportierter Kinder aus Izieu, Alexandre Halaunbrenner, auf den wir ebenfalls im Archiv gestoßen waren, stand im Telefonbuch. Er kannte Fortunée Benguigui, die Mutter der drei Jungen. Ich suchte sie auf. Madame Benguigui war selbst am 31. Juli 1943 nach Auschwitz deportiert worden, wo sie im Block 10 für medizinische Versuche grauenhaft gefoltert worden war. Sie war zu 75 Prozent Invalide, und ihre Rente reichte gerade zum Überleben. Im Lager hatte sie die Hoffnung nicht aufgegeben, ihre Kinder seien in dem geheimen jüdischen Kinderheim sicher versteckt, doch im Frühjahr 1944 erkannte sie in einem Haufen Kleider von Menschen, die gerade vergast worden waren, den Pullover ihres Sohnes Jacques, den ihm seine Großmutter in Algerien gestrickt hatte.

Ich erklärte Madame Benguigui, dass der Verantwortliche für den Tod ihrer Kinder kürzlich in München rehabilitiert worden war, und fragte sie, ob sie sich imstande fühle, mit nach München zu kommen. Sie war bereit. Sie und ich würden das Kräftemessen mit der Münchner Justiz beginnen.

Ein paar Tage vor unserer Abreise ermutigte mich Laure Moulin, die Schwester von Jean, durch einen Brief, der mich in meiner Entschlossenheit noch bestärkte: »Ich kann nicht genug betonen, wie sehr ich den unerschütterlichen Mut bewundere, mit dem Sie dafür kämpfen, dass Ihr Land sich seine Fehler und seine Naziverbrechen bewusst macht und sie für immer verurteilt.«

Demonstration in München

Am Montag, dem 13. September 1971, reisten wir mit 48 Personen nach München, vor allem ehemalige Widerstandskämpfer und ein paar junge Leute von der LICA. Madame Benguigui und Alexandre Halaunbrenner waren schon vor Ort. Als unser Bus vor dem französischen Konsulat in der Mühlstraße ankam, nahm mich einer der Delegationsleiter beiseite:

»Ich bitte Sie, das Konsulat nicht zu betreten, das ist mit dem Konsul so abgesprochen.«

Worauf ich entgegnete: »Ich besitze einen französischen Pass, ich habe keine Befehle zu empfangen, und ich habe ebenso wie Sie das Recht, das französische Konsulat zu betreten. Mehr habe ich Ihnen nicht zu sagen.«

Die »offiziellen« Delegierten, deren Zahl auf Anraten des deutschen Konsuls in Lyon auf zwölf reduziert worden war, wurden namentlich aufgerufen und machten sich auf den Weg zum Gericht. Ich machte aus meiner Empörung über diese Entscheidung keinen Hehl, weil ich wusste, dass die deutschen Journalisten mit etwa fünfzig Personen rechneten: »Hierzubleiben wäre eine Schande, wir alle müssen hingehen.« Überzeugt habe ich niemanden. In der Maxburgstraße verschwanden die zwölf »Weisen« im Gerichtsgebäude; die jungen Leute und ich konnten die anderen dazu bewegen, aus dem Bus zu steigen, damit sie sich wenigstens vor dem Eingang des Gerichts postierten. Alles war mit dem Konsulat und den deutschen Behörden abgesprochen. Die Demonstration fand nur einen Bruchteil der Resonanz, die sie hätte haben können.

Oben in seinem Büro übergab die offizielle Delegation Generalstaatsanwalt Manfred Ludolph ein respektvolles Memorandum, indem sie ihn »dringend ersuchten« und »feierlich baten«, die Ermittlungen wieder aufzunehmen.

Unterdessen ging ich mit Madame Benguigui ebenfalls ins Gerichtsgebäude hinein und hinterlegte für Dr. Ludolph, wenn wir schon nicht zu ihm konnten, die Akte, die von Barbie unterzeichnete Dokumente und die Aussage Dr. Schendels enthielt.

Nach ihrem Besuch bei Dr. Ludolph fuhr die Delegation nach Dachau, dessen Besuch von den Organisatoren geplant worden war. Ich hatte eine Pressekonferenz organisiert. Beides war bis zu unserem Abflug um 17 Uhr 30 nicht zu schaffen. Diejenigen, die sich in Dachau sammeln wollten, widersetzten sich jenen, zu denen auch ich gehörte, für die die Aktionen Vorrang hatten.

Am Abend flog die Delegation zurück nach Lyon, wo sie am Flughafen vom Bürgermeister, von Lokalpolitikern, dem Regionalfernsehen und vielen Lyoner Bürgern erwartet wurde.

Madame Benguigui und ich blieben in München. Wir wollten mehr tun, denn die Situation erforderte es. Zwei Frauen: eine Jüdin, eine Deutsche. Unsere Ausrüstung: eine Vergrößerung des einzigen Fotos von ihren drei Kindern, das Madame Benguigui besaß, und zwei Schilder, die ich in unserem Hotelzimmer bastelte. Unser Plan war einfach: Wir würden uns am nächsten Tag auf die Stufen zum Landgericht setzen, und Madame Benguigui würde mit dem Foto ihrer Kinder in der Hand in einen unbegrenzten Hungerstreik treten.

Um neun Uhr morgens waren wir in der Maxburgstraße. Es regnete und es war kalt. Wir setzten uns auf Gemüsekisten, die ich aus einem Lebensmittelladen mitgenommen hatte. Außerdem kaufte ich Madame Benguigui dicke Socken und warme Pantoffeln. Sie hielt ein Schild hoch mit der Aufschrift: »Ich trete so lange in den Hungerstreik, bis das Ermittlungsverfahren gegen Klaus Barbie, den Mörder meiner Kinder, wieder eröffnet wird.« Und auf meinem Schild stand: »Staatsanwalt Rabl rehabilitiert Kriegsverbrecher«.

Um 17 Uhr kamen die Journalisten. Die deutsche Presse würde am nächsten Tag unser Foto und lange, wohlwollende Artikel bringen. Junge Deutsche riefen: »Es ist eine Schande für unser Land, dass diese arme Frau auf so herabwürdigende Weise Gerechtigkeit fordern muss.« Ein paar Frauen unterhielten sich mit Madame Benguigui, andere kauften ihr warme Kleidung. Die französische Tageszeitung *France-Soir* hatte eiligst eine Korrespondentin entsandt, die das französische Konsulat verständigte. Der Vizekonsul kam mit einer Decke. Die Polizei ließ sich nur blicken, um uns mitzuteilen, dass das Schild, auf dem Staatsanwalt Rabl erwähnt wurde, Gegenstand einer strafrechtlichen Verfolgung werden könne. Doch das Schild blieb, wo es war, gut sichtbar. Der Generalstaatsanwalt entschloss sich zu verhandeln. Polizisten holten uns ab, sprachen uns höflich an und geleiteten uns in Dr. Ludolphs Büro. Der Generalstaatsanwalt, um die vierzig, tadellos gekleidet, fragte uns sehr zuvorkommend:

»Was wollen Sie?«

»Die Wiederaufnahme des Ermittlungsverfahrens gegen Barbie.«

»Dafür brauche ich stichhaltige Beweise.«

»Haben Sie die Akte gelesen, die ich gestern für Sie hinterlegt habe?«

»Dazu hatte ich noch keine Zeit.«

»Dann tun Sie es eben jetzt.«

Als er Dr. Schendels Aussage las, rief er aus:

»Das ist ein überaus wichtiges Dokument! Ich verspreche, das Verfahren wieder aufzunehmen, wenn derjenige, von dem Dr. Schendel diese Information hat, also der direkte Zeuge von Barbies Worten, gefunden wird und bestätigt, was Barbie gesagt haben soll.«

»Geben Sie uns das schriftlich.«

»Um diese Zeit ist keine Sekretärin mehr hier.«

»Daran soll's nicht liegen, ich war selbst mal eine.«

Ich setzte mich an die Schreibmaschine und tippte nach Dr. Ludolphs Diktat das offizielle Schreiben, in dem er sein Versprechen bestätigte. Dann leitete ich es umgehend an die deutsche Presse weiter, in der es wenig später erschien:

> Sehr geehrte Frau Benguigui, als Ergebnis unserer heutigen Besprechung bestätige ich Ihnen, daß das am 13.9.1971 von einer französischen Delegation und das am gleichen Tage von Frau Klarsfeld und Ihnen übergebene Material sorgfältig geprüft werden wird. Im Hinblick auf die Erklärung des Herrn Dr. Schendel vom 8.9.1971 scheint es mir erforderlich zu sein, den Informanten zu ermitteln, der Herrn Dr. Schendel berichtet hatte, der Beschuldigte habe geäußert: Erschossen oder deportiert, ist ja kein Unterschied.
> Wenn es gelingt, diesen Ohrenzeugen zu erreichen, und er dies bestätigt, würde ich das Ermittlungsverfahren wieder aufnehmen, weil sich daraus ergäbe, daß der Beschuldigte mit der Tötung der jüdischen Opfer zumindest gerechnet hat [...]

Madame Benguigui hatte zum ersten Mal seit dem Tod ihrer Kinder das Gefühl, etwas für sie getan zu haben. Sie hatte gezeigt, dass sie im Gegensatz zu so vielen anderen, die nur redeten, handeln konnte.

Und das Glück blieb uns hold. Serge hatte den überaus wichtigen Zeugen im Telefonbuch gefunden. Es handelte sich um Raymond Geissmann, Anwalt am Berufungsgericht in der Avenue Victor-Hugo und Anwalt bei der israelischen und der bundesdeutschen Botschaft, was den Wert seiner Zeugenaussage nur erhöhte. Er war tatsächlich derselbe Raymond Geissmann, der 1943/44 in Lyon UGIF-Generaldirektor in der Südzone gewesen war.

Monsieur Geissmann empfing uns. Natürlich erinnere er sich an Barbie, und er sei es auch gewesen, zu dem Barbie diesen schrecklichen Satz gesagt habe, der in einer Unterredung gefallen war, nachdem mehrere Widerstandskämpfer und Alexandre Halaunbrenners Vater ohne Gerichtsverfahren in den Kellerräumen der Gestapo hingerichtet worden waren. Außerdem hatte Maître Geissmann regelmäßig an den Verwaltungsratssitzungen der UGIF teilgenommen. Er diktierte seiner Sekretärin sofort seine Aussage, die zur Wiedereröffnung des Ermittlungsverfahrens gegen Klaus Barbie führte:

> Einige meiner Mitarbeiter und ich selbst wurden also zur Gestapo einbestellt oder begaben uns unaufgefordert dorthin, als wir versuchten, diese oder jene Personen den Klauen des Sicherheitsdiensts zu entreißen. So hatten wir entweder mit Barbie selbst oder, was uns lieber war, mit seinen Untergebenen zu tun. Wir waren alle zutiefst überzeugt, dass diese Folterknechte, von denen Leben oder Tod unserer Glaubensbrüder abhing, genau über das schreckliche Los Bescheid wussten, das diejenigen erwartete, die sie verhafteten. Ich erinnere mich daran, mit eigenen Augen gesehen zu haben, wie Barbie vor Hass auf die Juden »schäumte«, und der Satz »Ob deportiert oder erschossen, das macht keinen Unterschied« stammt von ihm. Es war einer von denen, die er in meiner Anwesenheit gesagt hat und die ich meinen Kollegen in Paris mitteilen musste.

Ich verabredete mich für den 1. Oktober 1971 mit Dr. Ludolph, um ihm das Dokument zu übergeben. Jean Pierre-Bloch begleitete mich.

Ich informierte die deutsche Presse, und die Aussage Maître Geissmanns wurde veröffentlicht. Bei unserer Landung wurden wir von der Presse, dem VVN und der Münchner Sektion des Bnai Brith herzlich empfangen. Sie begleiteten uns zu Dr. Ludolph, der uns mit seinem Assistenten, Staatsanwalt Steiner, sehr freundlich begrüßte. Kaum dass er Maître Geissmanns Aussage gelesen hatte, diktierte er seiner Sekretärin seinen Beschluss und übergab mir eine Kopie:

Aktenzeichen 123 Js 5/71
München, den 1. Oktober 1971 (7 Js 61/65 Sta Augsburg)
Gegenstand: Strafverfahren der Staatsanwaltschaft beim Landgericht Augsburg gegen Klaus Barbie wegen mutmaßlicher Beihilfe zum Mord.

1. Das Verfahren wird eröffnet gemäß des Vorhalts, daß der Beschuldigte teilgenommen hat an der Tötung französischer Bürger jüdischer Herkunft, indem er sie aus Frankreich nach Osten deportieren ließ.
2. Die Entscheidung, das Strafverfahren in seiner Gesamtheit wiederzueröffnen, wird bis zu dem Zeitpunkt zurückgewiesen, jedoch unter förmlichem Vorbehalt.[32]

Was Barbies Repressionsmaßnahmen gegen die Résistance anging, erklärte Dr. Ludolph, da die Widerstandskämpfer aus Lyon ihm die versprochenen Zeugenaussagen nicht geschickt hätten, betrachte er dieses Kapitel als abgeschlossen. Jean Pierre-Bloch erwiderte im Namen des französischen Widerstands, das Kapitel sei erst abgeschlossen, wenn Barbie für die in Frankreich begangenen Verbrechen verurteilt worden sei.

Dr. Ludolph war gezwungen, die Ermittlungen wieder aufzunehmen. Wie würde er jetzt vorgehen? Der Fall Barbie war ein Sonderfall: Barbie war einer der wenigen NS-Verbrecher, die ins Ausland geflohen waren, er war ein Verbrecher-Phantom. Die deutsche Justiz könnte zwar helfen, ihn in seinem Zufluchtsland aufzuspüren, müsste den Fall dann aber den französischen Behörden überlassen, die als Einzige eine Auslieferung beantragen konnten, weil die deutsche Justiz dazu nicht befugt war, solange das deutsch-französische Zusatzabkommen vom 2. Februar 1971 nicht ratifiziert war. Es wäre zudem besser, wenn Frankreich Barbie noch vor der Ratifizierung in die Hände bekäme,

[32] Serge Klarsfeld, *Die Kinder von Izieu. Eine jüdische Tragödie,* Berlin 1991, S. 160.

denn danach würde die nunmehr dazu befugte Bundesrepublik selbst seine Auslieferung von dem Land, in dem er Asyl gefunden hatte, fordern müssen. Überdies würde die deutsche Justiz den Fall Barbie zum Prüfstein dafür nehmen, ob die französische Regierung wirklich gewillt war, die deutschen Kriegsverbrecher strafrechtlich zu verfolgen. Wenn dieser Wille nicht erkennbar würde, wenn Frankreich nicht mit gutem Beispiel voranginge, warum sollte es der Bundestag dann mit der Ratifizierung des Abkommens eilig haben, und selbst wenn er es ratifizieren würde, warum sollte die bundesdeutsche Justiz dann Härte zeigen?

Dr. Ludolph gab uns zwei Fotos von Barbie aus dem Jahr 1943, eins von vorn und eins im Profil, sowie ein weiteres, auf dem eine Gruppe von Geschäftsleuten zu sehen war, die an einem Tisch saßen. Einer von ihnen ähnelte Barbie, wenn man ihn sich 25 Jahre älter vorstellte. Die Aufnahme, so der Generalstaatsanwalt, sei 1968 in La Paz entstanden. Mehr könne er uns im Moment nicht sagen. »Sie haben mir bewiesen, dass Sie effizient sind – helfen Sie mir, diesen Mann zu identifizieren.«

Barbie alias Altmann

Gleich nach unserer Rückkehr machten wir bekannt, dass Barbie sich wahrscheinlich in Bolivien aufhielt. Wir ließen die Fotos vervielfältigen und schickten sie in der Hoffnung nach Lyon, dass sich Zeugen melden würden.

Am 8. Oktober empfing Maurice Schumann LICA-Präsident Jean Pierre-Bloch, der an den französischen Außenminister appellierte, die bolivianische Regierung um die Suche nach Barbie und seine Auslieferung zu bitten. Er gab ihm auch eine Kopie des neuen Beschlusses der Münchner Staatsanwaltschaft und das Gruppenfoto. Damit wäre es für die französischen Behörden ein Leichtes gewesen, Barbie ausfindig zu machen: Sie hätten das Foto lediglich per Bildtelegramm an die französische Botschaft in La Paz schicken müssen, dann hätte ein Diplomat oder notfalls auch ein einfacher Angestellter es den Portiers und Barkeepern der wenigen großen Hotels der Stadt zeigen können, und noch am selben Tag hätte Maurice Schumann den Namen dieses Mannes erhalten. Aber nichts davon geschah.

Ich für meinen Teil gab einem der Chefredakteure von *France-Soir* das Foto des mutmaßlichen Barbie, in der Hoffnung, es würden sich Zeugen melden, es wäre sogar in Südamerika zu sehen, jemand würde Barbie erkennen und seine derzeitige Identität verraten. Doch nach ein paar Tagen teilte *France-Soir* mir mit, dass sie das Foto aus juristischen Gründen nicht veröffentlichen könnten: Wenn der Abgebildete nicht Barbie sei, könne er die Zeitung auf Schadenersatz verklagen.

Daraufhin ging ich an einem Oktobermorgen mit den Fotos zur Kriminalpolizei am Quai des Orfèvres. Der Abteilungsleiter des Erkennungsdiensts, ein ehemaliger Widerstandskämpfer, wusste, wer ich war; er begrüßte mich sehr freundlich und erklärte sich sofort zu einer inoffiziellen Untersuchung der Bilder bereit: »Ich kann sie mir aber nur oberflächlich ansehen und Ihnen nichts schriftlich geben.« Das war schon eine Menge. Er untersuchte die Fotos eine halbe Stunde lang und teilte mir dann zu meiner großen Erleichterung mit, bei der fraglichen Person auf den drei Fotos handele sich mit der allergrößten Wahrscheinlichkeit um ein und denselben Mann: dieselben Ohren, Ohrläppchen nach außen gedreht, besonders das rechte, was selten vorkommt. Im linken Profil ausgeprägtes Stirnbein; dieselben Mundwinkel. Ich teilte Dr. Ludolph das Ergebnis dieser Untersuchung mit.

Am 29. September antwortete mir der französische Justizminister René Pleven, dass er die Dokumente in dieser Angelegenheit dem Verteidigungsminister übermittelt habe. Am 29. Oktober teilte mir Louis Saget, der Kabinettschef von Verteidigungsminister Michel Debré, mit erstaunlichem Aplomb mit, was ich ihm schon am 1. Oktober hätte sagen können: »Ich bin aktuell in der Lage, Ihnen zu bestätigen, dass die französische Regierung auf ihre Demarchen bei der bundesdeutschen Regierung hin die Gewissheit erhalten hat, dass die Ermittlung bezüglich der Tätigkeit dieses Kriegsverbrechers von den zuständigen Justizbehörden wieder aufgenommen worden ist.«

Am 12. Oktober erhielt ich einen Brief von Dr. Ludolphs Assistenten, Staatsanwalt Steiner, in dem er den Wunsch nach Zusammenarbeit äußerte: Die Münchner Staatsanwaltschaft sah in meinen Aktionen eine vielsprechende Konsequenz und Dringlichkeit.

Ende Oktober schickte ich Dr. Ludolph mehrere Aussagen von Personen, die Barbie einmal begegnet waren und ihn mehr oder weniger eindeutig in dem Mann in La Paz wiedererkannten. Am 2. November veröffentlichte *L'Aurore* das erkennungsdienstliche Gutachten und Barbies Foto mit dem Hinweis, dies sei der Mörder von Jean Moulin. Der Verfasser des Artikels, Philippe Bernert, merkte amüsiert an, dass »B. K. ihren Kreuzzug zum ersten Mal mit dem Segen und der Unterstützung eines deutschen Staatsanwalts fortführen kann, während sie nur auf Bewährung auf freiem Fuß ist. Paradoxe Situation für die neue Gehilfin von Staatsanwalt Ludolph!«

Ein paar Wochen später fragte mich Dr. Ludolph, ob ich bereit sei, mit einem in Lima lebenden Deutschen Kontakt aufzunehmen, der glaubte, in einem kürzlich nach La Paz gekommenen Geschäftsmann Barbie erkannt zu haben. Er hatte in Lima eins der Fotos von Barbie aus dem Jahr 1943 in der *Süddeutschen Zeitung* gesehen. Sein Name war Herbert John, er war Direktor der *Editoriales Unidas,* deren Besitzer der Fischmehlkönig von Peru, Luis Banchero Rossi war.

Am 16. Dezember schrieb mir Staatsanwalt Rabl: »Die Staatsanwaltschaft ist in den Besitz von jüngeren Fotos gelangt, die wahrscheinlich Barbie zeigen. Ich habe das Institut für Anthropometrie und Humangenetik der Universität München um eine Expertise über die Frage der Identität gebeten. Ich wäre sehr froh, wenn Sie nach dem Empfang dieser Nachricht nach München kommen könnten, um über die Einzelheiten der weiteren Maßnahmen zu sprechen.«

Staatsanwalt Rabl hatte die letzten Monate in Israel verbracht, um Zeugen in einem anderen Fall zu befragen. Sein Vater war selbst Jude und hatte bei der Machtübernahme Hitlers seine Stelle im Berliner Patentamt verloren.

Rabl machte mich mit einem Münchner Freund Herbert Johns bekannt, Peter Nischk. Er berichtete, dass John geglaubt hatte, der Mann auf dem Foto sei Theodor Dannecker, der erste Leiter des Judenreferats in Paris und einer der engsten Mitarbeiter Eichmanns, weil der Mann auf dem Foto in La Paz und Lima, wo er sich regelmäßig aufhielt, schon lange als Naziverbrecher bekannt war, der während des Zweiten Weltkriegs in Frankreich tätig war. Es war John gelungen, den seit Oktober in Lima wohnhaften Barbie zu fotografieren.

Am 28. Dezember übermittelte uns Peter Nischk Barbies derzeitigen Namen und seine Anschrift: »Klaus Altmann, bei Fritz Schwend, Santa Clara via Lima, Casilla n° 1, Carretera central, km 14.« Seit Tagen verfolgten wir in der Presse alles, was mit Bolivien und Peru zu tun hatte, und lasen z. B. in *Le Monde*, dass Frankreich sich bemühte, den peruanischen Widerstand gegen die französischen Atomtests im Pazifik aufzuweichen. Die Situation war also nicht sehr günstig. Dennoch telefonierte Serge am 30. Dezember mit General Bourdis, dem Militärkabinettschef des Premierministers. Unter General Bourdis hatte Serge während seines Militärdiensts 1961 bis 1962 gedient. Serge traf sich diskret an der Place Dauphine mit ihm und übergab ihm unser ganzes Material zu Barbie.

Einem Regierungsberater erklärte Serge, er sehe jetzt zwei Dinge, deren eines dafür sprach, auf die Auslieferung zu pochen, das andere dagegen. Das erste war die Aufregung über eine kürzliche Äußerung Georges Pompidous über die Résistance, der dieser durch eine energische Auslieferungsforderung ein Ende machen könnte. Dagegen sprachen Frankreichs Bemühungen, Peru über die französischen Atomversuche zu beruhigen. Danach teilte er ihm eine besondere Schwierigkeit mit, von der er in einem Telefongespräch mit Herbert John erfahren hatte: Barbies Freund Friedrich Schwend war ein CIA-Agent. Er war 1949 unter dem jugoslawischen Namen Wenceslas Turi nach Peru gekommen und ebenfalls ein NS-Verbrecher, im italienischen Bozen in Abwesenheit zu 21 Jahren Gefängnis verurteilt. Er war Mitarbeiter der Abteilung VI des RSHA und für die Fälschung großer Mengen englischer Pfundnoten verantwortlich gewesen. In Lima betrieb er eine Geflügelzucht und war maßgeblich an der Organisation der Postzensur in Peru beteiligt. Seine Informanten saßen überall. Wenn Frankreich Barbies Auslieferung beantragte, wüsste Schwend und infolgedessen Barbie binnen fünf Minuten davon.

Dennoch war es wichtig, dass Frankreich seine Entschlossenheit bekräftigte, jeden NS-Verbrecher unermüdlich strafrechtlich zu verfolgen. Allerdings würde es Barbie wohl gelingen, aus Peru zu fliehen, auch wenn man alles tun musste, um ihn daran zu hindern.

Wir wurden später oft gefragt: »Wieso habt ihr ihn nicht erschossen? Er war nicht auf der Hut.« Keiner von denen, die so redeten, hätte es selbst getan.

Unsere Aufgabe war es, die Justiz zur Verurteilung dieser Verbrecher zu drängen und die Rehabilitierung der in Frankreich tätigen NS-Verbrecher zu verhindern. Dafür mussten wir unsere Aktionen auf die größten dieser Verbrecher konzentrieren: Lischka, Hagen, Barbie. Hatten ihre Namen erst öffentliche Debatten und Erregung entfacht, wäre es mit der dreisten Gelassenheit all dieser Mörder vorbei. Wenn sie sich der Bestrafung entziehen konnten, wäre dies für die Justiz eine umso schlimmere Niederlage, als die ganze Weltöffentlichkeit diese Fälle aufmerksam verfolgte. Wenn Barbie hingegen identifiziert würde, würde dies die Überzeugung stärken, dass Naziverbrechen weder verjähren noch verharmlost und vergessen werden dürfen. Barbie zu erschießen hätte nichts gebracht, die Presse hätte höchstens geschrieben: »Ein Mann, der Klaus Barbie gewesen sein soll, wurde ermordet aufgefunden.« Das wäre lediglich eine Abrechnung gewesen.

Ein paar Tage später erfuhren wir, dass Luis Banchero Rossi, der Arbeitgeber Herbert Johns, in der Silvesternacht auf seinem Anwesen ermordet worden war. Verdächtiger Nr. 1: der geistig behinderte Sohn des Gärtners. Aber wir wussten, dass Altmann und Schwend neben Rossi wohnten und Altmann mehrmals mit dem Hauptverdächtigen gesehen worden war.

Am 8. Januar 1972 fuhren Serge, ich und unser Freund Élie – der schon bei der versuchten Lischka-Entführung dabei gewesen war – zur Beerdigung von Xavier Vallat, dem ersten Direktor des Generalkommissariats für Judenfragen unter der Vichy-Regierung, um gegen die Verfälschung der historischen Tatsachen durch seine politischen Freunde zu protestieren, die Vallats »Verdienste« rühmten. Wir standen stumm vor der Kirche, in der seine Leiche aufgebahrt war, den gelben Stern an der Brust und Joseph Billigs Werk über das Generalkommissariat für Judenfragen in den Händen. Die Freunde von Vallat beschimpften, ja bespuckten uns. Aber der Polizeikommissar, den sie zu Hilfe riefen, weigerte sich, uns zum Verlassen der Örtlichkeiten zu zwingen. Wir waren zwar die Einzigen, die in Annonay und dann in Pailharès protestierten, aber wir zeigten mit unserer Aktion, dass Vallats antijüdische Aktionen nicht vergessen waren.

Am 12. Januar erhielt ich einen weiteren Brief von Rabl: »Ich habe gerade den Bericht des Universitäts-Instituts für Anthropometrie und Humangenetik erhalten. Dessen Schlussfolgerung ist, dass der Geschäftsmann Klaus Altmann aus La Paz in Bolivien auf den Fotos mit sehr großer Wahrscheinlichkeit mit Klaus Barbie identisch ist.«

Am 15. Januar rief Serge noch einmal General Bourdis an und erfuhr, dass die Akte im Armeeministerium lag. Sie war immer noch nicht zur Militärjustiz gelangt. Nichts war geschehen. Am 17. Januar übermittelten wir *L'Aurore* die neuen Fotos, die ich am 5. Januar von der Münchner Staatsanwaltschaft erhalten hatte, sowie unsere Informationen. Die Zeitung veröffentlichte sie am 19. Januar 1972 unter der Überschrift: »Fordert Frankreich seine Auslieferung?« Philippe Bernerts Artikel rief das gewünschte Echo hervor: Zahlreiche ehemalige Widerstandskämpfer und Deportierte forderten die französische Regierung auf, Barbies Auslieferung zu beantragen. Altmann in Lima bestritt wütend, Barbie zu sein. Viele Artikel und Eilmeldungen folgten, alle mit einem Fragezeichen: Ist Altmann Barbie? Immer noch wurde kein Auslieferungsantrag angekündigt.

Am 21. Januar rief Dr. Ludolph an und berichtete mir von den Beweisen, die er im Standesamtsregister zu Barbie gefunden hatte. Am selben Nachmittag gaben Jean Pierre-Bloch und ich eine Pressekonferenz in Lyon und berichteten über die Untersuchungsergebnisse. Maître Geissmann und einige seiner Freunde fanden, da sie selbst die Verfolgung durch Barbie mit viel Glück überlebt hatten, sollten sie etwas unternehmen, damit er für seine Taten zur Verantwortung gezogen würde: Sie schenkten mir das Flugticket nach Lima.

Ich sollte am 27. nach Lima fliegen, aber ich brauchte schriftliche Beweise für die Ergebnisse, die mir Dr. Ludolph nur telefonisch mitgeteilt hatte. Um 2 Uhr früh rief er mich schließlich an und willigte ein, mir eine offizielle Akte zu übergeben. Um 7 Uhr früh am Tag vor meinen Abflug nach Lima flog ich nach München und war um 10 Uhr bei Dr. Ludolph. Wir arbeiteten bis 19 Uhr an der Akte. Auf meine Bitte hin suchte er in den Völkerrechtsverträgen alles über das Problem der Auslieferung zwischen Frankreich und Peru zusammen, die durch zwei Gesetze vom 23. Oktober 1888 und 28. Juli 1924 möglich geworden war. Und wir stellten eine vom Münchner Generalstaatsanwalt unterzeichnete Akte zusammen, die eindeutig bewies, dass Altmann und Barbie ein und dieselbe Person waren.

1. Klaus Altmanns Tochter Ute wurde am 30. Juni 1941 in Kassel geboren. 1941 wurde in Kassel aber keine Ute Altmann standesamtlich verzeichnet. Hingegen war Ute Barbie, die Tochter von Klaus Barbie, am 30. Juni 1941 in Trier geboren.
2. Klaus Altmanns Sohn Klaus-Georg wurde am 11. Dezember 1946 in

Kasel bei Leipzig geboren. Zu Altmanns Pech hatte Dr. Ludolph die Angaben sorgfältig geprüft: Eine Gemeinde Kasel gab es nicht, aber am 11. Dezember 1946 wurde in einem Kasseler Krankenhaus Barbies Sohn Klaus-Jörg geboren.

3. Klaus Altmanns Ehefrau hieß Regina, geborene Wilhelms. Und wieder eine verblüffende Übereinstimmung: Klaus Barbies Ehefrau hieß Regina, geborene Willms.
4. Ein 16-seitiger Bericht des von Dr. Ludolph in Auftrag gegebenen humangenetischen Gutachtens, in dem bestätigt wurde, dass Barbie mit Altmann identisch war. Ich übersetzte das Gutachten im Flugzeug.

Um 23 Uhr landete ich wieder in Paris. Serge war da, wie immer. Es würde eine kurze Nacht werden. Wir telefonierten eine Stunde lang mit London, um mir für den nächsten Tag einen Platz in der Maschine London – Lima zu reservieren. Serge hatte eine Vorahnung: »Du musst möglichst bald fliegen, um bei der Ankunft in Lima noch einen ganzen Tag zu haben, den Freitag, wenn alle Büros offen sind und du etwas unternehmen kannst.«

Dann fuhren wir mit der Barbie-Akte zur Redaktion von *France-Soir*, wo die Beweise dafür, dass Altmann Barbie war, niemanden interessierten. Bei AFP kopierte man die Akte, wollte aber keine Meldung darüber bringen. Wieder einmal hatten Dokumente allein keine Wirkung. Am nächsten Tag übermittelte Serge die Akte an die Direktion der französischen Militärjustiz.

Aus der Akte Dr. Ludolphs erfuhr ich auch alles über die Vergangenheit Barbies zwischen 1945 und 1949, besonders über seine Tätigkeit für den amerikanischen Geheimdienst. Später gab ich meine Aufzeichnungen an Allan Ryan weiter, der in Washington offizielle Ermittlungen über die Beziehungen leitete, die Barbie in Deutschland zu den US-Geheimdiensten unterhalten hatte. Diese Ermittlungen führten dazu, dass die USA sich bei Frankreich für ihr Verhalten gegenüber dem NS-Verbrecher entschuldigten. Am 25. April 1949 war Barbie wegen Juwelenraubs sogar zur Fahndung ausgeschrieben worden. Der Text dieses Fahndungsbefehls ist der Gipfel der Ironie: »Klaus Barbie, 1, 70 Meter, dunkelblondes Haar, schmale Lippen, dunkle Augen, ausnehmend jüdischer Typ, spricht ein gepflegtes Deutsch, höfliches Benehmen.«

Um 2 Uhr legte ich mich todmüde endlich hin. Arno war längst im Bett und würde auch noch schlafen, wenn ich mich wieder auf den Weg machte. Frühmorgens hörten wir im Radio, dass Barbie Lima in Richtung Bolivien verlassen hatte. Nach unseren Berechnungen konnte er erst im Lauf des nächsten Tages zur Grenze gelangen. Bis dahin wäre ich in Lima und würde ihn nötigenfalls bis nach La Paz verfolgen.

Im Flugzeug ging ich meine Barbie-Unterlagen noch einmal durch. Eine Stunde später war ich in London und stieß auf erste Schwierigkeiten. Der Polizist an der Passkontrolle sah sich meinen Ausweis an und konsultierte ein dickes Buch, das die Namen behördlich gesuchter und missliebiger Personen enthielt. Dann verschwand er mit meinem Ausweis und dem Ticket. Diese Behandlung verdankte ich meiner Londoner Kampagne gegen die Ausweisung Rudi Dutschkes. Ich hatte Angst, meinen Anschlussflug zu verpassen. »Stellen Sie mir, bis ich nach Lima weiterfliege, einen Polizisten an die Seite«, sagte ich zu ihm, »dann können Sie unbesorgt sein.« Endlich ließ er mich passieren. Ich vertiefte mich wieder in die Barbie-Akte, schlief, und nach Zwischenlandungen in Trinidad und Caracas landete ich wegen der Zeitverschiebung noch am selben Tag um 22 Uhr in Lima. Das Klima war warm und feucht; ich trug einen Wintermantel, dabei war es hier Sommer. Es waren keine Journalisten da, denn ich war irrtümlich nach Greenwich- statt nach Ortszeit angekündigt worden. Nicht einmal mein Informant Herbert John war da.

Ich erreichte Albert Brun, den Korrespondenten von AFP. Brun, schlank, gebräunt, um die fünfzig, holte mich zusammen mit der *Figaro*-Korrespondentin Nicole Bonnet ab. Ich nahm mir ein Zimmer im Hotel Savoy, duschte, zog mich um und ging mit der Barbie-Akte hinunter an die Bar zu den Journalisten. Ich präsentierte die Beweise dafür, dass Altmann und Barbie ein und derselbe waren. Albert Brun übersetzte meine Erklärungen ins Spanische. Ich erzählte die Geschichte immer wieder von vorn, und erst um zwei Uhr nachts konnte ich endlich schlafen gehen. Ich erfuhr, dass Barbie die Grenze nach Bolivien frühestens am Nachmittag des kommenden Tages würde passieren können.

Gegen neun am nächsten Morgen sprach mich Herbert John vor dem Hotel an. Noch keine vierzig, sehr groß, gebeugt, blond, wachsame

Arno Klarsfeld als Angehöriger einer Einheit ausländischer Freiwilliger, 1939.

Raïssa Klarsfeld als Studentin in Berlin 1925.

Kurt Künzel als Wehrmachtssoldat, stationiert in Belgien, 1940.

Helene Künzel mit ihrer Tochter Beate, 1943.

Arno Klarsfeld und seine Kinder vor dem Château de Masgelier im Mai 1941, kurz nach seiner Flucht.

Arno, Georgette, Serge und Raïssa auf der Promenade des Anglais in Nizza, Mai 1943.

Am 2. April 1968 unterbricht Beate den Kanzler im Bonner Bundestag: »Kiesinger, Nazi, zurücktreten!«

HAMBURGER Morgenpost

Nr. 262 • Freitag, 8. November • 20. Jg • 20 Pf • C 3430 A

Neu in Hamburg ▶ Mädchen auf Bestellung (Seite 3)

Sie ohrfeigte den Bundeskanzler!

1 Jahr Gefängnis vom Schnellgericht

Berlin, 8. Nov. (Eig. Ber.) Der klatschende Schlag war bis in die letzte Sitzreihe der Kongreßhalle zu hören. Sekundenlang herrschte Stille. Dann faßte sich als erster CDU-Generalsekretär Heck und packte energisch die junge Frau, die soeben vor tausend verblüfften Augenzeugen den Bundeskanzler geohrfeigt hatte! Fraktionschef Rainer Barzel stürzte nach vorn und kümmerte sich um den voll aufs linke Auge getroffenen Kanzler.

Sie wurde zu einem Jahr Gefängnis verurteilt.

Beate Klarsfeld kurz nach ihrer Festnahme. In Handschellen wurde sie abgeführt.

Nach dem Schlag erschien Kiesinger mit Sonnenbrille

Ein Arzt untersucht das verletzte Auge

Fürchtet der NDR den Piratensender?

Am 8. November 1968, einen Tag nach der Ohrfeige, die Beate Kanzler Kiesinger gegeben hat, bringen viele Zeitungen das Ereignis auf der Titelseite.

Dezember 1972. Régis Debray und Serge Klarsfeld mit ihren bolivianischen Mitverschwörern. Gustavo Sanchez (2. von links) wird Klaus Barbie später festnehmen.

Februar 1980. Urteilsspruch im Kölner Prozess. Heinrichsohn, Hagen und Lischka (von links nach rechts) werden verurteilt und in Haft genommen.

Serge präsentiert der Presse die Fotos des ehemaligen SS-Offiziers Alois Brunner, dessen Spur er bis nach Syrien gefolgt ist.

Beate hat die Ausweiskarte Klaus Barbies als Oberstleutnant ehrenhalber des bolivianischen Geheimdienstes veröffentlicht.

1972. Beate und Serge vor dem Friedhof von Pailharès am Tag der Beerdigung von Xavier Vallat, im Krieg Generalkommissar für Judenfragen.

23. Oktober 1979. Eröffnung des Prozesses gegen Kurt Lischka in Köln.

Demonstration auf den Stufen des Kölner Gerichts.

Die FFDJF demonstrieren in Marseille gegen Le Pen.

5. Dezember 1976. Auf einer Versammlung der DVU im Münchner Bürgerbräukeller provoziert Serge einen Skandal.

Beate demonstriert am 26. Januar 1984 in Santiago de Chile gegen die Straflosigkeit des NS-Verbrechers Walter Rauff.

5. Juni 1986. Beate führt in Wien eine Demonstration gegen Kurt Waldheim an.

20. Juli 2014. In Anwesenheit ihrer Familie erhebt der französische Staatspräsident François Hollande Beate in den Rang eines Kommandanten der Ehrenlegion und Serge in den Rang eines Großoffiziers.
Von links nach rechts: Luigi auf dem Arm seiner Mutter Lida, Beate, François Hollande, Serge, Arno, Carlo Comporti (Lidas Ehemann) und Emma.

Beate und Serge im Pariser Mémorial de la Shoah inmitten der Fotos ihres Buches *Le Mémorial des enfants juifs déportés de France.*

blaue Augen – ihm war offenbar nicht wohl in seiner Haut. Weil er sich immer wieder ängstlich umsah, gab er mir das Gefühl, wir würden beobachtet. Er versprach mir, mich mit der peruanischen Polizei in Kontakt zu bringen, damit ich ihr meine Akte vorlegen konnte. Im AFP-Büro herrschte ein ständiges Kommen und Gehen von Journalisten, die die Barbie-Akte einsehen wollten. Die peruanische Presse war überzeugt. Noch am selben Tag starteten *La Nueva Cronica*, *Tercera*, *La Prensa*, *Expreso*, *Ojo*, *Correo* und *El Comercio* eine Kampagne: »Die deutsche Nazijägerin beweist, dass Altmann wirklich Barbie ist.«

In den Gesprächen, die ich führte, wurde deutlich, dass Peru wegen Barbie keine Schwierigkeiten mit Frankreich und Bolivien bekommen wollte und seine Rückkehr nach Bolivien vorzog. Barbie verfügte im Übrigen dank »Don Federico« alias Fritz Schwend über starken Rückhalt in den peruanischen Geheimdiensten. Mittags schickte Herbert John jemanden, der mich zur Militärpolizei mitnahm, wo mich ein General empfing. Ich erklärte ihm den Fall Barbie und forderte ihn auf, ihn festzunehmen, bevor er über die Grenze wäre. Der General ließ die Barbie-Akte kopieren und versprach mir, dem zuständigen Minister darüber zu berichten. Dann eilte ich zur Pressestelle des Regierungspalasts. Jeder der dortigen Beamten wusste von Barbies bevorstehendem Grenzübertritt, man besah sich interessiert meine Dokumente, man räumte ein, dass Altmann Barbie war, doch das Wichtigste tat man nicht: ihm die Grenze verschließen. Der Pressesprecher der Regierung rief beim Geheimdienst an, der dem Regierungspalast direkt gegenüberlag. Dort hörte mich ein Oberst an, kopierte die Akte, rief an der Grenze an und fragte, ob Barbies Wagen, ein VW mit dem Kennzeichen HH-CD 360, zugelassen auf seinen in Hamburg lebenden Sohn, die Grenze passiert hatte. Die Antwort war nein. Ich eilte weiter zur französischen Botschaft, wo Botschafter Albert Chambon mich bereits erwartete. Der ehemalige Deportierte war ein energischer und herzlicher Diplomat, der mich vor der Presse umarmte. Ich gab ihm eine Kopie der Barbie-Akte, die ich in einem Büro des Geheimdiensts gemacht hatte. Der Botschafter war sofort überzeugt. Das Telefon klingelte, es war der Konsul von Puno: »Barbie hat am Mittag die Grenze passiert, in Begleitung zweier peruanischer Polizisten, die ihn der bolivianischen Polizei übergeben haben.« Chambons Gesuch an Innenminister General Pedro Richter Prada,

Barbie einstweilig festzunehmen, bis ein offizieller Auslieferungsantrag an Lima gerichtet würde, war also ergebnislos geblieben.

Ich ging wieder ins AFP-Büro, wo ich bis Mitternacht mit Vertretern von Presse und Fernsehen sprach. Diese Medienarbeit war wichtig: Die peruanischen Zeitungen würden in Bolivien gelesen werden. Die peruanischen Journalisten zeigten mehr Interesse an eigens für die Presse zusammengestellten Beweisen als die deutschen oder französischen. Am nächsten Morgen stieg ich ins Flugzeug und folgte Barbie nach La Paz.

In La Paz, um den »Schlächter von Lyon« zu entlarven

Zwei Stunden lang flog ich über Berge, einsame Hochebenen und den Titicacasee. Der kleine Flughafen von La Paz liegt auf 4000 Meter Höhe. Rund zwanzig Fotografen, Kameraleute und Journalisten drängten mich in einen eigens hergerichteten kleinen Raum in der Flughafenhalle, der sich als Sanitätszimmer entpuppte. Während ein Arzt eine gerade gelandete junge Frau behandelte, gab ich eine improvisierte Pressekonferenz. Danach erwarteten mich drei Polizisten in Zivil wegen der Einreiseformalitäten in einem Büro. Ich hatte kein Visum und war keine Touristin. Entgegen den Gepflogenheiten behielten sie meinen Pass ein und versprachen, dass ich ihn bei meiner Ankunft im Hotel zurückbekäme. Tatsächlich erhielt ich ihn erst drei Tage später wieder.

Ich hatte mit sommerlicher Hitze gerechnet, aber in La Paz war es kühl. Auf der Fahrt hinunter in die Hauptstadt erblickte ich im Tal die modernen Gebäude des Stadtzentrums und an den Berghängen die Indianerhütten. Beim Anblick all der Ponchos, grellbunter, weiter Röcke der Frauen, auf dem Rücken getragener Kinder und streunender Hunde fühlte ich mich nicht sehr fremd, weil ich im Mai 1967 bei meinem Besuch in Guatemala schon einmal mit Südamerika in Berührung gekommen war.

Mein Zimmer lag im Erdgeschoss und zur Straße hin, erschöpfte Passanten setzten sich draußen auf meine Fensterbank. Aus einem Stadion hinter dem Hotel Sucre dröhnten monotone Trompeten- und

Tamburinrhythmen herüber. Dieser Lärm und die Höhenlage bescherten mir eine heftige Migräne. Trotzdem empfing ich weiter die Journalisten, die sich bei mir die Klinke in die Hand gaben. Fast hätte man eine rote Laterne vor meine Tür hängen können.

Am Sonntag stieß ich beim Zeitunglesen auf die Überschrift: »*No es Altmann, es Barbie!*« Die Beweise füllten mehrere Seiten.

Am Abend erschien ein Beamter des Innenministeriums und bat mich, ihn zu begleiten. Ich vertröstete ihn auf den nächsten Tag. Die Polizei war nicht darauf gefasst gewesen, dass die Presse den Fall Barbie, den es in La Paz bis dahin praktisch nicht gegeben hatte, nur eine Stunde nach meiner Ankunft zu einer innenpolitischen Angelegenheit machen würde, die die Regierung in die Enge trieb.

Am Montagmorgen suchte ich die französische Botschaft auf. Der Botschafter weigerte sich, mich zu empfangen, und verwies mich ans französische Außenministerium. Daraufhin ging ich zum bolivianischen Innenministerium gleich nebenan. Ein Wachsoldat verwehrte mir den Zutritt und wiederholte unablässig: »*Mañana*« (morgen). Im Hotel arrangierten Journalisten für mich ein Treffen mit dem Staatssekretär für Einwanderung, Rodolfo Greminger, und versuchten, mir einen Gesprächstermin mit Boliviens Staatschef (und Diktator) General Hugo Banzer zu verschaffen. Am Nachmittag traf ich Greminger, einen europäisch wirkenden jungen Mann von etwa dreißig Jahren. Er empfing mich ziemlich reserviert. Ich ließ ihm die Barbie-Akte zum Kopieren da.

Im Hotel Sucre quartierten sich gerade der französische Fernsehjournalist Ladislas de Hoyos und sein Team ein. Wenigstens ein französisches Nachrichtenorgan hatte einen Journalisten zum Aufenthaltsort jenes Barbie geschickt, über den in Frankreich so viel geschrieben wurde.

Ich hatte immer noch Kopfweh und wenig Appetit – das Essen des Hotelrestaurants machte es nicht besser. Ich begnügte mich mit Avocados und Kompott.

Bis spät in die Nacht arbeitete ich mit den Journalisten, die bei mir ein und aus gingen. Wir führten lange Gespräche. Ich erklärte ihnen, was Gestapo, Nationalsozialismus, Résistance, Konzentrationslager bedeuteten. Das war meine Aufgabe in La Paz, eine unverzichtbare Aufgabe, wie auch immer über einen Auslieferungsantrag entschieden würde. Außerdem wusste ich genau, welcher Art das Banzer-Regime war, und hatte das Gefühl, wenn ich in La Paz den hinter uns liegenden Faschismus anprangerte, half ich den Bolivianern, einen Zusammenhang zwischen den gegenwärtigen Ereignissen unter Banzer und den vergangenen Ereignissen unter Hitler herzustellen.

Am Dienstagmorgen ging ich wieder zum Staatssekretär für Einwanderung, Greminger, der mir meine Unterlagen und meinen Pass zurückgab. Dann reichte er mir eine Zeitung, in der er manche meiner Erklärungen rot unterstrichen hatte. Er warf mir vor, dass ich mit der Presse sprach, obwohl ich mit einem Touristenvisum nach Bolivien eingereist war. Trotzdem spürte ich, dass er mir gegenüber wohlwollender war als am Tag zuvor, und er teilte mir mit, er sei für die von ihm geführte Kommission mit der Erstellung eines Barbie-Dossiers betraut worden und werde seinen Bericht an das Oberste Gericht weiterleiten, das über den weiteren Umgang mit Barbie entscheiden werde. Er entnahm einer Schublade Altmanns Pass, der eingezogen worden war, und zeigt ihn mir. Ich las sein Geburtsdatum: 25. Oktober 1913, wie Barbie, und nicht 15. Oktober, wie er in Lima behauptet hatte. Greminger bat mich, nach München zu reisen und Antworten auf verschiedene Fragen zu Barbies Personenstand und Polizeikarriere einzuholen. Ich versprach ihm, alles Nötige zu tun.

Als ich aus Gremingers Büro kam, fing mich ein Polizist ab und führte mich zum Chef der bolivianischen Sicherheitspolizei, Major Dito Vargas, der wegen seiner Grausamkeit berüchtigt war. Es hieß, er foltere selbst und richte die Guerilleros ohne Gerichtsverfahren hin, nachdem er ihnen die Hände abgeschnitten habe. Er war noch keine vierzig, und als ich ihm gegenüberstand, wünschte ich im Stillen, er möge es auch nicht werden. Sein Aussehen passte zu ihm: gut gekleidet, feistes Gesicht, pomadiges schwarzes Haar. Wir unterhielten uns mithilfe eines Englisch sprechenden Polizisten. Mit einem bösen ironischen Lächeln und in autoritärem Ton teilte er mir mit, dass ich als ausländische Touristin kein Recht hätte, die bolivianische Presse für meine Kampagne einzuspannen.

Ich antwortete ihm in spöttischem Ton: »Das muss ich auch nicht, weil ich es schon getan habe und sie die Bolivianer bereits über das Wesentliche, was ich ihnen zu sagen hatte, informiert hat.« Er beendete unser Gespräch. Er war es wohl nicht gewohnt, auf Augenhöhe mit einer Frau zu reden.

In der Eingangshalle wurde ich am Telefon verlangt. Der Anrufer gehörte zur französischen Botschaft und verabredete sich in meinem Hotel mit mir, aber vorsichtshalber in einem anderen Zimmer als meinem. Dieser Diplomat, der Jude war, hatte meine früheren Aktionen verfolgt. Er bestätigte mir, dass der Botschafter mich nicht empfangen hatte, weil ich nicht in offizieller Mission gekommen war. Trotzdem wolle man meine Barbie-Unterlagen gern sehen.

Am Nachmittag meldete das Radio, dass der französische Botschafter um Barbies Auslieferung ersucht hatte. Ich war erleichtert. In der Nacht weckte mich ein amerikanischer Korrespondent: Ich würde am nächsten Tag ausgewiesen, da ich gegen die Vorschriften für Touristen verstoßen hätte.

Am Morgen bat mich Greminger telefonisch, noch am selben Tag über Lima nach Paris zu fliegen. Er buchte mir einen Platz und bat mich für 14 Uhr zu ihm. In der Zwischenzeit interviewte mich Ladislas de Hoyos auf der Straße oberhalb von La Paz. Ich erfuhr, dass Innenminister Oberst Mario Zamora gerade meine Ausweisung verkündet hatte. Aber als ich um 14 Uhr bei Greminger erschien, dementierte er diese Nachricht: »Sie sind nicht ausgewiesen worden, aber ich brauche diese neuen Dokumente; nur Sie können sie mir beschaffen; ich bin entschlossen, mit Ihnen zusammenzuarbeiten, und das habe ich im Übrigen auch gerade der Presse erklärt.«

Am Nachmittag gab er bekannt, dass »Madame Klarsfeld freiwillig abgereist« sei. Zwei Polizisten nahmen sich meiner an. Wir fuhren bei der französischen Botschaft vorbei, wo ich mir meine Unterlagen zurückholte. Im Hotel rief ich ein paar Journalisten an und nahm die Filmrolle mit, die Ladislas de Hoyos mir anvertraute.

Nach meiner Landung in Lima führten mich zwei Polizei-Inspektoren in ein Büro. Sie hatten Befehl, mich nicht ins Stadtzentrum zu lassen: »Wir sind hier, um Ihre Sicherheit zu gewährleisten. In der Stadt laufen Sie Gefahr, von Mitgliedern einer Naziorganisation erschossen zu werden, die wegen Ihrer Kampagne in Südamerika wütend sind.« Herbert John bestätigte mir später, dass Fritz Schwend, bei dem Barbies Frau wohnte, erklärt hatte, wenn ich wiederkäme, würde man sich »um mich kümmern«. Ich wollte gern in einem Bett schlafen und nicht am Flughafen in drückender Hitze auf einem Stuhl: »Geben Sie mir einen Revolver, wenn Sie solche Angst um mich haben. Ich kann mich gut selbst verteidigen.« Die Polizisten weigerten sich. Ich verbrachte eine schlechte Nacht auf einer Bank in einem verglasten Büro.

Am Donnerstag, dem 3. Februar, spendierten mir meine Schutzengel ein Frühstück und begleiteten mich dann an Bord einer Boeing, die mich über Bogotá und Pointe-à-Pitre nach Paris bringen würde. Als der Flugkapitän hörte, dass ich an Bord war, bestellte er mich ins Cockpit und öffnete mir zu Ehren eine Flasche Champagner.

In den Tagen darauf gönnte ich mir ein paar entspannte Augenblicke mit Serge und Arno. Ich schwirrte aber auch bienenfleißig in unserer Wohnung herum – auf meinen Reisen verfolgte mich stets die Frage, ob meine Männer noch saubere Wäsche hatten, zumal sie von Natur aus ziemlich nachlässig sind. Manch einer fragt sich vielleicht: »Was geht ihr eigentlich im Kopf herum, während sie diese skrupellosen SS-Männer bis ans Ende der Welt verfolgt?« Tatsächlich, und das macht vielleicht meine Stärke aus, beunruhigten mich Probleme wie: »Hoffentlich bin ich in einer Woche wieder zu Hause, sonst werden Arnos Unterhosen knapp; Serge wird jeden Tag mit dreckigen Schuhen losziehen, weil ich nicht da bin, um sie zu putzen; was macht Arno Sonntagnachmittag? Verflixt! Ich habe den Abholschein für die Reinigung unterm Fernseher vergessen, Raïssa wird ihn nicht finden.« Jetzt machte ich mich freudig daran, Liegengebliebenes zu erledigen.

Ich kündigte mich telefonisch bei Dr. Ludolph an. Wenig später teilte er mir mit, fortan übernähme die französische Militärjustiz meinen Part: Das Bonner Außenministerium hatte ihn gebeten, sich ab Montag für den Besuch zweier französischer Richter bereitzuhalten. Dennoch hielten wir an unserer Verabredung fest, da ich gehört hatte, dass Barbie wegen diverser Devisenvergehen verhaftet worden war und die bolivianische Entwicklungsbehörde hohe finanzielle Forderungen an ihn stellte. Wenn auch nur wenige politische Führungskräfte gegen Barbie waren, so mussten wir das nutzen und ihnen helfen, indem wir der bolivianischen Justiz möglichst schnell möglichst viele Fakten lieferten, mit denen Barbie überführt werden konnte. Doch die Mühlen der französischen Justiz, die nun endlich in Gang gekommen waren, mahlten langsam, weil sie mit den Diplomaten zusammenarbeiten musste, weil Dokumente ins Spanische zu übersetzen waren und weil die französische Botschaft in La Paz, wie ich dort erfahren hatte, nicht über entsprechendes Personal verfügte. All das gab schließlich den Ausschlag dafür, dass ich bald nach La Paz zurückkehrte, mit den Dokumenten, die ich der Münchner Staatsanwaltschaft abhandelte und die den letzten Beweis erbrachten, dass Altmann Barbie war. Ich würde die inoffizielle Überbringerin offizieller Dokumente sein.

Für die Menschen in Peru und Bolivien waren die ehemaligen SS-Männer politische Flüchtlinge wie andere auch. Das Vernichtungswerk der Gestapo war dort nahezu unbekannt. Man musste den Südamerikanern deutlich vor Augen führen, dass Barbie nicht, wie er selbst behauptete, ein Soldat gewesen war, »der nur seine Pflicht getan« hatte. Zum Reporter des *Pueblo* hatte er gesagt: »Ich habe im Krieg das getan, was alle Offiziere einer kämpfenden Armee tun, was auch die bolivianischen Offiziere im Kampf gegen die Guerilleros Che Guevaras getan haben.« Die Massaker an der Zivilbevölkerung und die Ermordung der Juden mussten in den Fokus gerückt werden. Die Bolivianer mussten diesmal etwas anderes zu sehen bekommen als Dokumente und Fotos. Sie mussten durch einen Menschen, der allein wegen Barbie gelitten hatte, mit dem Übel des Nationalsozialismus konfrontiert werden. Wir mussten nur noch das Geld für die Reise auftreiben und eine geeignete Person finden, die bereit wäre, mich zu begleiten.

Ich fuhr nach Strasbourg und gab dort beim Bnai Brith eine Pressekonferenz, dann nahm ich den Zug nach München. Die Fahrt war strapaziös. Die Journalisten der ORTF, mit denen ich am Münchner Hauptbahnhof verabredet war, sahen ein Wrack aus dem Zug steigen, das nur eins wollte: sich in ein Hotelzimmer zurückziehen. Mir war speiübel, ich kaufte mir Medikamente, stürzte ins nächstbeste Hotel, verkroch mich im Bett und rief einen Arzt, der mir für 40 Mark bestätigte, dass ich eine Lebensmittelvergiftung hatte, und mir die Arzneien verschrieb, die ich soeben schon gekauft hatte. Sichtlich mitgenommen erschien ich am Nachmittag bei Dr. Ludolph und nannte ihm die Beweismittel, um die Staatssekretär Greminger mich gebeten hatte, insbesondere Kopien der Geburtsurkunden der vier Barbies, Beweise dafür, dass er während des Kriegs nicht bei der Wehrmacht, sondern Mitglied der Gestapo gewesen war, sowie Handschriftenproben. Die französischen Richter waren immer noch nicht aufgetaucht. Wir arbeiteten bis 19 Uhr. Leider durfte Dr. Ludolph die Kopien dieser Beweisstücke jetzt nicht mehr mir geben, sondern musste sie offiziell der französischen Militärjustiz aushändigen. Wäre das nicht der Fall gewesen, hätte ich schon am Donnerstag, dem 10. Februar, mit diesen Dokumenten wieder in La Paz sein können. Das wäre für diejenigen, die wollten, dass Barbie im Gefängnis blieb, sehr hilfreich gewesen. Auf offiziellem Weg brauchten die Unterlagen mindestens zwei Tage. Am 12. Februar kam Barbie frei.

Die beiden Militärrichter, der eine aus Lyon, der andere aus Paris, schauten am nächsten Vormittag bei Dr. Ludolph vorbei, der für sie Unterlagen zusammengestellt und kopiert hatte.

In Paris war der Fall Barbie in aller Munde. Ladislas de Hoyos hatte Barbie im Gefängnis interviewen können. Das hatte ihn viel Mühe und die ORTF 2000 Dollar gekostet. Der französische Konsul übergab das Geld einem hohen Beamten des Innenministeriums, während Barbie und seine beiden Anwälte im Nebenraum saßen. Obwohl viele Jahre vergangen waren, erkannten Barbies Opfer ihren Peiniger, als sie ihn auf dem Fernsehschirm sahen.

Für die Franzosen war Altmann fortan Barbie. Darüber war ich froh und wütend zugleich: Unwiderlegliche Beweise fanden kaum Beachtung, während zweifelhafte Zeugenaussagen überzeugten. Jemanden, den ich am Vortag zum ersten Mal gesehen habe, erkenne ich normalerweise nicht wieder, von außergewöhnlichen Gesichtern einmal abgesehen. Daher war ich geneigt, an den Aussagen derer, die sich ihrer Sache nach 27 Jahren ganz sicher waren, zu zweifeln. Zumal die gegenteilige Reaktion nicht minder wahrscheinlich gewesen war: Obwohl Altmann tatsächlich Barbie war und der Münchner Oberstaatsanwalt dies mit »hundertprozentiger Sicherheit« bestätigt hatte, womit jedes deutsche Gericht zu überzeugen gewesen wäre, hätten ihn diese Zeugen sehr wohl auch nicht identifizieren können. Und was dann?

Unter den Zeugen, die sich damals meldeten, war auch Simone Lagrange, die von Barbie im Juni 1944 verhört worden war, als sie noch Simone Kadousche hieß:

> Ich war damals 13 Jahre alt. Bei unserer Ankunft in der Gestapo-Kommandantur an der Place Bellecour brachte man uns in einen Raum im dritten Stock, und dort sah ich Barbie zum ersten Mal. Mit einer dicken grauen Katze auf dem Arm, die er sanft streichelte, ging er zu meinen Eltern und fragte meine Mutter, ohne die Stimme zu heben, ob ich ihr einziges Kind sei. Maman antwortete ihm, sie habe noch zwei jüngere, wisse aber nicht, wo sie seien. Da kam Barbie, der von meinem Vater

die ganze Zeit keine Notiz nahm, zu mir und fragte mich freundlich nach der Adresse meiner kleinen Brüder. Als ich ihm sagte, ich wüsste sie nicht, setzte er seine Katze vorsichtig auf dem Tisch ab, gab mir urplötzlich ein paar Ohrfeigen und sagte, er fände sie auch allein.
Am 7. Juni wurde ich abgeholt und zur Place Bellecour gebracht, wo Barbie mich erwartete, um mich erneut zu befragen. Er sagte freundlich, wenn ich ihm die Adresse der Kleinen gäbe, würde er uns drei zusammen ins Hospital von Antiquaille bringen, wir würden sehr gut gepflegt, und wir würden nicht deportiert werden. Als ich ihm wieder antwortete, dass ich nichts wüsste, trat er zu mir. Ich hatte damals sehr langes Haar, das er sich um die Hand wickelte, dann zog er mich mit einem Ruck an sich, und es hagelte etwa eine Viertelstunde lang Ohrfeigen für mich. Das tat mir sehr weh, aber ich wollte nicht weinen. Endlich ließ er mich los, und ich fand mich auf dem Boden wieder, aber er zwang mich mit Tritten in den Bauch zum Aufstehen und brachte mich persönlich ins Gefängnis. Zu meiner Mutter sagte er, sie habe kein Herz, wenn sie zulasse, dass ihre Tochter so geschlagen würde, und dass die Verhöre sofort aufhören würden, wenn sie nur reden wollte, dann ohrfeigte er sie ein paarmal. Wir sahen uns am 23. Juni 1944 wieder, an dem Tag, als wir zusammen mit Maman nach Drancy gebracht wurden, bevor wir dann ins Konzentrationslager Auschwitz fuhren, wo Maman am 23. August 1944 verbrannt wurde. Mein Vater wurde am 19. Januar 1945 bei der Evakuierung des Lagers erschossen.

Serge ist Madame Lagrange bei einer Demonstration ehemaliger Widerstandskämpfer und Deportierter vor der bolivianischen Botschaft in Paris begegnet. Sie zeigte sofort Interesse an der Idee, die Bolivianer über Barbies Taten und das System der Konzentrationslager zu informieren.

Am 12. Februar 1972 wurde Barbie auf freien Fuß gesetzt, er hatte seine Schulden bezahlt. Doch Jean Martin-Chauffier blieb in einem *Figaro*-Artikel optimistisch: »Zwar ist Barbie noch längst nicht mit seinem Ermittlungsrichter konfrontiert, aber Altmann ist schon mit dem Teufel konfrontiert. Für ihn ist fortan jede einzelne Stunde der Nacht jene erste Stunde des Morgengrauens, der die von Barbie für das Erschießungskommando bestimmten Männer voll Angst entgegensahen.«

Dieser Artikel war ein Fehler, bedeutete er doch: »Naives Volk, keine Sorge, der Verbrecher wird nicht entkommen, er wird von seiner Villa, seinem Pool, seinem Liegestuhl, seinem Familienglück nicht mehr lange etwas haben. Gott sei Dank setzen Profis jetzt die unerbittliche Justizmaschine in Gang. Mit Barbie wird abgerechnet, das steht bereits fest, sodass auch nicht die kleinste weitere Anstrengung mehr nötig ist.« So stumpft man das Interesse der Öffentlichkeit ab, führt sie in die Irre, lässt sie glauben, ihre Wünsche seien Realität, und zieht die Verachtung der Mörder auf sich, die darüber nur höhnisch lachen.

In Wirklichkeit ging Barbie regelmäßig in die Bar des Crillon Palace Hotels in La Paz und genoss in aller Ruhe seinen Whisky. Rächer, welche Rächer? Woher sollten die denn kommen? Eichmann war ein Einzelfall, und dass er in Buenos Aires lebte, war ein offenes Geheimnis; das war seit Jahren jedermann in Argentinien bekannt, Nazis ebenso wie Juden. Er versteckte sich so gut, dass er Interviews gab und seine Söhne unter ihrem richtigen Namen bei der deutschen Botschaft anmeldete. Als der bolivianische Außenminister Mario Gutiérrez im Mai 1972 nach Israel reiste, kam kein Regierungsvertreter auf den Fall Barbie zu sprechen. Die ablehnenden internationalen Reaktionen auf Eichmanns Entführung hatten die Israelis abgeschreckt. Auf die Jagd einer geringeren Beute wollten oder konnten sie sich nicht einlassen.

Der Fall Barbie war heilsam: Durch einen einzelnen Verbrecher wurde an die Verbrechen eines ganzen hassenswerten Polizeiapparats erinnert und an die Notwendigkeit, nicht zu vergessen, dass das Geschehene jederzeit wieder aufflammen konnte.

Die Figur, die ich verkörperte, war viel größer als ich, das wusste ich. Es gab in mir das Schwarz eines Barbie oder Kiesinger; es gab das Grau derer, die sich aus Gleichgültigkeit oder Feigheit etwa mit der Straflosigkeit von Naziverbrechern oder der Repression in Prag abfanden. Es gab auch das »gebrochene Weiß« derer, die sich mit alldem und vielen weiteren ebenso empörenden Exzessen nicht abfanden, sich aber mit der Unterzeichnung von Petitionen begnügten, um ihr in Aufruhr geratenes Gewissen zu beruhigen. Doch was zählt, sind die Taten, ob weiß oder schwarz, und die Entscheidung für die Prinzipien, die dazu führen, so oder so zu handeln. Man kann sehr wohl ein Mensch von Wert sein und doch fehlgehen und Prinzipien folgen, die zu schwarzen Taten führen. Ist einmal der Anfang gemacht, ist das Leben eines jeden durch seine Taten bestimmt. Er wird weiß, schwarz oder grau, egal welche Farbe seine Seele ursprünglich hatte.

Am 15. Februar 1972 schrieb der französische Staatspräsident Georges Pompidou an Hugo Banzer: »Viele Dinge verblassen mit der Zeit, aber nicht alle. Deshalb könnten es die Franzosen nicht hinnehmen, dass Verbrechen und Aufopferung in einen Topf geworfen und aus Gleichgültigkeit vergessen werden, ohne dass ihr Gerechtigkeitsbegriff Schaden nähme.« Dem stimme ich voll und ganz zu.

Die bolivianische Regierung überließ die Entscheidung im Fall Barbie dem Obersten Gericht. Dessen Mitglieder waren nach Banzers Machtübernahme durch den Putsch vom August 1971 neu ernannt und ihre Vorgänger lange vor Ablauf ihrer Amtszeit entlassen worden. Ich hatte von *L'Aurore*-Herausgeberin Francine Lazurick zwei Flugtickets erhalten. Madame Lagrange würde allerdings nicht mitfliegen – man habe sie darum gebeten, um den Gang der Justiz nicht zu behindern, zu einer späteren Gegenüberstellung sei sie aber nötigenfalls jederzeit bereit.

Ich nahm das hin und beschloss, mich an Madame Halaunbrenner zu wenden. Sie würde bald 68 werden, und ihr Leben war schmerzlich und bedrückend gewesen. Barbie hatte ihr Leben in Trauer gehüllt. Nur ein Sohn, Alexandre, und eine Tochter, Monique, waren ihr geblieben. Ihren Mann, ihren ältesten Sohn, ihre beiden anderen Töchter hatte Barbie umgebracht. Ich habe Alexandres Bericht aufgezeichnet:

> 1943 bestand unsere Familie aus meinem Vater Jakob, geboren 1902 in Drohobytsch, meiner Mutter Itta-Rosa, meinem älteren Bruder Léon (13 Jahre), meinen drei Schwestern Mina (8 Jahre), Claudine (4 Jahre) und Monique (3 Jahre). Von 1941 bis 1943 waren wir in mehreren Lagern in der Südzone interniert (Nexon, Rivesaltes, Gurs). Am 26. August 1943 wurden wir unter Hausarrest gestellt. Wir wohnten in der Rue Pierre-Loti 14 in Villeurbanne, als am 24. Oktober 1943 um 11 Uhr vormittags die Gestapo zu uns nach Hause kam. Es waren drei Männer: zwei hochgewachsene etwa vierzigjährige, der dritte war jünger (aus meiner Kindersicht etwa dreißig) und hatte offenbar das Sagen. Sein Gesicht ist mir seit diesem Augenblick, der mich in meine Träume und schlaflosen Nächte verfolgt hat, ins Gedächtnis gebrannt. Als ich das Foto in der *Weltwoche* vom 10. September 1971 sah, habe ich ihn sofort erkannt, und meine Mutter, die bei mir war, auch.
> Mein Bruder Léon, der sehr groß für sein Alter war, kam gegen 18 Uhr

nach Hause. Die Gestapomänner durchsuchten ihn und entschieden dann, ihn und meinen Vater mitzunehmen. Da fing meine Mutter auf Jiddisch an zu schreien, damit sie ihn daließen, wir alle weinten und schrien, vergeblich. Barbie stieß meine Mutter, die sie am Weggehen hindern wollte, zurück; er zog erneut seinen Revolver und schlug ihr damit auf die Hand, damit sie ihn losließ. Wir warteten unten auf der Straße, bis der nächste Tag anbrach, meine kleinen Schwestern klammerten sich ans Kleid meiner Mutter, die Ausschau hielt, ob die beiden Verhafteten zurückkämen. Da sahen wir einen deutschen Militärlastwagen vor unserem Haus halten, der uns beim Nachhausekommen vermutlich mitnehmen sollte. Wir taten, als wären wir Passanten, und gingen fort; wir ließen alles zurück. Ein paar Wochen später, am 14. Dezember, erfuhren wir von einer jüdischen Freundin, dass mein Vater »im Krankenhaus« gestorben war. Sofort suchte ich mit meiner Mutter alle Krankenhäuser auf, doch wir fanden ihn nicht. Da kam mir die Idee, zum Leichenschauhaus zu gehen, und dort fanden wir meinen Vater. Er war im Gestapo-Sitz in der École de Santé militaire, Avenue Berthelot, bei einer Massenhinrichtung erschossen worden: 17 Maschinenpistolenkugeln in Hals und Brust. Mein Bruder Léon war deportiert worden. Er arbeitete bis zur völligen Erschöpfung in den polnischen Minen. Meine beiden jüngeren Schwestern, Mina und Claudine, waren von der UGIF und der OSE im jüdischen Kinderheim in Izieu untergebracht worden. Wir wähnten sie in Sicherheit. Leider hat Barbie sie nicht verschont; am 4. April 1944 wurde das Heim aufgelöst. Meine Schwestern wurden am 30. Juni 1944 deportiert und bei ihrer Ankunft in Auschwitz ermordet.

Madame Halaunbrenner hatte keine Angst, trotz ihres Alters, der Höhenlage von La Paz und der Gefahr möglicher Auseinandersetzungen. Sie wusste, dass ihr Einsatz sinnvoll war und die Bolivianer aus ihrem Mund erfahren würden, dass Barbie Unschuldige verfolgt hatte.

Ich hatte Dr. Ludolph überreden können, mir Abzüge der Fotos von Frau Barbie aus dem Jahr 1940 zu geben, auf die er gerade gestoßen war. Ich hatte kürzlich ein Foto von ihr in der Zeitung gesehen, und sie hatte ein unverwechselbares Gesicht. Ich holte die Fotos in München ab und traf bei der Gelegenheit meinen Informanten Peter Nischk, der wenig später in einem italienischen See ertrank. Sein Freund Herbert John war überzeugt, dass sein Tod kein Unfall war.

Noch am selben Abend flog ich zurück nach Paris. Ich schaute mir die Fotos von Frau Barbie sehr genau an: Sie sah aus wie vor dreißig Jahren, hatte kaum Falten. Die Ähnlichkeit war unbestreitbar. Als ich Serge in Orly die Fotos zeigte, zog er mich sofort in ein Taxi. Als wir bei *L'Aurore* ankamen, war es fast Mitternacht. Das Layout wurde noch einmal geändert, die beiden Fotos eingefügt, gefolgt von einem langen Artikel mit der Überschrift: »Der letzte Beweis«. Am Samstag ließ ich durch den *L'Aurore*-Fotodienst von diesen beiden Fotos und dem der vollzähligen Familie Halaunbrenner vor der Tragödie je dreißig Abzüge machen.

Zusammen mit Madame Halaunbrenner kehrte ich nach La Paz zurück.

Am 20. Februar 1972 flogen wir von Paris nach Lima, wo wir einen Tag blieben. Ich hatte Sorge, dass man uns nicht nach Bolivien einreisen lassen würde. Dieses Risiko wäre geringer, wenn die peruanische Presse meine neuen Beweise und Madame Halaunbrenners Geschichte verbreitete. Ein Einreiseverbot würde dann bedeuten, dass man nicht hören wollte, was wir zu sagen hatten. Die Diplomatie hatte einen Kurswechsel vollzogen, und der französische Konsul war unter den Journalisten, die mir die Fotos von Frau Barbie und Familie Halaunbrenner fast aus den Händen rissen. Es hagelte Fragen. Madame Halaunbrenner antwortete mit Bescheidenheit und Würde. Der Konsul brachte uns ins Hotel Savoy. Er teilte uns mit, dass der französische Botschafter Chambon in Europa war. Trotz Schwends Drohungen hatte ich kaum Angst vor Vergeltungsmaßnahmen der Nazis hier in Lima; die Kampagne, die daraufhin gegen sie losbräche, wäre zu heftig. Am nächsten Tag widmete uns die Presse von Lima einen Gutteil ihrer Titelseiten.

Am Dienstag waren wir früh um acht am Flughafen. Bei der Gepäckabfertigung ließ man uns warten. Ein Flughafenbediensteter teilte uns mit, einem Telegramm aus La Paz zufolge bräuchten wir erst gar nicht abzureisen, wir sollten Kontakt zur bolivianischen Botschaft aufnehmen. Wir holten uns unser Gepäck zurück und fuhren mit dem Taxi direkt dorthin. Der Botschafter informierte uns darüber, dass wir beim Außen- und beim Innenministerium ein Einreisevisum beantragen müssten, auf eigene Kosten per Telex und mit bezahlter Rückantwort.

Zurück im Savoy, gab ich die beiden Telexe auf und ein weiteres an

Greminger, in dem ich ihn daran erinnerte, dass er es gewesen war, der um meine Rückkehr gebeten hatte. Jetzt hieß es warten, aber viel Hoffnung hatten wir nicht. Die Presse war auf unserer Seite: »Die Bolivianer schützen Barbie, indem sie seinen Anklägerinnen das Recht verweigern, Gerechtigkeit zu fordern.«

Am Mittwochmorgen ging ich gleich als Erstes noch einmal allein ins bolivianische Konsulat: Immer noch keine Antwort. Um 17 Uhr rief AFP mich an: Überraschende Wendung in La Paz. Der bolivianische Innenminister hatte ein Kommuniqué veröffentlicht, dem zufolge General Banzer persönlich unsere Einreisevisa bewilligt hatte; der Fall Altmann würde zur Stunde im Außenministerium (und nicht mehr im Innenministerium) geprüft, und die Justizbehörden würden sich zu gegebener Zeit dazu äußern. Ich eilte mit dem Telex von AFP La Paz ins bolivianische Konsulat, wo man beteuerte, es sei nichts gekommen. Konsul Ricardo Rios, ein enger Freund Barbies, sah bei dieser Auskunft hochzufrieden aus. Kaum war ich wieder im Hotel, rief er mich an: Er hatte soeben unsere Einreisegenehmigungen erhalten. Erfreut begab ich mich noch einmal zum Konsulat.

Am Donnerstagmittag um halb eins landeten wir in La Paz.

Ich machte mir Sorgen, wie Frau Halaunbrenner mit der Höhenlage zurechtkommen würde, aber sie schien sie besser zu verkraften als ich. Gleich nach der Landung stieg ein junger Mann zu uns ins Flugzeug und nahm mir unter Androhung meiner sofortigen Ausweisung das Versprechen ab, keine Presseerklärungen abzugeben. Ich rief Greminger an, dem man offenbar auf die Finger geklopft hatte: »Ich darf mich nicht mehr mit dem Fall Barbie befassen; Sie müssen sich an den stellvertretenden Außenminister wenden, Señor Tapia.«

Dieser gab uns einen Termin für Freitag um 15 Uhr 30.

Es sah sehr gut für Barbie aus. Der Kabinettschef des Präsidenten, Alfredo Arce Carpio, hatte verlauten lassen: »Es gibt keinen Grund, Klaus Altmann auszuliefern. Staatspräsident Banzer hält die juristische Handhabe, über die er verfügt, für ausreichend, um den Fall als erledigt zu betrachten.« Wenige Tage zuvor hatte Boliviens größter Experte für internationales Zivilrecht und Berater des Außenministeriums, der Rechtsanwalt Constancio Carrion, verkündet: »Bolivien ist ein sicherer Zufluchtsort, und all jene, die sich dorthin flüchten, sind unantastbar. Die schlimmsten Verbrechen verjähren in Bolivien nach acht Jahren. Die von Altmann-Barbie gehören folglich der Vergangenheit an.« Carrion war auch einer von Barbies Verteidigern.

Am Freitagmorgen rief mich der Korrespondent der *Los Angeles Times* an und lud uns zum Mittagessen ins Maxim's am Prado ein, das beste Restaurant der Stadt: »Ich habe Banzer am Mittwoch in meinem Interview erzählt, dass es international einen sehr schlechten Eindruck machen würde, wenn er diesen beiden mutigen Frauen die Einreise nach Bolivien verweigerte. Das hat ihn zum Einlenken gebracht. Die Meinung der Amerikaner liegt ihm schließlich am Herzen; angeblich zahlt ihm die CIA pro Tag und politischen Gefangenen 7 Dollar.«

Am Nachmittag gingen wir zum stellvertretenden Außenminister Jaime Tapia und übergaben ihm die neuen Beweise. Madame Halaunbrenner erzählte ausführlich von ihrer Familie. Der Minister klopfte ihr herzlich auf die Schulter und versprach, nichts unversucht zu lassen, aber wir wussten, was wir zu tun hatten. Wir hatten den Rechtsweg eingeschlagen und den zuständigen Justizbehörden die nötigen Dokumente zukommen lassen.

Am Vortag hatte der französische Botschafter in La Paz, Jean-Louis Mandereau, den bolivianischen Außenminister getroffen und formell Barbies Auslieferung beantragt. Er empfing uns noch am selben Tag. Wir informierten ihn über unsere bisherigen Schritte. Daraufhin sagte er einen Satz, der bei mir Zweifel an seinem Verständnis des Problems weckte:

»Ihretwegen musste ich die Angelegenheit erst einmal versachlichen und sie wieder auf ein rein juristisches Gleis lenken.« Ich erwiderte: »Herr Botschafter, die Qualen, die Jean Moulin durch Barbie erleiden musste, sind die Passion der französischen Résistance.«

An der französischen Botschaft in La Paz gab es keinen Übersetzer ins Spanische (die deutschen Dokumente der französischen Akte wurden von der deutschen Botschaft ins Spanische übersetzt); handelte die französische Botschaft also in Übereinstimmung mit dem Brief Georges Pompidous, den sie so schlecht übersetzt hatte, dass die bolivianischen Behörden heute noch darüber schmunzeln?

Am Samstag, dem 26. Februar, hörte ich mich bei Journalisten um und erfuhr, dass sie Anweisung hatten, unseren Aufenthalt in La Paz nicht zu erwähnen. Mein Vorschlag, eine Pressekonferenz zu geben, gefiel ihnen. Zumal ich dort einen Film darüber zeigen wollte, wie

Barbies Opfer auf Ladislas de Hoyos' Barbie-Fernsehinterview reagiert hatten.

Montag früh bestellte ich alle Journalisten telefonisch für 11 Uhr zu einer Pressekonferenz ein. Ich musste mich beeilen. Um 10 Uhr 15 drang ein halbes Dutzend Zivilpolizisten ins Hotel ein. Zwei von ihnen sprachen mich in der Lobby an und baten mich, ihnen zu folgen. Ich holte ein paar Sachen aus meinem Zimmer, vor dem zwei weitere Polizisten Wache standen, und rief unsere jüdischen Freunde an und bat sie her, um Madame Halaunbrenner zu beruhigen, die in Sorge war. Ich informierte auch Albert Brun, damit er den Journalisten die Lage erklärte für den Fall, dass ich bis 11 Uhr nicht zurück wäre. Major Dito Vargas, den ich schon von meinem ersten Aufenthalt in La Paz kannte, warnte mich in aller Form davor, eine Pressekonferenz zu geben, da diese meine Ausweisung zur Folge hätte.

Um 10 Uhr 50 kehrte ich im Polizeijeep zurück, und vor rund 30 Journalisten hielten wir in einem Saal des Hotels unsere Pressekonferenz ab. Der Film wurde gezeigt. Ich verteilte die Fotos und die vielen von Serge vorbereiteten Pressedossiers und zog eine vorläufige Bilanz des Falls. Dann ergriff Madame Halaunbrenner das Wort, und ihr Leidensweg einer jüdischen Frau und Mutter erschütterte die Pressevertreter. Um 12 Uhr 15, als sie gerade fertig war, tauchten die beiden Polizisten von vorhin wieder auf und nahmen mich erneut mit. Man sperrte mich in ein verdrecktes kleines Büro und ließ mich bis 17 Uhr dort schmoren. Dann setzte mich der Chef der Policía Internacional, Señor Hernau Arteaga, auf freien Fuß und empfahl mir Schweigen: »Das ist die letzte Warnung. Wenn Sie sich nicht daran halten, werden Sie verhaftet.«

Am Dienstag tobte sich die Presse aus. Die Zensur hatte Risse bekommen. Seitenlange Berichte – nicht nur über unsere Pressekonferenz, sondern auch über die Konzentrationslager –, in denen die Leser erfuhren, was sich hinter Altmann-Barbies nichtssagendem Gesicht verbarg.

Bolivianer sprachen uns an, trösteten Madame Halaunbrenner, versicherten uns ihrer Unterstützung, erklärten, Barbie müsse ausgeliefert werden.

An diesem Dienstag, dem 29. Februar, ließen sich kurz nach dem Frühstück zwei wohlbekannte Gesichter blicken. Ich erhob mich resigniert, um meinen Gang aufs Polizeirevier anzutreten. Ich verbrachte den Tag im selben Büro wie letztes Mal. Ich bestand darauf, die Gründe für meine Inhaftierung zu erfahren, vergebens. Aufgebracht über meine vielen Fragen antwortete mir ein Inspektor, der ein äußerst gepflegtes Französisch sprach: »Sie nerven uns, also nerven wir Sie, damit Sie endlich abhauen!« Da wusste ich Bescheid und musste nur noch geduldig auf den Feierabend warten. Wie am Vortag ließ man mich frei, als die Büros sich leerten.

In der Zwischenzeit hatte sich Monsieur Mandereau auf unser Betreiben offiziell um eine Gegenüberstellung von Barbie und Madame Halaunbrenner bemüht. Barbie lehnte natürlich jegliche Gegenüberstellung ab, und Señor Tapia bestätigte am Mittwochmorgen, dass man Barbie nicht dazu zwingen könne.

Daraufhin erstattete Madame Halaunbrenner Strafanzeige gegen ihn wegen Mordes an vier Mitgliedern ihrer Familie. Der Anwalt, den wir kontaktierten, Manuel Morales Davila, leitete das Verfahren ein. Wir ließen die Anzeige von einem Notar aufnehmen, der uns anschließend sein Honorar verkündete: 7000 Dollar. Als ich erkannte, dass uns von allen Seiten Steine in den Weg gelegt wurden, erklärte ich gegenüber der Presse, dass wir uns die bolivianische Justiz nicht leisten könnten. In La Paz war mir übrigens mehrfach ein Sprichwort zu Ohren gekommen: »Misstraue chilenischen Frauen, peruanischen Freunden und der bolivianischen Justiz.«

Samstag fuhren wir zum Titicacasee, um uns vor unserer nächsten Protestaktion auszuruhen. Zuvor hatte ich solide Ketten und zwei Vorhängeschlösser gekauft.

Am Montag, dem 6. März, holte ich beim Innenministerium unsere Pässe mit den nötigen Ausreisevisa ab und buchte für denselben Tag zwei Plätze für den Flug La Paz – Lima. Gegen Mittag schlangen wir uns die Ketten um Bauch und Handgelenke. Wir hatten zwei Schilder. Auf dem von Madame Halaunbrenner war ihr Familienfoto und folgende Aufschrift auf Spanisch: »Bolivianer, hört mich an! Als Mutter verlange ich nur Gerechtigkeit: die Verurteilung von Barbie-Altmann, dem Mörder meines Mannes und meiner drei Kinder.« Das andere Schild forderte Barbies Auslieferung: »Im Namen der Millionen Opfer des Nationalsozialismus: Dem Auslieferungsgesuch muss stattgegeben werden!« Wir begaben uns zum Prado, der Hauptverkehrsader von La Paz, wo das Büro der Hochseereederei Transmarítima Boliviana lag, deren Geschäftsführer Barbie war. Wir ketteten uns an eine

Bank direkt vor dem Büro und hielten unsere Schilder hoch. Die Menschen strömten herbei, die Autos verlangsamten ihr Tempo. Es gab einen Stau. Mitten in der Stadt hatte es schon lange keine Demonstration mehr gegeben. Nach dem Putsch im August 1971 hatte Banzers Polizeiregime La Paz in Fesseln gelegt. Das Radio berichtete. Ein Polizeijeep tauchte auf, seine Insassen lasen den Text auf den Schildern und machten kehrt. Um 16 Uhr hielt ein Lieferwagen auf unserer Höhe, Männer in Zivil sprangen heraus und mischten sich unter die Zuschauer. Sie entrissen uns die Schilder und flüchteten. Zwei junge Bolivianer und ein Israeli auf Durchreise machten uns neue.

Einem Journalisten, der mir sein Mikro hinhielt und mich fragte, was die Ketten bedeuteten, antwortete ich: »Das sind die Ketten, die das bolivianische Regime an den Nationalsozialismus binden.« Es fing an zu regnen. Seit sechs Stunden saßen wir auf unserer Bank. Wir hatten einen Gutteil der Bevölkerung von La Paz und das diplomatische Corps an uns vorbeiziehen sehen. Ein Diplomat der französischen Botschaft war kurz vor uns stehen geblieben und hatte uns zugeraunt: »Was Sie da tun, bringt doch nichts.« Doch diese Demonstration fand ein großes und positives Echo. Wir hatten am helllichten Tag gehandelt, das Bewusstsein der Menschen geschärft. So hatten wir den Weg geebnet, zumal das Banzer-Regime wackelte, und wer wusste schon, ob seine Nachfolger nach unserer Basisarbeit den Fall Barbie nicht anders sehen würden.

Am Abend nahmen wir das Flugzeug und hatten 24 Stunden Aufenthalt in Lima, wo das Klima, verglichen mit La Paz, warm und angenehm war. Wir gingen zum Friseur, denn wir wollten uns den Fernsehkameras, die uns in Orly erwarten würden, von unserer besten Seite zeigen.

Am Donnerstag, dem 9. März, landeten wir nach unserer 18-tägigen Kampagne in Südamerika nachmittags wieder in Paris.

Das Attentat

Wir brachten Barbie nicht zurück, aber wir hatten eine Zeitlang die unersättliche Suche nach Gerechtigkeit verkörpert. In diesem Mythos vom Verbrecher, der ans Ende der Welt flieht, um sich der Strafe zu entziehen, war etwas Unerhörtes geschehen: Zwei Frauen – eine aus dem Volk der Geschundenen, die andere aus dem Volk der Henker – hatten sich auf die Suche nach ihm gemacht, um Gerechtigkeit zu fordern.

Ich hielt sehnsüchtig Ausschau nach Serge: Er hielt sich im Hintergrund und beobachtete die Szene mit einem leisen Lächeln: »Bring Poesie in dein Leben, verwandele es in eine aufregende Erfahrung«, hatte er der jungen Deutschen geschrieben, die er im Frühjahr 1960 getroffen hatte. Was hätte ich ohne ihn, ohne seinen vollen und unspektakulären Einsatz an meiner Seite, ohne seine nie versiegende Energie ausrichten können? Ein anderer Mann hätte sicher von mir verlangt, dass ich mich von Deutschland losreiße; Serge hat mir geholfen, eine echte Deutsche zu werden.

Dank einiger kurzer Reisen nach Deutschland konnte ich meine Liste der Führer des NS-Polizeiapparats in Frankreich vervollständigen. Hatte ich meine Kräfte vielleicht überschätzt? Auf dem Rückweg von einer dieser Reisen saß ich wegen eines Generalstreiks in Straßburg fest: Ich war um zwei Uhr nachts aus dem Schlafwagen in die Kälte gestiegen und musste im Anschlusszug lange auf einen Sitzplatz warten. Kaum war ich wieder in Paris, verlor ich mein Baby, mit dem ich im dritten Monat schwanger war.

Am 10. Mai 1972 fuhr ich am Nachmittag mit Arno zu einer Konferenz der LICA in Cannes und machte bei dieser Gelegenheit drei Tage Ferien. Diese Reise hat uns vor dem Tod bewahrt.

Ein paar Stunden nach unserer Abreise brachte der Concierge um 17 Uhr ein Paket, das an »Mme Beate Klarsfeld« adressiert war. Meine

Schwiegermutter legte das Paket auf den Tisch; sie war irritiert, weil der Poststempel – Paris, 9 mai, Av. de Wagram, 12 h 30« – nicht zum Absender passte, einem gewissen Samuel Ségal, »Les Guillerettes, par 34-Gignac«. Sie wurde misstrauisch und wartete auf Serge. Als er um 18.30 Uhr kam, entfernte er zunächst das Packpapier, unter dem ein Karton zum Vorschein kam. Darin in Geschenkpapier mit einem Etikett der Confiserie »Marquis« ein weiteres Päckchen. Serge packte es aus und entdeckte eine orange-gelbe runde Dose, auf der »Zucker« stand.

»Ich war überrascht«, erzählte er mir abends am Telefon. »Wer sollte uns Zucker schicken? Aber du weißt ja, dass vor vierzehn Tagen Monsieur Etzold, dieser ehemalige deutsche Deportierte, zu uns gekommen ist und uns als Präsent deutsches Schwarzbrot mitgebracht hat. So gesehen war vielleicht auch Zucker denkbar. Nun betrachtete ich das Papier genau und bemerkte darauf winzige schwarze Körnchen, wie Staub. Maman meinte, es sei vielleicht Rohrzucker. Ich tat mir ein Körnchen auf die Zunge, es schmeckte sauer. Dann legte ich ein paar Körnchen auf die Spüle und hielt ein Streichholz darüber, die Flamme schien größer zu werden, bevor sie erlosch. Das bestärkte mich in meinem Verdacht. Ich rief bei der Auskunft an und fragte nach einem Samuel Ségal in Gignac. Es gab keinen. Dann rief ich die Polizei in Gignac an, wo ich die Auskunft erhielt, dort sei weder ein Ségal noch ein Ort namens Les Guillerettes bekannt. Schließlich rief ich die Confiserie Marquis an: Nein, sie verkauften keine Dosen mit Zucker. Daraufhin brachte ich das Paket in einem Einkaufsbeutel zum Kommissariat in Auteuil. Ich warnte die zunächst skeptischen Polizisten, es könnte natürlich etwas Süßes sein, aber auch eine Bombe. Sofort wurden Pyrotechniker alarmiert, die das Päckchen in ihrem Spezialwagen röntgten. Als sie einen Zünder entdeckten, sperrten sie den Verkehr an der Ecke Boulevard Exelmans und Rue Chardon-Lagache für eine Viertelstunde. In dieser Zeit wurde der Behälter mit einer Metallsäge aufgesägt, um ihn ausleeren zu können. Es fanden sich 300 Gramm Nägel und genug Sprengstoff darin, um die Person, die sie öffnete, und alle, die sich in ihrer Nähe befanden, zu töten.«

Ein paar Monate später erhielt Dr. Fully, der Chefarzt der Gefängnisverwaltung und ehemaliger Häftling in Dachau, ein gleiches Päckchen und machte es nichtsahnend auf. Die Explosion tötete ihn und die Concierge, die ihm das Päckchen gebracht hatte.

SERGE

Echte Patronen oder Platzpatronen?

Um in Deutschland etwas zu bewegen, mussten wir zu geeigneten Mitteln greifen. Wir führten aufsehenerregende gesetzwidrige Aktionen durch, die dann gerechtfertigt waren, wenn sie deutlich machten, dass unser Protest und unsere Appelle an die Justiz legitim waren. Diese ging hart gegen uns vor, indem wir verhaftet oder zu Gefängnisstrafen verurteilt wurden, während die großen Verbrecher frei blieben, weil das deutsche Parlament sich weigerte, das Zusatzabkommen zu ratifizieren. Außerdem spürten wir weitere Naziverbrecher auf, die in Frankreich tätig gewesen und straflos geblieben waren, ja wieder achtbare Positionen innehatten.

Das gelang uns im Oktober 1972 im Fall des SS-Hauptsturmführers Dr. Heinrich Illers, stellvertretender Kommandeur unter Kurt Lischka und Leiter der Pariser Gestapo. Er war es, der 1942 die ersten Geiseln ausgewählt hatte, die auf dem Mont Valérien erschossen wurden. Er hatte 1944 den »Todeszug« französischer Widerstandskämpfer von Compiègne nach Dachau organisiert und dem Roten Kreuz, das die Deportation unter Berufung auf die Vereinbarungen zwischen dem schwedischen Konsul Nordling und dem deutschen Stadtkommandanten von Paris, General von Choltitz, verhindern wollte, geantwortet, Befehle empfange er nur vom obersten Chef der SS. Bei Kriegsende war Illers verschwunden, und da die französische Justiz ihn nicht genau identifizieren konnte, stellte sie das Verfahren gegen ihn ein.

Da er nach den Dokumenten ein »Dr. jur.« war, durchforsteten wir die Listen der deutschen Anwälte und Richter und entdeckten einen Dr. Heinrich Illers, der Senatspräsident am Landessozialgericht Niedersachsen in Celle und ausgerechnet für Kriegsopferentschädigungen zuständig war. Wir brauchten ein Foto von ihm. Wir baten eine junge Deutsche, Lisa, die sich zwei Jahre zuvor um Arno gekümmert hatte und in München lebte, nach Celle zu fahren, was sie auch tat. Sie entdeckte ihn bei der Arbeit in seinem Garten und fragte ihn, ob sie sein schönes Haus fotografieren dürfe. Er stimmte zu. Wir ließen ein paar Dutzend Abzüge von dem Foto machen.

Um ganz sicher zu sein, dass es derselbe Illers war, rief Beate ihn an, behauptete, an einer Dissertation über die deutsche Militärorganisation in Frankreich zu arbeiten, und fragte, ob er dazugehört habe.

»Ja.«

»Darf ich Ihnen einige Fragen über die Hierarchie der Sicherheitspolizei stellen? Deren Chef war Helmut Knochen?«

»Ja.«

»Und Kurt Lischka war sein Stellvertreter?«

»Ja.«

»Und wer war Lischkas Stellvertreter und Gestapo-Chef in Paris?«

»Karl Boemelburg.«

»Das steht nicht im Organigramm, das mir vorliegt. Boemelburg war der Gestapo-Chef von ganz Frankreich. Der Gestapo-Chef von Paris war Dr. Heinrich Illers.«

»Unmöglich!«

Ich stand dicht neben Beate und hatte aufmerksam zugehört. Dieser Schrei war so laut und aufrichtig, dass er sogar mich beeindruckte, obwohl ich ihm nicht glaubte.

Ich beschloss, heimlich nach Deutschland zu fahren, wo wegen der versuchten Lischka-Entführung ein Haftbefehl gegen mich bestand, und in Bonn im Hotel Am Tulpenfeld, in der Nähe des Bundestags, eine Pressekonferenz abzuhalten, wo ich unsere Entdeckung unter möglichst dramatischen Umständen bekannt geben wollte. Um nicht schon an der Grenze verhaftet zu werden, fuhr ich im Schlafwagen mit dem Nachtzug, mit dem Pass eines gleichaltrigen Freundes, denn ich wusste, dass der Grenzschutz dann nicht prüfen würde, ob Pass und Person übereinstimmten. Beate, gegen die kein Haftbefehl mehr bestand, hatte Einladungen verteilt: Serge Klarsfeld würde, obwohl ein Haftbefehl gegen ihn bestand, auf einer Pressekonferenz um 14 Uhr neue Enthüllungen bekannt geben.

Zur angegebenen Zeit betrat ich theatralisch den Saal, in Begleitung von Heinrich Böll, Beates großem Unterstützer und dem künftigen Nobelpreisträger. Als ich ans Mikrofon trat, kamen zwei Polizisten auf mich zu und präsentierten mir den Haftbefehl. Alles lief sehr höflich ab: Die Presse wollte meine Enthüllungen hören, und die Polizisten waren bereit zu warten. Sie standen neben mir, während ich sprach, und konnten am nächsten Tag ihr Foto in den Medien bewundern. Beate verteilte die Akte über Illers. Sein Foto war am nächsten Tag auf den Titelseiten.

Dann wurde ich in eine Zelle des Kölner Gerichts gebracht. Der Untersuchungsrichter schlug vor, mich gegen Kaution auf freien Fuß zu setzen. Ich weigerte mich, auch nur eine Mark zu bezahlen. Da sie mich absolut nicht im Gefängnis behalten wollten, beschlossen sie, die Kaution, die Beate vor einem Jahr hinterlegt hatte, durch zwei zu teilen: eine Hälfte für sie, die andere für mich. Das war absolut nicht rechtens, weil derjenige, der damals die Kaution gezahlt hatte, dies allein für Beate getan hatte, aber so befreiten sie sich unverzüglich von mir.

Am folgenden Tag wurde Heinrich Illers in den Ruhestand versetzt. In Paris wurde ein Verfahren gegen ihn eingeleitet, da er jetzt identifiziert war, ein weiteres in Deutschland. Der *Spiegel* brachte sein Foto und berichtete über seine Vergangenheit. Er beklagte sich, dass er die Hälfte seiner Pension verloren habe.

Nach diesem Erfolg beschloss unsere reizende, intelligente und mutige Freundin Lisa, uns auch weiterhin tatkräftig zu unterstützen. Seitdem war sie uns eine sehr wertvolle Hilfe, vor allem in Südamerika.

Am 15. Dezember 1972 war ich wieder in Bonn, um für die Ratifizierung des deutsch-französischen Zusatzabkommens zu demonstrieren. Diesmal mit Dutzenden von Überlebenden der Vernichtungslager, darunter Georges Wellers, Präsident der Amicale des anciens déportés de Buna-Monowitz (Auschwitz III), eine prägende Persönlichkeit des CDJC und Herausgeber der Zeitschrift *Le Monde juif*, Julien Aubart, ehemals Obarjansky, mit zwanzig Jahren deportiert und mein bester Freund, bis er 1977 mit dreiundfünfzig Jahren starb, und zwei seiner Gefährten in Auschwitz, Henri Pudeleau und Henri Wolff, die bis zu ihrem zu frühen Tod ebenfalls unsere Mitstreiter waren. Die drei Letztgenannten waren unsere moralischen Garanten; wir setzten ihren Kampf fort. Sie hatten Dutzende von Überlebenden für die Demonstration in Deutschland mobilisiert. An diesem Tag wurde im Bundestag die neue Regierung Brandt vorgestellt, und wir demonstrierten in der – verbotenen – Bannmeile. Sofort stürzten sich Dutzende von Polizisten auf uns, aber angesichts all der Abgeordneten und Journalisten konnten sie nicht auf uns einschlagen. Das nutzte ich aus und warf ein paar Polizeihelme zu Boden, bevor ich überwältigt wurde. Auf der Polizeiwache nach früheren Verhaftungen gefragt, hagelte es Antworten, jeder der ehemaligen KZ-Häftlinge nannte Datum und Grund seiner Verhaftung und seine Häftlingsnummer. Am Abend wurden wir von der Polizei an die Grenze eskortiert.

Am 11. Januar 1973 fuhr ich mit Julien Aubart nach Hamburg-St. Pauli, um August Moritz zu demaskieren, der als Abteilungsleiter der Sipo-SD in Orléans, Lyon und Marseille an der Deportation der Juden beteiligt war und an diesem Tag sechzig wurde. Der SS-Untersturmführer Moritz hatte Victor Basch und seine Frau verhaftet und sie an die Milice française ausgeliefert, die sie sofort erschossen. Moritz willigte ein, mit uns zu sprechen. Er behauptete, aktiver Antifaschist und Mitglied der linken Deutschen Friedensunion zu sein, zudem habe er das Archiv der Vereinigung der Verfolgten des Naziregimes (VVN) neu geordnet, ja er sei sogar bei Beates Veranstaltung in Hamburg 1968 gewesen, er habe für die DDR spioniert und deshalb vier Jahre im Gefängnis verbracht, kurz, er sei unschuldig, seine Verurteilung in Abwesenheit zum Tode in Frankreich sei ungerecht. Wir schlugen ihm vor, sich in Frankreich der Justiz zu stellen und seine Unschuld zu beweisen. Er weigerte sich, er müsse zuerst an seine Familie, seine Arbeit, seinen Ruf denken. Ich fragte ihn, ob er in verantwortlicher Position für Judenfragen zuständig gewesen sei. Er sagte nein. Da gab ich ihm Fotokopien der Dokumente, die seine Unterschrift trugen. Sie waren an Heinz Röthke gerichtet, den Leiter des Gestapo-Judenreferats, und Moritz fragte darin beispielsweise, am 10. Januar 1943, in welches Lager die verhafteten Juden geschickt werden sollten. Nach langem Schweigen räumte er ein, sie unterzeichnet zu haben, aber »rein administrativ, ich habe nie jemanden getötet«. Ich erwiderte, dass die Juden von einem Polizei- und Verwaltungsapparat in die Gaskammern geschickt wurden. Weder Hitler noch Himmler noch Eichmann haben eigenhändig einen Juden getötet; aber sie alle haben, jeder an seinem Platz, die Todesmaschine am Laufen gehalten. Gegen Moritz wurde ein Ermittlungsverfahren eingeleitet.

Am 7. Mai 1973 gingen Julien Aubart, Henri Pudeleau und vier junge Leute von der LICA, angeführt von der im sechsten Monat schwangeren Beate, zu Lischkas Büro hinter dem Kölner Bahnhof. Aubart und Pudeleau in ihren Häftlingsjacken pressten sich ans Fenster und schrien: »Lischka, Nazimörder!« Die Leute blieben stehen. Kurz darauf kam die Polizei und führte sie grob auf die Wache. Dort angekommen, schlug einer der Polizisten sie. Es brauchte Mut für KZ-Überlebende, sich freiwillig in die Hände deutscher Polizisten zu begeben, die mit Opfern ihrer Vorgänger im Dritten Reich nicht zimperlich umgingen. Nach einer Nacht im Gefängnis wurden unsere Freunde dazu verurteilt, für die Reparatur der Fenster 2000 Mark an die Firma Krücken zu zahlen, bei der Lischka beschäftigt war. Der Richter, der sie verurteilte, ließ sich vor allem darüber aus, dass die beiden KZ-Überlebenden in Frankreich eine mehr als hundertprozentige Pension bekamen, während er, der einen Arm verloren hatte, in Deutschland nur 75 Prozent erhielt. Doch vier Jahre später versagte Juliens Herz, er war erst 53, und Henri folgte ihm ein paar Jahre später.

Unsere Waffe war, durch unsere wiederholten illegalen Demonstrationen zu beweisen, dass unser Wille, die Ratifizierung des Zusatzabkommens zu erreichen, dem Willen der deutschen Politiker gegenüberstand, die Verbrecher zu schützen, indem sie es nicht ratifizierten. Das Kräfteverhältnis war ungleich, doch Demonstration für Demonstration gewann unser Anliegen an Gewicht.

Am 13. Juni waren Julien und ich wieder in Bonn, um 50 Exemplare der Akte über Achenbach an alle Mitglieder des Auswärtigen Ausschusses zu verteilen, wo er für das Amt des Berichterstatters kandidierte. Ihm oblag es, zu gegebener Zeit die Ratifizierung des Zusatzabkommens zu empfehlen oder eben nicht. Unsere Akte hinderte die Ausschussmitglieder nicht an der Wahl Achenbachs.

Ursprünglich verjährte Mord nach dem deutschen Strafgesetzbuch nach zwanzig Jahren. Die Unverjährbarkeit von Verbrechen gegen die Menschheit galt nur für künftige Verbrechen, nicht für die, die in der NS-Zeit begangen wurden. 1965 verschob der Bundestag den Zeitpunkt, ab dem die Strafverfolgung von NS-Morden hätte einsetzen können, von 1945 auf 1949. 1969 wurde nach heftigen Diskussionen und internationalem Druck die Verjährungsfrist für Mord und Völkermord auf dreißig Jahre verlängert, sodass der Bundestag 1979 erneut über diese Frage würde entscheiden müssen. Folglich versuchte Achenbachs Interessengruppe sehr aktiv, die deutschen Parlamentarier davon zu überzeugen, dass »dreißig Jahre genug« seien.

Zur gleichen Zeit versuchte Beate, im siebten Monat schwanger, die israelischen Behörden in Jerusalem dazu zu bewegen, Brandt, der sich auf Staatsbesuch in Israel befand, zur Ratifizierung des Zusatzabkommens zu drängen. Da die meisten der aus Frankreich deportierten Menschen als Staatenlose in die Vernichtungslager gebracht wurden, betraf unser Problem auch Israel, das zudem allen Ermordeten auf Antrag der Angehörigen posthum die israelische Staatsbürgerschaft verlieh.

Als Beate in Lod landete, erwartete sie nur ein junger Anwalt, Mitarbeiter und Prügelknabe des renommierten Samuel Tamir. Er hieß Ehud Olmert. Sie war bei diesem Staatsbesuch eher missliebig, kein offizieller Regierungsvertreter wollte sie empfangen. Einzig Likud-Chef Menachem Begin, der damals in der Opposition war, lud sie ein. Er, der niemals bereit gewesen war, einen nichtjüdischen Deutschen zu empfangen, umarmte sie und unterstützte ihre Forderung nach einer diplomatischen Intervention Israels. Auch die Opfer der Shoah applaudierten Beate. Sie warnte auf einer Pressekonferenz die Israelis, nicht alle Deutschen glichen Willy Brandt und die schöne Freundschaft würde sich als trügerisch erweisen, sobald es um Öl und den arabischen Markt ging.

Die Ereignisse gaben ihr bald recht: Im Jom-Kippur-Krieg 1973 untersagte die deutsche Regierung den amerikanischen Flugzeugen, die Waffen und Reparaturteile nach Israel brachten, die Zwischenlandung auf ihrem Territorium.

Am 15. August 1973 wurde Lida-Myriam geboren, acht Jahre nach Arno. Das bedeutete zwar mehr Verantwortung für uns, aber wir übernahmen sie sehr gern. Arno ging zur École du Parc des Princes, wo sein Vater Kindergartenkind gewesen war.

Ich konnte mich ganz auf unseren Kampf konzentrieren, denn seit Mai 1972 war ich arbeitslos und einer der wenigen, die zum Arbeitsamt gingen – in Frankreich herrschte noch Vollbeschäftigung. Als ich im Herbst 1974 zum letzten Mal hinging, wartete dort zum ersten Mal eine ganze Schlange von neuen Arbeitslosen.

Als ich kurz nach Ende der Militäroperationen mit Jean Pierre-Bloch nach Israel flog, konnte ich ermessen, wie knapp das Land einer Niederlage entronnen war. Die Panzerfahrer, die sich auf dem Golan geopfert hatten, und die kluge Strategie von Ariel Scharon hatten das Land gerettet. Zudem erfuhr ich, dass die diskreten diplomatischen Vorstöße Israels in Bonn, um die Ratifikation des Zusatzabkommens zu beschleunigen, erfolglos waren.

Ich war vollkommen niedergeschlagen, zum ersten Mal glaubte ich nicht mehr an den Erfolg unserer Aktionen. Verzweifelt beschloss ich, den Deutschen zu zeigen, dass sie, wenn das Zusatzabkommen nicht ratifiziert würde, für eine Tragödie verantwortlich wären: Wir würden Lischka oder Hagen oder einen anderen Naziverbrecher umbringen, und der Bundestag würde die Verwantwortung dafür tragen. Ich wollte demonstrieren, dass es zu einer solchen Tat kommen konnte. Lischka besaß einen Waffenschein und die dazugehörige Waffe. Also würde ich ihn angreifen.

Am 7. Dezember 1973 kam ich bei eisiger Kälte am Kölner Bahnhof an, einen Revolver in der Tasche – eine Walther, die Julien mir besorgt hatte. Beate und meine Mutter hatten mich nicht zurückhalten können. Ich wartete vor Lischkas Büro auf ihn. Als er herauskam, folgte ich ihm mit dem Revolver in der Hand zu seinem Wagen. Er trug Handschuhe und konnte seine Waffe nicht rechtzeitig ziehen. Ich zielte auf seine Stirn, er stürzte rücklings auf die Motorhaube seines Wagens. Ich sah den Schrecken in seinen Augen, er glaubte, sein letztes Stündlein sei gekommen. Ich drückte ab, aber meine Waffe war nicht geladen. Ich lachte laut und ging zum Bahnhof zurück, bevor er sich wieder aufrichten und die Passanten reagieren konnten. Ich stieg in den nächsten Zug nach Belgien und setzte mich aus freien Stücken in das Abteil der Polizisten, die die Pässe kontrollierten.

Am nächsten Tag erhielten der Kölner Gerichtspräsident und der Generalstaatsanwalt einen Brief, in dem ich sie bat, den zuständigen Stellen mitzuteilen, wenn die Ratifizierung nicht beschlossen würde und die deutsche Justiz keinen Prozess gegen Lischka und Hagen eröffnete, wäre ein gigantischer Skandal unvermeidlich. Die Antwort ließ nicht auf sich warten: Gegen mich wurde wieder ein Haftbefehl erlassen. Doch ich wusste, dass meine Demonstration uns einen Schritt vorwärtsgebracht hatte, und meine Moral hob sich wieder.

Hätte ich wirklich getötet, wenn unsere Bemühungen erfolglos geblieben wären? Ich glaube fest, dass ich unser Anliegen nicht geschlagen gegeben hätte, ich wäre zurückgekommen und hätte diesmal aus Verzweiflung tatsächlich geschossen. Eben diese unbeugsame Entschlossenheit, für unsere Sache notfalls über mich hinauszuwachsen, war es, die Beate trieb, als sie ihr Leben riskierte, um den von bewaffneten Leibwächtern bewachten Kiesinger zu ohrfeigen. Wenn man für eine große und gerechte Sache kämpft, dann bedeutet aufgeben, ohne dass man alles versucht hat, sich selbst aufgeben, und davon hätte ich mich nie mehr erholt; wäre die Hoffnung in einer Sackgasse gelandet, hätte die Verzweiflung den Weg gewiesen. Aber der Preis wäre eine Veränderung meiner Persönlichkeit gewesen, denn man tötet nicht ungestraft einen Menschen, selbst wenn er schuldig ist.

Die gescheiterte Barbie-Entführung

Die Jahre 1972 und 1973 brachten viele neue Entwicklungen im Fall Barbie. Im Herbst 1972 trat Régis Debray an uns heran. Für ihn mehr noch als für uns verbanden sich in Barbie die nationalsozialistische Unterdrückung in Europa und die einiger Völker Lateinamerikas. Er war ein Weggefährte Che Guevaras, war in Bolivien zum Tode verurteilt worden, durch Intervention General de Gaulles gerettet und nach fünf Jahren Haft freigekommen. Viele 68er-Aktivisten mochten ihn nicht besonders: Er gab ein schlechtes Beispiel – ähnlich wie wir, aber aus anderen Gründen. Régis, Sohn einer einflussreichen Familie, hatte nach seinem Philosophiestudium den Mut gehabt, in einer gnadenlosen Diktatur sein Leben zu riskieren.

Beate empfand viel Hochachtung für Michèle Firk, weil sie 1967 in Guatemala lieber in den Tod gegangen war, als das Risiko einzugehen, dass man sie zum Reden brachte. Ich wiederum hatte Respekt vor der akademischen Laufbahn von Régis Debray. Er lebte in Paris, und wir trafen uns im Café Flore mit ihm. Wir waren uns sympathisch und beschlossen zusammenzuarbeiten: Wir wollten mithilfe der südamerikanischen Beziehungen von Régis und seiner venezolanischen Frau Elisabeth, die er im Gefängnis geheiratet hatte, versuchen, Barbie zu entführen und ihn über Chile, dessen Präsident noch Salvador Allende war, nach Frankreich zu bringen. Der Mann, der eine solche Aktion Régis' zufolge am besten durchführen konnte, war ein ehemaliger linker Journalist, der über seinen Prozess in Camiri berichtet hatte, 1970 von der progressiven Regierung unter General Juan José Torres zum Gouverneur der Stadt Cochabamba ernannt worden war und seit dem blutigen Putsch von General Hugo Banzer im August 1971 im chilenischen Exil lebte.

Sein Name war Gustavo Sánchez Salazar. Er war 45 Jahre alt. Sein Bruder, Offizier der bolivianischen Armee, von der Guerilla gefangen genommen, gut behandelt und wieder freigelassen, hatte verhindert, dass Régis bei seiner Gefangennahme kurzerhand erschossen wurde. Er sei ein Mann, so Régis, dem wir voll vertrauen könnten. Wir schlugen vor, Gustavo nach Paris einzuladen. Er kam am 20. Oktober 1972. Wir machten einen Plan. Gustavo kannte gegen die Diktatur eingestellte junge bolivianische Offiziere. Er regte an, ich solle nach Chile kommen und 5000 Dollar mitbringen, damit die Mitverschwörer ein Auto kaufen und Barbie auf der Landstraße von La Paz nach Cochabamba entführen könnten, wohin er regelmäßig fuhr, weil er dort ein Sägewerk betrieb. Die von Gustavo rekrutierten Männer waren Offiziere bäuerlicher Herkunft, die für eine soziale und politische Revolution waren. Sie würden Barbie den Weg abschneiden und ihn zur chilenischen Grenze bringen. Wenn er dann in Chile wäre, müssten wir mit der Unterstützung politisch einflussreicher Personen, mit denen das Ehepaar Debray befreundet war, einen Weg finden, ihn nach Frankreich zu schaffen.

Mit meinem eigenen Pass konnte ich nicht nach Südamerika fliegen, der Name Klarsfeld war zu eng mit dem Barbies verbunden. Deshalb lieh mir mein alter Schulfreund Michel Boyer seinen Pass. Als ich ihn aufschlug, sah ich, dass der Präfekturstempel auf Michels Passfoto fast millimetergenau an derselben Stelle war wie der Stempel auf dem Foto in meinem Pass. Ein anderer Freund von mir, der Chirurg Daniel Marchac, entfernte beide Fotos mit einem Skalpell und ersetzte das von Michel durch meines. Der Schwindel würde nur bei eingehender Prüfung auffliegen. Ich war jetzt Michel Boyer und übte seine Unterschrift.

Nach meiner Ankunft in Santiago de Chile übernahm Régis die Führung. Wir charterten ein Privatflugzeug, das uns in den Norden Chiles zur bolivianischen Grenze brachte. Malerische Ausblicke über die Anden, wo die Maschine mehrmals auf Hochebenen landete und an primitiven Tankstellen aufgetankt wurde. Ich befand mich am Schauplatz von Howard Hawks' Meisterwerk *S. O. S. Feuer an Bord*. An einem rudimentär markierten Rollfeld warteten wir auf Gustavo und einen bolivianischen Offizier, Carlos, der als Fahrer des Wagens vorgesehen war. Das Geld für das Auto hatten wir im Kreis von Freunden und Bekannten gesammelt. Ich übergab den beiden das Geld, dann trennten sich unsere Wege.

Ich kehrte über Buenos Aires, São Paulo und Rio nach Frankreich zurück. Jetzt mussten wir nur noch auf den günstigsten Moment für die Aktion warten. Doch dann machten drei dramatische Ereignisse unsere Hoffnungen zunichte. Erstens hatte das von uns gekaufte Auto einen Unfall: Carlos musste ein paar Lamas ausweichen, die sich auf die Landstraße verirrt hatten, und verlor die Kontrolle über das Fahrzeug: Totalschaden. Zweitens wurde Barbie wenig später, Anfang März 1973, verhaftet: Während das Oberste Gericht Boliviens mit der Prüfung seiner Auslieferung befasst war, verbrachte er ein paar Tage in Paraguay; aus Angst, Barbie könnte sich auf Dauer nach Asunción absetzen und Frankreich der bolivianischen Regierung Fahrlässigkeit vorwerfen, nahm diese ihn bei seiner Rückkehr in ihre komfortable Obhut. Drittens fand in Chile, gerade als Barbie nach der Ablehnung des Auslieferungsgesuchs im September 1973 freigelassen wurde, der Putsch General Pinochets gegen Präsident Salvador Allende statt, der sich während des Putschs das Leben nahm.

In Brasilien entdeckte ich zufällig in einer Wochen alten *Le Monde*, dass Sciences-Po-Absolventen ohne Prüfung ins letzte Jahr des Jurastudiums einsteigen konnten. Diese Nachricht baute mich auf: Mit meinen 37 Jahren war es nicht zu spät, noch einmal zu studieren. Das war eine zusätzliche Herausforderung, aber zugleich war es für mich eine der wenigen Möglichkeiten, finanziell auf eigenen Beinen zu stehen und einen Beruf zu ergreifen, in dem ich unsere Mission voll und ganz erfüllen konnte.

BEATE

In Dachau verhaftet, in Köln vor Gericht

Haftbefehle, und dass wir uns absichtlich verhaften ließen, gehörten zu unserer Strategie. Morgen würde meine Verhaftung im KZ Dachau das Symbol unseres Kampfes sein. Gegen mich lag seit unserer Kölner Aktion im Mai 1973 wieder ein Haftbefehl vor. An das Gewissen der deutschen Polizisten würde mein Besuch des Lagers nicht rühren, an das der Israelis aber schon, für die ich inzwischen eine fragile Brücke zwischen Deutschen und Juden war. Damit die Israelis meine Freilassung forderten, kam es darauf an, dass sie sich nicht nur von meiner Verhaftung betroffen fühlten, sondern auch von Ort und Tag der Verhaftung: Ich hatte den Yom Hashoah gewählt, den israelischen Gedenktag an die Shoah.

Am 16. April 1974 verließ ich Paris in Begleitung von Henri Pudeleau und Henri Wolff, die mir in ihren Häftlingsjacken in Dachau zur Seite standen. Die Münchner Polizei erhielt einen anonymen Anruf: »Beate Klarsfeld, gegen die ein Haftbefehl vorliegt, befindet sich im Konzentrationslager Dachau.« Kurz darauf trafen mehrere Polizeiwagen vor dem Lager ein, und vor den Augen der Reporter, die das Ganze fotografierten, wurde ich von drei Polizisten abgeführt. Ich wurde ins bayerische Staatsgefängnis gebracht und am nächsten Tag ins Gefängnis nach Köln-Ossendorf, wo ich bereits 1971 drei Wochen verbracht hatte.

Am Tag darauf riefen Demonstranten vor der deutschen Botschaft in Tel Aviv: »Nazis in, Beate out!« Politiker wie Benjamin Halevi, Richter im Eichmann-Prozess und konservativer Knesset-Abgeordneter, und die linke Abgeordnete Chaika Grossmann setzten sich für mein Anliegen ein. Am 23. April fand eine Demonstration vor der deutschen Botschaft in Paris statt. Das änderte nichts an meiner Situation. Ich befürchtete, dass mein Prozess, der im Juni stattfinden sollte, auf Oktober verschoben würde. Dann wäre ich sechs Monate inhaftiert, und das Gericht könnte mich zu den schon abgesessenen sechs Monaten Gefängnis verurteilen, was der deutschen Öffentlichkeit gefallen würde. Mir gefiel diese Aussicht ganz und gar nicht, zumal eine meiner Zellennachbarinnen die gerade von den USA ausgelieferte KZ-Aufseherin Hermine Braunsteiner war. Am 2. Mai fuhren fünfzig KZ-Überlebende aus Paris nach Köln und demonstrierten – verbotswidrig – vor dem Gefängnis: Sie legten dort fünfzig Blumensträuße in den Farben der Trikolore nieder und begaben sich dann vor den Bundestag.

Im Gefängnis verwüsteten die Frauen der RAF ihre Zellen und beschimpften die Aufseher. Ich hingegen war höflich und machte meine Zelle sorgfältig sauber. Brandt hatte wegen der Affäre Guillaume zurücktreten müssen, einem DDR-Spion, der ihm nahestand. Christel Guillaume, seine Frau und Komplizin, war nach Ossendorf eingeliefert worden. Sie wurde in die sauberste Zelle gebracht, die meine. Ich musste also auch meine neue Zelle schrubben, um meinen guten Ruf als Häftling zu behalten.

Ebenfalls am 2. Mai erklärte der französische Interimspräsident Alain Poher seine »tiefe Bestürzung« über meine Inhaftierung. In Israel wurden mehr als hunderttausend Unterschriften für eine Petition gesammelt, die meine Freilassung forderte. Jeden Tag versammelten sich Demonstranten vor der deutschen Botschaft, und ich erhielt Hunderte von Briefen aus Israel. *Le Monde* veröffentlichte eine Petition, zu deren Unterzeichnern unter anderem Jacques Chirac und François Mitterrand gehörten.

Der deutsche Botschafter in Israel, Jesco von Puttkamer, veranstaltete eine Pressekonferenz in Tel Aviv, zu der kein einziger israelischer Journalist erschien. Am 6. Mai fand in der Knesset, trotz der Ankunft Kissingers in Jerusalem, eine Sondersitzung statt, in der einstimmig eine Resolution beschlossen und dem Bundestag übermittelt wurde, die meine sofortige Freilassung und die Ratifikation des deutsch-französischen Zusatzabkommens forderte.

Mein Anwalt Samuel Tamir konnte als Knesset-Abgeordneter sein Land nicht für längere Zeit verlassen und ließ sich deshalb von Arie Marinsky vertreten, der sofort nach Paris reiste, um mit Serge meinen Prozess vorzubereiten. Er und mein deutscher Verteidiger Jürgen Stange verhandelten mit Richter de Somoskeoy acht Stunden lang, bis sie schließlich erreichten, dass ich vorläufig auf freien Fuß gesetzt wurde, mit der Garantie Benjamin Halevis, dass ich Anfang Juni zu meinem Prozess erscheinen würde.

Marinsky erklärte in der *Jerusalem Post*: »Beate Klarsfeld ist wirklich in Gefahr. Der deutsche Justizapparat kann unvorstellbar unbeugsam sein. Es mag undenkbar erscheinen, dass eine Idealistin wie Beate Klarsfeld ins Gefängnis muss, während einige der übelsten Verbrecher auf der ganzen Welt wie Lischka frei und straflos bleiben … Dass eine Deutsche sie an all das erinnert, was sie vergessen wollen, erscheint ihnen unerträglich. In Deutschland herrscht eine Verschwörung des Schweigens.«

Am 9. Mai, nach drei Wochen Haft, konnte ich wieder nach Hause fahren und widmete mich mit Vergnügen wieder dem Haushalt und der Familie. Ich wurde damals öfter mit Antigone verglichen; aber Antigone war nicht verheiratet, ich hingegen war verheiratet und Mutter zweier Kinder, deren eines erst acht Monate alt war. Während ich dem Gesetz noch ungeschriebene Gesetze entgegenhielt, war meine Schwiegermutter die wahre Heldin.

Wir bereiteten uns gründlich auf den Prozess vor. Ich flog sogar mit meiner kleinen Tochter Lida eine Woche nach Israel, um mit Marinsky daran zu arbeiten, und erhielt bei dieser Gelegenheit Auszeichnungen von der Knesset, von Yad Vashem und der Stadt Jerusalem.

De Somoskeoy in Köln wollte nicht zulassen, dass Marinsky auf Englisch plädierte, worauf dieser antwortete, dass ich jeden anderen Anwalt ablehnen und schweigen würde. Somoskeoy gab nach, aber für alle Fälle ordnete er mir noch einen Pflichtverteidiger zu.

Serge sammelte Material für den Prozess und lernte gleichzeitig für sein Jura-Examen. Er versuchte zu erreichen, dass die französische Regierung Deutschland zur Ratifizierung drängte. Ein Mitglied der neuen Regierung Chirac versprach ihm, dass man alles Nötige tun würde, um mich vor dem Gefängnis zu bewahren, aber was die Ratifikation anging, blieb er skeptisch.

Am 25. Juni 1974 wurde mein Prozess eröffnet. Hier die wichtigsten Ereignisse:

Bei der Eröffnungssitzung waren viele meiner Sympathisanten anwesend. Somoskeoy hatte noch nicht entschieden, ob er Zeugen der

Verteidigung zulassen würde oder nicht. Vor dem Gericht wurde demonstriert.

Am 27. Juni bemerkte Somoskeoy, dass Marinsky während der Sitzung dem israelischen Konsul zweimal Notizzettel zukommen ließ. Der Richter verlangte, dass sie verlesen wurden. Auf dem ersten stand: »Gibt es Post für mich?«, auf dem zweiten: »Kannst du mir draußen Aspirin besorgen?« Marinsky ergänzte: »Falls ich irgendwelche Instruktionen empfange, dann nicht aus Jerusalem, sondern aus Bialystok, wo meine ganze Familie von den Deutschen ermordet wurde.«

Am selben Tag schrieb Valéry Giscard d'Estaing, seit Kurzem französischer Präsident, an das deutsche Außenministerium, der Prozess mache ihm Sorgen, er verlange, dass die französischen Zeugen gehört würden, und erinnerte daran, dass der Bundestag das deutsch-französische Zusatzabkommen vom 2. Februar 1971 immer noch nicht ratifiziert hatte. Somoskeoy ließ die französischen Zeugen zu.

1. Juli: Der Gerichtssaal war voll. Jean Pierre-Bloch und viele meiner französischen Freunde waren da, alle mit ihren Auszeichnungen an der Brust. Somoskeoy protestierte gegen das Schreiben des französischen Präsidenten, es sei ein »Angriff auf die Unabhängigkeit des Gerichts«. Auch die deutsche Presse empörte sich.

Von Marinsky ins Kreuzverhör genommen, erinnerte sich Lischka an nichts oder verweigerte die Aussage. Das Publikum stand auf: »Mörder! Nazi!« Chaos brach aus. Alle Medien wandten sich den Ereignissen in Köln und im Gericht zu.

2. Juli: Somoskeoy wurde nach der Lektüre der Morgenzeitungen sehr viel vorsichtiger. Georges Wellers wurde in den Zeugenstand gerufen und sprach über das Leid der Juden in Frankreich. Joseph Billig schilderte Lischkas Karriere. Zwei wichtige Aussagen, aber die deutsche Presse berichtete so gut wie gar nichts darüber, da während ihrer Aussagen nichts Spektakuläres passiert war.

3. Juli: Der Richter kam noch einmal auf die »unerträgliche« Intervention Giscard d'Estaings zurück. Der Pflichtverteidiger, den mir das Gericht aufgezwungen hatte, sprang auf und nannte das Schreiben des französischen Präsidenten eine Taktik, »die an die Nazis erinnert«. Ich protestierte: »Herr Jochum ist nicht mein Anwalt, sondern der von Herrn de Somoskeoy.«

Der erste Zeuge an diesem Tag war der ehemalige Widerstandskämpfer René Clavel, er sollte auch der letzte Zeuge der Verteidigung sein: Er reizte den Richter mit seiner erbarmungslosen Aufzählung unangenehmer Wahrheiten so sehr, dass dieser glaubte, Clavel habe am Ende den Hitlergruß parodiert. Tumult im Saal, Handgreiflichkeiten zwischen Zeugen und Polizisten, Deportierte und Widerstandkämpfer wurden mit Gewalt weggeschleppt.

Am selben Tag erklärte Achenbach, der nach der Intervention des französischen Präsidenten die Gelegenheit für günstig hielt, in einem Interview: »Wir fordern eine Generalamnestie aus humanitären und christlichen Gründen. Als Berichterstatter des zuständigen Ausschusses werde ich die vorgeschlagene Ratifizierung sorgfältig prüfen, und das wird Zeit brauchen, sehr viel Zeit.« Doch als ein paar Tage später das Urteil erging, machten die Medien, die Politiker und die Öffentlichkeit Achenbach dafür verantwortlich, das letzte Hindernis für die Ratifizierung.

Freitag, 5. Juli: Somoskeoy schloss wegen der Zwischenfälle am 3. Juli die Öffentlichkeit aus. Ich protestierte: »Euer Ehren, diese Zwischenfälle fanden wegen Ihrer unmenschlichen Prozessführung statt.« Er wollte mich wegen Missachtung des Gerichts ins Gefängnis werfen. Der Richter erlaubte dem französischen Generalkonsul zu bleiben, der israelische Diplomat hingegen sollte gehen. Der französische Konsul erhob sich und verließ mit dem israelischen Kollegen den Saal.

Staatsanwalt Gehrling forderte eine sechsmonatige Gefängnisstrafe. Der Psychiater, der vom Richter beauftragt worden war, einen Bericht über mein Verhalten zu verfassen, und der, ohne dass ich je mit ihm gesprochen hatte, den Prozess verfolgt hatte, machte seine Aussage und bestätigte, dass ich geistig gesund sei und aus den von mir angegebenen Gründen gehandelt hätte.

Marinskys Plädoyer war bemerkenswert. Er erinnerte daran, warum ein israelischer Anwalt mich verteidigen musste, was ich für die Israelis darstellte, was Lischka für Deutschland darstellte, welche Verbrechen er begangen hatte, und an die Notwendigkeit, seine Straflosigkeit durch die Ratifizierung des Zusatzabkommmens zu beenden. Er schloss mit den Worten: »Ich bete darum, dass ein neues Deutschland sich verwurzelt und dieses Plädoyer für Gerechtigkeit gehört werden wird.«

Ich fügte in meinem Schlusswort hinzu:

Sie haben die einzigartige Gelegenheit, dem Bundestag zu zeigen, dass es seine Pflicht ist, das deutsch-französische Zusatzabkommen zu ratifizieren und den Gerechtigkeitssinn in diesem Land zu stärken. Meinen Freunden und mir ist es nicht leichtgefallen, gegen die Gesetze zu verstoßen, um Gerechtigkeit zu erreichen. Es wird Ihnen ebenso wenig leichtfallen, mich freizusprechen, obwohl Sie wissen, dass ich gegen das Gesetz gehandelt habe, aber wenn Sie es tun, zeigen Sie im Gegensatz zu vielen anderen deutschen Richtern vor Ihnen, dass es möglich ist, nicht nur dem Buchstaben des Gesetzes zu gehorchen.

7. Juli: Die Knesset kam zu einer Sondersitzung zusammen, auf der sie einstimmig gegen meinen Prozess protestierte und dem Kölner Gericht vorwarf, wie es die Überlebenden der Vernichtungslager behandelt hatte.

8. Juli: Am Tag vor der Urteilsverkündung fand ein Gipfeltreffen zwischen dem neuen Kanzler Helmut Schmidt und Valéry Giscard d'Estaing statt. Zur allgemeinen Überraschung verkündete Schmidt im Anschluss, er habe sich gegenüber dem französischen Präsidenten dazu verpflichtet, dass das Zusatzabkommen noch vor Jahresende ratifiziert würde. Bei dem Gipfeltreffen hatte es um Wirtschaftsfragen gehen sollen, doch es ging um Rechtsfragen.

9. Juli: Tag der Urteilsverkündung. Sehr viele Franzosen waren da. Am Morgen legten wir vor dem Denkmal für die Deutschen, die sich den Nazis widersetzt hatten, und vor dem Kölner Gefängnis, in dem viele Widerstandskämpfer geköpft worden waren, Kränze nieder. Um 14 Uhr fiel das Urteil: Zwei Monate Gefängnis, die sechzehn Tage, die ich 1971, und die einundzwanzig Tage, die ich 1974 im Gefängnis war, wurden mir angerechnet, und für die verbleibenden 23 Tage brauchte ich nicht sofort ins Gefängnis zu gehen, da erst noch die Berufungsinstanz in Karlsruhe über meinen Fall entscheiden sollte. Das Publikum protestierte, die Marseillaise wurde gesungen. Es herrschte allgemeine Empörung.

Maurice Delarue schloss seinen Artikel in *Le Monde*: »Die Franzosen wollen die europäische Union nicht mit dem Deutschland von Lischka und den Kölner Richtern machen, sondern mit dem Deutschland von Willy Brandt und Beate Klarsfeld.«

Im *Combat* erschien auf der Titelseite ein sechsspaltiger Artikel unter dem Titel: »Und Beate, Herr Präsident?«, und im *Express* schrieb Roger-Gérard Schwartzenberg in seiner Kolumne unter dem Titel: »Beate und die Roboter«: »Diejenigen, die die Vergangenheit vergessen, sind dazu bestimmt, sie zu wiederholen. Das ist der Sinn des Schreis, den Beate so mutig erhebt. Um die schlafende Öffentlichkeit in Deutschland und anderswo aufzuwecken. Und nichts wird sie zum Schweigen bringen. Denn es ist die Stimme der Wahrheit und der Moral. Und deshalb, Madame, nehmen Sie in der Stunde, da die deutsche Justiz sich verurteilt, indem sie Sie verurteilt, unsere Huldigungen entgegen.«

Diese kafkaeske Situation war das Ergebnis der Strategie, die Serge und ich entwickelt hatten. Am 10. Juli bekundeten mehr als zweitausend Menschen vor der deutschen Botschaft in Paris ihre Unterstützung für mich. Serge stand mit einem Blumenstrauß neben mir, Polizisten umringten uns. Ich stand im Mittelpunkt der Aufmerksamkeit. Aber ich ließ mich nicht täuschen: Ich hatte schon zu oft erlebt, dass wir nach einem Triumph wieder fast allein dastanden, wenn es darum ging, unbequeme Wege zu gehen.

Die Ratifizierung würde das deutsch-französische Zusatzabkommen zum Gesetz erheben. Es wurde »Lex Klarsfeld« getauft – glaubhafter konnte man uns nicht würdigen. Das internationale Echo auf meine Verurteilung brachte die Wende: Achenbach musste als Berichterstatter des Auswärtigen Ausschusses zurücktreten. Am schärfsten hatten sich seine eigenen Parteigenossen gegen ihn gewandt. Mit seiner politischen Karriere ging es fortan bergab. Meine Pressekonferenz am 1. Januar 1975 in Bonn, auf der ich an alle Bundestagsabgeordneten eine Achenbach gewidmete Sonderausgabe von *Le Monde juif* verteilte, verhinderte seine Teilnahme an der Bundestagsdebatte über die Ratifizierung.

Am 30. Januar 1975 waren Serge, Julien und ich wieder in Bonn, um an dieser Debatte teilzunehmen. Man ließ mich nicht ins Gebäude. Fünfzehn Polizisten eskortierten und überwachten uns den ganzen Abend. Die SPD/FDP-Koalition stimmte geschlossen für die Ratifizierung, die CDU dagegen.

Aber damit war es noch nicht vorbei: Im Bundesrat, wo die CDU die Mehrheit hatte, wollte sie geschlossen dagegenstimmen, und das drohte die Ratifizierung auf den Sankt-Nimmerleins-Tag zu verschieben. Wir mussten noch weitere Enthüllungen über alte Nazis in wichtigen Ämtern bekannt machen. Am 4. Februar gaben wir in Jerusalem eine Pressekonferenz: Hans Schirmer, der im Auftrag des Auswärtigen Amts die Gespräche zwischen der EU und den arabischen Ländern vorbereitete, war Kiesingers Vorgänger in Hitlers Auslandspropaganda-Apparat, der im Nahen Osten Meldungen verbreitete wie die, dass die Juden die Todfeinde der Araber seien und dass das Wohl der Araber nur von den Achsenmächten kommen könne, die bereit seien sie von der jüdischen Pest zu befreien. Kurz nach dieser Pressekonferenz schied Schirmer »aus Gesundheitsgründen« aus dem Amt. Am 17. Februar war ich in Straßburg, wo das europäische Parlament über eine Resolution abstimmte, die jede Straflosigkeit von Kriegsverbrechern verurteilte. Nur die CSU stimmte dagegen. Das ließ erahnen, dass die CDU ihre Haltung geändert hatte.

Tatsächlich stimmte der Bundesrat am 21. Februar 1975 mit großer Mehrheit für die Ratifizierung.

Protest in Damaskus

19. Januar 1974. Das Flugzeug von Paris nach Damaskus landete. Die Situation im Nahen Osten war für die Juden schlimmer denn je, besonders in Syrien, wo die Unterstützung der Palästinenser durch das Baath-Regime die sehr alte jüdische Gemeinde in Syrien unter ständig wachsenden Druck brachte. Noch angespannter wurde die Lage durch den schwer errungenen Sieg des Tsahal über die syrischen und ägyptischen Armeen im Jom-Kippur-Krieg vorigen Oktober. Im benachbarten Libanon bedrohte der Zustrom der aus Jordanien ausgewiesenen palästinensischen Kämpfer das fragile Gleichgewicht der verschiedenen Bevölkerungsgruppen.

Ich checkte unbehelligt in Damaskus aus, wahrscheinlich weil ich mein Visum unter meinem Mädchennamen beantragt hatte. Aber meine Familie, ein paar Tausend Kilometer entfernt, war in höchster Sorge. Ich war erst zwei Stunden in meinem Zimmer im Hotel Omeyyades, als Serge mich anrief, der sehr unruhig war, mich ganz allein in einem Land zu wissen, wo unser Engagement auf sehr wenig Sympathie stieß, um es milde auszudrücken. Er hatte recht, ich musste schnell und entschlossen handeln. Ich fuhr mit dem Taxi zum Präsidentenpalast, wo ich versuchen wollte, meine Botschaft direkt Präsident Hafiz al-Assad zu übergeben. Aber der starke Mann des Landes, der 1970 durch einen Staatsstreich an die Macht gekommen war, war mit wichtigeren Angelegenheiten beschäftigt. Ein Berater empfahl mir, es in ein paar Tagen wieder zu versuchen. Als ich ins Hotel zurückkehrte, erhielt ich Besuch vom palästinensischen Korrespondenten einer amerikanischen Presseagentur, dann kamen auch seine Kollegen von Reuters und der AFP. Kaum verhüllt kritisierten sie alle mein Vorhaben.

Als ich abends aus einem drückenden Gefühl vollkommener Einsamkeit heraus mit meiner Familie zu telefonieren versuchte, war die Leitung tot. Unmöglich, irgendjemanden anzurufen. Erst als der französische Botschafter persönlich intervenierte, der ins Hotel kam und mich zu sehen verlangte, kam ich aus meiner Isolation heraus.

Die syrischen Behörden ließen nichts von sich hören. Doch ich hoffte auf die Hilfe von Colette Khoury, einer syrischen Literaturprofessorin, die aus der christlichen Bourgeoisie stammte und enge Kontakte zu den Kreisen der Macht hatte. Sie hatte mir kurz nach meiner Ankunft ein Treffen vorgeschlagen. Ich verabredete mich im Hotel mit ihr.

Der Ton unserer Unterhaltung war zunächst sehr freundlich. Die sehr orientalische Höflichkeit dieser Französischprofessorin hellte die bedrückende Atmosphäre auf, die mich seit meiner Ankunft in Damaskus umgab. Doch sehr schnell begann sie, heftige Schmähungen gegen Israel einzuflechten, und das Gespräch wurde sehr einseitig. Doch sie lud mich am Abend des zweiten Tages zu einem Essen mit einigen Offiziellen ein. Zwei Weltsichten, zwei politische Deutungen der zeitgenössischen Geschichte und der Tragödie der europäischen Juden prallten aufeinander. Dazwischen der unüberwindliche Graben der palästinensischen Tragödie.

Früh am nächsten Morgen klopfte es an die Tür meines Zimmers. Vor der Tür standen Beamte des Innenministeriums, die mir mitteilten, ich hätte ihre Geduld lange genug strapaziert. Ein Wagen wartete schon. Mein Gepäck wurde eingeladen, meine Rechnung von der Regierung beglichen, ich wurde zum Flughafen gefahren.

Als ich später, im März, mit Serge in Israel war, empfingen mich die

Angehörigen der in Syrien festgehaltenen Kriegsgefangenen mit Blumen. Ein Krieg, zwei Lager. Ich hatte das meine schon lange gewählt. Die Premierministerin Golda Meir empfing uns am 23. März. Einige Zeit danach schrieb sie:

> Mut, Überzeugung, Mitgefühl, Anstand, Gerechtigkeit und eine Selbstaufopferung, die kein Risiko scheut, das sind die Worte, die mir in den Sinn kommen, wenn ich den Namen Beate Klarsfeld höre. Diese nichtjüdische Frau hat sich mit unerschütterlicher, unübertrefflicher Integrität der Aufgabe gewidmet, die Überreste des Nationalsozialismus aufzuspüren und auszuschalten, wo auch immer diese obszönen Verbrecher Zuflucht gefunden haben. Ihre leidenschaftliche Menschlichkeit hat sie dazu bewegt, sich mit den Juden zu identifizieren, wo immer sie dreißig Jahre nach der Vernichtung durch die nationalsozialistische Todesmaschine Opfer von Diskriminierung und Verfolgung sind. Für Israel und das jüdische Volk ist Beate Klarsfeld eine »Frau von Wert«, das ist der höchste Titel, den die jüdische Tradition kennt. Das Beispiel Beate Klarsfelds ist die persönliche Anerkennung einer Frau, dass Recht und Gerechtigkeit Vorrang vor allem anderen haben.

Der Abgeordnete und mehrmalige Minister Victor Shem-Tov verlieh mir die Medaille des Ghetto-Aufstands.

Nach meinem Prozess in Köln lud der Jerusalemer Bürgermeister Serge und mich ein, einige Tage in der heiligen Stadt zu verbringen, bevor ich mit den Kindern für die Ferien in den Kibbuz Dalia fuhr. In vier aufeinanderfolgenden Sommern verbrachten wir unsere Ferien in verschiedenen Kibbuzim.

Im Oktober 1974 reiste ich nach Rabat in Marokko, wo das siebte Gipfeltreffen der arabischen Länder stattfand. Dort wollte ich meine Erbitterung über die in Worten wie in Taten grundsätzlich feindselige Haltung der arabischen Regierungen gegenüber Israel zum Ausdruck bringen. Ich verteilte Flugblätter, mit denen die Staaten der Region aufgefordert wurden, »Israel in Frieden leben zu lassen«:

> Ich bin hierhergekommen, weil es zumindest einen Menschen geben muss, der beim Gipfeltreffen der arabischen Länder gegen eine Politik protestiert, deren Ziel die Zerstörung des Staates Israel ist. Vor dreißig

Jahren ermordete Hitlerdeutschland sechs Millionen Juden, und die Welt schaute gleichgültig zu. Meine Pflicht als Deutsche ist es daher, den arabischen Ländern zu sagen: Nehmt euch kein Beispiel an den Verbrechen, deren sich mein Land schuldig gemacht hat. Lasst den jüdischen Staat in Frieden leben. Dieses Land ist die Zuflucht für Menschen, die die Vernichtung durch die Nazis überlebt haben; für Menschen, die aus den kommunistischen Staaten vertrieben und in der Sowjetunion unterdrückt wurden; und für diejenigen, die in größerer Zahl die arabischen Länder verlassen mussten als die 1948 vertriebenen oder geflohenen Palästinenser. In Palästina ist Platz für zwei Staaten, wie es die Balfour-Deklaration vorsah, für den Staat Israel und den Staat Palästina.

Die Organisatoren des Gipfels hatten bei den Sicherheitsdiensten Druck gemacht. Hassan II. befürchtete, dieser Gipfel, von dem er sich diplomatische Vorteile auf Kosten des algerischen Nachbarn erwartete, könnte durch ein Sandkorn beeinträchtigt werden. Marco, der im März 1971 in Köln bei der gescheiterten Lischka-Entführung dabei gewesen war, begleitete mich. Das Flugzeug landete am Morgen des 26. Oktober in Casablanca. Wir hatten die 250 Flugblätter im Gepäck, das wir in einem Leihwagen verstauten, in dem wir unbehelligt durch die zahlreichen Sicherheitskontrollen auf dem Weg nach Rabat kamen. Wir parkten in der Nähe des Informationsministeriums, ohne ins Blickfeld der Polizei zu geraten. Das sollte nicht so bleiben. Doch inzwischen hatten wir das Ziel erreicht, das wir uns gesetzt hatten. Ich verteilte die Flugblätter. Marco hielt sich abseits, und als die Polizei schließlich auftauchte und mich ins Ministerium brachte, stahl er sich davon. Ich wurde lange von einem hochrangigen Polizisten verhört, der wohl hoffte, eine Verschwörung aufzudecken. Er prüfte meinen Pass: Die sechs israelischen und zwei syrischen Visa-Stempel irritierten ihn, er war sichtlich verärgert über die Nachlässigkeit der Grenzpolizei, die sie am Flughafen nicht einmal bemerkt hatte. Als er hörte, dass ich mit Marco gekommen war, der verschwunden war, wurde er wütend und befahl, ihn sofort festzunehmen. Ich wurde in die Polizeidirektion gebracht: Fotos, Fingerabdrücke, weiteres Verhör.

Während Marco wie verabredet über Tanger und Spanien nach Frankreich zurückkehrte, verbrachte ich die Nacht zwischen zwei Polizisten auf einer Bank, bevor ich am nächsten Morgen mit dem ersten Flug nach Paris abgeschoben wurde.

Le Monde, *L'Aurore* und der *Figaro* berichteten über meine Aktion und die Verhaftung. »Beate Klarsfeld provoziert einen neuen Zwischenfall«, titelte der *Figaro*: »In ihren auf Französisch und Englisch verfassten Flugblättern unterstrich sie das Lebensrecht Israels und die Notwendigkeit sicherer Grenzen für diesen Staat. Beate Klarsfeld wurde vom Sicherheitsdienst festgenommen. Am Abend befand sie sich immer noch in Haft.« Einen Monat später gab der israelische Außenminister Jigal Allon uns zu Ehren einen Empfang und erklärte der *Jerusalem Post*: »Beate tut mehr als mein ganzes Ministerium.«

Am 13. Januar 1975 gaben wir auf einer Pressekonferenz in Bonn neue Dokumente bekannt, die Serge über Ernst Achenbach gefunden hatte, der nach wie vor seine alten Nazifreunde verteidigte. Ich verteilte die Akte an fünfhundert Bundestagsabgeordnete.

Wir wollten erreichen, dass Achenbach als Vorsitzender der parlamentarischen Vereinigung für europäisch-arabische Zusammenarbeit zurücktreten musste, indem wir enthüllten, dass einer seiner engsten Mitarbeiter Horst Wagner war, der im Dritten Reich im Judenreferat des Auswärtigen Amts tätig war und vor allem mit dem Groß-Mufti von Jerusalem, der im Berliner Exil lebte, zusammengearbeitet hatte, um die Rettung Tausender jüdischer Kinder zu verhindern. Tatsächlich musste Achenbach bald von dieser Funktion zurücktreten.

Ich flog nach Kairo, aus ähnlichen Gründen wie im Jahr zuvor nach Damaskus. Ich erwartete, dass das Ägypten Anwar as-Sadats sich von Achenbach distanzierte, dass unter seiner Führung neue Beziehungen zum benachbarten Israel angestoßen würden und Ägypten sich bei der syrischen und der irakischen Regierung dafür einsetzte, dass die jüdischen Minderheiten nicht mehr verfolgt würden. Ich flog ohne Visum, aber man ließ mich einreisen. Ich hatte vor, gleich im Anschluss nach Beirut, Bagdad und erneut nach Damaskus weiterzureisen, um die Botschaft dort persönlich zu vermitteln. Der ägyptische Informationsminister empfing mich und hörte mich mit ausgesuchter Höflichkeit an. In Syrien ließ mich der Zoll am Flughafen nicht einreisen. Daher flog ich weiter nach Beirut, wo ich für achtundvierzig Stunden ein Visum erhielt.

Das Saint-Georges war vor dem Bürgerkrieg eines der berühmtesten Hotels der libanesischen Hauptstadt. Dort traf ich mich in meinem Zimmer mit Journalisten der französischsprachigen libanesischen Tageszeitung *Le Jour* und dem Korrespondenten von Associated Press. Wir hatten noch kaum angefangen zu reden, als fünf Agenten des libanesischen Sicherheitsdiensts hereinplatzten. Die beiden Hotelangestellten, die sie begleiteten, stopften meine Sachen in meinen Koffer. Die folgende Szene war ich schon gewohnt: Ich wurde ins Gebäude des Sicherheitsdienstes gebracht, wo mir ein Beamter unerwartet zu meiner Kampagne gegen Barbie gratulierte – bevor er mich aufforderte zu bedenken, wie die Israelis im Süden des Landes die Libanesen behandelten. Dann kam das übliche, monotone Ritual einer im Kommissariat auf einer Bank verbrachten Nacht, von drei zum Flughafen rasenden Autos und Polizisten, die mich erst am Flugzeug nach Rom freiließen, von wo ich nach Paris zurückflog.

SERGE

Auf der Suche nach unwiderleglichen Beweisen

Im Jahr 1974, das ohnehin mit Aktionen angefüllt war, widmete ich mich zudem meinem Jurastudium. Ich schleppte meine Bücher überallhin mit und schlug sie auf, sobald ich eine Minute Zeit hatte. Ich musste das vierte Jahr abschließen und das Examen bestehen.

Im selben Jahr bat mich Jean-Michel Charlier, der Autor der Comic-Serie *Leutnant Blueberry*, um Ideen für eine Dokumentarfilmreihe mit dem Titel »Les dossiers noirs« (Die schwarzen Akten), die von Personen erzählte, die in der Geschichte eine wichtige Rolle gespielt haben, aber nie an der Macht waren. Ich schlug Otto Strasser vor, der Hitler erst nahestand und ihn dann bekämpfte, sowie Menachem Begin, den ich bewunderte und der im Jahr zuvor trotz seiner feindseligen Haltung gegenüber den Deutschen der einzige Politiker gewesen war, der Beate freundlich empfangen hatte. Ich bin überzeugt, hätte nicht die Untergrundorganisation Irgun unter Begins Kommando gegen die Briten gekämpft, wäre es in jenen Wochen, die sich als entscheidend erweisen sollten, niemals zu der an ein Wunder grenzenden Übereinstimmung zwischen den unterschiedlichen Interessen von USA und Sowjetunion gekommen, die dazu führte, dass beide der Gründung des jüdischen Staates zustimmten.

Strasser interviewte ich lediglich, in München; er war ein zänkischer und verbitterter Greis, den ich mir nur schwer als den NSDAP-Führer vorstellen konnte, der er gewesen war, wie auch sein Bruder Gregor, der 1934 bei der »Nacht der langen Messer« von Hitlers Leuten ermordet wurde. Jetzt litt er unter Altersschwäche. Menachem Begin dagegen, den ich zusammen mit Beate in Jerusalem traf, verkörperte für mich nicht nur die Vergangenheit, sondern auch die Zukunft. Ich schrieb ein Drehbuch mit dem Titel »Begin und die Irgun«, in dem es um drei entscheidende Momente ging: den Anschlag auf das King David Hotel, den Ausbruch der Irgun-Mitglieder aus der Festung von Akko und das Massaker von Deir Yasin. Wir drehten natürlich in Israel, aber auch in England, wo wir Sir Alan Cunningham und Sir John Shaw interviewten, den letzten britischen Hochkommissar für das Völkerbundsmandat für Palästina und seinen Generalsekretär. Cunningham war mindestens neunzig. Er war ein guter Mensch. Er zeigte uns in aller Ruhe ein Fotoalbum: »Mein Freund Abdullah, meine Freundin Golda Meir, mein Freund Glubb Pascha ...«, um plötzlich herzzerreißend aufzuschluchzen: »Oh, mein Hund, mein Hund!«, als sein Blick auf einen Dackel fiel, den er mindestens so sehr geliebt haben muss wie das Britische Empire. Sir John Shaw wollte uns nicht bestätigen, dass er dem anonymen Anrufer, der ihn gewarnt hatte, im King David Hotel, wo Shaws Verwaltungsstab saß, werde eine Bombe hochgehen und er müsse das Hotel räumen lassen, erklärt hatte: »Ich bin hier, um Juden Befehle zu erteilen, und nicht, um welche zu empfangen.«

Nachdem ich im Juni 1974 mein Jura-Examen gemacht hatte, musste ich innerhalb weniger Wochen vier Jahre Straf-, Zivil-, Handels- und Verwaltungsrecht nachholen, um die schwere Anwaltsprüfung zu bestehen. Und all dies neben den Demonstrationen und Reisen.

Die schriftliche Prüfung bestand ich knapp, dank des allgemeinbildenden Teils. Ich erinnere mich, dass ich vor der mündlichen eine schlaflose Nacht mit dem Versuch verbrachte, ein Werk über Rechnungsführung zu verstehen und mir zu merken, das ich noch nie aufgeschlagen hatte. Aber alles ging gut – welch ein Glück für mich und die Meinen! Wir waren nicht mehr Opfer meines Engagements, im Gegenteil, dank ihm hatte ich nun einen freien Beruf, der mir Freiheit und Anerkennung verschaffte und mich befähigte, nicht nur für unseren Lebensunterhalt zu sorgen, sondern auch unserer Sache noch besser zu dienen. Denn dank der absehbaren Ratifizierung des Zusatzabkommens, die im Februar 1975 erfolgen würde, rückten die Prozesse gegen die NS-Verbrecher näher.

Wir mussten nun eine Strategie für die nächste Phase entwickeln. Die deutsche Justiz hatte bisher nichts unternommen, um die politische Klasse davon zu überzeugen, dass sie bereit war, die »Lex Klarsfeld« anzuwenden und Verfahren gegen die Naziverbrecher zu eröffnen, die in Frankreich gewütet hatten. Generalstaatsanwalt Gehrling, derselbe, der gegen Beate ermittelt hatte, sollte nun gegen Lischka und Hagen ermitteln und entscheiden, ob die Ergebnisse für eine Anklage ausreichten und zu einer Verurteilung führen könnten. Wir mussten also unwiderlegliche Beweise dafür finden, dass die Angeklagten gewusst hatten, welches Schicksal den Deportierten bevorstand.

Ich ging folgendermaßen vor: Ich ordnete die Fotokopien der Tausende deutscher Dokumente über die »Endlösung« in Frankreich, die ich im CDJC oder in den Militärgerichtsarchiven gefunden hatte, in chronologischer Reihenfolge in elf Bände. Dann listete ich alle auf, die Lischka und Hagen unterzeichnet oder paraphiert hatten, deren Empfänger oder Absender sie waren oder in denen sie zitiert wurden. So entdeckten wir zwei Dokumente, die eindeutig bewiesen, dass Lischka die tatsächliche Bedeutung der »Endlösung« gekannt hatte.

Das erste Dokument stammte vom 13. Mai 1942. Es war ein Bericht von Theo Dannecker, dem Chef des Gestapo-Judenreferats, für Knochen und Lischka. Er hatte eine Unterredung mit dem Chef der Eisenbahntransportabteilung in Frankreich, Generalleutnant Kohl:

> In der 1¼ Stunde dauernden Unterredung habe ich dem General einen Überblick über Judenfrage und Judenpolitik in Frankreich gegeben. Dabei konnte ich feststellen, daß er ein kompromißloser Judengegner ist und einer Endlösung der Judenfrage mit dem Ziel restloser Vernichtung des Gegners 100%ig zustimmt.[33]

Generalleutnant Kohl hatte also Danneckers Ausführungen zur Deportation nach Osten entnehmen können, dass sein Ziel die Vernichtung der Juden in Frankreich war. Dieses Dokument trug Lischkas Paraphe. Das zweite Dokument, ebenfalls von Lischka paraphiert, war ein Bericht Danneckers vom 20. Juli 1942, Adressaten waren Knochen, Lischka und Oberg:

> IV. Jüdische Auswanderung:
> Zu dieser Frage gab der Leiter des Lagers Les Milles interessante Hinweise. Er stellte fest, daß die jüdische Auswanderungsorganisation »Hicem« bei vorhandenen Schiffspassagen jede Summe bezahlt, um Juden die Auswanderung zu ermöglichen. Dies ist ein Beweis dafür, daß

[33] Klarsfeld, *Vichy – Auschwitz*, a.a.O., S. 409.

das Weltjudentum sich darüber klar ist, daß die im deutschen Machtbereich befindlichen Juden ihrer restlosen Vernichtung entgegengehen.«[34]

Im Fall Hagens war der Beweis leichter: Er hatte Eichmann und die Hauptvollstrecker der Vernichtung ausgebildet, und er war es, der neben seinem unmittelbaren Vorgesetzten General Oberg, »Höherer SS- und Polizeiführer« und Himmlers Vertreter in Frankreich, am heftigsten auf massenhafte Deportationen drängte.

Außer Lischka und Hagen war noch ein weiterer SS-Mann an den Deportationen in Frankreich beteiligt: SS-Unterscharführer Ernst Heinrichsohn, den wir vor Kurzem ausfindig gemacht hatten. Heinrichsohn war mit zweiundzwanzig Jahren Stellvertreter von Dannecker geworden. Aus den Dokumenten ging hervor, dass er damals Jurastudent war. Also gingen wir wieder die Liste aller Anwälte in der Bundesrepublik durch. Bingo: Er war Anwalt und Notar im bayerischen Miltenberg und Bürgermeister im nahegelegenen Bürgstadt.

Julien Aubard und ich setzten uns in den Zug und mieteten in München, wo wir uns mit Lisa trafen, ein Auto. Julien hatte Heinrichsohn im Lager Drancy gesehen und würde ihn wiedererkennen. Der war damals ein großer, eleganter, blonder junger Mann und kontrollierte, wie Zeugen berichteten, mit besonderem Vergnügen die Deportation der 3000 Kinder, die zwischen dem 17. und 28. August 1942 in sechs Zügen abtransportiert wurden.

In Miltenberg rief Lisa in Heinrichsohns Kanzlei an und erfuhr, dass er im Gericht war. Wir postierten uns davor. Ein gutgekleideter blonder Mann kam heraus. Julien glaubte, er sei es. Wir folgten dem Wagen, in den er eingestiegen war. Er hielt an und ging in einen Laden. Ich lief zu seinem Auto, in der Heckablage lag der Guide Michelin »Allemagne«: Alles, was Heinrichsohn von seinem Aufenthalt in Frankreich behalten hatte, wo er die Juden verfolgt hat, 1942 an der Organisation jedes Deportationszugs beteiligt war und 1944 den Widerstandskämpfer André Rondenay kurzerhand erschossen hatte, war die exzellente französische Gastronomie!

Wir wollten ganz sichergehen, dass der Mann Heinrichsohn war, und folgten ihm ganz offen. Er drehte sich um, erblickte einen Mann in seinem Alter mit hartem Gesicht, Julien, und ging schneller, ohne

---

[34] Ebd., S. 441.

uns abzuschütteln, bis er schließlich in einem Polizeiposten verschwand. Jetzt hatten wir keinen Zweifel mehr. Er hat wohl gefürchtet, wir wollten ihn erschießen.

Uns ging es vor allem um die Verurteilung dieser drei Männer. Wenn ein Prozess gegen sie eröffnet wurde, würde es der deutschen Justiz schwerfallen, sie nicht zu verurteilen. Anderenfalls würden wir handeln, wie wir es immer getan haben: mit gesetzwidrigen Aktionen, deren symbolische Bedeutung ins Auge springt.

Um die Notwendigkeit eines solchen Prozesses noch deutlicher zu machen, suchten wir nach weiteren Verantwortlichen des deutschen Polizeiapparats in Frankreich, die noch am Leben waren:

Fritz Merdsche war Kommandeur der Sipo-SD in Orléans, ihm unterstanden vier Departements. Zu seinem Zuständigkeitsbereich gehörten zwei Lager, Pithiviers und Beaune-la-Rolande, von wo acht Züge mit je 1000 Deportierten direkt nach Auschwitz gingen. In diesen Lagern wurden Tausende von Kindern von ihren Müttern getrennt und nach Drancy und von da weiter nach Auschwitz geschickt. Im August 1944, als die Gestapo in Bourges 39 Juden nicht mehr nach Drancy schicken konnte, darunter 11 Frauen, rief der dortige Chef Erich Hasse Merdsche an und fragte, was er mit ihnen machen solle. Merdsche antwortete prompt: »Liquidieren Sie sie.« Sie wurden teils erschossen, teils lebendig in den Brunnen von Guerry geworfen. Merdsche wurde in Frankreich zweimal in Abwesenheit zum Tode verurteilt. Wir fanden heraus, dass er in Frankfurt Schriftleiter der *Neuen Juristischen Wochenschrift* und pensionierter Richter war. Gegen ihn gab es verschiedene Ermittlungsverfahren in Deutschland, die jedoch eingestellt wurden: Er starb 1985 in seinem Bett.

Hans-Dietrich Ernst wurde in Abwesenheit viermal zum Tode verurteilt. Er war 1942 bis 1944 Kommandeur der Sipo-SD in Angers und zuständig für acht Departements. 1944 hatte er das grausame Kommando Ernst in den Vogesen befehligt. Seine Bilanz: Die Deportation von 8463 Personen, von denen 3773 nicht zurückgekehrt sind, und von 824 Juden im Transport Nr. 8 vom 20. Juli 1942 aus Angers, darunter 201 französische Staatsangehörige, die Ernst entgegen den geltenden Richtlinien in den Transport aufgenommen hatte, um auf eine ausreichende Zahl zu kommen. Er lebte als Anwalt und Notar im norddeutschen Leer. Ich fuhr dorthin, um ihn zu identifizieren. Ich erreichte, dass ihm die Zulassung als Anwalt und Notar entzogen wurde, und brachte ihn vor Gericht. Bevor die Hauptverhandlung eröffnet werden konnte, starb Ernst jedoch an den Folgen eines Treppensturzes.

Modest Graf von Korff war Kommandeur der Sipo-SD in Châlons-sur-Marne. Im Oktober 1942 hatte er die Kinder jener Juden deportieren lassen, die er im Juli 1942 verhaftet hatte. Er war der Einzige, der 1988 in Bonn vor Gericht erschien. Er hatte in der Bundesrepublik Karriere gemacht: Bis zu seiner Pensionierung 1974 war er Ministerialrat im Bundeswirtschaftsministerium.

Dr. Waldemar Ernst war als Kriegsverwaltungsrat verantwortlich für die Razzia vom 12. Dezember 1941 in Paris, bei der 743 wohlhabende Juden verhaftet und im Lager Compiègne, das der Militärverwaltung unterstand, unter unmenschlichen Bedingungen inhaftiert wurden, wo vierzig von ihnen starben, die anderen wurden deportiert. Er war inzwischen Chef der Stahlwerke in Baden-Württemberg – mit 1300 Beschäftigten –, die seiner Frau gehörten. Als wir ihn ausfindig machten und seine NS-Vergangenheit aufdeckten, trat er von seinem Posten zurück.

Ich könnte noch viele weitere Beispiele anführen. Bei jeder Entdeckung stellten wir detaillierte Akten zusammen, fotokopierten sämtliche Dokumente, suchten Zivilkläger, sammelten Zeugenaussagen, übersandten das Material an die zuständigen Staatsanwaltschaften in Deutschland und informierten die Presse unter Umständen, die die Verbreitung der Informationen sicherten. Beate übersetzte unsere Argumentation.

Ein etwas anderer Fall war der von Rudolf Greifeld, Geschäftsführer des Kernforschungszentrums in Karlsruhe, der vor kurzem in den Aufsichtsrat des Kernforschungsinstituts Laue-Langevin in Grenoble berufen worden war. Einer der Forscher, Herr Grünebaum, erzählte mir, dass Greifeld sich eines Abends, als er getrunken hatte, abfällig über die Juden geäußert habe und dass er während des Kriegs in Paris stationiert gewesen sei. Grünebaum bat mich, nach der Nadel im Heuhaufen zu suchen, dabei war ich nicht einmal sicher, dass es irgendetwas herauszufinden gab. Doch um Grünebaum einen Gefallen zu tun, der mir auch ein Exemplar von Greifelds Unterschrift überlassen hatte, durchsuchte ich die Tausende Dokumente der deutschen Militärverwaltung Stück für Stück und wurde nach Stunden tatsächlich fündig. Greifeld hatte 1941 an das Polizeireferat geschrieben: »In letzter Zeit machen sich die Juden in Paris wieder sehr breit. So waren z. B. in der Silversternacht in dem Cabaret ›Le bœuf sur le toit‹ im Gebäude des Hotels ›George V‹ – von den Wehrmachtsangehörigen abgesehen – sehr viele Juden. [...] Ich rege deshalb an, daß die Bewilligung auf verlängerte Polizeistunde in den von Wehrmachtsangehörigen häufig besuchten Lokalen überprüft und die Verlängerung der Polizeistunde von der Verpflichtung abhängig gemacht wird, daß der Eigentümer ein Schild an der Tür anbringt, wonach Juden der Zutritt verboten ist.« Auf diesen Fund hin forderten 350 französische Physiker aus Grenoble in einer Petition Greifelds Abberufung. Er bestritt die Echtheit des Dokuments, und eine deutsche Kommission sollte die Echtheit im Pariser CDJC überprüfen, doch am Tag vor deren Abreise trat Greifeld 1975 zurück. Wir haben die Verbrecher stets mit ihrer eigenen Unterschrift konfrontiert.

Zusammen mit Maurice Pioro, dem Vorsitzenden der Union des déportés juifs de Belgique, suchten wir auch die beiden Hauptverantwortlichen für die Deportation von 25 000 Juden aus Belgien, Ernst Ehlers und Kurt Asche. Wir organisierten eine Zusammenkunft im jüdischen Gemeindezentrum in Brüssel, bei der wir bekannt gaben, dass SS-Obersturmbannführer Ernst Ehlers am Leben und seine Verbrechen straflos geblieben waren. Er war ab Juli 1941 Chef der Sipo-SD-Dienststelle Brüssel und ab 1944 für ganz Belgien und Nordfrankreich zuständig. Nach dem Krieg war er bis 1975 Richter am Verwaltungsgericht des Landes Schleswig-Holstein. Sein Name stand auf der Liste der gesuchten NS-Verbrecher, aber der mit den diesbezüglichen Ermittlungen betraute Staatsanwalt, der im selben Gebäude arbeitete wie Ehlers, behauptete, nicht geahnt zu haben, dass es sich um denselben Ehlers handelte. Kurt Asche war Chef des Gestapo-Judenreferats in Brüssel gewesen und hatte die Deportation der 25 000 Juden organisiert.

Am 8. Mai 1975 fuhr Beate mit sieben jungen Juden aus Brüssel nach Schleswig. Sie drangen in die Wohnung von Ehlers ein, der an diesem Tag abwesend war. Die jungen Juden wurden verhaftet, während Beate floh und über Köln wieder Brüssel erreichte, obwohl ein Fahndungsbefehl gegen sie erlassen worden war – mitten in den blutigen Auseinandersetzungen zwischen RAF und Polizei, die damals sehr schnell zur Waffe griff, hätte er leicht böse Folgen haben können. Die sieben jungen Leute kamen erst nach ein paar Tagen frei, aber die Affäre Ehlers war in Gang gesetzt. Joseph Billig und ich arbeiteten an einem historischen Gutachten, das entscheidend dazu beitrug, dass nach verschiedenen ergebnislosen Prozessen 1977 zwei Jahre später in Kiel ein Verfahren gegen Ehlers, Asche und andere eröffnet wurde.

Am 24. Juni 1975 zertrümmerten auf unsere Initiative hin französisch-jüdische Aktivisten die Fensterscheiben von Lischkas Büro in Köln, um die deutsche Justiz dazu zu drängen, ihre Pflicht zu tun. Doch die wollte jeden Skandal vermeiden und verurteilte die jungen Leute am selben Tag zu einer Geldbuße, die sie nicht einmal zu bezahlen brauchten, bevor sie über die Grenze abgeschoben wurden. Genau eine Woche später – die Scheiben waren gerade wieder ersetzt worden – zerstörte am 1. Juli ein zweites Kommando auch die neuen Fenster. Dieses Mal konnte die Justiz nicht anders und sperrte die neun Mitglieder des Kommandos ins Gefängnis: sechs Studenten vom Front des étudiants juifs und drei Vorstandsmitglieder der LICA, Rabbiner Daniel Farhi, Élisabeth Hajdenberg und die KZ-Überlebende Gertrude Drach.

Nach drei Tagen wurden alle bis zu ihrem Prozess auf freien Fuß gesetzt, der auf Mai 1976 festgesetzt wurde, denn die deutsche Justiz war damals genauso wenig zu Prozessen gegen uns wie gegen die NS-Verbrecher bereit.

Am 4. Februar 1976 fuhr ich, obwohl seit 1971 ein Haftbefehl gegen mich vorlag, zur Staatsanwaltschaft Frankfurt, um dem Generalstaatsanwalt die Akten von Fritz Merdsche, Hans-Dietrich Ernst und Ernst Heinrichsohn zu übergeben. Ich hatte die Presse informiert. Der ehemalige Widerstandskämpfer Rébillon und mein Freund Julien Aubard begleiteten mich. Wieder standen die Richter vor der Wahl, entweder eine aufsehenerregende Verhaftung vorzunehmen oder einen Verstoß gegen die Gesetze straflos hinzunehmen.

Der Staatsanwalt nahm höflich und verständnisvoll die Akten in Empfang und nahm mich dann fest. Ich gab die übliche Presseerklärung ab und verbrachte eine Nacht im Frankfurter Gefängnis. Am nächsten Tag wurde ich von zwei Polizisten nach Köln gefahren, ich saß hinten, sie vorn. In der JVA Ossendorf, wo auch Beate inhaftiert gewesen war, wurde ich empfangen wie ein Nabob im Carlton-Hotel: Der Direktor begrüßte mich an der Tür, freute sich, nach meiner Gattin nun auch mich zu sehen, führte mich zur Durchsuchung, wo man mir fast alles ließ, was ich in den Taschen hatte, und sogar vergaß, meine Aktentasche zu durchsuchen, die ich in meine blitzsaubere, mit einem Radio ausgestattete Zelle mitnehmen durfte. Am nächsten Tag brachte mir der französische Konsul Biskuits, Schokolade und Zigaretten, die ich an die anderen Häftlinge verteilte. Im Wissen, dass ich verhaftet würde, hatte ich mir den ersten Band der Gesammelten Werke von Platon mitgenommen, der für eine monatelange aufmerksame Lektüre ausgereicht hätte. Doch ich kam nur dazu, zwei Dialoge zu lesen, darunter den fesselnden über die Sprache, dann war ich wieder frei.

Denn in Paris hatten unsere Freunde reagiert, wie sie es schon im Fall Beates getan hatten. Sie hatten deutsche Busse, die deutsche Botschaft und deutsche Firmen mit Flugblättern beklebt. Die Pariser Anwaltskammer hatte protestiert. Ich hatte das Datum für meine Aktion nicht zufällig gewählt, sondern ein paar Tage vor dem deutsch-französischen Gipfeltreffen. Das Problem meiner Inhaftierung musste unbedingt vor diesem Treffen gelöst werden. Die deutsche Justiz hatte es zwar nicht eilig, die Naziverbrecher zu verurteilen, doch in meinem Fall reagierte sie sehr schnell. Schon am 9. Februar fand in Köln mein Prozess statt. Die Zeit reichte nur, um Bekanntschaft mit den Möwen zu schließen, die vom Rhein zum Gefängnis flogen, um sich durch die Gitterstäbe von den Gefangenen füttern zu lassen. Am 9. Februar stand ich vor dem Landgericht. Ich erklärte den Richtern, von einem deutschen Gericht verurteilt zu werden wäre die schlimmste Strafe für die Naziverbrecher, und die Hinterbliebenen der in den KZs Ermordeten warteten immer ungeduldiger auf diesen Prozess. Ich würde wieder gegen die Gesetze verstoßen, sobald ich frei wäre, bis endlich für Gerechtigkeit gesorgt würde. Aber trotz meines erklärten Willens, rückfällig zu werden, wollte und vor allem konnte Richter Liptow mich nicht in Haft behalten. Er äußerte Verständnis für unsere Motivation, verurteilte mich zu zwei Monaten mit Bewährung und ließ mich frei. Bei meiner Rückkehr nach Paris umarmte mich Anwaltskammerpräsident Pettiti.

Zum dritten Mal wurden die Fensterscheiben von Lischkas Büro am 19. Mai 1976 zerstört, dem Tag, an dem der Prozess gegen die neun Aktivisten vom Juni 1975 begann. Die drei Vorstandsmitglieder der LICA erschienen, die sechs Studenten fehlten, weil sie kurz vor dem

Examen standen und für den Prozess sechs Sitzungen, verteilt über zwei Wochen, vorgesehen waren. Ein »Mammutprozess«, wie die Kölner Presse schrieb. In der Tat, was für ein Aufwand für einen Fall, den man als gemeine Rechtssache behandeln wollte: zwei Pflichtverteidiger pro Angeklagtem, d.h. achtzehn Anwälte am ersten Prozesstag, dazu fünf Dolmetscher. Erhebliche Kosten für den deutschen Steuerzahler. Was die Größe des Gerichtssaals anging, war das Kölner Landgericht hingegen sparsam gewesen.

Die LICA hatte einen Bus gemietet, den die Freunde des Rabbiners Farhi nahezu allein füllten. Wir hatten noch einen zweiten Bus gemietet. Wir wollten der deutschen Justiz zeigen, dass wir diesen Prozess nicht akzeptierten, weil den NS-Verbrechern, die in Frankreich tätig gewesen waren, nicht der Prozess gemacht wurde, und dass solche Vorfälle immer wieder passieren würden, solange Lischka und seine Komplizen nicht vor Gericht stünden. Deshalb sollten die fünfzehn Aktivisten im zweiten Bus die Aktion, für die sich Rabbiner Farhi und seine Begleiter verantworten mussten, wiederholen und die Fenster von Lischkas Büro zerstören. So wäre die deutsche Justiz gezwungen, sich entweder in sehr schlechtem Licht zu zeigen oder aber über das Motiv und nicht über die Aktion zu entscheiden. Das haben wir erreicht, aber erst nach harten Auseinandersetzungen.

Um 6 Uhr früh am ersten Prozesstag stiegen die fünfzehn Aktivisten in orangen Kapuzenjacken, die ihre Identifizierung verhinderten, vor Lischkas Büro aus dem Bus. Obwohl vor kurzem ein Polizeiposten direkt gegenüber von Lischkas Büro eingerichtet worden war, zersplitterten die Fenster unter den Schlägen der Eisenstangen rasch. Um 9 Uhr trafen sich beide Gruppen im Gericht. Alle trugen eine Kokarde mit der Trikolore und den gelben Stern. Vor den Fernsehkameras entfalteten wir unsere Transparente: »Verurteilt Lischka statt der französischen Nazigegner« und »Solange die deutsche Justiz nicht die Naziverbrecher verurteilt, kommen wir immer wieder«.

Ein großes Polizeiaufgebot umstellte das Gerichtsgebäude. Der Sitzungssaal war zu klein für all unsere Freunde. Über vierzig mussten draußen bleiben. Sie verlangten, dass die Sitzung in einen größeren Raum verlegt wurde, der an diesem Tag leer stand. Vergeblich. Angeführt von Julien Aubart, der 1973 am ersten Angriff auf Lischkas Büro beteiligt gewesen und dafür verurteilt worden war, strömten sie die Treppe hinauf und skandierten über eine Stunde lang: »Auschwitz,

Dachau, Buchenwald!« Im Sitzungssaal häuften sich die Zwischenfälle. Auf Verlangen Richter de Somoskeoys, der an diesem Tag einen anderen Prozess führte, wurde die Treppe mit Brachialgewalt geräumt. Gisèle Guerchon wurde in der Polizeidirektion festgehalten, ein Bäcker hatte sie angeblich als die Frau erkannt, die er vor einigen Stunden vor Lischkas Büro gesehen habe. Ich eilte als ihr Verteidiger dorthin. Sie bestritt, dort gewesen zu sein, erklärte sich aber solidarisch mit den Franzosen, die zur Unterstützung von Rabbiner Farhi nach Köln gekommen waren. Sie, die ihren Vater in Auschwitz verloren hatte, verbrachte daraufhin eine Nacht in einer ekelerregend schmutzigen Zelle, auf einer steinharten Pritsche ohne Strohsack, in Gesellschaft von Prostituierten. Am nächsten Tag wurde sie in die Beate und mir wohlvertraute JVA Ossendorf gebracht.

In der Zwischenzeit beharrten die Angeklagten in dem Prozess auf den Gründen ihrer Aktion, während das Gericht sich auf die strafbaren Handlungen beschränken wollte, und Rabbiner Farhi hielt eine so bewegende Rede, dass der junge Richter Günter Kaumanns erklärte: »Das Gericht teilt Ihre Gefühle.«

Am 21. Mai waren nur noch ein paar von uns bei den Angeklagten geblieben. Heute fand das Schnellverfahren gegen Gisèle Guerchon statt. Es gab also zur selben Zeit und am selben Ort zwei Prozesse in derselben Sache. So oder so hatten wir bereits gewonnen: Entweder wurde beim Schnellverfahren dasselbe Urteil gesprochen wie im »Mammutprozess«, oder aber der Richter, der für Rabbi Farhi und seine Begleiter zuständig war, widersprach dem Richter von Gisèle Guerchon, womit die deutsche Justiz zeigen würde, dass ihre Richter zwei verschiedene Auffassungen vertraten, wie diese Angelegenheit zu klären sei.

Der große Prozess griff in den kleinen ein, als Élisabeth Hajdenberg aussagte, dass der Bäcker, der angeblich Gisèle Guerchon wiedererkannt hatte, am 1. Juli 1975 Rabbiner Farhi den gelben Stern von der Brust gerissen hatte und darauf herumgetrampelt war. Nach anfänglichem Leugnen gab der Bäcker zu, dass er das möglicherweise getan habe. Gisèle Guerchon war also von einem Antisemiten identifiziert worden. Der Richter, ein älterer Mann, zögerte, verkündete dann aber das skandalöse Urteil: drei Monate Gefängnis mit Bewährung, wie der Staatsanwalt gefordert hatte. Julien Aubart sprang auf, umarmte Gisèle Guerchon und beschuldigte unter unterdrücktem Schluchzen den

Richter, eine Unschuldige zu verurteilen. Ich riss die französische Fahne an mich, die als Beweisstück auf dem Richtertisch lag, und zerbrach den Schaft, um sie nicht intakt den Händen der Deutschen zu überlassen, während die Gerichtsdiener versuchten, sie mir wegzunehmen. Der große Prozess drohte in den Aussagen der deutschen Zeugen und der Sachverständigen stecken zu bleiben, die zur Schädlichkeit der beim Überfall auf Lischkas Büro benutzten Rauchbomben befragt wurden. In Paris, Köln, Brüssel und Tel Aviv erschienen zahlreiche Artikel über den Verlauf der beiden Prozesse.

Am Montag, dem 24. Mai, nahm der französische Konsul von morgens bis abends an der Sitzung teil und verfasste einen Bericht ans Außenminsterium. Ich übernahm in meiner Aussage die volle Verantwortung für die Anstiftung und Vorbereitung aller Aktionen gegen Lischkas Büro, die weitergehen würden, wenn Lischka nicht vor Gericht gestellt würde. Ich forderte vom Vorsitzenden Richter einen allgemeinen Freispruch, egal um welchen Preis, damit endlich ein deutscher Richter den Finger auf die eigentliche Wunde legte: die Straflosigkeit der NS-Verbrecher. Staatsanwalt Wissborn forderte drei Monate Gefängnis mit Bewährung für alle Angeklagten der Aktion von 1975, nur für Madame Drach zwei Monate mit Bewährung. Dann hatte Élisabeth Hajdenberg das Wort: »Zum ersten Mal seit 1945 steht ein Rabbiner vor einem deutschen Gericht. Die Augen der internationalen Öffentlichkeit sind auf diesen Prozess gerichtet. Sie wartet auf Ihr Urteil, denn es geht um etwas ganz anderes als zerbrochenes Glas und ein wenig Rauch. Dieser Rauch war für uns ein Verzweiflungs- und Alarmzeichen, das wir in Deutschland setzen wollten, damit die Verbrecher nicht frei, straflos, und respektiert bleiben, damit es nicht wieder losgeht. Alle Razzien aller Lischkas haben uns nicht vernichten können. Sie müssen uns freisprechen. Einen Rabbiner und eine Auschwitz-Überlebende zu verurteilen wäre eine Beleidigung für die sechs Millionen Toten, die ermordet wurden, weil sie Juden waren.«

Madame Drach gab auf Deutsch eine starke Erklärung ab und forderte Freispruch. Rabbiner Farhi betonte in seinem anschaulichen Schlusswort: »Wenn wir zu Ihnen gekommen sind und getan haben, was wir taten, so nicht unseretwegen, sondern für Sie, um Ihnen zu helfen, aus diesem furchtbaren Unglücksfall der Geschichte herauszukommen. Der Staatsanwalt hat gesagt, er verstehe nicht, wie ein Rabbiner und Philosoph sich an dieser Aktion beteiligen konnte. Herr

Vorsitzender, Sie müssen verstehen, dass nur etwas sehr Wichtiges mich dazu bringen konnte, die Philosophie zu verlassen und an einer politischen Aktion teilzunehmen. Wir sind entschlossen, sie zu wiederholen, wenn wir nicht bald die Verurteilung der Verbrecher erreichen. Denken Sie an den Vers des Ecclesiasticus: ›Das Böse verbreitet sich über die Erde, weil man zögert, die Schuldigen zu bestrafen.‹«

Der Vorsitzende Kaumanns hob die Sitzung auf, und das Gericht zog sich zur Beratung zurück. Nach einer Dreiviertelstunde kehrte es mit dem Urteil zurück: Alle Angeklagten wurden freigesprochen beziehungsweise lediglich mit Geldbußen für die materiellen Schäden belegt, die zudem je nach Einkommen bemessen wurden. In der Begründung des Urteils, das in Deutschland sehr unterschiedlich kommentiert wurde, sagte der Vorsitzende Richter Kaumanns ausdrücklich, er habe keinen Zweifel daran, dass Lischka für die Ermordung vieler Franzosen und die Deportation der Juden aus Frankreich verantwortlich sei.

Zum ersten Mal hatte ein deutscher Richter uns verstanden. Wir hatten endlich eine Bresche in die Mauer der deutschen Justiz geschlagen.

Neben all diesen Aktionen betrieb ich meine Forschungen im CDJC weiter, die die Grundlage von drei Büchern bildeten. Das erste bestand aus hundertsechsunddreißig deutschen Dokumenten, die zum größten Teil von Lischka, Hagen und Heinrichsohn verfasst oder unterzeichnet worden waren. Wir hatten es an die deutschen Parlamentarier und die Medien verteilt. Das zweite war unsere Anklageschrift: Ich übergab Joseph Billig alle Dokumente, die ich gefunden hatte, und wir diskutierten darüber. In *Die Endlösung der Judenfrage. Studie über ihre Grundsätze im III. Reich und in Frankreich unter der Besatzung*, das auf Französisch und bald darauf in deutscher Übersetzung erschien, zeigte Billig, wie bedeutend die Rolle von Hagen, Lischka und Achenbach dabei war. Auch dieses Buch hatten wir auf eigene Kosten an die Parlamentarier und die Presse in Deutschland verteilt.

Das dritte Buch entstand, weil ich wollte, dass die Opfer der Verbrechen bei den Prozessen präsent waren. Nicht nur in Gestalt einiger Zivilkläger, sondern aller Deportierten. Dafür fotokopierte ich die Deportationslisten im CDJC. Im Ministerium für Kriegsveteranen ließ man mich die unmittelbar nach dem Krieg hektografierten Listen kopieren, aber sie erwiesen sich oft als ungenau; die Originallisten fand ich in Brüssel im Gesundheits- und Familienministerium; in Deutschland in Arolsen im Suchdienst des Internationalen Roten Kreuzes (IRK), in Auschwitz, in Yad Vashem und schließlich im New Yorker Institut für jüdische Forschungen (YIVO). Es war eine lange, geduldige Suche, denn ich bin nicht nur Nazijäger, sondern vor allem auf der Suche nach den jüdischen Seelen, die in der Shoah verschwunden sind.

Nach und nach hatte sich eine Gruppe von Angehörigen der in der Shoah Ermordeten um uns gebildet, die Söhne und Töchter aus Frankreich deportierter Juden. Sie unterstützten uns tatkräftig in unseren Aktionen, und wir versuchten, sie und all unsere Freunde für die Auswertung einzuspannen, aber die Listen auf sehr dünnem Durchschlagpapier erwiesen sich oft als verblasst und kaum entzifferbar, die Namen und Vornamen, die Geburtsorte – meist ausländischer oder staatenloser Juden – waren kompliziert, und so machten wir den größten Teil der Arbeit schließlich selbst. Trotz der Schwierigkeiten ging es voran. Wir ordneten nicht nur die Deportierten jedes Transports in alphabetischer und die Transporte in chronologischer Reihenfolge, sondern ich legte auch eine Akte für jeden Transport an, in die ich jedes darauf bezogene Dokument einordnete, das ich finden konnte. Ganz besonders widmete ich mich Auschwitz, wo die Selektion stattgefunden hatte und wohin ich 1977 und 1978 zurückkehrte. Zwar versuchten die Kommunisten damals, die Massenvernichtung der Juden in Birkenau zu unterschlagen, dennoch bin ich den Polen dankbar, dass sie das Lager erhalten haben. 1978 nahm ich meinen Sohn Arno mit, der dort seinem Großvater Arno begegnete. Das Kind, das sich so lebhaft für Geschichte interessierte, festigte so die Verbindung zu seinen Vorfahren.

Außer den Listen schrieb ich auch die Geschichte jedes Transports und rekonstruierte den historischen Kontext, in dem er stattgefunden hatte. Um diesen Teil des monumentalen Werks zu schreiben, fuhr ich mit schweren Aktenordnern für einige Wochen nach Prag und Budapest, in alte Hotels noch aus der Zeit, mit der ich mich befasste. Majestätische, altersschwache Städte, wo die Freiheit unterdrückt wurde und ich mich fühlte wie ein Zugvogel. Akribisch rekonstruierte ich das Schicksal jedes einzelnen Ermordeten, froh, es den überlebenden Mitgliedern ihrer Familien mitteilen zu können.

Unsere Freunde unterstützten uns bei unseren Nachforschungen, und was für Freunde! Im September 1975 kam am Flughafen von Tel Aviv ein Mann auf uns zu: »Wenn ich Ihnen helfen kann …« Als wir wieder in Paris waren, nahmen wir Kontakt zu ihm auf. Sein Vater war mit dem Transport Nr. 4 deportiert worden, seine Mutter mit dem Transport Nr. 22. Sie hatte ihren zweijährigen Sohn im Treppenhaus gerade noch einer nichtjüdischen Nachbarin in die Arme drücken können. Später ging Henri Golub nach Israel, wo ihm seine jüdische Identität wieder bewusst wurde. Er wollte etwas tun. Er nutzte seine Beziehungen, organisierte Veranstaltungen mit uns, sammelte Gelder. Nach und nach bildete sich durch unsere Aktionen und die Arbeit für das Mémorial de la déportation um uns herum eine Gruppe von Waisen der Shoah.

Im Archiv des Institute for Jewish Research (YIVO) in New York entdeckte ich 1977 eine Reihe von elf Dokumenten, in denen der Gestapo-Chef von Toulouse, Karl Müller, die Verhaftung von Juden und ihre Überstellung nach Drancy anordnete. Müller wurde in Abwesenheit zum Tode verurteilt. Wir spürten ihn auf: Er war Hauptkommissar bei der Kriminalpolizei Celle in Niedersachsen. Er stritt alles ab, musste dann aber zugeben, dass er diesen Teil seiner Vergangenheit verheimlicht hatte. Er wurde angeklagt.

Wir verbrachten viel Zeit mit Nachforschungen, unternahmen aber auch weiterhin Aktionen vor Ort. Da rechtsextreme Parteien wie die Deutsche Volksunion (DVU) in deutschen Großstädten ungestört Versammlungen abhielten, wollten wir versuchen, dem einen Riegel vorzuschieben. Die DVU plante für den 4. Dezember 1976 eine Versammlung in München, im berühmten Bürgerbräukeller, dem Ausgangspunkt von Hitlers Putschversuch 1923 und Ort des gescheiterten Attentats auf Hitler 1939. Auf der Versammlung sollten der Parteichef Gerhard Frey und das Flieger-Ass Hans Rudel sprechen. Rudel war ein begeisterter Anhänger Hitlers gewesen. Wir beschlossen, mit einem Dutzend Aktivisten nach München zu fahren, wo ich auf die Rednertribüne steigen wollte – womit ich mir unweigerlich Prügel einhandeln würde. So würde zum ersten Mal seit Kriegsende vor den Augen der Presse ein Jude von Nazis und Neonazis geschlagen, was die Öffentlichkeit gegen sie aufbringen würde. Unser Freund, der Fotograf Élie Kagan, begleitete uns. In dem riesigen, etwa 70 mal 30 Meter großen Saal standen lange Tische mit Bierkrügen darauf. Unsere Gruppe setzte sich an einen der hinteren Tische. Etwa achthundert Personen waren versammelt, zwei Drittel von ihnen älter als fünfzig: ehemalige Wehrmachts- und SS-Angehörige tauschten fröhlich Fotos aus der guten alten Zeit aus. Auf den Tischen Stapel der rechtsextremen *National-Zeitung* und die Deutschlandkarte von 1937. Männer in schwarzen Hemden, Kinder in der Uniform der Wiking-Jugend mit dem Dolch an der Hüfte. Auf dem Podium ein langer Tisch für die Offiziellen, dahinter spielte eine Kapelle Militärmärsche.

Élie Kagan, langhaarig, mit rotem Bart über der Lederjacke – eine Erscheinung, die unweigerlich an die Karikaturen im *Stürmer* erinnerte –, sprang mit dem Fotoapparat von Tisch zu Tisch, unter den verblüfften Blicken der DVU-Mitglieder. Mir kamen fast die Tränen vor Lachen. Ich setzte mich in die vorderste Reihe. Auf dem Podium war gerade ein riesiges Plakat entrollt worden: »Für unsere Helden, die in unseren Herzen weiterleben«. Dann hielten Oberst Rudel und Dr. Frey, gefolgt von ihren Freunden, unter großem Getöse Einzug, hinter einer trommelnden Formation der Wiking-Jugend. Hinter ihnen eine Menge Fahnen von Vereinen, die sich nach der Hitlerzeit zurücksehnten. Alle standen auf und applaudierten. Die Gesichter wurden ekstatisch, die Arme streckten sich. Wie einst. Ich streifte meine Armbinde mit dem Davidstern über den rechten Arm, verdeckte sie jedoch noch mit der Hand. Die Offiziellen hatten unterdessen das Podium erreicht und antworteten auf den Applaus. Ich nutzte diesen Moment der Unaufmerksamkeit, um die Stufen hinaufzulaufen, und stellte mich direkt vor Rudel, der seinen Augen nicht traute, als er den Davidstern sah. Er wich einen Schritt zurück. Laut sagte ich auf Englisch zu ihm – er war lange in den Vereinigten Staaten gewesen –: »Mister Rudel, I ask you for the right for a Jew to speak; my name is Klarsfeld.« (Herr Rudel, ich bitte um das Rederecht für einen Juden. Mein Name ist Klarsfeld.) Er antwortete nicht. Ich wiederholte meine Frage. Dr. Frey zu seiner Linken machte eine verneinende Geste. Der Ordnungsdienst stürmte herbei und warf mich die Treppe hinunter. Ich stand wieder auf und ging ruhig auf die Menge zu, die mich einschloss. Sie hatten es so eilig, mich zu schlagen und mir ins

Gesicht zu spucken, dass sie sich gegenseitig anrempelten. Ich war darauf gefasst gewesen und spürte die Schläge nicht. In der Mitte des Saals warfen sich zu meiner großen Erleichterung zwei Männer auf mich: zwei meiner Freunde, die gut austeilen konnten. Sie packten mich an den Armen, brüllten: »Raus! Raus!«, und zerrten mich aus dem Saal, als wären sie selbst Nazis. Als Beate sah, wie ich misshandelt wurde, schrie sie: »Nazis!«, und wurde von einem Deutschen an der Gurgel gepackt, aber zum Glück von den Unseren befreit. Die Polizei weigerte sich, mit in den Saal zu kommen, um sich von mir meine Angreifer zeigen zu lassen.

Am selben Abend berichteten Radio und Fernsehen in Deutschland über den Vorfall. Am Montag erschien eine Lawine von Fotos, die zeigten, wie ich von der Menge geschlagen wurde. Wir hatten es geschafft, Empörung über die Nazis auszulösen.

Wir setzten unsere Kampagne gegen die DVU fort. Die Bürgermeister widerriefen die Genehmigungen für ihre Versammlungen. In Hamburg gab es eine Drohung, den Versammlungsort in die Luft zu jagen, was es ermöglichte, das Treffen abzusagen. Die DVU musste ihre Versammlungen nun überall in Vororten abhalten und kam bei den nächsten Wahlen nicht über die Fünfprozenthürde. Die *National-Zeitung* schäumte vor Wut und wetterte gegen Israel, die Juden und die »Klarsfeld-Bande«. Das Resultat: Eine Bombe zerstörte nachts, als niemand dort war, den ganzen rechten Flügel des Zeitungsgebäudes. Auf dem Boden wurden Flugblätter gefunden, auf denen nur »Auschwitz, Sobibor, Treblinka« stand. Ein paar Stunden später traf ich in München ein und erklärte der Polizei und der Presse: »Ich habe nichts mit dem zu tun, was passiert ist. Aber ich kann Ihnen erklären, warum es passiert ist.« Man beließ es dabei, ich konnte gehen, denn ich war zur Zeit des Attentats in Paris gewesen.

Im selben Jahr 1976 wurde SS-Standartenführer Joachim Peiper im Departement Haute-Saône ermordet, wo er seit 1960 als Übersetzer von Militärbüchern lebte. Die Ermittlungen verliefen ergebnislos. Nach einiger Zeit wurden französische und deutsche Journalisten zu einer geheimnisvollen Pressekonferenz in einem Zimmer des Pariser Grand Hôtel eingeladen. Dort standen ihnen sieben Vermummte gegenüber. Einer von ihnen erklärte mit leichtem jiddischen Akzent: »Peiper, das waren wir.« Dann schoben sie ihre Ärmel hoch und zeigten den Journalisten ihre eintätowierten Nummern. Die Szene wurde fotografiert, und die Journalisten erhielten eine detaillierte Akte über einen besonders hassenswerten Nazi, Kurt Christmann, der in Bayern lebte: Seine Wohnung, sein Auto, seine Arbeitsstelle, sein Tagesablauf, seine Verbrechen, alles war genau dokumentiert. Diese Inszenierung sollte die deutsche Justiz überzeugen, dass es, falls den Naziverbrechern nicht der Prozess gemacht würde, schnurstracks zu einer Tragödie käme, für die sie verantwortlich wäre.

BEATE

Gegen die Diktaturen in Argentinien und Uruguay

Die Verurteilung der NS-Verbrecher stand für Serge an erster Stelle, so wie bei mir seinerzeit die Kampagne gegen Kiesinger. Ich war mit ganzer Kraft dabei, aber wenn ich auch diejenige war, die im Fokus der Medien stand, so wusste ich doch sehr gut, dass Serge die treibende Kraft war und den eingeschlagenen Weg zu Ende gehen würde, egal um welchen Preis. Wenn Lischka und Hagen nicht verurteilt würden, könnte er das niemals hinnehmen.

Am Tag von Serges Anwaltszulassung fiel mir ein Stein vom Herzen. Raïssa, Arno, ein paar Freunde und ich waren bei seiner Vereidigung dabei.

Ab Mitte der Siebzigerjahre fuhr ich ein- bis zweimal im Jahr zu Vortragsreisen kreuz und quer durch die USA und Kanada. Zwischen dem 4. November und 10. Dezember 1980 zum Beispiel sprach ich nacheinander in New York, Washington, Syracuse/New Hampshire, Baltimore, Norfolk, Cincinnati, Madison, Bloomington, Los Angeles, San Francisco, Richmond, Winnipeg, Montreal, Houston, Saint-Laurent, Buffalo, wieder New York, Sarasota, Miami und Dayton. Es war anstrengend, aber es trug zu unserem Lebensunterhalt und zur Finanzierung unserer Aktionen bei.

1977 erfuhr ich auf einer dieser Reisen, dass ich von 57 Knesset-Abgeordneten, darunter Abba Eban und der künftige Premier Menachem Begin, und 44 Universitätsprofessoren für den Nobelpreis vorgeschlagen worden war. Ich war die erste nichtjüdische deutsche Staatsbürgerin, der diese Ehre erwiesen wurde. Ich musste sie mir auch weiterhin verdienen.

In den meisten Staaten Südamerikas herrschte eine Diktatur. Ich hatte schon Erfahrung mit der bolivianischen gemacht und war noch gut davongekommen: Die junge Monika Ertl hatte am 1. April 1971 den bolivianischen Konsul in Hamburg erschossen, einen der Mörder von Che Guevara. Die Leiche des Konsuls wurde von Barbies Sohn nach La Paz begleitet. Ein Jahr nach meinem Bolivien-Aufenthalt wurde Monika Ertl 1973 gleich nach ihrer Verhaftung durch einen Kopfschuss getötet. Sie hatte die deutsche und die bolivianische Staatsangehörigkeit besessen; die bolivianische Polizei wollte keinen diplomatischen Ärger wie damals mit mir und erschoss sie deshalb gleich.

Am 2. Mai 1977 flog ich nach Argentinien, wo die blutige Repression auf dem Höhepunkt war. Wenige Zeitungen berichteten über meinen Protest gegen die schweren Verletzungen der Menschenwürde durch die argentinischen Behörden. Nur der Chefredakteur der Tageszeitung *Buenos Aires Herald*, Jacobo Timerman, der bald darauf verhaftet, gefoltert und für lange Zeit ins Gefängnis geworfen wurde, hatte den Mut, meinen Text abzudrucken:

> Ich bin nach Argentinien gekommen, um gegen ein politisches Regime zu protestieren, dessen Repressionsmaßnahmen und makabre Bilanz die internationale Gemeinschaft nicht gleichgültig lassen kann.
> Die Achtung der Menschenwürde verlangt, dass die Verbrechen, die Folter, die willkürlichen Freiheitsberaubungen unter schlimmsten Bedingungen, denen seit über einem Jahr Oppositionelle, ihre Familie und ihre Freunde sowie zahlreiche politische Flüchtlinge zum Opfer fallen, beendet werden.
> Vor fünf Jahren bin ich nach Bolivien gefahren, um den SS-Mann Barbie zu demaskieren. Barbie ist ein Symbol für die Verbindung, die zwischen der einstigen Unterdrückung Europas durch die Nazis und der heutigen Unterdrückung einiger Völker Südamerikas besteht. Seither gibt es in Chile, Uruguay und Argentinien ebenfalls Folterkammern, Konzentrationslager und Erschießungen ohne Gerichtsverfahren.
> […] Überall, wo die Menschenrechte mit Füßen getreten werden, nehme ich meine Verantwortung als deutsche Antifaschistin, französische Bürgerin und führendes Mitglied der LICA wahr: gestern in Warschau, Prag und Damaskus, heute in Buenos Aires und morgen in Montevideo.

Nach Uruguay, ins Land der Junta, wo gegen die Opposition und alle Verdächtigen dieselbe Repression ausgeübt wurde, flog ich anschließend und verbreitete dieselbe Botschaft. Wie in Buenos Aires reagierte die Presse sehr zurückhaltend, und die Behörden, die offizielle Kontakte mit mir ablehnten, empfahlen mir unter der Hand, so schnell wie möglich abzureisen, damit kein Unglück passierte. Ich hatte vor Ort protestiert, unter Einsatz meines Lebens. Auch die beiden jungen französischen Nonnen, die kürzlich in Argentinien für immer verschwunden waren, hatten ihr Leben riskiert. Aber mir fiel es schwer, zu Hause vor einer Botschaft zu protestieren, wenn es eine Möglichkeit gab, es vor Ort zu tun, um meinem Protest seine volle Bedeutung zu verleihen.

SERGE

Ein schockierendes Dokument

Das *Mémorial de la déportation des Juifs de France*, an dem wir so lange gearbeitet hatten, war im Frühjahr 1978 endlich druckreif, aber uns fehlte das Geld für den Druck. Wir brauchten eine Organisation oder einen Mäzen, um dieses Werk, das mit seinen 656 Seiten so dick wie ein Telefonbuch war, zu veröffentlichen. Das CDJC verfügte damals noch nicht über die nötigen Mittel dafür. Doch die Person, die wegen ihrer Stellung in der jüdischen Gemeinde als Erste dafür infrage kam, lehnte ab, weil »das Veteranenministerium und die jüdische Gemeinde immer von hundert- bis hundertzwanzigtausend aus rassischen Gründen Deportierten gesprochen haben, Ihre Studie hingegen 76 000 Deportierte, 3000 in den französischen Lagern Umgekommene und 1000 ohne Prozess Erschossene, insgesamt also 80 000 Opfer nennt«. Ich erwiderte: »Sie sollten erleichtert sein, dass die Zahl der Opfer niedriger ist als die, die bisher im Umlauf war. Man darf die Wahrheit nicht verbiegen. So muss zum Beispiel die Gedenktafel im Vélodrome d'Hiver korrigiert werden, auf der steht, dort seien 30 000 Juden interniert gewesen. Die deutschen und französischen Dokumente, die ich in der Polizeipräfektur entdeckt habe, belegen jedoch insgesamt 13 152 Verhaftungen, von denen 4992 Alleinstehende und Ehepaare ohne Kinder oder mit volljährigen Kindern im Lager Drancy (1989 Männer und 3003 Frauen) und 8160 (1129 Männer, 2916 Frauen und 4115 Kinder) im Vélodrome d'Hiver interniert wurden. Die Geschichtsschreibung muss genau sein.« Diese Argumentation überzeugte den Adressaten nicht, der nicht überzeugt werden wollte.

Ich war wütend, aber mir wurde klar, dass wir nur auf die direkt von den Naziverbrechen Betroffenen zählen konnten. Beate telefonierte mit Herrn Micmacher, dem Gründer der Firma Pronuptia. Einige seiner Angehörigen standen auf der langen Liste der Deportierten. Wir trafen uns mit ihm, und die Druckerei, in der er seine Kataloge drucken ließ, druckte auf Kredit 5000 Exemplare des *Mémorial*.

Bei der Versammlung »Zwölf Stunden für Israel« in einem großen Geschäftszentrum in La Défense im Mai 1978 wurde das Buch vorgestellt, wie wir es bei den »Zwölf Stunden« im Jahr zuvor versprochen hatten. Die Hunderte von Besuchern rissen sich darum und entdeckten weinend die Namen ihrer Verwandten, Väter, Mütter, Brüder, Schwestern und Freunde, manche wurden ohnmächtig, viele dankten uns. Sie suchten in den alphabetisch geordneten Transportlisten, erfuhren, wann und wohin und in welchem Transport ihre Angehörigen und Freunde »verbracht« worden waren. Wir hatten das Schicksal jedes Einzelnen rekonstruiert. Es war ein heilsamer Schock nach all den Jahrzehnten, in denen sie ihre Wunden versteckt und sich ein neues Leben aufzubauen versucht hatten. Im tiefsten Innern jedoch war das letzte Bild ihrer Lieben, die sie nie wiedersehen würden, unauslöschlich eingraviert.

Vladimir Jankélévitch schrieb am 22. Mai 1978 im *Nouvel Observateur* einen großartigen Artikel über das Buch. Wenn wir nur eine einzige Reaktion auf unsere Arbeit festhalten könnten, so wäre es diese:

> Das Mémorial von Serge Klarsfeld, in dem die Erinnerung an die 75000 aus Frankreich deportierten Juden festgehalten ist, besticht Historiker und Antifaschisten. Zunächst wegen der gewaltigen Arbeit, die darin steckt, und der unbarmherzigen Strenge, Methodik und Genauigkeit, die sie geleitet haben. Aber auch wegen der Maßlosigkeit der Leiden, an die diese Namenslisten erinnern. Selbst wenn wir das alles wissen, wussten wir doch gar nichts. Auch wenn wir es immer wieder sagen, haben wir doch noch nichts gesagt …
> Serge Klarsfeld hat begriffen, dass große Worte nie an das Grauen heranreichen und unsere doch so natürliche Empörung dem gigantischen Massaker nie angemessen sein wird. So hat er sich für die Objektivität und die furchtbare Präzision der Aufzählungen und Statistiken entschieden, denn er wusste, dass diese Präzision und diese Objektivität für sich allein die unerbittlichste Anklage sind. Und tatsächlich wird man von Grauen überwältigt, wenn man diese langen, eintönigen Listen liest; man erschauert, wenn man sich das unfassbare Unternehmen vorstellt, das sich hinter den Worten »Endlösung der Judenfrage« versteckt; und man hat Angst, sich klarzumachen, was diese achtzig Transporte bedeuteten, die wild durcheinander Männer, Frauen, Greise und Tausende von Kindern dem grässlichsten Tod entgegenbrachten.

> Man kann sich keine grausamere und diabolischere Maschinerie vorstellen, die im nüchternsten aller Werke demontiert wird. Diese Nüchternheit ist das exakte Spiegelbild der monströsen administrativen und industriellen Planung, auf deren Grundlage die Vernichtung vollzogen und systematisch vorangetrieben wurde.
> Serge Klarsfeld hat für das Mémorial die Identität von fast 80 000 Juden, sehr oft polnischer Herkunft, herausgefunden, trotz Tausender Schwierigkeiten mit größter Genauigkeit. Diese besonders trockene Arbeit hat eine außerordentliche moralische Bedeutung. Jeder Mensch hat einen Namen und ist kraft des Namens, der ihn bezeichnet, ein menschliches Wesen; er verliert sich nicht in der Anonymität der Gattung, wie etwa herrenlose Hunde. Doch die bürokratischen Folterknechte, bemüht, die »Untermenschen« vollkommen zu entmenschlichen, löschten zuallererst ihren Personenstand aus. Das Vorspiel der Einäscherung! Der Deportierte war nur noch eine unpersönliche Nummer in der Kartei austauschbarer Untermenschen.
> Serge Klarsfelds Mémorial lässt die unzähligen namenlosen Phantome, die von ihren Henkern vernichtet wurden, aus Nacht und Nebel treten, indem er sie bei ihren Namen nennt. Allein schon die namentliche Nennung dieser bleichen Schatten verhalf ihnen wieder ans Licht des Tages.
> Henry James spricht in bewunderungswürdigen Worten von der Treue, die wir den Toten schulden. Unser gutes Gedächtnis ist das einzige Band, das die gespenstischen Reisenden der Todeszüge davor bewahrt, im Nichts zu verschwinden. Eine gigantische Klage entsteigt der mit der Asche von Millionen Märtyrern vermischten Erde, sie fleht uns an, treu zu sein, bis ans Ende aller Zeiten Zeugnis abzulegen und zu protestieren. Das Wort »mémorial« enthält vor allem das Wort »mémoire«, Gedächtnis, das gute Gedächtnis. Meine Freunde Serge und Beate, Ihr seid die Ritter des guten Gedächtnisses.

Von den Briefen, die wir von Lesern erhielten, will ich hier nur einen zitieren, den von Annette Zaidman. Sie schrieb uns am 29. März 1978:

> Danke! Millionenmal danke für das Mémorial de la déportation des Juifs de France wie für all Eure Aktionen. Unter Tränen habe ich darin fünfundzwanzig Personen gefunden, Verwandte, Freunde und Kindheitskameraden. Ich habe erstaunliche und tragische Entdeckungen gemacht,

zum Beispiel einen Bruder meines Vaters und einen Bruder meiner Mutter, die in verschiedenen Städten verhaftet worden sind und beide im Transport Nr. 50 genannt sind. Eine Tante, die mit ihren beiden Kindern verhaftet wurde, während ihr Mann als Kriegsgefangener in Deutschland war, und von dem man jede Spur verloren hatte – und nun taucht er im Transport Nr. 13 (!!) auf, die Mutter im Transport Nr. 14, und meine beiden Cousins, sechs und zehn Jahre alt, im Transport Nr. 21 …
Dank Ihnen überleben heute diese Zehntausende von Namen.
Ich bin die Tochter, Schwester, Nichte, Cousine und Freundin von Deportierten und möchte Ihnen mehr versichern als meinen Dank, mehr als meine Sympathie und mehr als meine Zerrissenheit.
Ich biete Ihnen meine vorbehaltlose Mithilfe an.
Was kann ich tun, um Ihre Aktionen zu unterstützen, denen ich aus tiefster Seele zustimme?
Sagen Sie es mir, das ist ein Wunsch, den ich als tiefste Pflicht empfinde.

In diesem Sinne verbleibe ich mit den besten Grüßen
A. Zaidman

Daraufhin suchte ich sie zusammen mit unseren lieben Freunden Henri Golub und Simon Guerchon auf. Annette Zaidman hatte einen Copy-Shop an den Champs-Élysées. In den folgenden Jahren liefen ihre Maschinen auf Hochtouren für uns, und dank ihrem grenzenlosen Engagement organisierten wir 1978 mit ihr die Gruppe von Söhnen und Töchtern aus Frankreich deportierter Juden, die sich informell um uns gesammelt hatte, in einem eingetragenen Verein, der *Association des fils et filles des déportés juifs de France* (FFDJF). Damit begann ein weiteres großes Unterfangen, und die Erinnerung an die Shoah wurde fortan auch von den Nachkommen ihrer Opfer belebt.

Das *Mémorial* löste eine solche Schockwelle aus, dass wir im Juni 1978 für unsere Demonstration gegen Heinrichsohn im bayerischen Miltenberg zwei Liegebusse mieten mussten, die uns in einer Nachtfahrt ans Ziel brachten. Arno war mit von der Partie; er begleitete uns von klein auf bei unseren Aktionen. Er verstand sich prächtig mit Élie Kagan, der für jede Alberei zu haben war.

In Miltenberg zogen wir mit über achtzig Demonstranten vor Heinrichsohns Büro, und Olivier Friedler, ein wahrer Herkules, schlug so lange mit einem Vorschlaghammer auf das Anwaltsschild des Kriegsverbrechers ein, bis es zu Boden fiel. In den Fenstern tauchten Leute auf, kamen herunter. Beate berichtete ihnen, was Heinrichsohn im Nationalsozialismus getan hatte, was sie nicht zu erschüttern schien. Er stand im Ruf, ein guter Anwalt und guter Bürgermeister zu sein. Polizisten erschienen, ich trat vor, man vernahm mich im Polizeiwagen. Nachdem sie telefonisch Anweisungen eingeholt hatten, ließen sie uns gehen.

Am 9. November 1978, zum 40. Jahrestag der »Reichskristallnacht«, demonstrierten wir in Köln friedlich mit Transparenten und forderten die Verurteilung Lischkas, der am Tag nach dieser furchtbaren Nacht die Deportation der verhafteten Juden in die Konzentrationslager angeordnet hatte. Es war eisig kalt. Wir marschierten von Lischkas Wohnung zu seinem Büro und weiter bis zur Synagoge, in der ein Gottesdienst stattfand. Keiner der deutschen Juden, die daran teilnahmen, schloss sich uns an. Sie wandten verschämt und bekümmert die Augen ab, als sie an unseren Transparenten vorbeikamen, wohl aus Angst, schief angesehen zu werden, wenn sie unsere Forderungen unterstützten.

Der »Kölner Prozess« gegen Lischka, Hagen und Heinrichsohn näherte sich. Im Sommer reichten die beiden Staatsanwälte ihre Anklageschrift gegen sie ein, die vom Präsidenten der 15. Kammer des Kölner Kriminalgerichts, Herrn Hutmacher, erst noch abgenommen werden musste. Am 6. Juni 1979 unternahmen wir deshalb eine letzte Anstrengung: Wir demonstrierten vor dem Düsseldorfer Gericht, wo seit Monaten der Majdanek-Prozess stattfand. Einige Verteidiger der angeklagten KZ-Aufseher waren übel mit den als Zeugen geladenen jüdischen Überlebenden umgesprungen, hatten sie attackiert oder lächerlich gemacht. Viele Mitglieder der Vereinigung jüdischer Studenten in Frankreich (UEFF), der jüdischen Verteidigungsorganisation OJD sowie von jüdischen Jugendverbänden begleiteten uns. Von Düsseldorf fuhren wir per Bus nach Köln, wo unsere Demonstranten das Erdgeschoss des Gerichtsgebäudes besetzten, in dem der Prozess stattfinden würde. Alle Justizvertreter, die im Gebäude waren, kamen und sahen sich die Szene an. Beate diskutierte mit ihnen. Die Medien tauchten auf.

Am 19. Juni 1979 fuhr ich noch einmal nach Köln, um der Staatsanwaltschaft unsere Akten zu übergeben. Der Prozess wurde auf den 23. Oktober angesetzt. Vorgesehen waren 32 Sitzungen bis zum 30. Januar 1980. Wir sammelten über dreihundert Zivilparteien, um die Arbeit des deutschen Anwalts, der diese Nebenkläger in Köln vertrat, zu unterstützen. Ein deutscher Anwalt musste vertreten sein, und wir würden für sein Honorar aufkommen. Als der Prozess zu Ende war, beschloss Menachem Begin, dies an unserer Stelle zu tun.

Ich bereitete mich gründlich auf diesen Gerichtsmarathon, der das Rennen meines Lebens war, vor – wir durften nicht verlieren! Ich malte mir alle Eventualitäten, alle Tricks und Manöver der Verteidigung und meine Reaktionen darauf aus. Dieser Prozess war für uns der wichtigste, denn er betraf die wahren Verantwortlichen für die »Endlösung« in Frankreich.

Kampagnen gegen Bousquet und Leguay

Im Oktober 1978 hatten unterdessen die skandalösen Interview-Äußerungen von Louis Darquier de Pellepoix, dem ehemaligen Generalkommissar für Judenfragen – »In Auschwitz hat man nur Flöhe vergast« – empörte Reaktionen ausgelöst.

Der in Spanien lebende Darquier hatte 1972 Möglichkeiten sondiert, seinen kranken Bruder in Frankreich besuchen zu können. Die französischen Behörden kannten seine Adresse in Madrid, doch Frankreich hatte nicht um seine Auslieferung ersucht. Pierre Goldman hatte sich, kurz bevor er ermordet wurde, mit mir über eine mögliche Entführung Darquiers beraten. Doch die Entführung eines Bettlägerigen war ein schwieriges Unterfangen. Darquiers Äußerungen brachten mich dazu, auf anderem Weg aktiv zu werden.

Seit 1975 sammelte ich die Dokumente zur Rolle der Vichy-Behörden. Die französische Öffentlichkeit musste über die Mittäterschaft bei der »Endlösung der Judenfrage« in Frankreich aufgeklärt und die Rehabilitierung von Pétain und der Vichy-Regierung verhindert werden. Wenn man den Franzosen die Verantwortung Vichys, seiner Polizei und seiner Präfekturen für die Qualen Zehntausender jüdischer Familien, darunter mehr als 10 000 Kinder, nicht bewies, würde am Ende des 20. Jahrhunderts zwar de Gaulle als das Schwert, Pétain jedoch als der Schild betrachtet werden. Damit es nicht zu dieser Verkehrung der Geschichte kam, bedurfte es eines Gerichtsverfahrens gegen einen der Täter, die für die Verbrechen gegen die Menschheit verantwortlich waren, an denen sich die Vichy-Behörden beteiligt hatten. René Bousquet hatte nach dem Krieg schon einmal vor Gericht gestanden, war aber praktisch freigesprochen worden, und ein neues Verfahren gegen ihn konnte nur angestrengt werden, wenn neue Tatsachen vorlagen. Doch die Prozessakten des ersten Verfahrens lagen im französischen Staatsarchiv, und ich war nicht befugt, sie einzusehen.

Beate setzte sich 1975 in New York auf die Spur von Jean Leguay, der René Bousquets Delegierter in der besetzten Zone war. Leguay war inzwischen wieder nach Paris gezogen. Wir sammelten Material für eine Klage gegen ihn, auch in der Hoffnung, neue Tatsachen zu finden, um gegen Bousquet vorzugehen.

Die Vichy-Regierung arbeitete vor allem 1942 mit der Gestapo beziehungsweise der Sipo-SD zusammen, als der deutsche Sieg sicher schien. In diesem Jahr wurden innerhalb von sechs Monaten 42 000 Juden deportiert, von Januar 1943 bis zur Befreiung im August 1944 hingegen insgesamt 33 000. Polizei und Gendarmerie nahmen in beiden Zonen Verhaftungen für die Deutschen vor, sie waren Erfüllungsgehilfen der Politik, die die Verhandlungen mit den Besatzern hauptsächlich der französischen Polizei übertrug, die vom Generalkommissariat für Judenfragen – offiziell ein Organ der Vichy-Regierung – angespornt wurde.

Zu den hohen Funktionären, die daran beteiligt waren, gehörten Pierre Laval, René Bousquet als Generalsekretär der Polizei von 1942 bis 1943, sein Delegierter in der besetzten Zone, Jean Leguay, Jacques Schweblin (Polizei für Judenfragen), Jean François (Direktor der Polizeipräfektur) und Louis Darquier de Pellepoix (Generalkommissar). Fast ausschließlich sie waren es, die mit den Chefs der Sipo-SD, Oberg, Hagen, Knochen, Lischka, Dannecker, Röthke und Heinrichsohn über die Verhaftung von Juden, ihre Auslieferung aus der freien Zone und ihre Deportation verhandelten.

Im Mai 1942 wurde Bousquet der Besuch von Heydrich, dem Leiter des RSHA und Organisator der »Endlösung«, in Paris angekündigt. Bis dahin hatte es nur einen Deportationszug gegeben, am 27. März 1942, der nur Männer abtransportierte. Heydrich teilte Bousquet mit, dass demnächst Züge zur Verfügung stünden, um staatenlose Juden zu deportieren, die in der besetzten Zone interniert waren. Bousquet antwortete, statt zu protestieren oder zumindest zu schweigen, ob sie auch staatenlose Juden deportieren könnten, die seit einem Jahr in der freien Zone interniert seien.

Leguay wiederum, Bousquets Delegierter in der besetzten Zone und wie dieser erst dreiunddreißig, nahm an den beiden deutsch-französischen Polizeitreffen am 7. und 10. Juli 1942 teil, bei denen die Razzia des Vélodrome d'Hiver organisiert wurde. Er stand an der Spitze der hohen französischen Polizeifunktionäre, die am 17. Juli Hagen und Röthke mehrmals dazu drängten, die Tausende jüdischer Kinder, fast alle Franzosen, die am 16. und 17. Juli festgenommen worden waren, ebenfalls zu deportieren, da sich Laval nicht für ihr Schicksal interessierte. Es war die französische Polizei, die sie ihren Eltern entriss, die vor ihnen deportiert wurden, und sie unter erbärmlichen Umständen in Beaune-la-Rolande und Pithiviers internierte, wo es nach zehn Tagen bereits die ersten Toten gab. Die französische Polizei war es auch, die sie nach Drancy transportierte, wo sie unter den fröhlichen Blicken Heinrichsohns von französischen Gendarmen eingesammelt und unter Bedingungen deportiert wurden, die das verhängnisvolle Ziel der Reise erahnen ließen. Etwa 4000 Kinder im Sommer 1942. Keines ist zurückgekehrt.

Leguay war auch der erste Ansprechpartner der Deutschen, wenn es um die Organisation der Transporte aus der freien Zone ging. Über 10 000 Juden wurden den Besatzern ausgeliefert. Und er ersuchte am 8. September 1942 den Chef der Sipo-SD um die Erlaubnis, die baltischen und bulgarischen Juden zu verhaften. Ausgeführt wurde die Razzia vom 14. September von französischen Polizeibeamten. Am 16. September wurden diese Juden nach Auschwitz deportiert und dort ab dem 18. September ermordet.

Die Anhänger Vichys behaupten, wenn Laval die staatenlosen und ausländischen Juden nicht ausgeliefert hätte, wäre Frankreich von einem Deutschen oder einer ultra-kollaborationistischen Regierung Doriot/Déat regiert worden. Das ist völlig falsch. In keinem der deutschen Dokumente finden sich derartige Drohungen. Ganz im Gegenteil: Als im September 1942 die Würdenträger der katholischen und protestantischen Kirche und die in Vichy amtierenden ausländischen Botschafter bei Pétain gegen die Deportationen protestierten, teilte Leguay der Sipo-SD mit, dass das Oktoberprogramm nicht eingehalten werden könne, da die französische Polizei andere Aufgaben habe. Daraufhin gab es keinerlei Repressalien – außer dass die Sipo-SD die Juden ab 1943 selbst festnahm –, auch später nicht, obwohl die Zusammenarbeit der französischen Polizei mit den Deutschen in dem Maß abnahm, wie die Deutschen militärisch auf dem Rückzug waren. Knochen erstattete Bericht über das Verhalten der Vichy-Behörden. Keinerlei Reaktion aus Berlin, wo man von der Sipo-SD lediglich erwartete, dass sie in Frankreich ein polizeiliches Netzwerk unterhielt, um die französische Wirtschaft für die Kriegsmaschinerie am Laufen zu halten, mit einem Minimum an Zwischenfällen und Widerstand.

Auf wen konnte die Sipo-SD 1942 für die Massenverhaftungen von Juden zählen? Auf die deutsche Militärpolizei? Sie verhaftete 1941 die ersten tausend französischen Juden, aber die wurden als Geiseln betrachtet. Es ist wichtig, festzuhalten, dass sich das deutsche militärische Oberkommando seit August 1942, wahrscheinlich als ihm klar wurde, welches Schicksal die Juden in Auschwitz wirklich erwartete, davor zu drücken versuchte, die Transporte von Drancy zu eskortieren, was nicht die Aufgabe der Soldaten sei. Verstärkung aus Berlin? Als Knochen im Frühjahr 1943 zur Verstärkung Polizisten aus Berlin anforderte, erhielt er statt der verlangten 250 Mann nur etwa ein Dutzend.

Hätten Pétain und Laval den Mut gehabt, sich zu weigern, die französische Polizei für die Maßnahmen gegen die Juden in den Dienst der Besatzer zu stellen, wären die Nazis gezwungen gewesen, darauf zu verzichten. Zudem hatten die Männer an der Spitze der politischen und der Polizei-Hierarchie die Möglichkeit, den Dienst aufzukündigen. Doch Leguay hat diese Arbeit gemacht und ist dafür befördert worden: Er stieg rasch zum Präfekten auf.

Nach der Befreiung musste sich Leguay vor einer »Säuberungskommission« verantworten, die über keinerlei Unterlagen zu den antijüdischen Maßnahmen verfügte. Er behauptete, Dannecker nur zweimal begegnet zu sein, während uns Protokolle von sechs Treffen der beiden vorlagen. Er behauptete, er habe sich geweigert, die Forderungen

Danneckers zu erfüllen, als dieser Anfang Juli 1942 von ihm verlangte, 20 000 französische Juden zu verhaften – über seine Beteiligung an der Razzia des Vélodrome d'Hiver sagte er kein Wort. Damit radierte er Tausende von Opfern aus, darunter 4000 Kinder. Dank dieser Schamlosigkeit machte Leguay Karriere: 1945 wurde er vom Industrieminister in die USA entsandt, dann wechselte er in den Privatsektor und wurde zum Spitzenmanager in verschiedenen Kosmetik- und Pharmakonzernen in New York, London und Paris.

In dem Verfahren gegen Bousquet 1949 wurde die jüdische Frage gestreift. Er wurde zu einer kurzen Gefängnisstrafe verurteilt, aber wegen der »Dienste, die er der Résistance« – aber sicher nicht den Zehntausenden von Juden, für deren Deportation er verantwortlich war – geleistet hatte, von ihrem Vollzug befreit. Später wurde er stellvertretender Generaldirektor der Banque de l'Indochine.

1975 kam Beate ihm in New York auf die Spur. Wir hatten beschlossen abzuwarten, bis die deutschen Naziverbrecher, die den Befehl zum Mord gegeben hatten, angeklagt wurden, bevor wir gegen ihre französischen Kollaborateure vorgingen. Lischka, Hagen und Heinrichsohn wurden im Sommer 1978 offiziell angeklagt. Im Herbst begann unsere Offensive gegen Bousquet und Leguay. Leguay, das war in Wahrheit Bousquet, als dessen Abgesandter er in der besetzten Zone wirkte, und Bousquet war Laval, dessen politische Anweisungen er mit der Polizei umsetzte. Wir konzentrierten den juristischen Druck auf Leguay.

Am 10. November 1978 teilte ich auf einer Pressekonferenz mit, dass ich Klage gegen Leguay einreichen würde, und verteilte eine detaillierte Akte über ihn. In *Le Monde* erschien ein Bericht darüber: »Maître Klarsfeld hat das Märchen verurteilt, dem zufolge die Deutschen ganz allein die Juden verhaftet haben. ›Meiner Meinung nach‹, erklärte er hinsichtlich der Hauptverantwortlichen der französischen Polizei während der Besatzung, ›müssten die Politiker und die Öffentlichkeit verlangen, dass sie von ihren heutigen Positionen zurücktreten. Sie müssen sich zurückziehen. Sie hatten fünfunddreißig ruhige Jahre, und jetzt müssen sie Rechenschaft ablegen. Wir wollen keine Rache, aber wir wollen uns auch nicht lächerlich machen, indem diese Verbrecher straflos bleiben. Wir verlangen nur das Mindeste: Dass man die antijüdische Politik der Vichy-Regierung vor Gericht bringt.‹«

Anlässlich einer öffentlichen Protestversammlung gegen Louis Darquier de Pellepoix erhob ich Anschuldigungen gegen Bousquet, worauf sich Laurent Greilsamer, ein junger Journalist von *Le Monde*, der Angelegenheit annahm – er sollte ein Vierteljahrhundert lang damit befasst bleiben. Er bekam ein Interview mit Jean Leguay, das am 1. November 1978 erschien:

Le Monde: »Behaupten Sie immer noch, die Verhaftung von 20 000 Juden durch die Pariser Polizei habe nie stattgefunden?«

J. L.: »Vor Röthke war ursprünglich Dannecker da, mit dem man nicht reden konnte. Ich beschwerte mich bei Bousquet, und der informierte Laval. Sie setzten Röthke ein. Es gab keine Massenverhaftung von 20 000 französischen Juden. Das waren ausländische Juden.«

Le Monde: »Finden Sie die Verhaftung ausländischer Juden, die nach Frankreich geflohen waren, und ihrer Kinder, die Franzosen waren, weniger schwerwiegend?«

J. L.: »Missverstehen Sie mich nicht, aus meiner Sicht galten damals die Regeln der Deutschen. Das waren deutsche, polnische Juden. Die französische Regierung schützte ihre Staatsangehörigen, das ist normal. [...]«

Am 15. November 1978 reichte ich im Namen mehrerer Angehöriger von Juden, die bei Razzien verhaftet worden waren, an denen Leguay beteiligt war, Klage wegen Verbrechen gegen die Menschheit ein. Dieser Vorwurf hatte in Frankreich noch nie zu einer Anklage geführt. Gleichzeitig veröffentlichte ich die Akte Bousquet. Wir demonstrierten vor Leguays Wohnung in der Rue de Rémusat im XVI. Arrondissement. Diese Aktion fand ein großes Echo, und es war vermutlich dieser Abend, an dem wir beschlossen, unsere Vereinigung der FFDJF zu gründen.

Für Bousquet spitzte sich die Situation rasch zu: In der Bankengruppe Indosuez machten die Gewerkschaften mobil; die jungen Leute von der LICA demonstrierten vor dem Firmensitz; unsere Akte zirkulierte. Die Presse zeigte sich erstaunt über Bousquets Wiederverwendung. Er wurde zur Last für seine Kollegen und schließlich zum Rücktritt gezwungen, zuerst von seinem Verwaltungsratsposten der Luftfahrtgesellschaft UTA, deren Generaldirektor Antoine Veil war – sicher hatten er und seine Frau Simone auf seine Entlassung gedrängt.

Anschließend trat er von seinem Posten als Aufsichtsrat von Indosuez und in vielen Verwaltungsräten zurück, angeblich um seine Verteidigung besser zu gewährleisten.

Am 15. November 1978 wurde gegen Leguay ein Ermittlungsverfahren eröffnet, und am 11. März 1979 wurde er als erster Franzose wegen Verbrechen gegen die Menschheit angeklagt. Das erfuhr ich in Nizza, vor dem Haus, in dem mein Vater verhaftet wurde. Im Schaufenster einer Buchhandlung, wenige Meter von dem Gebäude entfernt, sprang mir die Schlagzeile im *France-Soir* ins Auge. Ausgerechnet hier zu erfahren, was ich als einer der wenigen erhofft hatte, stärkte mir noch lange den Rücken, besonders so kurz vor dem Kölner Prozess.

Am 15. März 1979 erschien in *Le Monde* »Das dunkelste Kapitel«, der erste einer langen Reihe von Artikeln, in denen ich zwanzig Jahre lang über die Rolle der Vichy-Regierung aufzuklären versuchte.

Für den Fall Leguay erhielt ich Unterstützung von Charles Libman, dem ehemaligen Widerstandskämpfer und großartigen Anwalt. Ich hatte keine Erfahrungen mit dem Räderwerk der Justiz und kannte niemanden. In meinen direkten Kontakten mit der Ermittlungsrichterin Martine Anzani, die die Bedeutung des Falls sofort begriff und den Mut hatte, sich ungeachtet des Drucks, den sie deshalb zu spüren bekam, mit ihm zu befassen, hatte ich kein Problem; aber wenn es darum ging, die unerlässlichen Schritte zu unternehmen oder sprachlich und formal die richtigen juristischen Formulierungen zu finden, fühlte ich mich verloren. Dank Charles Libman konnte ich loslegen ohne die Angst, gegen die korrekten Rechtswege, Regeln und Gebräuche vor Gericht zu verstoßen.

Unterstützung für die Juden in Teheran

Ich erfuhr, dass am 9. Mai 1979, drei Monate nach der Machtübernahme Ayatollah Chomeinis in Teheran, der Vorsitzende der dortigen jüdischen Gemeinde, Habib Elghanian, exekutiert worden war, nachdem man ihn beschuldigt hatte, »Unheil auf der Erde« zu stiften. Am 22. Mai flog ich nach Teheran. Am nächsten Tag ging ich unangemeldet ins Justizministerium, wo mich der Justizminister Assallah Mobasheri empfing. Ich übergab ihm mein Protestschreiben gegen die Erschießung Elghanians, in dem ich die tiefe Bestürzung der Juden in der ganzen Welt ausdrückte und erklärte, wenn ein Jude in einem nichtöffentlichen Verfahren wegen eines Vergehens verurteilt werde, das nirgendwo festgehalten sei, erhebe sich unweigerlich der Verdacht, es gehe um Antisemitismus. Der Justizminister versicherte mir, dieses Urteil sei nicht der Auftakt zu einer Serie von Prozessen gegen die jüdische Gemeinschaft, die stets in gutem Einvernehmen mit dem iranischen Volk gelebt habe, Elghanian sei nur wegen seiner Unterstützung für den Schah verurteilt worden.

Am nächsten Tag wurde ich von Außenminister Ibrahim Yazdi empfangen. Ich stellte mich ihm als Kämpfer für die jüdische Sache an mehreren Fronten vor und übergab auch ihm mein Protestschreiben. Dr. Yazdi erklärte mir, Elghanian sei nicht als Jude verurteilt worden, sondern weil er in ein kriminelles System verwickelt war. Der Schah sei für das iranische Volk das gewesen, was Hitler für das jüdische Volk gewesen ist. Zum Beweis zeigte er mir heimlich aufgenommene Fotos von Menschen, die vom Savak entsetzlich gefoltert worden waren. Dass Elghanian wegen Verbindungen zu Israel und zum Zionismus verurteilt worden sei, hätten die westlichen Medien behauptet, in Wirklichkeit sei es um die Zugehörigkeit zu dem verbrecherischen Schah-Regime gegangen. Dr. Yazdi versicherte mir, dass es auch in Zukunft keine weiteren Prozesse gegen Juden oder Nichtjuden geben werde, nur weil sie Verbindungen zu Israel hätten, aber es sei möglich, dass Juden oder Nichtjuden, die vor allem wegen ihrer Zugehörigkeit zum verbrecherischen Schah-Regime verurteilt würden, auch ihre Verbindungen zu Israel vorgeworfen würden, wenn sie besondere Beziehungen zu Israel oder zum Schah-Regime unterhalten hätten. Das Problem mit Israel sei zum einen die palästinensische Frage und zum anderen die polizeiliche Zusammenarbeit mit dem Schah. Die Schulung des Savak-Geheimdiensts durch den Mossad, die er später noch beweisen könne, mache Israel zu einem integralen Bestandteil des verbrecherischen Schah-Systems.

Am nächsten Tag, nach wütenden antiamerikanischen und antiisraelischen Demonstrationen in Teheran, fuhr ich allein und unangekündigt nach Qom, dem Sitz von Ayatollah Chomeini. Einem seiner engen Mitarbeiter, Ayatollah Tavassoli, überreichte ich eine Deklaration, die sofort an Ayatollah Chomeini weitergeleitet wurde. Er hätte mich erst am 2. Juni zu einer Audienz empfangen können, aber dann hätte ich meinen Rückflug verschieben müssen.

Dafür konnte ich mit Herrn Hadavi sprechen, dem Generalstaatsanwalt am islamischen Revolutionsgericht, einer geheimnisumwitterten Persönlichkeit, die sich nie fotografieren ließ und nicht mit Journalisten sprach. Er erklärte, als Generalstaatsanwalt beschäftige er sich nicht mit jedem einzelnen Fall. Im Lauf des Gesprächs versuchte er mich davon zu überzeugen, dass alle westlichen Massenmedien sich in den Händen von Juden befänden. Sein Leibwächter legte eine Ausgabe der amerikanischen Pornozeitschrift *Hustler* auf den Tisch. Hanavi blätterte sie langsam durch und zeigte mir eine Karikatur: über dem Hinterteil eines Esels ragte ein Foto Chomeinis auf. Den dazugehörigen Artikel habe ein Jude geschrieben. Ich schaute auf die Signatur: Lee Quarstromm, und antwortete, unmöglich, das sei kein jüdischer, sondern ein schwedischer Name. Ein Jude würde seinen Namen in den Vereinigten Staaten kaum in einen schwedischen ändern. Irritiert überflog Hanavi den Artikel und deutete triumphierend auf das Wort »Israel«. Ich las den Satz: »Der Iran hat seine Beziehungen zu Israel abgebrochen.«

Schließlich verschaffte er mir ein Treffen mit dem Staatsanwalt des islamischen Revolutionsgerichts in Teheran, der für die Anklage im Fall Elghanian zuständig war, und dazu einen Passierschein. Bevor ich das Gebäude verließ, ging ich zu seinem Stellvertreter und bat darum, dass Elghanians Sohn und Schwiegertochter das Land verlassen dürften. Amir Husseini, der seiner Umgebung noch mehr Schrecken einzuflößen schien als Hadavi, fragte: »Warum haben sie es so eilig?« – »Weil ihr Vater hingerichtet wurde, ihre drei Kinder in Europa leben, ihr Hab und Gut beschlagnahmt worden ist und sie aus ihrem Haus vertrieben worden sind.« Seine Antwort: »Sie werden fahren, wenn es dem Land genehm ist.« – »Dann darf ich schreiben, dass Juden nicht das Recht haben, das Land zu verlassen?« – »Nicht die Juden, die Zionisten!«

Soweit ich weiß, sind der Generalstaatsanwalt und sein Stellvertreter später selbst Opfer der Revolution geworden, sie wurden gehängt oder erschossen. Aber die Familie Elghanians durfte den Iran verlassen.

Am nächsten Tag um 9 Uhr ging ich zum Gefängnis von Qasr, um den Staatsanwalt aus Teheran zu treffen. Am Eingang zeigte ich dem

Mann mit dem Maschinengewehr, der die Besucher streng kontrollierte, meinen Passierschein. Im Büro seines jungen Assistenten herrschte ein ständiges Kommen und Gehen von Turban tragenden Mullahs: Sie führten die Verhöre. Die Akten waren erschreckend dünn, wenn man bedachte, dass für die meisten Beschuldigten im Hof des Gefängnisses alles zu Ende war. Ein junger Staatsanwalt vertraute mir an, es seien schon irrtümlich Menschen erschossen worden, weil sie denselben Namen hatten wie diejenigen, die eigentlich hätten erschossen werden sollen.

Endlich kam der Staatsanwalt. Ayatollah Azari Qomi trug sein religiöses Gewand. Er war etwa sechzig und schien wenig Ahnung von Justizangelegenheiten zu haben. Er sprach zehn Minuten lang, und der Dolmetscher übersetzte es in einer Minute. Doch der Ayatollah monologisierte noch einmal zehn Minuten. Ich bat um die Akte Elghanian, um die Anklagepunkte zu sehen. Der Ayatollah ließ die Akte kommen, und der Dolmetscher und ich studierten sie Seite an Seite.

Tatsächlich ging es in diesen Dokumenten nur um Elghanians Beziehungen zu Israel, die gar nichts bewiesen. Seine Aktivitäten, wie der Savak (also noch der Geheimdienst des Schah) sie beschrieb, waren die jedes Gemeindepräsidenten auf der ganzen Welt: Er hatte dreihundert Personen zu einer Bar-Mitswa eingeladen, darunter Angestellte der Jewish Agency; er hatte Israel besucht und bei einem Abendessen mit Moshe Dayan eine Rede gehalten, in der er sagte, man müsse mehr Geld für Israel sammeln und die Auswanderung von Juden nach Israel fördern. Das hatte Elghanian vor das Erschießungskommando gebracht! Sonst fand sich in der Akte nichts.

Der Dolmetscher übersetzte mir die Anklageschrift. Alles bezog sich auf Israel. Die Zugehörigkeit zum verbrecherischen Schah-System kam nicht vor. Ich konnte die Augen nicht von dieser Anklageschrift wenden; ich musste sie mitnehmen. Der Ayatollah stimmte meiner Bitte um eine Fotokopie zu. Er hielt die Akte noch an einer Ecke, ich an der anderen. Doch er zögerte, weil sie seine Unterschrift enthielt. Schließlich zog ich die vier Seiten mit einem Ruck an mich und steckte sie ein.

Nach meiner Rückkehr veröffentlichten die israelischen Zeitungen das Dokument, das alle Zweifel über die Gründe für Elghanians Exekution zerstreute. Zumal ich meine iranischen Gesprächspartner nicht getäuscht hatte: Ich hatte die Sache der Juden und Israels verteidigt. Es gab später noch weitere Kämpfe zur Rettung der Juden im Iran, aber letzten Endes wurden sie nicht systematisch verfolgt wie etwa die Bahai. Dennoch bin ich froh, vor Ort protestiert und dazu beigetragen zu haben, dass keine Zweifel mehr an Elghanians Unschuld bestanden und seine Familie den Iran verlassen konnte.

Der Kölner Prozess

Am 6. Juli 1979 gegen 1 Uhr nachts erschütterte eine heftige Explosion das Haus. Wir schliefen noch nicht. In der Tiefgarage war unser Auto vollkommen zerstört und alle Autos in der Nähe beschädigt worden. Bei der Untersuchung wurde ein Zünder gefunden, der wahrscheinlich auf die Zeit eingestellt war, zu der ich Lida gewöhnlich in den Kindergarten fuhr, die Explosion war wohl nur versehentlich zu früh ausgelöst worden. Zu dieser Zeit erhielten wir viele Todesdrohungen. Im Bundestag war gerade mit einer Mehrheit von 33 Stimmen die Unverjährbarkeit der Naziverbrechen beschlossen worden, was die in Bückeburg verurteilten Neonazis erboste: Sechs von ihnen gestanden, unsere Liquidierung geplant zu haben, da wir die Anführer »einer kriminellen Vereinigung von Terroristen« seien. Zu dem missglückten Attentat bekannte sich eine Gruppe namens O.D.E.S.S.A., die uns drohte: »Wir warnen Sie. Die deutschen Kameraden unserer Organisation erwarten Sie. Sie sind bewaffnet, und ihre Entschlossenheit ist so groß wie ihr Hass auf Sie. Sie haben einen Blutschwur abgelegt: Wenn Klarsfeld nach Köln kommt, bringen wir ihn um. Also, Herr Klarsfeld, haben Sie immer noch die Absicht, nach Köln zu fahren? Ja? Dann fahren Sie, FAHREN SIE!!!« Ich fuhr nicht, ich eilte nach Köln.

23 Uhr 15 bis 6 Uhr 10; 17 Uhr 32 bis 22 Uhr 45: Die Söhne und Töchter der Deportierten lebten in den folgenden Wochen mit uns zusammen im Rhythmus des Nachtzugs Paris – Köln und zurück. Ich würde an jeder der 32 Sitzungen des Prozesses teilnehmen, in dem ich einer der Nebenkläger war und zugleich die Anwaltsrobe trug und in die Verhandlung eingreifen konnte. Herr Lahme, unser junger deutscher

Anwalt, war mit unserer Strategie einverstanden und würde sich unseren lautstarken Protesten, die gegen den üblichen Prozessverlauf verstießen, nicht widersetzen. Charlotte Erman und Annette Zaidman organisierten für jeden Verhandlungstag die Anreise per Liegewagen für die FFDJF, was sie viel Zeit kostete. Tausende französischer Juden kamen nach Köln. Bei den Auseinandersetzungen mit der deutschen Polizei am Tag der Prozesseröffnung wie auch am 31. Januar 1980 beim großen Schweigemarsch durch die Stadt demonstrierten die Mitglieder der jüdischen Jugendbewegungen Frankreichs, ganz besonders die *Organisation juive de défense* (OJD) in bemerkenswerter Weise Effizienz, Zusammenhalt und Disziplin.

Der Prozess begann am 23. Oktober 1979. Um 6 Uhr 45 rüttelten dreihundert Überlebende und Angehörige der Ermordeten, alle mit dem gelben Stern, an der Apathie einer Stadt, die ihren Geschäften nachging, und entrollten in den Straßen von Köln ihre Transparente: »Die Nazi-Henker freizusprechen hieße, die Juden ein zweites Mal zu ermorden.« Die Rufe »Lischka Mörder!«, »Auschwitz, Maidanek!« hallten von den Hauswänden wider. Die Demonstration verlief ruhig, aber die Atmosphäre war gespannt. Vor dem Gerichtsgebäude jedoch kam es zu Tumulten. Der viel zu kleine Sitzungssaal fasste nur etwa siebzig Journalisten aus der ganzen Welt und ein Publikum von circa fünfzig Personen. Das Gedränge artete bald in einen Schlagabtausch zwischen den Demonstranten, die hineinwollten, und der vom Ordnungsdienst zu Hilfe gerufenen Polizei aus.

An diesem ersten Tag konnten wir viele Punkte sammeln. Die Ungeschicklichkeit der deutschen Justiz hatte auch ihr Gutes: Erstens zeigte sie, dass die Demonstration am Morgen berechtigt war, mit der wir zeigen wollten, dass die französischen Juden, die diesen Prozess unter hohem persönlichen Einsatz und mit Beates Hilfe erkämpft hatten, ihn auch beenden konnten, wenn er sich in die falsche Richtung entwickelte. Und zweitens konnten wir wegen des geringen Fassungsvermögens den Saal bei jeder Sitzung ganz füllen: Zum ersten Mal in der deutschen Justizgeschichte waren nicht nur die Naziverbrecher und ihre Richter, sondern auch ihre jüdischen Opfer anwesend. Zum ersten Mal auch gehörten die Richter, vier Männer und eine Frau (der Vorsitzende, seine beiden Beisitzer und zwei Schöffen) zur jüngeren Generation, sie waren alle nicht älter als fünfundvierzig Jahre. Zum ersten Mal schließlich waren alle drei Angeklagten bei jeder Sitzung anwesend.

Als wir sahen, dass der Vorsitzende Richter angesichts der Hinhaltemanöver der Verteidigung ärgerlich wurde, beschlossen wir, im weiteren Verlauf auf Störungen zu verzichten. Ab dem zweiten Sitzungstag herrschte Ruhe, was die Prozessbeobachter und die deutsche Öffentlichkeit beeindruckte.

In den Medien, die wir schon vor Prozesseröffnung mit Dokumenten versorgt hatten, erschienen lange Artikel über die drei Angeklagten.

Der etwa vierzigjährige Vorsitzende Richter Heinz Faßbender, in einer zu weiten schwarzen Robe, mit vollem Haar, führte die Verhandlung mit Takt und Anstand und zögerte auch nicht, entgegen dem Protokoll den Verteidigern ins Wort zu fallen.

Doch anfangs erbleichte er ein wenig: Die beiden Verteidiger Lischkas trugen zu Beginn eine ganze Litanei juristischer Argumente gegen diesen Prozess vor. Das Publikum wurde unruhig. Obwohl die Gerichtsdiener sorgfältig alle Fenster geschlossen und die schweren roten Vorhänge zugezogen hatten, drangen die Rufe der Demonstranten von draußen in den Saal: »Lischka Mörder, Hagen Mörder, Heinrichsohn Mörder!« Vier Stunden lang.

Manchmal musste ich energisch werden. Außer den drei französischen waren alle Zeugen ehemalige Mitglieder des nationalsozialistischen Polizeiapparats. Sicher hoffte der Richter, von ihnen die Wahrheit zu hören. Aber wir wussten, sie würden aussagen, dass sie selbst nichts getan und über die Aktivitäten der drei Angeklagten nichts gewusst hätten. Daher trieb ich einige von ihnen in die Enge. Als Söllner, einer der SS-Männer von Brunners Team, behauptete, er habe in Drancy keine Kinder gesehen, hielt ich ihm die Dokumente vor, die bewiesen, dass während seiner Zeit im Lager Drancy über 2500 Kinder deportiert worden waren.

Als Walter Nährich vernommen wurde, einer der Militärverwaltungsbeamten in Frankreich, merkte der Richter, dass er es falsch angepackt hatte. Er bekam nichts aus Nährich heraus. Als die Reihe an mir war, fragte ich ihn: »Haben Sie die Juden im Lager Compiègne in verschiedene Kategorien eingeteilt? Haben Sie die Eskorte der Transporte organisiert? Haben Sie die Anweisungen zum Tragen des gelben Sterns ausgearbeitet?« Er antwortete dreimal mit Nein. Daraufhin zeigte ich ihm eine Reihe von Dokumenten, die er selbst verfasst und unterzeichnet hatte und die das Gegenteil bewiesen. Der Richter riet Nährich von der Vereidigung ab, da er ihn sonst unter Anklage stellen müsste, und ließ ihn gehen. Dann fragte er mich, ob ich auch zu den anderen Zeugen Dokumente hätte. Ich übergab sie ihm. Mit diesen Dokumenten konfrontiert, verweigerten Kübler – Verbindungsmann zur französischen Polizei –, Illers – 1943 Gestapo-Chef in Paris – und Moritz – Gestapo-Chef in Paris, Marseille und Orléans – die Aussage, um sich nicht selbst zu belasten. Laube, der für die Auswahl der zu erschießenden Geiseln zuständig gewesen war, und der Chef der Sipo-SD Knochen meldeten sich krank. Nur Jüngst, Obergs Adjutant, sagte zugunsten Hagens aus. Seine Aussage machte großen Eindruck, weil er sehr ehrlich wirkte und, wie er sagte, keinerlei Sympathie für Hagen empfand. Ich fragte ihn: »Wissen Sie, ob Hagen Druck auf die Vichy-Regierung ausübte, die Juden auszubürgern?« – »Nein.« – »Haben Sie Berichte über die Judenfrage verfasst und an die Gestapo geschickt?« – »Nein.« – »Erkennen Sie Ihre eigene Unterschrift?« Damit reichte ich ihm den Bericht über die Judenfrage, den er an die Gestapo geschickt hatte und in dem es unter anderem um die Schritte ging, die Hagen zur Ausbürgerung der französischen Juden unternommen hatte. Jüngst war geschlagen.

Dieser Prozess unterschied sich wesentlich von den anderen Prozessen gegen Naziverbrecher in Deutschland. Zum einen, weil zum ersten Mal seit 1945 Hunderte von Juden, noch dazu aus dem Ausland, kamen, um am Verfahren gegen einen ihrer Henker teilzunehmen. Der Einzige, dem bis dahin das Privileg zuteilgeworden war, inmitten von Juden verurteilt zu werden, war der nach Jerusalem entführte Eichmann. Nun standen sein Vorgesetzter Hagen, der mit ihm im Oktober 1937 nach Palästina gereist war, und sein Vorgänger im Judenreferat der Gestapo, Lischka, ebenfalls inmitten von Juden vor Gericht. Zum anderen, weil die im CDJC aufbewahrten Dokumente des Pariser Gestapo-Judenreferats eine große Rolle spielten. Sie waren die Grundlage meiner Dokumentation, die es ermöglichte, die Verantwortlichkeiten jedes einzelnen der drei Angeklagten festzustellen.

Die erschütterndsten Momente in diesem Prozess waren die Aussagen der französischen Zeugen über die Deportation Tausender Kinder, die ihren Eltern entrissen und wie Tiere in die Güterwaggons geworfen wurden, in unerträglicher körperlicher und seelischer Not. Nicht nur die Augen der Zivilkläger, sondern sogar die mancher Verteidiger der Angeklagten füllten sich mit Tränen, doch die Angeklagten selbst blieben ungerührt: Lischka versteckte sein Gesicht weiter hinter seiner riesigen Hand und fuhr fort, sich Notizen zu machen, Hagen erstarrte zur Salzsäule, Heinrichsohns Kopf schwankte über seinen Knien. Odette Daltroff-Baticle und Marie Husson, die sich in Drancy um die vielen elternlosen Kinder gekümmert hatten, erkannten unter Hunderten von Fotos anderer SS-Leute das von Heinrichsohn eindeutig wieder. Auch der Mediziner und Historiker Professor Georges Wellers, der – selbst ein ehemaliger Insasse von Drancy – 1946 einen Bericht über dieses Lager veröffentlicht hatte, bestätigte, dass Heinrichsohn 1942 die Abfahrt der meisten Transporte nach Auschwitz überwacht hatte, und beschrieb seine Funktion und sein Auftreten.

Während Lischka kein Wort sagte und in keiner Weise mit dem Gericht kooperierte, auch nicht lesen wollte, was er 1942 an den Rand eines Dokuments gekritzelt hatte und der Vorsitzende Richter nur mit Mühe entziffern konnte, versuchten Hagen und Heinrichsohn sich so gut wie möglich zu rechtfertigen. Hagen verstieg sich sogar zu der Behauptung, es gehe um eine Geheimdienstaffäre und er bräuchte erst die Erlaubnis, zu sprechen. Der Richter darauf: »Und von wem soll diese Erlaubnis kommen? Sie gehen wirklich zu weit!« Als ihm eine heikle Frage gestellt wurde, spielte Hagen den Asthmatiker, worauf der Richter sagte: »Wissen Sie, Herr Hagen, ob krank oder nicht krank, am Ende dieses Prozesses geht es um die Alternative schuldig oder nicht schuldig.«

Am 31. Januar 1980 veranstalteten wir eine außergewöhnliche Demonstration in Köln: Rund anderthalbtausend französische Juden, angereist im Sonderzug aus Paris und in Bussen aus der französischen Provinz, zogen vom Hauptbahnhof vors Gerichtsgebäude. Seit den Verhaftungen nach der »Reichskristallnacht« hatte man nicht mehr so viele Juden auf deutschen Straßen gesehen!

Am 11. Februar 1980 wurde das Urteil verkündet. Das von Staatsanwalt Cohnen geforderte Strafmaß richtete sich nach dem Strafgesetzbuch der Bismarckzeit. Die Strafen fielen dann sogar etwas höher aus: zwölf

Jahre Gefängnis für Hagen, zehn Jahre für Lischka, sechs für Heinrichsohn. Dieses Urteil hat uns unendliche Erleichterung verschafft, zumal es zur Überraschung der meisten Deutschen tatsächlich vollzogen wurde. Alle drei Angeklagten kamen sofort ins Gefängnis.

Erleichterung ist das richtige Wort, von Genugtuung kann nicht die Rede sein, denn keine noch so harte Strafe ist den Verbrechen angemessen, an denen Lischka, Hagen und Heinrichsohn beteiligt waren. Als wir neun Jahre zuvor begonnen hatten, der Straflosigkeit der Naziverbrecher ein Ende zu machen, die für die Deportation der Juden aus Frankreich verantwortlich waren, war es unser Ziel, dass sie in Deutschland vor Gericht gestellt und verurteilt würden. Wir hatten vier Jahre gebraucht, um die Ratifizierung des Zusatzabkommens durch den Bundestag zu erreichen. Und vier weitere Jahre, bis diese NS-Verbrecher angeklagt und vor Gericht gestellt und verurteilt wurden.

Fünfunddreißig Jahre nach Kriegsende ist es den Richtern und Schöffen sicher schwergefallen, die Generation ihrer Väter zu verurteilen. Doch dass sie es taten, war der Beweis, dass die späten Prozesse gegen die Nazis zu juristisch und historisch positiven Ergebnissen führen konnten. Das Urteil war der Beweis, dass das deutsche Volk begann, seine Verantwortung gegenüber dem jüdischen Volk anzuerkennen, und den rassistischen Totalitarismus zunehmend ablehnte. Ich schloss mein Plädoyer denn auch versöhnlich: »Der Weg, den wir einschlagen mussten, um diesen Prozess zu erreichen, war sicher schwer, für uns wie für Sie; aber Sie sollen wissen, dass die französischen Juden in dieser ganzen langen Zeit nie das Vertrauen in die deutsche Justiz verloren haben.«

In der JVA Köln-Ossendorf, wo mehrere von uns – junge Leute von der LICA, ehemalige Deportierte oder Söhne und Töchter der deportierten Juden Frankreichs – selbst schon für kurze Zeit eingesessen hatten, fiel Heinrichsohn die Umstellung von seinem Leben als Bürgermeister und Anwalt auf das Häftlingsleben schwer, das er dort fortan mit Lischka teilte, während Hagen in Bochum inhaftiert war.

Seinem Cousin schrieb er, er habe es ebenso wie dieser nie für möglich gehalten, dass man ihn verurteilen und inhaftieren würde. Er habe wirklich nichts Böses getan: »Ich leide und ich bin unschuldig.« Doch das nütze ihm gar nichts. Man habe ihn verurteilt, und nun sei er eingesperrt. Folglich müsse er sein Schicksal tragen. Er sei ein Opfer seiner Generation. Jeder hätte an seiner Stelle ebenso gehandelt wie er.

Heinrichsohn starb kurz nach seiner Freilassung.

Für Erinnerung und Gerechtigkeit

Nach dem Kölner Prozess verfolgten wir die Verfahren weiter, die wir gegen Ernst Ehlers und Kurt Asche angestrengt hatten, die beiden Hauptverantwortlichen für die Deportation von 25 000 Juden aus Belgien, gegen Arnold Strippel, der zwanzig jüdische Kinder im Keller einer Schule am Bullenhuser Damm in Hamburg erhängt hatte, gegen Jean Leguay, dann gegen Maurice Papon und den Holocaust-Leugner Robert Faurisson. Wir überwachten weiterhin Klaus Barbie in Bolivien und lauerten auf den richtigen Moment, um seine Auslieferung zu erreichen.

Wir bemühten uns nicht nur um Gerechtigkeit, sondern auch um die Erinnerung: 1981 erschien die französische Ausgabe von *Vichy France and the Jews* von Michael Marrus und Robert Paxton. Enttäuscht darüber, dass die Autoren mangels neu entdeckter Dokumente nicht imstande gewesen waren, den zeitlichen Ablauf der »Endlösung« in Frankreich detailgenau zu ermitteln und angemessen zu beschreiben, machte ich mich an die Recherchen zu *Vichy – Auschwitz.* Unsere Erinnerung braucht eine dauerhafte Verbindung zu Auschwitz. Es war an uns, den FFDJF, eine solche Verbindung aufrechtzuerhalten. Wir organisierten die erste eintägige Pilgerreise nach Auschwitz und beschlossen, in Israel für die 80 000 während des Krieges ermordeten Juden aus Frankreich ein steinernes Denkmal zu erbauen, umgeben von 80 000 Bäumen für die 80 000 Leben – der »Wald der Erinnerung«. Auf dem Denkmal würden die Namen und Daten jedes der Opfer geschrieben stehen.

Mit Unterstützung des Gesundheits- und Familienministeriums in Brüssel erstellten der bedeutende Historiker Maxime Steinberg und ich auch eine alphabetische Liste der 25 124 Juden und 312 Zigeuner, die aus Belgien deportiert worden waren: *Le Mémorial de la déportation des Juifs de Belgique*, das 1981 erschien. Dank einem Gutachten unseres Freundes Joseph Billig entschieden die Richter in Schleswig-Holstein am 8. März 1977, dass die Prozesse gegen Ernst Ehlers, den ehemaligen Chef der Sipo-SD-Dienststelle Brüssel und ab 1944 für ganz Belgien und Nordfrankreich, sowie gegen Kurt Asche, den ehemaligen Chef des Gestapo-Judenreferats in Brüssel, im Herbst 1980 in Kiel stattfinden würden, was der Bundesgerichtshof im November 1979 bestätigte.

Am ersten Prozesstag, dem 26. November 1980, zogen wir in Kiel zusammen mit den Juden aus Brüssel quer durch die Stadt zum Gericht. Ehlers, SS-Obersturmbannführer und nach dem Krieg Richter am Verwaltungsgericht des Landes Schleswig-Holstein, nahm sich einen Tag vor dem Prozess durch einen selbst herbeigeführten elektrischen Schlag in der Badewanne das Leben; seine Frau hatte sich einige Zeit vorher umgebracht. Der Prozess gegen Asche dauerte sechsunddreißig Verhandlungstage, verteilt auf sieben Monate. Ich nahm an etwa fünfzehn Sitzungen teil. Wie in Köln erging auch in Kiel ein Schuldspruch: Asche wurde am 8. Juli 1981 zu sieben Jahren Gefängnis verurteilt.

Arnold Strippel, ein hartgesottener Krimineller, hatte wegen anderer Verbrechen bereits zwanzig Jahre im Gefängnis verbracht und konnte nach deutschem Recht nach einem weiteren Prozess nicht erneut inhaftiert werden. Mit der Ermordung der Kinder vom Bullenhuser Damm hatte er jedoch eine so schändliche Rolle gespielt, dass wir wollten, dass die deutsche Justiz ihn anklagte, damit der Tod dieser jüdischen Kinder, die man bei Razzien in ganz Europa verhaftet, an denen man medizinische Experimente vorgenommen und die man in einer Schule erhängt hatte, nicht vergessen wurde.

Um das zu erreichen, fuhr ich nach Hamburg, wo ich Strafantrag gegen Strippel gestellt hatte, und erklärte den Staatsanwälten, dass mir in Paris diejenigen im Nacken säßen, die mir vorwarfen, den Weg des Gesetzes zu suchen, während sie selbst Strippel liquidieren wollten. Um diesem Bluff Nachdruck zu verleihen, schickten wir nacheinander mehrere Personen zu dem Haus, wo Strippel wohnte, und ließen sie dort auffällig auf und ab gehen. Einige von ihnen wurden von der Polizei vorläufig festgenommen – und zwangsläufig wieder freigelassen, da ihnen außer ihrer Anwesenheit vor Strippels Haus nichts Konkretes vorzuwerfen war. Die Anzeichen für eine Gewalttat machten Eindruck auf die Hamburger Staatsanwaltschaft, die endlich Anklage gegen Strippel erhob. Wenig später starb er in Freiheit, aber als Angeklagter.

Barbies erzwungene Rückkehr nach Lyon

Am 15. November 1978 wurde gegen Leguay ein Ermittlungsverfahren eröffnet, und am 12. März 1979 wurde er als erster Franzose wegen Verbrechen gegen die Menschheit angeklagt. Am 1. Juni 1979 veröffentlichten wir in *Le Monde* einen offenen Brief: »Will der Außenminister Leguay und Touvier schützen?« Daraufhin bestätigte der Minister am 20. Juli, dass es laut den Statuten des Internationalen Militärgerichtshofs und des Europäischen Gerichtshofs für Menschenrechte bei Verbrechen gegen die Menschheit keine Verjährung gibt. Im Oktober 1979 wurde Leguays Antrag auf Nichtzuständigkeit der Ermittlungsrichterin Martine Anzani abgelehnt. Im November 1979 wurde auch Leguays Beschwerde gegen diese Entscheidung abgewiesen. Im Februar 1980 versuchte Leguay, die rund fünfzig Zivilparteien, die wir beigebracht hatten, für unzulässig erklären zu lassen.

Am 23. Oktober 1980 kauften wir eine Viertelseite in *Le Monde* und warfen dem Justizminister vor, den Fall Leguay seit dem 9. Mai 1980 zu blockieren, als die Pariser Staatsanwaltschaft ihre Akte zur Zulässigkeit der Nebenklagen abgeschlossen und ans Ministerium weitergeleitet hatte. Eine Woche später gab das Ministerium die Akte frei. Am 4. Dezember 1980 wurde Leguays Argumentation in allen Punkten abgewiesen. Die Ermittlungsrichterin konnte mit ihrer Untersuchung der Fakten und Zuständigkeiten fortfahren, und mit Leguay saß die gesamte judenfeindliche Vichy-Politik auf der Anklagebank. Am 29. April demonstrierten etwa hundert Mitglieder der FFDJF vor dem Gericht, in dem Leguays Einspruch gegen die richterliche Verfügung vom 4. Dezember verhandelt wurde. Leguays Anwalt legte Beschwerde gegen die hohe Zahl der Zivilparteien vor dem Verhandlungssaal ein: »Da braucht man ja fast das Stadion Parc des Princes«, worauf Maître Libman erwiderte: »Warum nicht gleich das Vélodrome d'Hiver?«

Am 3. Juli wurde Leguays Einspruch abgewiesen, und seine Berufung dagegen im November 1982. Charles Libman und ich am Tribunal de grande instance sowie Charles Choucroy am Cour de Cassation hatten die Rechtsprechung auf diesem Gebiet vorangebracht. Die Ermittlungen im Fall Leguay konnten endlich weitergehen.

Leguay wurde mehrmals von der Ermittlungsrichterin befragt. Ich hatte den ersten Band von *Vichy – Auschwitz* fertiggestellt und lieferte ihr etwa fünfzehn bislang unbekannte Dokumente, die Leguay belasteten. Zu Bousquet hatte ich in den Archiven zwei Dokumente entdeckt, die für die Juden verheerende Folgen gehabt hatten und ihn belasteten. Ich behielt sie mir für einen erneuten Strafantrag gegen Bousquet vor, der auf Grundlage dieser neuen Fakten möglich schien, aber ich wollte keine Ablehnung riskieren. In seinen Aussagen im Leguay-Prozess stellte sich Bousquet hinter den Angeklagten.

Meine Anklageschrift war *Vichy – Auschwitz*. Es enthält 243 vollständig zitierte französische und 122 deutsche Dokumente, die spätere deutsche Ausgabe 118 deutsche und 66 französische. Das französische Volk musste genug über den Vichy-Staat wissen, damit es seine Bedeutung ganz erfassen und dieses Regime, das es gewagt hatte, den deutschen Besatzern im Namen Frankreichs Tausende jüdischer Kinder auszuliefern, auf ewig verurteilte. Seit dem Schuljahr 1983/84 nimmt die Rolle von Vichy in den Geschichtsbüchern für die letzte Jahrgangsstufe übrigens deutlich mehr Raum ein. Im Sommer 1985 traf Ermittlungsrichterin Anzani ihre Entscheidung im Fall Leguay. Seine Akte wanderte zu Oberstaatsanwalt Marc Domingo.

Auch nach dem Scheitern der Entführung behielten wir Barbie mithilfe unserer Freundin Lisa im Auge. Sie sollte nach Bolivien fliegen, an Barbie herankommen und herausfinden, ob er vorhatte, im Land zu bleiben.

Ihr Plan war einfach: Sie würde schick angezogen in einen deutschen Club in La Paz gehen und dort ein Gespräch mit einem Stammgast anfangen. Sie würde sich als rechtsgesinnte Deutsche ausgeben, die es nach dem Besuch der peruanischen Ruinenstadt Machu Picchu auch noch nach Bolivien zum Titicacasee gezogen hatte, und zu einem geeigneten Zeitpunkt erwähnen, sie habe von Klaus Barbie reden hören. Genauso spielte es sich auch ab. Der fragliche Deutsche, ein Unternehmer, sagte, er kenne Barbie gut, und drei Tage nach ihrer Ankunft in La Paz war sie zum Abendessen bei Familie Barbie. Barbie fühlte sich in der bolivianischen Diktatur sehr wohl. Lisa hielt ihren Kontakt zur Familie Barbie aufrecht. Sie flog noch zweimal kurz nach La Paz, um sich davon zu überzeugen, dass Barbie nicht aus Bolivien in irgendeine andere südamerikanische Diktatur übersiedeln wollte.

Im August 1982 warf ich der französischen Justiz öffentlich vor, dass sie noch keine Anklage gegen Barbie erhoben hatte, dessen Verurteilung wegen Kriegsverbrechen 1954 seit 1974 verjährt war. Gestützt auf das Gesetz von 1964 über die Unverjährbarkeit von Verbrechen gegen die Menschheit mussten die gegen ihn aufgenommenen Ermittlungen schnellstmöglich Taten berücksichtigen, die wir aufgedeckt hatten und die ihm 1954 bei seinem Prozess in Abwesenheit nicht zur Last gelegt worden waren: die Verschleppung der 44 Kinder von Izieu, die Razzia in der Rue Sainte-Catherine und die Deportation der Menschen des Transports vom 11. August 1944.

Wir hatten Klage wegen Verbrechen gegen die Menschheit gegen Barbie eingereicht und diese Straftaten genau dokumentiert. Das war notwendig, damit Frankreich erneut einen Auslieferungsantrag an Bolivien stellen konnte. Unser Appell an die Justiz wurde gehört, und Barbie wurde in Lyon unter Anklage gestellt.

Anfang 1982 war Lisa ein letztes Mal nach La Paz geflogen, um sich über Barbies Lage in Bolivien zu informieren. Das Banzer-Regime stand kurz vor dem Zusammenbruch, aber Barbie kümmerte sich nicht um die politische Entwicklung, denn er hatte private Probleme: Sein Sohn Klaus-Jörg war beim Drachenfliegen tödlich verunglückt, und kurz darauf starb auch seine Frau. Seine Tochter Ute arbeitete in München als Sekretärin für Hans Rudel, mit dem wir es 1976 im Bürgerbräukeller zu tun gehabt hatten.

Barbie war im Rahmen der militärischen Nachrichtendienste sehr aktiv an den Repressionen beteiligt gewesen, die in Bolivien auf jeden Putsch oder plötzlichen Regierungswechsel folgten. Am 12. Februar 1980 hatte ihn der finstere Oberst Arce Gómez zum Oberstleutnant ehrenhalber ernannt und zu bedingungslosen Diensten für die bolivianische Armee verpflichtet. Hugo Banzer war 1978 abgesetzt worden; sein Nachfolger war General Juan Pereda Asbún, der 1979 von General David Padilla Anrancibia aus dem Amt gedrängt wurde. Im Mai 1979 wurde Wálter Guevara Arze Staatspräsident, doch schon am darauffolgenden 2. November gab es erneut einen Militärputsch, in dessen Folge Oberst Alberto Natusch Busch die Macht ergriff, der aber nach nur zwei Wochen von der ersten bolivianischen Präsidentin Lidia Gueiler Tejada abgelöst wurde. Jede dieser Regierungen wurde von den Militärs kontrolliert, die gefährliche Neonazis wie Joachim Fiebelkorn, Pierluigi Pagliai und Stefano Delle Chiaie aus Deutschland und Italien kommen ließen, die sich um ihr Idol Barbie scharten. Am 17. Juli 1980 riss General Luis García Meza Tejada die Macht an sich. Unter Mitwirkung von Barbie und seiner Gang, den »Verlobten des Todes«, nahmen politische Morde, Folter und Drogenhandel drastisch zu. Am 4. August 1981 putschte die 8. Division in Santa Cruz gegen García Meza. Bis Januar 1982 führte General Celso Torrelio Villa das Land, dann machte er General Guido Vildoso Calderón Platz, einem persönlichen Freund Barbies, dem er auch die erste Audienz im Präsidentenpalast gewährte. Doch das Ansehen der Militärs bröckelte, und der Druck aus der Bevölkerung wurde so groß, dass das Parlament im Oktober 1982 Hernán Siles Zuazo zum Präsidenten wählte.

Kurz zuvor teilte uns ein im Exil lebender Bolivianer mit, dass er nach Bolivien zurückkehren und versuchen würde, Barbie zu erschießen. Wir wünschten ihm viel Glück. Doch dann rief er uns aus La Paz an und sagte, er verzichte auf sein Vorhaben, weil die Diktatur in Auflösung begriffen sei und man jetzt auch auf legale Weise handeln könne. Also waren wir am Zug. Ich nahm wieder Kontakt zu Régis Debray auf. Damals waren er und Jacques Attali die beiden wichtigsten Berater von Staatspräsident François Mitterrand. In seinem Buch *Verbatim* schildert Attali unsere Aktivitäten.

> 3. August 1982. Serge Klarsfeld hat Régis Debray daran erinnert, dass sie 1973 gemeinsam Klaus Barbie entführen wollten.
> 5. Oktober 1982. In Bolivien Amtsantritt von Hernán Siles Zuazo, demokratisch gewählter Präsident der Unidad Democrática y Popular (UDP). Jetzt kommt man vielleicht wieder an Klaus Barbie heran. Régis

Debray verhandelt weiter mit dem bolivianischen Innenminister, seinem Freund Gustavo Sánchez. Klarsfeld hat eine Idee: Die Bolivianer bringen Barbie nach Cayenne, wo wir ihn in Empfang nehmen.
27. Oktober 1982. Régis Debray empfängt Serge Klarsfeld und informiert den Präsidenten darüber. Klarsfeld glaubt, die Auslieferung Barbies oder seine Abschiebung auf französisches Staatsgebiet ließe sich erreichen. Der Präsident ist bereit, ein erneutes Auslieferungsersuchen zu stellen.
26. Januar 1983. Barbie wurde wie geplant in La Paz festgenommen. Debray arbeitet mit Klarsfeld und Sánchez einen Plan aus. Wie es aussieht, bringen uns die Bolivianer ihren Gefangenen nach Cayenne.
3. Februar 1983. Jean-Louis Bianco organisiert die Entsendung der französischen Militärmaschine, die Barbie in Cayenne abholen wird. Die zehnjährigen Bemühungen Serge Klarsfelds vom Erfolg gekrönt.[35]

Ich hatte hartnäckig darauf hingewiesen, dass Barbie nicht ausgeliefert, sondern ausgewiesen werden musste, denn wenn sein Fall in Bolivien ordnungsgemäß dem neu besetzten Obersten Gerichtshof vorgelegt würde, wäre dieser wahrscheinlich der Ansicht, dass Barbies fünfundzwanzig Jahre in Bolivien, dessen Staatsbürger er geworden war, wenn auch unter falscher Identität, nach internationalem Recht eine persönliche und dauerhafte Bindung an das Land darstellten und dass, wenn der Name auch falsch, der Mensch doch echt sei. Eine Auslieferung würde in dem Fall abgelehnt werden, da Bolivien seine Staatsbürger nicht auslieferte.

In La Paz war unser Freund Gustavo Sánchez inzwischen Staatssekretär für Information und Vertrauter des bolivianischen Präsidenten, der ihn am 4. Februar 1983 zum stellvertretenden Innenminister ernannte. Damit war er für das Problem Barbie zuständig und konnte es im Sinne Frankreichs lösen. Einstweilen saß Barbie in La Paz im Gefängnis, weil er sich weigerte, alte Schulden in Höhe von 10 000 Dollar zu begleichen. Zwar entschloss er sich nach einem Tag Haft dazu, verweigerte aber zunächst die Zahlung der Verzugszinsen. Als er sich endlich dazu entschloss, fehlte ihm das nötige Geld, und Gustavo konnte ihn weiter in Gewahrsam behalten, bis er ihn aus dem Gefängnis direkt in die C-130 Hercules setzte, die ihn nach Cayenne in

[35] Jacques Attali, *Verbatim*, Paris 1993.

Französisch-Guayana flog. Das bolivianische Kabinett hatte am selben Tag Barbies Ausweisung beschlossen, wodurch er vom bolivianischen Staatsangehörigen zum unerwünschten Ausländer geworden war. Wie ich vorhergesehen hatte, hatte die Bundesrepublik ihren Auslieferungsantrag verschleppt. Sie hätte ihn wohl letztlich noch gestellt und möglicherweise seine Auslieferung erreicht, aber dann hätten Barbie in Deutschland statt einer lebenslangen Freiheitsstrafe maximal acht Jahre Haft erwartet.

Am 5. Februar 1983 war Barbie zurück in Frankreich.

Am 18. Juni 1981 hatten die leidgeprüften und mutigen Mütter Ita-Rosa Halaunbrenner und Fortunée Benguigui im israelischen Roglit unser Denkmal eingeweiht, die Gedenkstätte zur Deportation der Juden aus Frankreich, und ich hatte ihnen versprochen, wir würden alles tun, dass sich Barbie für seine Verbrechen verantworten musste. Madame Halaunbrenner erfuhr ausgerechnet bei einem Besuch in Roglit von Barbies Rückkehr.

Beate und ich waren glücklich und erleichtert: Hinter uns lagen zwölf Jahre voller Anspannung und Angst, dass wir es nicht schaffen würden. Zugleich war uns klar, dass wir den bevorstehenden Prozess minutiös vorbereiten mussten.

Seit 1982 hatte ich beim Präsidialamt auf grünes Licht für meine Suche nach dem Original des Izieu-Telex vom 6. April 1944 gedrängt, in dem Barbie die Aushebung des dortigen jüdischen Kinderheims und die »Verbringung« der Kinder ins Lager Drancy für den 7. April angekündigt hatte. Barbies Verurteilung hing vom Fall dieser Kinder ab.

Das Izieu-Telex war für den Nürnberger Hauptkriegsverbrecherprozess aus dem CDJC-Archiv geholt und von Frankreich als Beweis für die Verbrechen vorgelegt worden, die die Nationalsozialisten in Frankreich an den Juden begangen hatten. Es war vom Kopierdienst des Gerichts vervielfältigt worden, und ich hatte inzwischen drei Kopien aufgespürt, die von einem Mitarbeiter dieses Dienstes 1946 beglaubigt worden waren, bevor das Original an Frankreich zurückgegeben wurde: Eine Kopie wurde im Archiv des Internationalen Gerichtshofs in Den Haag aufbewahrt, wo sich das Archiv des Nürnberger Hauptkriegsverbrecherprozesses befindet, eine weitere im Nationalarchiv in Washington und eine dritte im bayerischen Staatsarchiv Nürnberg. Das Originaltelex war im CDJC nicht auffindbar; viele Dokumente, die es für den Nürnberger Hauptkriegsverbrecherprozess herausgegeben hatte, waren nicht zurückgegeben worden. Ich erhielt vom Präsidialamt die Genehmigung, im Archiv des Juristischen Diensts des Außenministeriums zu suchen. Vergebens. *Idem* im Justizministerium.

Im französischen Staatsarchiv machte mir der für das zeitgenössische Archiv zuständige Pierre Cézard alle ihm für den Zeitraum 1940 bis 1944 verfügbaren Bestände zugänglich. Ich war sprachlos, wie erschlagen von all den Akten, die ich durchsah und in denen noch kein Forscher je geblättert hatte: Archive der Kabinettssitzungen, des Innenministeriums, des Generalsekretariats der Polizei und seiner Delegation für die besetzten Gebiete; die Unterlagen zum Prozess Bousquet, unter denen ich Fakten entdeckte, die unter Umständen eine erneute Anklage ermöglichen würden; Prozess gegen Darquier de Pellepoix; Prozess gegen Bussière, den Polizeipräfekten von Paris; Prozess gegen Hennequin, den Leiter der Stadtpolizei von Paris. Es handelte sich nicht um die Prozessakten, sondern um die – oft sehr umfangreichen – Ermittlungsakten, die Dokumente, Vernehmungsprotokolle und Zeugenaussagen enthielten. Mithilfe dieses Tatsachenmaterials konnte ich das Standardwerk *Vichy – Auschwitz* fertigstellen, an dem ich damals arbeitete, und den Ablauf der »Endlösung« in Frankreich minutiös beschreiben, was bis dahin noch nicht getan worden war. Ich stürzte mich sofort in die Arbeit, tauchte ein paar Wochen lang in Akten voll tragischer und erhellender Wahrheiten ein und kopierte sie vollständig.

Zudem hatte ich zahlreiche der im CDJC aufbewahrten Gestapo-Dokumente vom Deutschen ins Französische übersetzen lassen. Andere wichtige Unterlagen hatte mir die Militärjustiz geliefert, und ich hatte viele weitere gesichtet, die im Archiv der Polizeipräfektur hinter verschlossenen Türen aufbewahrt wurden und die mich Innenminister Gaston Defferre ausnahmsweise einsehen ließ. Beglückt, hoch konzentriert und vom Nutzen meiner Arbeit überzeugt, wurde ich wieder Historiker. Die Zeit existierte nicht mehr; sobald ich das Archiv betrat, war ich im Jahr 1942.

Das Originaltelex fand ich Anfang 1984, nachdem ich vom Leiter des CDJC die Genehmigung erhalten hatte, auch im Untergeschoss zu suchen, wo Dutzende von Umzugskartons mit verschiedenen Archivbeständen eingelagert waren. Im zweiten Karton fanden der Archivar und ich eine Akte mit der Aufschrift »Abetz«. Darin: das Izieu-Telex, tadellos erhalten. Wie war es dorthin gelangt? 1949 hatte Léon Poliakov, Historiker am CDJC, dem Ermittlungsrichter im Prozess gegen Otto Abetz dieses Dokument zur Verfügung gestellt, das eindeutig bewies, welche Art von Verbrechen die Deutschen während Abetz' Zeit als Botschafter in Paris begangen hatten. Nach ihrer Rücksendung ans CDJC war die Akte nicht wieder geöffnet worden, das Telex war nicht zurücksortiert worden, und bei einem Umzug war die Akte dann in der Versenkung verschwunden. Ich glaubte wirklich an ein Wunder und nahm für einen Augenblick mein Gespräch mit Gott wieder auf, das ich vierzig Jahre zuvor abgebrochen hatte.

Vichy – Auschwitz 1942 erschien im Frühjahr 1983. »Schon das Titelbild ein Schock«, schrieb Bertrand Poirot-Delpech in einem langen *Le Monde*-Artikel mit der Überschrift »Holocauste-sur-Seine«. Ja, das Buch war ein Schock, denn es enthält sämtliche – zumeist unveröffentlichte – Dokumente zur Kollaboration von Regierung, Polizei und Verwaltung von Vichy bei der Jagd auf Juden im Jahr 1942. Ich rekonstruierte methodisch für jeden einzelnen Tag die Abfolge der Ereignisse, die zur Durchführung der »Endlösung« geführt hatten, und machte nachvollziehbar, was bis dahin noch weitgehend unbekannt gewesen war. Ich recherchierte bis ins Detail die Zuständigkeiten der Hauptverantwortlichen – Pétain, Laval, Bousquet, Leguay, Darquier. Schließlich wies ich auf die entscheidende Bedeutung der Interventionen des hohen Klerus und der empörten Reaktionen der französischen Öffentlichkeit hin, die Vichy ab September 1942 zwangen, die Zusammenarbeit von französischer Polizei und Gestapo mit dem Ziel der Verhaftung und Deportation von Juden erheblich einzuschränken.

Der zweite Band über die Jahre 1943 und 1944 konnte dank des von mir zusammengetragenen Materials 1985 erscheinen. Er beleuchtet vor allem drei Punkte: erstens den Widerstand der italienischen Behörden gegen die antijüdischen Maßnahmen in der italienischen Besatzungszone Frankreichs; zweitens das von den Deutschen vergeblich geforderte Gesetz, mit dem allen gemäß dem Gesetz vom 10. August 1927 eingebürgerten Juden die französische Staatsbürgerschaft entzogen werden sollte; drittens den Schutz der französischen Juden, die im Januar 1944 von Laval freigelassen wurden. *Vichy – Auschwitz* lieferte zudem den historischen Hintergrund für die Fälle Barbie, Bousquet, Leguay und Papon, gegen die zu dieser Zeit Verfahren liefen.

Ich hatte, unterstützt vom Gedenkkomitee des CRIF, den Vorschlag gemacht, den Gedenkort Place des Martyrs-Juifs-du-Vélodrome-d'Hiver zu schaffen, der an die große Razzia vom 16. und 17. Juli 1942 erinnert. Am 18. Juli 1986 wurde er vom Pariser Bürgermeister Jacques Chirac eingeweiht. In seiner Ansprache, in der sich bereits die Rede andeutete, die er am 16. Juli 1995 als Staatspräsident halten würde, erklärte er, »auch die dunkelsten Stunden müssen den Bürgern ins Gedächtnis gerufen werden«, und als er an »das Schicksal der jüdischen Gemeinden in Frankreich« erinnerte, zitierte er den Schluss von *Vichy – Auschwitz*, jenen Satz, über den ich so lange nachgedacht und an dem ich sorgfältig gefeilt hatte, damit er weit trug: »Die Juden in Frankreich werden immer in Erinnerung behalten, daß zwar das Vichy-Regime einen moralischen Bankrott erlitten und sich entehrt hat, indem es entscheidend zur Vernichtung eines Viertels der jüdischen Bevölkerung beitrug, daß aber die übrigen drei Viertel ihr Überleben wesentlich dem aufrechten Mitgefühl aller Franzosen verdanken, die von dem Augenblick an ihre praktische Solidarität bewiesen, als sie begriffen, daß die jüdischen Familien, die den Deutschen in die Hände fielen, zum Tode verurteilt waren.«[36]

An jenem Tag hatte ich das Gefühl, dass diese mehr als zehnjährige Mammutarbeit in wenigen Zeilen zusammengefasst war, die eine Wahrheit enthielten, die den Darstellungen zahlreicher Historiker widersprach, doch die sich zwangsläufig durchsetzen würde.

[36] Klarsfeld, *Vichy – Auschwitz*, a. a. O., S. 367.

Der Fall Papon kommt ins Rollen

Inzwischen hatte der Fall Papon begonnen. Maurice Papon war 1981 Haushaltsminister im Kabinett von Raymond Barre. Von 1958 bis 1967 war er Polizeipräfekt von Paris gewesen, und viele machten ihn für die Toten verantwortlich, die es in Paris 1961 und in der Métro-Station Charonne 1962 bei Ausschreitungen nach brutalen Polizeieinsätzen gegeben hatte. Doch wer wusste zu der Zeit, dass einige der Polizisten schon 1942 an Razzien beteiligt waren und ihr Polizeipräfekt damals in derselben Funktion in Bordeaux tätig war?

Der Fall kam ins Rollen, als ein junger Forscher, Michel Bergès, eine Menge Akten der Präfektur in Bordeaux entdeckte, die vernichtet werden sollten. Als ihm klar wurde, dass darunter Akten der Abteilung für Judenfragen waren, die Maurice Papon belasteten, übergab er sie Michel Slitinsky, einem früheren Widerstandskämpfer und Sohn eines ermordeten Juden, der für die Aufklärung des Schicksals der Juden in Bordeaux kämpfte. Slitinsky übermittelte das Material an die Satirezeitschrift *Le Canard enchaîné*, die am 7. Mai 1981 enthüllte, dass Papon an der Verhaftung und Auslieferung von Juden an die Gestapo beteiligt war. Papon antwortete darauf: »Das erschüttert mich nicht besonders. *Le Canard enchaîné* versucht, mir irgendetwas anzuhängen. Im Moment habe ich Wichtigeres zu tun.«

Am 8. Mai verlangte ich in *Le Monde* die Entlassung des Ministers: »Papon hat damals zwar keine Hauptrolle, aber doch eine Rolle gespielt. Er hat sicher weniger getan als Jean Leguay, dem Verbrechen gegen die Menschheit vorgeworfen wurden, den Papon laut *Canard enchaîné* am 24. August 1942 um Instruktionen bat. Aber Papon hat mehr getan als der einfache Polizist, der die Juden verhaftete, oder der Gendarm, der die Transporte eskortierte, in denen sich wehrlose Kinder befanden, die sterben mussten, nur weil sie als Juden geboren waren.«

Mein Standpunkt hat sich vom Beginn der Affäre am 8. Mai 1981 bis zu Arnos aufsehenerregendem Schlussplädoyer am 10. März 1998 nicht geändert. Arno forderte als Einziger nicht lebenslänglich, sondern eine befristete Strafe, auf die die Geschworenen dann auch erkannten, und damit rettete er den Prozess vor einem Freispruch, zu dem es wahrscheinlich gekommen wäre, wenn die Geschworenen nur zwischen Freispruch und lebenslänglich hätten wählen können:

> Warum kann man ein gewisses Unbehagen nicht unterdrücken? Weil es sich um einen gebildeten, zivilisierten Mann handelt, der vermutlich nie einem Kind wegen seiner Religion Gewalt antun würde. Weil er kein blutrünstiges Monster ist, sondern bloß ein Mann, der um seines ungehinderten Aufstiegs willen die republikanischen Werte des Mitgefühls und der Menschlichkeit vergessen hat. [...] Maurice Papon hat sich hinter seinen Anweisungen versteckt. Für ihn hat ein Befehl Vorrang vor allem anderen. Im Schatten seiner Akten hielt er sich für einen Zuschauer der Tragödie. Doch er war Akteur, denn ohne die mindesten Gewissensqualen wurde er ein effektives Werkzeug der Verbrechen gegen die Menschheit. Maurice Papon ist nicht Klaus Barbie oder Paul Touvier. Er spielte auch nicht die politische Rolle eines Leguay oder Bousquet. Eine lebenslängliche Strafe entspräche nicht der historischen Wahrheit. Doch er hat sich an den Verbrechen beteiligt, weil er nie den Mut hatte, auch nur ein einziges Mal nein zu sagen zu Karriere und Ehrungen.

1981 forderte Papon, dem Jacques Chirac eine Aufstellung als RPR-Kandidat für die Wahlen verweigert hatte, ein Ehrengericht ehemaliger Résistance-Angehöriger, das ihm auch gewährt wurde. Bei meiner Anhörung am 29. September vertrat ich die Ansicht, dass Papon wegen Verbrechen gegen die Menschheit angeklagt werden sollte. Am 15. Dezember verkündete das Ehrengericht sein Urteil:

1. Es wird anerkannt, dass Papon seit dem 1. Januar 1943 für die Résistance gearbeitet hat.
2. Er hat zwar an Handlungen mitgewirkt, die dem Ehrverständnis der Jury widersprechen und die französische Öffentlichkeit zu Recht erschüttern, die man jedoch im Kontext jener Zeit betrachten muss, zumal mehrere davon nicht so große Tragweite und Auswirkungen hatten, wie ihre Enthüllung heute glauben machen könnte.

Maurice Papon hätte im Juli 1942 von seinem Amt zurücktreten müssen.

3. Die vom *Canard enchaîné* und von Serge Klarsfeld im Namen der FFDJF vorgelegten Dokumente sind echt.
4. Von den sechzehn Zeugen, die gehört wurden, waren alle außer Serge Klarsfeld der Meinung, eine Strafverfolgung der Verantwortlichen der Präfektur von Bordeaux sei nicht gerechtfertigt.

Daraufhin veröffentlichte ich ein sarkastisches Kommuniqué, das von den Medien aufgegriffen wurde: »Als Vertreter jüdischer Familien können wir sagen, dass es sicher besser war, von antisemitischen Vichy-Beamten gerettet zu werden, die manchmal davor zurückschreckten, für die Gestapo die Drecksarbeit zu erledigen, als von Sympathisanten oder aktiven Mitgliedern der Résistance wie M. Papon und seinesgleichen verhaftet und an die Gestapo ausgeliefert zu werden. Das Ehrengericht ist meines Wissens das erste Organ der Résistance, das öffentlich erklärt, dass ein französischer Widerstandskämpfer Juden aus Frankreich in den Tod geschickt hat.«

Fünf Monate waren vergangen, seit Maître Boulanger Klage gegen Papon eingereicht hatte, und die Ermittlungen drohten eingestellt zu werden. Am 10. Mai 1982 reichte ich sechs neue Klagen ein. Tatsächlich wurden sie am 29. Juli 1982 angenommen und ein Ermittlungsverfahren gegen Papon eingeleitet.

Am 19. Januar 1983 wurde Papon wegen Verbrechen gegen die Menschheit angeklagt. Ich fuhr nach Paris, Reims, Lens und Versailles, um unsere Nebenkläger zu unterstützen. 1985 hatte ich die schmerzliche Augabe, nochmals zu ihnen zu fahren und ihnen zu helfen, weil Papon eine Verleumdungsklage gegen sie angestrengt hatte.

Ende Oktober 1986 lud M. Nicod, der Ermittlungsrichter im Fall Papon, Jean Leguay in Bordeaux vor und klagte nun auch ihn wegen der Rolle an, die er bei der Verhaftung und anschließenden Deportation der Juden von Bordeaux gespielt hatte. Ich hatte stets mit Nachdruck auf die Verbindung zwischen Bousquet/Leguay und Papon hingewiesen und sie dokumentiert, insbesondere durch ein von Leguay an Papon gerichtetes Dokument, in dem er ihn aufforderte, die Anweisungen der SS auszuführen.

Die Ermittlungen im Fall Papon verliefen ab der erzwungenen Rückkehr Klaus Barbies nach Lyon im Februar 1983 langsamer, da das Ergebnis des Barbie-Prozesses abgewartet werden sollte. Ohne die deutsche Besatzung hätte es keine Judenverfolgung durch die französischen Behörden gegeben, ohne Lischka, Hagen und Barbie keinen Leguay, Touvier und Papon.

Der Ermittlungsrichter von Bordeaux hatte ein Gutachten angeordnet, um zu klären, welcher Art Papons Verantwortlichkeiten im Verwaltungs- und Polizeiapparat in der Region gewesen waren. Ich machte geltend, dass zwei der drei Gutachter aufgrund bestimmter Umstände befangen sein könnten.

Wir haben nicht erreicht, dass diese beiden Gutachter abgelehnt wurden, aber das historische Gutachten wurde nach dem Barbie-Prozess in Lyon abgelehnt.

Gegen die Verleugnung des Holocaust

Zu Beginn der 80er-Jahre hatten die Holocaust-Leugner großen Zulauf. Ich fand das von Anfang an schmerzlich, aber in gewissem Sinn auch nützlich, denn es zwang zu genauen historischen Forschungen. Ich setzte mich leidenschaftlich dafür ein, dass die Tragödie der Juden in die universitäre Forschung und Lehre aufgenommen wurde, dass sie Gegenstand von Dissertationen und wissenschaftlichen Arbeiten wurde und dass die Fakten beschrieben, analysiert, diskutiert, akzeptiert wurden und nicht mehr wegdiskutiert werden konnten.

Deshalb hatten Beate und ich schon 1978 in den USA eine Stiftung gegründet, die »unbestreitbare und bewiesenermaßen echte Dokumente über den Holocaust veröffentlichen« sollte. Wir publizierten die englische Ausgabe der Untersuchung von Joseph Billig über den Beginn der »Endlösung« und Georges Wellers' Arbeiten über die Zahl der jüdischen Opfer und die Existenz der Gaskammern. Es gelang uns sogar, in Deutschland Richard Korherr ausfindig zu machen und zu befragen, den Inspekteur für Statistik beim Reichsführer SS, dem Himmler den Geheimauftrag gab, Ende 1942 und im Frühjahr 1943 zwei Berichte über die Liquidierung der europäischen Juden zu erstellen. Er bestätigte den Inhalt dieser Berichte, die wir auf Englisch und Deutsch in unserem Buch *The Holocaust and the Neo-Nazi Mythomania* veröffentlichten. Auch das Grundlagenwerk von Jean-Claude Pressac über die Gaskammern haben wir veröffentlicht.

Meiner Meinung nach hatten die Jugendlichen des 21. Jahrhunderts das Recht zu fragen: »Was waren die Gaskammern?« Und wenn man nicht bald damit begann, diese Frage zu beantworten, wäre es zu spät. Die Deutschen hatten nicht alle Zeugen umgebracht, es gab auch die Ruinen noch, Pläne und Dokumente, die nicht vernichtet worden waren. Es war also noch möglich, damit zu arbeiten, um zu verstehen und zu erklären, wie diese Tötung vonstattenging. Pressac hatte zunächst an der Existenz der Gaskammern gezweifelt. Doch da er ausgebildeter Wissenschaftler war, fuhr er nach Auschwitz. Die Überreste der Gebäude, in denen sich die Gaskammern befanden, und das Studium der in Auschwitz aufbewahrten Pläne überzeugten ihn schließlich von deren Existenz.

Seine rund ein Dutzend Reisen nach Auschwitz hatten Beate und ich finanziert, und ich selbst fuhr nach Moskau, von wo ich ihm eine unveröffentlichte Dokumentation mitbrachte. Gemeinsam arbeiteten wir an einem gigantischen Werk, das 1989 in New York in englischer Übersetzung erschien. Dieses Buch verteilten wir gratis an über hundert Bibliotheken und Dokumentationszentren in der ganzen Welt. Pressac veröffentlichte die Zusammenfassung in einem Werk des nationalen wissenschaftlichen Forschungszentrums CNRS, das großen Erfolg hatte und die Holocaust-Leugner zwang, sich in andere Schützengräben zurückzuziehen.

Im August 1980 veröffentlichten wir ein Buch von fundamentaler Bedeutung, das später in zahlreichen weiteren Ausgaben in mehreren Sprachen herausgegeben wurde, insbesondere von Yad Vashem in Jerusalem. Es handelt sich um das *Auschwitz-Album*, dessen Original wir aufgespürt hatten und das wir erstmalig in seiner vollständigen Form herausgaben.

Im Sommer 1979 hatten wir den 18-jährigen Studenten Emmanuel Lulin als »Spion« nach Prag geschickt. Er hatte die Aufgabe, ins Staatliche Jüdische Museum in Prag zu gehen, dort Vertrauen zu gewinnen und den Bestand dieser seit dreißig Jahren in kommunistischer Hand befindlichen Einrichtung zu erkunden. Bei seiner Rückkehr hatte er jede Menge Informationen sowie siebzig Fotos für uns, die die Ankunft eines Transports in Auschwitz II-Birkenau zeigten. Sie stammten offenbar alle vom selben Fotografen. Manche waren mir oft in Büchern begegnet und deshalb vertraut. Doch als ich sie jetzt alle auf einmal vor mir sah, beschlich mich das Gefühl, dass es möglicherweise noch weitere gab, die nie in die Öffentlichkeit gelangt waren. Emmanuel bestätigte dies: Insgesamt seien es etwa zweihundert. Sie waren nie vollzählig veröffentlicht worden, obwohl sie die einzigen Bilder waren, die detailliert Zeugnis von der Ankunft eines Transports in Birkenau ablegten. Um zu begreifen, in welcher Lage so viele Familien waren, als der Zug an der Rampe von Birkenau hielt, müssen wir uns an die Aussagekraft dieser Fotos halten. Sie sind für das jüdische Volk von unschätzbarem Wert. Für ihre Veröffentlichung mussten wir alles über ihre Herkunft und Entstehung herausfinden.

Wir schickten Emmanuel erneut nach Prag, wo man ihm sämtliche Abzüge der Fotos überließ. Laut Museum waren es Kopien aus einem Album, das einer ehemaligen Deportierten in die Hände gefallen war. Sie waren 1946 im Auftrag der Jüdischen Gemeinde Prag gemacht worden, die die Glasnegative später dem neu gegründeten Staatlichen Jüdischen Museum in Prag überließ.

Wie wir von Erich Kulka, einem israelischen Historiker tschechischer Herkunft, erfuhren, war beim 1. Frankfurter Auschwitzprozess bewiesen worden, dass die Fotografien entweder von Bernhard Walter, dem Leiter des Erkennungsdiensts in Auschwitz, oder aber von seinem Stellvertreter Ernst Hofmann gemacht worden waren. Die ehemalige Deportierte hieß Lili Zelmanovic und stammte aus Berehowe in der Oblast Transkarpatien. Sie war im Dezember 1964 aus Miami angereist, um im Frankfurter Auschwitzprozess auszusagen. In den 1950er-Jahren hatte das Staatliche Jüdische Museum in Prag zahlreiche dieser Fotos an das Staatliche Museum Auschwitz-Birkenau weitergegeben, das sie oftmals ohne Angabe ihrer Herkunft veröffentlicht hatte, und damals, als praktisch nie ein Forscher sich auf den Weg nach Prag oder Auschwitz machte, ging man natürlich davon aus, dass diese Fotografien von Auschwitz-Birkenau ursprünglich aus den noch erhaltenen Beständen des ehemaligen Stammlagers Auschwitz stammten.

Am 17. Juli 1980 suchten Beate und ich die Staatsanwälte des Frankfurter Prozesses auf. Sie bestätigten uns Lili Zelmanovics Aussage. Das

Gericht hatte das Album nicht abfotografieren lassen. Nachdem wir Lili Zelmanovic mithilfe eines Privatdetektivs als Lili Jacob identifiziert hatten, Witwe von Max Zelmanovic und wiederverheiratet mit Eric Maier, traf ich sie am 25. Juli 1980 in Miami. Sie vertraute mir ihr Album an, das ein ehemaliger Fotograf des *Life Magazine* in der Nacht zuvor für mich fotografiert hatte. Am Tag darauf überzeugte ich sie, es Yad Vashem in Jerusalem zu überlassen. Als Gegenleistung bat sie mich nur, die Kosten für die Reisen nach Jerusalem und Auschwitz zu übernehmen, die sie mit ihrem Mann noch machen wollte. Ich erklärte mich natürlich dazu bereit, und im August 1980 veröffentlichten wir die Erstausgabe dieses einzigartigen Albums.

Unser Fund fand ein breites internationales Presseecho und zog weitere Ausgaben des Albums nach sich. Besonders stolz waren wir, dass der amerikanische Hauptankläger im Prozess gegen die NS-Hauptkriegsverbrecher, Telford Taylor, unsere Ausgabe des Auschwitz-Albums für die einzig authentische hielt. Tatsächlich war es mein Anspruch gewesen, das Album in seinem Urzustand zu publizieren, ausführlich seine Geschichte zu erklären und die wenigen Fotos aufzuspüren, die Lili Jacob dem Album entnommen hatte. Später brachte Yad Vashem nützliche weitere Ausgaben heraus, in denen viele Opfer namentlich identifiziert waren, und auch die Fondation pour la mémoire de la Shoah veröffentlichte unter der Leitung von Marcello Pezzetti und mir eine sehenswerte Ausgabe.

Bei all unserer Erinnerungsarbeit dürfen wir jene nicht vergessen, die sie zerstören wollen.

Der Holocaust-Leugner Robert Faurisson musste verurteilt werden. Die Söhne und Töchter der Deportierten taten sich mit der LICRA zusammen. An der Seite von Robert Badinter hielt ich das Plädoyer:

> Die Tatsache, dass der Tod der Deportierten infrage gestellt wurde, hat jedem Mitglied unserer Vereinigung ein unmittelbares schweres moralisches und persönliches Unrecht zugefügt; denn für uns geht es nicht darum, allgemeine Ideen, eine theoretische Frage, ein Ideal oder eine Ideologie zu vertreten. Für uns geht es darum, uns der Infragestellung, der Leugnung des Todes unserer Eltern, unserer Brüder, unserer Schwestern, unserer Großeltern zu widersetzen, deren Vertreter oder Sprecher wir nicht nur sind, sondern auch deren Erben, sowohl

> materiell als auch moralisch. Indem Sie behaupteten, was zu behaupten Sie gewagt haben, haben Sie jedes einzelne Mitglied unserer Vereinigung in seiner Ehre und Würde verletzt. Gute Nachricht, die Gaskammern haben nicht existiert! Aber wo sind dann unsere Familien, wo sind unsere Eltern, an die wir uns unablässig erinnern und von denen wir nachts immer noch träumen? Diese Eltern waren nicht da, um uns großzuziehen, wo sind sie, Monsieur Faurisson? Milliardäre in den USA, unter einem falschen Namen versteckt wie die Naziverbrecher, irgendwo in Südamerika oder sogar in Israel, wo wir sie regelmäßig besuchen, während wir zwischen zwei Reisen so tun, als ob wir weinten? [...] Zu diesem moralischen Unrecht kommt hinzu, dass Sie durch die Leugnung der Gaskammern den Hass der Antisemiten auf uns schüren, denn das hieße, dass die Juden gelogen haben, und natürlich sind unter den Juden die FFDJF die Ersten, die lügen und einen ungeheuren Betrug angezettelt haben. Eine derartige Beschuldigung treibt manche, die daran glauben, unweigerlich dazu, die Juden zu verachten und zu hassen. [...] Mir scheint, der heimtückische Hass auf die Juden, der in Ihren Schriften zu spüren ist, hat etwas mit demjenigen Hitlers gemein, wenn auch auf subalterner Ebene. [...] Monsieur Faurisson, Sie, der Sie in unseren Augen einen wilden und unverständlichen Hass verkörpern, Sie, der Sie in unseren Augen eine Art Grabschänder sind, sollen wissen, dass wir Sie niemals aus Hass verfolgen werden, sondern aus Treue zur Erinnerung an unsere Eltern und alle Opfer des Völkermords.

Faurisson ist im Juli 1981 zivil- und strafrechtlich verurteilt worden.

Am Sonntag, dem 29. März 1981, hatten wir zwei Flugzeuge gechartert, eins von der polnischen Fluggesellschaft LOT und eins von Air France, um über Katowice nach Auschwitz zu fliegen. Wir hatten uns für eine Tagesreise entschieden, weil diese Reise für uns eine Pilgerfahrt war; sie mit anderen Aktivitäten zu verbinden wäre uns deplatziert erschienen. Alle zweihundert Teilnehmer waren zur Stelle, obwohl die Medien am Vortag angekündigt hatten, dass Landungen in Polen am nächsten Tag verboten seien, weil der Einmarsch der Sowjets befürchtet wurde. Wir sind dennoch geflogen und haben so das Versprechen gehalten, das wir uns beim Kölner Prozess gegeben hatten.

Ein weiteres Versprechen dort war, dass wir zum Welttreffen der jüdischen Holocaust-Überlebenden, das 1981 stattfinden sollte, ein Denkmal für die Opfer der Shoah in Frankreich mit all ihren Namen errichten wollten. Es war ein Rennen gegen die Zeit, es bis zum 18. Juni 1981 zu schaffen. Dieses Datum hatten wir ausgesucht. Seither haben viele Franzosen, darunter die Präsidenten Valéry Giscard d'Estaing und Jacques Chirac, an der Gedenkstätte, einem weiten Bogen aus mit Jerusalemer unbehauenen Steinen verkleidetem Beton, der Opfer gedacht. Es ist ein Sammelpunkt für die nach Israel ausgewanderten französischen Juden. Jedes Jahr am Yom Hashoah, dem Gedenktag an die Shoah, begibt sich der französische Botschafter in Israel nach Roglit und hält eine Rede. Unser Denkmal ist umgeben von 80 000 Bäumen, dem »Wald der Erinnerung«. Es steht im Tal der Terebinthen, wo David Goliath niederstreckte, etwa dreißig Kilometer von Jerusalem entfernt.

Es wäre ermüdend, all die Anstrengungen unseres kleinen Teams zu beschreiben, von Simon Guerchon, der für die Konzeption verantwortlich war, Annette Zaidman, die sich um die Logistik und um Spendensammlungen kümmerte, und mir selbst, der für den Inhalt und die Bauarbeiten verantwortlich war. Wie viele Reisen, um mit den örtlichen Behörden zu verhandeln, das Projekt technisch abzusichern und die notwendigen Mittel aufzutreiben!

Persönlich war es eine schwere Zeit für mich, denn ich verlor am 20. April 1981 – zu Hitlers Geburtstag – meine Mutter. Dieser Tod erschütterte mich. Aber er lag in der Natur der Dinge. Er empörte mich nicht und stoppte mich auch auch nicht. Ich bekämpfte den Kummer und die Niedergeschlagenheit, indem ich tagsüber nicht daran zu denken versuchte, und nach und nach blieb ich nur noch nachts in meinen Träumen mit ihr in Verbindung, in denen sie heute noch oft da ist.

Auf der Spur von Alois Brunner

Die Attentatsdrohungen hörten nicht auf. 1982 flog ein Molotowcocktail an die Tür meiner Schwester. Unserer damaligen Wohnung in der Avenue de Versailles gegenüber befand sich ein Hotel, von dem aus man freies Schussfeld auf uns hatte. Wir zogen in die Rue La Boétie und erhielten achtzehn Monate lang Polizeischutz. Dann zogen wir zurück in das Haus an der Porte de Saint-Cloud, aber in eine Wohnung mit Blick auf den Platz, ohne gegenüberliegende Gebäude.

Am 23. Juni 1982 nahm ich in Damaskus einen Fall auf, der Ähnlichkeiten mit dem Barbies aufwies: den Fall Alois Brunner. Zwischen dem 23. Juni 1943 und dem 18. August 1944 hatte Brunner die Deportation von 24000 französischen Juden organisiert; viele von ihnen waren von Brunners SS-Kommando verhaftet worden, wie die Juden von Nizza, darunter mein Vater. Brunners Akte lag uns seit 1977 vor. Damals beobachteten Lisa und ich die Wohnung von Anni, Brunners von ihm getrennt lebender Ehefrau, und die ihrer Tochter Irene in Wien. Annis Wohnung war für eine einzelne Person sehr groß, woraus wir schlossen, dass ihr Mann sie unterstützte. Lisa schaffte es, in die Wohnung Irenes einzudringen, entdeckte Adresse und Telefonnummer ihres Vaters, der unter dem falschen Namen »Fischer« in Damaskus lebte. Zwischen 1977 und 1982 konnten wir diese Informationen nicht verwenden, denn wir waren zu sehr mit unseren anderen Kampagnen beschäftigt. Erst 1982 nahmen wir uns die Akte wieder vor. Im Juni hatte die israelische Luftwaffe gerade Dutzende von syrischen Flugzeugen zerstört. Die Spannungen hatten ihren Höhepunkt erreicht. Diesen Moment wählte ich für meine Reise. Ich hatte kein Visum, dafür aber die Akte Brunner in meiner Aktenmappe, und in meiner Brieftasche steckte mein Blutspenderausweis des Tsahal, der israelischen Armee.

Zuvor hatten wir uns ein letztes Mal vergewissert, dass Georg

Fischer und Alois Brunner ein und dieselbe Person waren. Beate rief ihn in Damaskus an: »Ich rufe im Namen meines Bürochefs im Justizpalast an; er ist der Sohn von jemandem, der während des Krieges mit Ihnen zusammengearbeitet hat. Er lässt Ihnen ausrichten, dass Sie nicht in die Schweiz reisen sollen, um Ihre Augen behandeln zu lassen, denn dort erwartet Sie ein Haftbefehl.« – »Ich habe nicht vor, in die Schweiz zu reisen, aber danken Sie Ihrem Chef und sagen Sie ihm, ich würde für ihn beten.«

Beate rief Anni Brunner in Wien an und erzählte ihr die gleiche Geschichte; sie empfahl ihr, ihren Mann in Damaskus zu warnen. Auch Frau Brunner bedankte sich und erklärte ihr, sie werde ihren Mann anrufen.

Am Flughafen in Damaskus erklärte ich der Grenzpolizei mein Vorhaben. Ich übergab den Beamten meine Brunner-Akte zur Weiterleitung an die zuständige Stelle. Man ließ mich die ganze Nacht in einem Raum des Flughafens sitzen. Ich sah die ersten bärtigen und bewaffneten Freiwilligen aus dem Iran ankommen. Ich nutzte die Zeit, um an meinem Buch über die »Endlösung« in Frankreich zu arbeiten.

Im Lauf des Vormittags verweigerte mir die Polizei die Einreise nach Syrien und teilte mir mit, dass man meine Akte weitergeleitet habe, mich selbst aber ausweise. Ich hatte kaum etwas anderes erwartet, doch die Affäre Brunner war auf internationaler Ebene in Gang gekommen. Beate und ich fuhren nach Frankfurt, um dem zuständigen Staatsanwalt, der die alte Brunner-Akte jedoch nie aufgeschlagen hatte, die neuen Dokumente zu übergeben, die wir zusammengetragen hatten. Wir fuhren weiter zum juristischen Dienst des Bonner Außenministeriums, um zu erreichen, dass die Bundesrepublik Syrien um die Auslieferung Brunners ersuchte. 1984 wurde tatsächlich darum ersucht, aber nur mündlich. Wir baten auch die in Syrien so einflussreiche DDR, dem Assad-Regime vorzuschlagen, Brunner nach Ost-Berlin abzuschieben, mit der Garantie, dass bei dem Prozess in Ost-Berlin die Frage des Aufenthalts Brunners in Syrien nicht zur Sprache käme. In den USA gewann Beate Jesse Jackson für ihre Sache, der in dieser Angelegenheit an Hafiz al-Assad schrieb. Vergebens.

In Frankreich stellte ich Strafantrag gegen Brunner. Am 17. März 1983 machte die Londoner *Times* den Aufenthaltsort Brunners publik. Diesem wurde klar, dass seine Existenz vom Willen derer abhing, die darauf bestanden, dass er vor Gericht gestellt wurde. Schon 1980 hatte er ein Paket geöffnet, das von einer österreichischen Zeitschrift für Heilkräuterkunde, die er abonniert hatte, abgeschickt worden war. Als er es aufmachte, verlor er vier Finger der linken Hand. Bereits 1960 hatte er in der Hauptpost von Damaskus durch eine Briefbombe ein Auge verloren.

Im Januar 1987 traf ich mich mit Raymond Kendall, dem Generalsekretär von Interpol, und erreichte, dass in allen Mitgliedsstaaten, darunter auch Syrien, ein internationaler Haftbefehl und ein Fahndungsaufruf ergingen. Das war eine Premiere für Interpol, das sich bis dahin im Fall von Naziverbrechern für unzuständig gehalten hatte. Doch auch dieser Haftbefehl nützte nichts: Als Komplize der politischen Polizei hatte Brunner – wie Barbie in Bolivien – an vielen Schandtaten mitgewirkt: Kontrolle der syrischen Juden, Waffenschmuggel in Richtung Syrien, Unterstützung beim Aufstieg des Assad-Clans an die Macht, der sich erkenntlich zeigte und ihn schützte.

Am 2. März wurde auch Beate am Flughafen Damaskus die Einreise verweigert, obwohl sie ein Visum aus Ost-Berlin hatte. Wir würden wieder darauf zurückkommen.

Die vier Jahre bis zum Barbie-Prozess 1987 nutzten wir zum Teil zu seiner Vorbereitung: Barbie war für viele Massaker und außergerichtliche Hinrichtungen verantwortlich, für die er jetzt nicht mehr verurteilt werden konnte, weil er bereits 1954 in Abwesenheit dafür verurteilt worden war. Genau genommen würde er nur für drei Taten verurteilt werden: die Razzia in der Lyoner Rue Sainte-Catherine am 9. Februar 1943, die Verschleppung der Kinder von Izieu am 6. April 1944 und den Transport von Lyon nach Auschwitz vom 11. August 1944. Der Anklage wurde die Arbeit durch den Beschluss des Cour de Cassation vom 20. Dezember 1985 erleichtert, der Verbrechen gegen die Menschheit definiert als »unmenschliche Taten und Verfolgungen, die im Namen eines Staates und seiner ideologischen Hegemonialpolitik nicht nur an Personen systematisch verübt worden sind, die einer bestimmten Rasse oder Religion angehören, sondern auch an den Gegnern dieser Politik, unabhängig von der Form ihrer Opposition.«

Meine Anwaltsrobe hatte ich jetzt immer dabei, denn ich fuhr oft nach Lyon und traf mich mit dem exzellenten Ermittlungsrichter Christian Riss. Ich vertrat einen, zwei, zehn, hundert Zivilkläger. Charles Libman, der brillante junge Lyoner Anwalt Richard Zelmati und ich bildeten ein Team: Charles war mit den gerichtlichen Abläufen und Gepflogenheiten bestens vertraut, die er seit seinen Anfängen im Jahr 1945 kannte; Richard war in den Lyoner Justizkreisen zu Hause und vertrat Charles und mich dort sehr wirkungsvoll. Ermittlungsrichter Riss traf sich mit unseren Zivilklägern, die ihm von den Leiden der Juden berichteten.

Gleichzeitig begann ich, ein Buch über die Kinder von Izieu zu schreiben, die im Prozess gegen Barbie eine zentrale Rolle spielen würden. Jeder Geschworene sollte während der Beweisaufnahme ein Exemplar erhalten. Ich rekonstruierte die Lebenswege sämtlicher Familien dieser 44 Kinder. Ich machte für jedes Kind einen Zivilkläger ausfindig, was zunächst unmöglich erschienen war. Trotzdem haben Beate und ich es geschafft, es gelang uns sogar, jedes Kind mit einem Foto vorzustellen. Wir hatten die Zivilkläger nicht nur in Frankreich aufgespürt, sondern auch in Deutschland, Österreich, Belgien, Israel, den Vereinigten Staaten, Brasilien und Australien. Was für Schritte wir hatten unternehmen, was für Dokumente wir hatten vorlegen müssen! Jeder Zivilkläger wurde im Rahmen von Rechtshilfeersuchen von einem Richter angehört und musste sein Verwandtschaftsverhältnis mit dem Kind nachweisen, für das er klagte.

Dank Beates Arbeit in München, wo sie die deutschen Barbie-Akten gesichtet hatte, und meinen Recherchen in den deutschen Archiven, die Unterlagen über die französische Besatzung verwahrten, konnten wir in *Le Monde* Barbies Zusammenarbeit mit den US-amerikanischen Sicherheitsdiensten enthüllen. Wir erhielten Besuch von Allan A. Ryan, dem Leiter des Office of Special Investigations im amerikanischen Justizministerium, einer Behörde, die mit der Strafverfolgung von in die USA eingewanderten NS-Kriegsverbrechern befasst war. Als Ryan wieder ging, nahm er einen Berg von Dokumenten mit, die er in seinen berühmten Barbie-Report aufnahm, der bewirkte, dass die Vereinigten Staaten sich offiziell bei Frankreich entschuldigten, weil sie Barbie angeworben, geschützt und ausgeschleust hatten. Außerdem enthüllten wir in *Le Monde*, dass Ernst Misselwitz, einer der ranghöchsten Gestapo-Männer in Frankreich, Spezialist für die Bekämpfung der Résistance und angeklagt, Pierre Brossolette in der Avenue Foch gefoltert zu haben, nach dem Krieg einer der besten Agenten Frankreichs in Deutschland geworden war.

Ich ließ Barbies Ausweis als Oberstleutnant »ehrenhalber« kopieren und sorgte dafür, dass er in der Presse veröffentlicht und über seine Geheimdienstmitarbeit unter den schlimmsten bolivianischen Diktatoren, García Meza und Arce Gómez, berichtet wurde. Mit diesem Ausweis, auf dem sein Fingerabdruck gespeichert war, hatte er bis 1985 Zutritt zu allen militärischen Einrichtungen. Das hatte uns ein Überläufer seines Neonazitrupps verraten. Außerdem veröffentlichte ich das Foto von Barbie in Uniform in einer Gruppe deutscher Militärs, das ich mir hatte beschaffen können. Ich war dabei, als einige der Zivilkläger auf Barbie trafen, und sah, wie sehr diese persönlichen Begegnungen die Opfer aus der Fassung brachten.

Barbie äußerte den Wunsch, mich zu sprechen. Ich lehnte ab. Zwischen ihm und mir war kein Gespräch möglich. Was mich beim Prozess am meisten frappierte, war die Tatsache, dass einigen der Zeugen, von denen ich wusste, dass sie die glaubwürdigsten waren, am wenigsten geglaubt wurde, weil sie unsicher oder unsympathisch waren, während man anderen, die ich für weniger glaubwürdig hielt, die aber durch ihre Selbstsicherheit und Beredsamkeit beeindruckten, regelrecht an den Lippen hing. Ich erinnere mich an einen überlebenden Deportierten, der seinen mit ihm deportierten Bruder verloren hatte und der, als er Barbie gegenüberstand und von ihm befragt wurde, nicht antworten konnte: »Wie war ich gekleidet? In Zivil, in Uniform?« – »Trug ich Stiefel?« – »Welche Farbe hatte der Wagen?« Das Opfer gab an, Barbie habe einen Hund losgelassen, der ihn in den Oberschenkel gebissen habe. Barbie erwiderte: »Einen Hund! Madame Lagrange hat mich mit einer Katze auf dem Arm gesehen, jetzt ist es ein Hund! Ich hatte offenbar einen ganzen Zoo zur Verfügung …« Diese Hundegeschichte wirkte so klischeehaft, dass ich spürte, wie der Ermittlungsrichter unsicher wurde. Wir fuhren vom Gefängnis zu seinem Büro, wo er mir ein noch versiegeltes Dokument zeigte. Ich hatte ihm vor einiger Zeit erzählt, dass ein anonymer Anrufer mir den Namen einer Frau genannt hatte, die nach der Befreiung von einem Lyoner Gericht verurteilt worden und angeblich Barbies Geliebte gewesen war. Der Ermittlungsrichter hatte sich diese Akte kommen lassen und öffnete sie jetzt in meinem Beisein. Tatsächlich war sie die Geliebte eines anderen Gestapomanns gewesen, und sie schilderte, wie sie ihn bei einer Folterung, bei der sie dabei gewesen war, gebeten hatte, Barbie zu sagen, er solle seinen Hund zurückrufen, der den Gefangenen biss. Diese Aussage stammte aus dem Jahr 1946. Der Ermittlungsrichter und ich erkannten, dass in allen Fällen, in denen der Täter glaubwürdiger wirkte als das Opfer, der wahre Sachverhalt geklärt werden musste.

Barbie versuchte, das Gesicht zu wahren, aber man spürte, dass er seine erzwungene Rückkehr nach Lyon als Niederlage des Nationalsozialismus betrachtete, dem er verhaftet geblieben war, ohne jedoch den Mut zu haben, sich dazu zu bekennen. Die Taktik seines Anwalts Jacques Vergès, über den ich wenig wusste, durchschaute ich nur zu gut: Er behauptete, Barbie sei entführt worden, was nicht ganz falsch war, aber für Bolivien war es im Rahmen seiner staatlichen Souveränität auch ein legitimer Akt und für Frankreich mit Barbies Betreten von französischem Staatsgebiet ein legaler Akt. Vergès behauptete weiter, Frankreich habe Barbie nur wegen des Falls Jean Moulin zurückgeholt. Er verunglimpfte die Résistance, drohte mit Enthüllungen über diesen und jenen Widerstandskämpfer und manipulierte die öffentliche Meinung mit der Behauptung, das Izieu-Telex sei eine Fälschung.

Ich wiederum machte klar, dass der Barbie-Prozess kein zweiter Eichmann-Prozess werden würde. Der eine war der Architekt der »Endlösung« gewesen, der andere ein besonders grausamer regionaler Gestapo-Chef, der seine verbrecherische Arbeit effizient erledigt hatte. Der Barbie-Prozess war lediglich ein notwendiger Akt der Gerechtigkeit.

Von einem deutschen Überläufer aus Barbies Neonazitrupp hatte ich gehört, dass Barbies Tochter den Rechtsextremisten Gerhard Frey und François Genoud, einen Genfer Bankier und hohen NS-Würdenträger, mobilisiert hatte. Höchstwahrscheinlich hatte Genoud Vergès mit Barbies Verteidigung beauftragt.

Ich wartete auf den Prozess, den Moment der Wahrheit. Dieser Prozess war beispielhaft. Er verlief und endete so, wie wir es wollten, und nicht so, wie Vergès und Barbie es wünschten.

Unser Team vertrat drei Viertel der Nebenkläger. Die Söhne und

Töchter reisten zu jeder Sitzung zahlreich aus Paris an, um uns zu unterstützen.

Für Beate und mich war der Prozess in Lyon weniger wichtig als der Prozess in Köln, in dem mit Hagen und Lischka zwei herausragende Organisatoren der »Endlösung« verurteilt worden waren. Außerdem hatte der Kölner Prozess ein zentrales juristisches Problem zwischen Frankreich und Deutschland geklärt, und wir waren ja die Nachbarn Deutschlands und nicht Boliviens. Für die internationalen Medien war der Lyoner Prozess die größere Sensation, weil Barbie dem Klischee des Verbrechers entsprach, der so weit wie möglich flieht und der Bestrafung doch nicht entgeht. Französische wie internationale Journalisten konnten den ersten Verhandlungstag kaum erwarten. Die Wandelhalle des Justizpalasts in Lyon war mit großem Aufwand in einen Gerichtssaal umgewandelt worden.

Ich verbrachte fast drei Monate in Lyon. Ich hatte eine kleine Wohnung im dritten Stock gemietet, ohne Fahrstuhl, aber direkt gegenüber dem Gericht, sodass ich jederzeit die Stufen hinaufeilen konnte, um benötigte Unterlagen zu holen. Angesichts der Dokumentenberge, die ich nach Lyon mitgeschleppt hatte, wog dieses logistische Plus Vergès' Fünfsternehotel auf, auch wenn die Katze meiner Vermieterin, die sie meiner Obhut überlassen hatte, nachts ihre Krallen in meine Brust schlug.

Am ersten Verhandlungstag wiederholte Barbie, was er schon zuvor immer wieder gesagt hatte: »Als diese Frau [Beate] nach Bolivien kam, ging der Ärger für mich los.« Vergès plädierte auf Menschenraub und nahm Barbie dann von der Bühne. Dabei war Barbie der Star des Prozesses, was Vergès durchaus klar war, aber er wollte wohl selbst die Hauptrolle spielen, also weg mit Barbie, zurück in seine Zelle mit ihm. Am Tag darauf waren fast alle internationalen Pressevertreter abgereist. Nur die französischen Journalisten waren noch da. Barbie, der wusste, dass er sämtliche Zeugen viel stärker verunsichern konnte als Vergès, hat meiner Meinung nach nur deshalb in seinen Rückzug eingewilligt, weil Vergès oder seine Auftraggeber seine Schwiegertochter und seine Enkel finanziell unterstützten. Auch wenn er hartnäckig alles leugnete, dürfte Barbie am Prozessausgang keinen Zweifel gehabt haben. Durch seinen Rückzug konnte er zumindest seiner ihm verbliebenen Familie helfen. Die anderen Anwälte waren wütend, dass

Barbie aus seinem eigenen Prozess ausstieg. Ich kein bisschen. Die Anklage war jetzt mit Vergès konfrontiert statt mit Barbie, und das war viel einfacher. Vergès kannte die Akten nicht genau, er lehnte nur wenige Zeugen ab, etwa Raymond Aubrac oder Michel Thomas, die anderen ließ er reden und die Geschworenen durch ihre Würde und die Erinnerung an die erlittenen körperlichen und seelischen Qualen beeindrucken. Die Zeugen waren die von Schmerz gezeichneten Hauptfiguren des Prozesses und gaben ihm seine eigentliche Bedeutung. In Barbies Abwesenheit konnten sie frei sprechen und der Nachwelt ihr Zeugnis hinterlassen.

Als dem Gericht das Izieu-Telex vorgelegt wurde, protestierte ich aufs Schärfste dagegen, es Vergès ungeschützt auszuhändigen. Ein Fernschreiben besteht aus aneinandergeklebten Papierstreifen. Vergès hätte das Dokument nur zu beschädigen brauchen, um begründete Zweifel an seiner Echtheit zu wecken. Bei diesem und weiteren deutschen Dokumenten, die alle von den Kölner Staatsanwälten, die wir als Zeugen geladen hatten, für echt erklärt worden waren, verbot sich jedoch jeder Zweifel.

Als Erster zu plädieren macht nervös. Ich hatte mein Plädoyer im Café des Négociants in Lyon vorbereitet, und als Arno den Entwurf überflog, riet er mir, an jedes Kinderschicksal, an das ich erinnern würde, eine feste Formulierung anzuhängen, die den Vornamen des Kindes noch einmal aufgriff: »Hans ist nicht zurückgekommen«; »Monique ist nicht zurückgekommen«. Ein *Libération*-Artikel berichtete darüber:

> Maître Serge Klarsfeld hält kein Plädoyer. Er wirft seine Robenärmel nicht theatralisch der Stuckdecke entgegen, will nicht durch seine Stimme beeindrucken, er spricht voll Trauer, wirkt nicht einmal wie ein Anwalt. Nein, Maître Klarsfeld hält kein Plädoyer – er liest. Und dieses Lesen war gewiss erschütternder als alles, was in acht Tagen von den 39 Anwälten der Zivilkläger gesagt worden ist. Klarsfeld, der Historiker, Aktivist, Nazijäger, Justizhelfer, dem die Erinnerung an die 44 Kinder von Izieu keine Ruhe ließ. Klarsfeld, der lediglich die Namen dieser Kinder verkündet, wie ein Lehrer, der zu Stundenbeginn die Schüler aufruft. 44 Namen, einen nach dem anderen, in Totenstille vorgetragen. Und ihr Alter. Und einige der Briefe, die sie vor dem 6. April 1944 ihren Eltern

geschrieben hatten. Er liest die Worte der Kinder vor. Holt sie in den Verhandlungssaal. Macht noch einmal erschauern … Maître Vergès ist angespannt, er schluckt. Alle im Saal schlucken.

Als ich mein Plädoyer beendet hatte, kam Vergès mit ausgestreckter Hand auf mich zu. Ich verweigerte den Händedruck. Er war unser Gegner, und ich war hier nicht im Theater. Ich habe mir sein Plädoyer nicht angehört. Ich ahnte, dass es so schändlich sein würde, dass mir das Schweigen, das mir die Achtung vor dem Gericht gebot, unerträglich wäre.

Nach dem Urteilsspruch ging ich gegen 2 Uhr nachts zum Gefängnis Montluc, um mich zu sammeln und dem Himmel, Gott, dem höchsten Wesen, den glücklichen Fügungen der Geschichte oder den Resultaten menschlicher Willensstärke dafür zu danken, dass ich diese 16-jährige Prüfung bestanden hatte.

BEATE

Walter Rauff: Protest in Chile gegen seine Straflosigkeit

Ende 1983 beschloss ich, nach Chile zu reisen und mich um die Auslieferung oder Ausweisung von Walter Rauff zu bemühen. Bei dieser Gelegenheit protestierte ich wieder einmal gegen eine Diktatur, in diesem Fall gegen die von Pinochet, und gegen die Straflosigkeit eines Naziverbrechers.

Der 67-jährige Walter Rauff lebte in Las Condes, einer exklusiven Wohngegend von Santiago. Die Bundesrepublik hatte seine Auslieferung verlangt, die jedoch 1963 vom Obersten Gerichtshof Chiles verweigert worden war, da Kriegsverbrechen dort nach 15 Jahren verjährten. Wie konnte man das hinnehmen? General Pinochet, der blutbefleckte Diktator, würde sich gewiss nicht aufgrund der von Simon Wiesenthal ins Leben gerufenen Postkarten-Kampagne von diesem Urheber barbarischer Taten trennen – begangen im Namen eines Regimes, das Pinochet bei der Unterdrückung seiner Gegner als Vorbild diente.

Seit dem 13. März 1961 lag gegen Rauff ein Haftbefehl der Staatsanwaltschaft Hannover wegen Mordes an mindestens 97 000 Juden vor – begangen mittels mobiler Gaskammern, den sogenannten Gaswagen. Von 1941 bis 1942 war Rauff Chef der Abteilung II-D des Reichssicherheitshauptamts. Diese Abteilung war verantwortlich für die Vorbereitung und technische Ausrüstung der Sonderkommandos für Massenmorde, der *Einsatzgruppen*, sowie für Umbauten, Sicherung der Funktionstüchtigkeit und Reparatur der Gaswagen, die vor allem in der Sowjetunion eingesetzt wurden.

Als Rommels Panzer im Sommer 1942 in die Nähe von Alexandria und Kairo vorstießen, glaubte Himmler, die Deutschen würden auch Palästina erobern. Rauff wurde nach Athen geschickt, um die Ermordung der Juden Palästinas zu organisieren. Doch es kam anders, und Rauff wurde im November 1942 nach Tunesien beordert, wo aufgrund der deutschen Invasion Zehntausende Juden in die Hände der Deutschen gerieten. Rauff terrorisierte die jüdische Gemeinde Tunesiens. Da die britische Marine das Mittelmeer beherrschte, konnte er die tunesischen Juden nicht nach Europa deportieren, wie das später den Juden von den näher am Kontinent liegenden Inseln Rhodos und Korfu geschah. Doch er presste ihnen riesige Summen in Form von Geld, Gold und Schmuck ab und trieb die Männer zur Zwangsarbeit, wo sie brutal behandelt, mit wahllosen Erschießungen und unzureichender Ernährung terrorisiert wurden. Dass seine Grausamkeit nicht mehr Opfer forderte, ist wahrscheinlich der Tatsache zu verdanken, dass General von Arnim, der deutsche Militärbefehlshaber in Tunesien, der schließlich im Mai 1943 kapitulierte, auf die Einhaltung des Kriegsrechts achtete. Walter Rauff blieb nicht untätig; nach einem kurzen Aufenthalt an der Spitze der Nazipolizei auf Korsika, wo er keinen einzigen Juden festnehmen konnte, wurde er Chef der Sicherheitspolizei und des Sicherheitsdienstes in Norditalien in der Republik von Salò, wo Mussolini noch die Macht ausübte. Rauff verstärkte den Kampf gegen die Widerstandsbewegung und sorgte dafür, dass sehr viel mehr Juden verhaftet wurden, in den venezianischen Altersheimen, in Florenz und in Mailand. Tausende wurden deportiert.

Wir bemühten uns, sein Foto – in Uniform und mit langem Ledermantel – zu verbreiten, das bei seiner Verhaftung durch die Amerikaner am 30. April 1945 in seinem Hauptquartier, dem Hotel Regina in Mailand, entstanden war. Kurz darauf war er aus einem amerikanischen Lager in Süditalien geflohen und über Neapel nach Rom gelangt, wo er für mehr als ein Jahr Zuflucht in einer religiösen Einrichtung fand. Er unterrichtete Mathematik und Französisch in einem Waisenhaus. 1949 ließ er sich in Damaskus nieder; der Putsch von Husni az-Za'im im gleichen Jahr brachte ihn um den Schutz des Präsidenten Schukri al-Quwatli. In der Folge gelangte er über Ecuador und Bolivien nach Chile. Keine chilenische Regierung, nicht einmal die Regierung Allende, war bereit gewesen, Rauff auszuliefern.

Ende November 1983 erhielt ich beim chilenischen Konsulat mit meinem deutschen Pass ein einmonatiges Touristenvisum. Am 19. Januar 1984 kam ich in Santiago an und teilte den Grund meines Besuchs in einer Pressemitteilung mit. Ich hatte einen Brief des Staatsanwalts in Hannover dabei, der bestätigte, dass gegen Rauff in Deutschland ein Haftbefehl vorlag. Der Liste mit den Verbrechen Rauffs fügte ich folgende Erklärung hinzu: »Dies ist nicht das erste Mal, dass ich in Südamerika demonstriere, um dagegen zu protestieren, dass hassenswerte Militärdiktaturen die einstigen Henker des jüdischen Volkes schützen. Vor zwölf Jahren habe ich im Bolivien Oberst Banzers demonstriert, um Barbie zu entlarven; vor sieben Jahren habe ich in Buenos Aires und in Montevideo gegen die Polizeirepression demonstriert. In einem Chile, das so gern das diktatorische Regime von General Pinochet abschütteln würde, werde ich morgen versuchen, die öffentliche Meinung zu mobilisieren, damit Rauff ausgewiesen wird, wie das in Bolivien nach dem Wahlsieg einer demokratischen Regierung mit Barbie geschehen ist. Auf diese Weise werde ich meiner Verantwortung als Deutsche gerecht, wie ich das stets getan habe, und bekunde als Kämpferin für die Menschenrechte vor Ort meine Solidarität mit dem Kampf des chilenischen Volkes um seine Freiheit.«

Ich quartierte mich im Hotel Cordillera ein und nahm mithilfe eines jüdischen Studenten aus Bolivien, Salomon, Kontakt mit jüdischen Jugendbewegungen auf.

Am 27. Januar 1983 führte ich eine Demonstration junger chilenischer Juden an, die den Mut hatten, sich gegen ihre Eltern zu stellen, die mit Sorge sahen, dass ihre Kinder die öffentliche Ordnung einer erbarmungslosen Diktatur störten. Unser Ziel war die Wohnung Rauffs in der Calle Los Pozos 7230. Wir sprühten Parolen an die Wände; ich hielt ein Plakat hoch; meine Freunde lasen die Namen der Vernichtungslager vor. Polizisten drängten mich aufzuhören; da ich mich weigerte, hoben sie mich hoch und schleppten mich weg. Am 31. Januar wurde ich rückfällig. Gegner Pinochets hatten Kontakt mit mir aufgenommen; wir trafen uns beim Constitution Plaza vor dem Moneda-Palast, dem Sitz des Diktators General Pinochet. Es war die erste Demonstration an diesem symbolträchtigen Ort unter den Fenstern des Büros dieses Diktators. Die Polizei griff gewaltsam ein, führte die Anführer ab und brachte uns im Bus zu einem Polizeirevier. Wir wurden rasch wieder freigelassen. Die chilenische Presse widmete diesen unerhörten Ereignissen Schlagzeilen.

In Paris organisierten Serge und die Söhne und Töchter am 3. Februar eine große Demonstration vor der chilenischen Botschaft; Hunderte unserer Freunde, mobilisiert durch die Fotos unseres Protests vor dem Hauptquartier des Generals Pinochet, nahmen daran teil. In

Chile wurde ich für den 7. Februar um 8 Uhr 30 zur Polizei einbestellt, wo ich mich wegen der Organisation einer illegalen Demonstration vor der Moneda verantworten sollte.

In der Zwischenzeit erhielt ich bedeutende Unterstützung. Kurz nach meiner Ankunft hatte ich den israelischen Botschafter in Chile getroffen. Am 25. Januar verlangte der israelische Justizminister Moshe Nissim die Auslieferung Rauffs, und am 1. Februar besuchte David Kimche, Generaldirektor im israelischen Außenministerium, unerwartet Santiago. Während einer Unterredung mit dem Außenminister Jaime del Valle verlangte er die Auslieferung Rauffs nach Israel, was sofort abgelehnt wurde. Der deutsche Botschafter Hermann Holzheimer erklärte daraufhin, falls Rauff Chile verlassen sollte, müsse er in Deutschland abgeurteilt werden. Der Botschafter Großbritanniens versuchte ebenfalls, in dieser Richtung aktiv zu werden, doch wie der AP-Korrespondent schrieb, war »Augusto Pinochet nicht der Mann, der eine Ausweisung genehmigen würde«.

Ich verließ Chile am 9. Februar 1984. Rauff wurde zwar nicht ausgewiesen, doch er würde nicht sterben, ohne die Stimmen der vor seiner Haustür demonstrierenden jungen Juden mit dem gelben Stern gehört zu haben. Er starb am 14. Mai 1984. Anlässlich seiner Beisetzung zeigten die Fernsehsender in aller Welt die Bilder der zum Hitlergruß ausgestreckten Arme der alten Nazis über dem Grab Rauffs.

Die Kampagne in Chile hatte wieder einmal gezeigt, dass die Naziverbrecher in den Diktaturen Südamerikas geschützt wurden. Das hielt mich jedoch nicht von weiteren Aktionen ab. Schon bald brach ich zu einer anderen Diktatur in Paraguay auf – der von Alfredo Stroessner, diesmal auf der Spur von Josef Mengele.

Die Jagd nach Josef Mengele

Als ich am 9. Februar 1984 in Asunción ankam, hatte ich die umfangreiche Akte über Mengele dabei. Wir hatten uns schon sehr früh für seinen Fall interessiert – die Unmenschlichkeit seiner sogenannten medizinischen Versuche an Juden und Zigeunern ist beispiellos.

Schon 1973 hatte unsere Freundin Lisa eingewilligt, in Paraguay zu recherchieren und Informationen über ihn zusammenzutragen. Wir wussten, dass er reich war, dass er Deutschland einige Jahre nach der Niederlage in Richtung Argentinien verlassen hatte und dass die deutsche Botschaft ihn kurz vor der Entführung Eichmanns gewarnt hatte, dass man sich um seine Auslieferung aus Argentinien bemühte, wo er unter seinem richtigen Namen lebte. Mengele hatte sich nach Paraguay abgesetzt, wo ihm von dem Diktator Alfredo Stroessner 1959 die Staatsbürgerschaft Paraguays zuerkannt worden war.

Lisa war mit folgenden Erkenntnissen zurückgekehrt:

> Ich bin in diesem Sommer nach Paraguay gereist, um Mengele zu finden, doch es erschien mir von Anfang an schwierig, dieses Ziel in den lediglich 28 Tagen, die mir zur Verfügung standen, zu erreichen. Die meisten Deutschen Paraguays leben in Kolonien im Landesinneren; es sind Bauern, die zu Beginn des Jahrhunderts ins Land gekommen sind. In Asunción gehört eine gewisse Zahl Deutscher der herrschenden Klasse an; in der Wirtschaft des Landes spielen sie eine bedeutende Rolle. Vor allem diese Klasse scheint in Hinblick auf Auskünfte über Mengele interessant zu sein. Die Schwierigkeit besteht darin, mit diesen Leuten in Kontakt zu kommen, denn in Asunción gibt es keinen offiziellen Treffpunkt. Ich wurde von einer dieser Familien eingeladen; für sie und ihre Freunde repräsentierten Hitler und der Nationalsozialismus während des Krieges den Zusammenhalt mit den deutschen Kolonien. Für diese Leute ist absolut nichts falsch daran, wenn M. tatsächlich in Paraguay lebt. Doch bei diesem Thema wissen sie nicht allzu viel, oder sie wollen nicht allzu viel darüber wissen. Die interessanteste Bekanntschaft, die so überaus nützlich hätte sein können, habe ich kurz vor meiner Abreise gemacht: ein Geschäftsmann, Besitzer mehrerer Kneipen und zweier Landgüter. Er gehörte zur Entourage von Präsident Stroessner und hat ihn während dessen Reise nach Deutschland in diesem Sommer begleitet. Ich verbrachte einige Tage mit ihm, doch dieses Treffen kam zu spät und nützte deshalb nichts mehr. Ich bin mir sicher, dieser Mann weiß, wo Mengele sich befindet, doch jemandem, der die Frage offen ausspricht, würde er es nicht sagen. Man braucht auf alle Fälle viel Zeit, um zu einem Ergebnis zu kommen. Man muss eine Menge Leute aufsuchen und dauerhafte Kontakte aufbauen, um ihr Vertrauen zu gewinnen und auf die Gelegenheit zu warten, von Mengele zu reden. Ich war auch längere Zeit in einem Heim der deutschen

Kolonien. Die Leiterin, eine junge Frau aus der Kolonie Hohenau – diese befindet sich im Süden, nahe bei der Grenze zu Argentinien –, sagte mir, Mengele habe nach dem Krieg in dieser Kolonie gelebt, sei aber schon vor Jahren fortgezogen. Man wisse nicht, wohin, wahrscheinlich nach Brasilien. Dafür habe ich eine Bestätigung erhalten. Ein Belgier, Eigentümer des Hotels El Tivol in Paraguay – ein Luxushotel, in dem die Großbürger ein oder zwei Sommermonate zubringen –, bestätigte mir, dass M. unter seinem richtigen Namen in Hohenau gelebt habe, aber auch über argentinische Papiere verfüge. Vor der Entführung Eichmanns sei er oft in sein Hotel gekommen, doch seitdem sei er verschwunden. Es sei möglich, dass er sich in der Gegend aufhalte, es sei einfach, sich hier zu verstecken, sagte mir dieser Mann. (Wie ich später erfuhr, handelte es sich um einen in Belgien zum Tode verurteilten Nazi.) Nach vielen Diskussionen mit anderen Leuten der Kolonien innerhalb dieses Monats erscheint es mir möglich, dass Mengele sich in der Region Alto Paraná aufhält – an der Grenze zu Argentinien oder auch in Brasilien.

Lisa hatte richtig gesehen.

Unsere vordringlichen Aktivitäten hatten uns daran gehindert, die Spur weiterzuverfolgen, doch wir hatten diesen Fall nicht aus den Augen verloren. 1983 trafen wir uns in Frankfurt mit dem Staatsanwalt Hans-Eberhard Klein, der für den Fall Mengele zuständig war. Wir glaubten, dass Mengele von seiner Familie, die in Günzburg ein großes Unternehmen für landwirtschaftliche Maschinen besitzt, unterstützt wurde. Seine Bindungen zur Familie blieben bestehen: In Buenos Aires leitete er die 1957 gegründete Filiale der Firma Mengele, die Fadro-Farm. Von seiner ersten Frau, Irene Schönbein, die im März 1944 in Freiburg seinen Sohn Rolf zur Welt brachte, ließ sich Mengele 1954 scheiden. Am 25. Juli 1958 heiratete er in Celebrado in Uruguay Martha, die Witwe seines 1949 gestorbenen Bruders Karl Thaddeus; der ebenfalls 1944 geborene Sohn von Karl Thaddeus und Martha, Karl-Heinz Mengele, wurde zusammen mit seinem Cousin Dieter, dem Sohn eines weiteren Bruders von Josef namens Alois, zum Chef der Firma. Nach ihrer Heirat mit Josef Mengele ließen Martha und ihr Sohn sich bis 1961 in Argentinien nieder und kehrten dann nach Europa, nach Zürich, zurück. Eine komplizierte Situation, die aber zeigte, dass Mengeles Familie hinter ihm stand.

Eine Hausdurchsuchung im Firmensitz und bei den Familienmitgliedern hätte die Angelegenheit klären können. Doch der Staatsanwalt fürchtete »auf die Nase zu fallen«, zudem konnte er dem Mengele-Sohn Rolf bei dessen Auslandsreisen nicht auf den Fersen bleiben. Mithilfe Lisas, die jetzt in Berlin lebte, wo sie ihr Studium glänzend abschloss, übernahmen stattdessen wir das.

Lisa begab sich morgens, zur Zeit der Postzustellung, zum Haus von Rolf, dem ebenfalls in Berlin lebenden Juristen; sie fing seine Post ab, nahm sie mit, öffnete sie und fotokopierte alles, was ihr interessant erschien – vor allem die Kreditkartenabrechnungen –, brachte die Post in den Briefkasten zurück und schickte uns alles nach Paris. Und das jeden Morgen, seitdem wir 1983 erfahren hatten, dass Rolf in Berlin lebte. Eines Tages war Lisa so kühn, in Rolfs Wohnung einzudringen, wie sie es schon bei Brunners Tochter getan hatte. Sie sah erst Rolf weggehen, dann seine Frau Almut und alle Kinder, aber sie wusste nicht, wie viel Zeit ihr zur Verfügung stand. Bei einer schnellen Durchsuchung gelang es ihr, in einer Schublade einen Pass aufzustöbern – es war der eines jungen Mannes namens Wilfried Busse, geboren am 26. Juli 1947, etwa zur gleichen Zeit wie der 1944 geborene Rolf; der 1970 ausgestellte Pass trug die Nummer C5479673; 1,80 Meter, Rolfs Größe, und ein Stempel »Einreise in Brasilien am 11. August 1977 – Ausreise am 23. August 1977«. Lisa legte den Pass in die Schublade zurück. Die Information war wertvoll. Rolf war 1977 – unter der Identität des militanten Rechtsextremen Busse – nach Südamerika gereist, um dort seinen Vater zu treffen; entweder in Brasilien, in Paraguay oder in einem anderen benachbarten Land. Er hatte für die Hin- und Rückreise den Umweg über Brasilien gewählt, um so seine Spuren zu verwischen. Wir übermittelten diese Informationen an die Frankfurter Staatsanwaltschaft, die sich weiterhin apathisch verhielt.

Ich hoffte, meine Kampagne in Paraguay würde den Staatsanwalt dazu veranlassen, bei den Mengeles eine Hausdurchsuchung vorzunehmen. Der Rücktritt Menachem Begins 1983 als Premierminister verhinderte leider, dass der im August 1980 von ihm initiierte Sonderausschuss seine Arbeit aufnahm, der untersuchen sollte, mit welchen Mitteln die Straflosigkeit aktenkundiger Naziverbrecher zu beenden sei.

In Asunción wurde ich vom Innenminister Sabino Montanaro, von Justizminister Eugenio Jacquet und vom Präsidenten des Obersten

Gerichtshofs, Luis María Argaña, empfangen. Im Lauf dieser Gespräche versicherten sie mir, sie wüssten nicht, wo Josef Mengele sich aufhalte; er habe sehr wahrscheinlich das Land verlassen, nachdem man ihm am 8. August 1979 die am 27. November 1959 verliehene paraguayische Staatsbürgerschaft aberkannt habe. Das schien möglich; ich glaubte aber, dass Stroessner und seine effiziente politische Polizei wussten, wo Mengele Zuflucht gefunden hatte, sei es in Paraguay oder anderswo. Ich drängte weiter. Ich überredete meine Kontaktleute, Anhänger der radikal-liberalen Oppositionspartei, mit mir vor dem Justizpalast in Asunción zu demonstrieren, um die Auslieferung Mengeles zu fordern. Begleitet von etwa 30 tapferen Anhängern, die es kaum gewohnt waren, vor Polizisten zu demonstrieren, hielt ich am 17. Februar um 10 Uhr 30 auf den Stufen des Gerichtsgebäudes ein Plakat in die Höhe: »*General Stroessner, usted ayudó a proteger a Mengele. Ahora ayude a traerlo a la justicia*« – »*El pueblo paraguayo no quiere a Mengele en su pais*« (»General Stroessner, Sie haben Mengele beschützt; helfen Sie jetzt, ihn der Gerechtigkeit zuzuführen« – »Das Volk von Paraguay will Mengele nicht mehr im Land haben«).

Die Polizei überwachte mich und alle, die sich mir näherten, etwa General Andrés Rodriguez oder der ehemalige Innenminister Edgar Ynsfran. Von Serge wusste ich, dass die westlichen Medien meine Kampagne publik gemacht hatten; sie nannten mich »marathon woman«.

Die Affäre Mengele war wieder in Gang gekommen. Am 19. Februar reiste ich ab, und am nächsten Tag gab ich in New York beim American Jewish Committee eine Pressekonferenz, wo sich die Journalisten drängelten, um Einlass zu bekommen. Die USA waren in die Angelegenheit verstrickt, weil sich herausstellte, dass Mengele 1947 in der amerikanischen Besatzungszone verhaftet und freigelassen worden war. Man eröffnete eine offizielle Untersuchung. Ich nutzte die Gelegenheit, um am 22. November 1984 nach Paraguay zurückzukehren, diesmal mit der Staatsanwältin von Brooklyn Elizabeth Holzmann, dem Vorsitzenden der Überlebenden von Bergen-Belsen Menachem Rosensaft und dem katholischen Priester René Valero aus Brooklyn. Unser Hauptquartier: das Hotel Casino Ita Enramada. Wir sprachen täglich mit Persönlichkeiten aus Paraguay, mit Ministern und Staatsanwälten, die ich bereits im Februar getroffen hatte. Es war eine grundsätzliche Angelegenheit: Es ging darum, das Paraguay Stroessners, das Mengele zwanzig Jahre lang beschützt hatte, zum Äußersten zu treiben.

Einige Tage darauf verließ unsere Delegation Asunción und kehrte nach New York zurück. In Israel machten die »Zwillinge« Mengeles mobil: Eine internationale Kommission vernahm sie im Laufe einer 15 Stunden dauernden Anhörung. Mengele hatte in vielen Fällen ihre Eltern in die Gaskammer geschickt und die Kinder zurückbehalten, um sie seinen albtraumhaften medizinischen Versuchen zu unterziehen.

Die internationale Mobilisierung verstärkte sich und setzte die deutsche Justiz unter Druck. Am 17. Mai 1985 reiste ich erneut nach Asunción, dieses Mal mit einem Steckbrief und einer beträchtlichen Belohnung für jeden, der Hinweise liefern konnte. Dieser Aufruf erschien in paraguayischen Zeitungen und im brasilianischen *O Estado de S. Paulo*. Ich reiste weiter nach Buenos Aires, wo ich von den »Madres de Plaza de Mayo« herzlich empfangen wurde – die Opfer der Obristen-Junta hatten nicht vergessen, dass ich im Mai 1977, als die Repression am stärksten war, zum Demonstrieren nach Argentinien gekommen war.

In Asunción nahm ich wieder mein Zimmer im Hotel Guarani. Am Flughafen erwarteten mich der Vorstand der Liga für Menschenrechte und Journalisten. Ich hatte dokumentarisches Material vorbereitet, dessen Verbreitung im Fernsehen die Zensur nach langen Diskussionen verbot. *El Diario* beschuldigte mich täglich, eine Kampagne gegen Paraguay zu führen. Am 24. Mai führte ich eine kleine, von der Polizei als »friedlich« eingeschätzte Demonstration an; die Polizisten befahlen den Demonstranten, den Justizpalast zu verlassen und sich zu zerstreuen. Ich blieb mit meinem Plakat allein zurück: »*Stroessner, tu mientes al decir que no sabes donde esta el SS Mengele, no vayas a Alemania sin el*« (»Stroessner, du lügst, wenn du sagst, dass du nicht weißt, wo der SS-Mann Mengele ist; reise nicht ohne ihn nach Deutschland«). Ich wollte den für den 3. Juli 1985 geplanten offiziellen Besuch Stroessners in Deutschland verhindern.

Die Presse kommentierte meine Aktionen täglich. Pastor Coronel, Leiter der Untersuchungsabteilung der Polizei, berichtete am 28. Mai seinem Vorgesetzten, General Francisco Borges: Erstens sei ich gekommen, um die nationale und internationale Öffentlichkeit gegen Paraguay und seine gesetzmäßig gebildete Regierung aufzubringen; zweitens hätte ich mir erlaubt, Seine Exzellenz, den Präsidenten der Republik und Armeegeneral Alfredo Stroessner, als »Lügner« zu bezeichnen. Da die Sanktion für dieses Vergehen durch den Artikel 6 des Gesetzes Nr. 209 vorgegeben sei, schlage er »mit allem Respekt« vor, mich aus Paraguay auszuweisen.

Am 29. Mai verriet ein Journalist der Polizei, dass ich für den folgenden Tag eine Demonstration gegen den Staatsbesuch Stroessners in Deutschland plante. Am 30. Mai um 10 Uhr 20 stellte ich mich allein mit meinem Plakat vor der deutschen Botschaft auf: »*No a la invitacion a Alemania al protector de Mengele, El dictator Stroessner*« (»Nein zur Einladung für den Beschützer Mengeles, den Diktator Stroessner«) – mit Billigung des deutschen Botschafters Walter Groener. Daraufhin wurde ich aus meinem Hotelzimmer geworfen – vom Hotelbesitzer persönlich, der mein Verhalten »beleidigend und respektlos« nannte. Man warf mir vor, ich führte »eine diffamierende Kampagne, in die Teile der Opposition einbezogen sind, die offensichtlich durch den internationalen Kommunismus manipuliert werden«, und die Presse nahm diesen Refrain einstimmig auf.

Als ich nach Europa zurückkam, hatte ich meine Ziele jedoch erreicht: Erstens hatte Stroessner seinen Besuch in Deutschland auf unbestimmte Zeit verschoben, und er sollte seinen Fuß nie in dieses Land setzen; zweitens hatte die Hausdurchsuchung, welche die deutsche Justiz schließlich am 31. Mai 1985 in Günzburg durchführte, Früchte getragen: Der Tod Mengeles 1979 bei einem Badeunfall wurde bekannt.

Am 21. Dezember 1987 kehrte ich erneut nach Argentinien zurück, um dort die Auslieferung Josef Schwammbergers zu verlangen – er hatte das Ghetto im polnischen Przemyśl geleitet. 1982 hatte Serge die Memoiren von Markus Wolfshaut veröffentlicht, einem Überlebenden dieses Ghettos. Als Schwammberger in Buenos Aires aufgespürt wurde und Deutschland seine Auslieferung verlangte, stellten wir ein Dossier mit den Zeugenaussagen von Wolfshaut und Henri Gourarier (ehemals Heinz Leibowicz) zusammen – Augenzeugen der von Schwammberger begangenen Morde. Durch unsere Vermittlung traten sie in Stuttgart als Nebenkläger für ihre ermordeten Eltern auf.

Serge und ich fuhren nach Stuttgart, um ihre Klagen vorzulegen. Wir ließen all diese Dokumente ins Spanische übersetzen, und ich überreichte sie in Buenos Aires dem Generalstaatsanwalt des Landes, José d'Alessio, sowie dem Staatsanwalt der Hauptstadt, Jaime Malamud Goti. Die Auslieferung wurde 1988 bewilligt, und am 12. Mai 1992 wurde Schwammberger in Stuttgart zu lebenslanger Freiheitsstrafe verurteilt. Für mich war das die Gelegenheit, die »Madres de Plaza de Mayo« zu umarmen. Unser letztes Treffen mit Hebe de Bonafini in Buenos Aires fand im September 2010 statt, als ich als Ehrengast der argentinischen Präsidentin Cristina Kirchner bei einem internationalen Kolloquium zur Shoah einen Vortrag über den Kampf für Gerechtigkeit und Erinnerung hielt.

Die Affäre Kurt Waldheim (1986–1987)

Nachdem der Jüdische Weltkongress aus politischen Kreisen Österreichs erfahren hatte, dass Kurt Waldheim über seine militärische Vergangenheit gelogen hatte, stellte er bei seiner Versammlung in New York 1986 ein umfangreiches Dossier zusammen. Waldheim, der zehn Jahre lang als Generalsekretär der Vereinten Nationen im obersten Stockwerk des UNO-Wolkenkratzers residiert hatte, erwies sich im Archiv im Untergeschoss desselben Gebäudes als Kriegsverbrecher, der in der gleichen Kategorie geführt wurde wie Barbie, und dies infolge eines von Jugoslawien 1948 hinterlegten Dossiers, das seine Verbrechen detailliert auflistete.

Wenn Israel Waldheims Vergangenheit 1972 nicht überprüft hatte, so lag das wahrscheinlich daran, dass Simon Wiesenthal, selbst Österreicher und in Wien lebend, sich damals seltsamerweise nicht geäußert hatte. Israel konnte glauben, dass Waldheim sauber war. Warum hatte Wiesenthal nichts gesagt? Entweder hatte seine Untersuchung nichts ergeben, oder er hatte aus Sympathie für Waldheim oder für dessen Partei gar keine Untersuchung angestellt.

Serge und ich hatten aufgedeckt, dass General Löhr nach der Deportation von 42 000 Juden aus Saloniki zusammen mit seinem Generalstab, dem auch Waldheim angehörte, auf die italienischen Militärs in Griechenland Druck ausgeübt hatte, auch die griechischen Juden aus ihrer Besatzungszone zu deportieren.

In Kooperation mit dem Jüdischen Weltkongress beteiligten wir uns an der Suche nach Dokumenten darüber, welche Rolle Waldheim bei der Repression in Jugoslawien und den Deportationen in Griechenland gespielt hatte. Ich war vor allem damit beschäftigt, seine Wahl zum österreichischen Bundespräsidenten zu verhindern, die auf keine Hindernisse zu stoßen schien.

Im Mai 1986 fuhr ich nach Wien und organisierte zusammen mit jungen Österreichern mehrere Demonstrationen in der Hauptstadt und in der Provinz, in Graz oder Amstetten. Manchmal wurde ich grob angegangen, häufig geschmäht, aber ich trug dazu bei, der Opposition gegen Waldheim Gehör zu verschaffen.

Am 25. Juni 1987, als Serge am 30. Verhandlungstermin des Barbie-Prozesses teilnahm, bemühte ich mich darum, die Öffentlichkeit in Rom gegen den Besuch eines österreichischen Präsidenten im Vatikan zu mobilisieren, der durch seine Lügen über seine Vergangenheit diskreditiert war – bei einem polnischen Papst, der doch bestrebt war, die Beziehungen der katholischen Kirche zu den Juden zu verbessern. Wenn dieses Treffen stattfände, so um zu demonstrieren, dass Waldheim die Unterstützung des Papstes genoss, während seine offiziellen Besuche in westlichen Ländern boykottiert wurden. Er konnte sich nur in Länder außerhalb der Europäischen Union und der USA begeben – Letztere hatten ihn zuletzt auf eine *Watch List* gesetzt, die ihm das Betreten amerikanischen Territoriums untersagte.

Es war notwendig, diesen Staatsbesuch als Schande kenntlich zu machen. Dafür hatte ich einige Unterstützer, insbesondere Rabbi Avi Weiss aus Riverdale, der schon in Wien an meiner Seite demonstriert hatte und der speziell für diesen Anlass aus New York gekommen war – zusammen mit drei anderen Rabbinern. Zahlreiche junge Leute aus der jüdischen Gemeinde Roms waren ebenfalls entschlossen, gegen Waldheim zu protestieren, aber auch gegen diesen Papst, der bei seinem Besuch der römischen Synagoge im April 1986 als erster Papst überhaupt eine Synagoge besucht hatte. Waldheims Besuch irritierte viele Katholiken: Die Kardinäle Decourtray und Lustiger erklärten in einem gemeinsamen Kommuniqué, sie könnten »den Sinn dieser Visite nicht verstehen«.

Ich kam am 24. Juni vor Waldheim in Rom an, im Gepäck Material für die Realisierung meines Plans. Da die Wahl eines neuen Papstes mit weißem Rauch verkündet wird, sollten bei Waldheims Ankunft vor dem Vatikan sechs Wolken schwarzen Rauches aufsteigen, welche die sechs Millionen ermordeten Juden symbolisierten. Ich hatte Rauchbomben mitgebracht, aber keine Ahnung von ihrer Handhabung. Ich hatte Zimmer 418 im Hotel Columbus; es ging auf die Via della Conciliazione hinaus, die zum Petersplatz führt. Gegen 16 Uhr beschlossen wir, einen Versuch zu machen und herauszufinden, wie man diese Rauchbomben entsicherte. Es war eine Katastrophe: Die Rauchbombe zündete im Zimmer, das sich mit Rauch füllte und in Brand geriet. Wir schlugen Alarm und ergriffen die Flucht. Doch die Katastrophe erwies sich als absoluter Erfolg: Die Feuerwehr und auch die Polizei eilten herbei. Man glaubte zunächst an einen Anschlag; die Medien drehten durch: Der Vorfall beherrschte am nächsten Tag die Schlagzeilen, und ich war diejenige, die den Skandal ausgelöst hatte.

Nachdem das Feuer gelöscht war, eilte ich mit den vier Rabbinern zum Flughafen Fiumicino, um Waldheim den verdienten Empfang zu bereiten, doch die Gefahr eines Anschlags, verschärft durch die Episode mit den Rauchbomben, führte dazu, dass wir gegen 20 Uhr 30 verhaftet wurden. Man ließ uns rasch wieder frei, und den Rest der Nacht verbrachte ich im Hotel der Rabbiner.

Im Licht der Ereignisse des Vortags hatte die italienische Regierung, die sich gehütet hatte, Waldheim zu empfangen, und nur den Protokollchef zum Flughafen beordert hatte, ihre Vorkehrungen getroffen: Der riesige Petersplatz war menschenleer, und der Zugang zum Vatikan wurde durch Polizeikordons unterbunden; Waldheim und sein Gefolge konnten ihn nur über einen Seitenweg erreichen, der weit weniger prestigeträchtig ist. Der Vatikan glich einer Festung. Zur Demonstration versammelten sich nur Juden und, fast ebenso zahlreich, Journalisten, doch die Fotos von Juden in ihren Häftlingsjacken, umringt von Polizisten, gingen um die Welt; sie zeigten einen anfechtbaren und angefochtenen Besuch. Die Botschafter der USA, Englands und Deutschlands hatten nicht am Empfang für Waldheim teilgenommen. Es war uns gelungen, ihm Steine in den Weg zu legen, doch die Partie ging unentschieden aus, weil er vom 1. bis zum 4. Juli Jordanien einen Staatsbesuch abstattete. Er begab sich dorthin, ich ebenfalls.

König Hussein von Jordanien nannte Waldheim einen »lieben Freund«: Waldheim war zehn Jahre lang Generalsekretär der Vereinten Nationen gewesen und hatte eher der Sache der Araber gedient. Ich kam unter meinem Mädchennamen mit den Royal Jordanian Airlines nach Amman und hatte im Intercontinental ein Zimmer reserviert. Am 2. Juli begab ich mich mit einem dicken weißen Wälzer – dem von Israel Singer und Ilan Steinberg zusammengestellten Dossier Waldheim – zum Außenministerium. Ein jordanischer Offizieller empfing mich herzlich, bis er den Inhalt des Dokuments zur Kenntnis nahm, das ich ihm aushändigen wollte. Er weigerte sich, das Dossier zu behalten, und geleitete mich höflich zum Ausgang. Unter meiner Jacke, die ich im passenden Augenblick – das heißt vor den riesigen Fotos von Waldheim und König Hussein – aufschlug, war ein schwarzes T-Shirt mit drei Worten zu erkennen: »Waldheim muss weg«. Natürlich wurde ich festgenommen, in ein Kommissariat gebracht, dann freigelassen und unter Bewachung in mein Hotelzimmer verfrachtet. Der Sprecher des jordanischen Außenministeriums erinnerte die Presse daran, dass ich eine große Verteidigerin der jüdischen Sache sei, öffentliche Demonstrationen seien seit 1967 verboten, ich solle Waldheim in Frieden lassen und ich müsse Jordanien verlassen – eine dringende Aufforderung, der ich mich ohne Bedauern beugte. Ich war allein, aber dank eines gelungenen Fotos war ich in der westlichen Presse der Stargast bei dem Treffen zwischen Waldheim und Hussein gewesen und hatte meine Botschaft verbreitet.

Am 9. Dezember 1987 sowie am 5. und 12. März 1988 kehrte ich nach Wien zurück, wo ich jedes Mal an Demonstrationen teilnahm. Im Frühjahr 1988 erfuhren wir, dass der Papst den Besuch Waldheims im Vatikan im Juni erwidern würde. Serge, Arno und ich stellten uns vor, dass einer von uns – es sollte Arno sein – die Uniform tragen würde, die Waldheim während des Krieges getragen hatte; ein anderer – nacheinander unsere Freunde Benjamin Asenhejm und Willy Gruska – sollte die befleckte Papstrobe tragen. Wir planten, ein Balkonzimmer in dem Hotel zu nehmen, das gegenüber dem Stephansdom liegt: Die Gaffer, die versammelt sein würden, um Waldheim und Johannes Paul II. zu feiern, würden auf dem Balkon einen anderen Waldheim erblicken, ebenso authentisch wie der andere. Dieser Teil des Szenarios lief wie vorgesehen ab.

Gleichzeitig demonstrierten junge amerikanische Juden auf dem Platz.

Der nächste Tag: Die Szene verlagerte sich auf die Straße. Unsere Gruppe hatte sich früh am Morgen zur Nuntiatur begeben; ich ging voran, gefolgt von Arno in deutscher Uniform mit den Auszeichnungen Waldheims und dem Hakenkreuz, dazu Willy, der das Papstkostüm trug; die anderen hielten Plakate hoch. Polizisten stürzten sich auf uns. Arno wurde mit Willy in ein Polizeiauto gestoßen. Der Rest der Gruppe wurde festgenommen. Wir landeten alle in einem Polizeirevier in der Taubstummengasse; ein Polizist traktierte Arno mit Fußtritten. Ich stand auf und ohrfeigte den Polizisten, der es nicht wagte, zurückzuschlagen. Man nahm Arnos Fingerabdrücke; er fügte sich, dann wischte er seine Finger bedächtig am weißen Hemd des Polizisten ab, der aufheulte, aber an sich hielt und nicht zuschlug. Man sperrte uns für mehr als sechs Stunden in Zellen, ehe man uns freiließ.

Meine letzte Demonstration gegen Waldheim führte ich zusammen mit dem Rabbiner Weiss in der Türkei durch. Wir landeten am 1. November 1988 in Ankara, mussten aber nach Istanbul zurück, weil es sich um einen Privatbesuch Waldheims handelte, der nach kurzen Aufenthalten in Syrien und Kuwait die Stadt besichtigen wollte. Ich verkündete, die Türkei habe »eine gemeinsame Vergangenheit mit Waldheim«, womit ich auf den Völkermord an den Armeniern anspielte. Wir postierten uns mit unseren Plakaten vor einer Schule, die der türkische Präsident Kenan Evren vor seinem Treffen mit Waldheim besuchen sollte. Ein Schwarm Polizisten stürzte sich auf uns. Die Fortsetzung verlief wie gewohnt: Polizeirevier, Verhör, ein paar Stunden im Revier, ehe man uns freiließ – wir waren erleichtert, weil die Presse schon da war. Am nächsten Morgen waren die Schlagzeilen und das Titelfoto unserer Demonstration gewidmet; diese hatte mehr als nur einen Schatten auf den Besuch Waldheims in einem Land der NATO geworfen. Angesichts des Prestigeverlusts, den Waldheim Österreich zufügte, zwang ihn die konservative Partei, auf seine Auftritte zu verzichten.

Im Jahr 2000 mussten wir noch einmal nach Österreich, um gegen den Eintritt der rechtsextremen FPÖ, der neoliberalen, populistischen und fremdenfeindlichen Partei Jörg Haiders, in die konservative Regierung zu demonstrieren. Haider hatte die Verdienste der Beschäftigungspolitik Hitlers gerühmt und zur Anerkennung der Waffen-SS aufgerufen. Die Partner Österreichs innerhalb der EU protestierten ebenfalls gegen diese neue Koalition und drangen auf absolute Wachsamkeit.

Serge nahm als Gast an der Konferenz von Stockholm teil, die der

Shoah gewidmet war. Vom 26. bis 28. Januar 2000 trafen sich dort die Vertreter von 46 Staaten. Während dieser Konferenz wurde die bevorstehende Bildung einer neuen Regierungskoalition zwischen den österreichischen Konservativen und der Partei Haiders bestätigt. Für alle Konferenzteilnehmer, die noch ganz unter dem Eindruck des vom Dritten Reich begangenen Völkermordes standen, war die Tatsache, dass eine fremdenfeindliche und rassistische Partei und dazu ein Mann, der sich unablässig positiv über gewisse Werte des Dritten Reichs geäußert hat, in die demokratische Regierung eines EU-Landes eintreten würden, ein Hohn, eine Herausforderung, eine historische Demütigung und ein kategorischer Widerspruch zu all dem, was sie zusammengeführt hatte. Dies war der Anstoß zu der Reaktion des Kerns aus 14 Staaten unter der Führung Frankreichs, die verkündeten, der Geist Europas sei unvereinbar mit den Werten, die von einer Person wie Haider vertreten wurden. Der Boykott gegen Österreich erwies sich letztlich als wirksam, Haiders Partei entledigte sich seiner, noch bevor sich die »klassischen« politischen Parteien von seiner Partei trennten. Doch die Bindung der Österreicher an ihre nationale Identität ist so stark, dass der extremen Rechten eine ewige Wiederkehr vorbestimmt scheint.

In Beirut im muslimischen Sektor

Als die israelische Armee sich 1985 im immer noch vom Bürgerkrieg heimgesuchten Libanon in den Süden des Landes zurückzog, rief sie die Juden des Landes auf, das Land zu verlassen, doch viele waren diesem Aufruf nicht gefolgt. Sie hingen an dem Land, in dem sie geboren waren, und da sie sich politisch neutral verhielten, glaubten sie sich vor den Kämpfen zwischen den verschiedenen muslimischen und christlichen Milizen sicher. Für ein paar Dutzend unter ihnen erwies sich diese Entscheidung als verhängnisvoll, sie wurden 1984 und 1985 entführt und als Geiseln behalten. Chaim Cohen und Isaac Tarrab wurden von einer der Hisbollah nahestehenden Gruppe erschossen, die die Freilassung aller Häftlinge im Gefängnis von Khiam im von Israel kontrollierten Südlibanon forderte. Mit Ausnahme der jüdischen Gemeinschaften blieb die Weltöffentlichkeit stumm, auch Frankreich, obwohl der Mathematiker Isaac Tarrab seinen Doktortitel 1939 an der Sorbonne erworben hatte. Er hatte Generationen von libanesischen Lehrern ausgebildet. Wir konnten diese Morde und die, die zu folgen drohten, nicht hinnehmen, auch wenn wir wussten, dass unser Protest kaum zum Erfolg führen würde.

Wer von uns beiden sollte fahren? Ich, da eine Lösung zum Teil von Israel abzuhängen schien und meine Anwesenheit im Libanon nach allem, was ich schon für gefährdete Juden unternommen hatte, vielleicht nützlich war. Es fiel mir nicht leicht, mich von meiner Familie zu trennen, da ich in eine vom Bürgerkrieg zerrissene Stadt flog. Aber wie konnten wir uns für die Erinnerung an die ermordeten Juden einsetzen, wenn wir vierzig Jahre später nicht auch Juden verteidigten, deren Leben in Gefahr war? Bevor ich am 17. Januar 1986 abflog, erklärte ich den Medien:

»Ich fliege aus zwei Gründen nach Beirut. Zum einen, um vor Ort gegen die Ermordung zweier jüdischer Geiseln zu protestieren. Diese Verbrechen an libanesischen Juden, einzig weil sie Juden waren, lassen ihre Urheber auf dieselbe Stufe sinken wie die Naziverbrecher. Zum anderen fühle ich mich als Deutsche, die sich der Verantwortung nach dem Holocaust bewusst ist, immer und überall solidarisch mit Juden, die aus dem einzigen Grund verfolgt werden, dass sie Juden sind. Deshalb versuche ich, fünf jüdisch-libanesische Geiseln, die noch am Leben sein sollen, zu retten, indem ich mich ihren Entführern als Ersatz anbiete.«

Ich flog nach Zypern und fuhr mit dem Schiff weiter nach Beirut, denn ich hatte kein Visum, und es schien mir leichter, auf dem Seeweg illegal ins Land zu kommen. Im Hafen von Jounie, nördlich von Beirut, ließ ich alle anderen Passagiere aussteigen, ich wartete auf den günstigen Moment. Erst als niemand mehr irgendetwas kontrollierte, ging ich mit meinem Koffer von Bord. Ich befand mich im christlichen Sektor und wollte in den muslimischen in West-Beirut. Doch als ich im Taxi an die »Grüne Linie« kam, die beide Sektoren voneinander trennte, hielt mich der Sicherheitsdienst auf der christlichen Seite an, kontrollierte meine Papiere und brachte mich zu einem Polizeiposten, wo ich über Nacht blieb. Am Morgen brachte mir der deutsche Botschafter, Ambrosius Eitel, eine Aufenthaltserlaubnis für zwei Monate, riet mir jedoch, sofort wieder abzufahren. Ich dankte ihm und fuhr in den muslimischen Sektor ins Hotel Cavalier, wo die ausländischen Journalisten untergebracht waren.

Die libanesische Presse berichtete über das Ziel meiner Reise. Am 3. Februar holte mich ein Schiit, Himat, im Hotel ab und fuhr mit mir in die Vororte von Beirut. Plötzlich stoppte ein zweiter Wagen neben uns, und ein junger Mann stieg aus. Er sagte mir auf Englisch, die Geiseln würden erst freigelassen, wenn alle Häftlinge im Gefängnis in Khiam frei wären. »Warum halten Sie sich an Unschuldige?«, fragte ich. »Weil alle Juden Brüder und alle Juden verantwortlich sind«, antwortete er. Er wollte mich wieder kontaktieren, wenn es Neuigkeiten gäbe.

Ich erzählte Serge telefonisch von diesem ersten Kontakt. Er erklärte der Presse, ich wäre nicht nach Beirut gefahren, wenn konkrete Schritte zur Rettung der immer noch festgehaltenen Geiseln unternommen worden wären. Daher versuche er jetzt die zuständigen Stellen in Israel dazu zu bewegen, die Forderungen der Entführer zu erfüllen. Aber seine Gesprächspartner in Israel argumentierten, alle libanesischen Juden seien rechtzeitig gewarnt worden, es komme gar nicht infrage, von den Milizen des Generals Haddad Hunderte von Häftlingen freizulassen.

Serge war bereit, mich in Beirut abzulösen, wo die westliche Presse mir aus dem Weg ging. Nur der Reporter Roger Auque traf sich mit mir. Er wurde 1987 selbst entführt und erst nach einem Jahr wieder freigelassen. Nach seiner Rückkehr schrieb er:

> Was stand meiner Befreiung im Weg? Die französische und die westliche Presse hatten sich über den Aufenthalt von Beate Klarsfeld in Beirut ausgeschwiegen, aus zwei Gründen: Erstens aufgrund der überwiegend anti-israelischen Einstellung der dortigen Korrespondenten. Zweitens weil es gefährlich war, eine Frau zu interviewen, die in engen Beziehungen zu Israel stand, auch wenn ihr Ziel ein humanitäres war. Für mich jedoch waren diese Geiseln, ob Juden oder nicht, in erster Linie Geiseln, und die Tatsache, dass Beate Klarsfeld ein so hohes Risiko einging und selbst nach Beirut kam, war an und für sich schon ein Ereignis.
> Saß ich also wegen des Interviews mit ihr jetzt in diesem Verlies?

Hatten gewisse Organisationen in Beirut erfahren, dass ich sie interviewt hatte? Wie ich jetzt wusste, hatte ich mich mit diesem Interview in Gefahr begeben.[37]

Am 10. Februar kehrte ich traurig und unverrichteter Dinge nach Paris zurück, doch ich hatte in einer von Schüssen und Explosionen widerhallenden Stadt drei Wochen lang mein Bestes getan. Zwei Tagen später fuhr Serge nach Beirut.

---

[37] Roger Auque mit Patrick Forestier, *Un otage à Beyrouth*, Paris 1988.

SERGE

In der Höhle des Löwen

Ich kam am 20. Februar 1986 mit einem Touristenvisum in Beirut an. Zwei Tage zuvor war Beate nach Paris zurückgekehrt. Kurz zuvor war der bekannte jüdische Arzt Élie Hallak ermordet worden, der vor allem Bedürftigen geholfen hatte. Am Flughafen im muslimischen Sektor erwarteten mich die Medien. Ich erklärte, wie schon vor meiner Abreise in Paris: »Ich komme, um öffentlich gegen die Ermordung jüdisch-libanesischer Geiseln zu protestieren und an die geistlichen Führer der Muslime, die sich bisher nicht geäußert haben, zu appellieren, diese antijüdischen Verbrechen zu verurteilen und zu verlangen, dass die restlichen Geiseln freigelassen werden [...]. Man muss versuchen, die Entführer der unglücklichen jüdisch-libanesischen Geiseln, die keinen Staat haben, der sie schützt, zur Vernunft zu bringen, indem man ihnen immer wieder sagt: Versuchen Sie die Lösung Ihrer Auseinandersetzung mit Israel nicht durch die ›Endlösung‹ für die letzten libanesischen Juden zu erreichen, die sich dafür entschieden haben, in diesem Land zu bleiben, weil sie es lieben, und die sich gegen keine der vielen Gruppen feindselig verhalten haben, die sich im Libanon bekämpfen.«

Als ich vor dem Hotel Cavalier aus dem Taxi stieg, war man erstaunt, mich zu sehen. Ich wusste, dass ich zwischen dem Flughafen und dem Hotel leicht hätte entführt werden können. Beate als Deutsche hatte sich Gehör verschafft; ich war nicht zu Verhandlungen gekommen, sondern um die abscheulichen Morde zu verurteilen und womöglich dazu beizutragen, dass keine Juden mehr entführt wurden. Kaum hatte ich meinen Koffer abgestellt, verließ ich das Hotel wieder, um eine muslimische Zeitung aufzusuchen. Es war ein seltsames Gefühl, durch Straßen zu gehen, wo jeden Moment alles passieren konnte. Dieses Gefühl hatte ich zum letzten Mal als Kind in Nizza gehabt, als wir versuchten, den Razzien zu entkommen.

Früh am nächsten Morgen rief mich der französische Botschafter

Christian Graeff an: »Wenn Sie in diesem Sektor bleiben, werden Sie nach Ihrer Erklärung den Tag nicht überleben. Bleiben Sie in der Hotelhalle, startbereit.« Ich folgte seinem Rat. Kurz darauf stoppten zwei gepanzerte Fahrzeuge vor dem Hotel, schwer bewaffnete französische Gendarmen stürmten herein und eilten mit mir zu einem der Wagen. Wir hielten vor einem Kloster und rannten, tief gebückt wegen der Scharfschützen, hinein. Die Gendarmen stellten einige Kartons ab, dann rasten wir weiter über die Grüne Linie. Ich dankte ihnen, dem Botschafter und dem Militärattaché herzlich, mit dem ich zu Mittag aß – er wurde wenig später ermordet.

Für den Rückweg nahm ich ein Schiff nach Zypern und flog von dort nach Paris. Keine der unglücklichen Geiseln hat überlebt.

Was kann man anderes daraus lernen, als dass den Juden, wenn sich wieder einmal eine Woge von Judenfeindlichkeit erhebt, nur eins bleibt, nämlich – wenn sie es können – rechtzeitig die Flucht ergreifen? Wie viele deutsche Juden, Patrioten mit dem Eisernen Kreuz an der Brust, sind von den Nazis umgebracht worden? Wie viele französische Juden, mit dem Orden der Ehrenlegion im Knopfloch, sind von der Vichy-Regierung an die Gestapo ausgeliefert worden? Die Namen der libanesischen jüdischen Geiseln sind im großen Buch der Erinnerung an all die Juden verzeichnet, die umgebracht wurden, nur weil sie Juden waren. Beate und ich hatten geduldig und beharrlich nach den Namen der 80 000 Opfer der Shoah in Frankreich geforscht; die Namen der zehn ermordeten jüdisch-libanesischen Geiseln haben wir auf unsere Art hinzugefügt, indem wir uns nacheinander in die Höhle des Löwen begeben haben, der sich nicht einmal im Klaren ist über seine absurde Wut.

Im Jahr darauf folgte Arno unserem Beispiel und begab sich mutig in die Klauen der Schläger von Jean-Marie Le Pen, nachdem dieser 1987 in einem Interview gesagt hatte, die Gaskammern seien nur »ein Detail in der Geschichte des Zweiten Weltkriegs« gewesen, und wir und andere gegen ihn geklagt hatten. Arno wollte auf dem Parteikongress des Front National protestieren, und zwar allein. Wir hätten ihn gern davon abgehalten, aber wir konnten es nicht, denn wir hatten es ihm vorgemacht. Unter diesen Umständen, das wussten wir so gut wie er, konnte er nur Prügel beziehen.

Unter seiner Jacke trug er ein T-Shirt mit der Aufschrift »Le Pen

Nazi«. Er sprang auf die Bühne zu Le Pen und öffnete seine Jacke. Sofort stürzten sich Le Pens Leibwächter auf ihn und verprügelten ihn. Die Polizei brachte ihn ins Krankenhaus, er hatte auf dem rechten Auge einige Zehntel seiner Sehkraft eingebüßt. Das war seine Initiation in die militante Aktion, wie er sie sich vorgenommen hatte: Er würde nie vor einer Gefahr zurückschrecken, die ihn davon abhielte, das zu erfüllen, was er als seine Mission betrachtete.

Wechselnde Entwicklungen in den Fällen Leguay, Bousquet und Papon

Am 3. November 1987 kamen die beiden Premierminister Jacques Chirac und Jitzchak Schamir zur Gedenkstätte in Roglit, wo ich sie zusammen mit unserer Generalsekretärin Annette Zaidman empfing.

Kein anderer Politiker hat gegenüber unserem Anliegen eine vergleichbare Sensibilität und ein solches historisches Verständnis gezeigt wie Jacques Chirac. Er wusste wie ich, dass während dieser finsteren Jahre zwei Frankreichs gegeneinanderstanden, das von de Gaulle und das von Pétain, dass aber beide Frankreich waren und das heutige Frankreich auch das Frankreich Vichys auf sich nehmen musste.

Der Fall Papon nahm eine unerfreuliche Wendung: Der Ermittlungsrichter wollte den damaligen Präfekten Maurice Sabatier anklagen. Damit aber ein Urteil über einen Präfekten ergehen konnte, musste zuvor der Cour de Cassation angerufen werden, und dieser befand am 11. Februar 1987, dass der Ermittlungsrichter schon zu Beginn seiner Ermittlungen die Möglichkeit einer Anklage Sabatiers hätte in Betracht ziehen müssen. Das Verfahren wurde eingstellt, nur die Klagen der Nebenkläger wurden nicht abgewiesen.

Die Ermittlungen begannen also mit dem neuen Richter François Braud wieder von vorn. Am 15. Dezember 1987 nahm ich an der Sitzung der Anklagekammer teil, wo ich zusammen mit den anderen

Anwälten die jüngste Entscheidung der Staatsanwaltschaft anfocht, das Gutachten eines Historikers einzuholen. Ein Staatsanwalt sollte sich auf die Fakten stützen und nicht hinter einem Historiker Zuflucht suchen. Am 5. Januar 1988 verwarf die Anklagekammer von Bordeaux diese Forderung der Staatsanwaltschaft.

Ich veröffentlichte ein umfangreiches Dokument, in dem ich für jeden einzelnen Transport die Namen und Adressen der 1500 von Bordeaux nach Drancy gebrachten Juden aufgeführt hatte, und außerdem die zahlreichen von Papon unterzeichneten Papiere, die seine Beteiligung bewiesen. Wir schickten sie an alle Abgeordneten des französischen Parlaments, an die gesamte Presse und an Hunderte von Personen in der Region Bordeaux.

Papon wurde im Juli 1988 in aller Stille erneut angeklagt und der Präfekt Sabatier im Oktober. Damals sagte ich in vielen Interviews: »Weil Papon Franzose ist und nach dem Krieg in Frankreich respektable Ämter innehatte, zögert die Justiz, ihn zu belangen. Wir sollten aufpassen, dass Beobachter im Ausland nicht zu dem Schluss kommen, Frankreich trauere einerseits um die Opfer Barbies und habe andererseits Mitleid mit den Komplizen Vichys.«

Der neue Generalstaatsanwalt in Paris war Pierre Truche, ebender, der die Anklage im Lyoner Barbie-Prozess vertreten hatte. Ich traf mich mit ihm und Oberstaatsanwalt Marc Domingo, der gerade seine Anklageschrift gegen Leguay fertiggestellt hatte. Leguay hätte noch vor dem Sommer 1989 vor Gericht gestellt werden können, doch am 2. Juli starb er, und Präfekt Sabatier kurz darauf. Wir erreichten bei der Pariser Staatsanwaltschaft, dass sich der Einstellungsbeschluss vom 11. September 1989 für den Fall Leguay nicht auf eine Zeile beschränkte, sondern um die sehr detaillierte Anklageschrift von Marc Domingo ergänzt wurde, was außergewöhnlich und noch nie da gewesen war. Der Ermittlungsrichter Jean-Pierre Getti sprach darin ohne die geringste Beschönigung von der »Beteiligung Leguays an Verbrechen gegen die Menschheit. Seine Teilnahme an den Treffen der deutsch-französischen Kommission, die Telegramme, die er verfasst hat, die Instruktionen, die er im Namen seiner Vorgesetzten weitergeleitet hat, sind bewusst in der Absicht vollzogene Handlungen, die Durchführung der verbrecherischen Maßnahmen, die damals in Paris und auf dem ganzen französischen Territorium stattfanden, zu erleichtern. Festzuhalten ist, dass die Verhaftungen und Deportationen von Kindern, die zum großen Teil unter zwölf Jahre alt waren, keinerlei gesetzliche und rechtliche Rechtfertigung haben konnten.«

Diese Begründung war ein Einschnitt in der französischen Justizgeschichte, sie macht deutlich, welchen Weg die französische Gesellschaft zurückgelegt hatte, seit der Haute Cour de la France de la Résistance unmittelbar nach dem Krieg Bousquet, dem Chef der Vichy-Polizei, Absolution erteilt hatte.

Am Tag nach der Veröffentlichung dieser Begründung, am 13. September 1989, reichte ich im Namen der FFDJF Klage gegen Bousquet wegen Verbrechen gegen die Menschheit ein.

Nachdem Bousquet bereits 1949 vor Gericht gestanden hatte (und freigesprochen worden war), konnte wie im Fall Barbie nur aufgrund neuer Tatsachen erneut gegen ihn verhandelt werden. Ich unterbreitete dem Gericht zwei besonders wichtige Fakten zur Prüfung: Erstens hatte Bousquet am 18. August 1942 angeordnet, keine Ausnahme zum Schutz von Kindern zwischen zwei und fünf Jahren zu machen, die bei der großen Razzia vom 26. August 1942 in der freien Zone verhaftet würden. Zweitens seine Rolle bei der Entscheidung, dass die französische Polizei sich an der Razzia des Vélodrome d'Hiver beteiligte. Das von Herbert Hagen verfasste Protokoll des Treffens vom 2. Juli 1942 zwischen den Chefs der Sipo-SD und Bousquet hatte nicht zu den Dokumenten gehört, die im ersten Prozess gegen Bousquet geprüft worden waren.

Der Cour de Cassation wies die Anklagekammer von Paris an, die Akte von 1949 zu prüfen und zu entscheiden, ob die von uns vorgelegten Tatsachen wirklich neue Fakten darstellten. Sie waren mit Sicherheit ebenso neu wie das Telex von Izieu im Fall der 1954 vor Gericht gestellten Gestapo-Angehörigen von Lyon. Würde die französische Justiz die Fakten über die Machenschaften des Polizeichefs von Vichy ebenso als neu beurteilen wie die über den Gestapo-Chef von Lyon? Das war jetzt die Frage. Ich war zuversichtlich, obwohl die Strafkammer des Cour de Cassation noch darüber befinden musste, ob Bousquet sich vor einem Haute Cour de justice (den es heute nicht mehr gibt) oder doch vor dem Cour d'assises (Schwurgericht) zu verantworten hatte, wie ich mir das wünschte.

Im Fall Papon wurde ganz sicher von höchster Stelle Druck ausgeübt, um das Verfahren hinauszuzögern: Nach zweijährigen intensiven Ermittlungen wurde Richter Braud plötzlich befördert und musste den Fall abgeben. Für ihn kam Richterin Léontin; wie viel Zeit würde sie brauchen, um sich in dieses umfangreiche Dossier einzuarbeiten?

Am 13. Mai 1990 fuhren die Söhne und Töchter wie jedes Jahr in zwei Bussen nach Pithiviers und Beaune-la-Rolande, wo sich die beiden Lager für die am Vél'd'Hiv internierten Familien befunden hatten und 3000 Kleinkinder gewaltsam von ihren Eltern getrennt worden waren. An diesem Sonntagvormittag hielten unsere Busse in der Avenue Raphaël, wo wir unter den Fenstern von René Bousquet mit Transparenten demonstrierten: »Bousquet vor das Schwurgericht« – »Die Kinder vom Vél'd'Hiv fordern Gerechtigkeit«. Éric Conans langer Artikel in *L'Express* mit dem Titel »Enquête sur un crime oublié« (Untersuchung eines vergessenen Verbrechens) sensibilisierte die Öffentlichkeit in hohem Maß. Es folgte ein Artikel in *Paris Match* mit einem Titelbild, das ein Mädchen, das das Abzeichen unser Organisation der Söhne und Töchter trug, beim Besuch eines der Lager im Loiret zeigte.

BEATE

Gegen Brunner, von New York bis Ost-Berlin

Im November 1987 traf ich mich in New York mit Jesse Jackson, der zu dieser Zeit für die Präsidentschaft kandidierte, um mit ihm über Brunner zu reden. Ich überzeugte ihn, an den syrischen Präsidenten zu schreiben, mit dem er 1984 die Freilassung eines amerikanischen Piloten ausgehandelt hatte, dessen Flugzeug im Libanon abgeschossen worden war. Wir waren uns sympathisch, und ich begleitete ihn einen Tag lang im Wahlkampf. Am 10. Dezember 1987 schrieb Jackson einen Brief an Assad, in dem er »im Namen des Friedens und der Moral« um die Auslieferung Brunners bat. Keine Reaktion. Ich hakte bei Jackson nach, und er schickte am 14. April 1988 einen eindringlichen Erinnerungsbrief: »Die Auslieferung Brunners wäre gerecht und einem wahren Staatsmann angemessen.« Immer noch keine Reaktion. Dafür erklärte Brunner telefonisch einem Journalisten der *Chicago Sun Tribune*, dem es gelungen war, Verbindung mit ihm aufzunehmen: »Alle Juden hätten den Tod verdient, weil sie Agenten des Teufels und menschlicher Abfall sind. Ich bereue nichts und würde es wieder tun …«

Bei einem offiziellen Besuch Erich Honeckers in Frankreich, zu dem François Mitterrand auch Serge und mich eingeladen hatte, wandte ich mich an die DDR. Honecker ging auf meine Bitte ein und setzte die zuständigen ostdeutschen Behörden in Bewegung.

Deren Bemühungen in Damaskus waren genauso erfolglos wie die Frankreichs. Am 16. Januar 1989 schilderte der Außenminister Oskar Fischer in einem Brief an Honecker die Vorteile der von uns vorgeschlagenen raschen Lösung – der Ausweisung – und eines Prozesses in der DDR. Am 19. Februar 1989 schrieb der Generalstaatsanwalt der DDR an Fischer, nach einem Treffen mit mir am 12. Februar habe man in Syrien einen offiziellen Auslieferungsantrag gestellt. Doch das Regime Assads war stabiler als das Honeckers. Der Assad-Clan war

Brunner dankbar für seine Dienste während der 1960er-Jahre und schätzte sein Verhalten gegenüber den Juden.

Ich organisierte für den 6. November 1988 in New York eine Demonstration jüdischer Organisationen vor dem syrischen Konsulat in der 2nd Avenue. Ich sympathisierte mit dem Kongressabgeordneten Michael R. McNulty, der im Repräsentantenhaus eine Resolution einbrachte, die Präsident Bush aufforderte, sich persönlich bei Präsident Assad für die Auslieferung Brunners einzusetzen. Das war die Resolution 129 in der ersten Sitzung des 102. Kongresses der Vereinigten Staaten. Sie blieb ohne konkrete Folgen.

Am 10. Juni 1988 erließ Richter Claude Grellier, mit dem Serge eng zusammenarbeitete, einen internationalen Haftbefehl, und am 27. Dezember 1988 ersuchte Frankreich in Syrien um die Auslieferung Brunners. Doch die syrische Regierung erwiderte, sie wisse nichts von der Anwesenheit Brunners in ihrem Staatsgebiet.

SERGE

Gegen Brunner, in Damaskus

Im Januar 1990 begab ich mich zur syrischen Botschaft in Paris und erhielt, welch ein Wunder, ein Geschäftsreisevisum; für mich hieß das, die Botschaft und die syrische Regierung wünschten, dass die Angelegenheit an Ort und Stelle zwischen den zuständigen Behörden und den Antreibern, d.h. Beate und mir, behandelt wurde. Ich schrieb einen Brief an Präsident Assad, in dem ich ihn um seine Mitarbeit bat, und ließ ihn ins Arabische übersetzen. Vor meinem Abflug am 10. Januar übergab ich das Schreiben der Presse.

In der französischen Botschaft in Damaskus bestätigte man mir, dass ich gegen Ende des Vormittags vom syrischen Vizeaußenminister empfangen würde. Dann erfuhr ich, dass das Treffen abgesagt wurde. Ich ging zur deutschen Botschaft, wo mir der Botschafter versicherte, dass er nichts tun könne. Er könne mir nichts weiter versprechen als eine Note nach Bonn. Wie sollte ich mich angesichts dieser Zurückweisung verhalten? Ich begab mich zum Sitz der örtlichen Anwaltskammer: Man hörte mir zu, nahm zur Kenntnis, aber ich spürte, dass meine Worte bei meinen Gesprächspartnern nichts bewirkten; immerhin erklärten sie sich bereit, meinen Brief dem Präsidenten vorzulegen.

Seit dem Morgen wurde ich von einem Polizisten in Zivil verfolgt. In meiner Verzweiflung beschloss ich, auf Humor zu setzen: Ich kehrte ins Hotel zurück und erklärte, ich wolle einen Vortragsraum mieten, um am nächsten Abend einen Vortrag zu halten; Thema: »Die Naziverbrecher, von Klaus Barbie in Bolivien bis Alois Brunner in Syrien«. Wenig später teilte man mir mit, man habe einen kleinen Saal für mich gefunden. Ich machte mich auf den Weg zu AFP und nahm mir ein Taxi. Der Polizist, der mich beschattete, kam heran und sprach mit dem Chauffeur. Ich schlug ihm vor, mitzufahren; er willigte ein. Sein Französisch war ausgezeichnet, er hatte es bei französischen Ordensbrüdern gelernt. Im AFP-Büro, in dem ein syrischer Mitarbeiter saß, benahm sich der Polizist wie zu Hause. Als ich ins Hotel zurückkam, teilte man mir mit, der von mir reservierte Saal stehe nicht mehr zur Verfügung.

Am nächsten Morgen gegen sieben Uhr klopfte es an meiner Tür: Zwei Militärs in Galauniform und ein wie ein Gentleman gekleideter Zivilist legten mir mit vollendeter Höflichkeit eine Ausweisungsverfügung vor. Ich hatte kaum Zeit, mich zu rasieren und anzuziehen, ein Auto stand bereit, das auf der Straße zum Flughafen eine Panne hatte. Man reparierte es. Anstatt mich nach Paris zu verfrachten, geleitete man mich zu einem Flugzeug nach Wien. Also wurde ich, nicht der Österreicher Brunner, nach Österreich ausgewiesen. Das Flugzeug stand am Ende der Startbahn, unser Auto brachte mich bis dorthin; man rollte eine Treppe ans Flugzeug, ich stieg hinauf und kehrte nach Europa zurück.

Ein erneuter Fehlschlag, doch dank des Verlangens nach Gerechtigkeit, das sich in unseren Aktionen ausdrückt, wurde die Erinnerung wachgehalten. Die Brunner-Affäre hält die Erinnerung an seine Opfer lebendig. Wie könnte man aufgeben, wenn Brunner, der seinen letzten Deportationszug aus Frankreich mit Kindern füllte, straflos bliebe?

Am 20. August 1990 stimmte der französische Außenminister Roland Dumas meinem Vorschlag eines gemeinsamen Vorgehens von Frankreich und Deutschland zu. Doch auch dieses Vorgehen stieß auf die gleiche absurde Reaktion der Syrer. Sollten die diplomatischen Beziehungen zu Syrien abgebrochen werden? Ich war kein Staatsmann, und es war nicht an mir, das zu beurteilen. Persönlich tat ich, was getan werden musste, aber ich wusste auch, dass die Ausreise der syrischen Juden auf dem Spiel stand. Ihr Leben war mehr wert als der Prozess gegen Brunner. Hatte Jacques Chirac mir nicht am 7. August mit einem eigenhändigen Postskriptum geschrieben:

> Mir ist die Bedeutung dieser Affäre im Hinblick auf unsere gemeinsame Sensibilität und auf die begangenen Verbrechen sehr wohl bewusst. Im Augenblick bin ich mit einer gewissen Anzahl humanitärer Fälle befasst, die jüdische Familien in Syrien betreffen. Ich habe mich bemüht, sie bei den syrischen Behörden zur Sprache zu bringen, sei es direkt, sei es durch Vermittlung der französischen Botschaft in Damaskus. Sie werden

gewiss verstehen, dass ich aus Gründen, von denen der Erfolg dieser Bitten abhängt, die insbesondere in den Augen der jüdischen Gemeinde Frankreichs große Bedeutung haben, im Moment gezwungen bin, es dabei zu belassen.

P.S.: Ich setze mich sehr für die Juden Syriens ein, besonders für die Mädchen, und ich muss den Zwängen, die diese Bemühungen mit sich bringen, Rechnung tragen.

Am 9. Juli 1991 stellte der Ermittlungsrichter Jean-Pierre Getti ein ins Arabische übersetztes internationales Rechtshilfeersuchen an die zuständigen syrischen Behörden, die gebeten wurden, die Arbeit von Ermittlungsbeamten zu unterstützen, die insbesondere »abklären [sollten], ob der am 10. 6. 1988 ergangene Haftbefehl gegen Alois Brunner *alias* Georg Fischer *alias* Fescoer vollstreckbar ist«, sowie »den am 10. 6. 1988 ergangenen internationalen Haftbefehl an die letzte bekannte Adresse zustellen und das Protokoll einer Hausdurchsuchung erstellen« sollten.

Folge dieses Vorstoßes: Wir erfuhren von einem im Ausland lebenden Syrer, dessen Familie in Brunners Nachbarschaft wohnte, dass dieser am 15. Oktober 1991 umgezogen sei und der Chef von Hafiz al-Assads Leibwache seine Wohnung übernommen habe. Brunner sei, von zwei Krankenpflegern gestützt, in einen Krankenwagen gestiegen und weggefahren. Ihm blieb nicht mehr viel Zeit.

Am 12. September 1991, im Anschluss an meine Intervention bei der grünen Europaabgeordneten Birgit Cramon-Daiber, verabschiedete das Europäische Parlament, besorgt über die Präsenz Brunners in Syrien, eine Resolution – ohne Gegenstimmen: Die Abgeordneten des rechtsextremen Front National enthielten sich der Stimme.

Der französische Außenminister Roland Dumas sollte Damaskus am 18. Dezember einen offiziellen Besuch abstatten. Wir würden ihm zuvorkommen.

BEATE

Letzte Entwicklungen im Fall Brunner

Ich flog noch einmal nach Damaskus. Dazu brauchte ich ein Visum, das nicht auf meinen Namen lautete. Einzig mögliche Lösung: Ich musste das Aussehen einer Freundin annehmen, die zehn Jahre älter war als ich – Trudy Baer. Ihr Vater war in Brântome erschossen, ihre Mutter und ihre Schwester waren deportiert worden. Sie war Jüdin und Deutsche. Sie bekam problemlos ein Touristenvisum, das man mir verweigert hätte.

Am Donnerstag, dem 5. Dezember 1991, verpasste mir eine professionelle Maskenbildnerin mithilfe einer Perücke und ihres Talents das Aussehen Trudys. Sie machte es so gut, dass unser Freund, der amerikanische Journalist Peter Hellman, der tags zuvor angekommen war, um im *New York Magazine* über die Geschichte zu berichten, und mich jetzt am Flughafen Damaskus erwartete, mich nicht erkannte. Auf dem Weg in die Stadt passierten wir ohne Zwischenfälle zwei Polizeikontrollen. Ich stieg im Cham Palace ab, wo Serge im Jahr zuvor gewohnt hatte.

In der Nacht schrieb ich mit schwarzem Marker auf einen großen Bogen Zeichenpapier die Botschaft, die ich am nächsten Tag vor mir hertragen würde: »Präsident Assad, 99,98 % der Stimmen sind nicht genug. Weisen Sie den Naziverbrecher Alois Brunner aus und lassen Sie die syrischen Juden frei!« Kein Taxifahrer war bereit, mich in die Nähe des Präsidentengebäudes zu fahren. Das Viertel war rundum mit Ketten und von mit Maschinenpistolen bewaffneten Wachposten abgesperrt. Ich wollte mit meinem Plakat vor einem von uniformierten syrischen Soldaten bewachten symbolträchtigen Ort demonstrieren, einem flaggengeschmückten Gebäude. Ich wählte das Innenministerium in der Avenue Al Malek Farouk, das ich von der elften Etage des die Straße beherrschenden Hotels Al Faradis ausmachen konnte.

Am Samstag begab ich mich zum Haupteingang des Gebäudes. Ungeachtet der Soldaten, die mir bedeuteten, stehen zu bleiben, ging ich weiter und entrollte mein Plakat zur Straße hin. Soldaten stürzten sich auf mich, entrissen mir das Plakat, stießen mich in einen Wagen und entdeckten in meiner Handtasche das einzige Dokument, das ich aus dem Hotel mitgenommen hatte – meinen richtigen Pass auf den Namen Beate Klarsfeld. Die Polizisten suchten mein Visum und fanden es natürlich nicht. Nach meiner Vernehmung, zunächst durch einen Französisch sprechenden Polizisten, dann durch einen Polizeioffizier im Generalsrang, gab ich zu, im Hotel Cham zu wohnen; man begleitete mich dorthin und schloss mich in meinem Zimmer ein. Ein Polizist leistete mir Gesellschaft – es war derselbe, der Serge ein paar Monate zuvor überwacht hatte. Er beklagte sich, ich sei weniger mitteilsam als dieser.

Am Montag wurde ich unter schwerer Bewachung zum Flughafen befördert und in das Flugzeug nach Paris gesetzt, wo die Medien mich schon erwarteten. Der Vorfall erregte international Aufsehen.

Am Dienstag, dem 10. Dezember, wurden Serge und ich von Roland Dumas empfangen; auch sein Vater war in Brantôme erschossen worden; er bekräftigte öffentlich Frankreichs Willen, die Auslieferung Brunners zu erreichen, und erklärte, das Thema bei seinem Treffen mit Assad anzusprechen. Resultat: Sein offizieller Besuch in Damaskus wurde in letzter Minuten verschoben – unter dem beleidigenden Vorwand, Präsident Assad habe zu viel zu tun.

Am 14. Januar 1992 fuhren wir nach Straßburg, wo über eine 200 Millionen Dollar umfassende Finanzhilfe für Syrien abgestimmt werden sollte. Wir hatten für jeden Abgeordneten eine Argumentationshilfe mit einem 63 Seiten starken Dossier über Brunner vorbereitet. Auf Bitten der Grünen gaben wir im Parlament eine Pressekonferenz, und am nächsten Tag verabschiedete das Parlament eine neue Resolution, in der die Tatsache kritisiert wurde, dass »dieses Land den Naziverbrecher Alois Brunner beherbergt und schützt«. Was die finanziellen Vereinbarungen der EWG mit Syrien anging, so erhielten sie nur 207 und 209 Stimmen und verfehlten damit die 280 nötigen Stimmen. *Le Monde* kommentierte dieses überraschende Ergebnis: »Diejenigen, die dagegengestimmt haben, waren der Ansicht, dass in Syrien die Menschenrechte nicht geachtet werden, und zeigten sich aufgeschlossen für die heftigen Vorwürfe von Beate und Serge Klarsfeld, welche die Syrer beschuldigen, den Naziverbrecher Alois Brunner zu schützen.«

Unseres Wissens ist Brunner 1992 gestorben. Die syrischen Behörden wurden zu Gefangenen ihrer Lüge: Sie konnten nicht beweisen, dass er tot war, ohne die Täuschung zu enthüllen. Also lebte Brunner weiter, und Syrien wurde weiterhin kritisiert. 1998 stattete Hafiz al-Assad Paris einen offiziellen Besuch ab, während wir bald darauf einen Prozess gegen Brunner in Abwesenheit erreichten. Als wir erfuhren, dass das Treffen zwischen Chirac und Assad am 16. und 17. Juli stattfinden sollte – ausgerechnet am Jahrestag der Razzia des Vélodrome d'Hiver –, erklärte ich: »Hat sich Präsident Assad bei dieser so symbolträchtigen Terminwahl von seinem herausragenden Schützling, dem Naziverbrecher Alois Brunner und Kommandanten des Lagers von Drancy, beraten lassen?«

In einem von TF1 in Damaskus geführten Interview behauptete Präsident Assad vor seiner Abreise nach Frankreich: »Dieser Mann ist ein Ausländer. Wäre er hier, wüsste ich das. Wenn Sie wissen, wo er sich aufhält, schicke ich jemanden, der Sie zu ihm begleitet.«

Ich konnte mich nicht mit diesem roten Teppich abfinden, der am 16. Juli vor dem Beschützer Brunners ausgerollt wurde – von dem Mann, der die Rede vom 16. Juli 1995 gehalten hat. Nach unserer jährlichen Versammlung vor dem Vél'd'Hiv demonstrierte unsere Vereinigung am Quai d'Orsay; auf Höhe des Pont Alexandre-III trafen unsere beiden Busse auf den offiziellen Konvoi Assads, der zum Élysée unterwegs war. Wir entrollten unsere Transparente und Plakate am Boulevard des Invalides, Ecke Rue de Varenne: »An diesem Jahrestag der schrecklichen Razzien des 16. und 17. Juli 1942 ist der Diktator Assad, Beschützer des Verbrechers Alois Brunner, der Staatsgast der französischen Republik. Schande!«

Jacques Chirac hat den Fall Brunner im Verlauf ihrer Unterhaltung angesprochen, aber »keine klare Antwort« erhalten. Am 1. September 1999 beschloss der Ermittlungsrichter Hervé Stephan, vor dem Cour d'assises Anklage gegen Brunner zu erheben. Die Anklagekammer des Cour d'appel musste diesem Prozess in Abwesenheit zustimmen, was sie auch tat.

Am 2. März wurde vor dem Pariser Cour d'assises der Prozess in Abwesenheit eröffnet. Die FFDJF wurde von drei Anwälten vertreten: Serge, Arno und Lida, die das erste und letzte Mal gemeinsam plädierten. Arno übernahm es, die Persönlichkeit Brunners darzustellen, während Lida Auszüge aus den Aussagen der Deportierten verlas, die Brunner in 23 Transporten hatte deportieren lassen, wie ein Journalist von *L'Est républicain* berichtete: »Die junge Frau versteht es, die fehlenden Zeugen zu ersetzen, die von diesem rein formalen Prozess ausgeschlossen sind, und das langsame Gewahrwerden des Grauens in Erinnerung zu rufen, die wahnwitzigen Illusionen der Deportierten, die glauben, ihre Familien wiederzusehen, dann der Albtraum der Transporte, die überquellenden Aborteimer, das Stöhnen der Verletzten, die verwirrten Alten und die verzweifelten Frauen, die Trennung der Familien nach dem Verlassen der Waggons, die Selektion, der Schrecken, der Qualm der Krematorien; unter den mit Cherubim bevölkerten Kassettendecken des Gerichtssaals gelingt es ihr, die Schreie und Tränen der Kinder hörbar zu machen.«

Im gleichen Jahr wurde Baschar, der Sohn von Hafiz al-Assad und Nachfolger seines Vaters, zu einem offiziellen Besuch nach Paris eingeladen. Nach den antisemitischen Aussagen Baschars kauften wir für den 19. Mai 2001 eine Viertelseite in *Le Monde*. Unter dem Titel »Nein zum Besuch Assads in Paris« schrieben wir:

> Frankreich, das in den letzten Jahren so viel dafür getan hat, das den Juden Frankreichs durch den französischen Vichy-Staat angetane Unrecht wiedergutzumachen, brächte sich in Verruf, wenn es den syrischen Präsidenten Baschar al-Assad empfinge, mit dem sich nach seinen jüngsten antisemitischen Äußerungen für demokratische Staatschefs und Regierungen jeder Umgang verbieten müsste.
> Wie ist es zu verantworten, dass man im Élysée und im Matignon (dem Sitz der französischen Regierung) diesen Mann empfängt, der gegenüber Papst Johannes Paul II. zu sagen gewagt hat, Israel und die Juden wollten »alle Grundsätze aller Religionen genauso töten, wie sie Jesus verraten und den Propheten Mohammed zu ermorden versucht hatten«? […] Die Söhne und Tochter der deportierten Juden Frankreichs erinnern an diese Tatsachen, um all jene, die den Antisemitismus verdammen, selbst wenn sie sich der sogenannten Staatsräson fügen, dazu aufzufordern, gegenüber Jacques Chirac und Lionel Jospin direkt zum Ausdruck zu bringen, dass sie diesen Besuch missbilligen, durch den die Äußerungen des syrischen Präsidenten

anerkannt würden und der sich in unserem Land, in dem die Anstiftung zum Rassenhass strafrechtlich verfolgt wird, katastrophal auswirken würde.

Nach dem Aufruf des CRIF versammelten sich am 25. Juni 2001 an die 8000 Menschen auf der Esplanade des Martyrs juifs du Vélodrome d'Hiver an der Métro-Station Bir-Hakeim, um diesen Besuch anzuprangern. Zuvor, am 9. Juni, hatte ich erneut eine Viertelseite in *Le Monde* reserviert, um einen Artikel mit dem provokanten Titel »Comme un petit Montoire« zu veröffentlichen:

> Monsieur le Président de la République,
> Wir verdanken Ihnen viel; vielleicht mehr, als Sie glauben. Wir verdanken Ihnen, dass wir am 16. Juli 1995 von einem französischen Präsidenten die richtigen und wahren Worte gehört haben, auf die wir gewartet, auf die wir seit unserer Kindheit gehofft hatten. Ihre Rede hat uns endgültig mit einer Republik versöhnt, die endlich die Verantwortung Frankreichs in der Tragödie anerkannt hat, von der die Juden in unserem Land vor 60 Jahren betroffen waren. Wieso setzen Sie an einem einzigen Tag die ganze persönliche Glaubwürdigkeit aufs Spiel, die Sie sich mit so viel Courage erworben haben, Sie, der – auch dieser Punkt spielt in unserer Anerkennung eine bedeutende Rolle – seit 15 Jahren das wichtigste und beständigste Hindernis für ein Bündnis der Rechten mit dem Front National gewesen ist? Falls der Besuch von Baschar al-Assad nicht abgesagt oder verschoben wird oder er seine Aussage nicht bis zum 25. Juni zurücknimmt, oder wenn Sie an diesem Tag Assads Ansicht über die Juden nicht öffentlich anprangern, wird Ihr Händedruck mit Baschar al-Assad als kleines Montoire betrachtet werden.

Es fiel mir sehr schwer, diese Zeilen zu verfassen, weil es mir unangenehm war, einem Mann Leid zuzufügen, den ich respektierte und der die wahre Natur seiner syrischen Gesprächspartner nicht erfasste, wie das bei seinem Nachfolger der Fall sein sollte.

Jacques Chirac hat es mir nicht lange nachgetragen; er machte mich zum Offizier der Ehrenlegion und hat mich im Élysée ausgezeichnet. Baschar al-Assad wiederum trat am 10. Juli in Berlin einen weiteren Staatsbesuch an, und unterwegs traf er wieder auf die Delegation der

Söhne und Töchter der Deportierten, die aus Paris angereist waren und heftig gegen den syrischen Diktator demonstrierten.

Die Zukunft zeigte leider, dass unser Urteil über den Sohn wie über den Vater gute Gründe gehabt hatte.

SERGE

An der Seite der Roma in Rostock (1992)

Sommer 1992. Tausende Sinti und Roma aus Rumänien und Ex-Jugoslawien drohten von den Deutschen nach Rumänien abgeschoben zu werden, wo sie zu dieser Zeit verfolgt wurden, oder ins vom Krieg heimgesuchte Serbien. Drei Jahre trennten uns noch von Srebrenica, aber wir wussten: Wenn der ethnische Hass sich Bahn bräche, würden die Roma ihm zum Opfer fallen. Das Recht auf politisches Asyl, auf das die Roma mehr als andere Anspruch erheben konnten, wurde ihnen zu Unrecht verweigert.

Für uns hieß das, dass man etwas tun musste. Und genau das verziehen uns einige Leute nicht – diejenigen nämlich, die in Presserunden oder vor den Mikrofonen auf demagogische Weise Situationen anprangerten, in denen sie selbst jedes Engagement strikt vermieden. Diese Leute schlossen sich uns nur widerwillig an, und auch nur, wenn der Erfolg unserer Unternehmungen nicht mehr zu bezweifeln war.

In Ostdeutschland war es zu einem Konflikt zwischen einer Behörde und einer fremdenfeindlichen Öffentlichkeit gekommen, weil Letztere sich bereit machte, auf ihre früheren Opfer loszuschlagen, die ein halbes Jahrhundert zuvor das Schicksal des jüdischen Volkes geteilt hatten. Mit einem Erfolg konnten wir nicht unbedingt rechnen, doch wenn wir als Juden, als Kinder von Deportierten, uns nicht in diesen Kampf einmischten, wäre das Fahnenflucht auf dem Schlachtfeld der Erinnerung.

Wir, die Söhne und Töchter der deportierten Juden Frankreichs, erklärten unsere Absicht, in Rostock zu demonstrieren – dort, wo die mörderischen Attacken auf Asylbewerberheime im August und September 1992 stark zugenommen hatten. Die Angreifer steckten die Zentrale Aufnahmestelle für Asybewerber in Rostock-Lichtenhagen in Brand. Die Polizei griff zögerlich ein, und die Bevölkerung verhielt sich mehrheitlich gleichgültig.

In einer Pressemitteilung begründeten wir unseren Protest: »Aus Solidarität mit den bedrohten Roma verlangen wir von der deutschen Regierung, in aller Form auf die Anwendung des am 24. September 1992 (auf den Tag genau fünfzig Jahre nach der schrecklichen Razzia auf die rumänischen Juden im besetzten Frankreich) mit Rumänien geschlossenen Abkommens zu verzichten. Wir verlangen von Deutschland, dass es dem Schicksal dieser Roma, die die Nachkommen der Opfer nationalsozialistischer Verfolgung sind, Rechnung trägt. Wir verlangen von den Deutschen, besonnen zu reagieren, gegen rechtsextreme Umtriebe zu protestieren und den fremdenfeindlichen Ausschreitungen, die ihr Land in Misskredit bringen, ein Ende zu setzen.«

Zusammen mit den FFDJF, den jungen Leuten von der zionistischen Jugendorganisation Betar und einigen von der Vereinigung jüdischer Studenten in Frankreich (UEJF) fuhren wir nach Rostock, wo uns am 19. Oktober 1992 eine Roma-Delegation empfing. Gemeinsam brachten wir an der Fassade des imposanten Rathauses eine Tafel an, die an den Leidensweg der Zigeuner erinnerte und Deutschland aufforderte, die Gewalt gegen Ausländer zu beenden. Unsere jungen Leute mit Arno an der Spitze besetzten die erste Etage des Rathauses und ließen ein Transparent aus dem Fenster des CDU-Büros flattern: »Keine Ausweisung der Roma aus Deutschland.«

Es war die erste Versammlung von Juden in Rostock nach der »Reichskristallnacht« am 9. November 1938. Diesmal waren es keine Juden, die von der Polizei zusammengetrieben wurden, um in die Konzentrationslager zu marschieren, sondern Juden, die den Deutschen ohne Scheu zeigten, welchen Weg sie einschlagen mussten, um nicht wieder in die Fußstapfen der Nazistiefel zu treten.

In Rostock erlebte ich, wie die Polizei vier unserer jungen Leute ergriff und sie in Autos zerrte, und wie andere Juden, darunter auch ich, zu diesen Autos stürzten und mit einem Dutzend Polizisten aneinandergerieten, die wütend ihre schweren Schlagstöcke einsetzten. Wir befreiten unsere Gefährten, und die Polizisten waren derart in Panik, dass sie drauf und dran waren, ihre Pistolen zu ziehen. Als wieder Ruhe eingekehrt war, erlebte ich, wie Dutzende Polizeiwagen unseren Bus umstellten und eine Hundertschaft Polizisten, gerüstet wie Gladiatoren, uns in Gewahrsam nahm, als wären wir rechtsextreme Kriminelle, denen sie indes bei ihren Angriffen auf Asylantenheime aus dem Weg gingen. In einer Rostocker Sporthalle erlebte ich die Parodie eines noch vom Nationalkommunismus geprägten bundesdeutschen Gerichtsverfahrens: Eine Armee von Polizisten erging sich in Schikanen und führte vollkommen illegale Personenfeststellungen durch, und drei hektische Staatsanwälte widersprachen einander in einem fort und konsultieren eine Strafprozessordnung, die sie noch nicht verinnerlicht hatten. Erst das Eingreifen des französischen Konsuls in Hamburg brachte die Wende und machte es möglich, dass Alte und Kranke die eisige Sporthalle verlassen durften, die einmal mehr für Juden mit irregulärem Status genutzt worden war.

Die Gedenktafel, die wir am Rostocker Rathaus angebracht hatten, wurde kurz darauf entfernt, doch 2012 wurde sie (dieses Mal offiziell) an einer weniger auffälligen Stelle erneut angebracht – in Anwesenheit von Beate und einer Abordnung der Söhne und Töchter. Dort steht folgender Text:

IN ROSTOCK UND ANDEREN DEUTSCHEN STÄDTEN GINGEN MENSCHEN IM AUGUST 1992 MIT RASSISTISCHEN GEWALTTATEN UND BRANDSTIFTUNGEN GEGEN UNSCHULDIGE FAMILIEN, KINDER, FRAUEN UND MÄNNER VOR.
WIR ERINNERN AN DIE MILLIONEN KINDER, FRAUEN UND MÄNNER, DIE, WEIL ALS JUDEN, SINTI UND ROMA GEBOREN, DEM NATIONALSOZIALISTISCHEN VÖLKERMORD ZUM OPFER FIELEN. IN EINER EINZIGEN NACHT UNVERGESSLICHEN GRAUENS WURDEN AM 2.8.1944 DIE 3000 NOCH LEBENDEN MENSCHEN IM ZIGEUNERLAGER AUSCHWITZ-BIRKENAU DURCH GAS ERMORDET. DIESE ERFAHRUNGEN UND HISTORISCHEN VERPFLICHTUNGEN FÜR DAS DEUTSCHE VOLK MÜSSEN WACHGEHALTEN WERDEN, UM ZU VERHINDERN, DASS SICH GEWALT UND MENSCHENVERACHTUNG JE WIEDERHOLEN.

Beate, Arno und ich wurden der Rädelsführerschaft beschuldigt, und drei der jungen Leute wurden wegen »schwerer Körperverletzung, Widerstands gegen die Staatsgewalt und Gefangenenbefreiung« angeklagt und mehrere Tage in Haft behalten. Die Staatsanwaltschaft Rostock stellte sämtliche Verfahren rasch ein.

Die jüdischen Organisationen reagierten insgesamt nicht wohlwollend auf unsere Initiative und wollten die Verbindung zwischen den Roma von 1992 und den Juden von 1942 nicht sehen. Aber wir erhielten zahlreiche Solidaritätsbekundungen und Danksagungen, insbesondere aus Deutschland und Israel. Unser Protest in Rostock war der Startschuss für eine heftige Kampagne gegen die Abschiebung von Sinti und Roma. Die Roma, die in Rostock an unserer Seite waren, waren froh gewesen, dass Juden für ihre Rechte eintraten.

Kontroversen mit François Mitterrand

Ich mochte François Mitterrand. Unsere Wege hatten sich schon im Februar 1943 in Montmaur gekreuzt, wo meine noch vollzählige Familie kurze Zeit als Deckadresse für die Herstellung falscher Papiere diente. Damals hatte er sich endgültig für die Résistance entschieden. Als Jahre später Sitzungen der Nationalversammlung im Radio übertragen wurden, beeindruckte er mich mit seinem Rednertalent, seinen Provokationen, seiner Schlagfertigkeit und seinem Humor. Wir hatten 1974 seine Präsidentschaftskandidatur unterstützt (er verlor knapp), 1981 jedoch nicht mehr, denn er hatte die Forderung des »Vereins für Marschall Pétain« unterstützt, dessen Leichnam nach Douaumont zu überführen.

Mitterrand hatte sich nach seiner Flucht aus der deutschen Kriegsgefangenschaft fast ein Jahr in Vichy aufgehalten. Das Jahr 1942 war der Wendepunkt, der Beginn seiner politischen Karriere: Damals baute er ein Netzwerk zur Unterstützung der Kriegsgefangenen auf. Auf seine Initiative hin entstanden überall in der freien Zone »Maisons du Prisonnier« (Anlaufstellen für geflohene Kriegsgefangene). Mitterrand durfte nach London und Algier ausreisen, und er hatte den Mut gehabt, ins besetzte Frankreich zurückzukehren und sich der Résistance anzuschließen, obwohl er riskierte, von den Deutschen verhaftet, gefoltert, erschossen oder deportiert zu werden. Die Vichy-Regierung war für ihn keine echte Bedrohung, denn er hatte dort

Beziehungen, und viele der Vichy-Funktionäre waren zwar judenfeindlich und trugen zu deren Verfolgung bei, aber sie mochten die Deutschen nicht und versuchten, sie zu täuschen.

Für Mitterrand war Vichy der Ausgangspunkt einer glänzenden Karriere. Gegenüber dem alten Marschall Pétain, dem Idol seiner Familie, bewahrte er sich einen Respekt, der nach der Befreiung, anlässlich des Prozesses gegen Pétain, an dem Mitterrand teilnahm, in nachsichtigen Artikeln zum Ausdruck kam.

Als er 1982 nach Israel reiste, hörte ich seine Reden in der Knesset und in Yad Vashem, wo er den Saal einweihte, der der jüdischen Résistance gewidmet ist. Kein Wort über Vichy. Und bei der Einweihung eines Gartens, der nach Marianne Kohn benannt war, einer jungen deutschen Jüdin, die im französischen Exil lebte und von der Gestapo ermordet wurde, weil sie jüdische Kinder in die Schweiz geleitet hatte, bezeichnete er sie als »tapfere Tochter Frankreichs«.

Dennoch freute ich mich, als Mitterrand 1981 gewählt wurde. Als Realist hielt er sein Versprechen nicht, den Leichnam Pétains von der Ile d'Yeu nach Douaumont zu überführen, und er war offen für die Argumente, die Régis Debray und ich für die Überstellung von Barbie nach Lyon vortrugen. Er hat Beate und mich 1984 in die Ehrenlegion aufgenommen – Beate aus »außergewöhnlichen Gründen«.

Ich wusste auch, dass René Bousquet 1965 Mitterrands Wahlkampf gegen de Gaulle unterstützt hatte – Bousquet war damals Herausgeber der *Dépêche du Midi*, mit deren Eigentümerin er befreundet war. Bousquet hatte Mitterrand auch in schwierigen Zeiten geholfen, verdiente also Mitterrands Dankbarkeit, zumal dieser in gewisser Weise die Karriere fortsetzte, die Bousquet ohne seine Verurteilung durch den Haute Cour de justice hätte machen können. Für Mitterrand war Bousquet sicher das beste Auditorium, der Mann, der den außergewöhnlichen Weg am meisten zu schätzen wusste, der 1942 im Hôtel du Parc in Vichy, dem Sitz des »französischen Staates«, begann und 1981 im Élysée-Palast endete – mit einem hauchdünnen Sieg des Sozialisten Mitterrand über den Konservativen Giscard d'Estaing.

Aber dass Mitterrand seit 1987 an jedem 11. November Blumen auf dem Grab Pétains niederlegen ließ, empörte mich. De Gaulle hatte anlässlich des 50. Jahrestags von Verdun 1968 ein Gebinde niederlegen lassen; Giscard ließ zum 60. Jahrestag ein weiteres folgen; aber eines vor dem 70. Jahrestag und eines danach, und dazu noch eines mehr … für die Söhne und Töchter und für mich war das einfach zu viel.

Diese symbolische Geste kam einer Rehabilitierung gleich. Doch wir waren in der Minderheit, und eine Schlacht zu führen, die von vornherein verloren war, hatte keinen Sinn. Im Oktober 1990 hingegen, als er Papon schützte, sah ich mich gezwungen, offen gegen Mitterrand Stellung zu beziehen.

Am 23. Oktober 1990 erschien in *Le Monde* ein Artikel unter dem Titel: »Maître Klarsfeld und die Jugend von M. Mitterrand«. Die Medien reagierten eher zurückhaltend; erst als 1994 das Buch von Pierre Péan, *Une jeunesse française*[38], erschien, wurde anerkannt, was ich schon vier Jahre zuvor geschrieben hatte.

Am 17. Juni 1992 veröffentlichte *Le Monde* einen Appell an den Präsidenten der Republik, anzuerkennen, dass »der französische Staat von Vichy für die Verfolgung der Juden Frankreichs und die an ihnen begangenen Verbrechen verantwortlich ist«. Ich hatte diesen Aufruf unterzeichnet, wenn auch zögernd, denn alle französischen Präsidenten hatten zwar nicht feierlich, aber in irgendeiner Rede die antijüdische Politik der Vichy-Regierung verurteilt. Die Anerkennung durch François Mitterrand würde unser Anliegen nicht weiterbringen. Mitterrand antwortete am 14. Juli 1992: »1940 gab es einen ›Französischen Staat‹, das Regime von Vichy – das war nicht die Republik. Und von diesem Französischen Staat muss man Rechenschaft verlangen. Verlangen Sie keine Rechenschaft von dieser Republik, sie hat ihre Pflicht getan.«

Er war starrsinnig; er hätte im Namen der Republik die Fehler und Verbrechen des Französischen Staates anerkennen können. Doch er hatte nicht ganz unrecht: Es ging nicht um die Republik; sie war von einer autoritären Staatsform abgelöst worden, die den Staatsapparat von treuen Republikanern gesäubert und von den anderen einen Eid auf den Staatschef gefordert hatte. Es ging nicht um »die Franzosen«: Das Vichy-Regime hatte sich zwar an der Vernichtung eines Viertels der jüdischen Bevölkerung in Frankreich beteiligt, doch die französische Bevölkerung hatte zur Rettung der übrigen drei Viertel beigetragen – dank der Solidarität der Bevölkerung sind 240 000 Menschen

---

38 Pierre Péan, *Une jeunesse française: François Mitterrand 1943–1947*, Paris 1994.

der Vernichtung entgangen. Was die Regierung von Pétains französischem Staat begangen hat, wurde meiner Ansicht nach im Namen Frankreichs begangen, aber auch das, was das freie Frankreich de Gaulles vollbrachte; Bir Hakeim im Juni 1942 – das war Frankreich; die Razzia im Vél' d'Hiv' im Juli 1942 – das war ebenfalls Frankreich. Frankreich wurde gleichzeitig von zwei Regierungsformen und zwei Männern verkörpert. Der Generalstabschef de Gaulles, General Pierre Billotte[39], hat folgende Aussage des Generals überliefert: »Während der ersten zwei Monate unserer Zusammenarbeit, während des sowjetischen Debakels 1941, fragte de Gaulle sich oft in meiner Anwesenheit, welche guten Gründe es für die von ihm geplante Aktion gebe. Er sagte zu mir: ›Wenn die Deutschen siegen, haben Pétain, Laval, Déat recht gehabt, und ich habe Frankreich Schaden zugefügt.‹«

Weder von der Republik noch von den Franzosen, noch vom nicht mehr existierenden französischen Staat musste man Rechenschaft fordern, sondern von Frankreich. Diese Argumentation vertrat ich gegenüber Jacques Chirac schon einige Zeit vor seiner Rede am 16. Juli 1995 im Vélodrome d'Hiver, und in seiner Rede bestätigte er diese Position: »An diesem Tag tat Frankreich das Nichtwiedergutzumachende …«

Drei Jahre zuvor, auf dem Höhepunkt der Auseinandersetzung, hatten wir unsererseits Verantwortung übernommen: Trotz der symbolischen Geste von Präsident Mitterrand, als erster Präsident der Republik an der Gedenkzeremonie im Vélodrome d'Hiver teilzunehmen, beschlossen wir, da er anschließend womöglich bedenkenlos mit Bousquet dinierte, bei der Zeremonie eine Massenbewegung in Gang zu setzen.

In einer Vorahnung hatte mich der damalige Außenminister Roland Dumas nachmittags angerufen und gefragt: »Serge, kannst du an der Brücke von Bir-Hakeim auf mich warten und mit mir ins Vél' d'Hiv' kommen? Ich habe keine Lust, mich auspfeifen zu lassen.« Unterwegs bat ich ihn vertraulich: »Sag ihm, er soll auf keinen Fall Blumen für Pétain niederlegen lassen; wenn er das tut, kommt es zu einem riesigen Skandal.« Unsere Freunde und die jungen Leute pfiffen den Präsidenten aus, skandierten »Mitterrand nach Vichy«, was den Zorn von

---

[39] Pierre Billotte, *Le temps des armes*, Paris, Plon, 1972.

Robert Badinter erregte, der in seiner Rede bemerkenswert hart mit Vichy ins Gericht ging, mit einer wütenden Abweichung vom Manuskript für Freude bei den Medien sorgte; seine heftige Kritik zwang ihn später dazu, über seine Beziehungen zum Präsidenten zu schweigen, als dieser sein wahres Spiel und seine Beziehungen zu Bousquet offenbarte.

Nach diesen Ereignissen entwarfen Arno und ich einen Plan, wie dieser »riesige Skandal« zu erreichen war, mit dem ich dem Präsidenten gedroht hatte. Die Lösung bestand in einer wahrscheinlich klingenden Lüge. Sie würde Mitterrand vor ein Dilemma stellen: Ich wollte bekannt geben, jemand aus seiner Umgebung, beispielsweise Danielle Mitterrand, habe mir anvertraut, dass der Präsident das Grab Pétains nicht mehr mit Blumen schmücken werde. Das würde Mitterrand zwingen, diese Nachricht entweder zu bestätigen und sich zu fügen, oder aber sie zu widerlegen, indem er erneut ein Gebinde niederlegen ließ. Dann aber würde er den »großen Skandal« auslösen, weil er den Erwartungen der Öffentlichkeit und der Medien zuwiderhandelte. Am 21. Juli verkündete ich also »mit Befriedigung«, dass Mitterrand auf die Niederlegung von Blumen verzichte.

Georges-Marc Benamou, Chronist der letzten Jahre Mitterrands, hat festgehalten, dass das gewachsene Interesse an der jährlichen Blumenniederlegung den Präsidenten beunruhigte:

> Ein von AFP verbreitetes Kommuniqué aus dem Élysée hatte angekündigt, dass die Niederlegung von Blumen künftig eingestellt würde. Ich freute mich darüber. Doch François Mitterrand erklärte sofort, dass die Meldung falsch und eine reine Erfindung Serge Klarsfelds sei: »Dieser Serge Klarsfeld ist unglaublich. Er ist schon gerissen. Er lässt in einer Eilmeldung, die er an AFP schickt, erklären, ich hätte ihm versprochen, keine Blumen mehr auf Pétains Grab auf der Ile d'Yeu niederzulegen. Das habe ich niemals zugesagt, und wie ich im Élysée überprüfen ließ, hat auch keiner meiner Mitarbeiter eine derartige Initiative ergriffen, wie er das behauptet, er ist verrückt …« Mit blitzenden Augen wiederholte er: »verrückt … oder ein Manipulator«.
> Er machte eine Pause und überlegte dann laut, als wollte er Klarsfeld unerwartete Tricks unterstellen – was ja nicht falsch war: »Dieser Klarsfeld, mit dem ich höfliche Beziehungen unterhielt, will mich dazu bringen, zu tun, was er will. Er hat einen Plan, er ist zu allem bereit,

sogar zu derartigen Lügen. Was dieses Blumengebinde angeht, habe ich nichts entschieden. Und selbst wenn ich etwas mitzuteilen gehabt hätte, hätte ich mich nicht an ihn gewandt, der mir offen den Krieg erklärt hat. Das ist übrigens merkwürdig …«
Ich bemerkte einen Ausdruck der Unzufriedenheit auf seinem Gesicht. Er war verärgert, sich in dieser Situation zu sehen, und suchte zugleich um jeden Preis nach einem Ausweg. Die List Serge Klarsfelds hatte ihn in die Enge getrieben.[40]

Am 26. August 1992 kamen die Söhne und Töchter der Deportierten mit dem Zug aus Paris in Vichy an. Wir hatten eine Gedenkveranstaltung vor dem Hôtel du Parc angekündigt. Eine beträchtliche Menge hatte sich versammelt. An der Spitze des Demonstrationszugs schritt der Bürgermeister der Stadt auf das historische Gebäude zu. Womit er freilich nicht gerechnet hatte, waren die zu beiden Seiten des Eingangs dieses historischen Gebäudes ohne Genehmigung angebrachten Tafeln:

AM 26. AUGUST 1942 VERANLASSTE DIE IN DIESEM GEBÄUDE IN VICHY UNTERGEBRACHTE REGIERUNG DES FRANZÖSISCHEN STAATES IN ALLEN BEREICHEN DER FREIEN ZONE EINE GIGANTISCHE RAZZIA AUF AUSLÄNDISCHE JUDEN.
MEHR ALS 6500 VON IHNEN, DARUNTER HUNDERTE VON KINDERN, WURDEN AN DIESEM TAG VERHAFTET UND DEN NAZIS IN DER BESETZTEN ZONE AUSGELIEFERT; VON DORT WURDEN SIE SOFORT INS VERNICHTUNGSLAGER AUSCHWITZ DEPORTIERT, VON WO ES KEINE RÜCKKEHR GAB.
DAS WAR DAS TRAGISCHE SCHICKSAL VON MEHR ALS 11000 IN DER FREIEN ZONE LEBENDEN AUSLÄNDISCHEN JUDEN.
DIE FRANZÖSISCHE BEVÖLKERUNG SOWIE DER KATHOLISCHE UND PROTESTANTISCHE KLERUS PROTESTIERTEN SOFORT GEGEN DIESE MASSNAHMEN, DIE GEGEN DIE TRADITIONEN UND DIE EHRE FRANKREICHS VERSTIESSEN.
IHNEN GEBÜHRT UNSER DANK.
LASST UNS NIEMALS VERGESSEN.

[40] Georges-Marc Benamou, »*Jeune homme, vous ne savez pas de quoi vous parlez*«, Paris 2001.

Heute ist dieser Text auf einer offiziellen Stele eingraviert, die gegenüber dem ehemaligen Hôtel du Parc errichtet wurde.

In der Rede, die ich bei diesem Anlass hielt, erklärte ich insbesondere: »Pétain ist neben Bazaine der einzige Marschall Frankreichs, der nationale Schande auf sich geladen hat: Bazaine in militärischer, Pétain in politischer Hinsicht. Seit dem Tag nach der großen Razzia in der freien Zone haben das viele Franzosen klar erkannt. [...] Die Menschenrechte und das völkerrechtlich verbürgte Recht auf Asyl sind verletzt worden, und die Auslieferung ausländischer Israeliten an die Deutschen gilt heute als ›nationale Schande‹.«

Am 11. November waren meine Freunde Claude Bochurberg, Jacques Toros, Benjamin Asenhejm und ich auf der Ile d'Yeu – zusammen mit Mitgliedern der Union des étudiants juifs de France (UEJF). Wir wollten die Ehrung Pétains stören und zeigen, dass wir die Niederlegung von Mitterrands Blumengebinde im Auge behielten. Für uns war klar, dass Mitterrand Blumen niederlegen lassen würde, da er nicht angekündigt hatte, es zu unterlassen. Mit ungefähr vierzig Leuten hielten wir am Eingang des Friedhofs Wache. Die Überfahrt zur Ile d'Yeu bei schwerem Wetter war schrecklich: Anhänger und Gegner Pétains hatten sich in abstoßender Einmütigkeit die Seele aus dem Leib gekotzt. Am Spätnachmittag ging nur eine einzige Fähre zurück; wenn wir sie nicht erreichten, säßen wir fest. Wir resignierten und gingen an Bord. Der Sturm tobte immer noch. Kaum hatten wir der Insel den Rücken gekehrt, landete dort ein Hubschrauber, und der Blumenstrauß François Mitterrands wurde niedergelegt – neben dem von Jean-Marie Le Pen.

Für den nächsten Tag, den 12. November um 18 Uhr, riefen wir und die UEJF zu einer Demonstration am Vélodrome d'Hiver auf, und ich bestellte beim besten Pariser Floristen einen sehr großen Kranz – auf dem Hintergrund roter Rosen war eine Streitaxt aus weißen Rosen abgebildet, und auf der Schleife stand: »Für François Mitterrand in großer Dankbarkeit, gezeichnet Philippe Pétain«. Das war frech, aber treffend. Am Ende dieser Demonstration trugen unsere Aktivistinnen Annette, Françoise und Charlotte unser Gebinde zum Élysée-Palast. An der Kreuzung Avenue Matignon/Rue de Faubourg-Saint-Honoré wurden sie von Polizisten angehalten, der provozierende Kranz wurde beschlagnahmt.

Am 15. November kündigte Mitterrand an, er werde künftig anders »mit dem Widerspruch umgehen«, in den ihn die jährliche Blumenniederlegung bringe. Er verzichtete ganz darauf und behauptete zugleich, »die französische Nation war in dieser Angelegenheit nicht betroffen«. Einige Tage später soll Mitterrand bei einem offiziellen Besuch in Israel erklärt haben: »Wissen Sie, es ist oft schwieriger, aus einer Dummheit wieder herauszukommen, als eine zu begehen.« Die Blumen-Affäre verdarb ihm die Reise; der israelische Präsident teilte ihm mit, über seine Geste für Pétain habe man sich hier sehr aufgeregt. Die Juden aus Frankreich hätten von ihm etwas anderes erwartet.

Wir schrieben an alle Abgeordneten und forderten sie auf, den Gesetzesvorschlag von Jean Le Garrec rasch auf die Tagesordnung zu setzen. Am 3. Februar 1993 erließ François Mitterrand ein Dekret mit dem Text des vorgeschlagenen Gesetzes. Damit wurde ein nationaler Tag des Gedenkens an die rassistischen und antisemitischen Verfolgungen eingeführt, die von den Behörden der sogenannten »Regierung des französischen Staates« (1940 – 1944) begangen worden waren. Er wurde auf den Sonntag nach dem 16. Juli festgelegt, und in der Hauptstadt jedes Departements ist jährlich eine Gedenkveranstaltung abzuhalten.

Dank der intensiven Auseinandersetzungen nach der Demonstration am Vél' d'Hiv', in einer Zeit, die von den überraschenden juristischen Wendungen der Affären Bousquet, Touvier und Papon geprägt war; dank der Ereignisse während der Zeremonie am 16. Juli 1992 in Gegenwart von François Mitterrand; dank unserer List, durch die das Blumengebinde für Pétain endlich zu einem entscheidenden Faktor wurde, und dank des Skandals, der dadurch ausgelöst wurde, hat François Mitterrand dem Gedenken einen beachtlichen Fortschritt ermöglicht. Am 12. September 1994 veröffentlichte ich in der *Libération* einen »Brief an François Mitterrand«:

> Monsieur le Président, als wir uns am vergangenen 27. April von Angesicht zu Angesicht gegenüberstanden, verzichteten Sie nach langem Schweigen darauf, etwas zu sagen, Sie breiteten nur die Arme aus, um die Sinnlosigkeit jeglichen Gesprächs zwischen uns anzudeuten, da Sie

mir mein Verhalten Ihnen gegenüber vorwarfen. Dabei wussten Sie, dass ich nie etwas gegen Sie unternommen habe – bis zu dem traurigen Tag im Jahr 1990, an dem Sie den Lauf der Gerechtigkeit im Fall Bousquet behindern wollten.
Ihre Verbindungen zu dem ehemaligen Polizeichef von Vichy waren mir zwar seit langer Zeit bekannt, aber die freundschaftlichen Bande, die François Mitterrand mit diesem Mann von außergewöhnlichem Format geknüpft hatte, betrafen nur den Menschen und nicht den Präsidenten.
Ihr Weg von der dem Marschall ergebenen Rechten zum Widerstand gegen die Deutschen war, wie ich damals laut und deutlich gesagt habe, ehrenwert, doch Ihre Beteiligung am Vichy-Regime 1942, ungeachtet seines staatlichen Antisemitismus und seines aktiven Beitrags zur »Endlösung der Judenfrage« durch das Dritte Reich, hätte Ihnen jeden Versuch verbieten sollen, die Verurteilung Bousquets wegen seiner Aktionen gegen die Juden zu verhindern, die in seinem Prozess von 1949 unter den Teppich gekehrt worden waren. [...]
1992 habe ich auch beschlossen, mich darum zu bemühen, den Versuch einer schleichenden Rehabilitierung Pétains zu beenden, auf den Ihre regelmäßige Blumenniederlegung auf seinem Grab hinauslief. [...]
Damit haben Sie ein nationales Gedenken an die schändliche Razzia vom Vélodrome d'Hiver eingeführt, die von der Polizei auf deutsche Bitte hin durchgeführt wurde, aber für die die Zustimmung von Laval, Bousquet und Pétain notwendig war. Was Sie, Monsieur le Président, für das Gedenken an die gemarterten Juden getan haben, ist beeindruckend.
Sie haben auf mein dringendes Verlangen hin akzeptiert, dass die zwangsweise Rückführung Klaus Barbies nach Frankreich organisiert wurde; Sie sind als erster Präsident wieder und wieder zum Vélodrome d'Hiver gekommen; Sie haben das Maison d'enfants von Izieu geschaffen.
[...] Sie haben das unter Druck getan, doch Sie haben es getan, und ich bin überzeugt, kein anderer Präsident der Republik zu Ihrer Zeit hätte das getan. Eine weitere Rechtfertigung für meine Frechheit ist, dass ich, als Sie am 12. Februar 1943 an dem entscheidenden Treffen im Schloss Montmaur im Departement Hautes-Alpes teilnahmen und unter dem Einfluss von Antoine Mauduit in die Résistance eintraten, ebenfalls in Montmaur war; ich war damals sieben Jahre alt ...

Am 16. Juli 1995 reagierte François Mitterrand ungehalten auf die Rede Jacques Chiracs. Georges-Marc Benamou schildert seine Reaktion:

> Er deutete durchs Fenster auf den Eiffelturm und das Vélodrome d'Hiver dahinter und sprach weiter:
> »Und Klarsfeld … für ihn müsste das auch ein Ruhmestag sein … Er triumphiert. Chirac war ihm das einfach schuldig, seit er sich im Wahlkampf für ihn eingesetzt hat. Er bezahlt seine Schuld …«
> »Herr Präsident, Sie glauben, das sei die einzige Erklärung für die Haltung von Chirac?«
> »Und wie! Ich kann nicht erkennen, warum Frankreich sich für Verbrechen entschuldigen sollte, mit denen es kollektiv nichts zu tun hat, Verbrechen, die von einer Minderheit, von Komplizen der Deutschen, begangen worden sind … Das damalige Frankreich, das waren Millionen brave Leute, die vollkommen verloren waren, patriotisch und gegen die Deutschen eingestellt … Keine Antisemiten … Ich befinde mich hier auf einer Linie mit allen Präsidenten der Republik – de Gaulle, Pompidou, Giscard. Wir sind uns alle einig, dass Frankreich nicht mit Vichy verwechselt werden kann […]. Deshalb bin ich gegen Chiracs Behauptung. Er bricht mit dieser Einstellung.«[41]

An Mitterrands These von der Einhelligkeit dieser Einstellung sind allerdings Zweifel erlaubt: Es würde genügen, dass der zum ehrenwerten »Populisten« oder »Rechtsnationalen« erklärte Kandidat der extremen Rechten an die Macht käme, und selbst die Rede Chiracs würde sehr schnell in Vergessenheit geraten, und die offiziellen Stimmen würden Pétain rehabilitieren, ohne deswegen de Gaulle zu verstoßen.

---

[41] Ebd.

Das Schicksal der Judenkartei

Zu dieser langen Auseinandersetzung mit François Mitterrand kam eine weitere hinzu, nämlich die um die Judenkartei, in die Mitterrand und Chirac ebenfalls involviert waren.

Im September 1991 bekam ich endlich die Kartei der französischen Juden in die Hand. Ich hatte sie durch Zufall entdeckt, doch dass ich in die Lage kam, sie zu entdecken, war kein Zufall: Ich hatte im Lauf der Zeit mehrere Veteranenminister – vergeblich – um eine Kopie der Kartei von Drancy für das CDJC gebeten, die ein historisch und menschlich wichtiges Arbeitsinstrument ist. Die Aufgabe des CDJC (heute: Mémorial de la Shoah) ist es, das Schicksal jedes getöteten oder vermissten französischen Juden aufklären zu können, indem es die schriftlichen Spuren bereitstellt, die individuelle Tragödie in den Zusammenhang des kollektiven Dramas einfügt und eine beständige Erinnerung ermöglicht: Die Enkel der Deportierten und deren Nachkommen können heute und künftig die dokumentarischen Belege für den Weg ihrer Familie durch die geschichtliche Katastrophe der Shoah erhalten.

Dank dieser Kartei konnten Deportierte, von denen bislang nur der Name und Vorname bekannt war, nun auch Geburtsdatum und Geburtsort erhalten. Welch ein Unterschied! Mit dem Geburtsdatum erfährt man das Alter: Aus dem Nichts löst sich ein Umriss, der Gestalt annimmt. Mit dem Geburtsort existiert die Person dann wirklich, gegen den Willen aller Geschichtsfälscher; man erhält eine Spur ihres Weges auf Erden: einen Auszug aus dem Geburtenregister, eine Todeserklärung.

Während meiner Recherchen im Veteranenministerium fielen mir auf der Inventarliste des Archivpersonals folgende Hinweise auf: »Große Kartei, im Oktober 1940 von der Polizeipräfektur angelegt« und »Kleine Kartei der Präfektur«. Ich bat, mir eine Karteikarte zu zeigen, und die mir vorgelegte Karte entsprach genau den Mustern aus der Kartei der freien Zone, die ich in einem Rundschreiben des Innenministeriums vom 29. Juli 1941 entdeckt hatte. Dieses Dokument befand sich im YIVO in New York und in den Archiven der UGIF in Paris.

Als ich das Archiv des Veteranenministeriums verließ, teilte ich meine Entdeckung sofort dem Generalinspekteur des Ministeriums mit, der mir antwortete: »Ich habe es geahnt.« Zudem informierte ich den juristischen Berater der Regierung und bat ihn, selbst abzuklären, ob es sich tatsächlich um die fragliche Kartei handelte. Außerdem wandte ich mich an den mit den Ermittlungen in der Brunner-Affäre befassten Ermittlungsrichter, Jean-Pierre Getti, und schlug ihm vor, diese Kartei zu beschlagnahmen, die wir unbedingt brauchten, um festzustellen, wer mit dem letzten großen Transport von Drancy deportiert worden war, bei dem Hunderte von Kindern abtransportiert wurden, die Brunner hatte verhaften lassen. Zuletzt berichtete ich Laurent Greilsamer, dem Spezialisten für Vichy bei *Le Monde*, von dieser Entdeckung. Er wandte sich an den Kabinettschef des Ministers Louis Mexandeau, der erklärte: »Nein, diese Kartei befindet sich nicht bei uns, das ist absolut sicher.«

Richter Getti traf sich am 12. November mit einem höheren Beamten der Recherche-Abteilung der Gendarmerie, um die Dokumente zu prüfen. Laurent Greilsamer plante die Veröffentlichung seines Artikels für den 12. November. Am Vorabend rief mich Louis Joinet an und bestätigte: »Ja, es handelt sich genau um diese Kartei.« Am 26. November begab sich der Richter erneut ins Archiv des Veteranenministeriums und beschlagnahmte sie dort. Der Artikel von Laurent Greilsamer mit der Überschrift »Kartei der französischen Juden: das Ende eines Rätsels« und meine Pressekonferenz am gleichen Tag brachten die Affäre ans Licht. Nach einer kurzen Spanne, in der das Schicksal der Kartei in der Öffentlichkeit diskutiert wurde – soll sie vernichtet werden oder nicht? –, war ihr Überleben gesichert.

Die nationale Datenschutzbehörde empfahl, die Kartei dem CDJC zu übergeben. François Mitterrand war anderer Meinung, er schrieb dem Präsidenten des CDJC am 16. Dezember 1991: »Sie werden selbst einsehen, dass ihre [der Kartei] Aufbewahrung nur den Organen und Diensten anvertraut werden kann, die gesetzlich dafür zuständig sind. Ich finde es problematisch, dass die zuständigen Behörden sie aus der Hand geben.« Damit sie sie nicht herausgeben konnten, durfte die

Kartei nicht mehr die Kartei sein. Auf Druck zahlreicher Archivare und Historiker berief die Regierung eine Kommission ein, nach deren Vorsitzendem Rémond-Kommission genannt. Sie lieferte nach einigen Jahren einen Bericht ab, der zwar meinen historischen Erklärungen folgte, behauptete jedoch, es handle sich nicht um die Kartei der französischen Juden. Die hartnäckige Leugnung der Tatsachen erboste mich und amüsierte mich zugleich.

Man durfte die Öffentlichkeit nicht in dem Glauben lassen, die Karteikarten seien nach dem Krieg ausgestellt worden, um die Opfer zu entschädigen. Die Karteikarten gehörten zur Judenkartei der Polizeipräfektur während der Besatzung und wurden nach dem Krieg vom Veteranenministerium zur Prüfung von Ansprüchen der Opfer benutzt. Als Verifikationsinstrument war dieser wichtige Überrest der ursprünglichen Judenkartei geheim geblieben.

Alle in den Archiven des Ministeriums aufbewahrten Karteikarten stammen aus der ursprünglichen Gesamtkartei. Im Sinne derer, die diese verbrecherischen Karteikarten erstellen ließen, handelte es sich nicht um eine Kartei von Opfern, die zu entschädigen, sondern um die Kartei einer Kategorie von Menschen, die zu verfolgen waren.

Aus unserer Sicht mussten diese Karteikarten aufbewahrt werden, weil sie Spuren und Beweise der Deportation waren – Werkzeug des Todes, aber auch der Erinnerung. Allzu viele dieser Dokumente sind jahrzehntelang geheim gehalten worden, was es beispielsweise unmöglich gemacht hat, die Geschichte des Raubs jüdischen Eigentums oder Region für Region die Geschichte der Razzien nachzuzeichnen. Man hat sich auch gewundert, dass in den Archiven aller Departements Judenkarteien gefunden wurden, während wir schon lange wussten, dass sie existierten. Doch die Akten, die Juden betrafen, waren weder inventarisiert noch zugänglich.

Übrigens schien mir klar, dass gewisse »offizielle« Historiker die Hoheit über die Geschichte der antijüdischen Aktionen Vichys zurückgewinnen wollten.

Jacques Chirac setzte dann eine vernünftige Lösung für die Zukunft der Kartei durch, auf der Grundlage des Projekts, das Jean Favier, Generaldirektor der Archives de France, der Historiker Denis Peschansky und ich am 6. Januar 1992 ausgearbeitet hatten: Am 4. Dezember 1997 wurde im Mémorial de la Shoah eine Zweigstelle des Nationalarchivs eingerichtet, die nur die Reste der Kartei der Polizeipräfektur, der Kartei von Drancy, der Karteien der Lager Beaune-la-Rolande und Pithiviers sowie die Eingangsregister von Drancy aufbewahrt.

Im Lauf meiner Recherchen fand ich in den Kellern eines öffentlichen Gebäudes in der Rue Scribe auch die Personalakten des Generalkommissariats für Judenfragen. Ich benachrichtigte den Direktor des Nationalarchivs, der sie beschlagnahmen ließ und in denselben Kellern die Akten der Kongregationen entdeckte. Ich händigte dem Nationalarchiv den Inhalt eines Panzerschranks aus, der eine Unmenge kodierter und chiffrierter offizieller Telegramme enthielt und sich in einem Untergeschoss der Hauptpost von Vichy befand.

In Frankreich sind das National- und die Departementsarchive vorbildlich organisiert. Dank der verschiedenen klug verwalteten Zentren macht Frankreich die Dokumente seinen Bürgern kostenlos und außergewöhnlich gut leserlich zugänglich. In die Erhaltung und Verfügbarmachung der Dokumente ist viel Geld investiert worden, und das Personal ist bemerkenswert sachkundig. Im Kampf um die Erinnerung ist unser Land unstreitig erfolgreich.

Touvier verhaftet, Bousquet angeklagt

Mit der Festnahme von Paul Touvier Ende Mai 1989 endete eine fünfzehnjährige Flucht, der eine weitere über zwanzigjährige Flucht vorausgegangen war. Wir setzten uns schon lange gegen die Straffreiheit des ehemaligen Milizchefs Touvier ein. Im Juni 1972 waren Beate und ich mit dem damals sechsjährigen Arno zusammen mit der Jugend der LICA zum Haus Touviers gezogen, um gegen seine Begnadigung durch Präsident Pompidou zu protestieren. Zwanzig Jahre später vertrat Arno die FFDJF im Prozess gegen Touvier.

1989 waren die FFDJF Nebenkläger gegen Touvier, und ich unterstützte den Ermittlungsrichter Jean-Pierre Getti bei der Suche nach gerichtsverwertbarem Material. Ihm und seinem Vorgänger Claude Grellier war es zu verdanken, dass Touviers Verhaftung beschlossen wurde. Am 23. Mai durchsuchten Gendarmen die Karmeliterabtei von Saint-Michel-en-Brenne. Sie verhörten Abt Buron, nachdem sie Koffer mit der Aufschrift »Lacroix« gefunden hatten, einem der Decknamen Touviers. Die Gendarmen erklärten dem Abt, Serge Klarsfeld und seine Organisation seien Touvier auf der Spur, die Gendarmerie habe nur einen kleinen Vorsprung vor uns, und es sei besser für Touvier, wenn sie, die Gendarmen, ihn festnähmen. Am gleichen Tag wurde Touvier verhaftet.

Nun hat die katholische Kirche in Frankreich, als die Jagd auf jüdische Familien begann, eine so segensreiche Rolle gespielt, dass ich die Vergesslichen an gewisse Tatsachen erinnern wollte. Unter dem Titel »Wir schulden der Kirche tiefen Dank« schrieb ich in *Le Monde*:

> In einem Vermerk der SS-Chefs in Frankreich vom 2. September 1942 heißt es, »Präsident Laval erklärte, daß den von uns an ihn gestellten Forderungen bezüglich der Judenfrage von Seiten der Kirche in den letzten Tagen außerordentlicher Widerstand entgegengesetzt worden sei«. Dank des Widerstands der Kirche wurde ein Programm annulliert, das fünfzig Transporte mit je 1000 Juden vorsah. In einem weiteren für die Juden entscheidenden Moment, am 21. August 1943, ist die Kirche entschlossen eingeschritten und hat verhindert, dass die von der Vichy-Regierung geplante Ausbürgerung von Zehntausenden nach 1927 eingebürgerten Juden nicht durchgeführt wurde.

Auf Anweisung von Justizminister Pierre Arpaillange leitete die Staatsanwaltschaft am 26. September 1990 Ermittlungen wegen Verdachts auf Verbrechen gegen die Menschheit gegen René Bousquet ein, und am 22. Oktober trat die Kammer zusammen, die über die Zulässigkeit meiner Klage entschied.

Am 1. Oktober 1990 organisierten Henri Hajdenberg (Präsident des CRIF) und ich im Senat ein Kolloquium: »Vor fünfzig Jahren – das Judenstatut der Vichy-Regierung«. Die Veranstaltung hatte schon begonnen, als sich am Eingang schüchtern ein distinguierter älterer Herr bei Beate vorstellte: »Ich bin der Justizminister.« Beate führte ihn herein: Der überraschende Besucher war tatsächlich Pierre Arpaillange. Ich hatte mich gerade noch im Hof des Senats mit dem Generalstaatsanwalt von Paris, Pierre Truche, unterhalten, und dieser war mit mir der Meinung, das gegen Bousquet eingeleitete Verfahren gehöre vor den Cour d'assises und nicht vor den Haute Cour de justice, den es heute nicht mehr gibt. Der Justizminister sprach über seine spontane

Abneigung gegen das Pétain-Regime, seine Zeit in der Résistance, deren Werten er sich bis heute verbunden fühle, und ging. Am selben Nachmittag gab er seinen Rücktritt bekannt. Wir begriffen erst später, dass er dazu gezwungen worden war, als der neue Justizminister am 8. Oktober einen neuen Generalstaatsanwalt einsetzte, der den Haute Cour de justice für zuständig erklärte. Neuer Justizminister war Henri Nallet, Beigeordneter Justizminister Georges Kiejman.

Wütend schrieb ich ein Kommuniqué, um Georges Kiejman zu provozieren und aus der Deckung zu locken:

> Dieser Sinneswandel ist nur vor dem Hintergrund erklärlich, dass die Politiker an der Spitze der Regierung wollen, dass die antijüdischen Maßnahmen der Vichy-Regierung, ihrer Polizei und ihrer Verwaltung nicht vor Gericht kommen. Dieses seit 1945 hierzulande übliche Verhalten verstößt gegen die Interessen Frankreichs. Der Sinneswandel des Generalstaatsanwalts, der in einem Fall wie diesem den Weisungen des Justizministers folgt, erklärt sich zeitlich durch den am 2. Oktober erfolgten Wechsel an der Spitze des Justizministeriums. Der Sohn eines Deportierten war Justizminister, als der Gestapo-Chef von Lyon nach Frankreich zurückgebracht und hier verurteilt wurde. Der Sohn eines Deportierten wurde zum Beigeordneten Justizminister ernannt, um die Straffreiheit des Polizeichefs von Vichy zu gewährleisten. Sollte die Vereinigung der Söhne und Töchter der deportierten Juden Frankreichs sich hierin irren – sie, die bezüglich des politischen Personals von Vichy immer wieder sagt, dass es möglich war, durch Amtsverzicht nicht an unehrenhaften Aktionen teilzunehmen –, so würde sie sich wünschen, dass Monsieur Kiejman auf sein Amt verzichtet, damit sein Name nicht mit dem Begräbnis des Falls Bousquet verbunden ist.

Der angegriffene Georges Kiejman reagierte ungeschickt: »Meine Arbeit in der Regierung ist allgemeiner Natur und wird nicht davon bestimmt, dass ich der Sohn eines Deportierten bin. Daher glaube ich, dass ich mich bei aller Wertschätzung für Serge Klarsfeld nicht von ihm belehren lassen muss. Aus fachlicher Sicht erscheint es wünschenswert, dass Bousquet vor den Haute Cour de justice oder sein Äquivalent gestellt wird.« Sein letzter Satz zeigte überdeutlich, welcher Art seine Weisungen waren: »Wenn wir den fachlichen Aspekt beiseitelassen, sollten wir uns klarmachen, dass es jenseits des notwendigen Kampfs gegen das Vergessen wichtig sein mag, den inneren Frieden zu wahren. Es gibt andere Wege als einen Prozess, um die Feigheit des Vichy-Regimes anzuprangern.«

Bei der geschlossenen Sitzung am 22. Oktober, bei der unter Vorsitz von Albert Moatty über die Zulassung der Klage entschieden werden sollte, drängten sich die Söhne und Töchter in den Fluren des Justizpalasts. Vor den Medien griff ich Präsident Mitterrand direkt an und erinnerte an seine glückliche Jugendzeit 1942 in Vichy.

Der Fall Bousquet erhielt am Ende doch kein Begräbnis erster Klasse. Am 18. November 1990 bewies die Anklagekammer im Justizpalast Mut und erklärte ihre Zuständigkeit für die Ermittlungen im Fall der Bousquet zu Last gelegten Verbrechen gegen die Menschheit. Die Ermittlungen wurden für zulässig erklärt. Wenn sie nicht wieder eingestellt wurden, konnte der Prozess gegen Bousquet stattfinden. Die Staatsanwaltschaft legte keine Revision ein. Bousquets Anwalt, sein Bruder Louis, legte zwar Berufung ein, aber sie wurde schnell abgewiesen.

Am 8. Oktober 1990 verteidigte ich in an der Universität in Nizza meine Dissertation *Die Endlösung der Judenfrage in Frankreich*, in Anwesenheit meiner Familie und der Söhne und Töchter der Deportierten, die auch meine Familie sind. Nun war ich Dr. phil. und berechtigt, historische Forschungen zu leiten. Nur eine Stelle hätte mich wirklich interessiert: ein Lehrstuhl an der Universität Lyon-III, wo die extreme Rechte noch großen Einfluss hatte. Aber ich hatte keine Beziehungen, es wurde zwar ein Lehrstuhl geschaffen, doch für die Sozialgeschichte des 19. Jahrhunderts. Diese Abfuhr verschaffte mir die nötige Zeit, um eine historische Arbeit zu verfassen, die 1993 publiziert wurde, *Le Calendrier de la persécution des Juifs de France* – 1264 Seiten stark, mit einem alphabetischen, einem thematischen und einem nach Departements und Gemeinden geordneten Index. Alle Forscher kennen und verwenden das Werk, da es zum Verständnis des Kontexts ihres jeweiligen regionalen Untersuchungsgegenstands beiträgt und Fehler vermeiden hilft.

Am 19. November 1990 betraute die Anklagekammer des Cour d'appel in Paris ihren Vorsitzenden Albert Moatty »mit weiteren Ermittlungen gegen Bousquet, um alle sachdienlichen Ermittlungshandlungen abzuschließen«. Sie nahm zu Protokoll, dass der Beschluss vom 18. November 1944 nicht zur Anwendung kommen könne, weil er unwirksam geworden sei. Da unter diesen Umständen keine gerichtliche Instanz ersatzweise angerufen werden könne, dürfe der Cour d'appel seine Zuständigkeit nicht verweigern.

Der Generalstaatsanwalt legte keine Rechtsmittel beim Cour de Cassation dagegen ein – Bousquet aber schon. Das bekam ihm schlecht: Am 1. Februar 1991 verwarf die Strafkammer des Cour de Cassation seine Beschwerde und gab dem Vorsitzenden der Anklagekammer grünes Licht für die Aufnahme der Ermittlungen gegen Bousquet, dem seine Anklage bald darauf offiziell zugestellt wurde. Vor allem aber beendete der Cour de Cassation die Debatte darüber, welches Gericht zuständig sei: Er befand, dass der Haute Cour de justice nur für die Fälle beibehalten worden sei, in denen er seinerzeit schon angerufen worden war, und dass diese Art von Fällen heute, da es den Haute Cour de justice nicht mehr gebe, allein der ordentlichen Gerichtsbarkeit unterlägen, dem Cour d'assises.

Am 24. Mai 1991 schickte ich dem Vorsitzenden Richter die französische und die deutsche Ausgabe von *Vichy – Auschwitz*, die bewiesen, dass im ersten Prozess gegen Bousquet 1949 nirgendwo seine Beteiligung an der Konferenz vom 2. Juli 1942 erwähnt wurde, die das Schicksal der Juden in Frankreich entschied. Bousquet hatte sie damals nicht erwähnt und die Verantwortung für das Schicksal der Juden einzig Laval zugeschoben. Ich schickte ihm auch die Listen der 498 Kinder, die in der freien Zone verhaftet und nach Drancy gebracht worden waren, und zwar auf ein geheimes Telegramm Bousquets hin, das die Präfekturen anwies, keinerlei Ausnahmen zu machen. 52 dieser Kinder waren zwischen zwei und fünf Jahre alt, das heißt, sie hätten eigentlich gemäß der Ausnahmeregelung zum Schutz der unter fünfjährigen Kinder nicht festgenommen und deportiert werden dürfen. Am 18. Juni wies ich den Vorsitzenden der Anklagekammer auch auf das von Herbert Hagen verfasste Protokoll der Konferenz vom 2. Juli 1942 hin und regte an, es von zwei Fachübersetzern übersetzen zu lassen, um eventuelle unterschiedliche Interpretationen auszuschließen.

Ermittlungsrichter Getti, der zugleich auch für den Fall Touvier zuständig war, sollte der Anklagekammer in einem Bericht Antwort auf die Frage geben, ob die von mir gelieferten Beweisstücke beim ersten Bousquet-Prozess 1949 noch nicht berücksichtigt worden und somit neue Fakten seien. Gettis Antwort im Jahr 1991 war positiv: Ja, sie waren neu. Bousquet wurde angeklagt. Jetzt konnte Albert Moatty, der Vorsitzende der Anklagekammer, ein Ermittlungsverfahren einleiten. Wir leisteten unseren Beitrag dazu.

Bousquet wurde mehrmals vernommen. Das Protokoll der Konferenz vom 2. Juli 1942, an der Bousquet und die SS-Chefs teilgenommen hatten, war von Hagen authentifiziert worden – er hatte es geschrieben und war auf unsere Veranlassung hin 1980 in Köln verurteilt worden. Die Anklageschrift gegen Bousquet trug die Unterschrift von Staatsanwalt Marc Domingo, der auch schon die bemerkenswerte Anklage gegen Leguay verfasst und mutig öffentlich gemacht hatte. Die Anklageschrift gegen Bousquet wurde bei der Anklagekammer eingereicht, die sich schnell dazu äußern sollte. Falls sie die Anklage bestätigte, stünde Bousquet nur noch der Weg zum Cour de Cassation offen.

Am 8. Juni 1993, als die Anklage stand, wurde Bousquet, der »Fouché Lavals«, ermordet.

Der Touvier-Prozess

Juristischer Wirrwarr: Im November 1989 wurden gleich zwei Ermittlungsverfahren gegen Touvier eröffnet, das eine durch Jean-Pierre Getti in Paris und das andere durch Jacques Hamy in Lyon. Wir wollten, dass in dem Fall nur in Lyon ermittelt wurde, und fuhren am 13. November hin, um zwei neue Klagen einzureichen.

Der ehemalige Chef des 2e Bureau der Miliz hatte die vorläufige Aufhebung seiner Untersuchungshaft beantragt. Die Pariser Anklagekammer wies den Antrag ab, allerdings mit einer Begründung, die uns beunruhigte und auf eine baldige Freilassung hindeutete. Die Strafkammer des Cour de Cassation beschloss, den Pariser Richter mit der Fortführung der Ermittlungen zu betrauen, was den Richter in Lyon veranlasste, die Klage zurückzuziehen.

Auf Antrag seiner Anwälte wurde Touvier am 13. April 1992 auf freien Fuß gesetzt und von der Anklagekammer des Pariser Berufungsgerichts freigesprochen, da nur Verbrechen gegen die Menschheit nicht verjährten, die im Namen eines Staates verübt würden, »der eine ideologische Hegemonialpolitik« verfolge, und das sei im Fall des Vichy-Staates nicht der Fall gewesen, »gleich welche Schwäche, Feigheit und Niedertracht er an den Tag gelegt haben mag«. Das war eine verstümmelte Definition der Verbrechen gegen die Menschheit. Vichy hatte ganz offensichtlich eine Hegemonialpolitik betrieben. Wir legten Berufung beim Cour de Cassation ein und vertrauten darauf, dass er diesem Skandal ein Ende machen würde. Er durfte Touvier nicht die Absolution erteilen.

Am 22. November wurde der Berufung stattgegeben, weil die Pariser Anklagekammer Touviers Komplizenschaft mit der Gestapo im Fall der sieben Juden nicht berücksichtigt hatte, die seine Milizionäre in Rillieux-la-Pape ohne Gerichtsverfahren erschossen hatten. Dennoch hatte der Cour de Cassation ängstlich reagiert. Er hätte weiter gehen und den Begriff der »ideologischen Hegemonialpolitik« eines Staates definieren können. Er hätte im Gegensatz zur Pariser Anklagekammer feststellen können, dass Vichy gegenüber den Juden sehr wohl eine solche Politik betrieben hat. Durch sein Urteil konnte die Verteidigung in den Fällen Papon und Bousquet in der Frage der Komplizenschaft ebenfalls weiter gehen.

Jetzt lag der Fall Touvier in den Händen der Richter der Anklagekammer von Versailles, die ihn am 2. Juni 1993 ans dortige Schwurgericht verwies – und zwar durch die Hintertür, wie einen kleinen Helfershelfer, der nur die Befehle der Deutschen befolgt hatte.

Wir standen vor einer schwierigen Aufgabe: Wenn die Staatsanwaltschaft und die Zivilkläger sich an die verstümmelte Definition von Verbrechen gegen die Menschheit hielten und ihre Anklage auf die Komplizenschaft mit der Sipo-SD stützten, die zu dem Massaker angestiftet hätte, würden, was mit dem Versailler Urteil auch insgeheim beabsichtigt war, Touvier mildernde Umstände zugebilligt, denn dann könnte Touviers Verteidigung geltend machen, dass aufgrund seiner Intervention bei den Deutschen die Zahl der Geiseln von 100 auf 7 reduziert worden sei. Das wäre unter historischen Gesichtspunkten eine gefährliche Strategie. Die Verteidigung Touviers dehnte sie denn auch flugs auf das Vichy-Regime insgesamt aus: Die Deutschen wollten alle Juden in Frankreich töten, und Vichy erreichte, dass nur ein Teil geopfert wurde.

Mir gefielen weder die Atmosphäre bei den Prozessen noch die unverändert schwierigen Beziehungen zu den anderen Anwälten. Aber Arno und ich waren entschlossen, für die historische Wahrheit zu kämpfen und uns nicht auf die Begründung mit der Gestapo-Komplizenschaft einzulassen. Ich selbst hatte allerdings keinerlei Lust, mich in die dicke Akte der Miliz zu vertiefen und mir alles zu merken. Also übernahm Arno meinen Platz an der Seite von Charles Libman als Vertreter der Nebenkläger. Ich hatte volles Vertrauen in meinen Sohn, in seine Intelligenz, sein Gedächtnis und seine Entschlossenheit.

Unglücklicherweise folgte die Anklage der gleichen Linie wie die Verteidigung, wenn auch von einem anderen Standpunkt aus. Sie ging ebenfalls von den Einlassungen Touviers aus, der sich selbst in ein gutes Licht rückte und behauptete, zur Vergeltung für den Tod von Philippe Henriot habe die Gestapo in Lyon die Erschießung von hundert Geiseln verlangt; der Chef der Miliz habe es geschafft, diese Zahl auf dreißig zu reduzieren, und er selbst, Touvier, indem er sich auf Juden beschränkte, auf sieben Personen. Doch nichts in den Akten wies darauf hin, dass die Deutschen Repressalien gefordert hatten. Die Miliz hätte also das Leben von Franzosen gegen die Forderungen der Gestapo gerettet – dass dieses Bild entstand, konnten wir nicht zulassen. Wie hätten wir unter diesen Umständen darauf bauen können, dass die Geschworenen Touvier zur Höchststrafe, also zu lebenslanger Haft, verurteilten? Wir verteidigten die Wahrheit: Der französische Staat von Vichy war bei der Verfolgung der Juden Komplize des Dritten Reichs, die Miliz arbeitete eng mit der Gestapo zusammen, und innerhalb dieser Komplizenschaft übte die Miliz aus eigenem Antrieb in Rillieux-La-Pape Vergeltung für den Mord an Henriot. Paul Touvier war der Anstifter dieses Massakers.

Die anderen Nebenklagevertreter befürchteten, dass unser Standpunkt der – verstümmelten – Definition von Verbrechen gegen die Menschheit widersprach und zum Freispruch Touviers führen würde. Unsere Haltung war eine andere: Arno würde für die historische Wahrheit eintreten und das natürliche Komplizentum von Miliz und

Gestapo deutlich machen. Das war unübersehbar, und doch taten sich die Medien mit unserem Standpunkt schwer. Éric Conan schrieb im *Express*: »Die Anwälte der Nebenkläger sind gespalten, da Arno Klarsfeld die Meinung vertritt, dass Touvier auf eigene Faust handelte. Er entscheidet sich für die historische Wahrheit. Auf die Gefahr eines Freispruchs hin.«

Wenn Arno nachgegeben und rein juristisch argumentiert hätte, wären Touvier mildernde Umstände zugebilligt worden (7 Opfer statt 100), und das Gericht hätte auf ein mittleres Strafmaß entschieden. Das wäre Touvier nicht gerecht geworden, denn die Mordlust, der Wille, zu töten, Henriot zu rächen, steckten in ihm.

Mein Platz war nicht im Versailler Schwurgerichtssaal, sondern draußen bei den Söhnen und Töchtern der Deportierten, mit denen ich seit dem ersten Verhandlungstag mit Transparenten demonstrierte und die emotional eine wichtige Rolle spielten. Vom 17. März bis zum 20. April 1994 war ich an jedem Sitzungstag Arnos Chauffeur. Arno kannte die Akte von Grund auf, und er schien mir von seiner Persönlichkeit her geeigneter als ich, dem Druck seiner Kollegen standzuhalten, die Arnos Argumentation und sein jugendlich-provokantes Auftreten sehr irritierte. Sie hätten es gern gesehen, wenn er sich als nutzlos, oberflächlich und faul erwiesen hätte, aber er war brillant, gewissenhaft und fleißig. Sie sahen einer Reihe von Enttäuschungen entgegen.

Am 1. April kam es zu einem Zwischenfall, als Arno erklärte, Touvier habe aus eigener Verantwortung gehandelt. Damit wandte er sich gegen die Aussage von Kommissar Jacques Delarue, in der dieser dem belastenden Untersuchungsbericht widersprach, den er 1970 selbst verfasst hatte. Dort hatte er geschrieben, es gebe keinerlei Hinweise auf eine Intervention der Deutschen in dieser Angelegenheit. Um seine Kehrtwendung zu rechtfertigen, stützte Delarue sich auf ein Verhör des Miliz-Chefs Joseph Darnand vom 6. August 1945. Arno präsentierte dem Gericht jedoch das Protokoll einer Anhörung Delarues vom 11. April 1990, in der Letzterer erklärte, den Lügen Darnands in diesem Verhör dürfe kein Glauben geschenkt werden. Delarue versuchte, sich um eine klare Antwort zu drücken; Arno fragte ihn daraufhin, ob er unter Druck geraten sei, weil er als Polizist an der großen Razzia von Marseille im Januar 1943 teilgenommen habe. Im Gerichtssaal kam es zu Tumulten: Die Anwälte der Nebenkläger distanzierten sich von Arno, doch Delarues Aussage fiel in sich zusammen.

Im Sitzungssaal wurden die Aufzeichnungen Touviers verlesen, die seinen konstanten, widerwärtigen Antisemitismus verdeutlichten. Der Widerstandskämpfer, der als Nichtjude verschont worden war, sagte aus, welche Rolle Touvier bei der Erschießung gespielt hatte, ebenso Touviers Sekretärin und sein Chauffeur. Nach Abschluss der Beweisaufnahme plädierten die Anwälte. Arnos Plädoyer begann aufsehenerregend: »Paul Touvier ist der Verantwortliche, der Anstifter, der Auftraggeber des Mordes in Rillieux. Und zwar ohne irgendeine Forderung der Deutschen.«

Er führte aus, dass Touvier aus eigenem Antrieb als Komplize der Vertreter Hitlerdeutschlands gehandelt hatte. Alle Milizionäre waren durch den Eid, den ihr Chef Joseph Darnand auf Hitler geschworen hatte, gebunden und wurden von ihren Landsleuten als französische Hitleristen betrachtet, die vollkommen auf der Linie der Naziideologie waren. Ein französischer Getreuer Hitlers, genau das war Touvier, als er die sieben Juden ermorden ließ. Arno wollte erreichen, dass die Geschworenen den Worten der Versailler Anklagekammer vom 2. Juni 1993, denen zufolge Touvier nur ein kleiner Helfershelfer war, keinen Glauben schenkten. Er machte ihnen ihre große Verantwortung bewusst und forderte lebenslänglich für Touvier: »Wenn Sie die These von der deutschen Intervention akzeptieren, machen Sie die Miliz nicht nur zum Ausführungsorgan der Drecksarbeiten der Gestapo, sondern auch zu einem Schutzschild, der bei Repressionsmaßnahmen die Franzosen schützte, zu einem Komplizen zwischen zwei Fronten, der die Zahl der Gestapo-Opfer zu beschränken versuchte. An der Höhe der Strafe, die Sie Touvier auferlegen, wird man sehen, ob das französische Volk die Verbrechen eines Franzosen von der Miliz mit mehr Nachsicht betrachtet als die Verbrechen eines Deutschen von der Gestapo.«

Staatsanwalt Hubert de Touzalin beschrieb in seiner Anklagerede die Persönlichkeit Touviers, seine Machtfülle, seinen Willen zur Ermordung der sieben jüdischen Opfer. Er forderte ebenfalls lebenslänglich und erklärte, die Definition des Cour de Cassation lasse sich auf Touviers Verbrechen ausdehnen: »Ich bin überzeugt, dass es keinen Befehl gab, sondern eine deutsche Intervention.« Aufgrund dieser Nuancierung konnte der Staatsanwalt Touviers Argumentation entgegenhalten: »Sieben Juden wurden ermordet. Das ist erwiesen. Sonst nichts.«

Letztlich schloss sich der Staatsanwalt uns an: Befehl oder nicht, Touvier war schuldig, er hatte gelogen und den Druck der Deutschen nur erfunden.

In der *Libération* schrieb der Historiker Henry Rousso: »Arno Klarsfeld hatte recht, für die Wahrheit zu plädieren. Für die Geschichte, für die Erinnerung und gegen ein Recht, das so variabel wie engstirnig gehandhabt wird.« Und Bertrand Poirot-Delpech schrieb in *Le Monde:* »Statt aus pragmatischen Gründen umzuschwenken, hielt sich Maître Arno Klarsfeld getreulich an das erwiesene Faktum einer spontanen Vergeltungstat und an die Aufklärungsfunktion, die diesem Prozess zukam. Hätten die Geschworenen nicht auf lebenslänglich erkannt, wäre die Öffentlichkeit zweifellos über Maître Arno Klarsfeld hergefallen. Nur dank ihm waren Wahrheit und Gerechtigkeit im Einklang, was selten der Fall ist.«

Der Touvier-Prozess zeigte uns, dass wir für den Papon-Prozess mit unerfreulichen Auseinandersetzungen mit den anderen Nebenklageanwälten rechnen mussten, für die Recht und Wahrheit nicht zusammengehörten. Im Fall Touvier hatten sie die These vertreten, er sei ein Erfüllungsgehilfe der Gestapo gewesen und kein Entscheidungsträger. Würden sie Papon nicht als Entscheidungsträger statt als Erfüllungsgehilfen Vichys sehen? Die Erfahrung von Versailles zeigte mir, dass in Bordeaux wieder Arno in den Gerichtssaal gehörte und ich vor den Justizpalast.

In Pale gegen Karadžić und Mladić

Mitte Februar 1996 setzte ich mich mit dem Verteidigungsministerium in Paris in Verbindung. Ich bat um einen Platz (gegen Bezahlung) in dem Militärflugzeug, das am 22. Februar nach Sarajewo flog, weil ich den langen Umweg über Belgrad vermeiden wollte. Ich hatte die Absicht, den bosnischen Serben begreiflich zu machen, dass es nicht nur für die internationale Gemeinschaft, sondern auch für sie selbst von Vorteil wäre, ihre politischen und militärischen Verantwortlichen vor Gericht zu stellen. Ich erhielt den Platz.

Meine Bitte wurde akzeptiert. Die Maschine flog von einem Stützpunkt bei Orléans ab; Zwischenlandung in Istrien, Tiefflug in der Gegend um Sarajewo, um möglichem Beschuss zu entgehen. Die Nacht verbrachte ich in einem Hotel, dessen Fassade den Bomben zum Opfer gefallen war. Ich traf mich mit Journalisten:

> Ich bin nach Pale gekommen, weil ich versuchen will, Karadžić und Mladić davon zu überzeugen, sich freiwillig dem Internationalen Strafgerichtshof zu stellen. Wenn sie selbst sich für unschuldig halten, ist dies der beste Weg, diese Unschuld öffentlich zu beweisen. Wenn sie selbst sich für schuldig oder verantwortlich halten – was sie für uns offensichtlich sind, da von den serbischen Streitkräften in Bosnien, die politisch und militärisch unter ihrem Oberbefehl standen, Kriegsverbrechen und ein Völkermord begangen wurden –, sollten sie in Betracht ziehen, dass die internationale Gemeinschaft ihre Straflosigkeit nicht lange hinnehmen wird. Früher oder später werden sie zu ihrer Schande zwangsweise vor Gericht gestellt, wie einige Naziverbrecher auch noch Jahrzehnte nach ihren Taten. Nur ein freiwilliger Gang nach Den Haag könnte sie vor dem Verlust ihrer Würde bewahren und eine Friedensdynamik in Gang setzen, womit sie sowohl den bosnischen Serben als auch der Gerechtigkeit und der internationalen Gemeinschaft, die will, dass Kriegsverbrechen und Völkermorde für immer verschwinden, einen Dienst erweisen würden.

Wenn Karadžić und Mladić sich sofort stellten, würde sich die Lage der bosnischen Serben verbessern – ich hatte nicht vergessen, dass die Serben während der Shoah den Juden geholfen hatten, während Kroaten und Bosnier sich aktiv an den Verfolgungen beteiligten.

Seit drei Tagen flohen die Serben in Massen aus der Stadt, die den bosnischen Muslimen in die Hände gefallen war. Auch die Vororte, obwohl noch unter serbischer Kontrolle, leerten sich, Tausende entsetzter Serben flohen auf einer unbefestigten kleinen Straße und bei starkem Schneefall aus Sarajewo nach Pale. Ich musste nur zu Fuß über die Brücke der Brüderlichkeit und Einheit gehen, um mich ihnen anzuschließen; keiner der Militärposten hat mich nach meinen Papieren gefragt.

Ich erklärte einem serbischen Zivilisten auf Russisch, dass ich ein Auto suchte, um nach Pale zu kommen. Er hatte einen Hund dabei, und ich zeigte ihm Fotos der meinen – wir waren uns sympathisch. Er führte mich durch die Stadt zu einem Taxi, das die Fahrt wagen wollte. Der Weg durch die Berge war mühsam und schwierig: starker Schneefall, Glatteis und zahllose Autos, Lastwagen und Karren in jämmerlichem Zustand. Wir brauchten sechs Stunden für die etwa fünfundzwanzig Kilometer nach Pale, einer Kleinstadt, die zum Hauptquartier der bosnischen Serben geworden war.

Ich ging direkt in das von Radovan Karadžićs Tochter Sonja geleitete Pressezentrum, weil ich glaubte, dass meine Botschaft dann schnell an ihren Adressaten gelangen würde. Aber Sonja war nicht da. Ihr Stellvertreter las den Text, den ich ins Deutsche und Englische hatte übersetzen lassen, und war empört. Er forderte mich auf, in einem drei Kilometer entfernten Motel zu warten. Er sah mir hinterher, als ich mich mit meinem kleinen Koffer und meiner Tasche bei eisiger Kälte auf der vereisten Straße auf den Weg machte.

Es war nicht einfach, mich völlig allein in einer feindseligen Umgebung wiederzufinden, und ich fragte mich, ob der Versuch wirklich sinnvoll sei, Menschen zur Vernunft zu bringen, die den Verstand verloren hatten. Schließlich erreichte ich das fast leere Olympic Motel. Gegen 20 Uhr trank ich gerade einen Tee in der Halle, als drei Männer in Zivil, die ich sofort als Polizisten erkannte, in Begleitung einer jungen Frau hereinkamen. Sie sprachen kurz mit dem Besitzer des Motels, dann kamen sie zu mir und baten mich mithilfe der jungen Frau, die Englisch sprach, ihnen zu folgen. Dass sie immer wieder sagten: »Sie haben nichts zu befürchten«, hätte mich nur noch mehr erschrecken können. Im Auto eingeklemmt zwischen zwei Polizisten, fragte ich mich auch tatsächlich, ob wir in ein Büro fuhren oder in den Wald. Es war das Büro, wo ich zwei Stunden lang verhört wurde. Die Polizisten wollten vor allem wissen, ob ich Kontakte zu Bosniern gehabt hätte und in wessen Auftrag ich handelte. Dann versuchten sie, meine Argumente zu widerlegen. Von Zeit zu Zeit telefonierten sie mit einem Vorgesetzten, und schließlich erklärten sie, ich würde von niemandem empfangen werden und dürfe weder in die Hauptstadt Banja Luka noch nach Belgrad fahren, ich müsse nach Sarajewo zurückkehren. Sie brachten mich zum Motel zurück.

Am nächsten Morgen suchten mich Journalisten von der englischen Presseagentur Reuters auf, die mich am Abend nicht vorgefunden und sich beunruhigt hatten. Zwei Polizisten saßen in der Halle und spitzten die Ohren. Die Journalisten nahmen mich mit nach Sarajewo, auf der direkten Schnellstraße, die den IFOR-Soldaten und Journalisten vorbehalten war. Von Sarajewo flog ich nach Split, in einer Herkules der IFOR-Truppen, einer Bundeswehrmaschine. Ein merkwürdiges Gefühl, in einem Flugzeug zu sitzen, das mit demselben schwarzen Kreuz gekennzeichnet war wie diejenigen, deren Absturz ich mir als Kind so sehr gewünscht hatte.

Am Dienstag, dem 27. Februar, ging ich in Zagreb unangemeldet zum Vize-Premierminister, der für das Problem der kroatischen Kriegsverbrecher zuständig war (sechs von ihnen, darunter General Blaškić, waren vor dem Internationalen Strafgerichtshof in Den Haag angeklagt). Ich wurde vom Berater des Vize-Premiers, Herrn Göttlicher, empfangen. Ich bat ihn, meinen Wunsch zu übermitteln, den festgenommenen General Tihomir Blaškić zu sehen – der erst ausgeliefert werde konnte, wie er mir erklärte, wenn das Auslieferungsgesetz vom kroatischen Parlament geändert würde. Ich betonte auch, dass es eine praktische Lösung wäre, wenn der Beschuldigte sich freiwillig – oder unter Druck – dem Haager Gericht stellte, und dass die Kroaten diesem Gericht Respekt bezeugen sollten.

Am 12. März, also zwei Wochen danach, wurde Blaškić nach Den Haag überstellt und verhaftet.

Mein Vorgehen war nicht so abenteuerlich, wie es scheint. Es gehörte zur Kampagne für die Schaffung eines ständigen internationalen Strafgerichts. Diesem Gericht sollte meiner Meinung nach eine weltweite »Legion« mit der Aufgabe beigegeben werden, in Konflikten die Zivilbevölkerung zu schützen. Die Mitglieder dieser »Legion« dürften nur von den Vereinten Nationen rekrutiert werden, deren Bürger sie würden und denen allein sie unterstehen würden. Dank der Bedeutung und Noblesse ihres humanitären Auftrags würden diese Legionäre der Vereinten Nationen einen Korpsgeist und ein Ideal entwickeln, die so stark wären, dass sie sich bereitwillig dafür opfern würden. Ist diese Utopie heute nicht immer noch erstrebenswert?

Der Fall Papon

1993 war das Ermittlungsverfahren gegen Papon immer noch nicht abgeschlossen und auf das Jahr 1942 begrenzt, da nur die Klagen unserer Zivilparteien nicht abgewiesen worden waren. Ich hatte mich auf das Jahr 1942 beschränkt, denn in diesem Jahr waren die meisten Menschen deportiert worden – 43 000, davon 33 000 innerhalb von 11 Wochen –, und die Beziehungen zwischen der Sipo-SD, der französischen Polizei und der französischen Verwaltung waren so eng, dass die Deutschen am wenigsten Druck ausüben mussten. Von den vier ursprünglichen Beschuldigten – Regionalpräfekt Maurice Sabatier, Jean Leguay, René Bousquets Delegierter in der besetzten Zone, Bousquet selbst, der Polizeichef von Vichy, und Maurice Papon – stand nur noch Letzterer auf der Bühne, und wir wussten noch nicht, ob das Stück im großen Theater des Justizpalastes von Bordeaux zur Aufführung kommen würde.

Inzwischen hatten sich zahlreiche Nebenkläger für die Jahre 1943 und 1944 gemeldet. Sie wurden von der Ermittlungsrichterin Annie Léotin vernommen, die darüber zu entscheiden hatte, ob ihre Klagen an die Staatsanwaltschaft Bordeaux weitergeleitet wurden oder nicht. Ich hatte prinzipiell Vertrauen zu ihr, obwohl ich wusste, dass François Mitterrand versuchte, den Gang der Ereignisse zu beeinflussen, wie er es im Fall Bousquet getan hatte. Später gab er übrigens zu, dass er versucht hatte, die Verfahren wegen Verbrechen gegen die Menschheit zu verzögern.

Im Gegensatz zu den anderen Nebenklage-Anwälten fanden Arno und ich nicht, dass Annie Léotin bei ihren Ermittlungen Untätigkeit vorzuwerfen war, und ließen sie in Ruhe arbeiten. Fast alle Anwälte waren inzwischen in diesen Fall eingestiegen, in den ich mich bereits vor vierzehn Jahren – exakt am 7. Mai 1981 – gestürzt hatte. Gegenüber unseren verärgerten Anwaltskollegen, die vor dem Europäischen Gerichtshof für Menschenrechte klagen oder den Artikel 434-7-1 des Strafgesetzbuchs anwenden wollten, der für Richter, die den Gang der Gerechtigkeit behindern, schwere Strafen vorsieht, erklärte ich, kein Richter könne es mit seiner Seele und seinem Gewissen vereinbaren, Papon eine Einstellung des Verfahrens zu gewähren; der Fall würde sehr ernst genommen und die Staatsanwaltschaft arbeite vollkommen unabhängig.

Am 10. Februar 1996 veröffentlichten Arno und ich in *Le Monde* einen langen Artikel, in dem wir unsere Strategie offenlegten: Wir wollten alles dafür tun, dass Papon eine befristete Haftstrafe erhielt. »Aufklärung war nötig. Wir haben uns darum bemüht. Unser Ziel war, unseren Mitbürgern die historische Wahrheit nahezubringen. [...] Am 29. September 1981 waren wir vor dem Ehrengericht unter allen, die angehört wurden, die Einzigen, die vor den ungläubigen und manchmal feindseligen Mitgliedern dieses Gerichts darauf bestanden, dass Maurice Papon vor den Cour d'assises gehörte. [...] Maurice Papon war Komplize der Verbrechen gegen die Menschheit, daran besteht kein Zweifel. Doch die Entscheidungsbefugnisse von Maurice Papon waren nicht mit denen von Jean Leguay zu vergleichen, bei ihm lag auch kein mörderischer Judenhass vor wie bei Touvier; was bei ihm festzustellen ist, ist der kalte Wille, der ihm von seinen Vorgesetzten anvertrauten Aufgabe nicht zuwiderzuhandeln, die er aus Sorge um seine Karriere und im Wissen erfüllte, dass sie gegen die Menschenwürde und die Prinzipien der Republik verstieß.«

Wie wir vorhergesehen hatten, waren die Ermittlungen im August 1995 abgeschlossen. Die Akte, die sechsundzwanzig umfangreiche Bände umfasste, lag nun in den Händen der Generalstaatsanwaltschaft, die ihre endgültige Anklageschrift schreiben und sie im Dezember veröffentlichen musste: Einstellung oder Cour d'assises? Ungeachtet der Skepsis der anderen Anwälte zweifelten wir nicht am Ausgang. Falls unsere Zuversicht berechtigt wäre, würde die Anklagekammer alle Parteien einbestellen, sie anhören und dann entscheiden, ob sie sich der Anklage der Staatsanwaltschaft anschließen würde. Wenn sie sie zuließe, könnte Papon nur noch Rechtsmittel beim Cour de Cassation einlegen.

Alle Rechtssachen, mit denen wir uns beschäftigt haben, führten zu Ergebnissen, die zu Beginn nicht vorhersehbar gewesen waren. Die Staatsanwaltschaft brachte Papon vor den Cour d'assises.

Zwar traten in dieser Anklageschrift unterschiedliche Einschätzungen von Generalanwalt und Generalstaatsanwalt zutage: Der eine, Marc Robert, war sehr, ja übermäßig vorsichtig; der andere, Henri Desclaux, offensiv. Doch am 5. März 1996 verlas der Generalstaatsanwalt vor der Anklagekammer die Anklage gegen Papon kraftvoll und überzeugend, und ich fürchtete den Beschluss dieser Kammer absolut nicht mehr; ich hoffte sogar, er würde weitere Anklagepunkte enthalten.

Arno vertrat unsere Nebenkläger. Ich hingegen trat selbst als Nebenkläger auf. Nicht die Anwälte brachten den Fall Papon in Gang, sondern die Nebenkläger. Die Richter erhielten vor der Verhandlung die Fallbeschreibungen der Anwälte und konnten anhand von Beweismitteln urteilen statt nach Rededuellen.

Papon, vor dem Cour d'assises in die Enge getrieben, sah sich als Opfer einer politischen Verschwörung, die von amerikanischen Juden deutscher Herkunft durch mich vorangetrieben worden war, um die Schuld Deutschlands dadurch zu mildern, dass sie mit Frankreich geteilt wurde.

Der Beschluss der Anklagekammer im Oktober entsprach unseren Erwartungen und dem Vertrauen, das wir den Richtern öffentlich ausgesprochen hatten. Blieb nur noch zu wünschen, dass die Strafkammer des von Papon angerufenen Cour de Cassation schnellstmöglich entschied. Am 21. Oktober ersuchte Arno den Generalstaatsanwalt, Papons Pass einzuziehen und ihn unter Polizeiaufsicht zu stellen.

Am 23. Januar 1997 wies der Cour de Cassation den Einspruch Papons dagegen ab, der jedes Interesse gehabt hätte, unserem impliziten Rat zu folgen und dem Prozess auszuweichen, indem er in aller Ruhe floh. Aber er ignorierte unsere Warnung. Er vertraute wohl seinem Anwalt. Maître Varaut war es sicher lieber, wenn es zu einem großen Prozess käme, in dem er sein großes Talent zur Schau stellen könnte, doch seine Interessen liefen denen seines Mandanten zuwider, der einer Verurteilung näher war als einem Freispruch – vor allem nach unserer Ankündigung, eine zeitlich begrenzte Haftstrafe zu fordern, was den Forderungen der anderen Anwälte der Nebenkläger nach lebenslanger Haft widersprach.

Am 21. Juli 1997 stellte die Generalstaatsanwaltschaft in einer ersten Anklageschrift klar, dass unsere Forderung unzulässig sei, weil ein Nebenkläger nicht ermächtigt sei, die Rechtsprechung zu diesem

Zweck anzurufen; im Rahmen einer zweiten Anklageschrift jedoch ergriff sie selbst die Initiative und forderte die Anklagekammer auf, Papon unter Polizeiaufsicht zu stellen. Dem Antrag wurde stattgegeben. Arno hatte gewusst, dass die Forderung grundsätzlich unzulässig war, und sie sogar bewusst per Fax geschickt, damit sie es auch in formaler Hinsicht war; sie sollte der Staatsanwaltschaft lediglich ermöglichen, den Ball aufzugreifen.

Papon, der seinen Pass abgeben musste und nicht mehr verreisen konnte, sprach von einer Demütigung des ehemaligen Polizeipräfekten, der er sei, während er selbst es gewagt hatte, die Kinder der Deportierten, die Strafantrag gegen ihn gestellt hatten, wegen übler Nachrede anzuzeigen.

Unter der Überschrift »Brandungswellen der nationalen Erinnerung« erschien am 9. Februar 1997 in *Le Monde* ein Artikel von Laurent Greilsamer, der die Affäre Schritt für Schritt verfolgt hatte: »Der Historiker Serge Klarsfeld hat jedes Mal Nachforschungen angestellt, die Archive durchsucht, Akten zusammengestellt. Jedes Mal wurde er als Anwalt Vertreter der Nebenkläger. Jedes Mal enthüllte er eine vor der Öffentlichkeit verborgene, unbekannte Vergangenheit. Serge Klarsfeld handelt im Namen des selbstgewählten Auftrags. Er wollte, dass zuallererst die deutschen Verantwortlichen bestraft wurden, deren verbrecherische Absicht unbestreitbar war. Erst dann beschäftigte er sich mit den französischen Verantwortlichkeiten. Um der Logik und der Aufklärung willen. Die Arbeit eines Einzelnen kann zuweilen die Erinnerung aller wecken oder wiedererwecken.«

Wir wussten, dass dieser Prozess schwierig werden würde, weil zwischen den zahlreichen Anwälten der Nebenklage und uns von Anfang an Uneinigkeit bestand. Arno hatte alle Bände der Ermittlungsakten und das von mir zusammengetragene geschichtliche Archivmaterial aufgesaugt; er würde kämpfen und die Anklage vertreten. Ich war Nebenkläger und beschloss, mit Beate und den Söhnen und Töchtern draußen vor dem Justizpalast zu bleiben und Agitprop zu betreiben, um den Prozess in unserem Sinne zu lenken und seinen Verlauf gegebenenfalls zu korrigieren.

Wir wollten eine befristete Haftstrafe und setzten sie informell, aber wiederholt auf zehn Jahre fest. Wenn Papon nicht verurteilt würde, wäre das eine Tragödie für die Söhne und Töchter der deportierten Juden Frankreichs: Es wäre das gleiche Urteil wie unmittelbar nach dem Krieg. Vom Präfekten bis zum Gendarmen wären alle Vollstrecker der antijüdischen Politik Vichys freigesprochen gewesen und hätten mit weißer Weste dagestanden. Wir waren bereit, uns mit den Verteidigern Papons und mit allen anderen Nebenklage-Anwälten anzulegen, weil Grundlegendes auf dem Spiel stand; wir wussten, dass die Geschworenen unsere besten Verbündeten sein würden – das war immer so gewesen. Nach dem Barbie-Prozess hatte mir ein Geschworener über Vergès und das Telex von Izieu, dessen Echtheit Vergès bestritten hatte, anvertraut: »Mit seiner Telex-Geschichte wollte er uns für dumm verkaufen.« Würden die Geschworenen im Fall Papon möglicherweise etwas anderes sehen als wir, die wir uns in die Akte vertieft hatten? Nein. Sie würden in Papon keinen von Judenhass und einem verbrecherischen Willen Beseelten sehen; sie würden ihn so sehen, wie wir ihn dargestellt hatten, und ihn nicht zur Höchststrafe, zu lebenslanger Haft, verurteilen.

Wir wussten auch, dass sich neben anderen auch der Vorsitzende des Cour d'assises gegen uns wenden würde. Anders als die USA oder Deutschland ist Frankreich kein Land, in dem der Vorsitzende Richter eines Schwurgerichts per Los bestimmt wird. In Frankreich ernennt der Erste Vorsitzende des Cour d'appel den Vorsitzenden des Cour d'assises. Freunde aus Bordeaux hatten uns erzählt, dass der Richter, der diese Ernennung vornehmen sollte, auf einer Abendveranstaltung vor einigen Gästen erklärt hatte, er sei dagegen, Papon den Prozess zu machen, noch ehe dieser überhaupt beschlossen worden war. Warum hätte er da jemanden ernennen sollen, der nicht seiner Meinung war? Es war sehr wahrscheinlich, dass der Vorsitzende Richter Papons Freispruch befürworten würde.

Wir hatten eine detaillierte Dokumentation vorbereitet, mit einer Karteikarte für jede einzelne der 1645 Personen, die von Bordeaux nach Drancy deportiert worden waren, allen Fotos der deportierten Kinder, die wir hatten finden können, sowie den von Papon unterzeichneten Dokumenten.

Wir gerieten sofort mit dem Vorsitzenden in Konflikt. Einer seiner Beisitzer stand in dem Ruf, ein Rechtsextremer zu sein. Der andere Beisitzer teilte dessen Ansichten sicherlich nicht. Seit Pétain die zwölf

Geschworenen im Cour d'assises abgeschafft hat, werden die Sitzungen mit drei Richtern und neun Geschworenen abgehalten.

Unsere Befürchtungen bewahrheiteten sich gleich zu Beginn: Der Vorsitzende erteilte Arno nicht das Wort, als es darum ging, Papons Gesundheitszustand zu überprüfen. Arno hatte mitteilen wollen, dass der behandelnde Kardiologe sich geweigert hatte zu bestätigen, dass Papons Gesundheitszustand sich verschlechtert habe. Daraufhin hatte Papon sich an einen anderen gewandt, der gefälliger war. Der Vorsitzende Jean-Louis Castagnède gab einem Antrag auf Haftverschonung statt und setzte Papon auf freien Fuß. Das bedeutete, dass Papon selbst nach einer Verurteilung erst einen Tag, bevor der Cour de Cassation nach einer nicht absehbaren Frist über seine Berufung entscheiden würde, ins Gefängnis käme. Falls seinem Einspruch stattgegeben würde, hätte er eine Nacht im Gefängnis verbracht; falls sein Einspruch verworfen würde, hätte er im Gefängnis zu bleiben.

Papon war 86 Jahre alt. Der Vorsitzende Castagnède hatte Papon die Schlüssel für den Prozess in die Hand gegeben: Er konnte selbst entscheiden, ob er daran teilnehmen wollte oder nicht. Falls er meinte, dass er am Ende des Prozesses verurteilt würde, läge eine Teilnahme daran nicht länger in seinem Interesse, und er würde ein für alle Mal bettlägerig werden. In diesem Fall könnte der Vorsitzende den Prozess nur auf eine spätere Sitzung des Cour d'assises vertagen, das heißt auf ewig. Falls Papon hingegen meinte, noch Chancen auf einen Freispruch zu haben, würde er sich bemühen, am Prozess teilzunehmen, und nur verurteilt werden, wenn sich seine Prognose als falsch erweisen sollte.

Als der Beschluss bekannt wurde, Papon am 10. Oktober aus der Haft zu entlassen, legte Arno sofort Protest dagegen ein: »Im Namen der Opfer, die ich vertrete, ziehen wir uns aus einem Prozess zurück, der jeden Sinn verloren hat. Sie haben diese Entscheidung getroffen, übernehmen Sie die Verantwortung dafür.« Da wandte der Vorsitzende sich an die anderen Anwälte: »Ich danke Ihnen, dass Sie sich nicht zu Wort gemeldet haben.« In Wirklichkeit wollten sie nicht begreifen, was in diesem Prozess auf dem Spiel stand.

Vor dem Gericht, wo die Söhne und Töchter der Deportierten demonstrierten, erklärte ich:

»Jean-Louis Castagnède hat noch nie einen strafrechtlich Angeklagten auf freien Fuß gesetzt, der weniger getan hatte als Papon. Maurice Papon, gestern noch sterbenskrank, heute schon wieder ausgehfertig, tafelte öffentlich im luxuriösesten Restaurant der Umgegend von Bordeaux, speiste und trank auf das Wohl einer unbegreiflichen Freiheit und der ebenso unbegreiflichen Koalition, der er sie verdankte. Die Justiz hat zehn Jahre gebraucht, um ihn ins Gefängnis zu bringen, der Vorsitzende Richter Castagnède brauchte nur drei Tage, um ihn freizulassen.«

Am Sonntag, dem 12. Oktober, demonstrierten die Söhne und Töchter am Pariser Trocadéro und am nächsten Tag vor dem Justizpalast in Bordeaux. In der Zwischenzeit bat uns der Generalstaatsanwalt mehrfach inständig, in den Gerichtssaal zurückzukehren, ja er entschloss sich, öffentlich gegen die Entscheidung des Vorsitzenden Richters zu protestieren und Berufung einzulegen – das war noch nie da gewesen! Unter diesen Umständen konnten wir ins Gericht zurückkehren.

Arno kehrte in den durch die »Krankheit« Papons zeitweilig leeren Gerichtssaal zurück. Wir demonstrierten ununterbrochen vor dem Justizpalast und hielten dabei den Text der Rede Jacques Chiracs vom 16. Juli 1995 hoch; wir hatten ihn wie den Aufruf vom 18. Juni 1940 auf Plakate in den französischen Landesfarben drucken lassen. Diese Rede ließen wir während jeder Sitzung vor dem Gericht aus Lautsprechern erschallen. Jacques Chiracs Stimme war deutlich aus denen der vielen Gaullisten und Verteidigern Papons herauszuhören.

Bei den Demonstrationen vom 14. und 20. November vor dem Justizpalast hielten unsere Mitstreiter die 1645 Karteikarten der 1645 Opfer hoch, die aus Bordeaux nach Drancy gebracht worden waren, und diese Karteikarten waren auch an den Mauern der Synagoge in Bordeaux befestigt worden.

Am 5. November stellten wir diese Karteikarten vor dem Gericht aus und baten den Vorsitzenden Richter in einem höflichen Brief, der Erinnerung an die Opfer die Ehre zu erweisen. Er weigerte sich mit der Begründung, das könnte als Sympathie für die Nebenkläger gewertet werden. Wir antworteten, es gehe um die Sympathie mit den 1645 Opfern, denen sich der Prozess verdankte, dem vorzusitzen er die Ehre habe. Er ist nicht zu uns herausgekommen.

Im Gerichtssaal war Arno isoliert. Nicht zum ersten Mal: Er hatte als Einziger verlangt, Papon unter Polizeiaufsicht zu stellen; Papon verbrachte, was das Publikum nicht wusste, den größten Teil des Sommers in Marbella und schwankte zwischen Exil und Rückkehr. Die anderen Nebenklagevertreter wollten die Polizeiaufsicht nicht, manche gingen sogar so weit, gleich zu Prozessbeginn die Freilassung zu fordern beziehungsweise den Vorsitzenden Richter zu beglückwünschen, dass er ihn auf freien Fuß gesetzt hatte!

Am 28. Januar sorgten wir für einen kleinen Skandal, als wir enthüllten, dass Jean-Louis Castagnède den Vorsitz im Cour d'assises übernommen hatte, obwohl er der Neffe eines der Opfer von Papon war und selbst als Nebenkläger hätte auftreten können.

Micheline Castagnède war in der Tat die Tochter des einzigen Onkels des Schwurgerichtsvorsitzenden väterlicherseits und von Esterina Benaïm, dessen Ehefrau, der einzigen Überlebenden ihrer Familie, die von Bordeaux über Drancy in drei Transporten nach Auschwitz deportiert worden war; jeder dieser Transporte wurde Papon zur Last gelegt (der Vater Sadia wurde am 26. August 1942 von Bordeaux nach Drancy überstellt und kam mit dem Transport Nr. 34 nach Auschwitz, die Mutter Luna sowie die beiden Töchter Paulette und Georgette wurden am 30. Dezember 1943 nach Drancy überstellt und kamen mit dem Transport Nr. 66 nach Auschwitz, der Bruder Gaston wurde am 13. Mai 1944 nach Drancy überstellt und kam mit dem Transport Nr. 74 nach Auschwitz).

Von der Existenz Micheline Castagnèdes erfuhren wir erst, als sie Kontakt mit dem Büro von CRIF-Aquitaine aufnahm. Sie hatte um Auskünfte zur Deportation der Familie Benaïm gebeten und war am 28. Januar auch selbst dort erschienen. Das Sekretariat hatte mir ihre Anfrage aber schon am Tag zuvor, am Morgen des 27. Januar, in Bordeaux mitgeteilt, wobei ich nicht auf ihren Namen, sondern nur auf die Namen der Personen geachtet hatte, deren Transport-Nummern ich in Erfahrung bringen sollte, was ich am Morgen des 28. Januar in Paris getan hatte, indem ich der Drancy-Kartei die Karten von Sadia, Luna, Paulette, Georgette und Gaston Benaïm entnahm. […] Am Nachmittag des 28. telefonierte ich mit dem CRIF-Büro in Bordeaux, und die Sekretärin gab mir Micheline Castagnède, die gerade vom Justizpalast kam, wo die Verhandlung aufgehoben worden war. Sie erzählte mir, wie erschüttert sie war: Sie hatte gehört, wie der Vorsitzende, ihr Cousin, im Zusammenhang mit der Verbringung nach

Drancy am 30. Dezember 1943 die Namen ihrer Mutter und ihrer beiden Schwestern verlesen hatte. Der Sekretärin des CRIF hatte sie gesagt, sie habe regelmäßigen Kontakt zum Vorsitzenden gehabt, bis sie sechzehn oder siebzehn gewesen sei, er wisse, wer seine Tante sei, und dass die Beziehungen nur noch lose seien, liege an der Mutter des Vorsitzenden, die diesen Zweig der Familie verachte. Micheline Castagnède war auch deshalb erschüttert, weil sie die Karteikarten ihrer Schwestern gesehen hatte.

Auf meinen Vorschlag hin traf sich Micheline Castagnède mit Arno, der sie weder aufforderte noch ihr vorschlug, als Nebenklägerin aufzutreten, wozu sie wahrscheinlich bereit gewesen wäre. Arno wollte nicht, dass später jemand behaupten konnte, man habe sie dazu genötigt. Sie musste mit kühlem Kopf darüber entscheiden und nicht in aufgewühltem Zustand. Weder Arno noch ich stellten irgendwelche Forderungen an Micheline Castagnède. Sie lieferte uns aus freien Stücken Informationen, die wir mit Recht verwenden konnten. Wir mussten es um der Wahrheit willen tun, damit die Verteidigung Papons diese Informationen nicht nutzen konnte, falls sie ihr zufielen – sei es zur Ablehnung des Vorsitzenden, als schlagkräftiges Argument im Plädoyer oder als Revisionsgrund. Und schließlich auch deshalb, damit der Vorsitzende die Verantwortung übernahm und beschloss, sich selbst für befangen zu erklären. Wir boten ihm einen Ausweg, den er nicht hatte nehmen wollen. Wenn wir Micheline Castagnède aufgefordert hätten, als Nebenklägerin aufzutreten, hätten wir den Vorsitzenden sofort, automatisch und unwiderruflich vor die Tür gesetzt. Wir wollten, dass er ging, aber von sich aus, was er nicht tat.

Der Vorsitzende Castagnède behauptete, »aus allen Wolken zu fallen«. Wir glaubten ihm nicht. Warum übernahm er den Vorsitz in einem so wichtigen Verfahren, wenn er selbst als Nebenkläger gegen Papon auftreten konnte? Seine Cousine hätte seine Ablehnung veranlassen können, wenn sie als Nebenklägerin aufgetreten wäre. Anders, als manch einer aus Naivität glauben könnte, hatte Castagnède den Vorsitz nicht übernommen, um gegen Papon Partei ergreifen zu können, denn er saß dem Gericht vor, das Papon auf freien Fuß setzte. Er hatte diese Verwandtschaft nicht bekannt gemacht, um Papon zu helfen. Die Aufdeckung dieser Verwandtschaft zwang ihn zwar nicht zum Ausscheiden aus dem Prozess, aber sie stellte ihn unter Beobachtung, vor allem seitens der Geschworenen, die er jetzt nicht mehr manipulieren konnte, vor allem im Moment der Beschlussfassung, in dem der Vorsitzende oft eine entscheidende Rolle spielt. In den Juristenkreisen von Bordeaux war bekannt, dass einer der Beisitzer des Vorsitzenden Castagnède ein Rechtsextremer war. Im Fall von Castagnèdes Ablehnung würde er Vorsitzender; aber besser ein Vorsitzender im Zwist mit den Geschworenen als ein Beisitzer, der einen Freispruch befürwortete, und dazu ein Vorsitzender, den wir im Verdacht hatten, dies ebenfalls zu tun.

Den folgenden Skandal löste allerdings nicht die Enthüllung der Wahrheit aus – Arno hatte sie keineswegs aggressiv formuliert. Nachdem er noch einmal an die verwandtschaftlichen Bande zwischen dem Vorsitzenden Castagnède und der Familie Benaïm erinnert hatte, schloss er mit den Worten: »Unserer Kenntnis nach hat der Vorsitzende des Cour d'assises in Bordeaux, Jean-Louis Castagnède, es vermieden, diese Verwandtschaft zu erwähnen.« Der Skandal kam zustande durch die sofortigen lautstarken Solidaritätsbekundungen für den Vorsitzenden, von Anwälten der Nebenklage ebenso wie von den Anwälten Papons.

Aber damit war immerhin erreicht, dass Papons Verteidiger feierlich erklärten, die Verwandtschaft des Vorsitzenden Richters mit einem der Opfer niemals als Revisionsgrund gegen das Urteil zu verwenden, wie immer es ausfiel. Das wäre sicher anders gewesen, hätte die Verteidigung selbst diese Verwandtschaft entdeckt.

Das Exekutivbüro des überregionalen CRIF, dem ich seit zwanzig Jahren angehöre, schlug uns vor, als Friedensgeste auf einen Befangenheitsantrag gegen den Vorsitzenden Castagnède zu verzichten. Wir willigten ein und teilten mit, der Vorsitzende Castagnède solle selbst entscheiden, was zu tun sei, damit in den Debatten wieder die nötige Sachlichkeit einkehre. Aber unseren Standpunkt änderten wir nicht. Die Richterschaft von Bordeaux war erzürnt und gab eine bissige Pressemitteilung heraus:

> Die Generalversammlung der Richter und der Generalstaatsanwaltschaft am Cour d'appel von Bordeaux kommt nach Prüfung der Äußerungen der Anwälte Serge und Arno Klarsfeld gegenüber Jean-Louis Castagnède, dem mit dem Fall Maurice Papon befassten Vorsitzenden des Cour d'assises der Gironde, zu der Einschätzung,

dass diese beiden Anwälte M. Castagnède in schwerwiegender Weise diffamiert haben, indem sie ihn in Rundfunk, Fernsehen und Presse öffentlich beschuldigten, familiäre Umstände verschwiegen zu haben, die seine Ablehnung hätten bewirken können, um den Vorsitz in dem Verfahren zu behalten und den Freispruch des Angeklagten zu erwirken, nachdem sie ihn zuvor heftig angegriffen hatten, als der Cour d'assises die Haftverschonung Maurice Papons angeordnet hatte.
[Die Generalversammlung] stellt fest, dass – wie zuvor bei der diffamierenden Infragestellung der Mitglieder der Anklagekammer durch einen im Fall Papon zitierten Zeugen – die Justizministerin, der von Gesetzes wegen die Verteidigung der Richter obliegt, öffentlich ihre Absicht geäußert hat, keine strafrechtliche Verfolgung einzuleiten, [sie] äußert ihr Missfallen gegenüber diesem Standpunkt, der die in Ausübung ihrer Funktionen diffamierte Richterschaft schutzlos lässt und die Verwendung aller, selbst der abscheulichsten Mittel, mit denen Druck auf den Gang der Gerechtigkeit ausgeübt und die Institutionen der Rechtsprechung destabilisiert werden, für rechtmäßig erklärt, [sie] verlangt, dass der Erste Vorsitzende und der Generalstaatsanwalt disziplinarische und strafrechtliche Maßnahmen gegen die Anwälte Serge und Arno Klarsfeld einleiten.

Während sich so viele Nebenklage-Anwälte den Forderungen nach den von den Richtern in Bordeaux formulierten disziplinarischen und strafrechtlichen Maßnahmen gegen uns anschlossen, zeigte Anwalt Thierry Lévy in *Le Monde* auf, welchen Vorteil Arno gegenüber der Verteidigung Papons errungen hatte: »Es wurde ein anderes, aus Sicht der Nebenkläger nicht unwesentliches Ergebnis erreicht. Die Anwälte des Angeklagten wurden dazu gebracht, öffentlich ihr Vertrauen in die Unparteilichkeit des Vorsitzenden zu erklären, womit sie sich bereits jetzt die Möglichkeit nahmen, auf diesem Gebiet einen möglichen Schuldspruch anzufechten. Das ist ihnen auch bewusst geworden, aber zu spät. Sie hatten bereits Stellung bezogen. Wie man sieht, hat dieser ›Erinnerungswütige‹ es weder an Umsicht noch an Urteilsvermögen fehlen lassen, und er hat schon jetzt wenigstens eines seiner Ziele erreicht: die Verteidigung Maurice Papons vor Probleme zu stellen. Das war seine Aufgabe. In einem so schwierigen Prozess wie diesem ist das ein Verdienst, das man anders würdigen sollte als mit disziplinarischen Maßnahmen.«

Wir blieben standhaft und vertraten unsere Position fest und unnachgiebig. Der verunsicherte Vorsitzende änderte übrigens rasch sein Verhalten und ging jetzt strenger mit Papon und seinen Anwälten um, die wütend waren, dass ihnen ihr Versprechen, das Verwandtschaftsverhältnis des Vorsitzenden nicht für einen Revisionsantrag zu missbrauchen, so schlecht gelohnt wurde, und weil sie feierlich versprochen hatten, die besagten familiären Bindungen nicht als Revisionsgrund zu nutzen.

Nach diesem Tumult gesellte sich Lida als Vertreterin eines Nebenklägers zu ihrem Bruder. Unsere Kinder waren im Gerichtsaal, die Eltern zusammen mit den Söhnen und Töchtern der Deportierten draußen vor dem Gericht, wo sie zu jeder Sitzung immer zahlreicher demonstrierten.

Ich kann diesen teils über Sechzigjährigen niemals genug danken, die nicht bloß die Straße überqueren mussten, um während aller sechs Sitzungstage zu demonstrieren und bei vielen Gelegenheiten anwesend zu sein, um ihren Anwalt Arno zu unterstützen; die auf eigene Kosten morgens um 7 Uhr den Zug aus Paris oder der Provinz nahmen und nachts erschöpft zurückkehrten, nach stundenlangem Stehen, manchmal bei Regen und Kälte, ein Umhängeposter mit der Rede von Jacques Chirac um den Hals, mit der Liste der Namen der aus Bordeaux Deportierten, die sie durchs Megaphon verlasen, wobei sie manchmal zur Erinnerung an jeden Einzelnen Blumen ausstreuten. Ich sehe sie noch vor mir mit ihren Transparenten, etwa dem mit einem Zitat von Jacques Chirac, das sie am Tag der Urteilsverkündung schwenkten: »Ja, der verbrecherische Wahnsinn des Besatzers wurde von Franzosen, vom französischen Staat unterstützt«, und das den Geschworenen den Weg wies, dem sie dann auch gefolgt sind.

Ohne sie wären nur die 84 Deportierten bei dem Prozess anwesend gewesen, deren Angehörige Nebenklage eingereicht hatten. Dank den FFDJF waren alle 1690 aus Bordeaux anwesend. Die gelben Schilder, die unser Freund Jean Lévy für jedes der 220 Kinder hatte anfertigen lassen, mit Namen, Vornamen, Alter, der Nummer des Transports und der Karteikarte aus Drancy, waren vom ersten bis zum letzten Tag des Prozesses da. Dank also an sie alle, den Kern der FFDJF, die seit Köln an unserer Seite für die Erinnerung, aber auch für echte Gerechtigkeit kämpft; sie, die unserem Beispiel folgen und das Schicksal lieber verändern wollten, statt sich ein von anderen bestimmtes Schicksal aufzwingen zu lassen, das uns feindlich sein könnte.

Drei Richtervereinigungen, die der Linken, die Gemäßigten und die der Rechten, forderten weiterhin rechtliche Schritte gegen uns. Die Justizministerin Élisabeth Guigou lehnte das ab. Der Präsident der Pariser Anwaltskammer leitete seinerseits disziplinarische Maßnahmen gegen Arno und mich ein. Einem ehemaligen Kammerpräsidenten, Jean-René Farthouat, fiel die Aufgabe zu, seine Beanstandungen zu formulieren und dann mögliche Sanktionen auszusprechen. Maître Varaut stellte Strafantrag gegen mich, weil ich »einen in der Geschichte der Rechtsprechung beispiellosen Druck auf die Justiz ausgeübt« hätte. Die meisten Anwälte gaben sich kollegial und beglückwünschten einander, lächelten und plauderten, als sei nichts geschehen. Doch Maître Varaut war ein streitbarer Kollege, und in seinem Werk über Vichy wollte er dieses Regime rehabilitieren. Diese Kollegialität, die uns zutiefst schockierte, entsprach nicht unserer Vorstellung von der Rolle eines Anwalts in einem solchen Prozess. Das war schon im Prozess gegen Barbie so gewesen, wo wir zu Anwalt Vergès ebenfalls keinen Kontakt hatten, ebenso wenig wie Arno in Versailles zu Herrn Trémollet, dem Verteidiger Touviers.

Arno bereitete zu Hause sein Schlussplädoyer vor. Von einem Reporter darauf angesprochen, dass er auf Inline-Skaters ins Gericht kam, erwiderte er: »Was macht es denn aus, ob ich auf einem Roller oder auf Inline-Skaters ins Gericht komme. Darüber, dass Papon von seinem Chauffeur und mit Leibwächter zu seinem Prozess gefahren wird, und all das auf Kosten des Steuerzahlers, regt sich keiner auf.«

Arnos Plädoyer hinterließ einen bleibenden Eindruck. Pierre Bois berichtete in *Le Figaro* darüber:

> Das lang erwartete Plädoyer des Anwalts – der Gerichtssaal war voll – gab ihm recht. Denn die Schärfe von Arno Klarsfelds Rede – der, nebenbei gesagt, bei keiner Sitzung fehlte, was bei Weitem nicht von allen Anwälten gesagt werden kann – war keineswegs willkürlich. Er gab den Ton vor. Es war ein Plädoyer für die, die »fünfzig Jahre danach immer noch ihr Kindergesicht haben, weil sie nicht leben

durften«, eine kompromisslose Anklage gegen Maurice Papon, der die Augen schloss, aber auf der Hut blieb. Jedes Kapitel bezog sich zudem auf Sätze, die der Ex-Generalsekretär der Präfektur der Gironde im Lauf der sechzehnjährigen Ermittlungen und des sechs Monate langen Prozesses gesagt hatte.
»›Das erschüttert mich nicht besonders!‹, erklärte Maurice Papon am 7. Mai 1981, als seine persönliche Verwicklung in die Deportation von mehr als 1500 Juden zwischen 1942 und 1944 bekannt wurde, von Männern, Frauen und Kindern«, stellte Maître Klarsfeld fest. »Und als ich ihn bei einer Sitzung fragte: ›Würden Sie es noch einmal tun?‹, erwiderte er böse: ›Ich würde es wieder tun!‹ Später sagte er einmal, er habe über einen Transport an Weihnachten geweint. Ich habe es überprüft: Als Gefäß für seine Tränen wählte er geschickt den einzigen Transport, bei dem jüdische Familien direkt von den Deutschen verhaftet worden waren.« [...] Maurice Papon »ist nie nach Drancy gefahren«, erinnerte Maître Klarsfeld, »er hat seinen Stellvertreter geschickt, Pierre Garat. Er ist nicht einmal ins Lager Mérignac gefahren, er war an keiner einzigen Razzia, keinem einzigen Transport beteiligt. Doch er hat – ohne Begeisterung, aber mit beängstigender Effizienz – die Instruktionen der Nazis ausgeführt, wobei er darauf achtete, sich der Rückendeckung der Vichy-Behörden zu versichern. Was zählt, ist das Resultat dieser kalten, leisen Bürokratie hinter geschlossenen Türen und Vorhängen. Sowohl Bousquet als auch Papon schoben das Deutsche Reich vor, welch Letzterer Bilder wie ›Gewehr im Rücken‹, ›Revolver an der Schläfe‹, ›Maschinengewehr im Kreuz‹ benutzte. Kaum ein Körperteil scheint den furchtbaren Waffen der Nazis entgangen zu sein ...«
[...] »Man weiß«, fuhr er fort, »dass die 1300 Männer und Frauen in die Vernichtung geschickt wurden. Man weiß, dass die 200 Kinder ausgelöscht wurden. Man kennt die Verantwortlichkeiten des Generalsekretärs und das Leid der Überlebenden, man weiß das alles, und doch kann man ein gewissen Unbehagen nicht unterdrücken. Warum?«
Das war der Schlüsselmoment. Der Punkt, in dem Serge und Arno Klarsfeld sich von den anderen Nebenklägern unterschieden, die für eine lebenslängliche Strafe eintraten. Die Klarsfelds votierten für eine andere Lösung, für sie war das richtige Strafmaß eine sieben- bis zehnjährige Gefängnisstrafe. [...] »Maurice Papon ist nicht Klaus Barbie oder Paul Touvier. Er spielte auch nicht die politische Rolle eines Leguay oder Bousquet. Eine lebenslängliche Strafe entspräche nicht der

historischen Wahrheit. Doch er hat sich an den Verbrechen beteiligt, weil er nie den Mut hatte, auch nur ein einziges Mal Nein zu sagen zu Karriere und Ehrungen. Die Kinder, die mich den ganzen Prozess hindurch begleitet haben«, schloss der Anwalt bewusst leise und tonlos sein Plädoyer ab, »vertrauen auf Sie, meine Damen und Herren Geschworenen, dass Sie Maurice Papon zu der Strafe verurteilen, die Ihnen angemessen erscheint und die aus diesem Grund eine exemplarische Strafe sein wird.«

Maître Alain Jakubowicz riss den Saal zu Begeisterungsstürmen hin: »Sie urteilen für die Menschheit. Ihr Urteil muss über lebenslänglich hinausgehen, es muss sich in die Ewigkeit einschreiben.« Auch die anderen Anwälte forderten lebenslänglich. Es ist leicht, den Saal mitzureißen; weniger leicht ist es, die Zustimmung der Geschworenen zu gewinnen.

Der Generalstaatsanwalt, dessen Antrag mit besonderer Spannung erwartet wurde, folgte eher unserer Linie, auch wenn er mit zwanzig Jahren Haft eine doppelt so hohe Strafe forderte wie wir. Staatsanwalt Henri Desclaux begründete dies so: »Maurice Papon war ein unerlässlicher Bestandteil des Räderwerks, er spielte eine wesentliche Rolle, doch er war kein Anstifter und er war nicht der einzige Komplize.« Er forderte, man solle »aufgrund der Verantwortung jedes Einzelnen urteilen [...]. Deshalb beantragt die Staatsanwaltschaft für Maurice Papon eine Haftstrafe von zwanzig Jahren und die Aberkennung seiner staatsbürgerlichen, bürgerlichen und familiären Rechte.«

Papons Verteidigung setzte alles auf eine Karte und beantragte Freispruch.

Die wichtigsten Anwälte der Nebenkläger erklärten öffentlich, dass sie statt einer zeitlich befristeten Strafe einen Freispruch vorziehen würden. Dass sie dieses Risiko eingingen, bedeutete Verrat am Willen der Familien der Opfer, die eine Verurteilung Papons wünschten und wussten, dass ein Freispruch eine Katastrophe gewesen wäre.

Am 2. April 1998 trafen die Geschworenen unter den vier Möglichkeiten – lebenslänglich, zwanzig Jahre, zehn Jahre oder Freispruch – ihre Wahl. Papon wurde zu zehn Jahren Gefängnis verurteilt, wie wir gefordert hatten. Doch bis zum Tag vor der Entscheidung über seinen

Berufungsantrag durch den Cour de Cassation blieb Papon auf freiem Fuß. So profitierte er tatsächlich von der zu Beginn des Verfahrens durch den Vorsitzenden Castagnède gewährten Haftverschonung und legte Revision ein.

Auf Verlangen der Generalversammlung der Richter von Bordeaux, die das Strafverfahren forderten, das die Justizministerin ihnen verwehrt hatte, wurden Arno und ich vom Vorstand der Pariser Anwaltskammer disziplinarisch verfolgt. Wir wurden am 30. März 1999 von der Pariser Anwaltskammer vorgeladen. Wir hatten erreicht, dass die Sitzung ausnahmsweise öffentlich stattfand. Mehr als dreihundert Mitglieder der FFDJF kamen. Diejenigen, die nicht mehr hineingekommen waren, drängten sich vor den Türen.

Nachdem Kammerpräsident Farthouat die Fakten eindrucksvoll dargelegt hatte, übernahmen Arno und ich unsere Verteidigung selbst. Ich machte geltend, dass ich meine Äußerungen während des Prozesses als Nebenkläger gemacht hatte, nicht in meiner Eigenschaft als Anwalt, und wurde nach lebhaften Debatten von allen Vorwürfen freigesprochen. Der Vorstand der Anwaltskammer billigte mein Verhalten. Arno erhielt nur eine Verwarnung, da er seine Enthüllung während des Prozesses statt in seinem Hotel hätte machen sollen. Wir schickten den vollständigen Text der Entscheidung an jeden der fünfunddreißig Richter in Bordeaux.

Am 2. September 1999 schrieb Arno an Justizministerin Élisabeth Guigou: »Heute hat M. Papon die Wahl, sich der Verpflichtung zu unterwerfen, am Tag vor der Entscheidung über seinen Revisionsantrag ins Gefängnis zu gehen, oder aber zu fliehen, zumal er unter keinerlei gerichtlicher Kontrolle steht. Für eine eventuelle Flucht M. Papons würde die Öffentlichkeit die Regierung, zumindest den Justizapparat verantwortlich machen.« Mit diesem Antrag wollten wir die Staatsanwaltschaft dazu bringen, wie im September 1997 unsere Forderung aufzugreifen. Nur die Staatsanwaltschaft hatte die Möglichkeit, Papon unter Polizeiaufsicht stellen zu lassen, unserem Antrag wurde stattgegeben. Papon wiederum konnte das Gericht auch bitten, ihn von der Notwendigkeit zu befreien, am Tag vor der Prüfung seiner Revision am 20. Oktober ins Gefängnis zu gehen. Es gab keinen Grund zu der Annahme, dass er auf diese Möglichkeit verzichten würde.

Papon stellte den Antrag dann tatsächlich. Dieser wurde am 12. Oktober abgelehnt, er musste also am 20. Oktober im Gefängnis erscheinen – oder aber sich weigern und entweder zu Hause auf die Gendarmen warten oder die Flucht ergreifen.

Wir sollten bald erfahren, für welche Möglichkeit er sich entschied und ob unsere Taktik ihn dazu trieb, selbst das Bild des hohen Beamten mit allen Attributen der Legalität zu zerstören.

Am 19. Oktober erklärte er in einem Brief an die Zeitung *Sud-Ouest*, warum er sich nicht ins Gefängnis begab. In einer Passage gab er dem Präsidenten der Republik die Schuld, von dem er keine Gnade zu erwarten hatte: »Man darf sich nicht täuschen lassen: Jenseits meiner Person ist meine Verurteilung die gerichtliche Bestätigung einer inakzeptablen Schuld Frankreichs. Ich füge hinzu, dass es, seit die Klarsfelds im Namen des Präsidenten der Republik sprechen, wenig Hoffnung gibt, Gerechtigkeit zu erfahren ...«

Am 20. Oktober ging Papon nicht ins Gefängnis, sondern verschwand mit seiner Enkelin.

Die empörten Reaktionen ließen nicht auf sich warten. Einige Anwälte bezeichneten dieses Verhalten als »Lumperei«. Wir betrachteten ihn eher als einen Verwirrten, der erschüttert zusehen musste, wie der ehemalige Minister und Chef der Polizei General de Gaulles, der er war, ins Gefängnis musste und, die schlimmste Demütigung, degradiert wurde.

So floh also Papon in letzter Minute, ohne Vorbereitungen, in fortgeschrittenem Alter, mit seiner Enkelin als einziger Verteidigerin und Komplizin. In unseren Augen war das allein schon eine schwere Strafe: sich als fast 90-Jähriger in der Lage eines gleichaltrigen Juden allein und verlassen in der Illegalität wiederzufinden, trotz der subjektiven Gewissheit seiner Unschuld.

Touviers Flucht hatte fünf Jahrzehnte gedauert, die von Papon war nach achtundvierzig Stunden zu Ende. Am 21. Oktober um 16 Uhr lehnte das Gericht Papons Berufung ab. Am nächsten Tag wurde seine Verhaftung in der Schweiz bekannt gegeben, und noch am selben Abend wurde er ins Gefängnis in Fresnes eingeliefert.

Das zeigt, dass ein allmächtiger Mann wegen fast sechzig Jahre alter Fakten für Verbrechen zur Verantwortung gezogen werden kann, deren Komplize er war. Trotz all seiner Anstrengungen, dem Gefängnis zu entgehen, trotz seiner Anwälte, trotz aller Rechtsmittel und aller Protektion, die er genoss, darunter von Mitterrand, ist dieser Mann am Ende ins Gefängnis gekommen. Wenn sich Papon nach dem Urteil umgebracht hätte, wäre er nicht endgültig verurteilt gewesen, er hätte seine Auszeichnungen behalten, und seine Anhänger hätten immer noch sagen können, dass seine Berufung alle Chancen auf Erfolg gehabt habe. Aber er hatte nicht den Mut, in den Tod zu fliehen – und kam schließlich ins Gefängnis.

Pétain saß in Haft, bis er 96 war.

Die Regierung forderte, dass ein von Papon eingereichtes Gnadengesuch abgelehnt wurde. Man hatte uns, die wir gegen Papons Respektabilität und Straflosigkeit kämpften, vor einiger Zeit gesagt: »Er wird nicht angeklagt werden« – er wurde angeklagt; »Er wird nicht vor Gericht kommen« – er kam vor Gericht; »Er wird nicht verurteilt werden« – er wurde verurteilt; »Er wird nicht ins Gefängnis kommen« – er wurde inhaftiert; »Er wird nicht im Gefängnis bleiben« – er war nun seit zwei Jahren in Haft, und er war 91 Jahre alt! Die Offensive zu seiner Freilassung, die seine einflussreichen Freunde aus der Résistance gestartet hatten und die einige moralischen Instanzen, darunter mehrere Juden, unterstützten, blieb erfolglos: Chirac hat Papon im Juni 2001 nicht begnadigt, und der Europäische Gerichtshof für Menschenrechte wies im Oktober Papons Antrag zurück, Frankreich wegen »erniedrigender Behandlung« zu verurteilen. Am 9. Oktober 2001 wurde das dritte Gnadengesuch der Anwälte Papons vom Präsidenten der Republik abgelehnt.

Im März 2002 wurde ein Gesetz verabschiedet, das alten und kranken Menschen das Recht auf Haftverschonung zugestand. Der Erste, auf den es angewendet wurde, war Papon aufgrund von zwei verschiedenen medizinischen Gutachten, die seinen physischen Verfall bestätigten. Dennoch verließ er am 4. September 2002 das Gefängnis nicht auf einer Trage und schwach, sondern auf seinen zwei Beinen.

Letzte Wendung in dieser Affäre, die rein juristisch über 23 Jahre gedauert hat: Papons Tod am 17. Februar 2007. Welcher Abstand zwischen der Mitte und dem Ende des Jahrhunderts: Bei der Befreiung im Oktober 1944 hielt Papon in Bordeaux die Rede zum Gedenken an die Patrioten und die deportierten Juden, und die politische Kaste in Frankreich war der Meinung, die Franzosen, die Juden verhaftet und den Deutschen ausgeliefert hatten, hätten sich nichts vorzuwerfen, sie hätten nur ihre Pflicht getan, und es sei besser gewesen, dass sie es taten und nicht die Deutschen. 1998 in Bordeaux hingegen hat das französische Volk entschieden, dass die Beihilfe des Vichy-Apparats eine unverzichtbare Mittäterschaft an der Vernichtung der Juden durch die Deutschen gewesen ist.

Die Affäre Papon war schwierig, unangenehm und exemplarisch. Wir hatten hartnäckig gegen fast alle ankämpfen müssen, viele verstanden uns nicht. Unsere einzige feste Basis war der kollektive Wille der Söhne und Töchter der Deportierten.

BEATE

Kandidatin für das Amt des deutschen Bundespräsidenten

Seit mehr als dreißig Jahren führe ich das Sekretariat unserer Vereinigung der Söhne und Töchter: Ich pflege das digitale Verzeichnis unserer etwa 1500 Mitglieder und zur Sicherheit auch eine Papierkartei. Der Versand der Bücher, die wir in unserem Keller lagern, geht mir leicht von der Hand, denn als Lehrling bei Woolworth in Berlin habe ich in den 1950er-Jahren gelernt, wie man Kartons packt. Ich bringe all diese Bücher in meinem Einkaufswägelchen zur benachbarten Post. Ich klebe die Adressen unserer Mitglieder auf, wenn ich ihnen unsere vierteljährlich erscheinenden Verbandsnachrichten schicke. Ich musste Millionen Adressen auf Umschläge schreiben. All das geschieht zwischen 13 Uhr und 19 Uhr im Büro und sehr oft auch abends zu Hause.

Morgens kümmere ich mich um die Familie und um unsere Tiere, ich mache die Einkäufe und den Haushalt. Jeden Tag besuche ich meine Tochter und meine Enkel. Unser Familienleben ist immer sehr einfach gewesen: Wenn wir in Paris sind, gehen wir praktisch nie aus, außer zu Verbandsversammlungen. Über all die Jahre haben wir unsere Abende mit unseren Kindern oder mit den Haustieren verbracht, die wir stets um uns haben. Wir haben beide eine intensive Beziehung zu den Tieren: Wir lieben sie mit einer ungeteilten Liebe, die eine Mischung aus der Liebe ist, die man gegenüber seinen Eltern, seinem Ehepartner und seinen Kindern empfindet; nichts kann dieses Gefühl beeinträchtigen, und es erfüllt einem das Herz. Solange wir die Tiere haben, gibt es für uns keine Depression. Arnos große Liebe sind drei Katzen, davon zwei aus den Mülltonnen Jerusalems. Was Lida angeht, so war sie für den juristischen Dienst der SPA (einer französischen Tierschutzorganisation) tätig – das sagt bereits alles.

Arno und Lida hatten eine ungewöhnliche Kindheit. Wir waren oft abwesend, doch Raïssa kümmerte sich viel um sie, besonders um Arno; sie sprach russisch mit ihm, wie früher mit Serge. Sie nahm ihn mit zu Besuch bei ihren Schwestern in Bukarest und Leningrad, und jedes Jahr besuchte er seine andere Großmutter, die »Omi« in Berlin. In Ost-Berlin lernte er Deutsch, Auschwitz-Birkenau sah er im Alter von zwölf Jahren mit Serge. Mit Serges Schwester besuchte er Italien; mit elf reiste er rund um die Welt, als er eine meiner Schulfreundinnen in San Diego besuchte; anschließend flog er mit mir nach Australien, wo ich eine Reihe von Vorträgen hielt, und dann nach Japan. Arno zog es in die USA, er ging in eines der jüdischen Ferienzentren an der Ostküste. Auch Lida folgte diesen Wegen: Die Sowjetunion lernte sie mit Serges Schwester kennen, sie war in den USA, in Berlin und in Italien, das sie mehr als jedes andere Land faszinierte und wo sie Italienisch lernte.

Arno absolvierte sein Jurastudium in vier Jahren und legte seine Prüfung vor der Pariser Anwaltskammer ohne Zwischenfälle ab. Anschließend wurde er Anwalt und begann sein Jurastudium an der Universität New York. Binnen sieben Monaten absolvierte er das ganze Programm, machte seinen Master und erhielt bei der New Yorker Anwaltsprüfung die beste Note von Tausenden Kandidaten. Er schaffte auch die Zulassung zur Anwaltskammer von Kalifornien. Mit 25 Jahren trat er in eine der besten Kanzleien New Yorks, Skadden and Arps, ein, zog es dann aber vor, nach Frankreich zurückzukehren. Serge und ich teilten all unsere Sorgen mit ihm und bezogen ihn in all unsere Aktionen ein; er war stets unser bester Mitstreiter und unser engster Berater. Lida, auch sie eine brillante Schülerin, bereitete sich in Venedig in der schönen Marciana-Bibliothek auf das Examen für die Pariser Anwaltszulassung vor und bestand es, womit auch sie Anwältin wurde.

Wir sind unseren Kindern so nah, dass wir sie immer noch täglich sehen. Gerade überträgt Lida unsere auf Papier verfassten Memoiren auf ihren Rechner. Unsere Freunde aus dem Kern der Söhne und Töchter der Deportierten führen in der Regel ein ebenso intensives Familienleben wie wir: Paare, zusammengeschweißt bis in den Tod, und eine tiefe Bindung zwischen Eltern und Kindern, verstärkt durch die tragische Kindheit der Eltern.

Wir waren immer viel auf Reisen: Ich reiste mehrmals in alle großen Städte Amerikas, und wir durchstreiften auch fast alle europäischen Metropolen – Berlin, Wien, Rom, Venedig, Florenz, Madrid, Moskau, Sankt Petersburg, München, London, Amsterdam … Manchmal gemeinsam, manchmal getrennt.

Die Oper lieben wir sehr. Mein Repertoire ist weit gespannt: Ich bemühe mich, eine Karte zu bekommen, wenn dort, wo ich gerade bin, eine Oper aufgeführt wird und ich einen freien Abend habe. Serge ist da wählerischer; er sucht eher Überschwang und seelischen Trost – seine Wohltäter sind Mozart, Verdi und Rossini.

Was die Malerei angeht, haben wir praktisch alle großen Museen der Welt abgegrast, und mehr als 50 Mal haben wir das Metropolitan Museum und die Frick-Sammlung in New York oder die Dahlemer Museen in Berlin besucht. Wir haben den gleichen Geschmack, vielleicht weil Serge mich in die Malerei eingeweiht hat. Angesichts der Gipfel des Schreckens, die der Mensch erreichen konnte, hätte er sich ohne Brueghel, Rembrandt, Velazquez, Botticelli, Rubens, Dürer, Masaccio, Vermeer oder van Gogh nicht in der Weise moralisch aufrichten können, wie er es getan hat. Besonders bewundern wir Michelangelo, dieses Universalgenie, das so stolz und doch so bescheiden war, für sein Grab in der Santa Croce einen Platz zu verlangen, der es ihm ermöglichte, »den Dom von Brunelleschi zu bewundern«, wann immer die Tür aufging.

Ich bin immer aktiv gewesen: Auch heute werde ich noch gebeten, hier einen Vortrag zu halten oder dort an einer Konferenz teilzunehmen. Im Mai ergreife ich traditionell in Berlin das Wort, um an die Bücherverbrennung zu erinnern, die von Nazistudenten am 10. Mai 1933 neben der Oper veranstaltet wurde. 2012 wählte ich als Thema ein Buch von Stefan Zweig, das angekokelt aus dem Scheiterhaufen gezogen und dem Französisch-Dozenten der Universität Göttingen, Herrn Larrose, von seinem besten Studenten zurückgegeben worden war. Einige Jahre später, im Jahr 1940, traf Herr Larrose, inzwischen Dolmetscher des Innenministers, wieder auf seinen besten Studenten, Helmut Knochen, der als Chef der Nazipolizei im besetzten Frankreich dort für die Deportation von 75 000 Juden verantwortlich war. Für meinen Vortrag im Jahr 2013 entwarf ich ein riesiges Poster mit 150 Fotos von jüdischen, aus Frankreich deportierten Kindern, die ein

Buch in der Hand hielten – das Volk der Schrift. 2014 beschloss ich, über Denise Bardet zu sprechen, eine 23-jährige, von der deutschen Literatur begeisterte Volksschullehrerin, die mitten im Krieg den Mut hatte, ihrem Tagebuch sowohl ihre Bewunderung für die humanistische deutsche Kultur als auch ihre Abscheu gegenüber der nationalsozialistischen Barbarei anzuvertrauen. Sie war Lehrerin in Oradour-sur-Glane und verbrannte dort mit ihren Schülern in der Kirche. »[…] dort, wo man Bücher verbrennt, verbrennt man am Ende auch Menschen«, schrieb ihr geliebter Heine.

Ich halte, wenn auch viel seltener als früher, immer noch Vorträge in den USA oder in Buenos Aires, dort auf Einladung der Präsidentin in Erinnerung an meine Protestaktion im Argentinien der Obristen im Jahr 1977, außerdem in Italien, Belgien, Holland und Israel. Es sind immer sehr kurzfristige Reisen. In jüngerer Zeit bin ich vor allem in Deutschland und Österreich aktiv und setze mich für verschiedene Belange ein: 1993 beispielsweise gegen die Abschiebung der Roma nach Rumänien und in das ehemalige Jugoslawien oder für ein Verbot der NPD. Ich habe Initiativen wie die von Lea Rosh zur Errichtung des Berliner Holocaust-Denkmals unweit des Reichstags unterstützt.

Im Januar 2012 waren die Würfel in puncto Präsidentschaftskandidatur gefallen. Die Wahl sollte am 18. März stattfinden. Die Kandidatur von Pastor Joachim Gauck, dem ehemaligen Leiter der Stasi-Unterlagenbehörde, wurde von CDU, SPD, FDP und Grünen unterstützt.

Die Linke, die am Gedenken an die Opfer der Nazis festhielt, legte Wert auf eine symbolische Kandidatur. Die Parteiführung vertrat zwei Strömungen – die des ehemaligen Kanzlerkandidaten Oskar Lafontaine und die von Gregor Gysi, einem der letzten Mitglieder der DDR-Führung und Fraktionsvorsitzender der Linken im Bundestag. Die stellvertretende Parteivorsitzende Gesine Lötzsch, eine Vertraute Gysis, erklärte, wenn sie zu entscheiden hätte, würde sie sich eine Frau wie Beate Klarsfeld als Präsidentin wünschen, deren persönlichen Mut und Engagement sie bewundere. Ein Journalist des *Spiegel* fragte mich, ob ich kandidieren würde, falls ich von der Linken vorgeschlagen würde. Instinktiv sagte ich sofort »Ja«, weil ich mich an meine Verurteilung zu einem Jahr Gefängnis erinnerte und auf den langen Weg zurückblickte, den Deutschland und ich seit 1968 zurückgelegt hatten.

Ein weiterer Grund war, dass ich den Willen zur Säuberung von Naziherrschaft und Naziverbrechen in der Bundesrepublik repräsentierte, während Joachim Gauck für den Kampf für die bürgerlichen Freiheiten in der DDR und die Aufklärung der Stasi-Verbrechen stand. Damit stünden sich ein Mann und eine Frau gegenüber, die jeweils eine Seite der deutschen Nachkriegsgeschichte verkörperten.

Nachdem die Medien bekannt gegeben hatten, dass ich mich als »moralische Person« und nicht als »Politikerin« zur Verfügung stellen würde, beschloss Die Linke am 27. Februar 2012, mich als Kandidatin zu nominieren. Beate Klarsfeld gegen Joachim Gauck – ein ungleiches Duell, das Deutschland jedoch zur Ehre gereichte. Zwischen uns bestand keinerlei Animosität, sondern viel Sympathie.

Am 17. März 2012 waren wir alle vier, Serge, Arno, Lida und ich, in Berlin – in Begleitung unserer Gruppe von Freunden der Söhne und Töchter. Am Abend veranstaltete Die Linke eine große Versammlung. Am Sonntagmorgen brachte eine riesige Limousine Serge und mich mit Polizeieskorte zum ökumenischen Gottesdienst in der Friedrichstadtkirche im Französischen Dom, wo sich die ganze politische Klasse Deutschlands versammelt hatte. Serge und ich waren die Ersten, die von Angela Merkel begrüßt wurden. Im Reichstag waren die Abgeordneten und Delegierten der Länder zusammengekommen. Für unsere Gruppe hatte man einen Salon reserviert; alle genossen diesen Augenblick, weil jeder von uns im Lauf unserer Demonstrationen und illegalen Aktionen in Deutschland mindestens einmal festgenommen worden war und weil abgesehen von mir jeder von uns Vater oder Mutter in Auschwitz verloren hatte.

Für die Söhne und Töchter war diese Kandidatur ein großer Moment. Gauck wurde mit über 900 Stimmen gewählt, während ich 126 erhielt, doch das Wesentliche hatten wir erreicht. Für mich war es ein persönlicher Erfolg und die offizielle Bestätigung – wenn es denn einer bedurft hätte –, dass der von mir eingeschlagene Weg der richtige war, denn er hatte mich vom Gefängnis bis zu dieser offiziellen Anerkennung der moralischen Werte geführt, die ich unablässig verteidigt hatte.

SERGE

Die Frage des Raubes jüdischen Eigentums und der den Waisen geschuldeten Entschädigung

Arisierung und Raub jüdischen Eigentums hatten ein solches Ausmaß, Rückgabe und Entschädigung waren so kompliziert und unvollständig, dass es mir gegen Ende der 1970er-Jahre unmöglich erschien, Forderungen zu stellen, auch wenn sie noch so berechtigt waren. Am meisten betroffen war ich, dass es für die Waisen deportierter Eltern, die jüngsten Opfer, die jede Aufmerksamkeit verdient hätten, keine Entschädigungszahlungen gab: Frankreich hatte sie mittellos gelassen.

Mein Standpunkt war klar: Wir konnten nichts erreichen, solange die Franzosen nicht genug über das Schicksal der Juden während der deutschen Besatzung und unter dem Vichy-Regime wussten. Das setzte voraus, dass unser Engagement für Gerechtigkeit und Erinnerung Erfolg hatte. Es hat viele Jahre gedauert; sie waren vorüber. Da ich wusste, was Jacques Chirac am 16. Juli 1996 im Vélodrome d'Hiver sagen würde und dass er nicht allein die Verantwortung des »Französischen Staats« von Vichy, sondern ganz Frankreichs anerkennen würde, wollte ich unsere Forderungen schon am Tag zuvor stellen, damit sie durch die Rede ihr volles Gewicht erhielten.

Die Untersuchung der »Arisierung« war fünfzig Jahre danach so kompliziert, dass nur eine Kommission diese Aufgabe übernehmen konnte. Ich besaß ein unveröffentlichtes Dokument, das ich 1982 bei meinen Recherchen im Archiv der Polizeipräfektur aufgestöbert hatte, den Bericht über die Auflösung der Konten und Schließfächer des Lagers Drancy, erstellt durch Maurice Kiffer, den mit der Finanzverwaltung des Lagers beauftragten Beamten der Polizeipräfektur. Jeder Internierte musste alle Geldbeträge und Wertgegenstände, die er bei sich hatte, bei seiner Einlieferung abgeben. Insgesamt wurden 24 Millionen Franc beschlagnahmt, wobei die illegalen Durchsuchungen im Sommer 1942, als viele Juden aus der freien Zone verhaftet wurden, nicht berücksichtigt sind, die von der habgierigen Polizei für Judenfragen durchgeführt wurden; sie führte keine Bücher, und alles, was sie fand, wanderte in die Tasche ihrer Agenten. Kiffer hatte über 12 Millionen Franc an die Caisse des dépôts et consignations überwiesen; die beschlagnahmten Wertgegenstände und Schmuck wurden in der Banque de France deponiert.

1994 teilte ich diese Tatsachen der Banque de France mit, die keine Spur irgendeines Depots fand, sondern nur von der Anmietung dreier Safes durch die Polizeipräfektur wusste. Diese wiederum teilte mir mit, der Inhalt der Safes sei »vor 1950« der Verwaltung des Staatsbesitzes im Finanzministerium übergeben worden. Die Caisse des dépôts et consignations hatte ich schon 1990 alarmiert; ihr Direktor hatte seinen Berater Pierre Saragoussi, Sohn von Deportierten und später Erster Vorsitzender der Fondation pour la mémoire de la Shoah (Stiftung für die Erinnerung an die Shoah), mit einer gründlichen Untersuchung beauftragt, zu der ich hinzugezogen wurde. Sie kam zu dem Ergebnis, dass der größte Teil der aus dem Besitz der in Drancy beraubten Juden stammenden Depots nicht zurückerstattet worden war, ebenso wenig wie die weit bedeutenderen beweglichen Güter und Immobilien, die aufgrund der antisemitischen Maßnahmen des Vichy-Staats beschlagnahmt worden waren.

Am Samstag, dem 15. Juli 1995, am Tag vor Jacques Chiracs Rede im Vélodrome d'Hiver, veröffentlichte Annette Lévy-Willard in der *Libération* einen ganzseitigen Artikel mit dem Titel »Der vergessene Raub des jüdischen Eigentums der Deportierten«, der sich auf die Enthüllungen aus dem Bericht von Maurice Kiffer stützte, wonach die konfiszierten Juwelen und Wertgegenstände nach dem Krieg dem Schatzamt übergeben wurden. »Serge Klarsfeld hielt es für an der Zeit, ein weiteres düsteres Kapitel des Vichy-Staates aufzuschlagen«, und zwar das des geraubten jüdischen Eigentums – ein Kapitel, das es mir später ermöglichte, für alle von Altersarmut bedrohten Waisen der jüdischen Deportierten eine bescheidene Rente zu erreichen, die sie vor dem Elend bewahrte.

Im März 1996 richtete ich einen langen Brief an den Präsidenten der Republik:

Diese jüdischen Kinder, die Vater oder Mutter oder beide durch die Deportation aus Frankreich verloren haben und die nach der Geburt von ihren aus dem Ausland stammenden Eltern zu französischen Staatsbürgern erklärt wurden, haben nicht nur emotional und materiell unter dem plötzlichen Verlust gelitten, der sie in allen Bereichen ihrer Existenz schwer benachteiligte; auch sie selbst waren Opfer der Verfolgung durch Hitlerdeutschland und Vichy: gehetzt und gejagt von der Gestapo, den Polizisten und Gendarmen, mit dem Judenstern auf der Brust, dem Stempel »Jude« auf Ausweispapieren und Lebensmittelkarten versuchten sie, voller Schrecken und Angst und Kummer über den Verlust der Eltern zu überleben, wenn sie wie durch ein Wunder den Verhaftungen entgangen waren, um am Ende bewusst von jeder Entschädigung durch Deutschland, das direkt an sie bezahlen wollte, aber nicht durfte, und durch Frankreich ausgeschlossen zu werden, das sich nicht um sie kümmerte, vielleicht weil sie noch zu schwach waren, ihre Rechte durchzusetzen.
Als Vorsitzender einer Vereinigung, in der sich eine größere Zahl dieser heute zwischen 50 und 71 Jahre alten Kinder zusammengeschlossen haben, kann ich versichern, dass unter ihnen vielfach materielle Not herrscht. Viele haben sich nicht von den Schlägen erholt, die ihnen zugefügt wurden, und konnten ihr Leben nicht so führen, wie es verlaufen wäre, wenn die Nationalsozialisten und Vichy ihnen nicht Vater, Mutter und oft auch Brüder und Schwestern genommen hätten […]. Deshalb haben wir, Monsieur le Président de la République, zu handeln beschlossen, damit diese Kategorie von Opfern, die schon in der Kindheit oder als Jugendliche hätten entschädigt werden müssen, dies im dritten Lebensalter nun endlich auch wird.
[…] Ich habe den Vorsitzenden der wichtigsten jüdischen Einrichtungen und Organisationen unsere Sorge mitgeteilt, dass diese jüdischen Kinder, die nicht entschädigt wurden, eine bescheidene Rente erhalten, die mindestens der eines politischen Häftlings entspricht. Eine solche Maßnahme würde es diesen Personen ermöglichen, in Würde und mit dem moralischen Trost alt zu werden, dass sie von Frankreich nicht mehr vernachlässigt werden – von dem Moment an, in dem den Franzosen dank dem Mut ihres Präsidenten klar wurde, dass das, was von Vichy begangen wurde,

auch im Namen eines gewissen Frankreich begangen worden ist, das von einem anderen Frankreich abgelehnt wird: von Ihrem, von unserem.

Jacques Chirac antwortete mir: »Hinsichtlich der von Ihnen geforderten Entschädigung zugunsten der zu französischen Staatsbürgern erklärten Kinder, die überlebt haben, aber den Verlust eines Elternteils oder allzu oft beider Eltern zu beklagen hatten, habe ich Ihre Argumente zur Kenntnis genommen und gebe sie an die Regierung weiter.« Diese Antwort nahm die Entscheidung nicht vorweg, die die Regierung von Alain Juppé treffen sollte – ob sie unsere Forderung unterstützen würde oder nicht.

Wir kämpften für die übergroße Mehrheit der Waisen und Deportierten und im Interesse der Allgemeinheit, nicht für Almosen für eine kleine Gruppe. Aber wir hatten es mit einer intoleranten Verwaltung und unflexiblen Kommissionen zu tun.

Angesichts der Fragen nach dem geraubten jüdischen Eigentum betraute Alain Juppé am 5. Februar 1997 Jean Mattéoli, den Präsidenten des Wirtschafts- und Sozialrats, einen ehemaligen Widerstandskämpfer und Deportierten, mit der Aufgabe, die Umstände zu untersuchen, unter denen es geraubt worden war, den Umfang des staatlichen Raubes abzuschätzen, festzustellen, was aus den Besitztümern und den Inventurlisten geworden war, und Vorschläge zu formulieren, was mit den Besitztümern geschehen sollte, die sich im Besitz juristischer Personen französischen Rechts befanden.

Wir waren zu siebt in der Kommission, die Jean Mattéoli geschickt leitete; sein guter Wille war nicht zu bezweifeln, auch wenn er die Gewohnheit hatte, jüdische Geschäfte als »Buden« zu bezeichnen, und im Verfahren gegen Maurice Papon zu dessen Gunsten aussagte. Ich war in dieser Kommission isoliert, der einzige Vertreter dieser Forderung, die offen gesagt keines der Kommissionsmitglieder interessierte – abgesehen von Professor Steg, auf dem schon so viel Verantwortung lastete. Ich hatte mir das noch unerforschte Gebiet der Besitztümer ausgesucht, die man den Zehntausenden von Juden geraubt hatte, die in den zahlreichen Lagern der Provinz interniert waren. So war ich berechtigt, in den Archiven der einzelnen Departements alle noch nicht »zugänglichen« Akten über die Festnahme und über Transporte von Juden einzusehen, sie zu fotokopieren und in die neue Ausgabe von 2012 des *Mémorial de la déportation* aufzunehmen. Und sei es nur, um die vielen Tausend Lücken in den persönlichen Daten der von Vichy aus der freien Zone an die Deutschen ausgelieferten Deportierten zu füllen, brauchte ich Listen, immer mehr Listen, die ich mit den Nachnamen der Deportierten abgleichen musste, bei denen oft Geburtsdatum, -ort und sogar der Vorname fehlte. Ich musste also kompilieren können, wieder und wieder – ein Fass ohne Boden.

Ich war begeistert: Ich konnte einen Beitrag für die Kommission leisten, und ich erledigte ihn gründlich. Ich war in der Lage, für mich unschätzbare Dokumente aufzuspüren und zusammenzutragen, die es mir ermöglichten, ein unersetzliches Werk zu schaffen, denn außer den vollständigen und exakten persönlichen Daten jedes der fast 80 000 Opfer fand ich die Adresse bei ihrer Verhaftung und die Zwischenstation, die sie vor der Deportation durchlaufen hatten. Schließlich konnte ich trotz der Schwierigkeiten bei Namensgleichheit viele Familien wieder vereinen, die durch die verschiedenen Transporte auseinandergerissen worden waren. So viele Stunden flogen dahin wie Minuten – in Agen, Lille, Carcassonne, Perpignan, Montpellier, Arras, Grenoble, Limoges, Tulle, Foix, Nizza, Guéret, Marseille, Périgueux, Melun, Gap, Toulouse, Pau, Montauban, Moulins, Vesoul oder Châlons … Ich musste all diese Unterlagen so schnell wie möglich genau anschauen, ohne irgendetwas Wichtiges zu übersehen; auch die Details beim Raub der Besitztümer dieser unglücklichen internierten und meist dem Tod geweihten Juden exzerpieren: die Depots, die Durchsuchungen, die Konfiskationen, das in den Lagern ausgegebene Geld, die bei der Verhaftung zurückgelassenen und dann versteigerten Wertsachen, deren Erlös an die Organisation »Secours national«, auch »Winterhilfe des Marschalls« genannt, zur Unterstützung der deutschen Armee ging oder von habgierigen Polizisten und Zivilisten unterschlagen wurde.

Die drei Jahre, in denen die Kommission tätig war, waren anstrengend. Im Dezember 1997 und im Februar 1999 wurden Zwischenberichte veröffentlicht, im Frühjahr 2000 folgte der Abschlussbericht. Insgesamt gab der Verlag *La Documentation française* neun Untersuchungen heraus, die einen wertvollen Beitrag zur Kenntnis der Lebensbedingungen der Juden in dieser tragischen Periode leisten.

Ich nahm 1998 an der Konferenz von Washington teil und reiste mit dem Vorsitzenden des CRIF nach New York, um den großen jüdischen Organisationen in Amerika unseren Standpunkt einer »französischen« Lösung zu erläutern. Wir machten deutlich, dass die jüdische Gemeinde Frankreichs in dieser Sache keine äußere Einmischung wünschte.

Die Situation analysierte ich in einer Ende 1998 verfassten und an die Kommission gerichteten Note folgendermaßen:

> Derzeit wird die Kommission von drei Gruppen unter Druck gesetzt. Die erste ist die organisierte jüdische Gemeinde in Frankreich; sie wünscht, dass eine französische Stiftung (mit führenden Persönlichkeiten der Gemeinde an der Spitze) befugt werden sollte, das Manna der nicht zurückerstatteten Güter zu verteilen. Die zweite ist der Jüdische Weltkongress, der wünscht, dass die Verfügungsgewalt internationalen Fonds oder einer internationalen Stiftung (mit führenden Persönlichkeiten großer jüdischer Organisationen an der Spitze) übertragen wird, die das Manna ganz oder teilweise nach Belieben verteilen würde. Die dritte Gruppe schließlich besteht aus den wahren Opfern der Shoah, die niemals »berücksichtigt« worden sind und wünschen, dass der Staat und niemand sonst dafür zuständig sein sollte, die moralische und materielle Schuld direkt an sie in Form einer lebenslangen Entschädigung zu begleichen. Sie warten seit 40 Jahren darauf und hoffen dringend auf ein etwas besseres Dasein, damit sie ihre Tage nicht bis ans Ende in materieller Not zubringen müssen.
> Es erscheint mir problematisch, wenn die Kommission beschließt, noch ein weiteres Jahr zu warten, ohne der Regierung einen konkreten und vernünftigen Vorschlag zu machen.

Vor dem zweiten Zwischenbericht war damit zu rechnen, dass die Frage der Waisen darin nicht behandelt werden würde, daher unterstrich ich meine Argumentation noch einmal.

Ich unterbreitete der Kommission den folgenden Text, den sie der Regierung als eine ihrer Empfehlungen vorlegen sollte: »Unter diesen Umständen fordert die Kommission, dass die Situation der Kinder von ermordeten französischen Deportierten – ungeachtet ihrer Staatsangehörigkeit und ihres Wohnorts – berücksichtigt wird und geeignete Maßnahmen zur Folge hat, insbesondere eine lebenslange

Entschädigung für diejenigen unter ihnen, die in diesem Zusammenhang noch keine Entschädigung erhalten haben.«

Anfang Januar 1999 bat ich um ein Treffen mit Jean Mattéoli. Er empfing mich in seinem Büro im Wirtschafts- und Sozialrat, dessen Vorsitzender er war. Schon vorher hatte ich ihm einen kurzen und deutlichen Brief geschickt, in dem ich ihn bat, meinen Vorschlag zu unterstützen. Am Ende unseres Gesprächs, nachdem ich mit meinem Ausscheiden aus der Kommission und einer öffentlichen Kampagne gedroht hatte, sicherte er mir zu, meine Forderung zu unterstützen. Die vierte und letzte Empfehlung des Berichts vom 12. Januar 1999 betraf die Situation der Waisen. Bis auf einige Wörter unterschied sie sich nicht von meinem Vorschlag.

Im Februar 1999 bat ich in einem Leitartikel für die Zeitschrift unserer Organisation die Söhne und Töchter der Deportierten darum, jeder Einzelne solle »in einem Brief an den Premierminister [seine] Kindheit, Jugend und Existenz als Waise der Deportation beschreiben, [deren] Eltern größtenteils von der französischen Polizei verhaftet worden waren. Als Waise, die eine furchtbare Tragödie durchlebt hatte, deren Schockwelle sich bis zum letzten Atemzug auswirken wird und [ihr] einen ungeheuren emotionalen und materiellen Schaden zufügte, der [sie] ein ganzes Leben lang belastet hat. Ihr müsst deutlich machen, dass ihr Opfer seid und nicht Überlebende, die man mit den Worten abspeist: ›Ihr habt großes Glück gehabt, dass ihr davongekommen seid.‹ Es war kein Glück, ohne Vater, ohne Mutter oder ganz ohne Verwandte dazustehen! Und wie viele Waisen wurden nicht gerade wegen dieses ›Glücks‹ beschuldigt, überlebt zu haben, während ihre Eltern nicht entkommen konnten! Schreibt all das, schildert ganz einfach, aber nachdrücklich, mit den eigenen Worten und der eigenen Sensibilität, was ihr erlitten habt und was diese ›lebenslange Entschädigung‹ für euch in eurem dritten Lebensabschnitt bedeuten würde – eine materielle, aber auch eine moralische Wiedergutmachung, weil ihr das zugrunde liegende Unrecht nicht nur den deutschen Nazis verdankt, sondern auch deren Mittätern, dem Französischen Staat Philippe Pétains.«

Im Mai 1999 wandte ich mich an den Kabinettschef von Premierminister Lionel Jospin, der wie sein Vorgänger Alain Juppé der Kommission jede notwendige Unterstützung gewährte: »Da ich die Haltung der Regierung zu dieser Empfehlung – über die wahrscheinlich noch nicht entschieden worden ist – noch nicht kenne, hingegen weiß, dass das Staatssekretariat des Veteranenministeriums in dieser Frage für eine zurückhaltende Position eintritt, würde ich Ihnen gern persönlich erläutern, inwiefern die Lösung des Problems des Raubes jüdischen Eigentums insgesamt vor allem davon abhängt, ob die Waisen der deportierten Juden entschädigt werden oder nicht.«

In der Zwischenzeit erreichten uns Hunderte, durchwegs bewegende Briefe von Waisen deportierter Juden, welche die furchtbare Enttäuschung darüber belegten, dass ihre tragische Situation nicht berücksichtigt wurde, obwohl ein Abgrund klaffte zwischen denen, die ihre Eltern bei der Befreiung wiedergefunden haben, und denen, deren Eltern verhaftet worden waren und die monatelang, jahrelang und in ihren Träumen bis heute auf sie gewartet haben. Ich stellte eine Auswahl von 277 der eindrucksvollsten Briefe zusammen. Wir veröffentlichten sie und verteilten sie im September an alle Abgeordneten und an die Regierung.

In einer Note, die der Regierung am 4. Januar 1999 überreicht wurde, zählte ich noch einmal auf, welche Vorteile die Anwendung dieser Empfehlung auf die Waisen hätte, und schloss: »Ohne dass eigens ein Gesetz erlassen werden müsste, wäre dies eine würdige, großzügige, leicht verständliche und für alle akzeptable Maßnahme der Regierung, unstrittig wegen der Tragödie, der sie entspricht, und leicht umzusetzen. Man kann sicher sein, dass sie die Proteste entschärfen und sowohl in Frankreich als auch im Ausland begrüßt werden wird. Sie wird der Drai-Kommission den Weg ebnen und zugleich ein günstiges Klima für die Regelung der juristischen Auseinandersetzungen in den USA schaffen.«

Die Drai-Kommission war auf Empfehlung der Mattéoli-Kommission geschaffen worden, um individuelle Entschädigungsansprüche zu prüfen und geeignete Maßnahmen vorzuschlagen. Darüber hinaus gründete die Mattéoli-Kommission eine Stiftung für die Erinnerung an die Shoah, deren Kapital aus Mitteln stammte sollte, die nicht an Personen oder vollständig ausgelöschte Familien zurückgegeben werden konnten. Ich blieb äußerst wachsam: Anlässlich eines Empfangs am 16. Juni 1999 bat ich Dominique Strauss-Kahn, den damaligen Finanzminister, um seine unerlässliche Unterstützung. Er entgegnete: »Vergessen Sie es; anschließend wären es die Harkis und die Waisen der Résistance …« Ich publizierte seine Antwort, was ihm zutiefst missfiel; doch zu unserem Glück musste er infolge einer Affäre zurücktreten. Am 6. Oktober 1999 akzeptierte sein Nachfolger Laurent Fabius prinzipiell die Entschädigung der Waisen.

Am 23. September 1999 schrieb mir Premierminister Lionel Jospin:

> Mit beachtlicher Courage vermittelt jeder dieser Briefe einen Teil des von Kindern erlebten Schreckens – Kindern, die wie durch ein Wunder gerettet wurden, aber immer noch gebrochen sind.
> Wie Sie wissen, verfolge ich die Situation der durch die Deportation Verwaisten sehr aufmerksam. Ich habe eine Untersuchungskommission beauftragt, die Empfehlungen zu prüfen, die der Regierung von der Mattéoli-Kommission im zweiten Zwischenbericht vorgelegt wurden. Sobald mir die Ergebnisse vorliegen, werde ich über die lebenslange Entschädigung entscheiden. Mir ist bewusst, wie sehr die Zeit drängt. Ich hoffe, dass die Frage in diesem Herbst entschieden wird.
> Ich begrüße Ihr Engagement für Erinnerung und Gerechtigkeit und versichere Sie meiner vorzüglichen Hochachtung.

Am 25. Oktober 1999 wurde der Untersuchungsbericht zur »Entschädigung der Witwen und Waisen der aus Frankreich deportierten Juden« veröffentlicht. Der Bericht war sehr lang (fast 200 Seiten) und verworren. Was die abschließende Bemerkung betraf, so würde sie, falls Lionel Jospin sie ernst nahm, das Aus für diese Entschädigung bedeuten: »Dennoch ist zu betonen, dass die Empfehlung des Mattéoli-Berichts auf praktische Schwierigkeiten stößt …«

Am Tag vor der Entscheidung des Premierministers veröffentlichte ich einen Leitartikel im FFDJF-Bulletin vom 7. November 1999. Hier Auszüge, die meinen Gemütszustand widerspiegelten:

> Ich habe beschlossen, diesen Leitartikel in der Stunde größter Anspannung zu schreiben – am Vorabend des Tages, an dem wir erfahren werden, ob der Premierminister den Waisen der jüdischen Deportation

eine lebenslange Entschädigung zugesteht oder nicht. In diesem Moment bin ich entsetzlich hin- und hergerissen zwischen Hoffnung und Angst. Seit vier Jahren setze ich mich für die unerlässliche Entschädigung der letzten noch nicht entschädigten Opfer ein, die noch immer Tag für Tag unter dem Unglück leiden, das ihnen von den deutschen Nationalsozialisten mithilfe des Französischen Staats von Vichy zugefügt wurde.
Die Matteoli-Kommission hat sich am Ende meinen Argumenten angeschlossen und diese Entschädigung empfohlen. Die Regierung hat eine kleine Kommission geschaffen, um die Möglichkeiten der Umsetzung dieser Empfehlung zu erkunden. Diese kleine Kommission hat ihren Bericht am 25. Oktober vorgelegt.
Morgen werde ich wissen, ob wir in innerem Frieden altern können. Das wird nur dann der Fall sein, wenn ich weiß, dass jede Waise sicher sein kann, so viel zu erhalten, dass sie nicht in Not und Verzweiflung versinkt. Ich wage nicht daran zu denken, dass der Premierminister eine gerechte, legitime und doch so bescheidene Bitte grausam ablehnen wird. Sollte das der Fall sein, werden wir so energisch reagieren, wie wir das bei jeder Wendung all der Fälle getan haben, die wir zu regeln hatten. Falls hingegen die Regierung diese Schuld begleicht, werden wir zu Protokoll nehmen, dass Frankreich in der Person seines Präsidenten am 16. Juli 1995 und in der Person seines Ministerpräsidenten am 13. November 1999 den Mut hatte zu sagen, was gesagt werden musste, und zu tun, was getan werden musste.
Erleichterung oder Enttäuschung, in einigen Stunden werden wir Bescheid wissen, doch die Angst in mir bleibt stärker als die Hoffnung.

Am 13. November 1999, beim Diner des CRIF, verkündete Lionel Jospin, dessen Sensibilität und Charakterstärke alle Einwände und Widerstände der Inspekteure überwunden hatten, seine Entscheidung:

Ich bin der Überzeugung, dass die besondere Lage der Waisenkinder der Deportation, die den Schmerz erlebt haben, einen Elternteil und sehr oft beide Eltern zu verlieren, und die Schwierigkeit, Jude zu sein in einem Land, in dem ihnen Verhaftung und Deportation drohten, 50 Jahre danach eine der Republik würdige Antwort verlangt. Deshalb habe ich entschieden, dass die Waisen der deportierten Juden Frankreichs entweder in Form eines Kapitalbetrags oder einer monatlichen

Rente Nutznießer einer Geste werden sollen, welche die Verpflichtung anerkennt, die wir ihnen gegenüber haben. Die notwendigen Maßnahmen zur Umsetzung dieses Entschädigungsverfahrens werden in den kommenden Monaten von der Regierung vorbereitet werden [...].

Andere Opfer, die Waisen der während der Deportation umgekommenen Widerstandskämpfer, protestierten gegen die Maßnahme, die zu unseren Gunsten ergriffen werden sollte, oder forderten, dass sie ihnen ebenfalls zugestanden wurde. Ich erklärte ihnen geduldig, dass unser Fall Vorrang hatte, weil auch wir wie unsere Eltern Ziele der Gestapo und der Vichy-Behörden gewesen waren; die Waisen der Widerstandskämpfer konnten erst dann in diese Maßnahme einbezogen werden, wenn sie für uns in die Praxis umgesetzt worden war. So kam es tatsächlich.

Im Lauf der nächsten Monate wuchs meine Angst, als ich feststellte, dass das feierliche Versprechen des Premierministers folgenlos blieb. Wochen und Monate vergingen. Kein Erlass wurde veröffentlicht. Am 30. Juni war immer noch nichts geschehen. Ich war überzeugt, dass der uns betreffende Erlass, wenn er nicht vor dem 16. Juli 2000 erschien, niemals zustande kommen würde. Der mit seiner Abfassung beauftragte Berater war Robert Gelli. Am 30. Juni schrieb ich David Kessler, dem Berater Lionel Jospins:

Gestern während des Empfangs in den Salons des Hôtel Matignon sprach ich mit Monsieur Gelli. Dabei gewann ich den Eindruck, dass man sich nicht darüber im Klaren ist, dass der 16. Juli, der nationale Gedenktag an die Razzia des Vélodrome d'Hiver, ein Stichtag für die Veröffentlichung des Erlasses ist. Falls diese Veröffentlichung nicht bis zum 13. Juli stattgefunden hat, werde ich gezwungen sein, öffentlich zu folgendem Thema zu protestieren:
»Der Premierminister hat Mitte November von einigen Wochen gesprochen; neun Monate später wurde dieses feierliche Versprechen noch immer nicht eingelöst.« Das ist wirklich das Letzte, was ich tun wollte! Und doch ... kann man denn die letzten Unebenheiten nicht glätten? Ich bin bereit, Ihnen die sichersten Wege zu zeigen, um die letzten Dispositionen treffen.

Am 4. Juli immer noch nichts. Dieses Mal schrieb ich an den Kabinettschef des Premierministers, Olivier Schrameck. Mein Brief war noch eindringlicher und präziser, was meine Reaktion auf das Ausbleiben eines Erlasses anging.

Am 13. Juli wurde der Erlass im Amtsblatt veröffentlicht – in meiner Fassung, die zuvor von der interministeriellen Kommission abgelehnt worden war. Er sah eine lebenslange Rente von 3000 Franc oder eine Pauschalsumme von 180 000 Franc für jede Waise von Deportierten vor.

In Zusammenarbeit mit der inzwischen sehr kooperativen Verwaltung des Veteranenministeriums organisierte ich die Anträge auf Entschädigung systematisch, welche die Waisen mit unserer kostenlosen Hilfe stellen würden. Im Herbst 2001 hatte das Veteranenministerium schon über 11 500 Fälle bearbeitet – ein außergewöhnlicher Erfolg, der auf das einfache Verfahren zurückzuführen war. Im November 2001 stellte ich die Frage nach einer Anpassung der Rente an den Lebenshaltungskostenindex. Dass unser Sohn seit 2008 im Kabinett des Premierministers François Fillon tätig war, erleichterte es, die permanente Bindung an den Index zu erreichen, die ich bei dessen Vorgängern Jean-Pierre Raffarin und Dominique de Villepin nicht hatte durchsetzen können.

Dank dieser Maßnahme beläuft sich die lebenslang an jede Waise ausgezahlte Rente heute auf 540 Euro und wird nicht jedes Jahr weiter schrumpfen. Wir hatten Arno viel zu verdanken, und das sagte ich den Söhnen und Töchtern, als ich ihnen die gute Nachricht verkündete:

> Eine schwierige, wenn nicht unmögliche Mission, und doch eine erfolgreiche Mission. Das verdanken wir Arno weit mehr als mir. Erinnert euch: Er war der erste Mitstreiter von Beate und mir; 1969, mit drei Jahren, warf er Tomaten auf Kanzler Kiesinger und biss die ehemaligen Nazis, die ihm die Hand gaben. Mit sechs wäre er, wenn er die für uns bestimmte, mit Sprengstoff präparierte Zuckerdose geöffnet hätte, gestorben. Er war in Miltenberg, beim Prozess in Köln, ab 1978 in Auschwitz, in Rostock, in Wien, wo er verhaftet wurde, als er die Rolle Waldheims als Nazioffizier spielte. Wie oft habe ich ihn geschickt, um etwas in Gang zu setzen oder in Auschwitz, Koblenz oder Budapest Fotos der Shoah wiederzufinden! Welche Fülle an juristischen Ratschlä-

gen hat er mir in entscheidenden Momenten gegeben: für meine Plädoyers im Barbie-Prozess, für die Beendigung von François Mitterands Blumengabe für Philippe Pétain oder bei der Unterminierung der Autorität des Vorsitzenden am Cour d'assises von Bordeaux! Wie oft ist er nach Israel gereist, wo er als israelischer Staatsbürger seinen Wehrdienst ableistete! Wie oft hat er sich mit Richtern angelegt, mit Anwälten der Verteidigung und selbst mit denen der Nebenkläger in den von uns gewonnenen Verfahren gegen Touvier und Papon, wo er es war, der uns im Sitzungssaal gegen eine Meute schwarzer Roben vertrat, die wegen unserer unnachgiebigen Haltung außer sich war! Wie viel hat er zudem gearbeitet, um bei keinem Examen durchzufallen und mit seiner Promotion beim nationalen Wettbewerb in den USA besser als Tausende amerikanischer Anwälte abzuschneiden! Ein stets für alle Aufgaben zur Verfügung stehender Sohn, ob es nun darum ging, meine so schlecht geschriebenen Texte für unsere Bulletins zu transkribieren und zu erfassen, oder darum, diesen oder jenen Schritt in die Wege zu leiten. 1993 habe ich ihm deshalb mein mir liebstes Werk gewidmet, *Le Calendrier de la persécution des Juifs en France:*

»Meinem Vater Arno Klarsfeld und meinem Sohn Arno Klarsfeld gewidmet
Der eine hat mir das Leben geschenkt,
Sein Leben für das meine geopfert und meinem Leben einen Sinn gegeben;
Der andere, dem ich das Leben geschenkt habe,
Ist so tapfer, dass er den Kurs halten wird.«

Beate und ich haben die soziale Aktion für die Waisen von Deutschland aus verfolgt. Ich wollte für all diese vielen tausend Personen oder einen Teil von ihnen die finanziellen Mittel auftreiben, die es ihnen ersparen würden, zu Sozialfällen zu werden. Im April 2009 trafen Beate und ich in Bonn die für die Verhandlungen mit der Jewish Claims Conference verantwortlichen Beamten des deutschen Finanzministeriums. Wir hatten detaillierte Argumente, die ihnen verständlich machten, dass jedes jüdische Kind in Frankreich jederzeit verhaftet und deportiert werden konnte, dass alle in Angst lebten, selbst wenn sie zur Schule gingen und ein fast normales Leben zu führen schienen, dass ihr Leben in jedem Augenblick bedroht war, dass sie, wenn sie nach Hause zurückkamen, vielleicht ihre Eltern nicht mehr antrafen und sie selbst im Unterricht von deutschen Polizisten verhaftet werden konnten. Die deutsche Regierung durfte daher, vor allem von den Waisen, nicht mehr den Beweis verlangen, dass sie volle 18 Monate »unter unmenschlichen Bedingungen« wie in Osteuropa zugebracht hätten. Vom Sommer 1942 bis zum Sommer 1944 lebten die jüdischen Kinder in Frankreich zwei Jahre lang unter ebenfalls unmenschlichen Bedingungen.

Unsere Gesprächspartner stimmten sehr schnell der Aufhebung der Bestimmung zu, dass gemäß dem deutsch-französischen Abkommen vom 15. Juli 1960 bereits entschädigte Kinder keinen Anspruch auf eine Rente der Jewish Claims Conference mehr erheben konnten. Wir kamen jedes Jahr wieder, um dieses Anliegen in Bonn vorzutragen – die Beamten waren verständnisvoll, aber oft durch unangreifbare Vertragstexte gebunden. Wir blieben hartnäckig, und heute gibt es zahlreiche Söhne und Töchter, deren Waisenrente durch eine Rente der Jewish Claims Conference aufgebessert wird. Nicht zu vergessen, dass auch soziale Einrichtungen der jüdischen Gemeinde, eingerichtet und großzügig finanziert von der Stiftung zur Erinnerung an die Shoah (FMS), in der ich seit 14 Jahren Verantwortung trage, den Überlebenden der Shoah auf den letzten Etappen ihres Lebensweges Beistand leisten.

Schließlich hat auch die von der Regierung nach den Empfehlungen der Mattéoli-Kommission geschaffene Drai-Kommission eine nicht unerhebliche finanzielle Entschädigung beigesteuert – für all unsere Waisen, die sich wegen der bei der Verhaftung ihrer Eltern beschlagnahmten materiellen Güter, der Plünderung ihrer Wohnungen oder ihrer Arbeitsmittel an sie gewandt haben.

Dieser Kampf, der uns so sehr am Herzen lag und einen langen Atem erforderte, hat uns die unendliche Genugtuung und Erleichterung verschafft, dass keiner der Nachkommen der Deportierten ins Elend stürzen wird.

Ritter des guten Gedächtnisses

Zum 50. Jahrestag des von der Vichy-Regierung am 3. Oktober 1940 eingeführten Judenstatuts hatte ich im französischen Senat ein denkwürdiges Kolloquium organisiert, und zum 70. Jahrestag machte ich der Öffentlichkeit den frisch ans Licht gekommenen Entwurf dieses Judenstatuts bekannt, der von Pétain eigenhändig überarbeitet und verschärft worden war. Dieses Dokument bewies die entscheidende Rolle Pétains bei der Abfassung dieses Statuts und verriet den tiefen Antisemitismus des Marschalls, von dem man bis dahin gedacht hatte, dass er sich an der Ausarbeitung dieses Statuts nicht beteiligt habe.

Der amerikanische Historiker Robert Paxton meinte dazu: »Das ist eine sehr wichtige Entdeckung, eine Entdeckung, die den Blick auf diese Zeit verändert. [...] In der Öffentlichkeit, in seinen Reden trat Pétain nicht als Antisemit auf. Die meisten Historiker, auch ich, dachten bis jetzt, Pétain habe sich in der Frage des Umgangs mit den Juden gleichgültig gezeigt und die Ausarbeitung dieser Maßnahmen den radikalen Antisemiten in seinem Umfeld überlassen. Pétain, so dachte man, habe selbst nicht aktiv eingegriffen.«

Dieser Entwurf des Judenstatuts wurde dem Mémorial de la Shoah in Paris von einem anonymen Spender überlassen. Er wurde von den beiden kompetentesten Gerichtsgutachtern für echt befunden. Der Anteil des Marschalls an diesem schändlichen Statut steht außer Zweifel:

1. Pétain ergänzte die Liste der Gerichte und Rechtsprechungsorgane, von denen die Juden ausgeschlossen waren, um die Friedensgerichte und die den Juden verbotenen Mandate um »alle durch Wahl zustande gekommenen Versammlungen«, was ihnen vor allem die Möglichkeit nahm, zu Abgeordneten, Senatoren, Bezirks- oder Stadträten und Bürgermeistern gewählt zu werden.
2. Pétain weitete das Berufsverbot für Juden auf »alle Mitglieder der

Lehrkörper« aus, obwohl die Verfasser des Statuts dieses Verbot zunächst nur für Rektoren, Schulräte für Grundschulen, Schulleiter von Gymnasien und Leiter von Grund- und Oberschulen vorgesehen hatten.

3. Pétain strich einen für die Juden sehr wichtigen Passus, der »die Nachfahren von gebürtigen oder vor 1860 eingebürgerten Juden« von dem Statut ausnahm. Diejenigen, die immer noch behaupten, dass Pétain die französischen Juden schützen wollte, sollten bedenken, dass er persönlich diesen Passus strich, obwohl die Deutschen Vichy in keiner Weise zur Einführung eines Judenstatuts gedrängt hatten und ihre eigenen, am 27. September 1940 ergriffenen Maßnahmen die Erfassung der Juden und der jüdischen Unternehmen in der besetzten Zone betrafen.
4. Pétain schloss diese antijüdischen Maßnahmen mit der wiederum eigenhändig ergänzten Ankündigung ab, dass »die sie rechtfertigenden Beweggründe« im Amtsblatt veröffentlicht werden würden.

So wurde die Parteidoktrin des Antisemitismus im Oktober 1940 freiwillig und ohne deutsches Drängen die offizielle Doktrin der französischen Regierung; ein staatlicher Antisemitismus, der den Juden die Schuld für alles Schlechte gab, sie für Krise, Krieg und Niederlage verantwortlich machte, der darum bemüht war, die Juden zu diskriminieren, sie zu Bürgern dritter Klasse zu machen, zu politisch, gesellschaftlich und wirtschaftlich Ausgestoßenen, der ihnen Arbeit und Auskommen nahm und sie auch gründlich ihrer Habseligkeiten beraubte; ein ausgrenzender und besitzergreifender Antisemitismus, der sich trotz mancher Bedenken außerstande sah, dem deutschen Vernichtungs-Antisemitismus seine tätige Mithilfe zu verweigern, als die Gestapo im Juni 1942 mit den Deportationen nach Osten die »Endlösung« einleitete.

Nachdem ich 2010 Pétains Antisemitismus aufgedeckt hatte, musste ich 2011 einschreiten, als das Komitee für nationale Gedenkfeiern anlässlich des 50. Todestages von Louis-Ferdinand Céline seinen Namen auf die Liste der zu Feiernden setzen wollte.

Ich intervenierte bei Staatspräsident Nicolas Sarkozy, und innerhalb von achtundvierzig Stunden war die Liste der Gedenkfeiern für das Jahr 2011 eingestampft. Sofort war wieder von einer »jüdischen Lobby« die Rede.

Célines literarisches Genie verhinderte nicht, dass seine politische Gesinnung schändlich war; ebenso verhinderte Pétains militärischer Ruhm nicht, dass er Frankreich in die Kollaboration trieb. Weder Célines literarisches Genie noch Pétains militärisches Können steht hier infrage, sondern der Gebrauch, den sie davon gemacht haben.

2012 wurden Kinder einer jüdischen Grundschule kaltblütig ermordet. Ich war empört und alarmiert, mit Blick auf die Geschichte aber auch gelassen, weil ich wusste, dass wir mit den Jahrhunderten gelernt haben, nicht mehr nur die Täter zu feiern, sondern auch die Opfer zu würdigen.

2014 entbrannte in Frankreich eine Debatte über Éric Zemmours Buch *Le Suicide français*, in dem er behauptete, die Rettung der französischen Juden sei Pétain zu verdanken. Eine Behauptung, die schon bei den Prozessen gegen die politisch Verantwortlichen von Vichy von ihren Anhängern aufgestellt worden war. Anhand zahlreicher, in vielen Fällen unveröffentlichter Dokumente, zu denen ich Zugang erhielt, konnte ich ein Gebiet erforschen, das diejenigen, die es nur oberflächlich betrachtet hatten, nicht kannten.

Die Vichy-Regierung trug die Verantwortung für das Überleben der 190 000 französischen und der 130 000 ausländischen in Frankreich lebenden Juden. Das Judenstatut vom Oktober 1940 war die freiwillige Demonstration eines tiefsitzenden und gefährlichen ausländerfeindlichen Antisemitismus des neuen Regimes, das damit auf diesem Gebiet den Deutschen Konkurrenz machte. Die Razzien, die 1941 in Paris durchgeführt wurden, rüttelten die durch die militärische Niederlage noch abgestumpften Pariser nicht auf.

Am 11. Juni 1942 entschieden die Deutschen über die Umsetzung der »Endlösung« in Westeuropa. Am 16. Juni stimmte René Bousquet, der Generalsekretär der Polizei des Vichy-Regimes, einer ersten Lieferung von 10 000 ausländischen und als staatenlos geltenden Juden aus der freien Zone zu. Am 25. Juni leitete Theo Dannecker, Chef des Pariser Judenreferats, zusammen mit Jean Leguay, Bousquets Stellvertreter in der besetzten Zone, die Maßnahmen ein, die erforderlich waren, um in der besetzten Zone das benötigte Juden-Kontingent zu verhaften, damit ab dem 13. Juli drei Züge pro Woche rollen konnten. Dannecker wusste, dass die deutsche Polizei zu wenig Leute hatte, um Razzien durchführen zu können, die zudem die französische Öffentlichkeit gegen die Deutschen aufbringen würden. Dannecker erwartete von Leguay einen konkreten Vorschlag, wie in Paris und den Banlieues 22 000 Juden zwischen 16 und 40 Jahren verhaftet werden könnten, davon 40 Prozent Franzosen.

In der Ministerratssitzung vom 26. Juni kam Laval auf die Judenfrage zu sprechen und betonte, dass sie in Deutschland extrem hart gelöst werde und »die französische Öffentlichkeit derlei Maßnahmen in Frankreich kaum hinnehmen würde, wo dieses Problem nie derart brennend war«. Er kündigte an, die Juden in Frankreich erfassen zu lassen, damit die französischen von den ausländischen Juden unterschieden werden könnten. Am 2. Juli fand in Frankreich ein Treffen zwischen den SS-Führern Oberg, Knochen, Lischka und Hagen sowie Bousquet statt, der zunächst erklärte, dass Laval sich auf Betreiben Pétains dafür ausgesprochen habe, dass die Besatzungstruppen und nicht die französische Polizei die Razzien in der besetzten Zone durchführen müssten und die französische Polizei nur die Verhaftung der ausländischen Juden in der freien Zone vornehmen würde. Doch am Ende der Besprechung willigte Bousquet ein, dass die französische Polizei die Razzien in ganz Frankreich durchführen und das von den Deutschen geforderte Juden-Kontingent liefern würde. Dieser Beschluss wurde von Pétain und Laval am 3. Juli im Ministerrat bestätigt.

Bei einem Treffen von Bousquet und Darquier mit Knochen und Dannecker am 4. Juli verkündete Bousquet Pétains und Lavals Zustimmung zum Abtransport zunächst einmal der staatenlosen Juden in der besetzten und der freien Zone. Bousquet hatte also Pétains und Lavals Bedenken ausgeräumt und französische Polizeikräfte für den Einsatz gegen die staatenlosen Juden in der besetzten und der freien Zone abgestellt. Damit nahm er zwar die französischen Juden, vor allem die in Frankreich geborenen, zunächst aus der Schusslinie. Aber der beste Schutz der französischen Juden wäre die Weigerung gewesen, die ausländischen Juden zwecks Deportation zu verhaften.

Am selben Tag verbürgte sich Laval in Paris gegenüber Oberg und Knochen für diesen Beschluss. Zudem schlug er die Deportation der ausländischen Familien jeden Alters in der freien Zone vor und überließ den Deutschen die Entscheidung über die Deportation der Kinder, deren Eltern verhaftet und deportiert worden waren, Kinder, deren eingetragene Staatsbürgerschaft meist die französische war. So kam es dazu, dass dreitausend Kleinkinder deportiert wurden, ohne ihre Eltern, die zwei oder drei Wochen vor ihnen deportiert worden waren.

Innerhalb von elf Wochen, zwischen dem 17. Juli und dem 30. September 1942, wurden 33 000 von der französischen Polizei verhaftete Juden deportiert, und bis Ende des Jahres 42 000 weitere, davon 6500 mit französischer Staatsbürgerschaft.

Gebremst wurde die massive Kooperation französischer und deutscher Behörden in der Judenfrage durch den Druck, den die Kirchen und die französische Bevölkerung auf Vichy ausübten, vor allem wegen der Razzien und der Deportation von Familien aus der freien Zone.

Die französischen Juden wurden also entweder von den Deutschen selbst und ihren französischen Helfershelfern verhaftet oder durch die französische Polizei, wie im Januar 1943 in Marseille, im Februar 1943 bei der Razzia in rund dreißig Departements der ehemals freien Zone oder im Januar 1944 in Bordeaux.

Insgesamt fielen etwa 25 000 französische Juden der Shoah zum Opfer: ein Drittel französische Kinder ausländischer Eltern, ein Drittel eingebürgerte Franzosen und ein Drittel gebürtige Franzosen, von denen ein Viertel in Nordafrika und drei Viertel in Frankreich geboren waren.

Der Vichy-Staat hat mit seiner Unterstützung des Dritten Reichs bei der Durchführung der »Endlösung« ein Verbrechen begangen. Die Tatsache, dass weniger französische als ausländische Juden unter den Opfern waren, ist weder eine Entschuldigung noch eine Rechtfertigung.

Die strafrechtliche Verfolgung der Naziverbrecher ist noch nicht zu Ende

Die in jüngster Zeit in Deutschland eröffneten Strafverfahren gegen noch lebende Beteiligte an der »Endlösung« und den Massenmorden an Zivilisten sind die letzte Etappe der juristischen Aufarbeitung der NS-Verbrechen. Die Planer der Judenvernichtung sind heute alle tot. Nur einige der damals etwa zwanzigjährigen Befehlsempfänger leben noch, die heute um die neunzig oder älter sind. Die deutsche Gesellschaft, die heute endlich mehr über die Naziverbrechen weiß als vor einem halben Jahrhundert, will die NS-Verbrecher verurteilen, bevor sie wegsterben, doch das ist äußerst schwierig: Sie müssen körperlich und geistig in der Lage sein, sich zu verteidigen, und die gegen sie erhobenen Vorwürfe müssen bewiesen werden, was in ihrem Fall selten gelingt, weil ihre Verbrechen, die das Fundament des NS-Terrors bildeten, nicht in Berichten oder Dokumenten auftauchen.

Im Fall von John »Iwan« Demjanjuk, der nachweislich Wachmann im Vernichtungslager Sobibor war, dehnte die deutsche Justiz den Schuldbegriff aus: Wenn der Angeklagte Teil eines Systems war, dessen Verbrechen bewiesen sind, konnte er schuldig gesprochen werden, ohne selbst ein Verbrechen begangen zu haben. So wurde Demjanjuk, auch ohne dass ihm eine konkrete Tat nachgewiesen wurde, zu fünf Jahren Haft verurteilt. Sein Anwalt legte Berufung ein, aber da Demjanjuk vor dem Berufungsverfahren starb, ist das Urteil rechtsgültig geblieben.

Der Bundesgerichtshof hat sich zu dieser Ausweisung des Schuldbegriffs noch nicht geäußert; ich für meinen Teil lehne sie ab, ich bleibe dabei, dass nicht der Angeklagte seine Unschuld beweisen muss, sondern die Anklage seine Schuld. Allerdings muss in jedem Fall sorgfältig geprüft werden, ob Beweise für eine persönliche Tatbeteiligung vorliegen. Im Fall Demjanjuk wollten wir erreichen, dass das Münchner Landgericht die von uns vertretenen Kinder von Deportierten der Transporte vom 23. und 25. März 1943 nach Sobibor als Zivilkläger zuließ. Das wurde abgelehnt, weil nicht sicher war, dass Demjanjuk, der seinen Posten als Wachmann am 25. März 1943 angetreten hatte, an der Tötung jener Deportierten beteiligt war, die am 26. und 28. März in Sobibor eintrafen.

Im Fall Hans Lipschis, Wachmann in Auschwitz II-Birkenau, als der Transport vom 23. Juni 1943 aus Frankreich eintraf, verwehrte uns die Stuttgarter Staatsanwaltschaft 2013 die Akteneinsicht, falls wir keine Zivilkläger präsentierten. Wir warteten ab. Am 27. Februar 2014 lehnte das Landgericht Ellwangen die Eröffnung des Hauptverfahrens ab, da der 94-jährige Lipschis sich nicht mehr angemessen verteidigen könne.

Ebenfalls 2014: der Fall Werner Christukat, ehemaliger Schütze bei der Waffen-SS, von der Staatsanwaltschaft Dortmund angeklagt, am

10. Juni 1944 am Massaker von Oradour-sur-Glane mitgewirkt zu haben, bei dem 642 Dorfbewohner von der 2. SS-Panzer-Division »Das Reich« ermordet wurden. Frankreich hatte einige der an dem Massaker beteiligten Deutschen und Elsässer vor Gericht gestellt und verurteilt. Auch die DDR hatte einen SS-Offizier dieser Einheit vor Gericht gestellt und verurteilt. Nur die Bundesrepublik hatte keinen der Beteiligten vor Gericht gestellt, obwohl ihr die Unterlagen dieser Einheit vorlagen und obwohl der Divisionschef und Generalleutnant der Waffen-SS Heinz Lammerding Chef eines großen Düsseldorfer Transportunternehmens war. Im französischen Fernsehen hatte Christukat behauptet, er sei über das Massaker entsetzt gewesen, er habe sich ferngehalten und sich in keiner Weise beteiligt, diese Gräueltat habe ihm sein ganzes Leben vergällt. Es klang sehr überzeugend, und ich war geneigt, ihm zu glauben, sagte aber zu Beate: »Ich glaube ihm, mit einer Einschränkung: Wir müssen wissen, ob er, bevor er nach Oradour kam, in der Sowjetunion war. Wenn nicht, glaube ich ihm, wenn doch, gehe ich gegen ihn vor, dann hat er gelogen.« Denn in der Sowjetunion waren Massaker an der Zivilbevölkerung an der Tagesordnung.

Im April 2014 erfuhr ich, dass Werner Christukat 1943 in der Ukraine stationiert und 1942 in Riga gewesen war. Ich beantragte meine Wiederaufnahme in die Pariser Anwaltskammer und präsentierte dem Landgericht Köln, wo die Hauptverhandlung, sofern sie eröffnet würde, stattfinden sollte, zwei Zivilkläger. Wäre es zur Hauptverhandlung gekommen, hätten sich die Söhne und Töchter der deportierten Juden Frankreichs fünfunddreißig Jahre nach dem Prozess in Köln ein weiteres und letztes Mal auf den Weg dorthin gemacht.

Die historische Wahrheit darf man nicht verbiegen

Es ist oft nicht leicht, die Wahrheit herauszufinden, aber noch schwerer ist es, sie bei den Historikern und in der Öffentlichkeit durchzusetzen. Das zeigt der Fall der Füsilierten vom Mont Valérien, bei dem dies erst nach weit über zwanzig Jahren gelang. 1987 hatten mein Freund Léon Tsevery, einst Mitglied der FFI, und ich darauf hingewiesen, dass nicht 4500 Männer in dieser Festungsanlage erschossen wurden, wie es seit 1960 in den Gedenkstein aus Granit auf der Lichtung der Füsilierten gemeißelt steht, sondern 1007. So erklärte Präsident Sarkozy dort am 23. Februar 2008: »Zwischen Februar 1941 und August 1944 fielen hier über tausend Männer den Kugeln des Feindes zum Opfer.« Und Präsident Hollande nannte am 21. Februar 2014 auf dem Vorplatz der Festung dieselbe Zahl.

Nur widerstrebend und erst nach und nach räumten die für das Gedenken an die Toten vom Mont Valérien zuständigen Stellen ein, dass diese falsche Zahl 1960 angegeben worden war, um der Stimmung in der Öffentlichkeit und den Beschwörungen der Politiker Rechnung zu tragen, und korrigierten sie. Doch die offiziellen Angaben blieben auch weiterhin mehrdeutig und ließen Raum für Zweifel, wo es keinen mehr gab. Gegenüber der Kapelle der Füsilierten steht der Hinweis: »Nach dem Krieg wurde die Zahl der Erschossenen auf 4500 geschätzt. Bei Nachforschungen in französischen und deutschen Archiven stieß man auf etwas mehr als 1000 Namen.« Unausgesprochen heißt das: Die 3500 weiteren Namen wurden noch nicht gefunden. Es gibt zahlreiche Beispiele dieser Mehrdeutigkeit, die darauf abzielt, die Bilanz von 4500 Opfern aufrechtzuerhalten, und die ein falsches Bild von der deutschen Repressionspolitik bestehen lässt, deren Entwicklungen ich 1979 in dem Buch *Le Livre des otages* dargestellt habe: Der Militärbefehlshaber Frankreich und der SS- und Polizeiführer in Paris stellten im Dezember 1941 und im Oktober 1942 fest, dass die massiven Vergeltungsmaßnahmen durch Hinrichtungen in Frankreich keine Wirkung zeigten, und beschlossen, Widerstandskämpfer und Regimegegner nach Deutschland zu deportieren, statt sie in Frankreich zu töten.

Bis 2009 gab es kein Foto einer Hinrichtung auf dem Mont Valérien. Dabei befand sich mindestens seit 2003 eine Akte mit drei solchen Fotos im Établissement de communication et de production audiovisuelle de la Défense (E.C.P.A.D.) im Fort d'Ivry. Eines davon erschien 2003 in einem u. a. vom französischen Verteidigungsministerium herausgegebenen Buch, die Bildunterschrift lautete: »Nachgestellte Erschießung auf der Lichtung des Mont Valérien, vermutlich für deutsche Propagandazwecke«. Ein Unteroffizier der Feldgendarmerie, Clemens Rüther, hatte diese Fotos am 21. Februar 1944 heimlich gemacht, nachdem er die zum Tode Verurteilten der Manouchian-

Gruppe zum Mont Valérien begleitet hatte. 1985 hatte Rüther diese Fotos auf einer Pilgerreise nach Rom einem Freund anvertraut, Karl Forster, der sie an das Franz-Stock-Komitee weiterleitete. Ein Forscher des E.C.P.A.D., der unser 1995 erschienenes Buch über die 1007 Füsilierten und die Akte mit den drei Fotos kannte, bestätigte uns, dass wir den zeitlichen Ablauf der Erschießungen genau wiedergegeben hatten und man anhand dessen die Gewehrsalven, die an jenem Tag fünfundzwanzig Widerstandskämpfer, davon die dreiundzwanzig der Manouchian-Gruppe, getötet hatten, rekonstruieren könne. Am 8. Dezember 2009, wenige Tage vor unserer jährlichen Gedenkfeier am 13. Dezember für die auf dem Mont Valérien erschossenen Juden, leitete ich die Fotos an AFP weiter.

So habe ich der Geschichte der deutschen Repression die zu diesem Zweck ergriffenen Maßnahmen, die Zahl der Erschossenen und authentische Aufnahmen von den Hinrichtungen hinzugefügt.

Diesen Kampf um die Wahrheit musste ich auch auf anderen Schlachtfeldern führen, zum Beispiel was die Rolle der Schweiz angeht.

Seit fünfzehn Jahren widerspreche ich den offiziellen Angaben, die die Schweiz zur Zahl der von ihr zurückgewiesenen Juden macht und die die Öffentlichkeit übernommen hat, und bin oft dafür kritisiert worden. Auch hier wird sich dank äußerst genauen Forschungsarbeiten wie derjenigen der Historikerin Ruth Fivaz-Silbermann die Wahrheit durchsetzen.

Am 10. Dezember 1999 veröffentlichte die aus unabhängigen Sachverständigen bestehende Bergier-Kommission ihren Bericht »Die Schweiz und die Flüchtlinge zur Zeit des Nationalsozialismus«. Zwei Zahlen hätten im Mittelpunkt dieser historischen Untersuchung stehen müssen: die der Juden, die illegal die Schweizer Grenze überquerten und als Flüchtlinge aufgenommen wurden, und die der Juden, die von der Schweiz zurückgewiesen wurden. An der ersten Zahl, 21214, ist nicht zu rütteln, weil die fraglichen Personen als Juden registriert wurden. Die zweite Zahl indessen bleibt unklar: Laut Bericht »gab es von Januar 1940 bis Mai 1945 an der Grenze nachweislich 24500 Zurückweisungen, diese Zahl muss jedoch als unterer Grenzwert betrachtet werden, wenngleich eine genaue Berechnung angesichts der Quellenlage schwierig ist … Der genauesten Schätzung zufolge wurden während des Kriegs nachweislich in insgesamt 24398 Fällen

Flüchtlinge zurückgewiesen.« Diese Zählung differenziert allerdings nicht zwischen Zurückweisungen und Zurückgewiesenen, deren jeweilige Zahlen bei weitem nicht übereinstimmen, weil manche Menschen mehrmals versucht haben, über die Grenze zu kommen. Sie beziffert auch nicht den Anteil der Juden an der tatsächlichen, noch unbekannten Gesamtzahl der Zurückgewiesenen. Dennoch hielt man an der Zahl 24 000 fest und setzte sie mit der Zahl der zurückgewiesenen Juden gleich. So entnahm die Welt diesem Bericht, dass die Schweiz zwischen 1939 und 1945 21 000 »illegale« jüdische Flüchtlinge aufgenommen, aber 24 000 zurückgewiesen hat.

Seit dem deutschen Überfall auf Polen wurden die Zugangswege in die Schweiz von deutschen und österreichischen Polizisten so scharf überwacht, dass Juden aus dem Deutschen Reich geringe Chancen hatten, die Schweizer Grenze zu überqueren oder sich ihr auch nur zu nähern. Der Bergier-Bericht erwähnt nur sehr wenige Versuche, in dieser Zeit und in diesem Gebiet die Grenze zu überqueren, und die meisten von ihnen endeten noch vor Erreichen der Schweizer Grenze mit Verhaftungen. Von den aus Italien kommenden Juden schafften es etwa 6000 in die Schweiz, weniger als 500 wurden zurückgewiesen und von diesen höchstens die Hälfte deportiert.

Angesichts der geringen Zahl von Juden – kaum mehr als tausend –, die zwischen September 1939 und Mai 1945 an der deutsch-schweizerischen und der italienisch-schweizerischen Grenze zurückgewiesen wurden, muss die übergroße Mehrheit der von der Schweiz zurückgewiesenen Juden aus Frankreich gekommen sein. Wäre das der Fall, wären die von mir genannten Zahlen über die Herkunft der 76 000 aus Frankreich deportierten Juden falsch. Die Historikerin Ruth Fivaz-Silbermann und das Staatsarchiv Genf haben nachgewiesen, dass etwa die Hälfte der 21 500 in die Schweiz geflohenen Juden über die Genfer Grenze gekommen sind; von diesen offiziell insgesamt 10 661 Juden wurden 884 zurückgewiesen, von denen wiederum 127 deportiert oder ohne Gerichtsverfahren ermordet wurden. Insgesamt wurden in den an die Schweiz grenzenden französischen Departements Territoire de Belfort, Doubs und Jura weit unter tausend Juden verhaftet, viele von ihnen waren dort ansässig und wurden zu Hause verhaftet und nicht bei dem Versuch, in die Schweiz zu gelangen. Die Gesamtzahl der von der Schweiz zurückgewiesenen Juden liegt meines Erachtens wahrscheinlich unter 3000.

Der Unterschied zwischen der mythischen Zahl, die den Ruf der Schweiz schädigt, und der tatsächlichen Zahl ist sehr groß, was nichts daran ändert, dass die Zurückgewiesenen bedauernswert waren, von denen manche von der Schweizer Polizei in den Straßen von Genf verhaftet wurden und wenige Tage später in Auschwitz waren, und dass einigen Grenzposten mangelndes Mitgefühl vorgeworfen werden kann, weil sie sich nicht über ihre Anweisungen hinweggesetzt haben.

Im Krieg war die Schweiz für die Juden eine der wenigen Oasen der Freiheit und des Muts in Europa, weil die Schweizer Armee die Grenzen bewachte, das Deutsche Reich keinen Überfall auf die Eidgenossen wagte und nur wenige Schweizer die pronationalsozialistischen Rechtsextremen wählten.

Die vorherrschenden Schweiz-Klischees – Neutralität, die feigem Egoismus gleichkommt, reichlich Geld und Überfluss, während die kriegführenden Länder darben mussten – wurden auch gegen das Fürstentum Monaco verwendet, wo Fürst Louis II. und Staatsminister Émile Roblot (dieses Amt bekleidete immer ein von Frankreich ernannter Franzose) beschuldigt wurden, Hunderte von Juden an die Polizei von Vichy ausgeliefert zu haben. Die Wirklichkeit sah ganz anders aus, wie eine gründliche Untersuchung zeigt, die Fürst Albert II. von Monaco in Auftrag gab, der 2006 eine unabhängige Kommission mit Nachforschungen zum Raub jüdischen Eigentums in Monaco betraut hat.

In Monaco hat es keinen staatlichen Raub wie in Vichy-Frankreich gegeben, der Fürst und das monegassische Parlament hatten ihn abgelehnt. So sprach die Kommission nur denjenigen, die aufgrund ihrer Verhaftung im Fürstentum deportiert worden waren, eine Entschädigung zu. Auf einer Gedenktafel, die 1993 auf meine Bitte von Fürst Rainier auf dem jüdischen Friedhof von Monaco angebracht worden war, hatte ich die Zahl der Deportierten auf 87 geschätzt. Eine erneute Untersuchung im Jahr 2014 durch unsere Expertenkommission kam auf insgesamt 92 Deportierte, von denen 16 außerhalb des Fürstentums verhaftet worden waren. Von den 250 Juden, die 1941 offiziell als Einwohner Monacos oder Besitzer einer Aufenthaltserlaubnis erfasst worden waren, sind zehn deportiert worden, von denen nur fünf in Monaco verhaftet worden waren. Die Rechtsnachfolger, die sich gemeldet oder die wir ausfindig gemacht haben, wurden entschädigt. Die von der Vichy-Regierung veranlasste Razzia gegen ausländische

Juden war das Ergebnis eines Beschlusses, den der monegassische Interims-Staatsminister Bernard unter starkem Druck des französischen Konsuls Jeannequin und in Abwesenheit von Fürst Louis II. und Staatsminister Roblot gefasst hatte, die nicht konsultiert worden waren.

Eine weitere Person, die weit mehr in Misskredit geraten ist, als sie verdient: Papst Pius XII. Der Papst war damals eine moralische Autorität und trug die Verantwortung für die einzige oppositionelle Kraft im von den Nazis beherrschten Europa. Die Kirche hatte ihre eigenen Kommunikationsnetzwerke. In Deutschland, das muss betont werden, waren die katholische Kirche und ihre Gläubigen die wirkliche Opposition gegen Hitler, selbst nach seiner Wahl zum Reichskanzler, während die Protestanten sich massenhaft dem Führer anschlossen.

Am 27. Dezember 1939 notierte Goebbels in sein Tagebuch: »Der Papst hat zu Weihnachten geredet. Voll von sehr scharfen, verdeckten Angriffen gegen uns, gegen das Reich und den Nationalsozialismus.« Goebbels nannte ihn gelegentlich auch »Judenpapst«.

Die Arbeiten der Historiker, die schon zahlreich zutage geförderten und fortlaufend ergänzten Archivunterlagen werden zeigen, was dieser Papst wirklich getan hat, der mehr durch Taten als durch Worte wirkte. Rom ist ein konkretes Beispiel dafür: Bei der unerwarteten, brutalen Razzia vom 16. Oktober 1943 wurden zwar 1200 Juden verhaftet, aber 7000 weitere fanden Zuflucht in den religiösen Einrichtungen der Stadt. Für jene, die nicht zurückkehrten, ist das eine schreckliche Bilanz. Aber die Kirche trug dazu bei, einen großen Teil der jüdischen Bevölkerung Roms zu retten.

Papst Pius II. kämpfte um die Selbstbehauptung des Christentums gegen die atheistischen Totalitarismen, sei es der Kommunismus oder der Nationalsozialismus. Nach dem Krieg half er beim Aufbau Europas. Mir ist sehr bewusst, dass ich von der Rolle des Papstes profitiere, dem wir die Christdemokratie verdanken, die Männern wie Alcide de Gasperi in Italien, Konrad Adenauer in Deutschland, Robert Schuman in Frankreich die Möglichkeit, die Kraft, den moralischen Antrieb gab, die Nationalismen zu überwinden und ein neues Europa zu schaffen. Und ich habe das Glück, Teil dieses freien Europa zu sein.

Leider konnte man Hitler, nachdem er gewählt worden war und seine Machtbefugnisse zügig ausgebaut hatte, nichts mehr entgegensetzen. Man hätte ihn stoppen müssen, als die politisch Verantwortlichen in den großen demokratischen Staaten noch hätten einschreiten können, etwa als das linke Rheinufer wieder besetzt und remilitarisiert wurde, als Hitler die internationalen Abkommen verletzte, als er ins Sudetenland einmarschierte.

Doch niemand protestierte damals wirkungsvoll, auch wir nicht, die Juden. Die Juden Europas sind nicht nach Deutschland gekommen, um zu demonstrieren und den deutschen Juden zu helfen.

Das Spiel war von dem Moment an aus, als der Krieg begann, auch wenn dessen Ausgang nicht abzusehen war. Hitler wollte nicht, dass »der Jude« ihn überlebte, den er aus ideologischen und emotionalen Gründen zum Feind erklärt hatte. Also räumte er, als es in seinen Augen nötig wurde, den Judenzügen Vorrang vor den kreuz und quer durch Europa rollenden Militärkonvois ein, weil sein ultimatives Ziel, seine Obsession, noch der Schlusssatz seines politischen Testaments der »unbarmherzige Widerstand gegen den Weltvergifter aller Völker, das internationale Judentum« war.

Ein weiterer noch ungeklärter Streitpunkt ist die Frage, welche Rolle die SNCF bei den Deportationen gespielt hat. Arno und ich haben die SNCF öffentlich verteidigt, die in Frankreich auf Entschädigungszahlungen verklagt wurde und gegen die in den USA bis heute geklagt wird. Dieselben Kläger sind allerdings während unserer Kampagnen gegen die Hauptnaziverbrechen nie in Erscheinung getreten. Fakten lassen sich immer unterschiedlich interpretieren, aber wenn man Fakten verändert, um ein bestimmtes Ziel zu erreichen, leugnet man Tatsachen und verfälscht die Vergangenheit. Die SNCF hat den deutschen und französischen Behörden nie ihre Dienste beim Abtransport der Verhafteten angeboten. Und viele Eisenbahner haben sich als Résistancekämpfer hervorgetan.

In den USA klagten im Dezember 2001 Angehörige von Opfern der »Endlösung« in Frankreich gegen die SNCF. Ihre Argumentation: Die SNCF, während des gesamten Krieges unter »privater Kontrolle«, habe »aus freien Stücken« mit dem »deutschen Naziregime kollaboriert«, indem sie »aus Profitgründen die Deportationszüge bereitgestellt« und »die Deportierten bis zu den Vernichtungslagern transportiert« habe; die Eisenbahner hätten »die Deportierten auf dem Bahnsteig beraubt« und dann »so viele jüdische Familien wie nur möglich in Viehwaggons gepfercht«; so hätten sie dafür gesorgt, dass die »Deportierten auf dieser schrecklichen Fahrt nach Auschwitz ohne Wasser, Nahrung und sanitäre Einrichtungen« blieben. Bei der Rückkehr der Todeszüge hätten die Eisenbahner »die Waggons gereinigt, indem sie jene herausholten, die wegen der grässlichen Transportbedingungen darin gestorben waren«. Daher habe sich die SNCF eines »Verbrechens gegen die Menschheit« schuldig gemacht.

Diese Behauptungen widersprechen der historischen Wahrheit. Sie beschmutzen das Andenken der 1647 Eisenbahner, die erschossen oder deportiert wurden; sie lassen die Rolle der deutschen Behörden und des Vichy-Regimes außer Acht und schmälern die Verantwortung derer, die mit der Deportation der Juden in Frankreich betraut waren.

Die SNCF war unbestreitbar ein staatliches Unternehmen unter Kontrolle des Vichy-Staats und der deutschen Behörden. Sie wurde für jeden Transport jüdischer Internierter dienstverpflichtet, wie im Übrigen auch viele Einzelpersonen oder Firmen, deren Fahrzeuge der zuständige Präfekt für den Transport verhafteter Juden in ein Sammellager des Departements oder der Region beschlagnahmte, bevor sie nach Drancy überstellt wurden. Unter diesen Umständen hat die SNCF die jüdischen Internierten entweder in Güterwaggons transportiert, so etwa im Sommer 1942 10 000 Juden aus der freien Zone, oder aber in Personenwaggons, so meist 1943 und 1944. Diese Requirierungen waren ein Akt staatlicher Autorität, dem die SNCF weder sich selbst noch die Waggons, die Lok, den Fahrer oder seinen Mechaniker entziehen konnte.

Die Züge für die Deportationen waren Züge der Reichsbahn, wie u. a. ein Vermerk vom 28. Juli 1942 von Heinz Röthke, von Juli 1942 bis August 1944 Leiter des Judenreferats in Paris, zeigt: »Eine Umladung der Juden aus dem unbesetzten Gebiet ist erforderlich, weil die Juden ab Drancy mit den von der Wehrmachtverkehrsdirektion bereitgestellten *deutschen* Güterwagen abtransportiert werden müssen.«[42] In den zahlreichen Unterlagen, die zwischen den Judenreferaten in Berlin und Paris hin- und hergingen, wird die SNCF nie erwähnt: Die Züge wurden immer vom Reichsverkehrsministerium gestellt. Keiner der überlebenden Deportierten, die über ihren Abtransport berichtet haben, gab der SNCF oder den französischen Eisenbahnern die Schuld. Nicht sie nahmen das »Verladen« vor, weder bei den Überstel-

[42] Klarsfeld, *Vichy-Auschwitz*, a. a. O., S. 446.

lungen in die Internierungslager noch bei den Deportationen. Ersteres taten die Gendarmen, Mobilgardisten oder lokale Polizeikräfte, Letzteres SS-Männer, Soldaten oder deutsche Polizisten. Die Behauptung, dass die Durchsuchung der Deportierten Aufgabe der SNCF-Angestellten war, ist eine Lüge. Röthkes Vermerk sagt es ganz klar: »Außerdem sind sämtliche Juden, die nach Auschwitz abgeschoben werden, vor dem Abtransport genauestens körperlich zu untersuchen.«[43]

In den Aussagen der Überlebenden tauchen die Eisenbahner als diejenigen auf, die die Nachrichten der Deportierten an ihre Familien weiterleiteten. Manchmal konnten sie auch eingreifen und Deportierte retten. Kann man den Eisenbahnern vorwerfen, dass sie die Gleise nicht sabotiert haben? Damit hätten sie eine Katastrophe riskiert, und um bewusst Leben zu opfern und andere dafür zu retten, hätten sie ganz sicher sein müssen, dass die deportierten Juden an der Endstation der Tod erwartete. Die französischen Eisenbahner kamen aber nie über die französisch-deutsche Grenze hinaus.

Entgegen den Behauptungen der Kläger wurde die SNCF von den Deutschen für ihre Mitwirkung an den Deportationen nicht bezahlt. Schon als am 15. Juni 1942 im RSHA die Deportation der Juden aus Frankreich beschlossen wurde, ging man davon aus, dass »Transportkosten sowie Kopfgeld (ca. 700,– RM pro Jude) [...] vom französischen Staat getragen werden«[44] mussten. Man beschuldigt die SNCF, mit den Deportationen große Gewinne gemacht zu haben. Wäre das der Fall, so wäre es natürlich, legitim und gerecht, wenn die SNCF sie zurückgäbe. Es gab aber keine Gewinne, weil es keine Bezahlung gab. Die einzigen Zahlungen, von denen wir heute wissen, sind die der Gestapo an das Deutsche Reisebüro an der Place de l'Opéra, auf der Grundlage der Waggonzahl des Deportationszugs, multipliziert mit 336 Kilometern (die Entfernung von Drancy zur Grenze), multipliziert mit 18 Franc pro Kilometer.

Dieser Fall wirft im Grunde die Frage auf, wann ein Verbrechen gegen die Menschheit vorliegt. Wenn Mitwirkung genügt, haben sich die Sekretärin, die die Listen getippt hat, der Gendarm, der Verhaftungen vorgenommen hat, der Eisenbahner, der die Weichen gestellt hat, eines Verbrechens gegen die Menschheit schuldig gemacht; sie alle

43 Ebd.
44 Ebd., S. 411.

sind Glieder einer Kette. Nun lässt sich mit diesem Bild zwar der Ablauf des Verbrechens beschreiben, nicht aber die strafrechtliche Verantwortung ermitteln. Um diese beurteilen zu können, müssen der Grad der Beteiligung, das Bekenntnis zum gemeinschaftlichen Plan, das Maß eigenständigen Handelns, das Wissen um die Situation der Opfer berücksichtigt werden. Die Entscheidungsträger tragen eine Verantwortung, die diejenigen, deren Aufgabe zwar unerlässlich, aber nicht personengebunden war und die den starken Kettengliedern untergeordnet waren, nicht haben. Die SNCF unterstand dem Staat; als dienstverpflichtetes staatliches Unternehmen war sie automatisch beteiligt.

Das besondere Merkmal derer, die wegen Verbrechen gegen die Menschheit oder Beihilfe dazu vor Gericht gestellt und verurteilt wurden, ist die Macht, über die sie verfügten, um Verbrechen zu initiieren. Verbrechen, die sie in ihren Positionen, in denen antijüdische Aktionen oberstes Ziel waren, anordnen konnten (Kurt Lischka, Herbert Hagen, Ernst Heinrichsohn, Klaus Barbie, Paul Touvier) oder mit deren Durchführung sie auf Weisung ihrer Regierung betraut waren (Maurice Papon). Dokumente belegen, dass die Organisationen, die im Nürnberger Hauptkriegsverbrecherprozess für kriminell erklärt wurden – die NSDAP, der SD, die Gestapo und die SS –, die »Endlösung der Judenfrage« zum Ziel hatten. Ihre Kräfte, ihre Energie waren auf dieses Ziel gerichtet, das ihr Daseinsgrund war.

Verkehrsmittel sind neutral: Sie dienen dem Guten wie dem Bösen. Ihre Verwendung hängt von denen ab, unter deren Kontrolle sie stehen. Ein Waggon ist keine Gaskammer. Im Oktober 1943 beschrieb der Dichter Jizchak Katzenelson, dessen Frau und zwei seiner Söhne gerade aus Warschau in die Gaskammern von Treblinka deportiert worden waren, ein Schicksal, das er und sein letzter Sohn wenig später in Auschwitz erlitten, in einem großartigen Werk, dem *Großen Gesang vom ausgerotteten jüdischen Volk*, die Deportationszüge:

1
[…]
Schon wieder die Waggons. Grad gestern abend weg, heut wieder hier

So stehn sie auf dem Umschlagplatz […]

11
Ihr vollgefressnen Viehwaggons, so voll wart ihr und seid nun leer
Zehntausende, penibel abgezählt und ordentlich im Zug verplombt
Wohin habt ihr das Judenvolk verfrachtet? Gibt's 'ne Wiederkehr?
Los, sagt mir, ihr verdammten Kisten, sagt, woher ihr kommt!

12
Vom Jenseits kommt ihr her. Ich merk: Es ist nicht mal so weit
Beladen rast ihr durch die Nacht, ein kleiner Aufenthalt
Und leer zurück. Was hetzt euch so? […]

14
[…]
Sagt mir die Warheit: Geht die Reise mit euch in den Tod?

15
Ach Unsinn, ihr habt keine Schuld, ich weiß, man schickt euch los
Was gehts euch an? Nichts nichts, ihr pendelt halt mal voll, mal wieder leer
Von dieser Welt in jene Welt. Ihr guten Räder, sagt mir bloß
Die Wahrheit ganz. Ich halt sie aus. Dann wein ich auch nicht mehr[45]

In Frankreich hat der Staatsrat den Forderungen an die SNCF ein Ende gemacht. In den USA wurde dieses Thema erst kürzlich geklärt. Am 8. Dezember 2014 unterzeichneten Frankreich und die USA in Washington ein Abkommen, das für die ehemaligen jüdischen Deportierten aus Frankreich, die später Amerikaner wurden, sowie für ihre Familien ein Unrecht wiedergutmacht und zugleich weiteres Unrecht verhindert, indem es die SNCF vor strafrechtlichen Verfolgungen in den USA schützt. Arno und ich haben in diesen Kampf viel investiert und waren zur Unterzeichnung des Abkommens eingeladen.

[45] Jizchak Katzenelson, *Das lied vunem ojsgehargetn jidische volk. Großer Gesang vom ausgerotteten jüdischen Volk*, ins Deutsche übertragen von Wolf Biermann, Köln 1994, S. 67–71.

Engagement bis zum Schluss

Unsere Vereinigung ruft nicht oft die Gerichte an, doch es erschien uns stets wichtig, auch vor Gericht zu beweisen, dass Jean-Marie Le Pen und seine Umgebung eingefleischte Antisemiten sind. Wir haben zu denen gehört, die dafür sorgten, dass er sich für seine öffentliche Äußerung, die Gaskammern seien nur »ein Detail in der Geschichte des Zweiten Weltkriegs«, vor Gericht verantworten musste. Am 19. Juni 2013 wurde Le Pen auf unser Betreiben hin in letzter Instanz verurteilt – dank einem Urteil des Cour de cassation wegen einer Äußerung aus dem Jahr 2005: »Zumindest in Frankreich war die deutsche Besatzung nicht besonders unmenschlich.« Zum Beweis, dass die Besatzer mindestens 150 000 Verbrechen gegen die Menschheit begangen haben, legte ich dem Gericht unser *Mémorial de la déportation des Juifs* und das *Mémorial* über die Résistance der Stiftung zur Erinnerung an die Deportation (La Fondation pour la Mémoire de la Déportation) vor. Der Staatsanwalt hatte Le Pen in diesem sich über mehr als zehn Jahre hinziehenden Verfahren zunächst wegen Verherrlichung von Kriegsverbrechen angeklagt – Le Pen hatte im selben Interview behauptet, die Gestapo habe das Massaker von Ascq nicht durchgeführt, sondern beendet –, und unsere Vereinigung hatte dank Arno als einzige wegen Leugnung von Verbrechen gegen die Menschheit geklagt.

Der Vorwurf der Verherrlichung von Kriegsverbrechen wurde vom Cour d'appel in Paris nicht aufrechterhalten, im Gegensatz zu unserer Argumentation, deshalb wurden Le Pen und die Wochenzeitung *Rivarol* schließlich verurteilt. Nach einer Sitzung, in der Le Pen und ich hatten aussagen müssen, sagte Le Pen unter vier Augen zu mir: »Ich bin nicht Ihr Feind.« Ich antwortete: »Sagen Sie das öffentlich.« Er tat es nicht.

Wenn ich das Wort ergreife, setze ich stets die Intelligenz und den guten Willen derer voraus, die mit mir zusammen aktiv sind oder mir zuhören. Aber als ich im März 2014 den Leitartikel unseres FFDJF-Bulletins verfasste, musste ich leider kategorisch werden: »Wie die Demonstration am ›Tag des Zorns‹ gezeigt hat, haben wir es inzwischen mit einem französischen Antisemitismus zu tun, der Teile der extremen Rechten, der extremen Linken, Israelgegner und junge Leute maghrebinischer Herkunft eint. Die Ermordung jüdischer Kinder in Toulouse 2012 und die ›freie Meinungsäußerung‹ antijüdischer Parolen auf der Straße wie im Internet erzeugen ein gefährliches Klima, das uns, die Söhne und Töchter der jüdischen Deportierten Frankreichs, in die finsteren Jahre unserer Kindheit zurückversetzt, auch wenn die französische Bevölkerung insgesamt keineswegs davon angesteckt ist und die Behörden versuchen, dem Einhalt zu gebieten. [...] Wir haben nie Panik verbreitet und hatten stets Vertrauen in die Republik. Doch heute zwingt uns die neue Situation, Alarm zu schlagen [...].«

Im Fall Dieudonné gaben wir das Signal zur Mobilisierung, wir beschränkten uns nicht auf Kommentare. Am 2. Januar 2014 erfuhr ich, dass Dieudonné mit seiner antijüdischen Show am 9. 1. in Nantes eine Tournee durch die größten Städte Frankreichs starten wollte. Mir stockte das Blut in den Adern: Diese Auftritte sollten in genau den Städten stattfinden, in deren Bahnhöfen wir zwischen 2002 und 2004 unsere Ausstellung über die 11 400 aus Frankreich deportierten jüdischen Kinder gezeigt hatten. Wir kannten Dieudonné: Arno hatte schon 2002 auf die Gefahr hingewiesen, die von seinem Antisemitismus und seiner Fähigkeit ausging, Menschen zu verführen und ein Publikum um sich zu versammeln, das sich durch seinen volkstümlichen Humor angezogen fühlte.

Am 6. Januar schickte Manuel Valls Anweisungen an alle Präfekten und verlangte, dass der Präfekt von Nantes die Vorstellung am 9. Januar untersagte. Da der Innenminister für uns Partei ergriffen hatte, sagten wir unsere Demonstration am 8. Januar ab. Der Präfekt des Departements Loire-Atlantique verbot Dieudonnés Show, der sofort beim Verwaltungsgericht Nantes Einspruch erhob. Dieses Gericht annullierte das Verbot am 9. Januar um 14 Uhr 30, da es in Dieudonnés

Show keine antisemitischen Bosheiten erkennen könne. Um 15 Uhr rief der Innenminister den Staatsrat an, der die Verhandlung über die einstweilige Verfügung auf 17 Uhr am selben Tag ansetzte. Am Ende der Sitzung um 18 Uhr hob der Staatsrat, die höchste verwaltungsrechtliche Instanz, die Entscheidung des Verwaltungsgerichts Nantes auf, die Show durfte also nicht stattfinden. Andere Präfekten und andere Bürgermeister schlossen sich an, bis Dieudonné schließlich nachgab und die beanstandeten Passagen aus der Show nahm.

Zu der großen republikanischen Demonstration am 19. März am Trocadéro, zu der der CRIF aufgerufen hatte, kamen nur die jüdische Basis und die jüdischen Organisationen, während auf der Tribüne zahlreiche Vertreter der staatlichen Institutionen anwesend waren. In der Presse war jedoch kein Wort darüber zu lesen, die Fernsehsender brachten keine einzige Aufnahme. Nein, Frankreich hatte nicht mobilgemacht wie für Copernic, Carpentras oder Ilan Halimi. In den letzten Jahren haben viele Juden ihre Kinder aus öffentlichen Schulen abgemeldet – sie hatten Angst, sie könnten dort geschlagen und gedemütigt werden, weil sie Juden sind. Sie lesen die Zeitungen nicht mehr, deren parteiische Haltung gegenüber Israel sie ärgert und schmerzt. Sie wissen, dass auf vielen Internetseiten ähnliche antijüdische Propaganda wie in den 30er Jahren verbreitet wird, und sie waren schockiert, als sie erfuhren, dass die 15 000 bis 20 000 Demonstranten am »Tag des Zorns« am 26. Januar die abscheulichsten antijüdischen Parolen zu hören bekamen. Die pauschale Verdammung Israels hat erneut zum Hass auf die Juden geführt. Im Mai 2014 wurde im Jüdischen Museum in Brüssel Dominique Sabrier, ein Mitglied unserer Gruppe und treue Teilnehmerin bei unseren feierlichen Verlesungen der Namen der Deportierten an der Shoah-Gedenkstätte, zusammen mit drei anderen Personen von einem jungen antijüdischen Terroristen französisch-algerischer Abstammung ermordet.

Das heimliche Einverständnis all jener, die sich, ob von rechts oder von links, als antijüdisch und antizionistisch bezeichnen, und die Apathie einer Bevölkerung, die noch nicht an das Auftauchen eines neuen französischen Antisemitismus glauben kann oder mag, bereiten mir große Sorge.

Um ihn zu bekämpfen, braucht es sowohl staatliche Mittel als auch

Maßnahmen der jüdischen Gemeinde: langfristige Maßnahmen wie Information, Erziehung, Ausbildung von Lehrern und Schulpersonal, Überwachung und Kontrolle der extremistischen Milieus und der sogenannten sozialen, häufig allerdings asozialen Netzwerke.

Zum Glück scheinen die hauptsächlich Betroffenen positiv auf unseren Appell zu reagieren und ihre Energie und ihre Ressourcen zu bündeln. Sonst gibt es angesichts einer Woge von Antijudaismus, wie die Erfahrung lehrt, keinen anderen Ausweg als die Emigration all derer, die nicht wieder Opfer werden wollen. Wenn die Völker in Frankreich und Europa sich für eine populistische fremdenfeindliche und antisemitische Zukunft entscheiden, werden die Juden weiterhin Europa verlassen. 1939 lebten auf dem amerikanischen Kontinent sechs Millionen Juden, in Europa neun Millionen, in der übrigen Welt zwei Millionen. Heute zählt Israel fast sechs Millionen Juden, in Amerika sind es sieben und in Europa zwei Millionen. Wir müssen uns jeden Tag dafür einsetzen, die Werte zu verteidigen, die uns teuer sind, auch wenn wir nicht wissen, wie es in Zukunft um sie bestellt sein wird.

Die Erinnerung lebendig halten

Als Streiter für die Erinnerung an die Shoah haben wir, die Söhne und Töchter der deportierten Juden Frankreichs, an allen Fronten gekämpft. 1981 haben wir die erste Gruppen-Tagesreise per Flugzeug nach Auschwitz-Birkenau organisiert; im selben Jahr haben wir im israelischen Roglit die Gedenkstätte »Mémorial de la déportation des Juifs de France« errichtet, an der die Namen der 80 000 Shoah-Opfer aus Frankreich zu lesen sind; wir haben Tausende junger Juden aus Frankreich dazu bewegt, zum Kölner Prozess zu kommen; 1992 sind wir mit tausend Söhnen und Töchtern der Deportierten mit dem »Zug der Erinnerung« nach Auschwitz gefahren, auf derselben Strecke, die einst die Deportationszüge nahmen; 1993 sind wir von Tallinn nach Kaunas, Sobibor, Maidanek und Auschwitz-Birkenau gefahren, zu all den Stätten der Vernichtung, in die die Juden Frankreichs transportiert wurden; die Tausende von Fotografien jüdischer Kinder, die wir aufgespürt haben, sind im Mémorial de la Shoah in Paris ausgestellt, in der Gedenkstätte des Lagers Les Milles, im United States Holocaust Memorial Museum in New York, im französischen Ausstellungsbereich des Staatlichen Museums Auschwitz-Birkenau und im CERCIL – Musée Mémorial des enfants du Vél' d'Hiv' in Orléans. Wie viele Originaldokumente haben wir dem Mémorial de la Shoah in Paris, der Gedenkstätte Yad Vashem in Jerusalem, dem Museum of Jewish Heritage in New York geliefert! Zusammen mit Rabbi Farhi haben wir eingeführt, dass am Yom Hashoah die Namen der Deportierten verlesen werden; wir haben an zahlreichen Orten in Frankreich, an denen jüdische Tragödien stattgefunden haben, Gedenktafeln und -stelen platziert oder platzieren lassen: in den Pariser Bahnhöfen Gare de l'Austerlitz und Gare de l'Est, in den Bahnhöfen von Toulouse, Clermont, Lyon-Perrache, Saint-Priest, Saint-Roch in Nizza; am Hôtel du Parc in Vichy; in Paris am Rothschild-Waisenhaus in der Rue Lamblardie und am Haus Nummer 72 in der Rue Claude-Decaen sowie an den Häusern Nummer 5 bis 7 in der Rue Corbeau, wo 37 Juden deportiert wurden; in Neuilly am Boulevard Édouard-Nortier 67, wo 17 Kinder unter fünf Jahren abgeholt wurden; in Louveciennes, wo die Gestapo 33 Kinder verhaftet und deportiert hat; am Bahnhof von Compiègne für die Transporte Nr. 1 und 2; an den Bahnhöfen von Vierzon und Chalon-sur-Saône, wo 10 000 »staatenlose« Juden aus der freien Zone die Demarkationslinie überquerten und von der Vichy-Regierung an die Gestapo ausgeliefert wurden, das heißt nach Drancy; an der Pariser École militaire für die Juden, die bei der dritten Razzia des Jahres 1941 am 12. Dezember verhaftet wurden; am Hôpital Necker für den Bruder von Marcel Dassault, den Arzt René Bloch, der den Stolz besaß, sich am 6. Juni 1942, dem Tag der Einführung des Judensterns, all seine Orden aus dem Ersten Weltkrieg anzustecken, und am nächsten Tag im Operationssaal von Dannecker verhaftet, mit dem dritten Transport deportiert und mit einer Phenolspritze ins Herz getötet wurde; am Lycée Hélène-Boucher für Louise Jacobson und ihre Schulfreundinnen; in Nizza vor dem Hôtel Excelsior, dem Drancy der Côte d'Azur; in Vichy am Hôtel du Parc, dem Sitz des Vichy-Staats; in Mulsanne, am Zugang zur Rennstrecke von Le Mans, wo im Oktober 1942 142 Juden, darunter 58 Kinder, zusammengetrieben und dann nach Drancy überstellt wurden; am jüdischen Friedhof von Monaco; in Rosans im Departement Hautes-Alpes, wo 1942 ein Jugendheim aufgelöst wurde, in dem etwa zwanzig ausländische jüdische Jugendliche untergebracht waren; in Nizza an der Auvare-Kaserne, wo Ende August 1942 560 Juden versammelt und dann nach Auschwitz deportiert wurden; in Saint-Martin-Vésubie, wo im September 1943 mehr als 500 Juden in einem biblischen Exodus durchs Gebirge nach Italien flohen. Und wie viele Gedenktafeln haben unsere Mitstreiter angebracht, die in den Departements ihre Vereinigungen gründeten, etwa Simon Massbaum im Aveyron oder Frank Marché im Departement Maine-et-Loire, Aktionen, die wir dokumentierten und in allen Etappen unterstützten. Nicht zu vergessen schließlich das große Mahnmal von Arbit Blatas, das wir 2003 in Kaunas am Eingang von Fort IX zum Gedenken an Transport Nr. 73 errichtet haben. Dazu kommen Hunderte von Vorträgen, Beiträge auf Kolloquien und der stellvertretende Vorsitz bei dem sehr notwendigen Projekt Aladin, der dazu geführt hat, dass ich 2010 in Tunis, Kairo, Amman, Bagdad und in Erbil in der Autonomen Region Kurdistan über die Shoah gesprochen habe.

1978 haben wir in Paris die erste Ausstellung über die Deportation der Juden Frankreichs zusammengetragen und im Rathaus des 11. und dann auch des 12. Arrondissements gezeigt; wir haben im Namen des CDJC die große Ausstellung »Le temps des rafles« (Die Zeit der Razzien) organisiert, die im Hôtel de Ville zu sehen war. Unsere Ausstellung über die 11 400 jüdischen Kinder, die aus Frankreich deportiert wurden, haben Hunderttausende von Menschen in den zwanzig größten Bahnhöfen Frankreichs sowie in den großen Sälen des Pariser Hôtel de Ville, in der Nationalversammlung und in der Gedenkstätte des Lagers Les Milles besucht. Dank unserem Freund Claude Bochurberg, der zahllose Talente hat und Chronist der Aktivitäten all unserer wackeren Kämpfer für die Erinnerung ist, konnten viele wichtige Filme entstehen: zum Beispiel über die staatliche jüdische Grundschule mit Kindergarten in der Rue des Hospitalières-Saint-Gervais im Pariser Stadtteil Marais, die vor dem Krieg die einzige in Frankreich war, an der wegen des Schabbats samstags kein Unterricht stattfand; der Film *Une famille en héritage*, der die Geschichte der Familie Halaunbrenner erzählt, sieben Personen, die von Klaus Barbie über Nexon, Rivesaltes, Gurs, Lyon, Izieu, Montluc und Drancy in den Tod geschickt wurden; der Maurice Jablonski gewidmete Film *Le Dernier Survivant*, heute der letzte Überlebende des Transports Nr. 51 vom

6. März 1943; der Film *La Confrontation* über den Berlin-Besuch einer großen Gruppe der Söhne und Töchter der deportierten Juden Frankreichs; *Le Témoin impossible*, in dem Claude Bochurberg und ich uns einem 102-jährigen Überlebenden von Auschwitz gegenübersahen, der sich voll Sarkasmus weigerte, auf unsere Fragen zu antworten.

In wie viele deutsche Städte – Köln, Hamburg, Düsseldorf, München, Berlin, Miltenberg, Bergen-Belsen, Rostock, Frankfurt, Stuttgart, Warstein … – sind wir per Auto oder Zug gefahren, um dort zu demonstrieren! Wir haben auch in Wien demonstriert, und zwar mehrfach, gegen Waldheim und gegen Haider. 1997 ist sogar eine Gruppe von uns zur Eröffnung des Museum of Jewish Heritage nach New York gereist.

Wie viele Standardwerke haben wir geschrieben oder herausgegeben: das *Mémorial de la déportation* von 1978 und das von 2012; den *Calendrier de 1940–1944*, das *Mémorial des enfants juifs déportés de France*, das *Mémorial des enfants d'Izieu* und *Vichy-Auschwitz*; David Olères Werk und Noël Calefs Buch über Drancy; das *Livre des otages* und *L'Étoile des Juifs*; *Georgy* und *Adieu les enfants*; wir haben 120 000 Namen ungarischer Juden und Tausende von Dokumenten über die Juden Rumäniens veröffentlicht; ebenso Jean-Claude Pressacs Grundlagenwerk über die Gaskammern in Auschwitz-Birkenau und das *Mémorial des Juifs déportés de Belgique*. Mehr als hundert Vorworte und zahlreiche Hintergrundartikel in *Combat*, *Le Monde*, *Libération*, *Le Quotidien de Paris*, *Le Matin* … und wie viele Teilnahmen an Radio- und Fernsehsendungen!

Die Fondation pour la Mémoire de la Shoah (FMS-Stiftung zur Erinnerung an die Shoah) wurde im Jahr 2000 auf Vorschlag der Mattéoli-Kommission, der ich angehörte, von der Regierung Jospin gegründet. Heute bin ich Mitglied des Verwaltungsrats der FMS. Seit ihrer Gründung stelle ich immer wieder fest, dass sie hervorragende Arbeit leistet, erst unter dem Vorsitz von Simone Veil und jetzt unter ihrem Nachfolger David de Rothschild.

Ich bin Vorsitzender der FMS-Kommission »Erinnerung und Weitergabe«. Hunderte von Projekten, die die FMS prüft, laufen über mich, insbesondere jene, die in die Zuständigkeit der von mir geleiteten Kommission fallen: Projekte für Spiel- und Dokumentarfilme, zur Schaffung von Orten der Erinnerung und damit verbundenen Programmen, Theaterprojekte und Ausstellungen. Ich leite das Lektürekomitee der Buchreihe »Témoignages« (Zeugnisse), die auf Simone Veils und mein Betreiben ins Leben gerufen wurde. Innerhalb von zwölf Jahren wurden dank Philippe Weyl, dem Herausgeber der Reihe, etwa sechzig Bände veröffentlicht, und jeder von ihnen trägt durch die einmalige persönliche Erfahrung eines Zeitzeugen zum Wissen um die Shoah bei. Zwei Beispiele, um zu zeigen, worum es geht: Das erste betrifft das »jüdische Lager« oder auch »Lager C«, das Teil des Konzentrationslagers Royallieu in Compiègne war und von dem heute nichts mehr erhalten ist. Was tun, um die Erinnerung daran wiederzubeleben? Ich trug alle bereits veröffentlichten Texte und die unveröffentlichten Manuskripte zusammen, die die Internierten (Juden aus den besten Kreisen Frankreichs ebenso wie ausländische Juden) geschrieben hatten und deren wir habhaft werden konnten. In diesem von den Deutschen geleiteten Lager waren die Lebensbedingungen in mancher Hinsicht mit denen der Lager im Osten vergleichbar, zugleich aber konnten die Menschen in Lager C, da es keine Zwangsarbeit gab, ihren Geist wachhalten, indem sie unter sich Vorträge organisierten. Das jüdische Lager in Royallieu-Compiègne wird dank des halben Dutzends Bücher, die ihm in der Reihe »Témoignages« gewidmet sind, auch weiterhin virtuelle Besucher finden. Das zweite Beispiel betrifft die deutsche Besatzung in Tunesien. Auch hier wollte ich, dass die genaue Erinnerung an die deutsche Besatzung erhalten bleibt, in deren Verlauf der nationalsozialistische Vernichtungswille während der wenigen Monate, in denen er sich hätte entfalten können, durch die geschickte Reaktion der Vorsteher der Jüdischen Gemeinde, das freundschaftliche Verhalten der Moslems und die rasche Zuspitzung der militärischen Lage konterkariert wurde. Auch in diesem Fall wollte ich, dass alle schon veröffentlichten Zeugnisse und unveröffentlichten Manuskripte über diese Zeit zusammengetragen wurden. Sie erschienen in vier Bänden, von Claude Nataf mit großer und schmerzlicher Sachkenntnis herausgegeben. Wenn man sich in diese Bücher vertieft, kann man in Gedanken jederzeit ins Tunesien der Zeit zwischen Dezember 1942 und Mai 1943 reisen und die Angst der tunesischen Juden teilen, die der Vernichtung mit knapper Not entgangen sind.

Wenn die Shoah bis zu dem von ihren Initiatoren angestrebten Ziel durchgeführt worden wäre, wenn die neun Millionen in die Gewalt des Dritten Reichs geratenen europäischen Juden getötet worden wären, wäre dies für die Nazis das »Ruhmesblatt« gewesen, von dem

Heinrich Himmler 1943 in Posen sprach. Stattdessen haben drei Millionen Juden überlebt und das Blatt mit dem vom jüdischen Volk erlittenen Leid gefüllt. Ohne diejenigen, die gesprochen, erzählt, geschrieben, gezeichnet und komponiert haben, also die Überlebenden der Deportationen und Vernichtungslager, die den Razzien Entkommenen, die Waisen und die versteckten Kinder, die paar wenigen den Ghettos und Massengräbern Entronnenen wüssten wir nichts oder fast nichts über diese ungeheure Tragödie, die sich auf einem ganzen Kontinent und bis hin zur Libyschen Wüste und den Bergen des Kaukasus abgespielt hat. Ein wirklichkeitsgetreuer Bericht der Shoah würde sechs Millionen Aussagen erfordern. All diese ermordeten Toten können nur Zeugnis ablegen durch die Tagebücher und Briefe, die sie schrieben, bevor ihre Peiniger sie ergriffen haben, nur durch die Dokumente, die von Mitgliedern der jüdischen Sonderkommandos bei den Krematorien in Auschwitz in blutgetränkter Erde vergraben oder versteckt wurden, wie die des Historikers Emanuel Ringelblum und seiner Mitstreiter in Warschau. Diese Toten können aber auch durch jene Zeugnis ablegen, die sie haben sterben sehen und gewillt waren zu berichten. Jeder Bericht eines Ermordeten oder eines Überlebenden ist ein Stein zu einem Gebäude, das nie fertig werden wird, ein Fragment eines unvollendeten Freskos, das zeigt, was die Shoah war. Dieses Werk haben uns sowohl die ermordeten als auch die zwar am Leben gebliebenen, aber fürs Leben gezeichneten Juden hinterlassen. Es bildet ein gewaltiges Mahnmal, eine gigantische Mediathek, eine riesige Bibliothek, in der jede Seite, jedes Bild, jeder Gegenstand stellvertretend für diese Millionen von Juden der Shoah steht, die Alarm für unsere Menschheit schlagen.

Die Shoah-Historiker, die Shoah-Dokumentationszentren, das CDJC in Paris seit 1943, Yad Vashem in Jerusalem seit 1953 und die in Auschwitz, Mailand, Warschau, Washington, Berlin, Mechelen, Amsterdam, Oslo und vielen anderen Städten mehr haben im Ozean des Vergessens die Funktion von Leuchtfeuern der Shoah und Rettern des Andenkens an die Opfer.

Simone Veil und ich hatten den Wunsch nach einer Gedenkstätte in Drancy. Sie entstand 2012. Dieses große moderne Gebäude gegenüber dem ehemaligen Lager wird hervorragend geleitet vom Direktor des Pariser Mémorial de la Shoah, Jacques Fredj, der diese Einrichtung über zwanzig Jahre hinweg tatkräftig und kompetent weiterentwickelt hat und dem es gelungen ist, sie in puncto Archiv und der Weiterbildung von Lehrern und Schülern und zivilgesellschaftlichen Gruppen (Polizei, Gendarmerie, Feuerwehr, Mitarbeitern der Justiz ...) zum bemerkenswertesten europäischen Shoah-Zentrum zu machen. Ich bin Mitglied im Verwaltungsrat des CDJC/Mémorial de la Shoah, von Gedenkstätten wie der Fondation mémoire du camp des Milles – jenem von Alain Chouraqui wiederhergerichteten Lager, der dort glänzende pädagogische Arbeit leistet –, dem CERCIL-Mémorial der Kinder des Vél' d'Hiv' in Orléans, das ohne Hélène Mouchard-Zay nicht existieren würde, dem Maison des enfants juifs exterminés d'Izieu, das wir Sabine Zlatin und François Mitterrand verdanken. Bei jedem von ihnen sitze ich im Vorstand oder im wissenschaftlichen Ausschuss. Ich bin Mitglied des Verwaltungsrats der Claims Conference und der Kommission zur Unterstützung der Opfer antisemitischer Enteignungen in Monaco. Ich bin Mitglied des Internationalen Komitees des Museums Auschwitz-Birkenau und der einzige Franzose, der von der polnischen Regierung in den Stiftungsrat der Stiftung Auschwitz-Birkenau berufen wurde, die fortan die Kosten für den Erhalt dieses unverzichtbaren Erinnerungsorts übernehmen wird. An all diese Orte muss ich reisen und oft auch dort arbeiten.

Das ist viel, manchmal zu viel, und ich denke darüber nach, diese Tätigkeit einzuschränken, die mich um manche Freuden dieses Lebens bringt. Je älter Beate und ich werden, desto mehr Arbeit haben wir. Ohne dazu berufen zu sein, sind wir echte Arbeitstiere geworden.

Heute erinnern fast alle schulischen Einrichtungen in Paris und einige in den Vororten an die Namen der Schüler, die der Shoah zum Opfer gefallen sind. Eine Tafel am Eingang, angebracht von der Stadt Paris auf Grundlage der Recherchen der AMEJD (Association pour la mémoire des enfants juifs déportés), nennt die Zahl der Kinder, die Opfer der Nazis und der Vichy-Regierung wurden. Im Schulgebäude weist eine Tafel auf Namen und Alter dieser Kinder hin. In Frankreich konzentriert man sich vor allem auf das Leid der Kinder, denn die Kindheit ist die Zeit der Unschuld. Alle Juden waren unschuldig, aber die Kinder mehr noch als alle anderen.

Stolpersteine aus Messing, wie sie in Deutschland vor dem Haus des Opfers verlegt werden, passen nicht zu den Franzosen, die das, was sie achten, für gewöhnlich nicht mit Füßen treten. Wird dagegen ein Messingschild, wie es bisweilen geschieht, ins Gemäuer eingelassen, ist nichts dagegen einzuwenden, allerdings braucht man hierzu in Frankreich die Einwilligung des oder der Hausbesitzer, die zu erlangen in der Praxis sehr schwierig ist. Aus diesem Grund habe ich mir eine andere Methode überlegt, mit der jedes Opfer und seine damalige Adresse im Handumdrehen gefunden werden kann: Karten. Von den insgesamt 11458 aus Frankreich deportierten jüdischen Kindern haben Professor Jean-Luc Pinol von der École normale supérieure in Lyon und ich bereits die Wohnorte der aus Paris, Marseille, Lyon und Nizza deportierten erfasst. Wenn man ihren Namen oder den einer Straße eingibt, sieht man auf der Karte, welches während der Shoah getötete jüdische Kind dort gelebt hat und wo genau. Eine solche Karte ist im Internet für sämtliche Departements von Paris verfügbar. Und vielleicht werden schon bald alle deportierten Juden erfasst sein, die in den Lagern gestorben, hingerichtet oder kurzerhand erschossen worden sind. Wo immer man sich befindet, wird man per Smartphone an Ort und Stelle herausfinden können, was dort im Zusammenhang mit der Shoah geschehen ist.

Dank der Stiftung zur Erinnerung an die Shoah konnte ich die Judenrampe, jene inzwischen von Erde und Pflanzen bedeckte Eisenbahnrampe, an der bis Mai 1944 alle Deportationszüge nach Auschwitz I und Auschwitz II-Birkenau ankamen, wieder in ihren damaligen Zustand versetzen lassen. Wie viele Male bin ich nach Polen gereist, um dieses Vorhaben, das mir seit zwanzig Jahren am Herzen lag, in die Tat umzusetzen!

Denn sechzig Jahre lang wurde einer der Orte, der auf dem Gelände von Auschwitz-Birkenau am meisten hätte in Ehren gehalten werden sollen, im Gegenteil völlig vernachlässigt, bis er schließlich von Pflanzen überwuchert war. An der Judenrampe kamen mehr als 500 000 Juden an, was der Hälfte der Juden entspricht, die überhaupt in dieses Vernichtungslager kamen. Diese Rampe war zwei Jahre lang, zwischen Juni 1942 und Mai 1944, der Entladeplatz für die mit Juden aus ganz Europa vollgestopften Züge: mehr als 200 000 Juden aus Polen, 63 000 aus Frankreich, 58 000 aus den Niederlanden, 50 000 aus Griechenland, 20 000 aus Böhmen und Mähren, 16 000 aus der Tschechoslowakei, 24 000 aus Belgien, 9000 aus Jugoslawien, 3300 aus Italien, 22 000 aus Deutschland und Österreich, 690 aus Norwegen …

Dort durchliefen Zehntausende von Familien die verbrecherische Selektion, als die Mehrzahl von ihnen, diejenigen, die die SS sofort ermorden wollte, die gar nicht erst ins Lager kamen und dort nicht registriert wurden, sofort zu den Gaskammern geführt und von denen getrennt wurden, die die SS ausbeutete, bis sie zum Arbeiten keine Kraft mehr hatten und ihrerseits erschossen oder vergast wurden.

Nicht nur die Schienen dieser Judenrampe waren nicht mehr zu sehen, sondern die Judenrampe selbst war aus der Geschichte ausradiert. Es fand sich nicht ein Foto, das die Opfer auf der Judenrampe zeigt. Dagegen konnte man sich dank der Fotos aus dem Auschwitz-Album unmittelbar nach dem Krieg ein Bild davon machen, wie die Ankunft der Transporte und die Selektion in »Unfähige« und »Fähige« im Lager Birkenau ablief. Denn Mitte Mai 1944 hatte die SS in Erwartung der Ankunft von Hunderttausenden von Juden in kurzer Zeit die Bahnrampe gebaut, eine Gleisstrecke, die unter dem großen Tor zum Lager Birkenau hindurchführte und sich dann in drei Gleise teilte, sodass drei Züge praktisch gleichzeitig ihre menschliche Fracht in unmittelbarer Nähe der todbringenden Gaskammern abladen konnten. Auf diesem Weg fielen eine halbe Million Juden, insbesondere 430 000 ungarische Juden aus dem Ghetto von Lodz sowie 5000 Juden aus Frankreich, dem Rassenhass zum Opfer.

Jahrzehntelang wurde die Erinnerung an die Judenrampe von der an die Bahnrampe verdrängt. Man gelangte viel bequemer von Auschwitz I nach Auschwitz II-Birkenau, wenn man nicht den Weg über die Judenrampe nehmen musste. In der Zeit des Kommunismus brauchte sich die Leitung des polnischen Staatlichen Museums Auschwitz-Birkenau nicht mehr um diese für die Juden so tragische Stätte zu kümmern, zumal dies eine Zeit war, in der die Anwesenheit von Juden in Auschwitz dadurch nahezu übertüncht wurde, dass man die Opfer nur nach Nationalität erfasste und die Tatsache überging, dass es hier fast ausschließlich um Menschen ging, die nicht vernichtet worden waren, weil sie Polen oder Belgier oder Griechen waren, sondern weil sie Juden waren.

1992 initiierten die Söhne und Töchter der aus Frankreich deportierten Juden zum fünfzigsten Jahrestag der Deportation der Juden Frankreichs einen »Zug der Erinnerung«. Dieser Sonderzug brachte tausend Kinder von Deportierten von der Pariser Gare de l'Est nach Auschwitz, auf demselben Weg, den die Transporte 1942 genommen hatten. Gleich nach unserer Ankunft in Auschwitz brachten wir in einer Zeremonie eine Gedenktafel an der Judenrampe an. Dann stellten wir dem Staatlichen Museum Auschwitz-Birkenau die finanziellen Mittel für die Ausarbeitung eines Projekts zur Wiederherrichtung der Judenrampe zur Verfügung. Wir hatten aber nicht die Mittel, die Wiederherrichtung an sich zu finanzieren, an der keine Organisation Interesse gezeigt hatte. Glücklicherweise waren Simone Veil und die FMS von der Notwendigkeit überzeugt, die geschichtliche Wahrheit wiederherzustellen und den Besuchern die Möglichkeit zu geben, ihren Gefühlen an dem Ort Ausdruck zu verleihen, wo die Ereignisse tatsächlich stattgefunden haben. Da mir die Aufsicht über den Verlauf dieses Projekts oblag, stand ich an der Seite von Jacques Chirac und Simone Veil, als sie anlässlich des 60. Jahrestags der Befreiung des Lagers am 27. Januar 2005 diese nun wieder in ihren damaligen Zustand versetzte Stätte einweihten.

Stimmen, die noch immer tragen

Meine Treue zu den Opfern besteht darin, herauszufinden und zu erklären, was ihnen widerfahren ist, indem ich ihre persönlichen Daten eruiere, die Umstände ihrer Verhaftung und die Bedingungen während ihrer Deportation rekonstruiere, nach Fotos suche, um ihnen ihr Gesicht wiederzugeben, und indem ich ihre Stimme hörbar mache. Aber was ist eine Stimme? Ein besonders ergreifender Brief, geschrieben vor oder nach der Verhaftung, in dem eine Persönlichkeit oder die Gewalt eines Schicksals zum Ausdruck kommt. Ein Blick auf einem Foto, den man nie mehr vergessen kann. Der Name eines Kindes unter lauter Erwachsenen auf einer Deportationsliste, eines Kindes, das allein, einsam, ohne seine Eltern deportiert wurde und das man im Gedächtnis bewahren muss, um es nicht auch noch alleinzulassen. Eine Zeichnung, die Hoffnungen ausdrückt oder Ängste und Leid verrät. Diese einzelnen Stimmen können zugleich, wenn nicht ein Aufschrei, so doch zumindest ein kollektives Geflüster sein wie das *Mémorial des enfants*, ein starkes unterirdisches Grollen dieser Tausende zu kurzer Leben, die darum flehen, sie nicht zu vergessen und keine Wiederholung dieses Grauens zuzulassen.

Ich denke an die mit siebzehn Jahren ermordete **Louise Jacobson**, an ihre sechsundzwanzig Briefe aus dem Gestapo-Gefängnis Fresnes und die sechs aus Drancy. 1988 las ich sie zum ersten Mal – offenbar als Erster nach ihren Empfängern, abgesehen von ihrer Schwester Nadja, die mich um Unterstützung im Kampf für eine Gedenktafel an Louises Schule, dem Lycée Hélène-Boucher, gebeten hatte. Am 28. April 1989, um die Zeit, als ich Louises Briefe veröffentlichte, wurde die Tafel angebracht.

Wenn man diesem tapferen und feinfühligen, fröhlichen und besonnenen, intelligenten und neugierigen jungen Mädchen begegnet, das selbst in der Zelle jeden Morgen mit dem festen Vorsatz aufwachte, dieser Prüfung standzuhalten, entdeckt man den ganzen Zauber, die ganze Anmut und Großherzigkeit der Jugend. Mit Louise wurde die Jugend ermordet.

Louise Jacobson ist die französische Anne Frank. Ihre Stimme war so lebendig in mir, dass ich Alain Ginzburger auf seine Frage nach einem bühnentauglichen Shoah-Thema ihre Briefe vorschlug. Seitdem hat seine Frau Juliette Battle Louise verkörpert, oder vielmehr wiederverkörpert, und das in Hunderten von Aufführungen. Das Stück wurde in viele Sprachen übersetzt und in vielen Ländern gespielt, vor allem in Deutschland. In Italien gab die Tageszeitung *L'Unità* 300 000 Exemplare der Briefe als Beilage heraus.

Ich las die Karten wieder und wieder, die Louise mangels Papier in winziger Schrift so voll wie nur möglich geschrieben hatte, und war fasziniert von so viel Leben und Charakter. Mit der Veröffentlichung dieser Briefe ist Louise aus dem langen, fünfundvierzigjährigen Schlaf erwacht. Die in Fresnes und Drancy Gefangene und in Auschwitz zu Tode Gefolterte war wiedererstanden; sie ist mit jedem ihrer zahllosen Leser im Gespräch; sie ist auf die Bühne gestiegen; sie spricht fließend Finnisch, Schwedisch, Deutsch, Englisch, Italienisch … Louise ist im Radio zu hören, und sie war im Fernsehen zu sehen. Ihre Zeitgenossen werden älter, ihre Freundinnen haben längst einen Seniorenpass. Die ermordete Louise aber bleibt für immer jung, sie steht für all ihre Altersgenossen, die wie sie ermordet wurden.

Ich denke an Georgy, **Georg Halpern**, diesen stets lächelnden Jungen meines Alters, dem ich vielleicht 1941 in der Creuse im Château de Masgelier begegnet bin, das die OSE als Kinderheim nutzte, diesen

Jungen, der 1944 von Barbie verhaftet wurde, während ich 1943 der Verhaftung durch Brunner entgangen war, und dessen Geschichte, Zeichnungen und Fotos ich veröffentlicht habe.

Ich denke an **Youri Riskine**, dieses fünfzehnjährige Genie, zu dessen Andenken ich ein Erinnerungsbuch herausgegeben habe, das einer seiner Klassenkameraden vom Lycée Louis-le-Grand geschrieben hat. Sein Freund Bertrand Poirot-Delpech blieb sein Leben lang mit ihm im Gespräch.

Ich denke an Noël (Nissim) Calef, Autor von *Drancy 1941. Camp de représailles. Drancy la faim*, diesem erschütternden Buch, das besser als jedes andere das Lager Drancy in der ersten Zeit veranschaulicht: die seelische Verfassung der Internierten, die Unmenschlichkeit ihrer Aufseher-Gendarmen, die Entstehung der Lagerstrukturen. Arno hat das auf Französisch verfasste und 1944 auf Italienisch veröffentlichte Manuskript ausfindig gemacht, und ich publizierte 1991 das französische Original. Am 20. August 1991, fünfzig Jahre nach der Razzia vom 20. August 1941, legte ich ein Exemplar des am Vortag erschienenen Buchs am Fuß des Denkmals von Drancy nieder.

Ich denke an **Benjamin Schatzman**, dessen Tagebuch, das er im Lager von Compiègne geführt hat, ich in der Reihe »Témoignages« der Fondation pour la Mémoire de la Shoah herausgab und später dank dem großen Verleger und Freund Claude Durand ein weiteres Mal bei Fayard erschien. Benjamin Schatzmans Fall hat mir bestätigt, dass auch ein scheinbar ganz gewöhnlicher Mensch, wenn er jäh in eine Ausnahmesituation geworfen wird, ganz Außergewöhnliches hervorbringen kann. Schatzmans *Journal d'un interné*, geschrieben auf losen Fetzen von Papier oder Packpapier, ist ein Ausnahmewerk. Dieser Mann, der in sich unvergleichliche Eigenschaften vereint, ein Mann von hoher Intelligenz und Moral, ein vielseitiger Wissenschaftler mit umfassender Allgemeinbildung, gerät in die Mühlen der »Endlösung«. Hin- und hergerissen zwischen Verzweiflung und Hoffnung, zwingt er sich zum Denken, beschreibt minutiös die Etappen seiner Qualen und analysiert scharfsinnig die Gründe, warum die in Compiègne Internierten verfolgt werden: Antisemitismus und der Zerfall Europas. Sein Tagebuch ist ein gewaltiger Text, der uns Respekt abnötigt für diesen Fünfundsechzigjährigen, der später deportiert wurde und sich bei lebendigem Leib selbst sezierte.

Die unglaubliche Mischung, die Benjamin Schatzman verkörpert – geboren in Rumänien, aufgewachsen im osmanischen Palästina, Studium in Frankreich, Landwirt in Neuseeland, Zahnarzt in einer vornehmen Gegend von Paris, ein Mann von durchdringender Intelligenz und eigenem Charakter, schwierig und zurückhaltend – diese Mischung macht aus diesem Buch *sein* Tagebuch, nur seines, einen einmaligen Text über den erfolgreichen Widerstand eines älteren Mannes gegen Gewalt und Leiden, der seinen inneren Frieden fand, indem er sich durch genaue Selbstbeobachtung moralisch über sie erhob, ein Text, der allen Menschen guten Willens begreiflich macht, worin die Würde des Menschen besteht und warum man sie verteidigen muss.

Am 2. März 1943 verließ ein Transport mit 1000 Juden das Lager Drancy in Richtung Auschwitz: 100 Männer und 19 Frauen wurden zum Arbeiten selektiert; die anderen 881 Deportieren wurden sofort vergast. 1945 gab es nur sechs Überlebende, darunter zwei Frauen.

Einer der Überlebenden hieß **David Olère**. Er erhielt die Häftlingsnummer 106144. Er war zunächst Totengräber bei Bunker II, wurde aber bald zum Sonderkommando von Krematorium III abkommandiert, einem Bau mit Gaskammer und Verbrennungsöfen. Wie fast alle anderen Angehörigen des Sonderkommandos wäre David Olère dann normalerweise schon bald liquidiert worden. Aber wie ein überlebender Zeuge, Dow Paisikovic, nach dem Krieg berichtete: »Ein Jude aus Paris namens Olère war schon lange beim Sonderkommando. Er war Kunstmaler, und in meiner ganzen Zeit beim Sonderkommando bestand seine Aufgabe nur darin, Bilder für die SS-Leute zu malen. Von jeder anderen Arbeit für das Sonderkommando war er befreit. Wir wussten, dass, von den erwähnten Ausnahmen abgesehen, die Häftlinge des vorigen Sonderkommandos vergast wurden.«

David Olère ist der einzige Maler der Welt, der die Krematorien von Birkenau betreten hat und lebend wieder herausgekommen ist, mit dem Willen, in Bildern genau Zeugnis abzulegen. Er wurde 1902 in Warschau geboren. Mit knapp sechzehn ging er von Polen nach Danzig und dann nach Berlin, wo er in einer Galerie in der Kantstraße Holzschnitte ausstellte. 1921 und 1922 stellte ihn die Europäische Film-

Allianz ein. Er arbeitete mit Ernst Lubitsch und malte die Kulissen für den Film *Das Weib des Pharao* mit Emil Jannings in der Hauptrolle. 1923 ließ er sich am Pariser Montparnasse nieder. Er arbeitete für den Film als Szenenbildner, entwarf Kostüme und Werbeplakate, insbesondere für *Paramount Pictures*, deren Direktor für Europa Henri Klarsfeld, ein Cousin meines Vaters, sein Freund wurde. Was David Olère in Auschwitz rettete, war der Umstand, dass er ein Künstler war und mehrere Sprachen sprach: Polnisch, Russisch, Jiddisch, Französisch, Englisch und Deutsch. Seine Deutschkenntnis und sein Talent als Illustrator machten ihn für die SS-Männer interessant. Er schrieb für sie Briefe an ihre Familien, in Schönschrift und mit Blumen verziert. Manchmal wurde er jedoch an den »Müllverbrennungsofen« abkommandiert, in dem den Toten abgenommene und für die SS wertlose Gegenstände beseitigt wurden, oder er musste beim »Leeren« der Gaskammern mithelfen. Manchmal erlebte er auch die grauenvollsten Vorgänge im Krematorium mit: das Entkleiden im Umkleideraum, das Scheren und Einsammeln von Haar durch die Friseure – jeder, der Lanzmanns Film *Shoah* gesehen hat, wird sich an die schrecklichen Szenen erinnern, die sich dort abgespielt haben – und das Einsammeln von Gold nach dem Vergasen durch die sogenannten Dentisten des Sonderkommandos, das Verbrennen der Leichen, den sexuellen Missbrauch junger Jüdinnen durch SS-Männer, die Ergebnisse der sogenannten medizinischen Experimente, die panische Angst der Opfer, die Grausamkeit der Täter. Als David Olère seiner Frau erzählte, was er gesehen hatte, glaubte sie, er sei verrückt geworden. Daraufhin schuf er *Memento*: über fünfzig Zeichnungen, die Grundlage für sein späteres Werk.

Er starb am 21. August 1985. Seine Witwe und sein Sohn Alexandre überließen mir die in ihrem Besitz befindlichen Gemälde und Zeichnungen. Er hatte gewünscht, dass sein Werk dazu beitrug, die Erinnerung an das Schicksal der Juden in Auschwitz wachzuhalten. Eine schwierige Aufgabe, denn David Olères Werk stößt den Betrachter verständlicherweise zunächst ab, er wendet den Blick ab, will nicht anschauen, was David Olère mit eigenen Augen gesehen und was ihn ständig verfolgt hat. Wir haben seine Zeichnungen im Kunstmuseum von Yad Vashem in Jerusalem ausgestellt; einige von ihnen waren zuvor schon im Museum des Kibbuz der Ghettokämpfer zu sehen gewesen. Seine gesamten Gemälde befinden sich im Museum of Jewish

Heritage am New Yorker Battery Park. Überdies gaben wir 1989 einen Katalog seiner Werke heraus, *L'Œil du témoin*. David Olère schöpfte aus nichts als seiner Erinnerung und wollte nur die Wahrheit zeigen. Was bei anderen Künstlern ästhetisch motiviert ist, war für ihn moralische Pflicht.

David Olères Zeichnungen und Gemälde haben einen hohen dokumentarischen Wert. Es gibt keine Fotos von dem, was in den Gaskammern und Krematorien geschah. Allein seine Augen und seine Hand zeigen die schreckliche Wahrheit. Auf seinen Gemälden ist er, der Zeuge, oft anwesend, und sein gespenstisches Gesicht beobachtet voll Schmerz die unmenschlichen Szenen, die seinem fast fotografischen Gedächtnis unauslöschlich eingebrannt waren.

Ich denke an **Young Perez**, dessen Andenken mein Freund Jacques Toros und ich, zusammen mit den Söhnen und Töchtern, durch eine 1991 gestartete Kampagne wiederbelebt haben, die das INSEP (die nationale Ausbildungsstätte des französischen Spitzensports) veranlassen sollte, eine Boxhalle nach ihm zu benennen und eine Gedenktafel darin anzubringen. Was 1997 auch geschah:

ZUM GEDENKEN AN YOUNG (VICTOR) PEREZ
GROSSER FRANZÖSISCHER SPORTLER
1931 MIT 20 JAHREN WELTMEISTER IM FLIEGENGEWICHT
OPFER DER RASSENGESETZE DER VICHY-REGIERUNG
AM 7. OKTOBER 1943 ALS JUDE NACH AUSCHWITZ DEPORTIERT
AM 22. JANUAR 1945 VON DEN NAZIS ERMORDET

2013 verkörperte Brahim Asloum, Olympiasieger im Halbfliegengewicht und muslimischen Glaubens, Young Perez in einem ausgezeichneten Film. Brahim trainierte im INSEP, und Young Perez war schon immer sein Vorbild gewesen: Er war als jüdisches Kind von Tunis nach Marseille verpflanzt worden, dann nach Paris gekommen und mit zwanzig Jahren, in der Blütezeit des Boxsports, Weltmeister geworden – eine Leistung, die in einem guten halben Jahrhundert nur fünf Franzosen vollbracht haben. Von der Weltspitze geriet Perez dreizehn Jahre später zu jenem *anus mundi*, der Auschwitz war. Wir haben diesen Champion zurück ins Licht geholt, der mit einem Davidstern auf seinen Shorts geboxt hat, sogar am 11. November 1938, am Tag nach der »Reichskristallnacht«, und der auf einem Todesmarsch ein heldenhaftes Ende fand.

Ich denke an **Chana Morgenstern**. Ich habe ihren Briefwechsel mit ihrem Verlobten Isaac Schönberg herausgegeben, den die beiden führten, als er im Lager Pithiviers interniert war. Er war Maler. Er wurde deportiert und kehrte nicht zurück. Sie war Arbeiterin. Aus Liebe zu ihm heiratete sie seinen besten Freund, um jeden Tag die Erinnerung an Isaac wachrufen zu können. Sie wurde als Malerin im Stil der naiven Kunst bekannt. Das Geld, das sie verdiente, spendete sie dem Hadassah-Krankenhaus in Israel.

Ich werde auch weiterhin alles tun, damit diese Stimmen, diese zu Tausenden in meiner Erinnerung flüsternden Stimmen, gehört werden – nach ihrem und auch nach meinem Tod.

Epilog von Serge

Welche Botschaft können Beate und ich unseren Lesern und Nachkommen vermitteln, welche Warnung an sie weitergeben aufgrund der Geschehnisse in unserer Kindheit und unserer Erfahrungen als Erwachsene im Kampf um Erinnerung und Gerechtigkeit? Zunächst die, dass die Geschichte unvorhersehbar ist: Politische Ereignisse kann man nicht voraussagen, sich oft nicht einmal vorstellen. Sie kommen plötzlich und aus unersichtlichen Gründen, die man nur rückblickend nachvollziehen kann. Wir tasten uns wie Sehbehinderte voran, selbst wenn unter uns Propheten sind – wie Theodor Herzl, der 1900 die drohende Vernichtung der europäischen Juden fürchtete und für die Gründung eines Judenstaats eintrat.

Manch einer meint, dass die Geschichte seit der Jahrhundert- und Jahrtausendwende endgültig hinter uns liege und man besser nicht auf das ungeheuerliche, düstere Kapitel des 20. Jahrhunderts zurückblicke, das letzte im großen Buch der Judenverfolgung zwischen den Jahren 1000 und 2000.

Dieses Jahrhundert war grausamer als jedes andere. Der Erste Weltkrieg führte 1917 zum Völkermord an den Armeniern, der zwar geografisch aufs Osmanische Reich begrenzt war, aber dennoch die systematische Vernichtung von Zehntausenden armenischer Familien durch die Türken bedeutete. Hätte die internationale Gemeinschaft diesem ersten Völkermord Einhalt geboten, wonach es eine Zeitlang aussah, wäre ihm im Zweiten Weltkrieg vielleicht kein weiterer gefolgt.

Der Völkermord an den Juden unterscheidet sich allerdings durch mehrere Faktoren von allen anderen Tragödien des 20. Jahrhunderts. Er war eine Tragödie der europäischen Zivilisation. Seine Ausführung war im Wesentlichen eine Polizeiaktion, an der sich unter dem Druck der Nazis in allen besetzten Ländern Europas lokale Behörden beteiligten – außer in den neutralen Ländern Spanien, Portugal, Schweiz, Schweden. Aus den Lagern Westerbork in Holland, Mechelen in Belgien, Drancy in Frankreich, Fossoli di Carpi in Italien, aus Kopenhagen, Oslo, Berlin, Wien, Luxemburg, den baltischen Staaten, Polen, Ungarn, Böhmen, Mähren, der Tschechoslowakei, Griechenland, Korfu, Rhodos, Mazedonien, Thrakien, Kroatien, Serbien, Ukraine fuhren Transporte voll jüdischer Familien nach Mitteleuropa. Dort waren eigens riesige Tötungsfabriken gebaut worden, um Menschen zu liquidieren. Sie hießen Auschwitz, Birkenau, Treblinka, Sobibor, Maidanek, Belzec, Chelmno, Stutthof. Millionen weiterer Juden wurden vom Hunger, der Kälte, dem Elend in vielen Ghettos wie in Warschau oder Lodz oder in Lagern wie etwa denen Transnistriens, in Dachau, Buchenwald und selbst Gurs in der »freien Zone« getötet; sie wurden bei Massenexekutionen in Riga, in der Schlucht von Babi Jar oder an den Gruben von Ponary niedergemetzelt, in den vom Baltikum bis zur Adria eingesetzten Gaswagen vergast, bei den Todesmärschen kurz vor der Befreiung so weniger Überlebender am Straßenrand erschossen.

Er war eine Tragödie der christlichen Zivilisation. Der Völkermord an den Juden fand auf einem Kontinent statt, dessen Bewohner mit Ausnahme der Juden und der wenigen Moslems in Bosnien und im Kosovo Christen waren, Katholiken, Protestanten und Orthodoxe. Im Mai 2014 sagte Papst Franziskus in seinem Gebet in Yad Vashem, »der Mensch« sei für diese Verbrechen verantwortlich; er sagte aber nicht konkret »der Christ«, obwohl genau das zutrifft. Der so lange von der Christenheit verbreitete Hass hat den Organisatoren der »Endlösung der Judenfrage« durch die Gleichgültigkeit derer, die zwar nicht daran mitgewirkt, sich ihr aber auch nicht entgegengestellt haben, die Arbeit erleichtert.

Die Vernichtung der europäischen Juden im Zweiten Weltkrieg erinnert an die Massaker an jenen Juden, die im 14. Jahrhundert für die Pest verantwortlich gemacht und überall dort, wo sie ausbrach, ermordet wurden. Beide Male, Mitte des 14. und Mitte des 20. Jahrhunderts, führte eine lange und wirkungsvolle Hetzkampagne gegen die Juden, einst von den christlichen Kirchen und jüngst von blindem Nationalismus und zur Staatsideologie erhobenem Rassismus geschürt, in einer krisenhaften und die Massen beängstigenden Zeit zum kollektiven Mord an den europäischen Juden.

Es war eine Tragödie der Zivilisation des Abendlands. Dieser Völkermord wurde in Europa geplant und durchgeführt, von einem westlichen, dem deutschen Staat, einem der wirtschaftlich, sozial, administrativ, technisch, militärisch, kulturell und intellektuell fortschrittlichsten Staaten auf der Welt.

Und die Alliierten – England und die USA – halfen nicht, auch wenn sie tapfer gegen die Achsenmächte gekämpft haben: Die Briten verschlossen aus Sorge, es sich mit der arabischen Welt zu verscherzen, die Tore Palästinas und ließen die Schiffe voller jüdischer Flüchtlinge sinken. Die Amerikaner öffneten ihre Tore kaum merklich und taten 1938 auf der Konferenz von Évian nichts, um eine größere Aufnahmebereitschaft für die jüdischen Flüchtlinge durchzusetzen. Kurz, die Angelsachsen ergriffen in diesem Konflikt weder eine politische noch militärische Initiative, um die jüdischen Bevölkerungen in Europa zu retten.

Statistisch gesehen ist dieser Massenmord beispiellos: Binnen fünf Jahren wurde die geplante Vernichtung der europäischen Juden zu zwei Dritteln umgesetzt, von etwa neun Millionen Juden wurden sechs Millionen ermordet. Und wenn das Dritte Reich sich auf andere Kontinente hätte ausbreiten können, wären Millionen weiterer Juden vernichtet worden.

Es war eine Tragödie der Moderne. Als die Nazis vor der technischen Schwierigkeit standen, Tausende von Menschen gleichzeitig zu töten, entwickelten sie eine industrielle Maschinerie zur Tötung ihrer Opfer wie am Fließband, in riesigen, als Duschen getarnten Gaskammern, neben denen Verbrennungsöfen installiert waren. Der pünktliche Zugtransport in die Todesfabriken und die von Verwaltung, Polizei und Diplomatie gewährleistete rationelle Organisation der »Endlösung« durch Arbeitsteilung und schnellste Kommunikationsmittel – Telex, Telegramm, Depesche, Telefon – verstärkt die Bedrohung der Menschheit durch modernste Technologie im Dienst rassistischer Totalitarismen.

Es war eine Tragödie der menschlichen Natur, die schreckliche Ausblicke auf die unbegrenzte Fähigkeit des »zivilisierten« Menschen, Böses zu tun, eröffnet. Das nationalsozialistische System der Konzentrationslager, das Ursache von so viel Leid und unerhörten Verbrechen war, ließ die Frage nach dem »Warum« nicht zu. Die Grausamkeit dort war grenzenlos, sie überstieg alles, was man sich bis dahin hatte vorstellen können, zerstörte das Vertrauen des Menschen in sich selbst und offenbarte seine tief sitzende Bestialität. Dieses System war die natürliche Folge der rassistischen NS-Ideologie. Die gleichzeitige Existenz der sowjetischen Gulags zeigt nur, dass die Verteidiger der Menschenrechte gegenüber *allen* Extremisten wachsam sein müssen. Es ist die oberste Pflicht der politisch Verantwortlichen in unseren Demokratien, politische, wirtschaftliche und soziale Krisen zu vermeiden und die Jugend zu absolutem Respekt vor den Menschenrechten zu erziehen.

Es war ein Völkermord, den das jüdische Volk erlitten hat; jenes Volk, das der Welt den Monotheismus gebracht hat und aus dem das Christentum hervorgegangen ist. Die moralischen Werte, die das Judentum seit Jahrtausenden vermittelt, sind die moralischen Werte der westlichen Demokratien geworden. Vom Pharao bis zu Hitler, Mussolini und Stalin haben die totalitären und autokratischen Regimes die Juden mal mehr, mal weniger verfolgt und sie behandelt, als wären sie minderwertig, »Untermenschen«. Republikanische Revolutionen – wie in Frankreich und den USA – haben den Juden die gleichen Bürgerrechte verliehen; in den Demokratien konnten sie sich frei entfalten. Dank ihrer Kultur und ihrer Erinnerung an die so lange erlittenen Verfolgungen sind die Juden freiheitsliebend und achten ihre Mitmenschen.

Es war eine ungeheure Tragödie, die die Holocaust-Leugner aus der Geschichte ausradieren wollen. Die Erinnerung daran muss verteidigt werden. Nach dem Krieg hatte die Shoah keinen Namen; »Völkermord an den Juden« lautete die in Nürnberg benutzte Formulierung; dann kamen die englische Bezeichnung *Holocaust* und die hebräische Bezeichnung *Shoah* auf und setzten sich in den USA und Israel durch, den ersten Staaten, die dem Ereignis den angemessenen Platz in der Menschheitsgeschichte gaben, in denen Dissertationen und Lehrstühle entstanden, die die damalige Lage der Juden thematisierten. Mit Beginn der 1980er-Jahre stieg das Interesse in anderen Ländern.

Im Nürnberger Hauptkriegsverbrecherprozess unmittelbar nach dem Krieg spielte die Shoah bei der Verurteilung der NS-Verbrecher nicht die Rolle, die sie hätte spielen müssen, weil es noch keinen jüdischen Staat als Fürsprecher für die Opfer gab. Im Kalten Krieg wurde dann historisch wie juristisch wieder der Mantel des Schweigens über die Shoah gebreitet, und erst die konsequente und hellsichtige Entscheidung der israelischen Regierung, Adolf Eichmann zu entführen und ihm einen historischen Prozess zu machen, den Prozess über die

»Endlösung der Judenfrage«, trat die Shoah wieder aus Nacht und Nebel hervor.

Seitdem ist jedes Kapitel dieser Katastrophe ans Licht gekommen, die zu Beginn des 3. Jahrtausends so gut dokumentiert war wie nur wenige Ereignisse. Die Generation der Überlebenden, die der Kinder der Deportierten und Überlebenden, der freiwilligen Helfer wie Pater Patrick Desbois und seines Teams hat Dokumente und Zeugnisse aller Art zusammengetragen und tut es noch. Auf diese Weise erfüllen sie mit einem der Tragödie angemessenen Eifer eine wissenschaftliche und moralische Aufgabe: Namen und Lebensweg jedes Opfers sowie den Verlauf jedes einzelnen Ereignisses der Shoah aufzuschreiben.

Shoah darf nicht nur bedeuten: Millionen von Opfern. Sie muss für jedes einzelne Opfer stehen, damit jedem von ihnen seine persönlichen Daten, sein Lebensweg, seine Würde zurückgegeben werden, damit sie aus dem Vergessen und der Anonymität geholt werden, damit sie kein Gegenstand der Geschichte bleiben, sondern wieder Subjekte werden.

Paradoxerweise haben die Angriffe der Holocaust-Leugner und Geschichtsfälscher die Erinnerung an die Shoah gestärkt. Die Überlebenden und ihre Nachfahren, entsetzt über das infame Bestreiten und Verharmlosen, gaben und geben die richtige Antwort darauf, indem sie über jeden Aspekt der Shoah unerlässliches Dokumentationsmaterial sammeln, nach Zeitzeugen suchen und deren Aussagen aufzeichnen, universitäre Forschungen und Dissertationen auf diesem Gebiet unterstützen und die existierenden Dokumentationszentren über die Shoah fördern, ausbauen, erneuern, so etwa Yad Vashem in Jerusalem, das Mémorial de la Shoah in Paris, das Memoriale della Shoah in Mailand, das Institute for Jewish Research (YIVO) und das Leo Baeck Institute in New York, die Wiener Library in London, aber auch neue Zentren schaffen wie das in Washington unter der Schirmherrschaft der US-Regierung erbaute United States Holocaust Memorial Museum, das Museum of Jewish Heritage – A Living Memorial to the Holocaust in New York, das Simon Wiesenthal Center in Los Angeles sowie Dutzende von Holocaust-Zentren in den Großstädten der Vereinigten Staaten, die der Shoah gewidmete, im Jahr 2000 eingeweihte neue Abteilung des Imperial War Museum in London, die Berliner Villa, in der die Wannsee-Konferenz stattfand und die heute ein Dokumentationszentrum ist, das Denkmal für die ermordeten

Juden Europas in Berlin oder das Museum der Geschichte der polnischen Juden in Warschau.

In jedem Land, in dem die Shoah stattfand, gibt es mindestens einen Ort, an dem man sich darüber informieren kann. In jedem westlichen Land ist die Zahl der Studien, Veröffentlichungen, Vereinigungen von Opferfamilien, Gedenktafeln, Feierstunden, Filmen und Fernsehsendungen stark angestiegen. Jedes Land hat sich mit seiner Vergangenheit, das heißt mit seiner Verantwortung oder Schuld an der Durchführung der Shoah auseinandergesetzt oder versucht es zumindest.

Der Völkermord an den Juden alarmiert weltweit das Gewissen, weil sein Ausmaß ungeheuer war, weil er Furchterregendes über den Menschen zutage gebracht hat und weil sein Beispiel offenbar nicht ausreicht, in anderen Teilen der Welt weitere Massaker und Völkermorde zu verhindern. Die westliche Welt brauchte keine Aufklärung über die Shoah, um aus den beiden Weltkriegen zu lernen. Das gestrige Europa der Sechs und das heutige Europa der Achtundzwanzig haben nicht nur den Krieg aus ihrer Mitte verbannt, sondern auch Solidarität zwischen den Mitgliedsstaaten und ihren Bevölkerungen geschaffen.

Die Realität heute übertrifft alle Erwartungen, trotz der Konflikte im ehemaligen Jugoslawien. Seit der Pax Romana haben die Europäer noch nie so lange in Frieden und Wohlstand gelebt wie heute.

Alle Bürger im Kern der Europäischen Union leben zum ersten Mal in Demokratien. Sie sind frei, es geht ihnen gut, sie haben genug zu essen, eine um dreißig Jahre höhere Lebenserwartung als zu Beginn des Jahrhunderts, Zugang zu Bildung, und sie reisen. Sie haben Brot und dank dem Fernsehen auch Spiele, sie dürfen sich zwei Tage in der Woche ausruhen, und wenn sie keine Arbeit finden, müssen sie nicht wie 1930 an Hunger und Elend sterben.

Dieses Europa, das aus miteinander versöhnten Nationen besteht und in dem trotz der Krise weder religiöser Fanatismus noch übersteigerter Nationalismus wütet, hält die Erinnerung an die Shoah aufrecht, es hat aus den tragischen Erfahrungen unter Hitler und Stalin gelernt und hält linke wie rechte Totalitarismen von sich fern, obwohl der Populismus an Boden gewinnt, obwohl heute in der Ukraine wieder Kanonendonner zu hören ist. Und vor allem, obwohl der radikale Islamismus einen Antisemitismus wiederbelebt, der sich auf den israelisch-palästinensischen Konflikt und auf die alten Klischees stützt, die rechtsextreme und linksextreme Judenfeinde einen. Die Mauern der Ghettos und die Berliner Mauer wurden niedergerissen, und die westliche Welt versucht unbeirrt, Wirtschaftskrisen sowie soziale und politische Umbrüche zu vermeiden, die große Ängste, Instinkte, Fanatismen, Gewalt, Grausamkeit, Krieg und Tod zur Folge hätten.

Wir müssen die Erinnerung an die Shoah auch in Zukunft bewahren, wir müssen verhindern, dass sie sich in welcher Form auch immer wiederholt, indem wir die Werte einer echten politischen und gesellschaftlichen Demokratie verteidigen und versuchen, sie bis an die Grenzen unseres Planeten auszuweiten.

Ich hatte das Glück, dem Rat von Edmond Fleg zu folgen, der als Inschrift an der Front des Pariser Mémorial de la Shoah steht, den ich seit 1956 so oft wieder und wieder gelesen habe: »Vor dem Unbekannten jüdischen Märtyrer verneige dich in Achtung und Ehrfurcht für alle Märtyrer, begleite sie in Gedanken auf ihrem langen Leidensweg, er wird dich auf den Gipfel von Gerechtigkeit und Wahrheit führen.«

Nach Gerechtigkeit habe ich intensiv gesucht; zur historischen Wahrheit habe ich beigetragen. Als Rechtsanwalt war meine Rolle eher die eines Ermittlers und in den Fällen von Verbrechen gegen die Menschheit die des Staatsanwalts. Als engagierter Anwalt hatte ich nur ein Ziel, die Sache jedes einzelnen Opfers, aller Opfer der Shoah und ihrer Erben zu vertreten: die Verurteilung ihrer Mörder zu erleben, die bis dahin von einer Gesellschaft geschützt wurden, in der sie Karriere machen konnten, und ich habe für eine internationale Strafjustiz gekämpft. Ich habe nie Schuldige verteidigt, das heißt, ich war nie ein normaler Anwalt – oder hätte es nur unter einem Unterdrückungsregime sein können, wo der Anwalt seine vornehmste Rolle spielt und das größte Risiko eingeht.
Als Historiker habe ich statt einer verschwommenen, verfälschten, verstümmelten, beschädigten, entstellten eine detailgenaue, tatsachengetreue und authentische Erinnerung durchsetzen können.
In meinen historischen Pionierarbeiten konnte ich zeigen, dass die Franzosen und ihre Kirchen insgesamt die antijüdische Politik von Vichy und die Ersuchen der Gestapo boykottiert haben; dass sie den jüdischen Familien und Organisationen geholfen haben, den Verhaftungen zu entgehen und ihre Kinder zu retten, und dass die einzelnen

»Gerechten unter den Völkern« für das Verhalten der christlich-republikanischen französischen Bevölkerung insgesamt stehen, die den verfolgten Juden spontan mit Menschlichkeit begegnet ist.
Als Streiter für die Erinnerung helfe ich mit, das Feld der französischen Gedenkstätten zu ordnen und die ökonomische Lage der Shoah-Überlebenden auf den letzten Schritten ihres Weges zu verbessern.
Mit unseren 79 beziehungsweise 76 Jahren sind Beate und ich immer noch sehr aktiv. Wir nutzen die Zeit mit der kleinen Familie von Lida und Carlo und unseren Enkeln Luigi und Emma, die fünf und sechs Jahre alt sind. Quer über die Place de la Porte de Saint-Cloud hinweg können wir uns von Balkon zu Balkon sehen. Arno, der heute das hohe Amt eines Staatsrats bekleidet, ist täglich an unserer Seite, immer für seine Eltern da und ebenso charmant wie intelligent. Staatspräsident François Hollande hat Beate im Januar 2014 zum Kommandeur und mich zum Großoffizier der Ehrenlegion ernannt. Diese Auszeichnungen verlieh er uns bei einem Empfang im Élysée am 20. Juli 2014, dem Tag der Gedenkfeier für die Opfer der Razzia des Vélodrome d'Hiver, im Beisein des Premierministers und des Bürgermeisters von Paris. Der Staatspräsident würdigte unsere Verdienste und die der Söhne und Töchter der deportierten Juden Frankreichs. Viele unserer Freunde waren zugegen, insbesondere die Söhne und Töchter, die uns geholfen haben, unsere Aufgabe zu erfüllen und die zu werden, die wir sind.

Lange wollten wir keine Autobiografie schreiben. Noch am 28. Dezember 2012 schrieben wir unserer Verlegerin:

»Wie ich Ihnen von Anfang an gesagt habe, hatten wir beide, Beate und ich, Bedenken, eine endgültige Entscheidung zu treffen: Wir hatten nicht das Bedürfnis oder den Wunsch, unser Inneres auszubreiten. Unserer Überzeugung nach sollte die Nachwelt uns nach dem beurteilen, was wir getan haben, nicht nach dem, was wir sind. Wir haben kein Interesse daran, uns mit unserer Vergangenheit, unserer Psychologie und unserer Gemütsverfassung bei allem, was wir erlebt haben, zu beschäftigen. Wir haben keine erzählerische Begabung, was unsere Ausdrucksmöglichkeiten auf die reine Beschreibung von Aktionen beschränkt. Und so weiter. Daher möchten wir von dem Vertrag zurücktreten, der auf uns lastet, denn wir spüren, dass wir ihn nicht werden erfüllen können. Wenn wir nach unserem endgültigen Rückzug die Lust verspüren sollten, unser Leben, nachdem wir es gelebt haben, wiederzuerleben, kommen wir wieder auf Sie zu.«

Trotz all dieser Bedenken und der eigentlich fehlenden Zeit haben wir den Vertrag schließlich doch noch erfüllt. Wir bedauern es nicht: So werden unsere Enkel und ihre Nachkommen zwar nicht erfahren, wer wir waren, aber zumindest, was wir getan haben.

Wir haben aus unseren Erfahrungen gelernt, dass es möglich ist, über sich selbst hinauszuwachsen. Unsere Leser werden feststellen, dass wir dazu imstande waren und dass auch sie es sein werden, wenn es nötig ist.

Nachwort zur deutschen Ausgabe von Beate

Am 20. Juli 2014 wurden Serge und ich vom Präsidenten der Republik François Hollande in Gegenwart des Premierministers Manuel Valls sowie zahlreicher anderer Persönlichkeiten zum Grand Officier beziehungsweise Commandeur der Ehrenlegion ernannt. Diese Auszeichnungen wurden uns gemeinsam zuerkannt, als könne man unsere Leistung nicht einzeln, sondern nur zusammen angemessen würdigen. Und so haben wir uns auch selbst immer verstanden: als Einheit.

Am 20. Juli 2015, also genau ein Jahr später, nahmen wir auch das Bundesverdienstkreuz 1. Klasse in der deutschen Botschaft aus der Hand der Botschafterin Susanne Wasum-Rainer gemeinsam in Empfang. Bundespräsident Joachim Gauck hatte den Mut, diese Ehrung uns als Paar zuzuerkennen, und zwar ausdrücklich für unseren Einsatz »gegen Antisemitismus und politische Unterdrückung und für die Aufarbeitung der nationalsozialistischen Verbrechen«. Die Kommentatoren hingegen hoben eher ab auf die Frau, die 1968 den Bundeskanzler geohrfeigt hatte und nun, fast ein halbes Jahrhundert später, eine der höchsten Auszeichnungen erhielt, die die Bundesrepublik zu vergeben hat.

Für mich selbst war das Bundesverdienstkreuz die offizielle Anerkennung dafür, dass der mit einem Jahr Gefängnis bestrafte »skandalöse« Akt des Nachdenkens wert war: Die deutsche Gesellschaft hatte 45 Jahre nachgedacht und schließlich eine schwere Strafe doch noch in eine schöne Belohnung verwandelt.

Aus der Rede von Susanne Wasum-Rainer möchte ich hier jene Passagen zitieren, die mich zutiefst berührt und all meine Freunde bewegt haben. Sie alle, Aktivisten der Söhne und Töchter, waren gemeinsam mit uns im alten Pariser Palast von Josephine de Beauharnais anwesend.

Liebe Beate, lieber Serge, Sie haben sich über Jahrzehnte in außergewöhnlicher Weise um Deutschland, das Ansehen Deutschlands in der Welt und die deutsch-französischen Beziehungen verdient gemacht. Sie haben Großes für die Aufarbeitung des dunkelsten Kapitels der jüngeren deutschen Geschichte geleistet. Zugleich stehen Sie beide als deutsch-jüdisches und als französisch-deutsches Ehepaar mit ihrer gemeinsamen Aufklärungs- und Erinnerungsarbeit auch sinnbildlich für die Politik der Aussöhnung, um die sich Deutschland mit allen Regierungen seit 1945 bemüht hat – wenn auch nicht immer in dem Ihren Maßstäben genügenden Maße. Angesichts der Wunden, die die deutsche Besatzung und die Deportationen in Frankreich bis heute hinterlassen haben, kann diese Leistung nicht hoch genug eingeschätzt werden [...]
Ihr moralisch-politisches Engagement galt über die Jahrzehnte stets einer gerechten Sache. In diesem Sinne war es unabhängig von politischen Richtungen, Parteien oder Trends und daher auch immer unbequem. Mit Ihrer Bereitschaft zum Handeln auch in Grenzsituationen, mit Zivilcourage, haben Sie politische und gesellschaftliche Konventionen im Nachkriegsdeutschland infrage gestellt und dazu beigetragen, dem Vorrang historisch-moralischer Maßstäbe Geltung zu verschaffen. Mittelbar haben Sie, Beate, so – als Deutsche aus nichtjüdischer Familie in Frankreich lebend – zu einer Mehrung des internationalen Ansehens für Deutschlands Aufarbeitung der eigenen Geschichte beigetragen [...]
Hier in Frankreich stehen Sie, liebe Beate, als protestantische Deutsche und Sie, lieber Serge, als jüdischer Franzose mit ihrer gemeinsamen Aufklärungs- und Erinnerungsarbeit sinnbildlich für einen wichtigen Bereich der deutsch-französischen Aussöhnung. Ihr gesamtes Leben haben Sie dem politisch-moralischen Anliegen verbunden, die Erinnerung an die NS-Verbrechen wachzuhalten und überall auf der Welt dem Antisemitismus entgegenzutreten.
Vor genau einem Jahr, am 20. Juli 2014, haben Sie beide im Élysée-Palast aus der Hand von Staatspräsident Hollande eine der höchsten Auszeichnungen empfangen, die die Französische Republik zu vergeben hat. Heute, ein Jahr später, darf ich Ihnen beiden für Ihre außergewöhnlichen Verdienste das von Bundespräsident Gauck verliehene Bundesverdienstkreuz 1. Klasse übergeben. Dass es in beiden Fällen, im Élysée-Palast wie hier im Hotel de Beauharnais, der 20. Juli ist, der Tag des Attentats gegen Adolf Hitler, ist kein Zufall. Sie stehen damit beide in einer Reihe mit anderen Kämpfern gegen das Nazi-Unrecht. Anders als Stauffenberg

> haben Sie Ihren Kampf gewonnen. Dafür danken wir Ihnen von ganzem Herzen.[46]

Ich habe lange darüber nachgedacht, was ich Susanne Wasum-Rainer antworten würde. Ich musste das Wesentliche dessen zum Ausdruck bringen, was ich erlebt hatte. Also bezog ich mich auf einen Satz, mit dem mich Serge in jenen Tagen im November 1968 ermutigte und der mich noch viele Jahre begleiten sollte:

> Wenige Stunden nach meiner Verurteilung zu einem Jahr Gefängnis für die »Ohrfeige« versicherte mir Serge: »Die Deutschen werden dich würdigen, aber erst, wenn du alt bist.« Nun, heute bin ich alt und werde geehrt. Damals war die Welt nur zweigeteilt, und jedes Mal, wenn ich handelte, hatte ich für die einen recht und für die anderen unrecht – in Deutschland mehr als anderswo: Als ich von Ulbricht oder Honecker Beifall erhielt, war ich im Westen die Böse; als ich in Warschau oder Prag demonstrierte, wurde ich im Osten zur Bösen. Dennoch glaube ich, dass ich einen geraden Weg verfolgt habe. Die Welt und Deutschland waren geteilt, doch ich habe mich seit meinen Anfängen in der Politik als »wiedervereinigte Deutsche« bezeichnet. Für das Kind Deutschlands, das ich war, war Berlin eine ungeteilte Stadt und Deutschland ein einziges Land, eine einzige Nation. Das verstand ich nur undeutlich, weil die Schule mir nicht viel dabei half, die Geschichte Deutschlands zu begreifen und den Weg zu erfassen, der uns in die Katastrophe geführt hat, die den Hintergrund meiner Kindheit bildete. Diese Nähe zu Berlin hat mir ein Nationalgefühl vermittelt, das vielen jungen Deutschen fremd ist. Vor mehr als 40 Jahren schrieb ich: »Es ist so aufregend wie schwierig, deutsch zu sein.« Ich konnte eine der Ersten sein, die einen zerbrechlichen Steg zwischen Juden und Deutschen und auch zwischen Franzosen und Deutschen errichtete. Es gab zwar Hindernisse und schwierige Momente, aber keine Entmutigung: Ich habe mich stets auf das berufen, was sich an jenem berühmten 7. November 1968 ereignete: die Vorhersage Serges und der Rosenstrauß von Heinrich Böll. Der Mann, den ich am meisten liebte, und der Mann, den ich am meisten achtete, hatten mich zur gleichen Zeit gelobt. Heute ist es mein siegreicher Konkurrent bei der Wahl für das Amt des Bundes-

[46] Aus der Laudatio von Botschafterin Susanne Wasum-Rainer anlässlich der Verleihung des Bundesverdienstkreuzes 1. Klasse an Beate und Serge Klarsfeld am 20. Juli 2015 in der deutschen Botschaft in Paris.

präsidenten im Jahr 2012, Joachim Gauck, den ich sehr schätze, der das Fingerspitzengefühl besitzt, uns, Serge und mich, zusammen mit Ihnen auszuzeichnen, liebe Botschafterin, liebe Susanne, die Sie mir so viel Freundschaft und Zuneigung gezeigt haben. Hoffen wir schließlich, dass das schöpferische, vernünftige, großzügige und zutiefst demokratische Deutschland auf lange Sicht zugeben kann, dass sein Vorgänger Hitlerdeutschland gewesen ist.

Die Antwort Serges als Jude war nicht länger, aber komplexer:

Für mich, Serge Klarsfeld, war diese Botschaft, die die von Otto Abetz und Ernst Achenbach gewesen ist, nicht die Gesandtschaft Deutschlands in Frankreich, sondern die deutsche Botschaft beim deutschen Militärkommandanten im besetzten Frankreich. Diese Botschaft ist heute wieder zur Botschaft Deutschlands geworden, eines Deutschlands mit einem ausgeprägten Sinn für die Verantwortung, die dieses Land heute in Europa und der Welt besitzt. Es ist eine Verantwortung, die ich schon als junger Mann bei Hans und Sophie Scholl erkannte, die ich später schätzte bei meiner geliebten Frau Beate, die ich in den Schriften von Karl Jaspers und Heinrich Böll wiederfand und die mich schließlich so sehr bewegte, als Willy Brandt 1970 vor der Gedenkstätte des Warschauer Ghettos niederkniete – eine ebenso provokante wie grundlegende Geste wie Beates Ohrfeige zwei Jahre zuvor in Berlin. Willy Brandt und Kurt Georg Kiesinger, »Die beiden Gesichter Deutschlands«, das war der Titel von Beates erstem Artikel in *Combat* am 14. Januar 1967, in dem sie dem ehemaligen Widerstandskämpfer den ehemaligen Nazi gegenüberstellte. Viele Söhne und Töchter der deportierten Juden Frankreichs sind mit Beate und mir in dieser Botschaft Deutschlands versammelt, und ich kann in ihrem Namen erklären, dass ihr Handeln, wie bei allen oder fast allen Juden, nicht von Rache geleitet wurde. Das Verbrechen, die Shoah, war zu ungeheuerlich, um Rache zu fordern. Sie war sogar zu ungeheuerlich, um auf eine unerlässliche Gerechtigkeit hoffen zu können, von der im Übrigen die meisten Entscheidungsträger und großen Vollstrecker der »Endlösung der Judenfrage« – wenn auch unvollkommen – eingeholt wurden. Wir, die Söhne und Töchter, haben dabei unsere Rolle gespielt, was auch die wichtigsten Komplizen der Vichy-Regierung einschließt. Aber was erwarteten wir uns von Deutschland?
Zunächst, dass Deutschland und die Deutschen leiden, wie wir gelitten

haben; und Deutschland hat gelitten: engere Grenzen, einige Jahre lang kein deutscher Staat, dann zwei antagonistische Staaten vor einer Wiedervereinigung, die vierzig Jahre benötigte, bevor sie Wirklichkeit werden konnte. Die Deutschen haben durch den Krieg beträchtliche Verluste an Menschen erlitten, eine Zerstörung der bedeutendsten Städte, gewaltige Bevölkerungsverschiebungen, die Teilung des Landes, den Übergang vom Hitlerismus zum Stalinismus für Millionen Deutsche, die dadurch von 1933 bis 1989 die Freiheit nicht mehr oder überhaupt nicht erlebt haben. Doch nach und nach haben Westdeutschland und dann das wiedervereinigte Deutschland ihren demokratischen Charakter gestärkt, die Freiheit des Individuums respektiert und den Mut gezeigt, sich mit Hitlerdeutschland auseinanderzusetzen. Man hält das Gedenken an die Opfer aufrecht, wie die vielfältige Berliner Museumslandschaft mit ihrem Nebeneinander von Holocaust-Denkmal, Reichstag, Topographie des Terrors, Jüdischem Museum, Haus der Wannsee-Konferenz und Bahnhof Grunewald belegt. Es ist ein Deutschland, das seiner Politik der Entschädigung der Opfer und der Solidarität mit dem Staat Israel verbunden ist, ein Deutschland, das Juden aufnimmt, die für einen Besuch hierherkommen oder sich niederlassen wollen und erneut eine bedeutsame Bevölkerung deutscher Juden darstellen, die eines Tages vielleicht wieder so außergewöhnlich sein wird wie die der deutschen Juden vor 1933.
Sehr geehrte Frau Botschafterin, liebe Susanne Wasum-Rainer, wir bedanken uns dafür, dass Sie unseren Vorschlag akzeptiert haben, uns gerade am 20. Juli zu empfangen: Der 20. Juli 1944 vor 71 Jahren war der einzige beinahe sympathische Tag der Besetzung, da die deutsche Militärpolizei an diesem Tag in Paris Mitglieder der SS und der Gestapo verhaftet hat. Leider dauerte das nur ein paar Stunden, weil der Putsch rasch scheiterte und der SS-Mann Alois Brunner Hunderte jüdischer Kinder in seine Gewalt nahm, die Teil des letzten großen Transports von Drancy nach Auschwitz am 31. Juli werden sollten.
Sehr geehrte Damen und Herren, liebe Freunde, wir können unsere Erinnerung nicht davon abhalten, unaufhörlich in die Vergangenheit und wieder zurück zu reisen, und wir werden weiterhin von einem Tag auf den anderen und auch im Jahr 1942 leben, was uns stärker als anderen bewusst macht, welche Entfernung – die 1945 für alle unvorstellbar war – das heutige Deutschland von jenem trennt, das zu unserem Henker werden sollte.

Vor einigen Wochen sind unsere Memoiren in Frankreich erschienen. Zu unserer Überraschung wurden sie von der Kritik und der Öffentlichkeit mit Zustimmung aufgenommen. So schrieb beispielsweise Julie Clarini in *Le Monde*:

> Das Buch ist voll von spektakulären Szenen – eine fabelhafte Intuition Beates, die sie aus den regelmäßigen Kontakten mit Kreisen deutscher Aktivisten übernimmt: Um einen Fall entstehen zu lassen, muss die moralische Stärke eine sensationelle Dimension gewinnen. Große Kunst des politisch militanten Aktivismus – 20 Jahre vor dem Erfindungsreichtum von Act Up. Nichtsdestoweniger entfaltet sich unter ihrer Feder ein Leben der Akten und Archive wie auch der Heldentaten, so aufregend wie gelegentlich auch karg.
> Das Engagement »lässt immer eine Lücke, durch die man sein eigenes Abenteuer mit leichter Faszination betrachtet«, bekennt Beate. Genau diesen Eindruck erwecken die *Memoiren*: Das Leben der Klarsfelds ist ein zwischen der Vergangenheit und der Zukunft gespanntes Abenteuer, das man als Leser glücklich teilt.

Ähnlich urteilte Aude Lancellin im *L'Observateur:*

> Ein der Gerechtigkeit geweihtes Leben … ein packendes Dokument, in dem man die Kraft und die Härte wiederfindet, die den Klarsfelds eigen sind und die ihre Stärke ausmachen. Ein Werk, beachtenswert wegen der historischen Dichte jeder Seite wie auch wegen der Überlegungen zum Engagement, die hier feinsinnig ausgeführt werden.

Für uns waren diese Memoiren eine Gelegenheit, gegen den Front National in die Offensive zu gehen. *Le Nouvel Observateur* stellte ein Foto von uns beiden auf die Titelseite; die Schlagzeile lautete: »Wenn Marine Le Pen gewinnt […] Der Alarmruf der Klarsfelds«. In vielen Interviews, die die Medien von uns erwarten, greifen wir diese Partei der extremen Rechten, welche die Republik bedroht, schonungslos an. Diese Offensive trägt dazu bei, einen Konflikt zwischen dem Vater Jean-Marie und der Tochter Marine in Gang zu bringen. Letztere möchte sich, ohne die Ideologie zu verleugnen, der sie seit ihrer Kindheit anhängt, von einem in Konkurrenz stehenden Vater befreien, der sie wegen seiner Ausfälle stört. Unsere Angriffe fördern diese Krise;

wir erwarten, dass sie den Front National untergraben. Andere meinen dagegen, die Krise würde dem Front National sogar nützen. Bei den Regionalwahlen im Dezember 2015 werden wir sehen, wer recht hatte. Dieses Buch mündet nicht in ein friedliches Pensionistendasein oder mit der Aussicht auf Ruhe. Solange wir leben und als Paar zusammenstehen, müssen wir aktiv bleiben. Die Geschichte kennt kein Ausruhen.

Beate und Serge Klarsfeld mit Botschafterin Susanne Wasum-Rainer (links) bei der Verleihung des Bundesverdienstkreuzes 1. Klasse am 20. Juli 2015.

Dank

Zeit, Wille, Beharrlichkeit, geduldiges und rationelles Arbeiten, eine klare und wohlerwogene Linie bei den Recherchen ebenso wie im Handeln, die wertvolle Unterstützung unserer Kinder und der großen Familie der Söhne und Töchter der deportierten Juden Frankreichs, dieser beispiellosen Gruppe von lieben Freunden, die noch am Leben sind, und derer, die inzwischen nicht mehr sind; die Erinnerung an sie treibt uns an, niemals nachzulassen, unnachgiebig zu bleiben in dem, worauf es ankommt – das Gedenken an die Shoah zu verteidigen und wachzuhalten –, darin liegen die lebendigen Kräfte unseres Engagements. Wir möchten keinen unserer Freunde namentlich aufführen; wir schätzen sie alle sehr – sie, deren Verband sich um uns herumgebildet hat, um das Paar, die nichtjüdische Deutsche und den französischen Juden, Beate und Serge.

Editorische Notiz

Serge Klarsfeld, als Historiker ein ausgewiesener Experte auf dem Gebiet der Holocaust-Forschung, zitiert im vorliegenden Buch aus seinem Privatarchiv. Dies gilt – sofern nicht anders vermerkt – insbesondere für die Dokumente zum deutschen Besatzungsregime in Frankreich. Nicht in allen Fällen konnten die Originaldokumente recherchiert werden. Für Hinweise sind wir dankbar.

Bildnachweis

Tafel I.
Arno Klarsfeld als Angehöriger einer Einheit ausländischer Freiwilliger, 1939. Privatsammlung der Autoren.

Raïssa Klarsfeld als Studentin in Berlin, 1925. Privatsammlung der Autoren.

Kurt Künzel als Wehrmachtssoldat, stationiert in Belgien, 1940. Privatsammlung der Autoren.

Helene Künzel mit ihrer Tochter Beate, 1943. Privatsammlung der Autoren.

Tafel II.
Arno Klarsfeld und seine Kinder vor dem Château de Masgelier im Mai 1941, kurz nach seiner Flucht. Privatsammlung der Autoren.

Arno, Georgette, Serge und Raïssa auf der Promenade des Anglais in Nizza, Mai 1943. Privatsammlung der Autoren.

Tafel III.
Am 2. April 1968 unterbricht Beate den Kanzler im Bonner Bundestag: »Kiesinger, Nazi, zurücktreten!« © Ullstein Bild/DPA.

Am 8. November 1968, einen Tag nach der Ohrfeige, die Beate Kanzler Kiesinger gegeben hat, bringen viele Zeitungen das Ereignis auf der Titelseite. *Hamburger Morgenpost*, Bildrechte vorbehalten.

Tafel IV.
Dezember 1972: Régis Debray und Serge Klarsfeld mit ihren bolivianischen Mitverschwörern. Gustavo Sanchez (2. v. l.) wird Klaus Barbie später festnehmen. Privatsammlung der Autoren.

Februar 1980: Urteilsspruch im Kölner Prozess. Heinrichsohn, Hagen und Lischka (von links nach rechts) werden verurteilt und in Haft genommem. © Daniel Franck.

Tafel V.
Serge präsentiert der Presse die Fotos des ehemaligen SS-Offiziers Alois Brunner, dessen Spur er bis nach Syrien gefolgt ist. © Keystone France.

Beate hat die Ausweiskarte Klaus Barbies als Oberstleutnant des bolivianischen Geheimdienstes veröffentlicht. © Peter Turnley/Rapho.

Tafel VI.
1972. Beate und Serge vor dem Friedhof von Pailharès am Tag der Beerdigung von Xavier Vaillat, dem Generalkommissar für Judenfragen während des Krieges. © Élie Kagan/BDIC.

23. Oktober 1979. Eröffnung des Prozesses gegen Kurt Lischka in Köln. © Élie Kagan/BDIC.

Demonstration auf den Stufen des Kölner Gerichts. © Élie Kagan/BDIC.

Die FFDJF demonstrieren in Marseille gegen Le Pen. © Élie Kagan/BDIC.

Tafel VII.
5. Dezember 1976. Auf einer Versammlung der DVU im Münchner Bürgerbräukeller provoziert Serge einen Skandal. © Élie Kagan/BDIC.

Beate demonstriert am 26. Januar 1984 in Santiago de Chile gegen die Straflosigkeit des Naziverbrechers Walter Rauff. © Jose Arguto/AFP.

5. Juni 1986. Beate führt in Wien eine Demonstration gegen Kurt Waldheim an. © Rudolf Brandstatter/AFP.

Tafel VIII.
20. Juli 2014. In Anwesenheit ihrer Familie erhebt der französische Staatspräsident François Hollande Beate in den Rang eines Commandant de la Légion d'Honneur und Serge in den Rang eines Grand Officier. © Philippe Wojazer/AFP.

Beate und Serge im Pariser Mémorial de la Shoah inmitten der Fotos ihres Buches *Le Mémorial des enfants juifs déportés de France.* © Joël Saget/AFP.

Seite 610
Beate und Serge Klarsfeld mit Botschafterin Susanne Wasum-Rainer (links) bei der Verleihung des Bundesverdienstkreuzes 1. Klasse am 20. Juli 2015. © Getty Images/AFP.

Quellennachweis

Jizchak Katzenelson, *Das lied vunem ojsgehargetn jidische volk/Großer Gesang vom ausgerotteten jüdischen Volk,* ins Deutsche übertragen von Wolf Biermann © 1994 by Wolf Biermann

Thomas Mann, *Deutsche Hörer! Radiosendungen nach Deutschland aus den Jahren 1940–1945* © S. Fischer Verlag GmbH, Frankfurt am Main, 1986, 1995

Inge Scholl, *Die weiße Rose* © S. Fischer Verlag GmbH, Frankfurt am Main 1982, 1993

Register